展厅三

展厅四

大泵测试

UL 认证

江苏泰隆减速机（集团）股份有限公司

JIANGSU TAILONG DECELERATOR MACHINERY CO., LTD.

全国优秀企业家
江苏省劳动模范
董事长 总经理

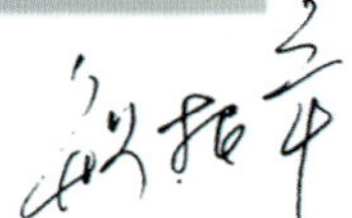

中国机械 500 强企业——江苏泰隆减速机股份有限公司是我国减速机、风机、钢帘线机械和彩色胶印机的主要生产基地。占地面积 40 万 m²，职工 2616 人，其中工程技术人员 379 人。拥有总资产 4.6 亿元，固定资产 2.19 亿元，各类通用、专用生产、检测设备 880 台，年产摆线针轮、圆柱齿轮、蜗轮蜗杆、电动滚筒、TL 模块化组合齿轮减速机、风机、钢帘线等十大类（系）产品 10 万台，年销售量 8 亿元，拥有同行业中检测功能较全、检测功率较大、检测仪器较先进的测试中心，创建了苏中地区省级减速机研究所和科技工业园。

星 轮 减 速 器

三 环 减 速 器

厂址：江苏省泰兴市大庆东路 88 号
邮编：225400
电话：(0523) 7635698 7668018
传真：(0523) 7665426 7665000
http//：www.tailong .com
E-mail：tlgrp.tx@public.tz.js.cn

R 系列斜齿轮减速电机

P 系列平行轴斜齿轮减速电机

K 系列斜齿轮－伞齿轮减速电机

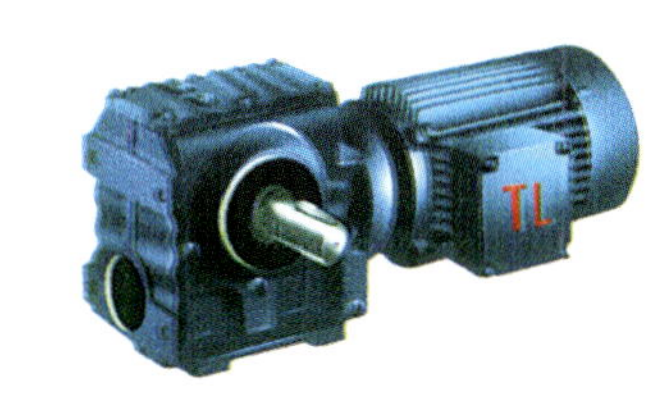

S 系列斜齿轮－蜗轮蜗杆减速电机

中国机械工业年鉴系列

中国通用机械工业年鉴

2004

中国机械工业年鉴编辑委员会
中国通用机械工业协会　编

机械工业出版社
China Machine Press

图书在版编目(CIP)数据

中国通用机械工业年鉴 .2004/中国机械工业年鉴编辑委员会,中国通用机械工业协会编 .—北京:机械工业出版社,2004.7

ISBN 7-111-12685-8

Ⅰ.中… Ⅱ.①中…②中… Ⅲ.机械工业—中国—2004—年鉴 Ⅳ.F426.4-54

中国版本图书馆 CIP 数据核字(2004)第 073692 号

机械工业出版社(北京市百万庄大街 22 号 邮政编码 100037)
责任编辑:张荣旺
责任印制:王书来
北京蓝海印刷有限公司印制·新华书店北京发行所发行
2004 年 7 月第 1 版第 1 次印刷
890mm×1240mm 1/16· 20.5 印张·39 插页·1028 千字
定价:158.00 元

中国机械工业年鉴
编辑委员会

《中国机械工业年鉴》系列

作为『工业发展报告』

集成行业信息　为读者服务

中国通用机械工业年鉴
执行编辑委员会

记录企业成长的每一个阶段

《中国通用机械工业年鉴》
特约顾问单位特约顾问

（排名不分先后）

杭州杭氧机集团有限公司常务副总经理	毛绍融
郑州市蝶阀厂厂长	房四平
合肥通用机械研究所所长	樊高定
中国通用机械工程总公司总经理	黄　劲
天津减速机股份有限公司总经理	李　红
陕西鼓风机(集团)有限公司董事长、总经理	印建安
沈阳气体压缩机股份有限公司董事长	苏国富
北京中科科仪技术发展有限责任公司董事长	金鹤鸣
浙江丰球股份有限公司总经理	何智锋
上海鼓风机厂有限公司总经理	朱元昊
上海压缩机有限公司董事长、总经理	周惠民
上海斯可洛压缩机有限公司执行董事、总经理	孙金钵
安瑞科(蚌埠)压缩机有限公司总经理	张发龙
天津塘沽瓦特斯阀门有限公司总经理	托尼·塔拉
浙江超达阀门股份有限公司董事长	王汉洲
武汉锅炉集团阀门有限责任公司董事长、总经理	张汉林
沈阳盛世高中压阀门有限公司总经理	李　勇
中国·伯特利阀门集团董事长	黄胜丰
安徽莱恩电泵有限公司董事长、总经理	薛继长
石家庄泵业集团有限责任公司总经理	刘家柏
宣达实业集团有限公司总裁	叶际宣
开封空分集团有限公司董事长、总经理	曾建晟
国投南光有限公司董事长	高世君
青田特种设备制造有限公司董事长	刘建宗
淄博真空设备厂有限公司董事长、总经理	黄　毅

《中国机械工业年鉴》系列

作为『工业发展报告』 集成行业信息 为读者服务

《中国通用机械工业年鉴》
特约编辑

（排名不分先后）

杭州杭氧机集团有限公司	莫兆洋
合肥通用机械研究所	黄汉平
中国通用机械工程总公司	董　力
天津减速机股份有限公司	崔一民
陕西鼓风机(集团)有限公司	张效恩
沈阳气体压缩机股份有限公司	佟立石
北京中科科仪技术发展有限责任公司	周小弟
浙江丰球股份有限公司	魏汤尧
上海鼓风机厂有限公司	吕群力
上海压缩机有限公司	高　巍
上海斯可洛压缩机有限公司	宗　璐
安瑞科(蚌埠)压缩机有限公司	董堂兵
浙江超达阀门股份有限公司	邱晓来
武汉锅炉集团阀门有限责任公司	刘正君
沈阳盛世高中压阀门有限公司	张　宽
中国·伯特利阀门集团	金克雨
安徽莱恩电泵有限公司	余华明
石家庄泵业集团有限责任公司	苏　涛
开封空分集团有限公司	张恒余
国投南光有限公司	周德寿
青田特种设备制造有限公司	周珍雄
淄博真空设备厂有限公司	殷　钢

记录企业成长的每一个阶段

《中国通用机械工业年鉴》编辑出版工作人员

总　编　辑：郭　锐

副 总 编 辑：朱长福　李卫玲

执行副总编辑：粟东平

编辑部主任：粟东平

责 任 编 辑：张荣旺

美 术 编 辑：荆　江

营销部主任：赵　敏

广告部副主任：王亚水

客 户 服 务：耿文志　陈美萍　张 华　董兰香

编辑部地址：北京西城区百万庄大街22号

邮 政 编 码：100037

电　　话：(010) 88379829

传　　真：(010) 68326039

E-mail：cmiy@mail.machineinfo.gov.cn

http://www.ageinfo.com.cn

《中国机械工业年鉴》系列

作为『工业发展报告』

集成行业信息 为读者服务

编辑说明

一、《中国机械工业年鉴》是由中国机械工业联合会主管、机械工业信息研究院主办的大型资料性、史册性年刊，创刊于1984年。

二、根据行业需要，1998年中国机械工业年鉴编辑委员会开始出版分行业年鉴，逐步形成了“中国机械工业年鉴系列”。该系列现已出版了《中国电器工业年鉴》、《中国工程机械工业年鉴》、《中国机床工具工业年鉴》、《中国通用机械工业年鉴》、《中国机械通用零部件工业年鉴》、《中国磨料磨具工业年鉴》和《中国机电产品市场年鉴》等。

三、《中国通用机械工业年鉴》创刊于2002年，隔年出版。它集中反映了中国通用机械工业的发展情况，详细记载了通用机械中泵、风机、阀门、压缩机、真空设备、干燥设备、减变速机、分离机械、气体分离设备9个分行业的发展状况和前景预测,全面系统地提供了通用机械工业企业的主要经济技术指标。

四、《中国通用机械工业年鉴》2004年刊由综述,专文,行业发展概况,进出口,企业风采,新产品、新技术、新工艺、新材料及获奖项目,质量,标准,统计资料,大事记和附录等内容构成。

五、本年鉴统计资料由中国通用机械工业协会及其9个分会提供，数据来源于国家统计局、中国机械工业联合会相关统计部门和中国通用机械工业协会各分会，数据截止到2003年12月31日。

六、本年鉴编撰过程中得到了中国通用机械工业协会和其9个分会及通用机械行业的专家、学者和企业的大力支持与帮助，在此表示衷心的感谢。

七、由于水平有限，难免出现错误和疏漏，敬请批评指正。

《中国机械工业年鉴》编辑部

2004年7月

目　录

综　述

第Ⅰ部分　专　文

第Ⅱ部分　行业发展概况

第Ⅲ部分　进　出　口

第Ⅳ部分　企业风采

第Ⅴ部分 新产品、新技术、新工艺、新材料及获奖项目

第Ⅵ部分 质 量

第Ⅶ部分 标 准

第Ⅷ部分 统 计 资 料

第Ⅸ部分　大　事　记

第Ⅹ部分　附　　录

Contents

Overview

Part Ⅰ Disquisition

Part Ⅱ A Survey of Industrial Development

Part Ⅲ Import & Export

Part Ⅳ Graceful Bearing of Superior Enterprises

Part Ⅴ New Products, New Technologies, NewProcesses, New Materials and Prize – Winning Projects

Part Ⅵ Quality

Part Ⅶ Standard

Part Ⅷ Statistical Data

Part Ⅸ Chronicle of Events

Part Ⅹ Appendix

GME 中国通用机械工程总公司

中国通用机械工程总公司，简称中通公司（GME），成立于1979年，经过了25年的艰苦奋斗，已发展成为颇具规模的集技、工、贸为一体的工程公司。目前公司拥有甲级工程设计、甲级工程总承包、甲级机电设备成套、甲级工程咨询、甲级工程设备招标和甲级建设监理及进出口和对外工程承包等资质，并具有三类压力容器、压力管道设计和环保专项设计资格。主要从事国内外工程设计、科研开发、工程承包、设备成套、工程设备招标以及进出口、劳务输出业务。是中国机电产品进出口商会和中国对外工程承包商会会员单位、中国咨询协会团体会员单位及中国通用机械工业协会副理事长单位。

1994年公司获得核电站通用辅机设备总承包资质，并于1998年通过了中国船级社的ISO9001质量体系认证，2001年又通过了换版升级的ISO9001：2000质量体系认证。

本着“团结、求实、诚信、创新”的公司精神，从创立至今，公司共完成各类项目近3000项，其中国家重点工程850多项，系统成套出口100多项，累计创汇达2亿多美元，共获国家、省部等各类奖项60多项。

施工中的苏丹农业泵站

中通公司承建的廊坊城市污水处理设备国产化示范工程

中通公司承建的湖南长岭炼油厂项目

中国通用机械工程总公司公司办公楼

中通公司总承包的秦皇岛煤码头洒水除尘系统工程

地址：北京宣武区太平街甲2号　　邮编：100050

电话：(010)83132288(总机)　　传真：(010)83132001

http://www.cgme.com.cn　　E-mail:cpgme@public.bta.net.cn

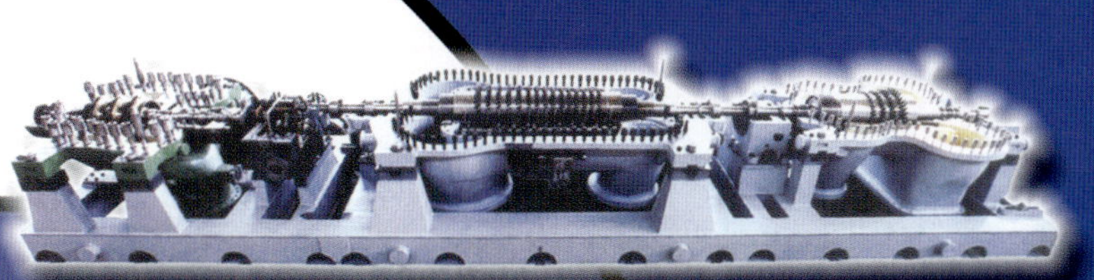

硝酸“四合一”机组：凝汽式汽轮机 NK32/36/16,3000kw；氧化氮压缩机 :R45-3,2800kw；齿轮箱：9HS,3200kw；轴流压缩机 :AV40-15,4460kw, 尾气透平膨胀机 :TP200-9.4/0.98,4300kw

燃气蒸汽联合循环发电装置（CCPP）用煤气压缩机 4E+AV 型系列压缩机

能量回收透平膨胀机

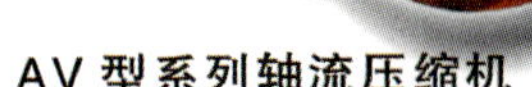

AV 型系列轴流压缩机

浙江丰球集团有限公司

浙江丰球集团有限公司是一家集科、工、贸和自营进出口贸易于一体的国家重点高新技术企业，国家大型企业，省“五个一批”重点骨干企业，全国泵行业重点骨干企业。集团拥有总资产3.08亿元，净资产1.18亿元，厂区占地面积80000m²，建筑面积58000m²，目前资产负债率为51.7%。企业现有主要生产设备137台(套)，其中精密数控设备28台(套)。

公司已通过ISO9001-1994质量认证和ISO14001环境管理体系认证，历年来均被评为银行资信等级“AAA”级企业。公司十分重视新产品的开发，近三年来先后完成26只新产品的开发计划任务，其中12只新产品被列入省级新产品开发计划，并已全部通过省级科技成果鉴定。

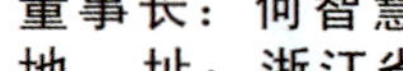

董事长：何智慧
地　址：浙江省诸暨市艮塔东路152号
邮　编：311800
电　话：(0575)7132000　7183355
传　真：(0575)7375981　7185581

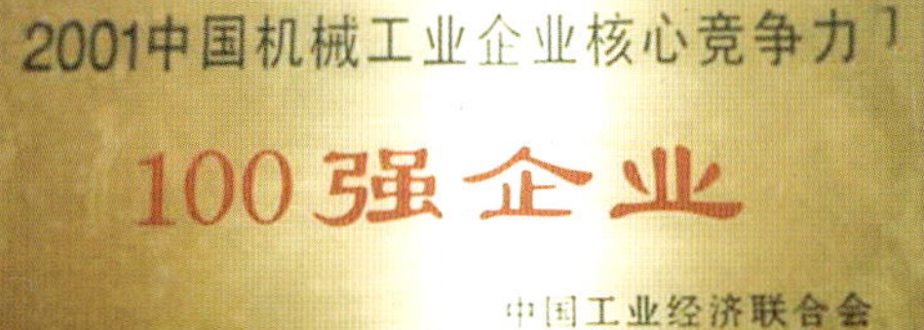
2001中国机械工业企业核心竞争力
100强企业
中国工业经济联合会
中国机械工业联合会
中国机电日报社
二〇〇二年九月

CERTIFICATE OF CONFORMITY
OF QUALITY MANAGEMENT
SYSTEM CERTIFICATION

沈阳气体压缩机股份有限公司

董事长：苏国富

沈阳气体压缩机股份有限公司（原沈阳气体压缩机厂）被誉为我国压缩机的“摇篮”，是我国压缩机行业主导厂和科研试验基地。公司以其先进的往复式压缩机设计与制造技术、精良的装备、悠久的历史、雄厚的技术实力和优质的产品，居于行业前茅。产品被广泛地应用于石油、化工、冶金、电力、矿山、交通、机械和国防科研等部门，不仅在国内享有较高信誉，而且远销国外30多个国家和地区。

目前公司拥有各种设备400余台，其中有五坐标数控加工中心等精密、稀有、大型设备24台。沈气于1997年通过挪威船级社ISO-9001质量保证体系认证，于2003年获得海军质量管理体系海军第二方认定，使企业产品质量有了充分保证。我们愿与您携手，共同开创美好的未来。

董事长：苏国富
邮　编：110025
传　真：(024)25852167
地　址：沈阳市铁西区云峰北街18号
电　话：(024)25873880
http：//www.sygcc.com

800kN活塞力大型往复式新氢压缩机研制 被评为“九五”国家重点科技攻关计划（重大技术装备）优秀科技成果。

主要完成单位：沈阳气体压缩机厂

二○○一年二月

DET NORSKE VERITAS

QUALITY SYSTEM CERTIFICATE

SHENYANG GAS COMPRESSOR FACTORY

ISO 9001: 1994

DESIGN AND MANUFACTURE OF GAS COMPRESSORS AND AUXILIARIES FOR GAS COMPRESSORS

科技进步奖

证书

为表彰在促进科学技术进步工作中做出重大贡献者，特颁发国家科技进步奖证书，以资鼓励。

朱镕基

中国压缩机之冠——4M80型新氢压缩机

为茂名石化200万吨/年渣油脱硫装置提供的4M80型新氢压缩机经中石化组织专家鉴定，结论为：“机组在技术上处于国内领先地位，达到国际同类产品水平，填补了国内空白，可以替代进口。”

4M80型新氢压缩机创造了活塞力、排气压力、电机功率三项指标新的纪录。该机荣获“九五”国家重点科技攻关计划（重大技术装备）优秀科技成果奖。

为镇海石化公司提供的4M50新型压缩机被中石化评价为“结束了我国氢压机长期依赖进口的历史，标志着我国压缩机制造又上一个新台阶。”该机荣获机械工业有关部门颁布的科技成果一等奖和国家科技进步三等奖。

柳州环宇压缩机有限公司

公司位于广西工业名城——柳州市北雀路 129 号，属国家大型二类企业，是全国生产大中型压缩机的骨干企业。1995 年、2001 年分别在同行业中率先通过 ISO9001：1994 和 ISO9001：2000 质量管理体系认证。公司建立有自治区级技术开发中心，连续 15 年荣获广西“重合同，守信用”称号。公司“环宇”商标为广西著名商标。

公司始建于 1958 年，占地面积 58 万 m^2，其中生产区占地面积 46 万 m^2，建筑面积 20 万 m^2，主要生产设备 700 多台（套）。公司现有职工 1950 人，其中各类专业技术人员 500 多人（其中工程技术人员 200 多人）。

公司具备独立设计、制造各类压缩机、工程机械和压力容器的资格，年产大中型压缩机可达 2000 台。主要产品有：空气压缩机、煤气压缩机、天然气压缩机、氮氢气压缩机、无油润滑压缩机、螺杆压缩机、蜗杆压缩机、挖掘装载机、混凝土输送泵、制砖机、空气净化设备等 200 多种，广泛用于冶金、矿山，机械制造、轻工、化工、建材、玻璃、医药、食品、水电、城市煤气输送、建筑、国防工程等领域。主导产品 VY-9/7 型空压机 1981 年在全国压缩机行业获国家银质奖，L-22/8 型空压机 1983 年获部优质产品奖，D-100/8 型空压机 1985 年获广西优质产品奖。1985 年以来，公司生产的大型空压机在全国市场占有率达 70% 以上，煤气压缩机国内市场占有率达 60% 以上。1998 年以来，公司不断开发新产品，LGY-17/7 型双螺杆压缩机、OGF-3/7 型单螺杆压缩机被列为国家重点科技项目和新产品，质量达到优等品标准。公司开发成功的 HBT 系列混凝土输送泵，随着国家环保政策的进一步加强，具有广阔的发展前景。2001 年，公司生产的 D-100/8-e 空压机获“九五”国家技术创新优秀项目奖。

公司设计、制造的产品在国内市场享有较高知名度和信誉，并且多次在国家重点工程招标中中标，如北京亚运会、京九铁路、天津大港油田、三峡水电站等。部份产品远销亚、非、拉、欧等 21 个国家和地区。

公司热忱希望与各界人士一起携起手来，真诚合作，共铸辉煌！

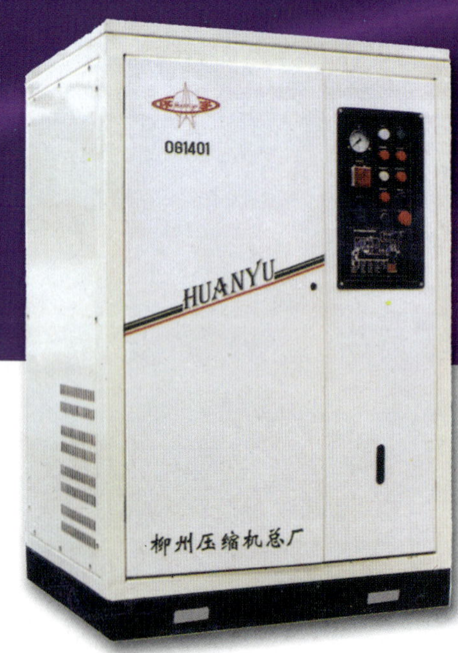

螺杆系列压缩机

L 系列空气压缩机

D 系列空气压缩机

地址：广西省柳州市北雀路 129 号
邮编：545002
电话：(0772) 2310098　2313027
传真：(0772) 2313274　2312100
E-mail:lzgcw@public.lzptt.gx.cn
http://www.lyhy.com.cn

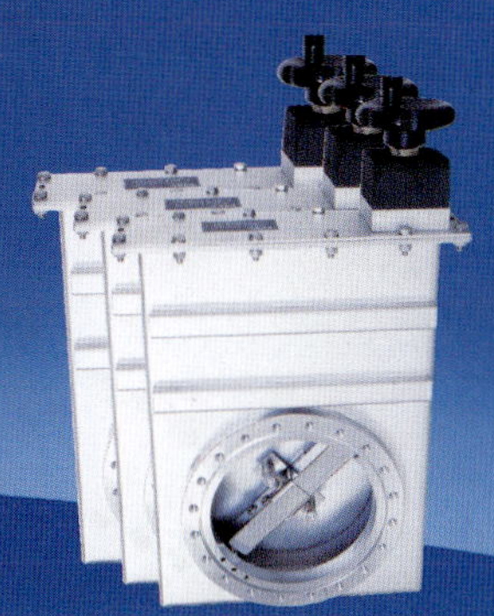

插板阀系列

63−250口径，手动、气动，金属密封、橡胶密封。

离子泵系列

二级、三级，25−400L/S 抽速。

分子泵系列

110−3500L/S 抽素，油润滑、脂润滑（任意角度安装），金属密封、橡胶密封。

冷却循环水机系列

提供恒温、恒流、恒压冷却水，全自动控制的独立循环系统，具有多种保护性预警功能及人性化设计，适用于以水冷却的设备。

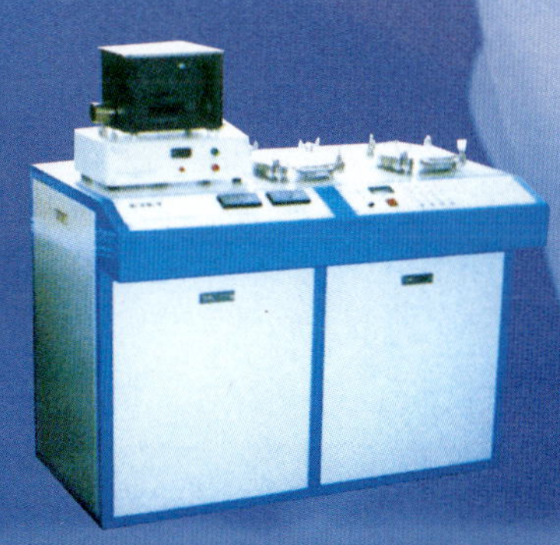

充氦充氮氟油检漏设备

该产品是密封电子器件背压法氦质谱检漏和氟油法检漏的配套设备。

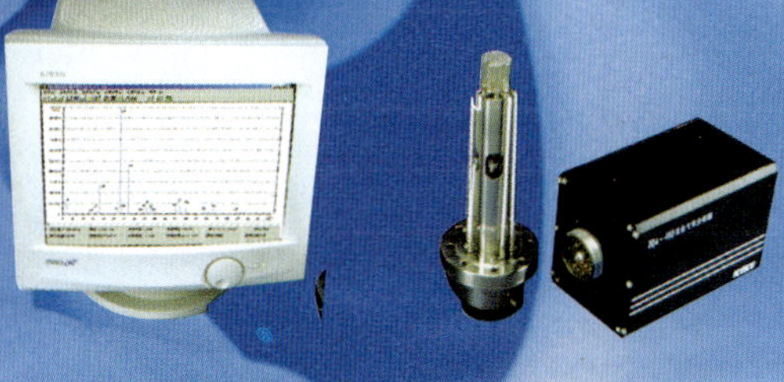

残余气体分析质谱仪

采用鼠笼式离子源及先进的玻璃一体化双曲面四极杆做分析器，用户可根据需要选择法拉第筒或电子倍增器作为接受器。数据处理系统采用PC机作主机，可输出全谱（实时谱）、棒谱、一种或几种气体的时间谱及分压强谱图、列表等。

传真：62564613　　http://www.kyky.com.cn　　E-mail:market@kyky.

自贡高压阀门股份有限公司

ZIGONG HIGH PRESSURE VALRV CO.,LTD.

公司系原机械工业骨干企业、国家大型企业，中国阀门行业主导厂，专业制造共计2000多个品种规格的“飞球牌”高中压球阀、闸阀、截止阀、止回阀等各种标准及非标准阀门、特种阀门。

公司2002年4月与美国通用电气（GE）意大利新比隆泵阀公司合作研制成功的DN1000、PN10Mpa（40in、600Lb）全焊接结构锻钢管线球阀，一举通过国家鉴定，目前，该类球阀以其优越的性价比在国内外的城市燃气管网及油气长输管线建设中得到广泛应用，得到用户的极高评价。

公司自1993年起先后获得美国石油协会的API证书、挪威DNV公司的ISO9001证书、DNV、及ABS阀门防火证书、国家特种设备制造许可证、外贸企业自营出口资格证及高新技术企业证书。“飞球牌”连续数年保持四川省名牌称号，其球阀产品获得四川省免检产品证书。

四十年来，公司阀门产品直接服务于石油、化工、水电、天然气长输管线及城市燃气管网等行业，有近万台大、中、小口径的球阀产品安全、可靠地运行在东北、西北、华北、华南及四川的油气集输管线及城市管网改造上；在亚洲、中东、北美及南美，公司的“飞球牌”球阀产品亦享有极高的商誉。

ZF-NP球阀

电动球阀

锻钢球阀

锻钢球阀

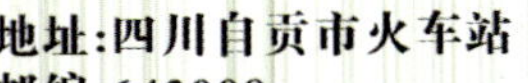

地址:四川自贡市火车站
邮编:643000
电话:+86(0813)2701141 2700062
传真:+86(0813)2702872 2700783
http://www.zifavalve.com

地址:成都市高新区高朋东路14号
邮编:610041
电话:+86(028)85120368 85120218
传真:+86(028)85120358
E-mail:zifa@zifavalve.cn

沈阳盛世高中压阀门有限公司

（沈阳高中压阀门厂）

董事长兼总经理：李勇

沈阳盛世高中压阀门有限公司（沈阳高中压阀门厂）始建于1938年，1955年开始生产高中压阀门。现已成为全国较大的阀门科研、制造专业基地。公司占地面积16万 m^2，现有职工2100人，其中工程技术人员300人。

公司拥有主要设备700余台，其中大中型设备90台。产品设计、工艺工装均采用三维程序CAD辅助设计。

公司已获得ISO9001质量管理体系认证，美国石油学会API认证，被评为二级国家计量单位，并持有石油、化工、电力等定点网络证书。

公司可采用ANSI、API、MSS、BS、JIS、DIN、GB、JB等标准研制石油、化工、电力、冶金、水利和核工业等各种工况所需闸阀、截止阀、止回阀、球阀、减压阀、蝶阀、节流阀、核动力阀及各种特殊阀门。产品技术参数为：PN：0.1～200Mpa；DN：25～2500mm；温度：-269～+860℃；材料：碳素钢、合金钢、不锈钢等。

公司愿为国内外用户提供技术先进、质量优良的产品和完善的售后服务，并真诚希望与各界朋友建立互惠互利、互相信任的合作关系。

减压阀

蝶　阀

平板阀

球　阀

董事长兼总经理：李勇
地址：沈阳市铁西区云峰北街3号
邮编：110025
电话：(024)25872517
传真：(024)25875013
E-mail:syhignvalve@hotmail.com

ISO 9001 No.5222　API 6D 6D-0200　CE认证 CE 0035　压力元件安全注册 GYZ-A-0120

与世界品牌同步

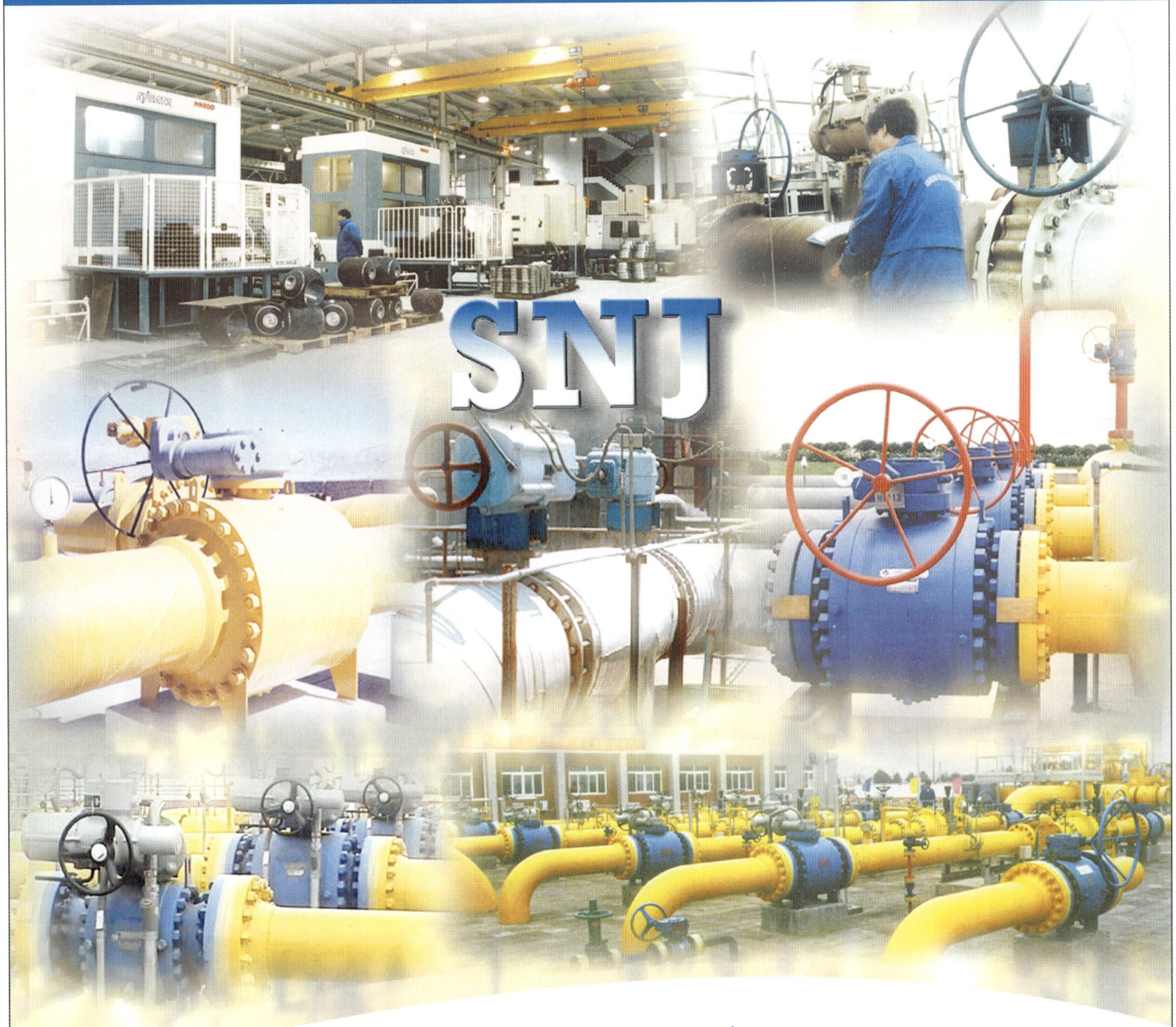

实力使然 技高一筹

上海耐莱斯·詹姆斯伯雷阀门有限公司（SNJ）是国内“西气东输管道工程”主干线站场管线球阀的主要供应商。以先进的阀门设计、制造技术和经国内外重大工程考验的应用业绩，可为国内外市场提供“与世界品牌同步”的阀门产品。

SNJ公司以良好的声誉，先进的技术、可靠的质量、高效的管理、优质的服务、现代化的设备、优秀的产品和骄人的业绩，为石油化工、化工、石油和天然气输送、能源、冶金、电力、造纸等行业提供高性能球阀和蝶阀。

- 西气东输管道工程项目
- 忠-武输气管道建设项目
- 沧-淄输气管道工程
- 涩宁兰输气管道工程
- 陕京线地下气库
- 兰成渝输油管道项目
- 格拉管线改造工程项目
- 上海天然气管网
- 新疆乌市天然气工程
- 长沙市天然气工程
- 中原油田山东青-淄管线项目
- 包头天然气管网
- 扬子石化巴斯夫
- 河南安彩高科股份
- 深圳赤湾胜宝旺工程
- 苏州东方水处理
- 乐山永祥树脂
- 约克（无锡）
- 维生药业（石家庄）
- 东爵精细化工（南京）
- 吉林化学工业
- 拜耳涂料
- 天津石化
- 中国石油天然气长庆油田
- 北京环保(天然气)项目
- 长春热力项目
- 太原热力项目
- 榆林铁路油品
- 丰原生物化学

www.snjvalve.com

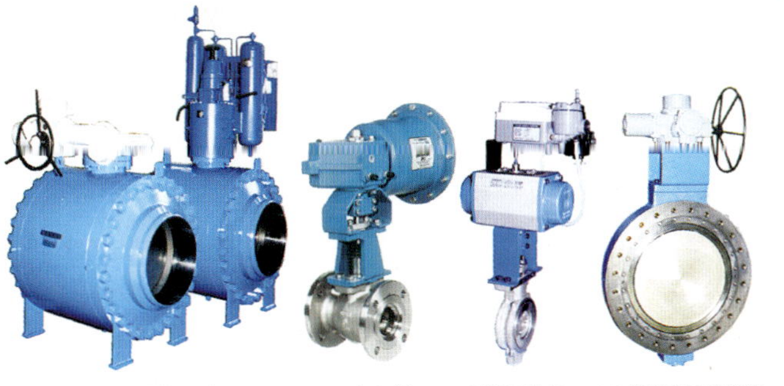

G系列固定球管线球阀　6000系列球阀　蝶阀调节阀　800系列高性能蝶阀

上海耐莱斯·詹姆斯伯雷阀门有限公司
SHANGHAI NELES-JAMESBURY

中国·上海四平路1063号 邮政编码：200092
电话总机：(021)65021410 65028565 65017487 传真：(021)65023554
网址 http://www.snjvalve.com 电子邮件 E-mail: snj@snjvalve.com

SNJ公司总经理：李仲光

浙江超达阀门股份有限公司
ZHEJIANG CHAODA VALVE CO.,LTD.

www.chinavalve.com

企业简介 Brief introduction

浙江超达阀门阀门股份有限公司创办于1984年，现有注册资本5288万元，厂房占地面积38000m²，机床设备206台(套)，员工319人，其中工程技术人员65人，2003年产值1.08亿元。主要生产符合美国ANSI/API、日本JIS、德国DIN、英国BS、法国NF以及中国GB等标准的各种钢制球阀、闸阀、止回阀、截止阀、旋塞阀、蝶阀和特殊安全阀等。产品广泛应用于石油、化工、冶金、电力和城市燃气等行业，并出口欧美、东南亚，中东等国家和地区，质量稳定可靠，深受用户好评。

公司建立了完善的质量管理体制，先后通过了挪威船级社(DNV)ISO9001质量体系认证，美国石油学会API 6D证书和API600认证，欧盟CE认证。公司现为中国阀门行业协会成员企业、中国石化总公司、中国石油天然气总公司和国家电力物资公司阀门供应网络成员企业、浙江省高新技术企业、温州市重点骨干企业、工商银行信用等级AAA企业，“超达”商标被省工商机构评为“浙江省著名商标”。

公司设有技术研究中心，专门从事阀门技术的开发与研究，先后为国家重点工程研制开发了20多种新产品，七种阀门获国家专利，其中金属硬密封高温球阀被列为国家新产品，并负责起草了《对夹式止回阀》产品标准(JB/T8937-1999)。同时本公司参加制订的(GB/T9112~9124-2000)《钢制管法兰》等13项国家标准也已在全国发布实施。

2002年，本公司被省列为制造业信息化工程示范单位，投资320万元，开发基于WEB支持产品创新的PDM系统研究，这必将进一步提高公司的技术创新能力与企业管理水平，以适应全球化经济日趋激烈的市场竞争。

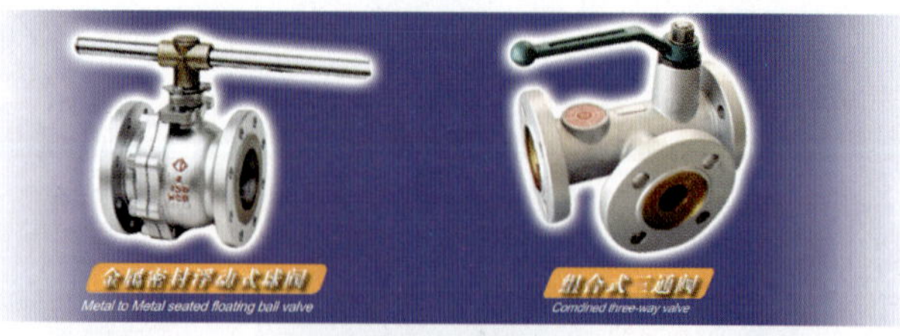

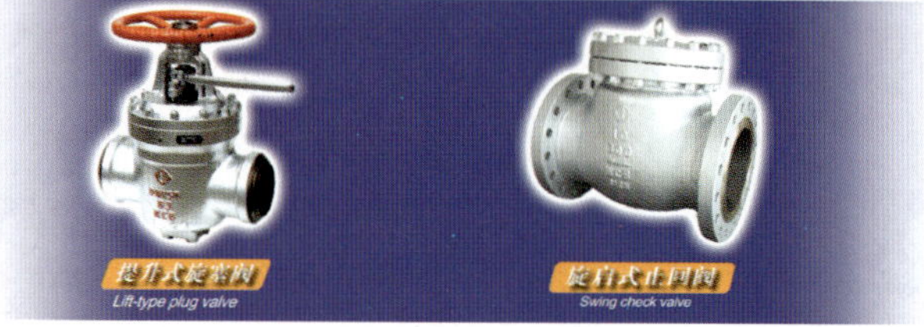

超越自我 不断创新

地址：浙江省永嘉县瓯北镇江北大街 邮编：325105
国内贸易部：(0577)67311670/9969 传真：(0577)67311220
国际贸易部：(0577)67319955/9970 传真：(0577)67311151
E-mail：chaoda@chinavalve.com

www.chinavalve.com

超越自我不断创新

武汉锅炉集团阀门有限责任公司

董事长、总经理：张汉林

武汉锅炉集团阀门有限责任公司（简称武锅集团阀门公司），公司有近50年的阀门设计制造历史，占地面积约1.1万m^2，厂区房屋建设面积0.85万m^2。

公司现有员工256人，其中工程技术人员42人，高级工程师以上职称15人。2001年取得了美国贝尔国际验证机构颁发的ISO9001:2000版质量体系认可证书，2002年获得国家质检机构颁发的“压力管道元件制造单位安全注册AZ”证书，2003年获得了美国石油协会的API认证证书，2004年获得国家安全生产监督机构颁发的职业健康安全管理体系OSHMS与环境管理体系EMS认证证书。

该公司被分别授予“湖北市场行业十佳”、“武汉市场行业十大品牌”、“武汉市场AAA信誉企业”、“武汉市场质量诚信服务企业”，被银行系统认定的武汉长江资信评估公司评为“AAA资信等级企业”等。

武锅阀门公司将以顾客满意为宗旨，以市场需求为目标，持续改进产品质量，为广大用户提供优质放心的产品，树立良好的武锅阀门品牌形象，使武锅阀门成为您最亲密的朋友。

高压差控制阀

堵阀

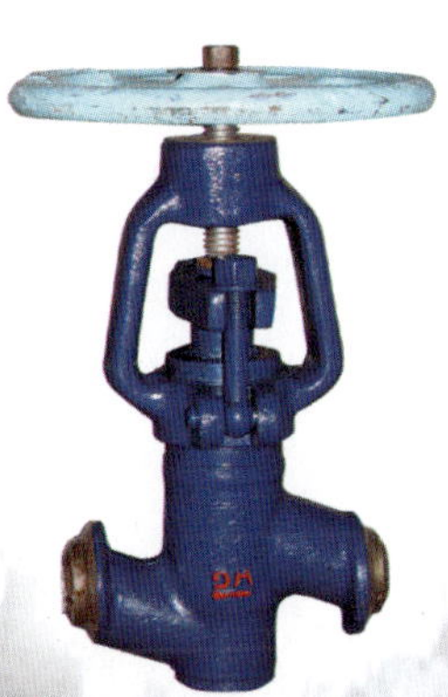
抗蚀性球芯截止阀

弹簧安全阀

节能型平板闸阀

阀门公司营业执照

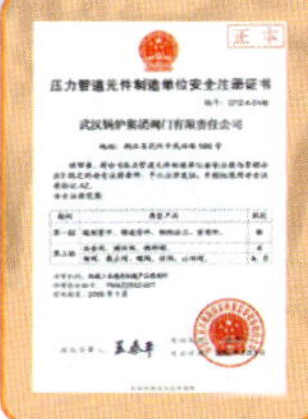
压力管道元件制造单位安全注册“AZ”证书

ISO9001：2000质量体系认证证书

环境管理体系EMS认证证书

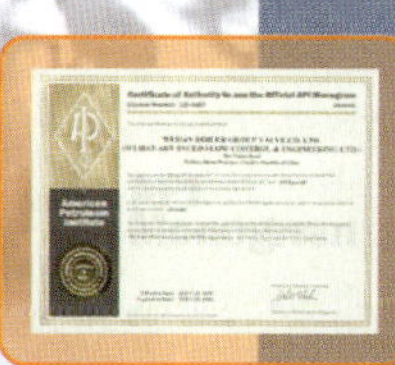
美国石油协会API证书

职业安全健康OSHMS认证书

地址：中国武汉市武珞路586号　邮编：430070　传真：(027)87655084　电话：(027)87657503
http: //www.valvewbg.com　E-mail: valvewbg@pubilc.wh.hb.cn

苏州高中压阀门厂

苏州高压阀门厂（原苏州第二阀门厂）系国家二级企业，1966 年 7 月建厂，有 30 多年生产高中压阀门的历史。专业生产各类手动、气动、电动的闸阀、截止阀（包括针型阀）、止回阀、金属硬密封蝶阀、球阀、调节阀、安全阀等。产品广泛用于石油、化工、电站、冶金、国防科研、污水处理、给排水工程等领域。

江苏省阀门质量测试站挂靠在本厂，厂内设有专门从事产品开发研制的研究所，工厂技术力量雄厚、测试手段完善，有健全可靠的质保体系。1997 年 12 月通过了 ISO9000 质量体系的认证；2000 年 6 月取得了 API 认证；2003 年 1 月取得了国家质量监督检验有关单位颁发的压力管道元件制造单位安全注册证书；2003 年 4 月获得了国家相关机构颁发的中华人民共和国民用核承压设备设计、制造资格许可证。按质量管理体系要求实施从原材料进厂全过程的质量控制，产品质量在用户中享有很好的信誉。在石化、电力、宝钢、泰山核电等重点工程中，为引进装置阀门国产化作出了贡献。

根据用户需要可提供 ANSI、API、JIS、DIN、BS 及其它标准制造的阀门，我厂按 API 标准制造的阀门已大量出口到北美。

目前我厂是：中国机械工业质量管理协会会员；

中国发电设备行业协会会员；

中国石油化工集团公司设备资源市场成员厂；

中国石油天然气集团公司一级供应网络成员单位；

国家电力公司和中国水利电力物资有限公司供应网络成员单位。

中华人民共和国民用核承压设备
设计资格许可证
国核安证字S (03)02号
持证单位：苏州高中压阀门厂
设备类别：(见许可证条件)
有效期限：伍 年
国家核安全局

中华人民共和国民用核承压设备
制造资格许可证
国核安证字Z (03)03号
持证单位：苏州高中压阀门厂
设备类别：(见许可证条件)
有效期限：伍 年
国家核安全局

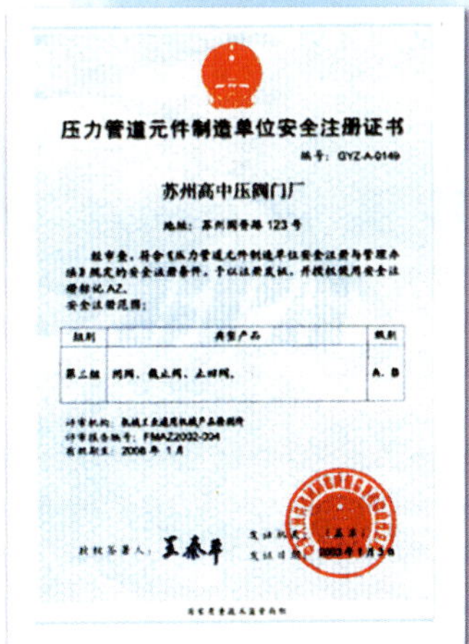
压力管道元件制造单位安全注册证书
苏州高中压阀门厂

CQM
质量管理体系认证证书
苏州高中压阀门厂
GB/T 19001-2000 idt ISO 9001:2000标准要求
阀门的设计与制造

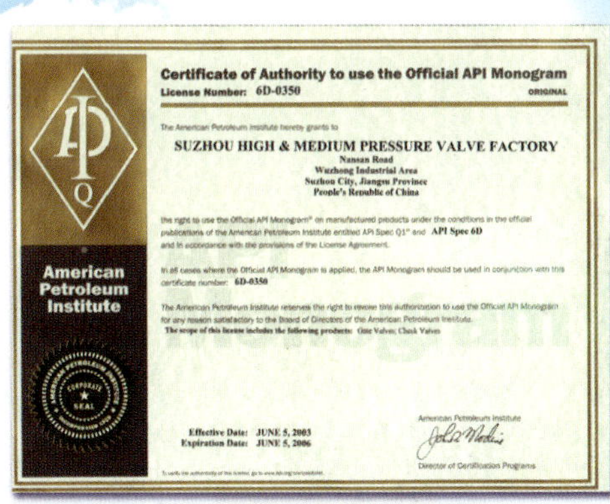
Certificate of Authority to use the Official API Monogram
License Number: 6D-0350
SUZHOU HIGH & MEDIUM PRESSURE VALVE FACTORY
American Petroleum Institute
Effective Date: JUNE 5, 2003
Expiration Date: JUNE 5, 2006

工厂地址：吴中经济开发区南三路
销售公司地址：苏州市南园北路 11 号
电　话：(0512)65262849　65262342
传　真：(0512)65262035　65262217
http://www.soovalve.com.cn
E-mail:szhmpv@publicl.sz.js.cn

上海水泵集团

SHANGHAL PUMP GROUP

上海水泵集团有限公司是由上海水泵二分厂石油化工泵厂等几家专业生产厂家组建而成，她秉承了上海水泵厂的优秀设计制造能力，采用现代企业管理的先进手段。

公司的主导产品为电站给水设备，凝结水泵、疏水泵、单级、多级离心泵、石油化工泵、热水循环泵、潜水泵、轴流泵、混流泵及污水排污泵等近3000余种规格，产品广泛应用于市政建设，火力发电，农田水利，冶金矿山，石油化工，船舶、环保、轻纺、医药等各个领域。公司本着“服务为先导，质量是生命”的管理理念，不断提升产品的品质品位，优化服务体制，实施国际化品牌战略，以更优质的产品和服务满足海内外用户的需要。

RPK型石油化工流程泵

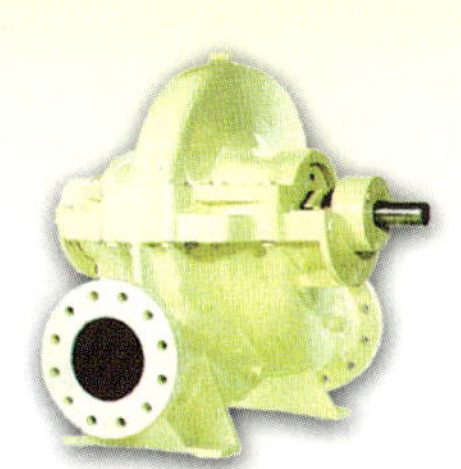

OTS型双吸中开离心泵

NL、NLO型冷凝泵

HPK型热水循环泵

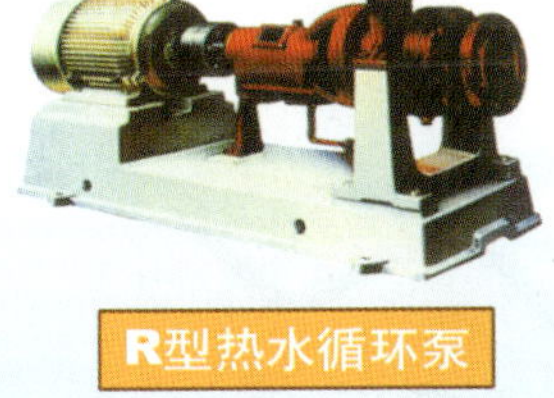

R型热水循环泵

Y型离心油泵

TSWA型多级离心泵

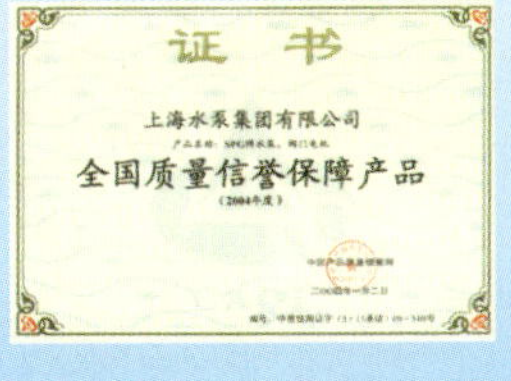
证书

上海水泵集团有限公司

全国质量信誉保障产品

（2004年度）

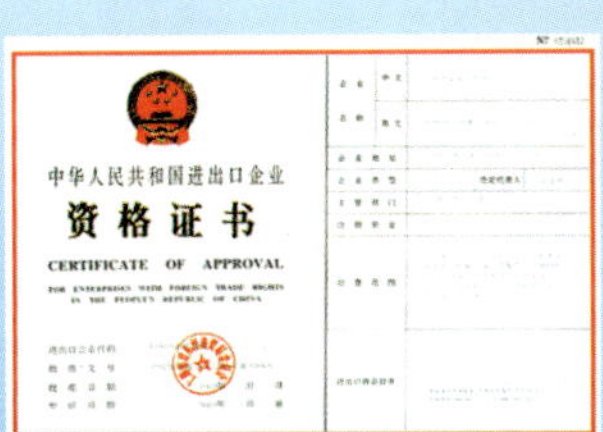
中华人民共和国进出口企业

资格证书

CERTIFICATE OF APPROVAL

质量体系认证证书

NW型低加疏水泵

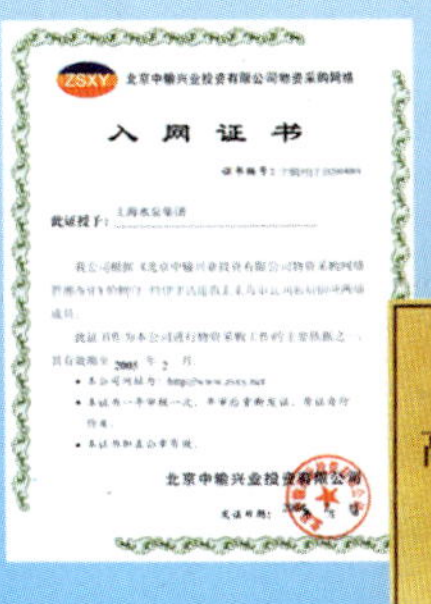
入网证书

上海市

高新技术企业认定证书

企业名称:上海水泵集团公司

统一编号:沪认(03)013

OTS型

二OO三年十二月八日

上海水泵(集团)有限公司

工业园:上海市奉贤区工业园东区

办公地址：上海市沪太路701号　　邮编：200072

电话：(021)63084503(销售中心)　57562111

传真：(021)63166400

http://www.spg666.com

E-mail:spg666@vip.citiz.net

上海凯士比泵有限公司

KSB SHANGHAI PUMP CO., LTD.

上海凯士比泵有限公司是由上海电气(集团)总公司和大型的泵及阀门制造厂之一德国KSB公司强强合作建立的泵专业制造公司，是国内水泵行业中技术水平高、产品范围广、生产规模大的合资企业。

上海凯士比泵有限公司综合KSB公司和原上海水泵厂双方的技术优势，在电站、石油、化工、炼油、城市给排水、大型农田水利建设、污水处理及船用领域享有很高的声誉。

上海凯士比泵有限公司已在泵的设计和制造领域建立并应用了质量体系，满足了DIN EN ISO 9001: 2000的标准，为国内外客户提供优质服务。

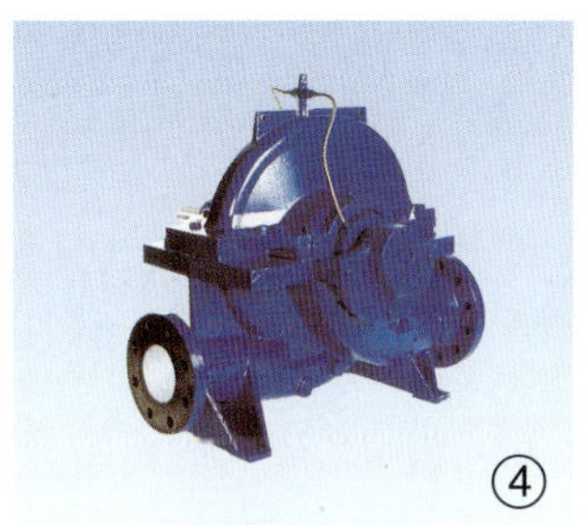

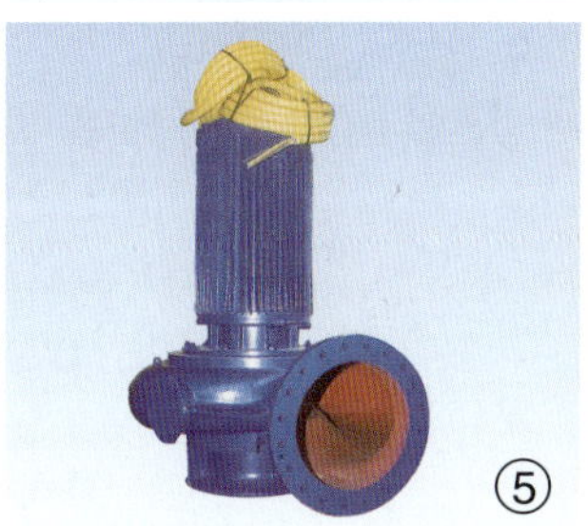

1. CHTC / CHTD 筒式锅炉给水泵
2. MN、MF 污水泵
3. ISKM 斜式轴流泵
4. Omega / RDL 蜗壳式离心泵
5. Amarex KRT 潜水污水泵
6. SEZ 抽芯式混流泵
7. HG 高压多级离心泵
8. ZL 立式轴流泵

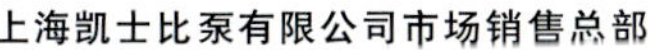

上海凯士比泵有限公司市场销售总部
上海光大会展中心E座26楼
上海漕宝路82号　P.C.: 200235
TEL: (021) 64325599　FAX: (021) 64325333
E -mail:ksbsales@ksb.com.cn
www.ksb.com

* 更详细的生产业绩和产品性能参数资料，　请咨询上海KSB。

上海凯士比泵有限公司　上海闵行江川路1400号　P.C.: 200245　Tel.: (021) 64302888　Fax.: (021) 64301504

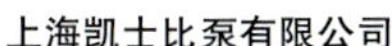

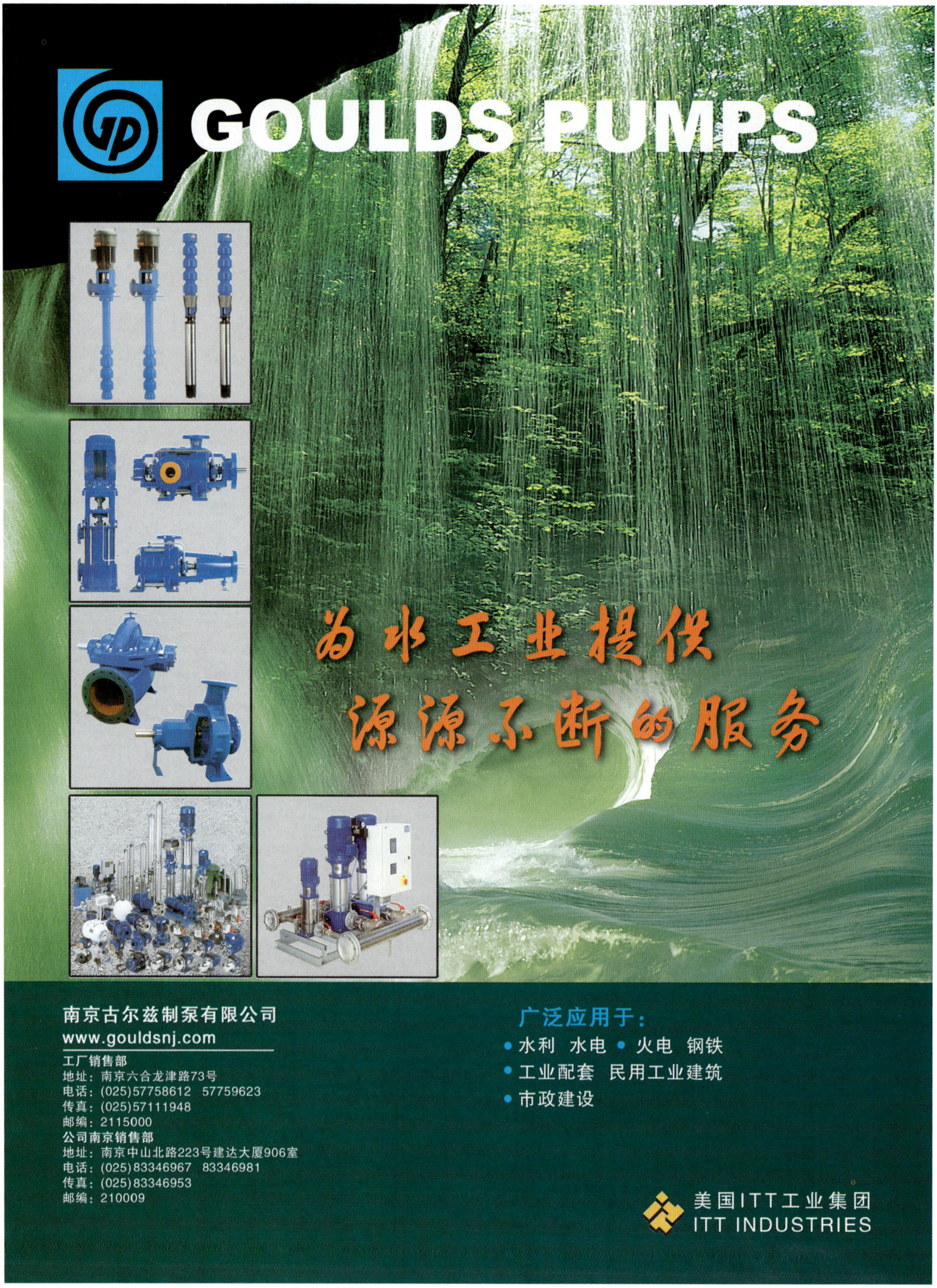
GOULDS PUMPS
为水工业提供
源源不断的服务
南京古尔兹制泵有限公司
www.gouldsnj.com
工厂销售部
地址：南京六合龙津路73号
电话：(025)57758612 57759623
传真：(025)57111948
邮编：2115000
公司南京销售部
地址：南京中山北路223号建达大厦906室
电话：(025)83346967 83346981
传真：(025)83346953
邮编：210009
广泛应用于：
水利 水电
火电 钢铁
工业配套 民用工业建筑
市政建设
美国ITT工业集团
ITT INDUSTRIES

上海压缩机有限公司
SHANGHAI COMPRESSOR CO.,LTD.

上海压缩机有限公司是由上海压缩机厂转制而成的，原名精业机器厂，创建于 1940 年。1958 年开始专业从事大型的活塞式和螺杆式压缩机的设计和制造。公司通过与国外具有先进技术的压缩机企业合资，吸取国外先进管理和专业技术，调整企业内部结构，完善生产技术装备等措施，企业的综合实力有了很大的提高。公司现已发展成为拥有一个中美合资企业，三个分厂，一个销售公司和一个特种压缩机公司的大型压缩机生产企业。

公司 2003 年 1 ～ 10 月已承接各类合同额 7.2 亿，其中出口产品占 5%。

公司严格遵循 API 标准，生产石化行业用的重整、加氢、加氢裂化等装置以及化肥、化工行业用的各种工艺气体的往复式、螺杆式压缩机。往复式压缩机的活塞力 3.3 ～ 60t，排气压力达 40Mpa，功率最大为 6000kw. 螺杆式压缩机气量范围为 3 ～ 450m³/min，出口压力最大可达 2.5Mpa，最大功率可达 4000kw。

公司于 1997 年 2 月通过国际 ISO9001 质量体系认证，并获《中国政府采购供应商名录》入编资格证书、中国石化物资资源市场成员证书、中国石油天然气集团公司一级供应网络证书，并获得上海市气体压缩机“精业”牌著名商标等。公司的质量方针是“精业产品，精心制造，精诚服务”。

VS1.5 系列空气压缩机

6M32-225/314
氮氢气压缩机

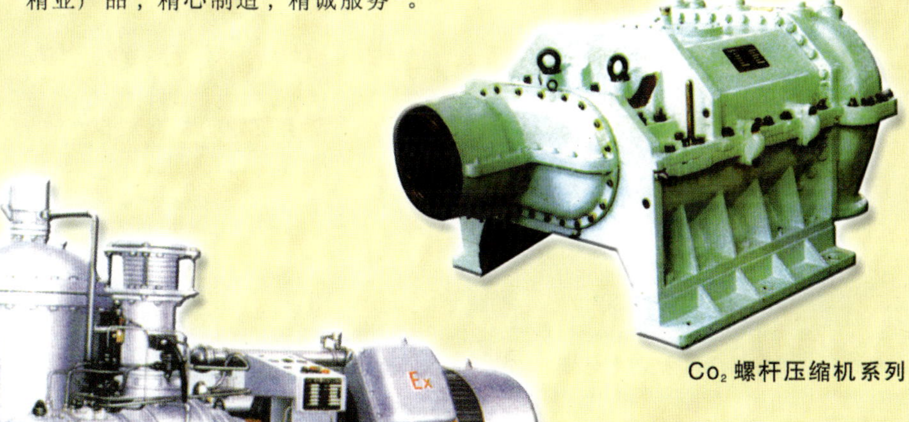

CO_2 螺杆压缩机系列

LG-30/8 火炬气螺杆压缩机

董事长（总经理）：周惠民
地址：上海中山北路 903 号
邮编：200070
电话：(021)56551018
传真：(021)56552111
http://www.shec.gov.cn/shysj/

Enric 安瑞科（蚌埠）压缩机有限公司

安瑞科（蚌埠）压缩机有限公司的前身蚌埠压缩机总厂是国家压缩机行业重点骨干企业，中国500强机械工业企业之一，已有50余年生产各类压缩机的历史。1998年通过ISO9001认证，1999年通过ISO9001补军认证。是国家动力、军工、油工、天然气压缩机定点生产厂。

2002年4月8日，蚌埠压缩机总厂加盟新奥集团股份有限公司，隶属新奥工业板块--安瑞科集团，正式更名为安瑞科（蚌埠）压缩机有限公司。2002年12月，公司顺利通过ISO9001：2000认证，2003年10月，公司顺利通过GJB9001A-2001质量管理体系认证，内部管理已导入ERP管理体系。

跟踪高新科技 制造一流产品

天然气充瓶及CNG建站专用压缩机

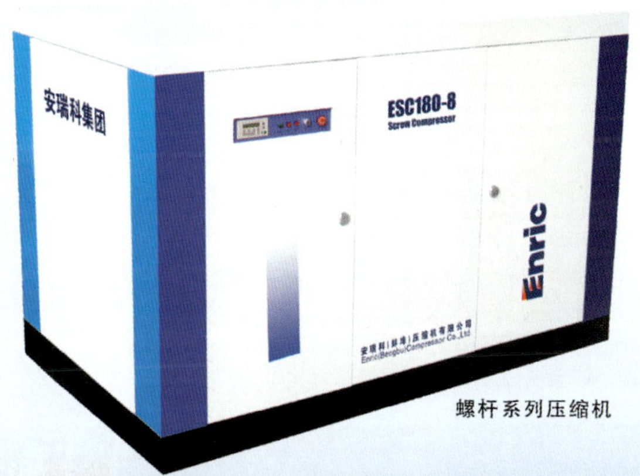

螺杆系列压缩机

○油田用S、W系列车装式、撬装式中高压空气压缩机，排气压力：2.5～35Mpa，排气量5～30m³/min；以及大排量螺杆、活塞串联压缩机及膜制氮设备
○CNG天然气加气站用压缩机：排气量250～3000m³/min标准状态下，排气压力25Mpa；CNG运输车以及CNG、LPG加气站设计、施工的交钥匙工程
○天然气、轻烃回收压缩机
○LPG液化石油气循环压缩机、液化气槽车
○军工高压系列压缩机及气体加注车
○无油润滑、无基础空气压缩机
○动力用固定式、移动式螺杆、滑片、活塞系列压缩机，各种特殊用途及特殊介质压缩机、一二类压力容器的设计、生产、制造

W-10/350型空气压缩机

V、W型移动式空气压缩机

V型无油往复活塞式压缩机

公司地址:安徽省蚌埠市燕山路187号　邮　编:233052　传　真:0552-2049249 2069100　电　话:0552-2044691 2044094
http://www.Enric-compressor.cn http://www.Enricysj.com E-mail:Enric666@163.net Enric@mail.ahbbptt.net.cn

江苏超力机械有限公司

大力 DAYLEAP

江苏超力机械有限公司于2001年12月兴办的合资企业，2003年1月19日成功收购了江苏大力集团股份有限公司。公司主要产品为微小型空气压缩机，具有年产15万台空气压缩机的生产能力。该产品出口创汇已连续多年全国同行领先；公司占地面积约10万m²，拥有铸造、金加工、装配等十多条生产流水线，有各类专用机械设备近百台，各类技术人员一百多人，公司坚持“以科技进步为先导，以产品质量创一流”的方针，重视技术开发和研究，使产品精益求精。公司是国内知名的微小型空压机生产出口企业，拥有外贸经营自主权。公司通过IS09001质量体系认证，大力牌商标被评为“江苏省著名商标”，以“大力”为注册商标的微小型空气压缩机获国家银奖和国家机械安全认证，2003年获中国机械500强-压缩机10强称号。

公司注重完善质量控制技术服务系统及网络，公司的销售网络遍布全国，在全国各大城市设有32个销售服务部，保证产品技术服务及配件供应。产品出口到美国、加拿大、意大利、法国、比利时等十多个国家和地区。

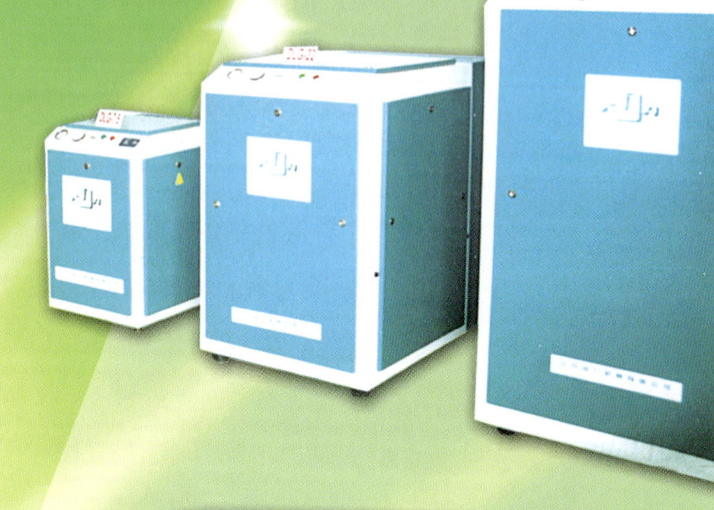

董事长：陈冰
地址：江苏大丰市人民北路328-1 411号
邮编：224100
电话：(0515)3913241 3913912
传真：(0515)3913249
htpp://www.dayleap.com

上海斯可络压缩机有限公司
SHANGHAI SCREW COMPRESSOR CO.,LTD.

斯可络压缩机有限公司自1989年成立以来，一直致力于螺杆式空压机的研制、生产和销售。进入21世纪，公司将设在香港的生产销售基地迁至上海松隐高科技工业园区，以其专业的人才、丰富的经验、先进的技术为您打造称心的产品。

总经理　孙金钵

公司全套引进德国先进的设计技术及生产、检测设备，并针对国内工况采用德国“GHH”公司新开发的重型主机，生产具有更高效、低噪、节能等特点的箱式螺杆式压缩机，并研制生产更具耐高温、粉尘、振动的敞开式机车压缩机及焦车压缩机。产品通过ISO9001质量体系认证，采用世界名牌供应商的产品，确保我们的产品质量、性能更加完美。产品广泛服务于纺织、化纤、医药、电力、军事、航空、饮料、化工、石油和石油化工、电子、汽车、食品、包装、冶金、机械和环保等各行各业。部分产品出口东南亚国家，深受客户信赖，并在全国各地拥有销售及服务机构。

乘持专业、快捷、完全诚实、彻底负责的理念，公司同仁将竭诚为您服务！

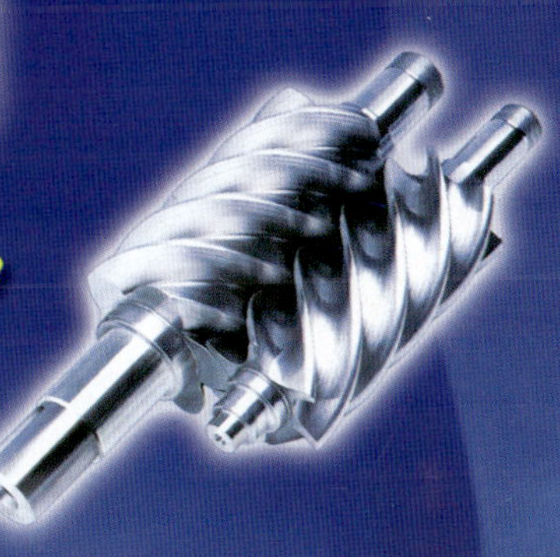

SCR series

Screw Compressor

地址：上海市金山区松隐亭枫公路1555号
邮编：201504
电话：(021)57384739
传真：(021)57382222
http://www.scr-hw.com
E-mail:scr@scr hw.com

公司销售部
地址：上海市中山北路198号1901室
邮编：200071
电话：(021)6628 7600
传真：(021)6628 9699

沈阳真空技术研究所
沈阳真研真空科技有限责任公司

沈阳真空技术研究所成立于1958年，隶属于中国机械装备（集团）公司，是国内较早和从事真空技术和真空应用成套设备研究开发的专业研究所。是我国真空设备行业协会的理事长单位，国家真空设备质量监督检验中心，真空设备行业生产力促进中心挂靠单位，《真空》杂志主办单位。

研究所具有一批多年从事真空测量和控制工作的专家及技术人员，现有400多名员工，60多名专业技术人员，其中教授级高级工程师4人，高级工程师20人，工程师43人，都是多年从事真空设备研制开发的高级设计人员及高级工艺人员，技术力量雄厚。

沈阳真研真空科技有限责任公司是由近50年历史的沈阳真空技术研究所的科研主体改制组建，以研制开发高新技术、生产销售各种真空应用设备为主的高科技股份制企业。其产品广泛应用于航空、航天、机械、电子、材料、冶金、金属热处理等行业。

技术部

真空钎焊炉

真空连续钎焊炉

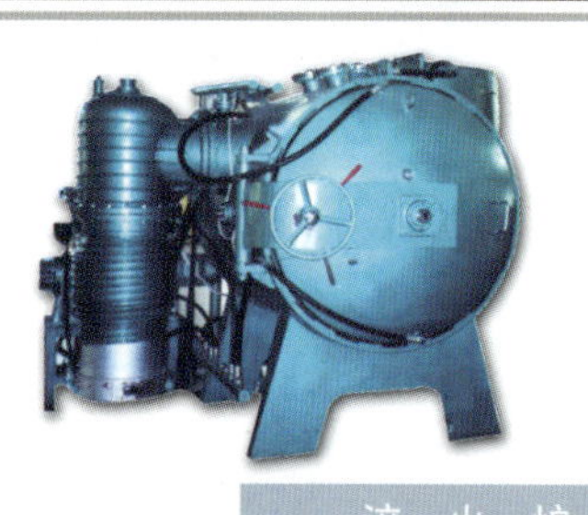
淬火炉

航天质量认证中心

质量体系认证证书

沈阳真空技术研究所

北京天一正质量体系认证中心

质量体系认证证书

沈阳真空技术研究所

质量保证：ISO9001质量体系

总经理：康宁
地址：沈阳市沈河区万柳塘路2号
邮编：110042
电话：(024)24809925
传真：(024)24809925
http://www.cnvac.com
E-mail:vacuum@cnvac.com

上海鼓风机厂有限公司
SHANGHAI BLOWER WORKS CO., LTD.

总经理　朱元昊

上海鼓风机厂有限公司是国家大型骨干企业、上海市高新技术企业。公司占地面积12.1万m^2，建筑面积7.1万m^2。现有职工1200人。其中技术人员和质保人员200人，高级技师、技师及高级工计100人。企业主要产品有大型工业用离心压缩机、离心式和轴流式通风机、离心式和罗茨式鼓风机，以及消声器。产品为石油化工、火电站、冶金、化肥、水泥、城建、矿井、纺织、轻工和军工等行业提供配套。企业获ISO9001质量体系证书。

大型地铁隧道风机

大型钢厂冶金离心风机

大型电站轴流风机

大型离心压缩机

工厂技术大楼

地址：上海市共和新路3000号
电话：86-21-56650577
http://www.sbw-cn.com
邮编：200072
传真：86-21-56651514
E-mail:sbw@sbw-cn.com

石家庄市风机厂有限责任公司

（原石家庄市风机厂）

石家庄市风机厂有限责任公司是全国风机行业重点骨干企业，中国通用机械工业协会风机分会会员单位，河北省风机测试中心。公司生产离心高、中、低压风机以及轴流风机、高温风机、防爆风机，并按用户要求设计制造非标风机产品，品种齐全，品质优良。产品广泛应用于锅炉鼓引风、矿山通风、化工、冶金、制药、电力、纺织、水泥、隧道、化铁炉、建筑、输送物料、污水处理、粮库通风、温室大棚、消防排烟等各领域。

公司已取得了 IS09001 质量体系标准认证证书、英国皇家国际标准认证证书、中国机械安全认证证书，并引进了日本荏原滨田送风机株式会社具有国际先进水平的 NEW3S 系列风机产品技术（共 4 个系列 200 多种规格），使产品能更好地满足国内外用户的需求。

公司欢迎新老客户光临指导，“玉环”风机愿永远伴随着您。

董事长兼总经理：乔增起

地址：石家庄市桥西区石铜路 18 号
邮编：050091
电话：(0311) 3834677（总机） 3827132（销售）
传真：(0311) 3833992 3832560
http://www.sjzsfjc.com
E-mail：sjzsfjc@sjzsfjc.com

四川空分设备（集团）有限责任公司

四川空分设备（集团）有限责任公司系全国大一型企业、我国深冷设备主要设计制造基地之一。

公司已取得国家 AR1、CR2、DR4 级压力容器设计、制造许可证，美国机械工程师协会 ASME 许可证和 U、U2 钢印；通过了 ISO9001-2000 质量体系认证、军工质量体系认证；获得了国家一级计量合格证。

公司已为冶金、石化、能源、化工、化机、轻工、军工、航空航天、卫生等部门先后提供了一批获得国家重大科技成果优质名牌产品称号的产品。其中二十多种产品填补了国内空白，十多种产品进入国际市场，在国内外广大用户中建立了良好的信誉。

我公司愿与国内外各界朋友进行广泛的贸易和长期的合作。欢迎各界朋友来公司参观。

公司主要设计、制造、销售：

- 大、中、小型空气分离设备
- 低温液体（液态氧、氮、氩、二氧化碳、乙烯、液化天然气等）贮槽、集装槽、槽车及汽化设备
- 超级绝热低温气瓶和输液管
- 天然气（油田气）液化分离设备
- 液化石油气贮槽、槽车
- 各种膨胀机、中小型活塞压缩机、低温液体泵
- 空分、贮槽用低温阀门和常温专用阀门
- 医院用集中供氧装置和中心吸引装置
- 溶解乙炔设备、环保设备

欢迎光临川空（集团）公司

250t 液化装置

油田气液化分离设备

27m³ 液化天然气槽车

20000 空分设备

2000 低温液体贮槽

法人代表、董事长、总经理、党委书记：单金铭
地　址：四川省简阳市建设中路 239 号　邮　编：641400
电　话：(0832) 3186000　3186011　传　真：(0832) 7015916
http: // www. saspg. com
E-mail: webmaster@ saspg. com

开封空分集团有限公司

KAIFENG AIR SEPARATION GROUP CO.,LTD.

董事长总经理：曾建晟

开封空分集团有限公司是我国设计、制造工业气体分离设备、气体液化设备和冷链设备的重点骨干企业，国家二级企业，拥有外贸进、出口自营权，并被批准为出口基地企业。

主要产品有大、中、小型成套空气分离设备，气体液化设备，焦炉气分离设备，液氮洗设备，石油化工设备以及各种配套机组如活塞式及离心式氧、氮、空气压缩机，气体透平膨胀机，低温液体泵，低温阀门，各类压力容器和管壳式换热器，各种铝制板翅式换热器，金属组装式冷藏库、气调库及速冻机，污水处理等环保设备。

产品分布国内 29 个省、市、自治区，并先后出口阿尔巴尼亚、印度尼西亚、印度、菲律宾、伊朗和葡萄牙等国家。

公司拥有国家有关部门的一、二、三类压力容器设计和制造许可证和国家有关部门颁发的乙级《环境污染防治工程专项设计资格证书》，美国 ASME 授权书和“U”钢印。

公司通过了国家 GB/T19001-94“设计、开发、制造、安装及服务质量保证模式”标准认证，并为国家一级计量单位。计算机在管理和辅助设计、制造上都得到广泛应用。

公司除提供产品外，还可承接空分设备、冷链设备、环保设备的安装、技术改造和技术咨询等，开展工业气体经营，根据用户需要，提供“一条龙”式的优良服务。

开封钎接板翅式换热器的大型真空钎接炉

开封空分提供给山东鲁南化肥厂 KDON-16000/28000 型空气分离设备采用填料精馏塔的技术

开封空分提供印度尼西亚 1000m³/h 和 1500m³/h 空气分离设备

开封空分出口葡萄牙的 KDON-350Y/1350Y 全液体空分设备

地址：河南开封市公园路 28 号
邮编：475002
电话：(0378) 2925977　2928446
传真：(0378) 2921298
http://www.kfas.com.cn
E-mail：pkfas@public.zz.ha.cn

CNASPC

中国空分设备公司

中国空分设备总公司成立于1981年，是集工程技术设计、咨询、设备采购、成套、项目管理和总承包为一体的专业工程公司。

公司为国内外顾客提供各类空气分离设备、能源及环保设备、特种气体设备、溶解乙炔设备、自动化控制、进出口贸易和其他成套机电设备的咨询、设计、采购、监理、项目管理及安装调试、人员培训、招标代理和进出口代理等服务，直至承包“交钥匙”工程。

公司具有一、二、三类压力容器设计资格和专项工程设计资格，是国家批准的甲级机电设备成套单位，甲级建设工程设备招标机构，技术改造项目招标代理机构，具有对外经济合作权及经营进出口业务权，并取得了工商领域固定资产投资咨询机构资质和环境工程专项设计资质，通过了ISO-9001质量体系认证。

公司成立至今已完成各类项目数百项，业绩遍及石油、化工、冶金、有色金属、电子、轻纺、建材、医疗、能源、环保、城市煤气化乃至航天工程等领域。此外还为十多个国家和地区提供了四十多套成套设备。

公司坚持为顾客创造价值的服务理念和质量第一的方针，将一如继往、真诚地为海内外顾客服务，并将通过不懈的努力，向着具有明显特色和较强设计、采购、项目管理和建设总承包能力的国际型工程公司迈进。

总经理：徐伟民

2000年中国空分设备公司向沙特雅得氧气公司提供的310 Nm^3/h液氧液氮设备。

2001年中国空分设备公司总承包的江阴兴澄特种钢铁有限公司1000m^{3}液氧储罐及加压汽化系统交钥匙工程。

1997年中国空分设备公司总成套的国内先进的规整填料上塔、全精馏提氩的邯郸钢铁公司16000Nm^3/h空分设备。

2002年中国空分设备公司总承包的浙江省杭州湾纺织品有限公司5000t/天印染废水处理及回用环保交钥匙工程效果图。

地址：浙江省杭州市东新路462号　邮编：310004
电话：(0571)85370850　传真：(0571)85372555
http://www.cnaspc.com　E-mail:info@cnaspc.com

兰州真空设备有限责任公司

LANZHOU VACUUM EQUIPMENT CO., LTD.

兰州真空设备有限责任公司（主体兰州真空设备厂）系国有独资企业，因国家军工和科技发展战略需要而组建西北真空装备基地，是甘肃省一级企业，国家二级计量单位和二级档案管理企业，是中国机械工业和真空行业骨干企业及技术开发中心。

兰州真空1965年由上海内迁兰州，经过30多年的建设发展，在真空设备制造领域牢固树立起行业主导厂的地位。目前兰州真空的产品跨接真空、低温、压力容器三大技术领域，已形成五大类、四十多个系列、三百多个品种规格产品的设计制造能力。产品覆盖全国，并出口日本、韩国、德国、意大利、美国、印度、泰国、马来西亚等许多国家和地区。产品的设计水平，制造质量均属国内领先，相当部分已达国际先进水平。兰州真空以雄厚的技术实力，严格的质量保证，优良的售后服务，在国内外广大用户中建立了良好的信誉，积累了巨大的无形资产，赢得了广泛的市场知名度。

兰州真空具有100余个局域联网计算机位的CAD中心，建筑面积685m²，配备UMCAD、EDD、ANSYS、Pro/E、SEAS等先进的专业设计和文档管理软件。可为各行业设计制造高真空油扩散泵、油扩散喷射泵、卷绕及柔性ITO膜连续沉积系列设备、真空炉系列设备、高真空多层超级绝热低温贮运设备等均居国内领先水平。其设计制造的真空炉系列设备曾先后荣获省、部科技进步一等奖、国家科技进步二等奖。

低温液体贮运容器

真空热处理炉(高压气淬)

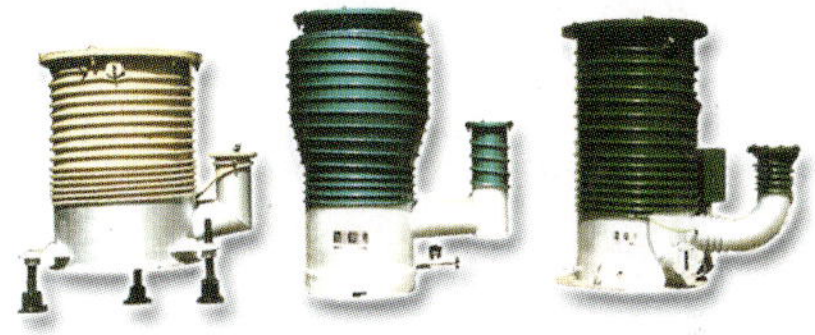

高真空油扩散泵系列设备

服务于航空航天领域空间模拟舱

真空钎焊炉（国家科技进步二等奖、省、部一等奖）

高真空卷绕镀膜机系列设备

低温液体运输车系列设备

法人代表：尚心德（董事长、高级工程师） 总经理：彭平（高级工程师）
地址：甘肃省兰州市七里河区龚家坪北路29号 邮编：730050
电话：（0931）2866383 2869011转
传真：（0931）2861510
http://www.clzva.com
E-mail:lve@clzva.com
北京办事处：
地址：北京朝内大街甲190号210室
电话：（010）65141928 传真：（010）65594041
上海办事处：
地址：上海市平凉路716号606室
电话：（021）55211465 传真：（021）55211465
深圳办事处：
地址：深圳市水贝二路二街一号
电话：（0755）25505088 传真：（0755）25534821

湘潭离心机有限公司
XIANGTAN CENTRIFUGE CO.,LTD.

湘潭离心机有限公司前身为湘潭离心机厂，始建于1966年，是中国分离机械行业长期享有较高声誉的离心机、过滤机、分离机专业制造企业。现为中国分离机械行业协会副理事长单位，中国分离机械标准化技术委员会委员单位。公司总部座落于中国湖南湘潭湘江生态风景区，环境优雅，交通便利。

公司技术力量雄厚，加工装备精良，检测手段完善，内部管理规范，是目前国内初具现代化规模，拥有较强科研能力和综合加工能力的分离机械研制与生产的骨干企业。经几十年的开发研制，现生产20多个系列，200余种型号规格的离心机、过滤机和分离机，数国内品种多、规格齐。同时，能以个性化的设计和制造，生产满足于顾客特殊需要的各类离心机、过滤机和分离机。

公司于2000年通过ISO9001国际质量体系认证，产品质量上乘，服务优良，多次获得国家、行业和省、市多项奖励，其主导产品性能处于国内先进水平。产品适应于固相物为颗粒状、结晶状、纤维状或粉状物等悬浮液的固液分离，广泛运用于石油、化工、化肥、轻工、食品、制药、环保、国防等行业。产品畅销全国各地，并远销东南亚国家和地区，拥有较高的市场份额，深得顾客好评。

湘潭离心机有限公司热忱希望与国内外广大客商开展经济、技术合作和商务往来，共同开创更加美好的明天。

LD型立式吊袋卸料离心机

HR型卧式双级活塞推料离心机

LWL型卧式螺旋卸料过滤离心机

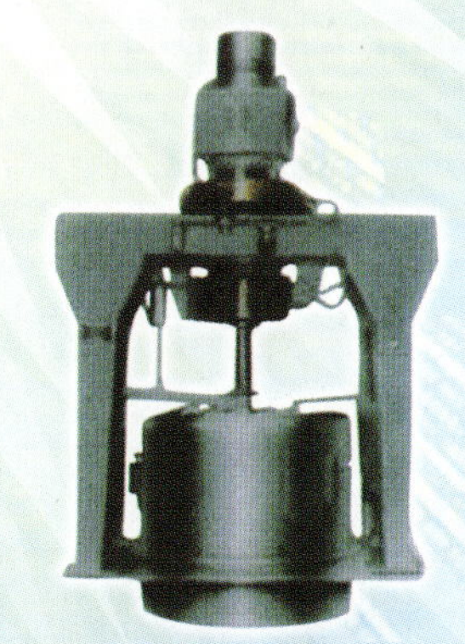
XZ型上悬式重力卸料离心机

地址：湖南省湘潭市易俗河
电话：(0732)7881242(营销)7803403(服务)
传真：(0732)7880281
邮编：411228
http://www.centrifugext.com.cn
E-mail：root@centrifugext.com.cn

美国沃茨工业集团核心成员企业

A Key Member of Watts Industries

86-2

www.v

心板式蝶阀
e Concentric Disc
ly Valve

↖ 609A对夹式蝶阀
609A Wafer Butterfly Valve

↗ 对夹式蝶型止回阀
Wafer Butterfly Check Valve

)

业
s

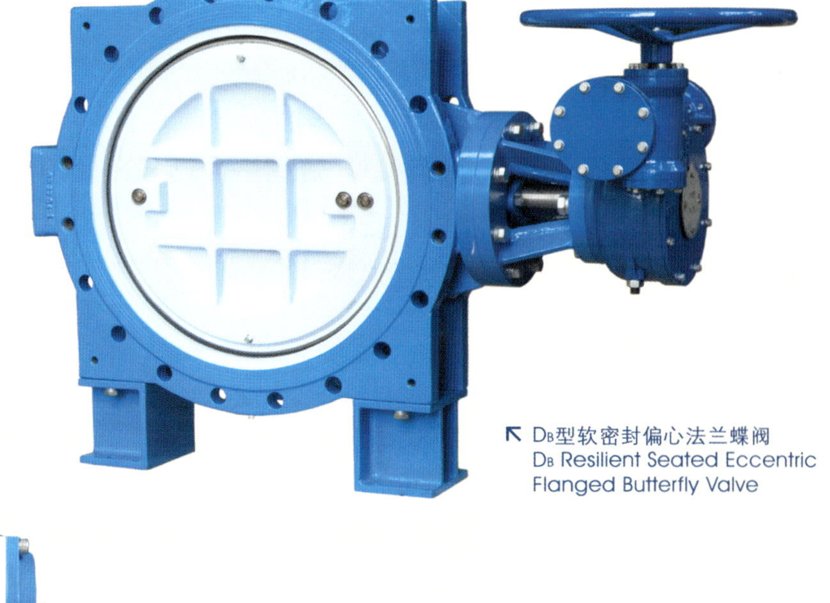

↖ DB型软密封偏心法兰蝶阀
DB Resilient Seated Eccentric
Flanged Butterfly Valve

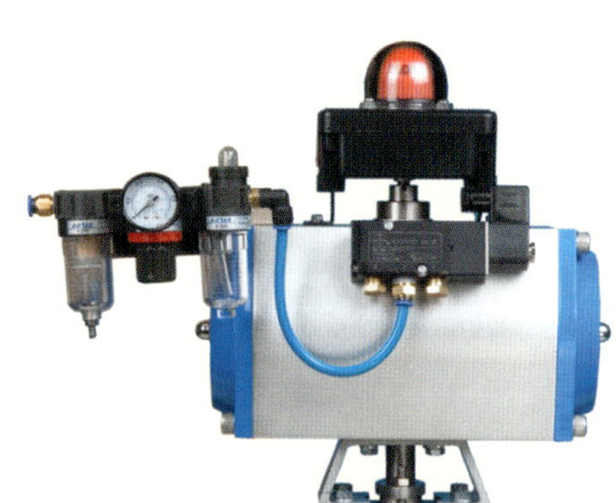

↖ 高性能对夹式耐腐蚀蝶阀
High Performance Wafer
Corrosive-resistant Butterfly Valve

中国通用机械工业年鉴

CHINA GENERAL MACHINERY INDUSTRY YEARBOOK

2004

综述

中国通用机械工业全景观

综　述

中国通用机械工业发展综述

“十一五”振兴通用机械制造业的途径与对策

通用机械工业进口关税调整情况

中国通用机械工业发展综述

中国通用机械工业协会

一、通用机械行业基本情况

通用机械包括泵、风机、压缩机、阀门、气体分离及液化设备、真空获得及应用设备、过滤及分离机械、减变速机、干燥设备等9大类产品。通用机械行业是我国机械装备制造业的重要组成部分，在国民经济建设中占有十分重要的地位。承担着为石油天然气开发、煤炭及矿产开采、石油化工、化工、电力、冶金、环保、纺织、水利、农业、食品、医药、城建、交通和国防等国民经济各领域提供成套、配套和关键技术装备的任务。近几年，由于我国国民经济持续、快速增长，尤其是石油化工、电力、冶金、城市基础设施建设、环保等行业的快速发展，给通用机械行业带来了良好的发展机遇，全行业连续3年呈现两位数增长速度。

据统计，2003年通用机械行业规模以上制造企业2 411个(根据各种资料推测，全国专产、兼产通用机械产品的制造厂商应有3万个以上)，其中：泵制造企业699个，风机制造企业275个，压缩机制造企业156个，阀门制造企业723个，气体分离及液化设备制造企业59个，过滤及分离机械制造企业22个，减变速机制造企业87个，其他通用机械制造企业390个。按大中小划分：大型企业67个，中型企业184个，小型企业2 160个。按经济类型划分：国有及国有控股企业370个(其中国有企业277个)，占企业总数的15.35%；民营企业1 730个，占企业总数的71.75%；三资企业311个，占企业总数的12.9%。2 411个规模以上制造企业，拥有资产总额为945.03亿元，固定资产净值年平均余额238亿元。

二、行业经济运行情况

1. 生产、销售继续保持快速增长，产销衔接良好

(1)2003年，据对2 411个规模以上企业统计：生产泵2 263.88万台，比上年增长26.5%；生产风机123.32万台，比上年增长34.13%；生产压缩机83.38万台，比上年增长58.7%；生产阀门80.83万t，比上年增长5.73%；生产分离机械4 751台，比上年增长18.07%；生产减变速机111.47万台，比上年增长34.52%。2001～2003年通用机械行业部分产品产量见表1。

表1　2001～2003年通用机械行业部分产品产量

产品名称	2001年	2002年	2003年
泵(万台)	1 539.25	1 789.64	2 263.88
风机(万台)	65.84	91.94	123.32
压缩机(万台)	38.77	52.54	83.38
阀门(万t)	69.88	76.45	80.83
减变速机(万台)	99.26	83.06	111.74
分离机械(万台)	0.15	0.40	0.48

(2)2003年，2 411个规模以上企业完成工业总产值(当年价)849.4亿元，比上年增长31.09%，其中：国有及国有控股企业完成工业总产值(当年价)170.69亿元，比上年增长29.05%，占全行业的20.1%；民营企业完成工业总产值(当年价)492.03亿元，比上年增长29.52%，占全行业的57.93%；三资企业完成工业总产值(当年价)179.87亿元，比上年增长37.47%，占全行业的21.91%。泵行业完成工业总产值208亿元，比上年增长26.8%；风机行业完成工业总产值120.56亿元，比上年增长38.18%；压缩机行业完成工业总产值93.94亿元，比上年增长27.95%；阀门行业完成工业总产值225.45亿元，比上年增长27.98%；气体分离及液化设备行业完成工业总产值44.88亿元，比上年增长47.45%；其他通用机械行业完成工业总产值143.68亿元，比上年增长34.93%。2003年中国通用机械工业总产值前5名企业见表2。

表2　2003年中国通用机械工业总产值前5名企业

序号	企业名称	工业总产值(亿元)
1	杭州制氧机集团有限公司	15.73
2	陕西鼓风机(集团)有限公司	12.66
3	浙江上风实业股份有限公司	10.34
4	沈阳鼓风机(集团)有限公司	7.38
5	四川空分设备(集团)有限责任公司	5.56

2003年全行业完成工业销售产值(当年价)825.53亿元，比上年增长31.6%，其中出口交货值103.31亿元，增长32.03%，占工业销售产值的12.49%。国有及国有控股企业出口交货值5.64亿元，比上年下降3.6%，占全行业出口交货值总额的5.47%；民营企业出口交货值52.07亿元，比上年增长40.24%，占全行业出口交货值总额的50.49%；三资企业出口交货值45.42亿元，比上年增长29.29%，占全行业出口交货值总额的44.04%。2003年通用机械行业产品出口交货值前5名企业见表3。

表3　2003年通用机械行业产品出口交货值前5名企业

序号	企业名称	产品出口交货值(亿元)
1	浙江丰球股份有限公司	2.30
2	宁波华成阀门有限公司	1.44
3	南通阀门厂	0.90
4	山东博泵科技股份有限公司	0.83
5	中国核工业总公司苏州阀门厂	0.70

(3)据对2 411家规模以上企业统计,2003年287个企业有新产品,共完成新产品产值87亿元,比上年增长35.5%,新产品率为10.24%。其中国有及国有控股企业完成新产品产值43.72亿元,比上年增长43.2%,新产品率为25.61%;民营企业完成新产品产值35.82亿元,比上年增长26.03%,新产品率为7.28%;三资企业完成新产品产值7.46亿元,比上年增长30.92%,新产品率为4%。2003年通用机械行业新产品率前5名企业见表4。

表4 2003年通用机械行业新产品率前5名企业

序号	企 业 名 称	新产品率(%)
1	沈阳气体压缩机股份有限公司	83%
2	沈阳鼓风机(集团)有限公司	78%
3	长沙鼓风机厂有限责任公司	69%
4	浙江宣达实业集团有限公司	67%
5	天津泵业机械集团有限公司	66%

(4)2003年,全行业销售收入上亿元的企业有136个,2 411个规模以上企业实现产品销售收入797.84亿元,比上年增长32.28%。其中国有及国有控股企业实现产品销售收入161.39亿元,比上年增长32.21%,占全行业的20.23%;民营企业实现产品销售收入454.64亿元,比上年增长32.35%,占全行业的56.98%;三资企业实现产品销售收入181.82亿元,比上年增长32.15%,占全行业的22.79%。分行业中泵行业实现产品销售收入205.14亿元,比上年增长25.57%;风机行业实现产品销售收入108.04亿元,比上年增长38.57%;压缩机行业实现产品销售收入92.58亿元,比上年增长26.08%;阀门行业实现产品销售收入212.53亿元,比上年增长28.31%;气体分离及液化设备行业实现产品销售收入47.88亿元,比上年增长55.39%;其他通用机械制造业实现产品销售收入131.76亿元,比上年增长35.79%。2003年通用机械行业产品销售收入前5名企业见表5。

表5 2003年通用机械行业产品销售收入前5名企业

序号	企 业 名 称	产品销售收入(亿元)
1	杭州制氧机集团有限公司	18.95
2	陕西鼓风机(集团)有限公司	12.09
3	浙江上风实业股份有限公司	9.83
4	四川空分设备(集团)有限责任公司	7.35
5	沈阳鼓风机(集团)有限公司	6.89

(5)2003年据海关统计,通用机械全行业累计出口29.83亿美元,进口38.33亿美元。

(6)通用机械工业产品销售率达97.2%,产销衔接良好。全行业产成品库存84.16亿元,比上年增长6.42%,库存当量为1.22个月,比上年下降0.3个月。其中国有及国有控股企业库存当量为2.18个月,民营企业库存当量为0.97个月,三资企业库存当量为0.99个月。

2. 利税总额大幅增长

2003年,通用机械行业实现利税总额83.66亿元,比上年增长41.34%。实现利润总额49.18亿元,比上年增长56.43%,增长额17.74亿元;亏损企业344个,亏损面达14.27%,比上年减亏1.5个百分点,减亏额2 389万元。其中国有及国有控股企业实现利润7.22亿元,比上年增长188.22%,增长额4.7亿元;民营企业实现利润24.24亿元,比上年增长37.23%,增长额6.58亿元;三资企业实现利润17.33亿元,比上年增长57.22%,增长额6.45亿元。分行业中泵行业实现利润总额12.05亿元,增长44.34%,增长额3.7亿元;风机行业实现利润总额6.78亿元,增长54.96%,增长额2.41亿元;压缩机行业实现利润总额5.54亿元,增长18.17%,增长额0.85亿元;阀门行业实现利润总额12.03亿元,增长49.31%,增长额3.79亿元;气体分离及液化设备行业实现利润总额4.95亿元,增长224.84%,增长额3.43亿元;其他通用机械行业实现利润总额7.84亿元,增长76.1%,增长额3.39亿元。2001～2003年通用机械行业亏损情况见表6,2003年通用机械行业利润总额上亿元企业见表7。

表6 2001～2003年通用机械行业亏损情况

年 份	2001年	2002年	2003年
亏损企业数(个)	1 632	1 723	2 411
亏损面(%)	18.26	15.8%	14.27

表7 2003年通用机械行业利润总额上亿元企业

序号	企 业 名 称	利润总额(亿元)
1	杭州制氧机集团有限公司	3.20
2	陕西鼓风机(集团)有限公司	2.04
3	SEW传动设备(天津)有限公司	1.57
4	四川空分设备(集团)有限责任公司	1.11
5	上海英格索兰压缩机有限公司	1.09
6	西安大金庆安压缩机有限公司	1.02
7	浙江上风实业股份有限公司	1.00

3. 主要经济效益指标提高

2003年,通用机械行业2 411个规模以上企业拥有资产总额945.03亿元,比上年增长16.26%;拥有固定资产净值平均余额238亿元,比上年增长8.79%。各项经济效益指标逐年提高,表明行业生产能力、营运能力、偿债能力、盈利能力明显提高。2001～2003年通用机械行业经济效益指标见表8。

表8 2001～2003年通用机械行业经济效益指标

指 标 名 称	2001年	2002年	2003年
总资产贡献率(%)	8.23	8.73	10.54
资本保值增值率(%)	108.42	91.95	117.69
资产负债率(%)	61.34	61.11	60.06
流动资产周转率(次)	1.17	1.32	1.47
成本费用利润率(%)	4.28	5.48	6.56
产品销售率(%)	95.90	96.81	97.19

4. 振兴东北老工业基地战略部署在通用机械行业中初见成效

2003年是落实党中央、国务院提出振兴东北老工业基地战略部署的第一年。通用机械行业2 411家规模以上企业中,东北地区企业195家,完成工业总产值(当年价)47.86亿元,比上年增长30.08%;其中新产品产值9.25亿元,增长32.54%。完成工业销售产值45.58亿元,比上年增长29.35%;其中出口交货值2.86亿元,增长10.44%。资产负债率为69%,比上年下降5.9%。实现利润1.43亿元,比上年增长1.54亿元。亏损面为25.64%,比上年下降3.6%。

三、国企改革步伐加快

2002年以来,全国通用机械行业国有企业改革转制步伐进一步加快,一批重点骨干企业完成了产权改革及机制转变,改革形式多样,如对外合资、民营企业收购、自我改造、领导层收购或职工持股、股份多元化等。特别是一些大型企业,经过多方努力和支持,改革转制取得了重大突破,如在我国风机、泵、压缩机行业起着举足轻重作用的沈阳鼓风机(集团)有限公司、沈阳水泵股份有限公司和沈阳气体压缩机股份有限公司实行了优化重组,沈阳水泵股份有限公司和沈阳气体压缩机股份有限公司的优良资产和优秀人才并入沈阳鼓风机(集团)有限公司,统一搬迁新区,建立起一个崭新、强大、现代化的通用机械企业集团。整合重组后,沈阳鼓风机(集团)有限公司以风机、压缩机、泵三大系列产品为龙头可实现工业总产值25亿元。新区建设2007年竣工达产后可实现工业总产值50亿元、销售收入50亿元、利润总额3亿元。

四、行业发展中存在的问题

(1)行业间、企业间发展不平衡;

(2)国有企业负担还较重;

(3)应收账款较大,造成流动资金短缺,影响正常的生产经营;

(4)科技投入不足、研发能力较弱,使得行业新产品产值贡献率较低,一些高技术、高附加值的产品还依赖进口;

(5)行业企业间产品价格的恶性竞争,造成利润率较低;

(6)民营企业已成为通用机械制造业的一支生力军,但做强做大的还较少,不具备国际竞争力;

(7)出口规模还较小,应加大力度开拓国际市场。

“十一五”振兴通用机械制造业的途径与对策

中国通用机械工业协会　温顺如

一、概述

石化通用机械行业是我国机械装备制造业的重要组成部分,在机械工业10大行业中,其工业总产值、销售额一直位居第4位,在国民经济建设中占有十分重要地位。承担为石油天然气、石油化工、化工、电力、冶金、煤炭、环保、水力、农业、国防、军工等国民经济各部门和国家重点建设工程提供成套和关键技术装备的艰巨任务。如大型石油钻机、西气东输用离心压缩机组、大型管线阀门、大型乙烯用乙烯“三机”、大型往复压缩机、核电主泵、大型空分设备、南水北调工程中大型泵站用泵、各类高参数阀门等等,都是国家重大装备中高技术含量的关键技术装备,其性能和质量直接影响国家重点工程建设和相关产业的发展;环保机械是环境保护的重要物质基础和技术保障,是未来经济发展中最具潜力的新的经济增长点之一,大力发展环保产业对实现我国经济和社会发展战略目标,促进经济和社会可持续发展具有十分重要的意义;制冷空调、印刷技术与装备、塑料机械等是为改善和美化人民生活、新闻出版、文化教育、科教卫生等社会物质文明和精神文明提供先进技术装备的重要技术和物质基础。同时,石化通用机械产品,如泵、风机、压缩机、制冷空调、空分设备、真空设备、干燥设备等又是量大面广的耗能产品,其年耗电量约为全国工业用电量的30%~40%,淘汰落后产品,提高产品技术水平,对我国节能降耗,提高能源利用率具有非常重要的现实和长远意义。石化通用机械行业也是提高我国装备制造业竞争力不可缺少的重要组成部分。

机械装备制造业的技术水平和实力直接影响和决定其他产业和产品的竞争力,是国家综合国力的重要体现;综观世界各工业强国,无一例外都是装备制造业的强国,尤其是以重大成套技术装备为代表,显示其综合国力的强大,因为它是科技、经济、工业现代化的综合体现。与国外先进水平相比,我国石化通用机械行业还有较大差距,特别是面对全球经济一体化和我国加入WTO。一方面,我国国民经济建设将持续、稳定、快速发展,如石油、石化、电力、冶金、城市基础设施等产业部门的建设步伐不断加快,为石化通用机械行业提供了千载难逢的机遇,另一方面,国外产品的竞争压力越来越大。因此要求石化通用机械行业必须加快科技进步,加大力度调整产品结构,积极开发市场急需的产品,提高国际竞争力,以满足国民经济建设需要和参与国际经济一体化发展的需要。

二、行业现状与存在的问题

(一)行业现状

石化通用机械行业经过50多年的发展,已形成教学、科研、设计、制造、成套服务等门类齐全、规模庞大的制造体系。特别是改革开放以来,通过自主开发、科研攻关、技术引进与消化吸收、技术改造和基本建设,石化通用机械行业取得了长足发展与进步,产品技术水平、制造技术水平和生产能力有了极大提高。石油天然气开发、大型火电、核电、大型乙烯、大化肥、冶金、环保等行业所需的一批重大关键技术装备实现了国产化；研制出一大批技术先进、质量优良，具有国内知名品牌的制冷空调、印刷机械、塑料机械等关键技术产品，满足了市场急需，为国家重点工程建设和国民经济发展做出了巨大贡献。

据国家统计局统计，2002 年全国石化通用机械行业规模以上企业3 253个，完成工业总产值1 215亿元，较上年增长17.35%；实现销售收入1 131亿元，较上年增长 17.98%；实现利润 72 亿元，较上年增长 36.5%；出口交货值 109 亿元，较上年增长 25%。2002 年石化通用机械行业主要经济指标见表 1。

表 1　2002 年石化通用机械行业主要经济指标

行　业	企业数(个)	销售收入(亿元)	利润(亿元)
合计	3 253	1 131.0	72.0
泵	597	144.0	7.4
风机	188	66.3	3.8
气体压缩机及气体分离设备	147	86.2	4.3
冷冻设备	225	206.0	17.6
阀门	640	147.7	7.3
石油设备	223	105.6	6.1
化工设备	215	49.4	1.2
印刷机械	142	50.2	4.2
塑料加工机械	207	104.6	10.2
环保机械	244	65.2	4.5
其他通用机械	425	105.8	5.4

近几年，我国国民经济持续、快速增长，国家积极的财政政策对拉动内需起到了积极效果，尤其是石油、石化、电力、冶金、城市基础设施等产业部门的快速发展，对石化通用机械产品需求旺盛，特别是对一批重大技术装备需求迅速增长，给通用机械行业带来了良好的发展空间。如风机行业的沈阳鼓风机厂，目前任务十分饱满，主导产品离心压缩机的产量、技术水平已跃居世界先进行列；陕西鼓风机厂的轴流压缩机，国内市场占有率达 97.1%，2002 年工业总产值较上年增长 76.8%，形势喜人；我国空分设备行业 2002 年累计订货 47.3 亿元，比上年增长 51.96%，当年新订合同额 32.3 亿元，同比增长 43.67%；石油钻采设备行业近两年也走出了自 90 年代中期以来的低迷状态，2002 年宝鸡厂和兰石厂两大石油钻井设备生产基地，生产石油钻机 80 多台。因此，近几年受国家政策的驱动，石化通用机械行业持续、稳步、快速增长，经济效益也明显提高。

(二)重大技术装备国产化和行业进步取得突出成绩

为实现石油、三大化工(大型乙烯、大化肥、大型煤化工)、大型火电站、冶金、环保、印刷等重大技术装备和关键产品的国产化，石化通用机械行业相继从国外引进技术 150 多项，通过科研攻关，引进技术消化吸收和技术改造，重大技术装备国产化工作取得了较大进展。研制成功一批具有国际先进水平的重大技术装备，初步具备了为石油天然气开发、大化肥、大型乙烯及深度加工、大型火电、核电、冶金、城市基础设施、环保、印刷工业等提供成套技术装备和关键产品的能力，在行业中形成了一批能够承担国家重大技术装备任务的企业队伍。

1. 沙漠石油

围绕新疆塔里木沙漠油田的勘探开发，研制出双油管采油树、沙漠腹地用6 000m电驱动沙漠钻机、大吨位修井机等关键成套技术设备，产品技术水平达到或接近国际先进水平，使我国石油钻井、采油装备需求的 90%可以立足国内，并争取进一步扩大产品产量。

2. 石油化工

“七五”末“八五”初，以镇海年产 80 万 t 加氢裂化为代表的 7 套加氢装置实现了国产化，560t 和 400t 加氢反应器、高压螺纹环锁紧式换热器、大型循环氢压缩机、大型新氢压缩机、高压进料泵等 91 台关键设备均由国内设计制造，国产化率达 90%以上。目前我国加氢反应器的设计制造水平已跨入世界先进行列，千吨级加氢反应器完全可以立足国内，使我国以加氢反应器为代表的压力容器制造业达到了世界先进水平。为加氢装置配套的 80 ~ 100t 活塞力往复式加氢压缩机和大型循环氢压缩机现已基本立足国内。

大型乙烯装备国产化一直是石化通用行业的重中之重，长期以来，国产化工作进展比较缓慢。进入“九五”以来，随着五大“乙烯”和中小乙烯装置的改造，乙烯装置国产化工作取得突破，特别是“乙烯裂解三机”(裂解气压缩机、乙烯压缩机、丙烯压缩机)长期以来被视为国产化的“禁区”，1998 年沈阳鼓风机厂成功为大庆 48 万 t 乙烯改造项目提供了裂解气压缩机和丙烯压缩机，继大庆之后，又为上海金山和扬子石化 60 ~ 70 万 t 乙烯改造项目提供乙烯装置用离心压缩机，均一次开车成功，打破了该产品长期被国外垄断的局面。乙烯冷箱是乙烯装置中的关键装备之一，一直依赖进口，杭氧厂通过引进技术、消化吸收和科技攻关，分别在燕山、上海等大型乙烯改造项目中中标，目前已承接了 20 多台。

3. 大化肥

自 20 世纪 70 年代以来，我国陆续从国外成套进口了 33 套 30 万 t 合成氨和 30 套 52 万 t 尿素装置，数量之大在国际上也是罕见的。为了实现大化肥成套设备的国产化，石化通用机械行业经过长期不懈的努力，取得了良好的业绩，大化肥装置中合成气透平压缩机、天然气透平压缩机、氨透平压缩机、CO_2 透平压缩机等5大透平压缩机组，以及合成塔、氨冷器等关键技术装备已立足国内。目前就国内装备制造业的水平和能力，30万t合成氨、52万t尿素装置成套技术装备国产化可达80%以上。特别是2002年，在国家和用户的支持下，山东华鲁第一套完全由国内设计成套的以煤为原料的年产30万t大型合成氨装置被列入国产化示范工程，为装置配套的4万 m^3/h 大型空分设备由开封空分设备集团公司中标，首开我国"4万"等级石化用大型空分设备国产化的先河，创下国产大型空分设备内压缩流程压力最高的纪录，为四万空分配套的空气透平压缩机由沈阳鼓风机厂承担。这标志着我国大化肥成套技术装备完全可以立足国内。

4. 大型空分设备

大型空分设备是化肥、石油化工、冶金、煤化工等工艺装置中的关键设备，自"八五"以来，"3万"等级以上大型空分设备就被列为国家重大技术攻关项目。经过空分设备行业的不断努力，缩短了与国外的差距，通过开空4万 m^3/h 和杭氧3万 m^3/h 大型空分设备的研制，打破了我国"3万"等级以上大型空分设备长期依赖进口的局面，为今后发展更大的空分设备奠定了基础。

5. 大型火电通用辅机

大型火电通用辅机包括泵、风机、阀门、除尘、冷冻与空调、制氢、化学加药、水处理等设备，这些设备约占电站设备总投资的25%(如包括脱硫则占40%左右)，其耗电量占电厂自耗电的70%左右，因此，电站通用辅机在电站中占有举足轻重的地位。20世纪80年代初，围绕30万kW、60万kW大型火电的国产化，通用辅机引进了30多项技术，通过消化吸收、自主开发，大型电站锅炉给水泵、循环水泵、送引风机、高温高压电站阀门、大型空冷机组、电除尘器、烟气脱硫等关键技术产品已完全可以立足国内。但随着新型超临界、超超临界、燃气轮发电及核电等先进发电机组的建设，对泵、风机、阀门等关键设备提出了更高的要求，要求石化通用机械行业加快技术进步，提高产品水平和质量，满足电力工业发展需要。

上述成绩表明，石化通用机械行业在产品结构调整、技术进步等方面取得了突出成绩，不仅重大技术装备有重大突破，同时还涌现出一批具有先进水平的印刷、制冷、环保等产品，满足了我国国民经济建设、社会主义物质文明和精神文明建设的需要。

(三)存在的问题

1. 技术开发、创新能力弱，产品技术水平低

由于技术开发能力比较薄弱，行业竞争的主体仍为中低档产品，具有国际品牌的产品更是寥寥无几，高技术、高附加值的产品依赖大量进口，产品技术水平和质量普遍较国外低，产品竞争力不强仍是影响石化通用机械行业发展的主要因素。以印刷机械为例，据海关统计，2002年进口印刷装订机械11.74亿美元，而国内生产企业2002年工业总产值只有50.2亿元，这表明虽然我国印机行业通过两个五年专项规划，取得了较大进步，但总体上与国外产品还有较大差距，大量中高档产品仍然依赖进口。

2. 行业组织结构不合理，规模小、效益低

行业低水平重复建设严重，竞争激烈，规模效益差，缺乏有较强自主开发能力和较强国际竞争力的大型企业集团。目前石化通用机械行业年销售额超过10亿元的也只有五六家，多数属小型企业，且产品多数类同，缺乏特色。如阀门行业，国内最大的生产企业其产值不到3亿元，超过1亿元以上的企业也就10个左右，但近万个阀门生产企业中至少有五六千个属低水平重复建设，产品开发能力弱，多以中低档产品开展恶性竞争，而高附加值的产品仍然大量进口。泵、压缩机、风机、环保设备等行业都存在这样的问题。因此，推进行业改组、改造，进行合理的优化组合势在必行。

3. 产业组织结构调整难度大

企业都是地方所有，行业改组、联合不能按市场经济和行业发展科学规律去实现。当前，地方政府只强调将国有企业卖给民营、外企，但不注意企业兼并重组的内涵，虽然有些是企业有联合的积极性，但地方主管部门不同意，联合不起来，因此，企业还缺乏真正意义上的自主权。

4. 市场不规范，无序竞争，竞相压价

恶性竞争、竞相压价几乎体现在石化通用机械行业的所有产品上，这种无序竞争导致企业经济效益下降，破坏了行业健康有序的发展。一般来说，重大产品多为大企业之间的竞争，但有的拿到任务之时，就是亏损之日；一般产品则是国有、民营、私营企业之间的竞争，其程度更加惨烈。这种无序竞争、竞相压价，其后果是为降低成本而偷工减料，降低标准，以次充好，给国家、企业造成很大损失，也扰乱了市场秩序。因此，国家应采取有效措施，尽快制定有关法律、法规，加强行业自律和管理，制止恶性竞争。

(四)制约行业发展的主要因素

1. 科研投入不足，科技创新能力弱

科研投入不足，缺乏高科技含量的产品，产品结构性矛盾突出。目前，石化通用机械行业的一些主导产品仍以20世纪80~90年代引进技术的产品为主力产品，有相当一部分是测绘产品，完全具有独立自主产权的"原创性"高科技产品少之又少，有些产品出现了二次引进。科研经费少，技术创新能力明显不足，自主开发起点低、速度慢、周期长，多数是中低档的类同产品，致使不正当竞争激烈，市场秩序混乱，造成企业经济效益下降，加剧了企业和行业的恶性循环。如不加大科研投入，加大新产品、新技术的开发力度，就不能缩小与国外的差距，就难以满足用户对新工艺技术装备的要求。

2. 质量不稳定，可靠性差

产品质量与可靠性仍然是影响产品竞争力、重大技术装备国产化和产品出口的重要因素。国产产品在技术性能

品种规格、质量、可靠性以及产品信息化等方面，与国外产品相比还存在较大的差距，直接影响产品的市场竞争力。

3. 生产集中度低，规模效益差

目前"大而全、小而全"的生产方式仍占很大的比例，能力分散，专业化水平低，生产集中度不高。大多数企业经营规模较小，产品趋同、企业趋同、地区趋同。行业尚未形成一批占有市场较大份额、代表行业水平、真正具有国际竞争力的企业集团和名牌产品。必须进一步深化改革，加快行业的改组、改造，优化资本结构和产业结构，形成一批"专、精、特"的专业化企业和大型企业集团，提高国际竞争力。

4. 工艺装备落后，检测试验手段不完善

石化通用机械行业通过几个五年计划，仅对部分国有重点企业进行了技术改造，装备水平有了一定的改善，但投入显然不足，加之新涌现的大批民营企业、工艺装备普遍落后，缺乏先进的工艺技术和装备，难于保证产品的加工精度，直接影响产品质量的提高。在检测试验手段上，除少部分国有大中型企业有比较完善的检测试验手段外，大部分企业，尤其是新涌现的民营企业检测手段就更为薄弱，制约了新产品开发进程，不利于产品的改进。

三、面临的形势和任务

预计"十一五"期间，我国石油天然气、石油化工、电力、冶金、环保、煤炭等基础产业将继续保持稳定、快速的发展趋势，以满足国民经济和人民生活水平不断提高的要求。这给服务于这些领域的装备工业——石化通用机械行业发展带来了机遇，同时随着工业装置的大型化、先进化、连续化、智能化，对机械装备提出了更高的要求，对装备制造业是一个严峻的考验。

(一)石油天然气工业

预计到2005年，我国原油产量达到1.7亿t以上，天然气产量达到500亿m^3，海外份额油达到1 500~2 500万t。未来15年，我国国民经济将以7%左右的速度增长，原油需求将以4%左右的速度增加，同期国内原油产量只能增长2%左右，低于原油需求增长2个百分点。面对我国原油资源比较紧张的状况，加强油气资源勘探和储运设施建设，提高原油采收率，降低原油和天然气的成本，是石油工业发展的方针。特别在未来10~15年，我国天然气的开发和利用将有较大发展，除西气东输工程的建设外，今后10年中还要建设4万多km输气输油管线。因此加快石油天然气工业所需的先进技术装备的开发和研制，对我国石油工业的稳定发展非常重要。

(二)石化工业

石化工业是我国能源和原材料工业的重要组成部分，是国家的支柱产业。预计到2005年我国炼油综合能力达到2.7亿t，其中进口含硫原油加工能力达到7 500t，将建8~9个千万吨级炼油基地；乙烯生产能力达到900万t，将建成上海、扬子两个百万吨级乙烯基地，乙烯国内市场满足率要达到60%。在化工产品方面，三大合成材料和有机化工原料的市场占有率只有一半，需要大量进口，急需调整产品结构，扩大生产能力，提高市场占有率。预计"十五"期间，我国炼油、乙烯、五大合成树脂(聚乙烯、聚苯乙烯、聚氯乙烯、ABS)、合成橡胶、合成纤维等石油化工工业将以6%~9%的速度增长，其目标仍将是提高炼油水平，发展乙烯总量，以聚烯烃及聚酯为重点，提高产品竞争力和市场满足率。将以建设千万吨级炼油、60万t以上乙烯及相配套的深度加工装置以及改造现有炼油、大中型乙烯装置为主攻方向。预计到"十一五"期间为满足国民经济需要，石化工业如炼油、乙烯、三大合成材料行业仍将以较快速度发展。但随着石化装置的大型化，对石化装备也提出了更高的要求，石化装备国产化任务依然艰巨。

(三)电力工业

2000年全国发电装机容量达31 932万 kW，其中水电7 935万kW，火电23 754万kW，核电210万kW。到2005年全国发电装机容量预计达3.9亿kW，其中水电9 500万kW，火电28 600万kW，核电870万kW。"十一五"期间，电力工业仍将稳定发展，按国民经济平均增长速度7%计算，电力弹性系数按0.8%计，则到2010年，发电装机容量将达5.2亿kW。电力成套装备重要技术将以60万kW超临界机组，30万kW、60万kW大型空冷机组、百万千瓦级核电机组、洁净煤发电机组、燃气蒸汽联合循环机组、电力环保装置等为发展重点，这将给石化通用机械行业提供很大的市场空间，同时对技术装备也提出了更高要求。

(四)冶金工业

目前，我国钢产量从总量上已能满足市场需要，但在品种结构上还有较大差距，工艺和技术装备比较落后，能耗高、环境污染严重的状况没有得到根本改善。我国吨钢能耗比世界先进水平高20%~30%，主要原因是铁钢比高、高炉余压发电、干熄焦等大型有效的节能环保装置配备率低，高炉、转炉煤气等余能余热回收利用率低。今后，冶金工业仍将以调整产业产品结构、节能降耗为中心，将采用先进的工艺和技术装备，为石化通用机械行业提供了很好发展机遇，如大型轴流压缩机、高炉煤气余压回收发电装置(TRT)、环保设备等将有较快的发展。

(五)实施洁净煤战略，推进洁净煤技术产业化

发展和推广洁净煤技术是保证我国能源安全和可持续发展的战略选择。积极推进煤炭液化和气化技术的开发和应用；大力发展煤气层产业是实施洁净煤战略的重要途径。预计到2005年我国煤炭液化产油达到250万t以上，大中型煤矿瓦斯利用量达到当年抽放量的80%，建成2~3个煤层气地面开发和利用示范基础，煤层气产量达到30~40亿m^3。因此煤的液化和气化等技术有非常大的发展潜力，同时对技术装备如泵、压缩机、风机等产品提出了新的要求，目前，某些关键技术产品还不能满足要求，需要科技攻关和引进技术。

(六)环保工业

保护环境是我国的一项基本国策，今后5到10年，是我国国民经济和社会发展的重要时期，下大力气解决全国突出的环境问题，促进经济、社会与环境协调发展和实施可持续发展战略，是今后环保工作重要而艰巨的任务。到2005年，SO_2 排放量要控制在1 800万 t，烟尘和工业粉尘排放量控制在2 000万 t，工业废水重复利用率达到60%，城市生活污水集中处理率达45%，60%地级以上城市地表水环境质量按功能区划达标等。主要任务：一是工业污染以抓好煤炭、电力、冶金、有色、石化、建材、轻工等重点行业污染防治；二是以治理城市水污染、大气污染、垃圾污染、噪声污染为主要目标；三是农村环境保护；四是生态环境保护等。环境保护事业发展带动了环保产业和环保设备的迅速发展，为环保装备制造业提供了广阔的发展机遇。“十一五”期间，要重点发展烟气脱硫设备，适用高浓度、耐高温的除尘设备，20万 t/d 以上城市污水处理成套设备、城市垃圾处理设备、工业废水处理单元设备和成套设备等。

(七)印刷工业

改革开放20多年来，我国印刷业发生了巨大变化，印刷作为一种宣传、信息交流、美化人们生活的手段，对我国经济建设和精神文明建设起到了重要作用。而印刷机械是印刷工业的重要技术装备，在印刷工业发展的带动下，印刷机械取得了很大发展，但与国外相比，我国印刷机械的技术水平、品种、质量还有较大差距，不能完全满足我国新闻出版、包装、金融、广告等的发展要求。2001年我国进口印刷机械达10.9亿美元，2002年为11.7亿美元。而我国印刷机械行业年产值为40多亿元，不到进口额的一半。“十一五”期间，我国新闻、教育、商业、证券、广告、包装等行业将继续保持快速增长，印刷机械行业有广阔的市场，但也面临严峻的挑战。

(八)制冷空调行业(不含家用制冷空调设备)

制冷空调设备是装备工业的重要组成部分，与国民经济发展和人民生活息息相关，是发展先进生产力和提高人民物质生活水平的重要保证。改革开放以来，制冷空调行业在石化通用机械行业中是发展最快的行业之一。预计“十一五”期间，随着国民经济持续快速发展和人民生活水平不断提高，对制冷空调设备的需求依然旺盛，发展前景非常广阔。特别是中央空调类产品、专用空调类产品、冷藏冷冻设备以及制冷空调设备的心脏——制冷压缩机等，要求产品向高效、节能、环保、智能化方向发展。

(九)塑料机械

塑料是重要的原材料工业，随着我国汽车、电子、轻工、建材、农业等行业的快速发展和人民生活水平的迅速提高，对塑料制品的需求越来越广泛，以塑代钢，以塑代木不断拓展，塑料工业有着非常广泛的发展前景。1998年我国人均消费塑料为10kg，远远低于世界人均22kg的水平，预计到2010年，我国塑料制品产量年平均增长7%，人均塑料消费量将达到22.8kg。塑料工业的发展为塑料机械制造业提供了发展机遇，但总体上，我国塑料加工机械产品技术水平与国外相比还存在较大差距，国内产品还不能满足要求，高档产品大量进口，近几年，我国每年进口塑料加工机械10亿美元左右，而国内塑料机械年产值为100多亿元。因此，塑料机械制造业今后仍面临着严峻的挑战。

四、石化通用机械行业“十一五”发展重点

1. 继续加快重大技术装备国产化步伐

石化通用机械行业“十一五”期间，将以石油、石化、电力、环保等重大成套技术装备国产化为战略突破口，带动行业总体水平的提高。随着工业装置的大型化、集约化、连续化、效益化，单机设备规格增大，技术性能和质量进一步提高。如乙烯装置将由过去的年产30万 t 发展为60万 t 以上的规模，火电机组将发展60万 kW 超临界、超超临界、大型空冷机组、燃气轮机、大型核电机组等更加先进、环保型发电机组；为治理环境，将发展20万 t/d 以上的大型污水处理成套设备、垃圾处理设备；以及“南水北调”、“西气东输”等国家特大型工程等等都对石化通用机械产品提出了更多更高的要求。因此，石化通用机械行业要加强科研攻关，加快技术进步，不断跟踪世界先进技术，坚持不懈地以重大技术装备国产化为己任，满足国家重点工程和国民经济建设的需要。

“十一五”期间，石化通用机械行业围绕重大技术成套装备国产化应重点发展：石油天然气工业所需的新型沙漠、海洋石油钻井设备、修井设备、采油设备，适应老油田稳产、稠油、低渗透率油层所需的先进技术设备，大力发展石油天然气长输管线压缩机、阀门、泵、天然气液化设备、净化设备等；为大型炼油、大型乙烯及后处理装置、大化肥、大型煤化工与石化用加氢反应器、离心压缩机、大型轴流压缩机、大型工艺往复压缩机，工艺螺杆压缩机、化工流程泵、大型空分设备、高参数阀门、螺杆混合造料机组等；大型火电、核电配套的泵、风机、阀门、空调设备、烟气脱硫设备、高效除尘设备等；冶金工业用大型轴流压缩机、风机、泵、特殊用阀、大型空分设备、能量回收发电装置、环保设备等；大型城市水处理成套设备、工业废水处理单元装置和成套设备、城市垃圾处理成套设备、工业烟尘处理成套设备等国家重点工程急需的重大关键技术装备。

2. 加快高新技术产品的开发，调整行业产品结构，提高产品技术水平和质量，满足市场急需

当前石化通用机械80%的产品能够满足市场需求，但从总体上讲，与国外产品还有不少差距，特别是技术含量高的产品与国外差距较大，不能满足要求，产品技术水平和质量还有待进一步提高，而中低档产品能力过剩，重复建设严重，市场竞争激烈。特别是技术创新、新产品开发上比较薄弱，产品结构不合理仍是通用机械行业比较突出的问题。要围绕国家重点工程和市场急需的关键技术产品，加快新产品的研发、不断提高产品的技术水平和质量，满足国民经济发展需要；同时通用机械产品也是量大面广的节能产品，

大力发展高效节能新产品也是石化通用机械行业今后产品结构调整的重点。

在为我国文化、教育等领域服务方面应重点发展市场需求量大、技术含量高、进口量大的关键技术产品，如高速、数字化的多色胶印机、印钞机、高速宽幅柔版印刷机、凹版印刷机、高速智能化的装订机械、制冷空调设备、冰蓄冷技术与设备、冷冻冷藏链产品等；发展大型、精密注塑机、专用注塑机、大型螺杆挤出机、数控多坐标中空成型机、多层中空成型机等。重点提高产品技术水平和质量，向高效、多功能、环保、智能化方向发展。

3. 努力开拓国际市场，扩大石化通用机械产品出口

我国石化通用机械制造业经过几十年的发展，许多产品在国际市场上都有一定的竞争力。我国加入 WTO，为石化通用机械产品提供了参与国际市场竞争的环境和市场准入条件。泵、石油机械、风机、压缩机、阀门、制冷空调设备、塑料机械、印刷机械、中小型空分设备等石化机械都是有国际竞争力的，只要我们进一步提高产品质量，积极开拓国际市场，石化通用机械产品出口潜力是很大的，这将是石化通用机械行业今后发展的重点工作。

五、加强科技投入，自主开发为主，引进技术为辅

自改革开放以来，我国石化通用机械行业围绕火电、石油、石化、冶金、环保等重大成套装备引进了 100 多项设计制造技术，特别从 20 世纪 80 年代初到 90 年代前期，主要以许可证方式引进国外先进技术。其中 80% 的引进技术通过消化吸收、创新取得巨大成果。离心压缩机、轴流压缩机、电站锅炉给水泵、大型工艺往复压缩机等一批重大关键技术设备的国产化已取得重大进展。但也有一部分产品引进技术没有发挥作用，其原因主要有：一是引进的技术落后，消化吸收后没有市场，造成引进技术失败；二是引进技术是先进的，但消化吸收工作缓慢，失去市场机遇；三是虽然消化吸收了引进技术，但没有进行创新，造成市场竞争力降低。进入 20 世纪 90 年代中后期，我国机械工业的引进方式发生了变化，主要是引进技术、引进资金、引进管理方式，提倡合资、合作。这种方式一方面推进了行业的技术进步和管理进步，但也给行业带来一些问题和思考。一方面合资企业，尤其是外方控股的企业，并没把先进的技术带进来，而把中国当作一个加工厂，进行来图加工，致使原有企业的技术优势、产品优势、人才优势、市场优势丧失殆尽；另一方面，原企业曾引进技术，但又与该外国企业进行了合资，原引进技术的产品只能由合资企业生产，原企业人才、设备等全部投入到合资企业中，致使剥离出来的企业无产品、无技术、无市场，运营非常艰难。因此希望企业在合资过程中，不能为了合资而合资，而应以通过合资真正学到国外先进技术、先进管理、提高竞争力为目标。

六、振兴行业的主要措施

1. 加大科技投入，努力发展高新技术产品

市场竞争就是技术实力的较量。不断加大科技投入，提高创新能力，是提高企业核心竞争力的重要前提。要加大对重大关键技术产品和市场潜力大的产品的前期研究与开发力度，努力发展高新技术产品，缩短与国外先进技术产品的差距，以满足石油、石化、电力、冶金、环保等产业部门应用新工艺、新技术对机械设备提出的高要求。

2. 加快行业产品结构调整，提高产品技术水平和质量

以石油、石化、电力、冶金、城市基础设施建设等工程项目所需的重大技术装备为突破口，带动整个行业产品技术水平和质量的提高，通过科技攻关、技术引进、合资合作，提高重大关键设备的技术水平，满足国家重点工程建设需要。

努力开发研究新产品、新技术，提高产品技术水平和质量，优化产品结构，增加产品品种，加快产品更新换代，培育和造就一批石化通用机械行业的名牌产品，不断提高国际竞争力。

3. 积极开拓国际市场，扩大产品出口

石化通用机械产品在国际市场上有巨大的市场容量，我国的制冷空调设备、阀门、泵、压缩机、风机、印刷机械、塑料机械，特别是其中的中档产品，在技术、质量、价格方面都有较强的国际竞争力。必须采取措施，进一步推进石化通用机械产品的出口。

4. 进一步深化改革，加快行业组织结构调整

石化通用机械行业散，中小型企业多，规模效益差，很难与国外大公司、大集团相竞争。深化企业改革，科学地加快行业的改组、改造，扭转行业低水平重复分散的局面，形成一批具有较强的经济实力、技术实力和经营规模的企业集团。

七、政策建议

1. 政府要采取措施，对重大技术装备国产化实施扶持政策

重大技术装备国产化水平是振兴装备制造业的重要标志，经过几个五年计划的努力，我国重大技术装备国产化取得很大成绩，带动了机械工业整体水平的提高。但随着我国入世，国产化在一些用户心里趋于淡化，使国产化难度加大。如果国家不采取措施，甚至已有的国产化成果也可能丧失，更别提新的国产化项目，这将给尚未形成竞争力的一些行业和产品造成极大的损害。因此建议国家采取积极措施，如建立国产化基金，用户风险基金等措施，鼓励用户采用国产化设备，推动机械工业健康、持续、快速的发展。

2. 规范市场，制止行业恶性竞争，促进机械工业健康发展

低价倾销、恶性竞争，市场秩序混乱给企业、国家造成了很大损害，严重制约了机械工业的发展。国家应抓紧采取措施，制定有关行约行规，规范市场秩序，创造有序的竞争环境，促进机械工业健康发展。

3. 加强行业管理

随着政府机构的改革，政企分开，行业管理出现了真空现象，缺乏有效的行业管理主线，行业自律性差，秩序混乱。建议政府采取有效措施，赋予协会应有法律地位、职能和权限，扶持协会的发展，充分发挥行业协会的作用。

通用机械工业进口关税调整情况

中国机械工业联合会专家委员会　郑国伟

从2003年1月1日起，我国履行加入世贸组织承诺的2003年关税减让义务，进一步下降进口关税。经国务院批准，我国海关总署于2002年12月25日发布第39号公告，公布了从2003年1月1日起实行的关税税目、税率。调整后的税则税目总数共计7 446个，比2002年增加129个税目。全国关税算术平均总水平由2002年的12%降至2003年的11%，降幅为8.3%。

机械工业（包括汽车、电器产品，但不包轻工机械、纺织机械、铁道车辆、船舶、家用电器、医疗器械）进口关税平均水平由2002年的12.3%，降到2003年的10.8%，降幅12.2%，比全国平均降税幅度还多降3.9个百分点。其中机械产品由9.9%降为8.9%，降幅为10.1%；汽车由26.9%降为21.7%，降幅为19.3%。

一、2003年关税下降情况

通用机械全行业平均关税由2002年11.6%降为2003年的10.6%，其中各类产品的进口关税平均水平为：

各种泵、液体提升机由8.7%降为8.24%，其中潜油及潜水电泵由12%降为10%；

风机由11.3%降为10%；

压缩机由11%降为9%，其中二氧化碳压缩机由11.4%降为9.2%；

空气分离设备由12.25%降为11.25%，其中1.5万m^3及以上的制氧机仍为12%不变，热交换器由12%降为10%；

阀门由7%降为6.12%，其中减压阀和安全阀都由8.6%降为6.8%；

分离和过滤设备由10.86%降为9.16%，其中非家用型水的过滤或净化设备由10.2%降为7.6%，压滤机由11%降为8%，工业用静电除尘器由10.2%降为7.6%；

干燥设备仍维持9%不变；

印刷机械由11.5%降为10.3%，其中卷取进料式胶印机和平张纸进料式胶印机都由14.8%降为12.4%，激光照相排版设备由10.8%降为9%；

塑料机械由7.5%降为5.3%，其中注塑机由3%降为零，吹塑机由9%降为7%，塑料压延成型机由9.4%降为7.2%，塑料造粒机由9%降为7%；

制冷机械由19.4%降为17.4%，其中容积大于500升各自装门的冷藏—冷冻组合机由20%降为16.7%，容积800升及以上、温度-40℃及以下的柜式冷冻箱由12.6%降为10.8%，其零件仍为9.5%不变。

二、对通用机械的影响

按照新的税目统计，在通用机械127个税目中，这次降税的有64个税目，占合计的50.4%，降税面高于机械工业37.2%的水平。全行业降税幅度虽不大，但有些产品降税较多，有的实行零税率，影响较大。

1. 塑料机械中的主要产品关税下降幅度较大，尤其是各种注塑机，进口关税2002年为3.8%，2003年下降为零，势必使进口产品的价格更具有竞争力。从2002年进口情况看，各种注塑机进口1.6万台，6.4亿美元，数量很大。由于关税下降，国内生产注塑机的企业将面临很大的压力。为此，有关企业必须加快产品升级，有的要积极的吸引外资，或与境外知名企业合资、合作，不断提高竞争力。其他如造粒机、挤出机、吹塑机、中空成型机、压延成型机等关税下降幅度都在20%以上，需要有关企业充分引起重视。

2. 压滤机与液体过滤、净化设备关税下降幅度达25%～27%，也将使进口产品价格下降提供了空间，从而更具竞争力，有关企业应引起注意。2002年这二种设备进口达1.7亿美元，说明国内需求强劲。国内有关企业要积极发展品种，提高质量和可靠性。

3. 印刷机械中的各种胶印机，关税都由14.8%降到12.4%，下降幅度为16.2%，虽然比前面两类产品下降幅度要小，但由于胶印机进口量很大，2002年为4.4亿美元（其中卷筒纸胶印机7 005万美元，平张纸胶印机3.4亿美元），增加了对国内相关企业的压力。目前我国的北人集团、上海印机集团等发展虽然很快，但仍远远跟不上国内经济发展的需要，应加快提高技术水平，继续发展与国际知名企业的合资、合作，不断扩大生产能力，满足用户的需要。

三、2004年关税调整情况

经国务院批准，我国进口关税从2004年1月1日起进行调整，调整后的关税总水平由2003年的11%降到10.4%，其中农产品由16.8降到15.6%，工业品由10.3%降到9.5%。同时调整进口税则的部分税目，进口税则的税目总数由2003年的7 445个增加到7 475个。2004年调整关税的税目有2 414个，占税目总数的32.3%。此外还继续对209个税目商品实行进口暂定税率。

按照内地与香港、澳门建立更紧密经贸关系安排，从2004年1月1日起，内地从香港进口的374个税目商品，从澳门进口的311个税目商品实行零关税。

从2004年起，我国还将执行一系列区域性或双边优惠关税协议。主要有：对原产于泰国、新加坡、马来西亚、印度尼西亚等9国的部分商品实行《中国——东盟全面经济合作框架协议》“早期收获”优惠税率；对原产于韩国、印度、斯里兰卡、孟加拉和老挝5国902个税目的进口商品实行《曼谷协定》优惠税率，以及对原产于老挝、柬埔寨、缅甸、孟加拉国若干商品实行特惠税率等。

1. 整体调整情况

机械工业产品(包括汽车、电器产品、仪器仪表，但不包括航空航天机械、船舶、铁道车辆、轻工机械、纺织机械、家用电器、医疗器械)进口关税平均水平由2003年的11.16%，降到2004年的10.44%。其中机械产品由8.96%降到8.55%；汽车由23.78%降到21.29%。机械工业产品2004年调整关税的税目有273个，占机械工业产品税目总数1 044个的26.1%。

石化通用机械行业，全行业产品平均关税由9.95%降到9.16%，调整50个税目关税。润滑油泵由4.8%降到3%；二氧化碳压缩机由9.2%降到7%；容积500L及以下的冷藏—冷冻组合机和500～800L的立式冷冻箱都由18%降到15%；冷凝器为热交换器的压缩式制冷机级及热泵由13%降到10%；压滤机由8%降到5%；液体过滤净化机器由7.6%降到5%；工业除尘器由7.6%降到5%；平张纸和卷筒纸胶印机都由12.4%降到10%；喷墨印刷机由10%降到8%；塑料造粒机及其他挤出机由7%降到5%；吹塑机和塑料成型机由7.2%降到5%；减压阀、止回阀和安全阀都由6.8%降到5%。

2. 从香港进口的机械产品分两批实行零关税

按照《内地与香港关于建立更紧密经贸关系的安排协议》(以下简称《协议》)，香港继续给原产于内地的进口货物实行零关税，内地对原产于香港的进口货物，分两批实行零关税。第一批从2004年1月1日起，对进口金额较大的273个税目货物实行零关税；第二批不迟于2006年1月1日，对上述273个税目以外的进口货物实行零关税。但上述产品必须事先由香港特区政府核定该产品确实在香港生产，并由双方核定产品清单和确定原产地批准。

第一批实行零关税的机械产品有43个税目，主要是金属和硬质合金用铸模或压模、塑料或橡胶用其他型模、滚珠轴承、750W及以下直流电动机和直流发电机、风力发电机组零件、变压器零件、镍镉蓄电池及零件、电动工具零件、电阻式焊接机器、1kV及以下熔断器、60V以上继电器、数控装置、电气控制和分配装置、电导体、照相机零部件、部分光学仪器及测量仪器等。

内地进口的这些产品，必须具备在香港进行实质性生产加工的条件。经双方商定，机械产品的香港原产地标准分为三种情况：一是在香港加工，增值30%及以上；二是税号改变，香港进口材料经加工后，产品名称和海关4位数税号发生变化；三是在香港境内完成主要制造或加工工序，并在加工后构成货物基本特征的。

此外，2004年1月1日起，从澳门进口的零关税机械产品有11个税目，主要是750W及以下的直流电动机和直流发电机，16kVA及以下变压器、互感器，16kVA以上变压器，铜制绕组电线，耐压80～1 000V电导体等。

3. 我国与周边国家实行区域性或双边贸易协议优惠税率

从2004年起主要有两个协议，一是《中国—东盟全面经济合作框架协议》“早期收获”优惠税率，基本上是农产品和畜产品，2004年没有机械产品；二是对原产于老挝、柬埔寨、缅甸、孟国拉国若干商品实行特惠税率，其中机械产品有12个税目，实行零税率的有9种产品，主要是125W及以下的风机和电扇、制冷设备压缩机进排气阀片、农产品干燥器、热交换装置、加氢反应器、加工热饮料机器等；关税为5%的有3种产品，主要是蓄电池零件和废电池。

四、有关政策建议

1. 逐步调整和取消对外资项目进口设备全免关税、增值税优惠政策

我国入世后，已按照WTO规则调整有关政策，对外资企业实行国民待遇。但是，对外资企业的各种超国民待遇仍在继续执行，尤其是对外资项目投资进口的设备，仍在实行进口关税、增值税全免的优惠政策，致使内资企业处于不平等竞争状态，已严重影响内资企业的发展。

中央提出的科学发展观，把坚持以人为本和实现经济社会全面、协调、可持续发展统一起来，按照“五个统筹”的要求，推进改革和发展。其中强调要统筹国内发展和对外开放，处理好内需和外需、利用外资与利用内资的关系，充分利用国内外两个市场、两种资源。因此，应当改变各级政府把引进外资的多少作为政绩来考核的做法；改变一些地方出于狭隘的地方利益和政绩的需要，竞相给予外资优惠政策，提供了名目繁多的优惠条件，滥用超国民待遇。这一政策的调整势在必行，而且现在条件与时机均已基本成熟。调整的方向，建议改为对需要重点发展的产业给予优惠的政策，无论是外资还是内资，对投资国家急需发展的高新技术产业和鼓励发展的产业，投资落后贫困地区的企业给予优惠的政策。

2. 进一步理顺关税结构，促进机械工业发展

我国在逐步降低进口关税水平的情况下，仍应十分重视发挥关税应有的保护国内产业的作用。按照关税结构理论，我国的关税结构，应体现从原材料→中间产品→制成品的由低到高的梯形关税税率结构。机械产品属于制成品或深加工产品，其关税税率应高于原材料和半成品，以体现对产业的不同保护，鼓励发展深层次加工产业。但是目前我国关税税则存在若干倒挂现象。首先，机械产品的平均关税水平(8.55%)低于全国平均关税水平(10.4%)近两个百分点；其次，部分生产高新技术装备必须进口的金属材料进口关税税率高于机械设备的进口税率。如350MW及以下汽轮机进口关税为5%，350～665MVA交流发电机进口关税为5.8%，固体矿物与磨粉机器关税为5%，而生产这些机械需要进口的不锈钢板材税率为10%，合金钢板材为7%。这种状况，显然不符合关税结构原则，不利于国内机械制造业和重大技术装备的发展。为此，建议今后机械产品的关税要少减，并使其高于全国平均水平；调低机械制造业必须进口金属材料的关税，以降低机械制造业的生产成本。

3. 做好关税调整工作，充分发挥关税的调节作用

关税是调节进出口和保护国内产业的重要手段，也是

国家财政收入的重要来源之一。我国入世后,关税减让已进入后过渡期,少数产品(主要是汽车)还将下调关税。同时还要迎接下一轮WTO多边贸易谈判,部分关税还要下调。2003年4月24日我国加入WTO《信息技术产品协议》后,部分电子产品和少数仪器仪表、文化办分设备关税在2005年要降到零。一些区域性和双边协议(如《中国—东盟协议》、《曼谷协议》等)的执行,都将降低部分产品的进口关税。因此,需要认真研究机械产品的关税调整:

(1)某些机械产品配套用的零部件,国内产品在技术、质量等方面与国外差距较大,需要进口的,关税要多降一些,以降低企业生产成本。2004年税则中,数码相机零件关税由2003年的4%提高到12%,造成相关企业生产成本大幅提高,这是不合理的。

(2)国内产品在技术、质量方面与国外产品差距不大,而价格又有优势的,关税要少降低或不降,以保护国内产业的发展。

(3)国内不能生产的高新技术产品,或在技术、质量方面与国外差距较大,需要进口的,应实行低税,以节省投资,支持国内产业的发展。

4. 适当提高从香港进口零关税机械产品的原产地标准

按照《内地与香港关于建立更紧密经贸关系的安排协议》,在不迟于2006年1月1日前,从香港进口的所有机械产品实行零关税。为此建议:一方面要加强监督管理,防止有些商品未在香港进行实质性加工而转口进入内地,影响内地相关企业的发展。另一方面要适当提高在香港进行实质加工的比例,提高原产地标准,建议从目前的30%及以上,提高到40%及以上(即在香港获得的原料、组合零件、劳动价值和产品开发支出价值的合计与出口制成品离岸价格比值应大于或等于40%),与从东盟进口货物保持一致(中国—东盟协议规定原产地标准为40%及以上),使内地企业尽可能有一个相对合理的竞争环境。

石化通用机械2004年进口关税调整情况见表1。

表1 石化通用机械2004年进口关税调整情况

商品名称	2003年税率(%)	2004年税率(%)
分装燃料或可润滑油的泵,用于加油站或车库	10.00	10.00
其他装有或可装计量装置的泵	10.00	10.00
手泵,但装有或可装计量装置者除外	10.00	10.00
输出P≥132.39kW发动机用燃油泵(含3010)	3.00	3.00
润滑油泵或其他燃油泵、冷却剂泵(含3030)	4.80	3.00
混凝土泵	8.00	8.00
气动往复式排液泵	10.00	10.00
电动往复式排液泵	10.00	10.00
液压往复式排液泵	10.00	10.00
未列名往复式排液泵	10.00	10.00
潜油电泵及潜水电泵	10.00	10.00
其他回转式排液泵	10.00	10.00
转速在10 000r/min及以上的离心泵	8.00	8.00
未列名离心泵	8.00	8.00
未列名液体泵	8.00	8.00
液体提升机	8.00	8.00
液体泵零件	5.00	5.00
液体提升机零件	6.00	6.00
真空泵	8.00	8.00
手动或脚踏式空气泵	8.00	8.00
离心通风机	10.00	10.00
未列名风机、风扇	8.00	8.00
罩平面最大边长≤120cm的通风,循环气罩	12.00	10.00
二氧化碳压缩机	9.20	7.00
其他空气泵,气体压缩机,通风罩,循环气罩	8.80	7.00
8414所列其他机器的零件	7.00	7.00
各自装门的冷藏—冷冻组合机,容积>500L	16.70	13.30
200L<容积≤500L的冷藏—冷冻组合机	18.00	15.00
容积≤200L的冷藏—冷冻组合机	18.00	15.00
容积超过150L的压缩式家用型冷藏箱	15.00	12.50
50L<容积≤150L的压缩式家用型冷藏箱	15.00	12.50

(续)

商　品　名　称	2003年税率(%)	2004年税率(%)
容积不超过50L的压缩式家用型冷藏箱	15.00	12.50
电气吸收式家用型冷藏箱	21.70	18.30
其他家用型冷藏箱	30.00	30.00
T≤－40℃的柜式冷冻箱,容积≤800L	10.80	9.00
T＞－40℃的柜式冷冻箱,500L＜容积≤800L	23.00	23.00
T＞－40℃的柜式冷冻箱,容积≤500L	30.00	30.00
T≤－40℃的立式冷冻箱,容积≤900L	10.80	9.00
T＞－40℃的立式冷冻箱,500L＜容积≤900L	18.00	15.00
T＞－40℃的立式冷冻箱,容积≤500L	30.00	30.00
其他冷藏或冷冻柜、箱、展示台、陈列箱等	13.00	10.00
冷凝器为热交换器的压缩式制冷机组及热泵	13.00	10.00
其他冷凝器为热交换器的压缩式制冷设备	18.30	14.20
其他制冷机组及热泵	17.00	15.00
未列名制冷设备	21.70	18.30
冷藏或冷冻设备专用的特制家具	18.00	18.00
制冷机组及热泵的零件	10.00	10.00
T≤－40℃的冷冻设备的零件	9.50	9.50
T＞－40℃,容积＞500L的冷藏或冷冻设备零件	12.00	10.00
8418设备的未列名零件	12.00	10.00
木材、纸浆、纸或纸板干燥器	9.00	9.00
微空气流动陶瓷坯件干燥器	9.00	9.00
未列名干燥器	9.00	9.00
提净塔	10.00	10.00
精馏塔	10.00	10.00
其他蒸馏或精馏设备	10.00	10.00
热交换设备	10.00	10.00
制氧量≥15 000m^3/h及以上的制氧机	12.00	12.00
其他制氧机	13.00	13.00
未列名液化空气或其他气体的机器	10.00	10.00
脱水机	10.00	10.00
固液分离机	10.00	10.00
其他未列名离心机,包括离心干燥机	10.00	10.00
家用型水的过滤、净化机器及装置	25.00	25.00
非家用型水的过滤、净化机器及装置	7.60	5.00
过滤或净化饮料的机器及装置	12.00	12.00
内燃发动机的燃油过滤器	10.00	10.00
压滤机	8.00	5.00
未列名液体过滤、净化机器及装置	7.60	5.00
内燃发动机的进气过滤器	10.00	10.00
家用型气体的过滤、净化机器及装置	18.00	15.00
工业用静电除尘器	7.60	5.00
工业用袋式除尘器	7.60	5.00
工业用旋风除尘器	7.60	5.00
其他工业用除尘器	7.60	5.00
其他非家用型气体的过滤、净化机器及装置	7.60	5.00
干衣量不超过10kg的干衣机零件	0.00	0.00
其他离心机(包括离心干燥机)零件	0.00	0.00
家用型过滤、净化装置零件	12.00	10.00

（续）

商 品 名 称	2003年税率(%)	2004年税率(%)
8421未列名机器的零件	5.00	5.00
自推进石油及天然气钻机,钻探深度≥6000m	5.00	5.00
未列名自推进的石油及天然气钻机	5.00	5.00
其他自推进采油机械	4.80	3.00
石油或天然气钻机的零件	4.00	4.00
锁线装订机	10.00	10.00
胶订机	12.00	12.00
其他书本装订机器	12.00	12.00
书本装订机器的零件	8.00	8.00
激光照相排版设备	9.00	9.00
其他照相排版及排字机器	9.00	9.00
其他方法排字的机器、器具及设备	9.00	9.00
铸字机	9.00	9.00
制版机器、器具及设备	9.00	9.00
未列名铸字或制版用的机器、器具及设备	9.00	9.00
铸字、排字或制版板机械的零件	7.00	7.00
活字、印版、滚筒等;印刷用的板、片、筒等	7.00	7.00
卷取进料式胶印机	12.40	10.00
办公室用片取式胶印机(片尺寸≤22×36cm)	12.00	12.00
平张纸进料式胶印机	12.40	10.00
未列名胶印机	12.40	10.00
卷取进料式凸版印刷机	12.00	12.00
其他凸版印刷机	12.00	12.00
苯胺印刷机	10.00	10.00
照相凹版印刷机	18.00	18.00
喷墨印刷机	10.00	8.00
其他未列名印刷机	8.00	8.00
印刷用辅助机器	12.00	12.00
印刷及印刷用辅助机器的零件	6.00	6.00
电子分色机	12.00	12.00
其他制版照相机	10.00	10.00
注塑机	0.00	0.00
其他注射机	0.00	0.00
塑料造粒机	7.00	5.00
其他挤出机	7.00	5.00
吹塑机	7.00	5.00
塑料中空成型机	7.20	5.00
塑料压延成型机	7.20	5.00
其他真空模塑机及其他热成型机器	7.20	5.00
充气轮胎模塑或翻新及内胎模塑或成型机器	6.80	5.00
其他模塑或成型机器	7.00	5.00
其他橡胶或塑料及其产品的加工机器	7.00	5.00
8477所列机器的零件	0.00	0.00
减压阀	6.80	5.00
油压传动阀	6.00	5.00
气压传动阀	6.80	5.00
止回阀	6.80	5.00
安全阀或溢流阀	6.80	5.00

（续）

商品名称	2003年税率(%)	2004年税率(%)
其他阀门	7.00	7.00
其他器具	5.00	5.00
阀门零件	8.00	8.00
其他零件	8.00	8.00
其他阀门	0.00	0.00
滚子螺杆传动轴	8.00	8.00
行星齿轮减速器	8.00	8.00
齿轮及其他变速、传动装置;滚珠螺杆传动轴	8.00	8.00
飞轮及滑轮,包括滑轮组	8.00	8.00
离合器及联轴器(包括万向节)	8.00	8.00
8438所列货品的零件	8.00	8.00

第Ⅰ部分

专文

专 文

把握市场脉搏

分析发展趋势

预测行业远景

泵行业发展预测

中国通用机械工业协会泵业分会 刘玉吉

一、"十五"规划前三年执行情况回顾

据国家统计局统计,2003年全行业规模以上的泵制造厂有699个,其中国有及国有控股企业127个,民营企业495个,"三资"企业77个;完成工业总产值(不变价)208.81亿元,同比增长24.5%,工业总产值(当年价)220.9亿元,同比增长26.8%;销售产值(当年价)213.22亿元,同比增长27.5%,其中出口交货值26.46亿元,同比增长22%;年末从业人数12.5万人,同比增长18.35%;实现产品销售收入205.14亿元,同比增长29.57%;利润总额12.05亿元,同比增长44.34%;泵产量2 263.85万台,同比增长26.5%。

总结"十五"前三年的特点为:(1)企业改革步伐加快,民营企业发展迅速,推动泵行业整体快速发展;(2)随着市场的变化,企业加大投资力度,更新改造,开发技术和新产品,形成了企业新的增长点;(3)更新经营理念,以效益为中心,综合经济效益不断提高,提升了企业核心竞争力。

二、"十一五"发展预测

(一)市场的需求分析和预测

泵是一种量大面广的通用机械,在石油、化工、农业排灌、城市给排水、环境治理、矿山、冶炼、电力、食品医药等国民经济各个领域均有需求。

1. 电力用泵

在未来20年中,我国电力工业将以更高速度发展。2003年发电设备装机容量为3.9亿kW,预计到2005年装机容量将达到4.8亿kW,重点需求给水泵、前置泵、循环泵、冷凝泵、冷凝器用水环真空泵、离心式除灰泵、往复式降灰泵、计量泵等主要泵种3 500~4 200台。需求核主泵、上冲泵、停堆冷却泵、喷淋泵、锅炉给水泵、计量泵等核电机组用泵1 400~1 800台。

在国家"十一五"规划中,超临界和超超临界机组、核电是重点支持项目,其中60万kW及以上机组约占70%。已经国家审批立项180多套。

预计2020年我国核电装机容量将由目前870万kW增加至3 200~4 000万kW的能力。预计需主泵、上冲泵、停堆冷却泵、喷淋泵、高压安全注水泵、硼酸泵、锅炉给水泵、辅助给水泵、计量泵等工业泵5 600~9 000台。

2. 石化工业用泵

预计2005年原油加工能力将达到2.9亿t,2010年将达到3.5亿t。2005年乙烯生产能力达到900万t,但只能满足国内需求的50%。到2010年乙烯生产能力达到1 400万t,也只能满足国内需求的56%。为此,石化工业将加快调整步伐,实现大型化、集约化和一体化,提高国际竞争力。"十一五"期间设备投资将达到1 500亿元。预计至2005年石油工业需求油田稠油泵、电潜泵、注水泵、增压泵等原油开采用泵9 000~11 000台;需求海上石油开采用泵300台;需求各种离心油泵、离心水泵、耐腐蚀泵、往复泵、漩涡泵、螺杆泵等原油炼制和深加工用工业泵5 000~6 000台。"三大化工"中乙烯及衍生物、"三大合成"材料、氨肥、钾磷肥和复合化肥等生产发展需求各类化工流程泵、耐腐蚀泵、耐磨泵和液压泵等各类化工泵10~12万台。预计"十一五"期间石化工业需求各种工业泵将达14~15万台。石化用泵发展方向主要是大型化、高速化、机电一体化及泵产品成套化、标准化、系列化和通用化。特别是高温泵、低温泵和超低温泵、高速泵、精密计量泵、耐腐蚀泵、输送粘稠介质和带固体颗粒介质泵、屏蔽泵的技术将快速发展,需求量将大幅度增加。

"十一五"期间将新建原油高压管道5 000km左右,需高压大流量输油管线泵100台(套)以上。液化天燃气(LNG)接收站则需高效大流量输油管线泵100台(套),低压输送泵20台,高压输送泵20台。

3. 环保、城建用泵

环境保护是我国一项基本国策,"十五"期间国家环保投资7 000亿元,占同期GDP的1.3%。环保产业总产值以15%的速度增长,预计到2005年环保业总产值将达到2 000亿元。"十一五"期间将投资10 000亿元,占GDP的比例将达到1.5%~2%,环保产业将出现供求高峰。国家将投资1 234亿元用于"三河三湖"水污染治理,预计到2005年,"三河三湖"流域将建成1 511个治污项目。大中城市污水处理厂也将以超常速度发展,预计到2005年城市污水集中处理率将达到45%~46%,到2010年将达到60%~80%,今后5年我国新增2 800万t城市污水日处理能力,城市污水处理厂及配套污水收集系统总投资将超过1 000亿元。预计"十一五"期间,我国每年将新扩建城市污水处理厂100~130余座,各类工业废水处理设施1 000~1 200座,需改扩建自来水供水工程120个。环保及城市自来水供应领域需求大型立式及潜水污水泵等环保用泵和大型轴流泵、S泵等自来水工程用泵及用于河道、港口的大型挖泥船用泵约20 000台。

4."三农"及城乡用泵

随着西部大开发进程加快以及中央对"三农"的重视,"十五"期间"三农"及城乡用泵的增长率约为16%。按此增长率测算"十一五"期间每年需农业泵可达600~700万台。

5. 矿山及浆体输送用泵

采矿工业在我国国民经济建设中占有十分重要的地

位。采矿及冶炼行业需使用各种浆体和固液混合物输送泵，这种泵对材质要求很高，要求耐磨损、无堵塞、高可靠、寿命长。预计“十一五”期间需污水离心泵、单级双吸离心泵、多级离心泵、潜水泵及备件等2万台(套)。

6.“十一五”期间泵行业市场需求的重点

(1)西电东送工程　在西部大开发的三大标志工程中，西电东送工程投资最大，工程量最大，到2010年，该工程总投资可达5 265亿元。

(2)西气东输工程　该工程是中国目前最长、管径最大、投资最多、输气量最大的天然气输送工程。总投资1 400亿元，总长度4 000km，设计年输气量为120亿 m^3。

(3)南水北调工程　该工程是当今世界上最大的调水工程，预计建设期长达50年，总投资达5 000亿元。该工程分东线、中线和西线三个工程。东线工程共分三期，第一期工程总计37座泵站，其中已有泵站16座，机泵129台。需要建新泵站21座，扬程在2.1～10.4m之间，共装机103台泵，其中混流泵8台、斜轴泵45台、立式轴流泵23台、贯流泵20台、卧轴泵7台。第二期工程规划新建13座泵站，扬程2.1～10.4m之间，共装机60台，其中斜轴泵34台、立式轴流泵4台、贯流泵14台、混流泵8台。第三期工程规划新建17座泵站，扬程在1.8～7.5m之间，共装机115台，其中贯流泵14台、立式轴流泵39台、斜轴泵58台、卧轴泵4台。西线工程和中线工程则需要新开发研制一批大流量、高扬程、高可靠性、多功能的泵。

(4)2008年北京奥运会　这一举世瞩目的运动会用于城建、场馆建设、环境水资源改善等共计142项重点项目，总投资1 800亿元，其中在2008年前，北京将新建13座污水处理厂和3个垃圾处理厂，将投资近1 000亿元用于城市环境治理和保护。

(5)2010年上海世博会　包括城市基础设施、水资源改善、旧市改造等任务项目，直接投资将达30亿美元。

三、主要目标的预测

1. 总量目标

“十一五”期间，泵行业将以25%的平均速度发展。2010年工业总产值(不变价)将达995亿元。销售产值将达到1 016亿元。产品销售收入将达到1 190亿元。泵业分会会员企业在“十一五”期间，将以27%的平均速度发展，至2010年工业总产值(不变价)将达到430亿元，销售产值将达到496亿元，产品销售收入将达到500亿元。

泵产品国内市场占有率，“十一五”期间预计将可达到92%。其中火电、核电和“三大化工”中的重点产品市场占有率将可达到80%～85%。

随着我国市场经济的不断完善和加入WTO后国际贸易的快速发展，泵产品出口将大幅度增加，2010年全国泵产品出口交货值将达到128亿元，是2005年的3.5倍。泵业分会会员企业出口交货值2010年可达到25亿元，是2005年的2.5倍。

2004～2010年泵行业总体目标预测见表1。

表1　2004～2010年泵行业总体目标预测

序号	名　　称	单　位	2004年		2005年		2010年	
			全行业	泵业分会	全行业	泵业分会	全行业	泵业分会
1	工业总产值(不变价)	亿元	261	102	326	130	995	430
2	工业总产值(当年价)	亿元	276	109	345	150	1 053	496
3	其中:新产品产值	亿元	20	18	31	28	102	92
4	销售产值	亿元	213	77	333	124	1 016	410
5	其中:出口交货值	亿元	27	7	42	10	128	25
6	产品销售收入	亿元	205	76	320	123	976	406
7	利税总额	亿元	21	8	33	13	100	43
8	其中:利润	亿元	12	4	19	9	58	30
9	主要阐品产量	万台	2 829	319	3 536	405	10 785	1 337
10	其中:离心泵	万台		62		71		142
11	锅炉给水泵	万台		1.5		1.7		3.4
12	轴流泵	万台		0.6		0.7		1.4
13	混流泵	万台		0.8		0.9		1.8
14	漩涡泵	万台		17		22		44
15	深井泵	万台		1.2		1.5		3
16	潜水泵	万台		134		174		348
17	喷灌泵	万台		1.3		1.7		3.4
18	离心油泵(化工流程泵)	万台	2		2.5		5	
19	耐腐泵	万台		3.4		4.4		8.8
20	螺杆泵	万台		7.7		10		20
21	污水泵	万台		22		29		58
22	水环真空泵	万台		0.9		1.2		2.4
23	计量泵	万台		0.3		0.4		0.8

2. 效益目标

泵行业利税总额到2010年将达到100亿元，其中利润可达58亿元，“十一五”期间平均增长25%。泵业分会会员企业利税总额将达到43亿元，平均增长速度为27%，其中利润可达30亿元。经济效益综合指数至2010年可达到148.12%,其中总资产贡献率为10.7%,资本保值增值率120%,资产负债率60%,流动资产周转率1.2次,成本费用利润率7%,全员劳动生产率80 500元/人,产品销售率96.5%。

风机产品的潜在市场和发展预测

中国通用机械工业协会风机分会　徐常武

一、风机产品的潜在市场分析

风机包括通风机(离心式、轴流式及混流式)、鼓风机(离心式和罗茨)和透平压缩机(离心式、轴流式及轴流——离心复合式)。

风机在国民经济各部门已经应用的领域主要有冶金、石油开采、电力、炼油、石油化工、化肥、船舶、制冷和纺织等工业,以及煤气输送、地铁、隧道、消防排烟等工程动力装置和各种通风换气场所。

然而,风机产品尚未涉及或将要涉及的领域还有许多,风机产品的潜在市场很大。潜在的市场是随着国民经济的发展及科技的不断进步而变化,目前只能根据所了解到的一些领域,初步阐述风机产品潜在市场发展前景。

1. 煤矸石综合利用

过去煤矸石从煤中分离出来之后,作为废物处理堆放起来,既占用空地,又影响环境。将煤矸石变废为宝,就是用来发电。例如,安徽淮北矿业集团公司拟装备2台75t/h循环流化床锅炉,利用煤矸石24万t,劣质煤10万t,年发电量预计可达14 400万kW·h,需要锅炉通风机6台。同样,霍州煤电集团也拟利用煤矸石发电,预计需要通风机18台。

2. 新型干法熟料技改项目

水泥行业将要淘汰落后的湿法窑,采用先进技术,建设日产2 000t的熟料生产线。改造后,每条生产线可年产高标号水泥68万t。熟料烧成热耗将由目前的6 294kJ/kg,下降为3 262kJ/kg,吨水泥综合电耗降为110kW·h,窑尾废气粉尘排放浓度降为100mg/m^3(标准状态)以下。该项目既可增产降耗,又符合环保要求。每条生产线共需要通风机25台左右。

3. 烟气脱硫

火力发电厂锅炉产生的废气含有大量的二氧化硫,对大气造成污染,其中最严重的污染是酸雨。因此,火电厂必须配备脱硫装置。老的火电厂都没有配备脱硫装置,均需要改造。例如,华北电力集团公司唐山发电总厂,拟采用石灰石——石膏湿法脱硫技术,对300MW机组实施烟气脱硫改造。改造后,脱硫效率大于95%,年减少排放二氧化硫12 732t、烟尘4 774t。

烟气脱硫装置需要脱硫风机,由于二氧化硫气体具有很强的腐蚀性,因此脱硫风机的难度在于材料的耐腐蚀性,甚至需要在叶轮中衬胶来防腐。全国电厂很多,均需要进行脱硫改造;随着国民经济的快速发展,许多地区已经出现电力供应不足,必然还要新建电厂,而新电厂必须配备脱硫装置。因此,脱硫风机的潜在市场是较大的。

4. 垃圾焚烧热电联产

随着环保要求的日益严格,城市垃圾处理已不仅限于垃圾卫生填埋、垃圾堆肥处理,目前已发展到利用垃圾焚烧产生的热量来发电,即所谓的垃圾焚烧热电联产。该装置每套需要6台风机,各地都要上该项目,因而全国的潜在市场很大。

5. 洁净型煤示范工程

例如北京市洁净煤炭有限公司,拟依托现有设施,运用自动控制技术,对配煤、成型等实行监视和控制,从而在原料消耗、效率等方面达到清洁生产先进示范水平。改造后其节煤率10%,固硫率60%,烟尘排放降低10%。该项目共需通风机4台。

6. 冶金工业的节能及资源综合利用

例如湖北鄂城钢铁公司拟增建10万m^{3}焦炉煤气柜、15万m^{3}高炉煤气柜,完善高炉、转炉及焦炉煤气回收设施;增建高炉出铁场和炼钢混铁炉除尘系统,使高炉煤气放散率降到1%以下。这样既节能又符合环保要求。该项目需要煤气输送风机和除尘风机,潜在市场很大。

7. 高炉喷煤改造

需要1套15 000m^3/h制氧机(其中还需要空压机)、喷吹风机及煤气收集风机。

8. 干熄焦工艺

以往冶金工业高炉用焦炭采用的是湿法熄焦工艺,既浪费能源,废气又污染环境。干法熄焦采用的是氮气熄焦使焦炉降温,产生的余热送往余热锅炉发电。该项工艺需要风机对排放氮气进行循环。全国绝大多数钢铁公司都准备上马该项目,是一个非常大的潜在风机市场。

9. 洁净煤气化工工程

该工程是以煤气为原料,将其变成液态,生产化肥。其中空气分离、氨气压缩等需要空气压缩机、二氧化碳压缩机及氨气压缩机。

10. 高炉煤气蒸汽联合循环装置

该装置是新兴的工艺装置,是对冶金工业中的高炉产生的煤气进行回收,通过蒸馏对煤气分解、汽化,对分解出来的氢气和氮气混合气进行加压,变成生产化肥的原料。

其中加压等工艺需要离心压缩机。

该项工艺是对废气的回收，实现再生能源，既可节能和综合利用资源，又减少了对环境的污染，符合环保要求，是一项大有前途的项目。全国钢铁企业很多，因此是很有发展潜力的风机潜在市场。

11. 混烧高炉煤气联合循环发电装置

该装置是以混烧煤气为燃料驱动燃气轮机，在送往燃气轮机之前需要煤气压缩机对煤气进行加压。这种装置也是许多钢铁企业节能和资源综合利用的发展方向。

12. 果蔬深加工

为使新鲜果蔬保鲜，或长期保存，或远距离运输，就要对果蔬进行脱水。其主要措施就是用风机充氩气，建立气冻库。该项目属于量大面广的新兴产业，具有广阔的潜在风机市场。风机行业协会会员单位甘肃靖远通风机厂已开始向用户提供该用途的风机。

13. 温室用风机

用聚氯乙烯塑料薄膜或玻璃窗等构筑的温室（北方俗称蔬菜大棚），冬季时节在里面用煤炉或火墙加温，用以提高温室的温度，以利于蔬菜的生长。若在温室内安装风机使热气循环，使温室内的温度达到均匀，则效果会更好。随着国家电力工业的发展（俄罗斯的蔬菜温室全部采用电加温；国内若采用电加温，如在风机出口装电热源，再配上温控开关自动启停，将会更加理想），以及农民经济收入的逐步提高，在温室中采用风机进行热气循环一定会得到全面推广。全国蔬菜温室的数量之大，很难做出准确的统计，因而这类风机的潜在市场也是无法估量的。

14. 禽舍通风换气

随着养殖业的不断发展，鸡、鸭、鹅等禽舍逐步走向规范化和科学化。根据季节的不同，随着气温的变化，要对禽舍进行加温或冷却，同时也必须进行通风换气。这就需要通风机（要求低噪声）。国内养殖禽舍数量巨大，因此，该类风机的市场潜力很大。

15. 热处理行业技术改造

目前热处理用炉是以电加热为主，然而用燃料加热比用电便宜。天然气是最佳的首选燃料，其废气利用的潜力也很大。废气的回收利用将要用风机，这是风机产品目前还尚未涉及的市场，将来热处理行业使用了天然气，就会开辟出风机的潜在市场。

16. 焦化技改项目

原有的煤炭系统焦化厂，为了实现气体脱硫、煤气净化、污水处理及除尘，均要进行扩建改造。改造后，可产出特级冶金焦，煤气可部分回收利用，所排放的废气可达到环保要求。该项目的主要工艺流程均需要不同类型的风机。这种焦化技改项目国内几乎各省都有，是一个不小的风机潜在市场。

17. 高炉节能降耗技术改造

例如，鞍钢新钢铁公司要新建 1 座3 200m^3 高炉，淘汰现有的 3、5、6 号三座高炉（总容积2 851m^3）。其中与风机有关的项目有：热风炉、鼓风站、余压发电及煤粉站等。改造后，可提高高炉利用系数、降低入炉焦比、提高喷煤比、烟尘排放达标及提高余能利用率。全国有多家钢铁公司，均要进行节能降耗改造，从而为风机产品提供了潜在市场。

18. 冶炼环境综合治理

冶金工业中高炉出铁场除尘改造，混铁炉烟尘处理，转炉污泥处理利用，钢渣水淬处理等都需要风机。如本溪钢铁公司拟建 30 万 t/a 水渣微粉生产线和年产 1 万 t 二氧化碳回收生产线。改造后，污染物综合排放合格率≥94%，厂区月降尘量≤40t/月 km^2，年回收烟尘24 100t。全国钢铁企业很多，都需要环境综合治理，以便达到环保要求。这样就需要大量的除尘风机、二氧化碳回收等用途的风机。

19. 飞机发动机车载冷却风机

军用飞机降落之后呻库之前，需要对发动机进行冷却。这就要用车载冷却风机，用风迅速冷却飞机发动机。这是风机在军工产品中得以应用的潜在市场。

20. 解冻用风机

冷库中冷冻的鱼，在解冻时需要把鱼和冰块分开，用传送带将鱼输送到指定地点。这种设备需要配套风机才能完成这一任务。这是风机应用的新领域，亦即潜在的市场。

21. 钢厂小空分装置

钢铁厂小空分装置需要用两台罗茨真空泵（罗茨鼓风机生产企业产品之一）串联工作。

22. 煤地下气化用风机

为减少运输环节，利用气化装置在井下将煤气化，然后直接向地面输送煤气。该系统工程就需要罗茨鼓风机来输送煤气。煤矿全国遍地都有，这一先进的系统工程若大量上马，则罗茨鼓风机产品的潜在市场是巨大的。

23. 登陆艇用风机

现代登陆艇实际上就是小型气垫船。艇上装有较大功率的轴流风机或离心压缩机，向水（地）面吹气，使艇产生升力。这就需要多台轴流风机。由于该类风机系军工产品，因而是一种产品质量要求高，技术难度较大的潜在风机市场。

二、风机行业“十一五”发展预测

（一）“十一五”发展总览

1.2003 年风机行业协会会员单位的发展情况

2003 年完成工业总产值（当年价）622 835万元，比上年428 751万元增长 45.3%；工业销售产值（当年价）593 002万元，比上年的406 162万元增长 46%；工业增加值165 889万元，比上年的123 293万元增长 34.5%；利税总额68 365万元，比上年的47 862万元增长 42.8%；利润总额42 466万元，比上年的21 554万元增长 97%；全员劳动生产率52 571元/人，比上年的39 233元/人增长 34.0%。

2.“十一五”前三年发展情况

以风机行业企业会员单位的工业总产值完成情况为例，2001 年比 2000 年增长 9.89%，2002 年比 2001 年增长 27.6%，2003 年比 2002 年增长 45.3%，平均增长 27.6%。由此可见，“十五”期间风机行业协会企业会员单位的经济增长幅度远远高出全国工业平均水平。

3.“十一五”主要发展目标预测

根据全国历年风机产量以及全国工业产值的统计资料预测，到“十一五”末期的2010年，全国通风机产量在310～325万台之间。其中风机行业协会企业会员通风机产量估计在50万台左右。

依据风机行业的历年风机分类统计资料预测，到2010年离心压缩机的需求量为200～210万台，其中国产离心压缩机占到60%～70%；轴流压缩机预计在80台左右。

预测到2010年，风机工业总产值将达到70亿元左右，销售收入将达到66亿元左右。

（二）“十一五”市场需求预测

1. 国内市场预测

风机产品主要分为两大类，一类是量大面广的中、小型通风机；另一类是技术密集型的透平压缩机。

用户对量大面广的中、小型通风机需求量最大，生产厂家也最多。总体来讲这类风机的产量在“十一五”期间仍会有较大幅度地增长，供大于求的局面难以改变。

特殊用途的风机，如防腐风机、高温风机、耐磨风机及防爆风机等，主要是材质较为特殊，如不锈钢风机、玻璃钢风机、塑料风机、金属衬胶风机、铸铝叶轮风机及锻铝中片轴流通风机和钛材风机。随着“十一五”期间国民经济的发展，火电厂的脱硫风机、地铁风机、隧道风机、消防排烟风机等，对上述的特殊用途风机的需求量会有所增加。

在离心式鼓风机中，随着冶金工业节能改造及环保行业的发展，需求较多的是烧结鼓风机和污水处理曝气鼓风机。

透平压缩机主要用于装备重大工程成套装置，这些装置在国民经济各部门起着重要作用。随着规模经济的发展，装置容量不断扩大，对透平压缩机的技术要求越来越高、容量越来越大。如高炉冶炼、大型化肥装置、大型炼油装置、大型乙烯装置、大型空分装置以及西气东输用的天然气管线压缩机都需要各类透平压缩机。

此外，石油化工装置在“十一五”期间都要进行扩容改造，都需要鼓风机和透平压缩机。其中主要包括：

(1)延迟焦化装置改造，需要富气离心压缩机。

(2)加氢精制装置改造，需要高压氢气筒型(BCL)离心压缩机。

(3)聚丙烯装置改造，需要水平剖分型(MCL)丙烯离心压缩机。

(4)丙烯腈—丁二烯—苯乙烯三元共聚专用树脂装置改造，需要水平剖分型(MCL)合成气离心式压缩机。

(5)芳烃联合装置改造，需要水平剖分型(MCL)离心压缩机。

(6)聚氯乙烯装置改造，该项目系乙烯深加工装置，也需要水平剖分型离心压缩机。

(7)甲烷氯化物装置改造，该项目系生产高质量的丁腈橡胶产品，需要水平剖分型(MCL)离心压缩机。

(8)甲醇装置，需要高压筒型(BCL)合成气离心压缩机及丙烯(MCL)低温(－40℃)离心压缩机。

(9)磷复合肥配套合成氨装置，需要空气、合成气、氮气及二氧化碳离心压缩机。

(10)硝铵改性(生产不具爆炸性的硝铵及硝基复合肥)装置，其中的硝铵产品系发射卫星、飞船火箭用重要产品，需要高压缩环气(BCL)离心压缩机。

2. 国外市场预测

风机行业协会企业会员单位2001年出口交货值为11 328万元，2002年出口交货值为12 501万元，比上年增加1 123万元，提高了10.35%。但总体来讲，风机行业产品的出口量很小，以2002年度为例，风机行业企业会员单位的工业总产值为428 751万元，而出口交货值仅为12 501万元，只占2.9%。

从历史情况分析，风机主要出口产品是中、小型通风机以及风机的配件。鼓风机和离心压缩机主要是向一些工业欠发达国家出口，如印度、巴基斯坦、孟加拉、朝鲜、伊朗、苏丹、阿尔巴尼亚及蒙古等。

由此可见，在“十一五”期间风机的出口产品仍是以中、小型风机为主。

（三）存在的主要差距

1. 透平压缩机

(1)该类产品由于新产品开发、研究力度不够(生产企业忙于生产，忽视科研；科研院所没有试验基地)，有些品种的性能参数与用户需要存在一定差距，无法完全满足用户的要求。如大型空分装置用离心压缩机、大型乙烯装置用离心压缩机即是如此。

(2)有些产品虽然产品性能参数差距不大，或者基本可以满足用户要求，但是生产企业没有业绩或业绩不多，难以取得用户的信任，往往在竞标中被淘汰。例如，西气东输用的天然气管线输送离心压缩机即是例证。

(3)风机制造厂综合生产能力不配套，生产周期长(有些是用户不按国际惯例签订合同，强加给制造厂的交货期限过短)，不能按期交货，以及售前售后服务不能使用户满意。

2. 通风机

对于量大面广的中、小型通风机，产品结构及制造工艺比较简单，成本也较低，因此，用户把产品价格放在第一位。这类产品的进口量很少，除极特殊用途和成套装置配套进口外，国产的通风机基本上可以满足国民经济各部门的需要。

这类产品存在的共性差距是，表面或者说外观质量太差。无论是焊接、钣金，还是油漆，大部分企业的产品其外观质量均达不到出口的要求。据风机行业协会的不完全了解，生产这类产品的企业只有浙江上风实业股份有限公司、北京兴华通风设备厂及北京京丰通风设备厂等少数企业的产品外观质量较好，达到或接近出口产品的要求。因此，这类产品要打入国际市场，必须彻底改变表面质量差的现状。

综上所述，“十一五”期间风机行业，无论是国内市场，还是国外市场，均会有较大发展，其中中、小型风机的国内市场需求也会相应地增长，但总体上这类产品是供大于求。

有些厂家为了降价，出现了偷工减料、粗制滥造现象，导致了风机市场的无序竞争。因此，建议国家在宏观调控政策方面，应出台相应的经济政策，限制这类企业的重复建设和进一步发展，鼓励企业扩大出口，开拓国际市场。对于透平压缩机，由于其结构复杂，技术含量高，制造周期长，国内只有少数几个厂家能够生产。这类产品目前的国内市场占有率只有50%左右。因此，对这类产品国家不但不能限制其发展，在宏观调控上还应给予支持，鼓励用户使用国产化设备。同时，对这类设备的出口也应给予相应支持，促进生产该类产品的企业更快地发展。

风机在冶金行业的应用及未来发展趋势

中国通用机械工业协会风机分会　石雪松　徐常武

风机是用于排送气体的机械的总称，根据其排气压力的高低，分为通风机、鼓风机和透平压缩机。

一、风机在冶金行业的应用

风机在钢铁与其他金属材料的冶炼过程中占有极重要的位置。

从矿石到炼成钢经过的矿石烧结、炼铁和炼钢等全部工艺流程都需要风机。目前用于冶金行业的风机主要有以下几种：

1. 烧结用风机

冶炼用的矿石在冶炼之前要进行烧结，烧结要用烧结机，而烧结机则需要烟气主抽风机和冷却通风机。例如某中型钢厂有两个矿石烧结车间。一个装有62.5m^2 烧结机5台的车间，共使用风机29台，其中用在烧结机上有18台；另一个装有75m^2 烧结机3台的车间，共使用风机90台，其中用在烧结机上有8台，其他风机用于通风、除尘、降温及冷却。

风机行业生产的抽送烧结烟气的离心鼓风机有几十种型号规格，现举出几种型号的性能参数。

由沈阳鼓风机厂生产的D1600、D2000抽送烧结烟气的离心鼓风机，是为18～24m^2 烧结机配套的设备。该类鼓风机为单级吸入双支撑结构，用电动机直接驱动。铸铁机壳水平剖分为上下两半，下机壳安装在铸铁底座上。转子由优质碳素钢主轴、低合金结构钢焊接叶轮及轴套等组成。轴承为滑动轴承。

D1600离心鼓风机主要性能参数：流量1 600m^3/min，进口压力89.73kPa，升压8.33kPa，转速148.5r/min，功率334kW。

由沈阳鼓风机厂生产的S6500抽送烧结烟气的离心鼓风机，适用于为75～90m^2 烧结机配套。其结构特点为单级双吸入双支承结构，用弹性联轴器与电动机直联。机壳水平部分为上下两半，轴向部分为三段，左右段为两个进气管向上的结构对称的进气室，中段为下部有水平出气管的蜗壳，出气管口附加有锥形扩压管。

S6500离心鼓风机主要性能参数：流量6 500m^3/min，出口压力101.31kPa，进口压力89.05kPa，转速1 475r/min，功率1 640kW。

目前国内最大的烧结鼓风机是陕西鼓风机厂生产的SJ16000型，流量16 000m^3/min，功率达5 000kW。

2. 焦炉煤气输送鼓风机

焦炭是冶炼钢铁的主要燃料和还原剂，也是高炉中料粒的支撑剂和疏松剂，而炼焦炉内的煤气须经风机抽出后，一部分作为炼焦炉的燃料，一部分加压后送往钢厂作为燃料，还有一部分可生产其他副产品。

焦炉煤气输送的典型代表产品是沈阳鼓风机厂生产的D125031型离心鼓风机。其主要结构特点是机组由电动机、齿轮增速机、离心鼓风机、润滑系统和仪控系统组成。机壳为水平剖分式结构，轴承箱下面有横纵向定位键槽，以保持机体良好对中，并能适应机壳热膨胀；轴承箱与壳体铸成一体，增强刚度，便于拆卸检修。

转子由主轴、3个叶轮、隔套、平衡盘和半联轴器等组成；叶轮为高强度合金钢焊接结构。

轴承分为支撑轴承和止推轴承两部分，支撑轴承为椭圆瓦滑动轴承，止推轴承为米切尔双面止推滑动轴承。

密封设在级间、叶轮进口、平衡盘外围及轴两端，均为迷宫式拉别令密封。

其主要性能参数：进口流量为1 250m^3/min，进口压力98.07kPa，出口压力313.82kPa，主轴转速4 776r/min，功率3 670kW。

3. 高炉鼓风机

在生铁冶炼过程中，必须用高炉鼓风机向高炉输送一定量助燃的空气（或氧气）以提高炉内温度。此外，还需要离心通风机将燃烧空气送到热风炉里。

氧气可强化冶炼过程。氧气在炼钢中有重要作用，如氧气顶吹转炉炼钢，氧气底吹转炉炼钢，平炉熔池吹氧炼钢，电炉氧气炼钢等。炼钢用氧量非常之大，氧气是使用空气分离设备从空气中采用深度冷冻法取得的。每套制氧机必须配有空气压缩机、氧气压缩机、加热鼓风机和透平膨胀机，即一般所称的“制氧四大机”。

高炉鼓风机的典型代表产品是陕西鼓风机厂生产的轴流压缩机A系列（静叶不可调）和AV系列（静叶可调）。其主要性能参数：A40～A112，流量范围65×10^3～608×10^3m^3/h

(标准状态下),压比 2.9～7.7,转速 3 410～9 549r/min,功率 33×10^3～69×10^3kW。

AV40～AV140,流量范围 70×10^3～$1050\times10^3m^3/h$(标准状态下),压比 2.7～7.2,转速 2 524～8 833r/min,功率 34～90 $\times10^3$kW。

4. 转炉二次烟气除尘风机

转炉二次烟气除尘系统是指对转炉烟气净化回收以外的各扬尘点的烟气收集和除尘。其中包括转炉兑铁、吹氩站、铁水扒渣站及铁水倒罐站等的烟气除尘。

烟气除尘所用的风机主要有 4—73 型、JY5—44 型及 5—51 型。

4—73 型为通用型,从№8～28 共 12 种规格。其性能范围:流量16 156～680 000m^3/h,压力1 400～5 423Pa,功率 18.5～1 250kW,转速 480～1 450r/min。

JY5—44 型引风机从 No16～31.5 共 12 种规格。其性能范围:流量1 893～397 000m^3/h,压力1 922～10 931Pa,功率 75～1 000kW,转速 580～1 450r/min。

5—51 型风机从 No8～29.5 共 20 种规格(包括引风机共 40 种规格)。该风机的主要特点是具有可调进风口、高强度耐磨叶轮、防漏油轴承箱及关节式轴向调节门等先进的技术。其性能范围:流量 9 900～583 000m^3/h,压力 1 468～10 095Pa,功率 15～1 600kW,转速 480～1 450r/min。

5. 钢厂动力站用离心式压缩机

动力站用离心压缩机的典型产品是沈阳鼓风机厂生产的 DH 型和 SVK 型压缩机。

DH 系列为双轴 4 级等温压缩机,其主要型号为 DH35、DH63、DH71 及 DH80 等。主要性能范围:流量 6 000～580 000m^3/h(标准状态下),出口压力 617～666.9kPa,功率 650～5 100kW,转速7 748～18 982r/min。

SVK 离心压缩机是在引进技术的基础上开发的。主要特点是整体组装式结构,压缩机、齿轮箱、中间气体冷却器及润滑油系统用 1 个公用底座。进口设置有进口调节叶片,是优化压缩机非工况点运行性能的最经济方法。进口调节叶片根据现场实际运行情况自动调节,可以在气流变化中实现压缩机出口的定压输出。主要性能:流量2 000～36 000m^3/h,压比 2～17。

6. 化铁炉用风机

除钢铁冶炼工艺过程中需用风机外,一般机械铸造工厂常用的化铁炉,如冲天炉、油炉及煤粉炉等,都需用鼓风机(高压通风机或鼓风机)压送足够的空气加以助燃。

其典型代表产品是吉林市鼓风机厂生产的 H10—13 及湖北省风机厂生产的 HTD 系列化铁炉风机。

H10—13 是高压离心通风机,是为卡腰冲天炉所需性能而设计的,适用于对化铁率 5t/h 以下的卡腰冲天炉。共有№6、№6.3、№6.9 及№7.5 4 种规格,其性能范围:流量 1 690～6 980m^3/h,压力8 973～15 103Pa,功率 15～37kW,转速2 940r/min。

HTD 系列离心鼓风机可配用于常见炉型的化铁炉。其性能范围:流量 12～300m^3/h,压力6 860～27 450Pa,功率 5.5～1 850kW,转速 2 900～5 750r/min。

7. 高炉煤气余压回收透平发电装置

高炉煤气余压回收透平发电装置(Top Gas Pressure Recovery Turbine,简称 TRT 装置),是利用高炉炉顶煤气压力经透平膨胀做功,驱动发电机发电的能量回收装置。TRT 装置既可回收原减压阀泄放的能量(约占高炉鼓风机所需能量的 30%),又净化了煤气,并且改善了高炉炉顶压力的控制品质。

其产品是陕西鼓风机厂生产的 TP 系列,性能范围:流量1 360～1 916m^3/h,压力 2.03～2.5kPa(进口),1.09～1.153kPa(出口),功率2 770kW(出口),转速3 000r/min。

二、未来的发展趋势

冶金工业所用的风机种类尽管有许多种,但能代表风机设计制造水平的主要有 3 种,即轴流式压缩机、烧结引风机和高炉煤气余压回收透平发电装置。上述 3 种风机国外的技术水平高于国内,国外的先进技术水平就是国内未来的努力方向,下面就这 3 种风机的未来发展趋势,作一探讨。

1. 轴流式压缩机

轴流式压缩机具有效率高,流量大,性能调节范围宽等特点。目前国外1 000m^3以上的高炉皆采用轴流压缩机。作为高炉鼓风用的轴流压缩机,其流量已达10 000m^3/min,压力达 0.69MPa,功率已达 70 000kW。

国外生产轴流压缩机的主要厂家有瑞士苏尔寿公司、德国 MANGHH 公司、日本三菱重工株式会社、川崎重工株式会社和美国爱利奥特公司、DRESER—RAND 公司。

国内陕西鼓风机厂就是引进瑞士苏尔寿公司的技术生产轴流式压缩机。

瑞士苏尔寿公司的轴流压缩机具有独特的设计结构和良好的气动性能(整机多变效率为 87%～91%,最大流量和最小流量可调范围达 1 倍多),高度的三化水平和先进的电子控制系统。其结构特点是:机壳为水平剖分型,由灰铸铁(或铸钢)制成,排气侧设计承压值可达 0.7～102MPa,转子为等内径型,多级节盘式结构,动、静叶片皆采用修正的美国 NACA 原始叶型。采用全静叶可调结构系列的轴流—离心复合式等温压缩机的流量范围为1 400～7 500m^3/min,压比为 7～11。该产品具有较高的技术水平。

近年来,为了提高轴流压缩机的效率,苏尔寿公司采用混合反动度设计方法改善了级间匹配。减少动叶叶顶与机壳间间隙也能提高压缩机性能和效率。在降低轴流压缩机噪声方面,国外多致力于隔声、消声,其措施是:(1)采用加厚铸造机壳,减弱噪声散射;(2)采用隔声罩和消声器,减少噪声扩散。

利用电子计算机作为调节的中枢指令系统,可实现轴流压缩机的调节自动化、运行最佳化。

2. 烧结引风机

烧结引风机作为烧结机配套的主抽烟机,其耗电量大约占烧结厂总耗电量的 50%以上;又因其输送的介质为烧结烟气,含尘量大。因此,提高效率、降低能耗、加强耐磨措施、提高使用寿命仍是烧结引风机有待解决的主要技术问题。

烧结机风机的风量取决于烧结机的烧结面积;压力取

决于烧结料层的厚度。

烧结机的大型化(已可生产1 000m²的烧结机)和厚料层(已达700mm),促使烧结引风机向大风量、高负压方向发展。烧结引风机的最大流量为40 000m³/min,最高压力为19 620Pa,最大功率为14 500kW。

由于制造工艺条件和运输条件等因素的限制,为特大型烧结机配套的烧结引风机往往采用双机关联形式。

烧结机引风机的耐磨措施:

(1)锯齿形中盘不仅可以改善叶轮出口气流分布和降低GD^2,而且可避免烟气对中盘的冲刷;

(2)叶片上装有可更换的耐磨衬板(衬板表面堆焊碳化钨);

(3)由可更换的锥盘保护中盘不受磨损;

(4)机壳装有涡形衬板和侧衬板;

(5)表面涂覆陶瓷、树脂、石英粉加水玻璃等防磨涂料;

(6)表面强化处理,表面堆焊、热喷涂、渗硼、激光表面硬化和高频淬火等。

目前,国外正在进行关于烧结引风机气动设计计算的二相流(因体微粒和烧结烟气)的研究,试图从空气动力学方面来进一步解决烧结引风机的磨损问题。

3. 高炉煤气余压回收透平发电装置(TRT)

该装置发展最快,水平最高的是日本。据1987年资料统计,1 500m³以上的高炉共47座,安装了38套TRT装置;2 000m²以上的高炉共38座,安装了35套TRT装置。目前无论是TRT装置的数量,还是质量和效率,日本都处于领先地位。

随着高炉向大型化和高压炉顶方向发展,国外TRT装置随之向干式、轴流型及静叶可调方向发展。

轴流型透平转子一般为2级或3级,多采用反动度为50%的叶型,动叶片采用抗腐蚀疲劳强度的SUS630不锈钢。机壳用钢板焊接而成,亦可用高强度铸铁制成,一般为径向进气,轴向排气(亦可下部径向排气)。轴封一般采用氮气密封,近来亦有采用非接触机械密封的。

国外轴流型TRT装置,大多数采用静叶角度调节方式,以扩大工况范围,减少噪声,提高膨胀透平的可靠性,并且不会影响高炉压力的波动。

加入WTO后的中国风机工业

中国通用机械工业协会风机分会　徐常武

风机行业产品属于通用机械产品的一部分,总体上分为两大类:一是透平压缩机和鼓风机;二是一般用途的中小型通风机。

一、企业所受影响

加入世贸组织尽管时间不长,但对生产不同产品企业的影响也分为两种情况初步显现出来。

1. 透平压缩机和鼓风机

风机行业生产这类产品的企业不多,但由于该类产品属于技术密集型产品,因而代表了风机行业的技术水平。这类产品是介于机械行业所指的产品技术水平与国外有一定差距,但差距不是很大,而且价格有明显优势的产品(对风机行业来说,主要指离心式鼓风机及一般用途的离心式和轴流式压缩机)与高新技术产业和新开发的高新技术产品(对风机行业来说,主要指60万t/a以上乙烯装置用离心压缩机、天然气管线输送压缩机、高压油田注气压缩机、4万m³/h以上空分装置用压缩机及轴流——离心复合式压缩机)之间的产品。对于前一种情况,加入WTO对国内市场冲击不大。对于后一种情况,例如西气东输所需要的天然气管线离心式压缩机,尽管沈阳鼓风机厂早在20世纪70年代就引进了意大利新比隆公司的PCL系列天然气管线离心压缩机技术,2003年又自行研制了样机并通过了国家级鉴定,然而用户仍以没有业绩为由,坚持全部采用进口产品。由此可见,对这类产品已经受到了较为严重的冲击。

2. 一般用途的中小型通风机

这类产品在风机行业产量中占绝大多数,属于量大面广产品。按机械行业对入世后产品的影响归类,该类产品属于产品成本较低,具有价格优势的一类,入世之后有利于扩大出口。以风机行业协会会员单位统计的出口交货值为例,2001年度为11 328万元,2002年度增加到12 501万元,增加了1 173万元,同比增长了10.35%,其中出口增加额中的主要部分源于中小风机出口的增加。

从这类产品的价格比较来看,以日本的厂商价格为例,日本厂商的同类通风机价格入世前是国内产品的2倍,入世后关税有所降低,但其价格仍高出国内产品的50%~60%。因而入世对这类产品没有造成大的影响。

但是,从全行业来看,这类产品存在的一个共性问题,是表面或者说外观质量太差。无论是焊接、钣金,还是油漆(多数厂家没有进行喷砂或喷丸处理),大部分企业产品的外观质量均达不到出口的要求,只有少数企业的产品外观质量较好,达到或接近出口产品的要求。这样就影响了风机产品出口数量的增长。

二、应采取的措施及对策

1. 提高预见性和主动性

在新形势下,各企业要认真分析本企业产品在质量和价格方面有无优势，能否在国内市场站住脚，能否利用优惠条件扩大出口，能否到境外投资办厂或带料加工。

对于某些产品技术水平、质量及价格在竞争中处于劣势，将要受到冲击的企业，要充分利用过渡期，形成经济规模，发展品种，提高质量(尤其是外观质量)，降低成本，提高竞争力。在过渡期也难以扭转局面的企业，应果断决策，调整结构，寻求新的出路。

2. 努力扩大产品出口份额

由于入世，我国出口产品可以享受世贸组织成员的最惠国待遇，对某些发达国家还可享受更优惠的普惠制，同时在市场上可得到公平的贸易待遇，出口环境将大大改善。

风机行业协会企业会员单位，目前出口产品所占总产值的份额很少，2001 年占 3.4%，2002 年占 2.9%。所以各企业，特别是中小企业应利用这一有利时机，促进自身的发展，积极扩大出口。

3. 进一步扩大国际经济技术合作

入世之后我国与世贸组织成员间的经济技术合作环境有较大改善，我国的投资环境也进一步改善。风机行业有些厂家积极引进先进技术设备，发展中外合资、合作或通过技贸结合带进技术。例如沈阳鼓风机(集团)有限公司与世界 500 强企业之一的美国 GE 公司成立了合资公司；沈阳人民风机厂引进了韩国的罗茨鼓风机制造技术；浙江上风实业股份有限公司引进了许多国家的先进技术与设备；石家庄市风机厂有限公司引进了日本 4 个系列的离心通风机技术等。

有条件的风机行业企业都应该抓住这一良好机遇，选择国际上知名度高、产品有竞争力及有资金实力的风机制造厂商，开展交流、洽谈合作，用市场换资金和技术，借以提高风机行业的技术水平和管理水平。

4. 按市场经济规律进行结构调整

党的十六届三中全会，进一步明确了完善社会主义市场经济体制的诸项政策。遵循市场经济规律，所有企业已经、正在或将要采取以下措施：1. 进行股份制改革，中小企业实行所有制多元化；2. 选择进口量大、技术含量较高的产品与外商合资、合作，把原来进口的产品，转到国内来生产供货；3. 通过资产重组、兼并，精干主体，分流辅助及附属部门，优化生产主导产品或新开发产品的技术装备和生产条件，提高竞争能力；4. 要有一部分企业分流、转产其他有市场需求的产品或为社会提供服务，同时进行就业结构的调整。

入世之后，风机行业总体经济运行形势良好。但在风机行业协会企业会员单位中，2002 年仍有 22 家亏损企业，2003 年还有 13 家亏损企业，也有个别企业面临破产和全厂放长假，这都需要在结构调整中摆脱困境。

阀门行业“十一五”发展预测

中国通用机械工业协会阀门分会　康家桥　李名章

我国正处在工业化中期，凸显出对机械装备的旺盛需求，在这个阶段，各行各业都要实现以机械化、自动化为标志的现代化。当前，世界经济逐步回升和结构调整加快，国内国民经济全面、协调、可持续发展，为装备制造业提供了空前的发展机遇。

在国家西气东输、南水北调等特大型工程和陆续开工的电力、冶金、石化等建设项目中，给阀门产品带来了巨大的商机，而 21 世纪头 20 年是我国发展的重要战略机遇期，预计在“十一五”期间，阀门行业也将随着国民经济的发展而发展。

一、阀门行业现状

2003 年阀门行业国有及年销售收入在 500 万元以上非国有阀门企业有 723 个(2002 年 660 个，2001 年 595 个)。

阀门生产企业的经济类型从 2001 年至 2003 年起了较大的变化，其中：①内资企业在 2003 年占企业总数的 85.1%，比 2001 年下降 3.1 个百分点。在内资企业中：国有企业下降 4.2 个百分点，集体企业下降 4.8 个百分点，而私营企业却上升 7.6 个百分点。②港、澳、台商投资企业在 2003 年占企业总数的 4.7%，比 2001 年上升 1 个百分点。在港、澳、台商投资企业中，主要是独资经营企业上升 1 个百分点，从 2001 年 5 个增加到 2003 年 13 个企业。③外商投资企业在 2003 年占企业总数的 10.2%，比 2001 年上升 2.1 个百分点。在外商投资企业中，主要是外商独资企业上升 1.5 个百分点，从 2001 年 14 个企业增加到 2003 年 28 个企业，企业数增长 100%。

2003 年阀门行业在上年增长百分之十几的较好基础上，出现了更强劲的增长态势，全行业的经济运行呈现出“三高一同步”的旺盛形势，2003 年阀门行业 723 个企业主要经济指标见表 1。

表 1　2003 年阀门行业 723 个企业主要经济指标

序号	指　标	单　位	2003 年实际	上年实际	同比增长(%)
1	工业总产值(不变价)	亿元	215.84	168.87	27.8
2	工业总产值(当年价)	亿元	225.45	176.16	28.0

（续）

序号	指　　标	单　位	2003年实际	上年实际	同比增长(%)
3	其中:新产品产值	亿元	12.29	8.59	43.1
4	工业销售产值(当年价)	亿元	219.03	170.74	28.3
5	其中:出口交货值	亿元	54.29	40.67	33.5
6	产品销售收入	亿元	212.53	165.65	28.3
7	产品销售成本	亿元	171.56	133.92	28.1
8	产品销售费用	亿元	9.46	7.48	26.5
9	产品销售税金及附加	亿元	0.97	0.87	11.5
10	产品销售利润	亿元	30.54	23.38	30.6
11	管理费用	亿元	15.75	16.46	-4.3
12	财务费用	亿元	2.90	2.19	32.4
13	其中:利息支出	亿元	2.24	1.78	25.8
14	利润总额	亿元	12.03	8.06	49.3
15	应交增值税	亿元	7.52	6.15	22.3
16	应收账款净额	亿元	49.86	41.16	21.1
17	产成品(库存)	亿元	17.80	16.96	5.0
18	流动资产平均余额	亿元	131.36	112.68	16.6
19	固定资产净值平均余额	亿元	55.10	48.09	14.6
20	资产合计	亿元	224.90	197.46	13.9
21	负债合计	亿元	129.13	116.44	10.9
22	所有者权益合计	亿元	95.77	81.02	18.2
23	全部从业人员平均人数	万人	12.65	12.71	-0.5
24	资产负债率	%	57.40	59.00	降1.6个百分点
25	流动资产周转率	次	1.62	1.47	10.2
26	成本费用利润率	%	6.00	5.00	升1个百分点
27	产品销售率	%	97.20	96.90	升0.3个百分点

从表中看出,2003年完成工业总产值(不变价)215.84亿元,比上年同期168.87亿元增长27.8%;销售收入完成212.53亿元,比上年同期165.65亿元增长28.3%;出口交货值完成54.29亿元,比上年同期40.67亿元增长33.5%;利润总额实现12.03亿元,比上年同期8.06亿元增长49.3%。这反映了2003年阀门行业生产、销售、出口呈现出高增长,生产与效益同步增长。在销售中外销增长大于内销增长,效益增长大于产销增长。2003年阀门行业资产负债率57.4%,比上年同期59%下降1.6个百分点,流动资产周转率1.62次,比上年同期1.47次增长10.2%,成本费用利润率6%,比上年同期5%上升1个百分点,产品销售率97.2%,比上年同期96.9%上升0.3个百分点。全国阀门行业步入了良性循环。

阀门行业生产的阀门品种、参数、工艺已基本满足了工程项目的现状。

二、"十一五"阀门行业发展预测

阀门行业在2003年高速发展的基础上,"十一五"期间将会保持一个较高的增长速度。预计在2006年,阀门行业的工业总产值(当年价)能达到295亿元,销售收入能达到290亿元。预计2010年工业总产值(当年价)能达到400亿元,销售收入能达到390亿元,预计在"十一五"期间产销递增率能达到8%左右。

根据当前国家重点工程发展规划,阀门行业"十一五"期间市场预测如下。

1. 核电阀门

"十五"后期,我国将拥有11台核电机组,这11台核电机组全部运行时,核电将占发电量3%左右,与发达国家相比,还有较大差距。

国家确定的核电"远景规划",到2020年中国核电装机容量将达到3 600万kW。这就意味着,从2004年起中国每年将至少批准建设两个百万级核电机组,即中国今后16年,每年都要建一座像"大亚湾"一样的核电站。每座100万kW级核电站将需要阀门3万台,虽然阀门的投资额占核电站总投资额的2%左右,但每年花在阀门上的维修费却要占维修总额的50%以上。其中一些重要的阀门产品,如主蒸汽隔离阀、稳压器安全阀和主蒸汽安全阀等也都属于核电站中的十分关键的设备,还有不少应用在一回路系统中各种核级阀门都直接关系到核电站的正常和安全运行,不允许出现任何差错。

目前,我国有资格设计和制造核电阀门的厂家,据不完全统计有13个,在"十一五"期间必须进一步开发核电阀门新产品、提高产品质量和扩大生产能力,才能满足核电阀门国产化的需要。

2. 煤电阀门

我国未来几年对火电机组设备市场需求仍非常巨大,按照优化发展火电的要求,今后将严格控制常规火电项目的建设,火电设备产品的需求将向大容量、高参数、高效低耗、低污染和自动化方向发展。

在2001年和2002年这两年中,新开工电站建设规模4 470万kW,2003年国家共批准新开工电站项目41项,总规模为3 111万kW。2004年,国家将批准新开工电站规模4 000万kW,预计投产电站项目规模超过3 700万kW,这一建设规模将超过电力建设项目投产、新开工和在建规模创下历史最高水平的2003年。

在国务院发展研究中心主办的"中国发展高层论坛

——能源战略和改革国际研讨会”上，国际能源署与世界银行的专家认为，中国今后的能源投资有80%以上将用于电力工业。根据专家预测，2001～2030年，中国用于电力投资平均每年为5 096亿元，其中发电和输配电各为50%。

在“十一五”期间，亚临界30万kW和60万kW是主导机组，60万kW和100万kW超临界发电机组，主要是建在沿海少煤且煤价较高地区。发达国家已广泛采用超临界机组，其发电量占火电的40%～60%。我国目前已投入运行的超临界机组有10余台，我国电力部门已确定超临界机组为今后火电机组建设的重点之一。

在“十五”期间，国内阀门企业已能生产亚临界和小口径超临界高温高压阀门；在“十一五”期间阀门企业要进一步研制、生产超临界和超超临界阀门，其工作压力在25MPa、介质温度在600℃以上的高温高压阀门。

3. 煤化工(煤炭直接液化)阀门

煤制油将是新世纪重点发展的一项新技术，国家已批准在内蒙建设一套年产500万t煤直接液化项目。煤直接液化装置工艺条件十分苛刻，对阀门提出非常高的要求：其介质温度420～500℃；工作压力17～30MPa；固体颗粒含量20%～80%。为此要加强研制高温高压耐磨阀门，以满足煤化工的发展需要。

4. 长输管线阀门

“十一五”及未来若干年中预计还要建设20 000km的输气管线，对大型管线球阀有很大的需求。

我国东南沿海将大力发展液化天然气(LNG)，“十一五”期间拟建设LNG接收站，对公称压力PN1.6～6.4MPa，公称通径DN25～400mm，工作温度－162℃的各种低温阀门将有较大需求，开发液化天然气球阀、截止阀、闸阀等前景乐观。

“十一五”期间预计新建原油高压管线5 000km，需要高压大口径阀门3 000多台。

5.“南水北调”工程

“南水北调”是我国跨世纪骨干工程，东、中、西三线总投资需要超过4 500亿元，东线调水工程已于2002年12月开工，中线调水工程也已批准，在工程中需要大量大口径闸阀、特殊方形闸阀、特殊蝶阀及水泵站配套阀门。

6. 钢铁工业

国营钢铁企业发展重点是提高连铸连轧比例和以节能降耗、减少环境污染为代表的技术改造。民营企业希望成套供货，提供交钥匙工程。其中需要成套供应的阀门有：高炉无钟炉顶装备、煤气专用阀门、热风阀、气体切断阀、热风炉成套阀门、煤气TRT成套阀门、盲板阀、插板阀、蝶阀(耐磨)、球阀(耐磨)。

7. 石油化工

我国目前炼油能力为每年2.4亿t，今后发展重点是以节能降耗为代表的装置大型化、提高加氢精制比例和提炼进口油能力。在“十五”规划中要建设12～15个千万吨级大型炼油厂，计划建设的有广州、福建、南京、天津、大连等地。

乙烯是合成纤维、合成橡胶、合成塑料的重要基础原料，是一个国家石油化学工业发达程度的重要标志，我国目前乙烯产量530万t，每年要进口100多万t。至2005年要形成600万t能力，2010年形成1 000万t能力。

应该说我国石化通用机械制造业基本具备了提供千万吨级炼油厂成套设备和70～80万t乙烯主要设备的能力，其中千万吨级炼油厂的阀门产品主要由国内提供，而80万t乙烯装置用的特殊阀由于业绩等原因，用户希望从国外进口。

8. 环保工程

环保产品是当今世界四大支柱产业之一，是今后世界经济发展重点和热点。

我国的环保机械正在走向成熟，面临着前所未有的发展，当前环保机械产品以每年不低于16%的速度迅速发展，有些地区达到30%以上，而城市污水处理设备、燃煤烟气脱硫设备、城市生活垃圾无害化、资源化设备等用阀将是今后国内市场供需热点。

“十一五”期间，在开发以上新产品时，新的工艺技术将得到推广应用，如开发高温高压电站和核电站阀门采用锻焊结构时应用真空电子束焊接新工艺和剪切挤压技术，开发长输管线大口径整体球阀应用整体焊接技术。

为提高阀门密封面耐腐蚀性和耐冲蚀性，在“十五”期间阀门行业少数厂家开始采用了超音速火焰喷涂碳化钨工艺，尚未得到推广，有待于总结经验加以推广采用。同时为上述目的，应用纳米级材料对密封面涂覆改性，采用激光熔覆工艺技术也在研制中，预计在“十一五”期间可推广应用。多年来在阀门行业应用的钴铬钨等离子送丝自动堆焊工艺应继续推广以取代手工焊，确保阀门密封面的质量。

压缩机行业“十一五”设想

中国通用机械工业协会压缩机分会　高其烈

一、压缩机行业“十一五”期间核心服务领域与各结构类型压缩机发展趋势

1. 石油天然气工业“上游”领域

(1)天然气集输用高转速天然气发动机—活塞式压缩机组；

(2)天然气回注用55MPa高压力、天然气发动机—活塞式压缩机组及管线扫气、试压用巨型空气压缩机组；

(3)分散油气田、边缘油气田天然气集输用低转速整体式燃气摩托压缩机组；

(4)天然气增压用高压、大流量电动活塞式压缩机组。

2. 石油天然气工业"下游"领域

(1)特大型/超大型(活塞力1 000～1 250kN)电动活塞式氢气压缩机组(1套大型煤液化装置即需500～1 250kN活塞力活塞式压缩机20台)；

(2)石油化工流程/装置用多种介质、多种规格品种活塞式压缩机、螺杆压缩机；

(3)天然气汽车加气站用CNG压缩机组—电动活塞式压缩机组及天然气发动机直联驱动活塞式压缩机组(常规站用、加气母站用、加气子站用)；

(4)液化天然气接收厂站用BOG(蒸发天然气)大型超低温迷宫式压缩机；

(5)高压大型金属隔膜压缩机组。

3. 核电、常规电力领域及特种领域

(1)高压金属隔膜压缩机组；

(2)控制用SF_6压缩机组、中压空气压缩机组；

(3)严酷工况条件下运行的特种压缩机组。

4. 各类工业企业动力用空气压缩机组

(1)喷油螺杆式、喷油单螺杆式空压机的市场需求比率大幅上升；

(2)往复活塞式空压机的市场占有率下降，但在其最佳性能参数范畴内仍有活力；

(3)干式(无油)螺杆空压机的需求看好，但面临中小型紧凑式离心空压机组的竞争。

各结构类型动力用空压机最佳参数范围见表1。

表1 各结构类型动力用空压机最佳参数范围

空压机结构类型		容积流量(吸气状态)(m^3/min)	排气压力(MPa)	功率(kW)
往复活塞式(气缸有油或无油)		≤100	≤1.25	≤550
螺杆式	喷油	≤60	≤2.50	≤350
	干式(排气无油)	30～200	≤1.25	185～1 200
离心式(排气无油)		≥60	≤1.25	≥400
滑片式(喷油)		≤12	≤1.00	≤110
单螺杆式(喷油)		≤25	≤1.25	≤185

5. 微、小型空气压缩机

渗透至千家万户，为民居生活所需的微、小型空压机，在发达国家已较普及。其功率多在2kW及以下，排气压力0.7MPa，以排气无油最受欢迎。微、小型空压机的出口看好，内需亦将逐渐升温。

6. 压缩空气、压缩气体净化装置

压缩机前、压缩机中及压缩机后配置的各种干燥器、滤油器等净化装置需求前景甚佳。

二、压缩机行业"十一五"期间攻关关键是特大型往复压缩机组

1. 特大型往复压缩机组的技术特点与难点

特大型往复压缩机组与小型机组并联方案相比有显著的优势。特大型机组占用空间小，机组效率高，故障隐患少，维护工作量低，因而通常作为特大型化工装置的优选方案。但特大型机组的设计和制造有一定的技术难度，加工能力和质量控制能力也直接影响着产品的性能水平。在研制特大型往复压缩机组时，必须充分考虑以下几方面的问题：

(1)特大型机组应该遵照国际标准和行业技术规范进行设计，机组的方案设计是结构设计的基础，起着至关重要的作用。在方案设计中，必须把机组的可靠性放在首位，其次是考虑机组长期运行的经济性、安装和维护的简便性，最后还要顾及机组制造工艺的好坏、成本的高低、外形尺寸和重量的大小等等。按此原则，特大型往复压缩机组通常采用卧式机身，在确定的工艺流程和精确的热动力计算许可的情况下，尽量采用少的级数和列数；在列数为偶数时，应选择对称平衡型的结构；尽量避免使用平衡段气缸和贯穿活塞杆结构。压缩机的转速和行程要达到良好的匹配，既要控制好活塞的平均速度，又不能把活塞做得太大，否则，机组将笨重不堪。

(2)结构设计是特大型往复压缩机组研制的重要环节，它绝对不可看作是中小机组的放大样。在设计中小型压缩机组时，由于没有空间和结构的严格限制，零部件大多有较大的安全裕度，但各零部件的裕度量并不一致，有些相差很大。盲目的放大样势必造成机组的庞大和不必要的浪费。另外，零部件大型化以后，很多在中小零件时适用的联接方式、紧固和锁紧方式都不再适用，如果还继续沿袭的话，将会给整个机组带来可怕的事故隐患，这在压缩机行业制造厂中已有深刻的教训。特大型机组的结构设计必须从经典的机械设计理论出发，量化分析每一个重要零部件的工作过程、承载情况、预期的失效结果等等，必要时可采用有限元方法进行分析，用实验方式进行验证，这样才能取得合理的结构设计成果并保证研制出的特大型机组万无一失。

(3)保证材料的性能是制造特大型往复压缩机组不可忽视的工艺过程。压缩机主要材料是铸铁和锻钢，大型铸铁零件存在内部应力处理问题，消除不彻底，将影响机组的长期运行。大型铸件应采用低应力铸铁铸造，在铸造后及粗加工后要安排热时效处理工序或振动时效处理工序，这样才能保证零件的持久精度。大型锻钢件的质量受钢铁企业技术水平影响很大，由于我国钢铁行业质量控制水平的参差不齐，压缩机制造厂必须对国产大型锻件毛坯进行严格控制，除跟踪其生产检验过程外，还要在机械加工过程中重复进行检验和试验，以期获得更为真实的零件性能数据。

(4)特大型机组必定具有压力高、流量大的特点，因此，气体管路脉动问题在设计阶段就要予以考虑。要按标准和规范要求设置缓冲器，在安装空间受到限制、缓冲容积无法满足时应通过计算采取其他措施抑制气流脉动的发生。厂房设计要与压缩机总体设计、管路设计协调进行，当使用现有厂房时，压缩机的管路设计必须考虑楼板、横梁、立柱的位置，必要时须现场测量、单机设计，以免发生干涉。气体管路转变处最好设计在容器上，应尽量减少弯段，尤其要避免多维的自由弯段。工程设计单位要和压缩机制造厂协调做好管路支撑和管路约束的设计工作，这是防止管路机械振动最直接、最有效的办法。

(5)在研制4列以上特大型往复压缩机组时，由于曲拐数的增多和曲轴的增长，可能会发生曲轴的扭振，危及曲轴和轴承的寿命。因此，在压缩机设计阶段就应设法提高曲轴轴系的自振频率，并选用干扰力最小的方案。

2. 开发特大型往复压缩机的必要条件

拥有先进可靠的设计技术是开发特大型往复压缩机的基础条件，但仅此是远远不够的，还必须有良好的技术装备、先进的工艺手段、有效的管理控制和必要的资金支持。

纵观以往重大装置国产化历程，成果的取得不仅需要研制单位积极不懈的努力，更需要开明用户的精诚协作和主管领导部门的大力支持。它们构成了民族工业发展原动力。

3. 国内外产品的比较与发展趋势

国际上，特大型往复压缩机制造厂主要集中在欧美地区。由于有雄厚的工业基础做保证，欧美产品的总体设计水平、成套水平均优于国内，其制造工艺水平比国内更高一筹。但其发展势头已很不明显。我国从国外进口的压缩机组普遍存在价格高、问题反应慢、服务不到位等现象，时而还出现质量问题。国内产品结构设计水平已与国外相当，产品质量也正在与国际水平接近，国产机的价格通常是进口机的一半；而且，国产机对于国内市场还有明显的地域优势，及时的配件供应、方便的信息沟通、良好的售后服务弥补了与国外产品的差距，正逐步被国内各主要用户所认同。

我国大型往复压缩机制造技术提升很快，国内产品在稳定质量的基础上正向特大型化、集成化、智能化方面发展。随着我国工业整体水平的不断提高，综合实力的增强，可以预期在未来的5～10年间，我国大型往复压缩机技术水平将走向世界前列。

直面WTO格局的压缩机行业

中国通用机械工业协会压缩机分会　高其烈

我国是全球最重要的压缩机市场之一。中央关于改革开放奔小康、西部大开发和西气东输战略决策的实施，给海内外压缩机制造企业提供了一个活跃商机和技术开发的契机。

那么，当时代的骏马飞驰入21世纪的今天，WTO格局下的我国压缩机行业拥有怎么的实力？机遇和挑战如何呢？

一、工艺流程用往复活塞式压缩机

如今，无论国外还是国内，工艺流程用往复活塞式压缩机的制造、销售和技术开发热点有：

(1)炼油及石油化工(下游)企业多种装置、流程所需多品种、大中功率、中高压力氢气压缩机；

(2)石油、天然气(上游)企业天然气集输及天然气回注采油用多品种、大中功率、中高压力天然气压缩机；

(3)天然气汽车加气站用CNG(Compressed Natural Gas)压缩机。

1. 电动大型低转速压缩机

全球范围内，工艺流程用大型往复活塞式压缩机的热卖点是石油化工行业炼油厂所需加氢压缩机，而我国又是最热点之一。我国正在实施的能源安全战略的一个重要方面，就是逐步推广大型煤液化工程。超大型氢气压缩机更是其中不可或缺的核心装备。

沈阳气体压缩机股份有限公司引进世界先进水准的德国BABCOCK—BORSIG公司往复活塞式压缩机专有技术(活塞力100～1 250kN)，制造全系列大型对称平衡型压缩机，已面世机型最大功率5 000kW、最大活塞力800kN、列数最多6列。其主要结构特色有：

(1)应用了BORSIG公司在国际上率先开发的活塞杆与十字头的机械－液压连接方式。借助于三次施加并释放达150MPa的超高油压，使受力零件产生了预应力，有效地降低了纯机械联结方式无可避免的活塞杆高应力幅，传统结构大直径活塞杆螺纹根部的严重应力集中也自不存在，保障活塞杆可靠工作；

(2)采纳BORSIG公司力学处理优化的强刚性、多列组合式机身设计。机身因无垂直于受力方向的壁面，从而获得大的承载能力；

(3)运用了BORSIG公司的压缩机传动机构“反向润滑”技术。曲轴无需油孔，避免了传统曲轴多个油孔处的应力集中，强度高、刚性好、加工易。故而传动机构磨损小、温升低、热膨胀值小，易保活塞杆运动的精确直线性。

沈阳气体压缩机股份有限公司生产的大型往复活塞式压缩机，就单机功率、活塞力而言，均已超过德国目前仅有的两家大型往复活塞式压缩机制造公司的产品，而跻身于世界最大型压缩机行列。如成功地运行于广东茂名石油化工股份有限公司等特大型石化企业的4M80—30/22—200—

BX 型新氢压缩机，系 200 万 t/a 渣油脱硫加氢装置用，为对称平衡型、4 列，活塞力 800kN，排气压力 20MPa，轴功率 3 250kW，质量 68.6t，冷却器等辅机质量 16.2t，电动机质量 47t，外形 9 690mm × 4 680mm × 1 950mm。活塞力 800kN 的 8 列特大型压缩机，也行将面世。沈气—BORSIG 对称平衡型压缩机系列参数见表 1。

表 1 沈气—BORSIG 对称平衡型压缩机系列参数

结构参数 \ 基本系列	BX22—10	BX28—16	BX32—20	BX32—25	BX36—32	BX40—40	BX45—50	BX45—80/56	BX45—80/63
最大行程(mm)	220	280	320	320	360	400	450	450	450
最大机身载荷(kN)	100	160	200	250	320	400	500	800	800
活塞杆直径(mm)	50/60	60/70	65/75	75/85	85/100	95/110	105/120	120/130	130/145
主轴颈直径(mm)	125	160	185	200	225	250	280	320	360
曲柄销直径(mm)	125	160	185	200	225	250	280	320	360
十字头销直径(mm)	72	90	100	115	125	145	160	200	200
连杆中心距(mm)	460	600	630	700	770	850	950	1 000	1 000
连杆螺栓直径	M27 × 2	M30 × 2	M36 × 3	M39 × 3	M42 × 3	M48 × 3	M52 × 3	M60 × 4	M64 × 4
十字头滑履直径(mm)	200	250	280	315	335	400	450	540	540
基础件质量(kg)	750	1 400	1 600	2 200	2 700	3 700	4 500	8 600	8 500

注：基础件质量为两列无盖机身、曲轴、连杆、十字头等的总和。

上海压缩机有限公司、无锡压缩机股份有限公司、华西通用机器公司、潍坊生建压缩机厂、柳州压缩机总厂、上海大隆机器厂各自自主研发的大型往复活塞式压缩机（活塞力达 500kN），共同占有高的国内市场份额，向石油化工、化工行业提供了关键装备。

总体说来，国产工艺流程用大型往复活塞式压缩机不仅成功地替代了进口机，实际运行状况还优于一些进口机。由于其综合性能价格比的优势，业已拥有随石化成套装备走向海外的良好条件。

2. 整体式燃气摩托天然气压缩机组

在管道式燃气轮机—离心式天然气压缩机组的冲击下，大功率（最高曾达10 067kW[13500HP]）整体式燃气摩托式压缩机逐渐退出了历史舞台。现今之整体式燃气摩托式压缩机皆为对称平衡结构，其动力缸、压缩缸水平对称卧置，动力活塞、压缩活塞反向运动，惯性力平衡优良，低速、重载，经久耐用，无需值守人员，运行费用低，功率为 630kW 及以下。

该类燃气摩托压缩机组是由燃用天然气的动力缸和压缩天然气的压缩缸构成的橇装有机整体，不需外接主电源和水源，机组的冷却、润滑、点火、自控等系统亦无需外界提供动力。显而易见，它是无动力电或接电困难的分散油气田、边缘油气田和后期油气田理想的集输气装备。

仅成都天然气压缩机厂制造的 ZTY 系列整体式燃气摩托压缩机组（参数见表 2）2003 年已达 200 台，运行实绩良好。

表 2 ZTY 系列整体式燃气摩托压缩机组主要参数

型 号	动力缸列 数	动力缸缸径 × 冲程(mm)	额 定功 率(kW)	额 定转 速(r/min)	平均有效压力(动力缸)(MPa)	动力缸允许排温(℃)	压缩缸列数	压缩活塞行 程(mm)	压缩活塞杆允许杆载(kN)	压缩活塞平均速度(m/s)
ZTY85	1	336 × 406	85	360	0.395	≤400	1	279.4	97.861	3.35
ZTY100	1	336 × 406	100	400	0.433	≤400	1	279.4	111.207	3.72
ZTY130	1	381 × 406	130	400	0.433	≤400	1	279.4	133.449	3.72
ZTY170	2	336 × 406	170	360	0.395	≤400	2	279.4	97.861	3.35
ZTY205	2	336 × 406	205	400	0.433	≤400	2	279.4	111.207	3.72
ZTY265	2	381 × 406	265	400	0.433	≤400	2	279.4	133.449	3.72
ZTY440	3	381 × 406	440	400	0.433	≤400	2	279.4	177.811	3.72
ZTY470	3	381 × 406	470	440	0.480	≤400	2	279.4	177.811	4.10
ZTY600	4	381 × 406	600	400	0.433	≤400	3	279.4	177.811	3.72
ZTY630	4	381 × 406	630	440	0.480	≤400	3	279.4	177.811	4.10

注：进、排气压力，容积流量等根据用户压缩工况设计。

3. 天然气汽车加气站用 CNG 压缩机

世界原油仅可开采 40 余年，而天然气却能再采 70 年。我国正实施西部大开发、西气东输战略，大力强化环境保护工程，积极开采、使用蕴藏量丰富的陆、海天然气，进口液化天然气，不远的将来还能实现天然气（进口）管路国际联网，蕴藏量甚丰的煤层气（油气田天然气的后续天然气）开发力度也将加大。

天然气汽车具有技术成熟、清洁、安全和经济性好等显著的环保、技术和经济综合优势。在我国，CNG 汽车及其配套装置技术，较 LPG 汽车更成熟。

自 1931 年意大利北部建成世界近代首座天然气汽车加气站和 1988 年在四川建成首座国产装备天然气汽车加气站以来，国内外 CNG 压缩机品种、销量和技术进展渐趋活跃。时至今日，CNG 压缩机已跃升为全球压缩机市场的最热卖点之一，尤以我国、东南亚和南美洲为最。

CNG 压缩机单机功率并不很大，然而在近年却高度富集了当代往复活塞式工艺流程用压缩机多项先进技术。客观上,CNG压缩机几乎成为全球工艺流程用往复活塞式压缩机中惟一能够形成批量生产的门类。随着石油的更加短缺,治理城市汽车尾气污染的紧迫,以及我国西气东输和后续工程分期实施,居民社区燃气能源的逐步普及,CNG压缩机必将有更大的发展。

无疑,我国拥有颇为可观的CNG压缩机市场,而CNG压缩机的制造和技术开发也正方兴未艾!CNG压缩机由卖方市场向买方市场的过渡已悄然启动。这就必然加速国产CNG压缩机向品质更高、性能更佳、适用性更强等目标迈进的步伐。

虽然起步甚晚却直逼世界先进水平的国产CNG压缩机,在新世纪之初奇葩争艳、异彩纷呈,从不同的角度逐步地将其综合技术水准升华至不亚于舶来品的程度。从而不但为国内CNG汽车加气站的建设作出了新贡献,而且拥有了在我国加入WTO之后与国外著名品牌抗衡的不凡实力,同时踏入了国际市场,销往海外的国产CNG压缩机逐渐增多。

典型CNG压缩机参数见表3。

表3 典型CNG压缩机参数

项目 \ 制造者	德国ZM公司				中石化集团江汉三机厂		无锡压缩机股份有限公司				南京压缩机股份有限公司
型号	C211—316		C211—422 S251		2D4—		DW—				L—13/7—250
结构型式	对动		对动		对动		对动				L型
冷却方式	全风冷		全风冷		全风冷		水冷				水冷
吸气表压力(MPa)	0.85		0.3		0.3	2.0	0.2	0.3	0.4	0.5	0.7
排气表压力(MPa)	25		25		25	25	25	25	25	25	25
容积流量(m^3/min)					3.3	0.5	2.55	2.58	2.62	2.65	1.8
供气量(Nm^3/h)	1 014	1 469	700	660	670	630	400	550	700	850	780
轴功率(kW)	153	229	142	133	137	78	80	100	115	132	149
主电机功率(kW)	185	280	225	235	160	90	90	110	132	160	160
转速(r/min)	980	1 470	1 487	1 400	990	740	740	740	740	740	740
机组是否橇装	是		是		是		是				是

中石化江汉三机厂的全风冷机组,最适合在干旱、高寒地域运行,其配置隔声罩机组可在闹市区使用,已开发成功低吸气压力0.3MPa和高吸气压力2.0MPa两种机型;无锡压缩机股份有限公司的气缸无油润滑机组,适应较宽的低吸气压力范围(0.2~0.5MPa),供气品质优良,冷却方式为水冷及中空活塞杆通油内冷却以保障填料、活塞环工作正常,且无需隔声罩即可用于市区;南京压缩机股份有限公司的机组高度紧凑,吸气压力范围0.5~1.0MPa,供气量又大,适合城区高中压天然气管网建大型常规站和加气母站用。

开创了国产风冷CNG压缩机组先河的三机厂2D4型机,于2001年始运行于中原油田。继在成都地区配置了3个加气站之后,2003年西安市燃气北郊加气站又选择了2D4型机。该机组在单机(无备机)、重负荷(每天开20h以上)工况下,经历了酷暑、严寒自然条件的考验,至今运行状况优良。

2D4型机与国外名机之比较见表4,其传动件承载面的优异低比压值(见表5)确保了运行可靠和长寿命。

表4 2D4—3/3—250型CNG压缩机与国外同类先进机型比较

项目 \ 制造者	中国石油化工集团公司江汉三机厂		德国ZM机器制造公司		
压缩机组型号	2D4—3/3—250		C211—316	C211—422 S251	
结构型式	对称平衡型,2列		对称平衡型,2列		
冷却方式	气缸自然冷却,冷却器为风冷		气缸自然冷却,冷却器为风冷		
压缩介质	空气介质实测	换算为天然气	天然气	天然气	
吸气(表)压力(MPa)	0.29	0.3	0.3	0.3	0.3
排气(表)压力(MPa)	24.89	25	25	25	25
吸气状态容积流量(m^3/min)	3.225				
供气量(标准状态下)(m^3/h)	658	670	513(±5%)	700(±5%)	660(±5%)
轴功率(kW)	148.85	137	107(±5%)	142(±5%)	133(±5%)
主电机功率(kW)	150	160	132	225	235(燃气机)
转速(r/min)	980	980	980	1 487	1 400
比功率(标准状态下)($kW/m^3 \cdot min^{-1}$)	13.57	12.26	12.51	12.17	12.09
容积效率(%)	76		34.68		
泄漏率(%)	0.1136~0.1364				

注:(1)供气量标准状态:0.1013MPa(绝对压力),0℃;

(2)华中科技大学压缩机实验室检测2D4CNG压缩机。

表 5　压缩机传动件承载面比压值比较　（单位：MPa）

制造厂家	压缩机型号	连杆小头衬套	连杆大头瓦	球铁十字头滑动面	球铁十字头销孔座
中石化三机厂	2D4—3/3—250	6.8	5.51	0.2775	5.69
国产（多厂）	L3.5—20/8	9.8	4.41	0.34	13.20
瑞士苏尔寿公司	3D80—2A	9.3	9.22		
	1D65—1A	9.4	9.97	0.355	
	1D85—1A	8.3	9.27	0.384	

注：(1)L3.5—20/8 型即 4L—20/8，数万台在役安全运行；

(2)苏尔寿公司三个机型皆为迷宫活塞式，有高的运行可靠性声誉。

研发了国产首台 CNG 压缩机的重庆气体压缩机厂有限责任公司，不仅大力拓展了多结构型式、多品种的水冷机组，还出口到东南亚，而且继江汉三机厂之后开发了风冷机组，所产 5 台风冷 CNG 压缩机组全部配供伊朗天然气汽车加气站。

安瑞科（蚌埠）压缩机有限公司不仅较早、多品种供应常规站用 CNG 压缩机，还积极开拓了子站用机。

北京京城环保产业发展有限责任公司在小型风冷机空气试车、鉴定的基础上，开发了胜利油田所需功率 160kW 的风冷 CNG 压缩机。

无锡压缩机股份有限公司为西宁市中石油加气站提供了 3 台 DW 型水冷、橇装 CNG 压缩机组，已于 2004 年投入运营。

四川金星环保科技有限公司、自贡通达机器制造有限公司、自贡山川气体压缩机有限责任公司等川渝地区 CNG 压缩机制造者，皆有积极建树。

上海大隆机器厂着力研发的大型常规天然气汽车加气站用 CNG 压缩机，为 4 列、对称平衡型，活塞力 60kN，冷却方式为风、水混合冷却。除了以空气介质试验外，该机还实施本厂内试验台天然气介质试验。

完全可以预期，国产 CNG 压缩机迈出国门的步幅必将加大。

二、隔膜式压缩机

历经 40 年的发展，我国隔膜式压缩机制造业的生产能力和产品所达到的技术水准，已不容小视。目前，国产隔膜压缩机不仅完全可与进口产品媲美，还拥有了在 WTO 规则中竞争的可观实力。

北京京城环保产业发展有限责任公司研发的隔膜式压缩机，成批量的成功运行于核电站及国防工程。

中国通用机械工程总公司与上海大隆机器厂合作研制的超高压 200MPa 隔膜式氢气压缩机组，具有高技术水准和运行可靠性。

北京汇知机电设备有限责任公司研发成功了具有完整自主知识产权、新颖的对称平衡型金属隔膜压缩机。

2003 年 3 月，北京市科学技术委员会组织专家通过了对汇知公司“GD134—30/160 型对称平衡型隔膜压缩机”科技成果的鉴定，确认其创新点和填补了我国大型隔膜压缩机品种的空白，认定其技术性能指标为国内领先，接近国际先进水平。

汇知公司的此项技术，已获国家知识产权局实用新型专利证书。

由金属隔膜压缩机的气密性和高工作压力两大优势所决定，它适宜在军民核能技术、纳米技术、防化、国防、化工、石油化工、气体工业、医疗、医药工业、超临界二氧化碳萃取领域压缩、输送气体，尤其适于压缩剧毒、强腐蚀、放射性、珍稀、极纯净、极干燥、可燃易爆气体，此种特殊功能是其他结构类型的容积式和动力式压缩机所不具备的。膜腔型线优化，膜片寿命过关，多层膜片在一片破裂报警的同时还能确保安全，远传膜头与气动膜头技术，膜腔气压与液压缸油压差值保持技术等，都促进了隔膜压缩机近年需求量的飙升。

毫无疑问，国产隔膜式压缩机在国际市场上拥有优异的性能—价格比优势。实际上，其出口实绩也看好。

三、螺杆式及单螺杆压缩机

在动力用空压机领域（固定式及移动式），螺杆式在国外早已稳定地占有大部分份额；国内市场螺杆式目前虽占有率尚不高，但近年增幅不小，且增幅继续看涨。

国内压缩机业主的选型观念，已由非常看重运行电耗转向更客观、更综合性地通盘考虑。操作人员日常劳务费，维修所需劳务、配件与耗材费，事故停机的直接、间接经济损失等多方面的因素，促进了业主选用螺杆式压缩机。

继先进工业国家之后，国内喷油螺杆空压机的设计、制造技术日趋成熟，而干式（无油）螺杆空压机则尚显逊色，但前进的步伐坚定。工艺流程用螺杆压缩机，特别适用于压缩中低压力的强腐蚀、剧毒、含液滴、易液化气体，其国内外市场占有率仍将有所上升。

国内的工艺流程用螺杆压缩机，依然由上海压缩机有限公司独占鳌头，不仅产销两旺并且出口。

螺杆压缩机的技术进展，除了齿形这一重要方面，油、气、冷却、自控系统的改进和机组各单元配置优化，以及降、隔噪声措施所起的作用不容小看。而今，全面改进螺杆压缩机的企业更多了。

我国压缩机、制冷机、工业泵、减变速机 4 个行业的制造企业，都拥有螺杆转子专用铣床、磨床，且皆为国际顶尖级品牌，其数量总和惊人。笔者估计，通用机械 4 个行业的转子专用机床台数，雄踞世界首位（按国家计）。从而造成了我国螺杆压缩机转子加工能力过剩，制造成本居高不下，不得不面对质优、价低的舶来螺杆压缩机体（机头）的强力竞争。

和国外不同，我国有着较多的单螺杆压缩机制造厂。当然，其技术水准、质量和生产经营状况良莠不一，客观上还存在着同一技术多方兜售的不良后果。

浙江乐雁压缩机有限公司，作为较早崛起并在国内率先实现单螺杆压缩机规模化生产的企业，于2003年投资6 000万元在上海市松江区建设占地68 000m²的工业园，并已在沪生产整机，从而完成了冲出浙江走向全国的战略转移。

四、动力用空气压缩机

在容积流量3m³/min以上的动力用空压机领域(固定式及移动式)，螺杆式和往复活塞式空压机是现今我国压缩机产业中空气压缩机产品的主流。那么，动力用空压机的发展方向是什么，今后又应如何引导呢?

空压机的先进性、经济性取决于设计、制造成本(原材料费、设备折旧费、劳务费等)、运行成本(电耗、水耗、劳务费、零件更换费等)的综合结果。我国电费单价高而劳务费低，与国外差异很大。由此，决定了：

(1)宜倡导发展螺杆式压缩机，并形成适当数量的具有经济生产规模的制造厂，其主要服务领域是对空压机要求较高的使用部门。

(2)应提高往复活塞式运行的可靠性，向社会提供廉价、好用的产品。

(3)成本高、质量差、形成不了经济生产规模的一批空压机厂应调整产品方向。

笔者以为，我国动力用往复活塞式空气压缩机具有自主研发的优秀技术基础和强大的制造实力，且其派生产品所覆盖的服务领域广阔；柳州柳二空机械股份有限公司等引进的英、德动力用往复活塞式空压机制造技术的先进和特色给市场竞争带来了活力。

五、微、小型空气压缩机

由于低技术水准、众多厂家各自很小批量、极度重复生产使供远大于求的既成事实，造成了我国微、小型空压机市场严重的无序竞争现状。因为容积流量3m³/min以下的微小型空压机用途广泛，绝对需求量很大，达每年数百万台，而单机售价有限，所以只有生产规模很大并有一定技术含量的制造厂才能立足和将产品外销。事实上，东南沿海地区有少数企业正在如是实施。如浙江省温岭市泽国镇空压机园区的中国·鑫磊工贸有限公司、浙江鸿友压缩机制造有限公司，都拥有多国质量认证证书，还实现了极大规模生产，成本低、效率高、产品外观好、质量稳定，年销售额分别达4亿元和2亿元(85%产品销往欧美澳大利亚和新加坡)，前者年产台数逾120万台。

六、特种压缩机

无锡、南京、沈阳气体压缩机股份有限公司，重庆气体压缩机厂有限责任公司、海军四八一二工厂、上海东方压缩机厂、安瑞科(蚌埠)压缩机有限公司等企业，都为船舰、航空航天用特种压缩机的研发做出了特殊贡献。

真空泵产品和技术进展

中国真空学会真空获得与测量专家委员会　李春影

在真空设备的3大类产品：真空获得设备(真空泵)、真空应用设备、真空测量仪表中，真空获得设备是基础设备。人们用它来得到真空环境，以达到不同的应用目的。

我国生产真空获得设备已经有近70年的历史，从20世纪30年代生产第一台抽气机到2003年底年产各种真空泵17万台左右，经过几代人的努力，目前真空获得设备的科研开发、生产制造、经营销售已经形成了体系规模。

但是目前国内真空获得设备的状况是高端产品满足不了国内市场需求，依靠进口；低端产品竞争激烈，价格低廉，利润微薄。这种局面如果不能尽快扭转，国内生产真空获得设备的企业将陷入更大的困境。

一、产品概况

真空获得设备主要包括：旋片真空泵、滑阀真空泵、罗茨真空泵、蒸汽流真空泵、往复真空泵、液环真空泵、分了泵、低温泵、离子泵、干泵等等。其中又以前4种产品产量最大。

1. 旋片真空泵

按照我国产品的规格系列分类，旋片真空泵可以分为直联泵和皮带泵。直联泵由泵轴和电机直接连接而得名，其主要特点是体积小，转速高。目前国内市场该泵的规格有2XZ—0.25、2XZ—0.5、2XZ—1、2XZ—2、2XZ—4、2XZ—8。由于直联泵转速较高，一般达到1 400r/min，因此对旋片材料、密封件等要求高，因此一般国内产品最大做到2XZ—8，该泵主要用于空调、电冰箱、医疗器械、科学仪器等行业。再大规格的泵生产厂应客户的特殊要求安排生产。

皮带泵即通常所说的普速泵，转速一般在400～500r/min，体积比直联泵大出1/3左右。该泵的特点是运行可靠，目前产品规格有2X—0.5、2X—1、2X—2、2X—4、2X—8、2X—15、2X—30、2X—70。该泵除了可单独使用外，主要与其他泵组成机组用于机械、化工、冶金、包装、造纸等行业。

旋片真空泵还可以按照结构分为单级和双级，其主要区别在于所得到的极限真空度不同。

2. 罗茨真空泵

罗茨真空泵主要分为普通型和带旁通阀型罗茨泵。普通型罗茨泵的规格型号为ZJ—30、ZJ—70、ZJ—150、ZJ—300、ZJ—600、ZJ—1200、ZJ—2000、ZJ—2500、ZJ—5000等。如用户有要求，可做到20 000L/S(即ZJ—20000)以上。带旁通阀型罗茨泵的规格型号为ZJP—30、ZJP—70、ZJP—150、ZJP—300、ZJP—600、ZJP—1200、ZJP—2000、ZJP—2500、ZJP—5000等。

带旁通阀罗茨泵由于在进出口之间安装了旁通阀，当进出口压差过大时，旁通阀自动打开，起到过载保护作用，因此该产品受到用户青睐。此外，还有直排大气罗茨泵、气冷罗茨泵、水封罗茨泵等等。除了直排大气罗茨泵，大多数罗茨泵不能单独使用，要与其他真空泵组成机组，才能正常工作。该泵的特点是启动快，抽气量大，抽气时间短，在冶金、化工、造纸等行业很受欢迎。

3. 滑阀真空泵

滑阀真空泵可分为单级和双级两种类型。单级滑阀泵的极限压力一般为 1Pa 左右，其规格型号有 H—7、H—8、H—25、H—70、H—150、H—300、H—600 等。双级滑阀泵的极限压力可达到 0.06Pa，规格有 2H—8、2H—15、2H—30、2H—70 等。滑阀真空泵可以单独使用，但多数情况下与其他真空泵组成机组而广泛用于冶金、化工、电工等行业。其特点是抽气量大，运行可靠，可抽出少量可凝性气体。

4. 油扩散泵

油扩散泵是蒸汽流真空泵中的一种。该泵与以上三种泵的抽气机理不同。它是利用蒸汽流作用产生压强差，使气体向蒸汽流中扩散，再经压缩到泵的出口，由前级泵排除。

油扩散泵可分为两个系列，直筒型和凸腔型。直筒型的规格有 K—100、K—160、K—200、K—300、K—400、K—600、K—800、K—1000、K—1200 等。凸腔型的规格有 KT—150、KT—200、KT—300、KT—320、KT—400、KT—500、KT—600、KT—800、KT—1000 等。由于凸腔泵的腔体外凸增大，因此抽速比直筒泵高出 30% 左右。油扩散泵与罗茨泵、旋片泵等组成机组，用于机械、冶金、薄膜等行业。其特点是极限真空度高，可达到 1×10^{-5} Pa，没有机械运动，可靠性好。国产油扩散泵都存在一定的返油，易造成油污染，因此限定了它的使用条件。

5. 水环真空泵

水环真空泵是液环真空泵中的一种。它以水为介质达到真空目的。水环真空泵的型号规格很多，有 SK 单级水环泵系列，2SK 双级水环泵系列，2BEI 水环泵系列等。该泵的特点是抽气量大、无油污染，可抽出潮湿气体。可以单独使用，也可以组成机组。目前国产水环泵向大型化发展，20 000m^3/h的水环泵已经用于煤矿的安全生产。

6. 分子泵和干泵

分子泵在国外是高真空领域的主泵，主要用于半导体、薄膜工业等，在国内还没有大规模应用于工业生产。

干泵是应半导体、薄膜等产业的迅速发展应运而生，该泵可作为分子泵的前级泵，从而实现全无油高真空系统。干泵在国内刚刚起步。目前有爪型泵、叶片泵、往复活塞泵、螺杆泵等。

二、真空泵技术发展趋势

技术发展的原动力在于市场的需求。由于真空技术领域的扩展和迅速成长的高新技术，国内市场对真空泵的技术水平提出了更高的要求。真空泵的生产企业必须通过技术创新和产品结构的调整两个途径来保住原有市场，进而继续扩大市场占有率。

1. 提高真空泵的可靠性，降低振动、噪声，注重真空泵的综合水平

过去若干年，生产厂注重真空泵的主要性能指标，比如极限压力、抽速等，而忽视真空泵的综合性能。而现在，产品的可靠性、性能的稳定性以及对环境不造成污染逐渐成为用户购买产品时考虑的主要因素。对于旋片泵、罗茨泵、滑阀泵等而言要将成熟的可靠性设计理念运用到真空泵的设计中，在可靠性设计、可靠性实验等方面下工夫，以大幅度提高真空泵的可靠性、稳定性和寿命，保证真空泵能够在各种工况下长期可靠的运行。同时通过采用新技术、新材料、新工艺、新结构来降低振动、噪声，解决泵的喷油、漏油问题，还用户一个清洁环保的工作环境。

2. 真空泵向个性化、多样化发展

企业面对的永远是变化的市场，而我们的真空泵产品却千篇一律的雷同；产品和市场的不衔接，使我们丢掉了许多机会。真空泵的下一步发展应该面向个性化和多样化。所谓个性化和多样化就是针对不同用户的不同需求，设计针对某一用户的特定场合的产品，使产品在这一场合应用，其特性的发挥恰到好处。

3. 尽快形成分子泵和干泵的规模生产

分子泵和干泵在半导体工业中占有主导地位，在其他要求清洁真空的场合，如食品、医药、薄膜等行业也很受欢迎。国内产品产量很小，还不能满足市场需求。尤其在半导体行业几乎全部需要进口。

干泵的生产企业在不断地增加，但仍处于起步阶段，产品没有形成系列。目前干泵生产同样要在增加品种和健全系列上下工夫，尽快形成规模生产。首先进入食品、化工、医药等行业，经过这些市场的培育和锻炼，进而打入半导体行业。

目前国内分子泵应健全系列并开发多品种，如低温分子泵、复合分子泵等，逐渐扩展市场。

4. 引进国外先进技术，打造国产自主品牌

引进国外先进技术，提升我国产品的科技含量在其他行业有成功的经验。在发展真空获得设备的高端产品中引进国外技术，并很好的消化吸收，将会迅速改变我国产品技术含量低、质量和技术水平不能满足市场需求的现状。但是引进国外技术，应特别注意两点：一是重在消化吸收，在此基础上培育企业的自主知识产权和创新能力。二是不要重复盲目引进，要瞄准国际上当代最新技术，避免引进一代，落后一代。引进国外技术不是目的，而是手段，通过引进技术最终打造国产自主品牌。

5. 抓紧产品结构调整，全力开发适应市场需求的产品

传统的真空设备我们生产了几十年，在全国范围内形成了产品分布的稳定格局。但是随着经济的高速发展，信息技术、航空航天、纳米科学等高科技引导了当今科学技术发展的潮流。而这些高新技术的发展离不开真空获得设备这个基础装备。目前国内的状况是真空泵生产企业仍然以生产传统产品为主，在传统应用领域占领 90% 以上的市场

份额。在高科技领域,国内产品在技术水平和质量上不能满足要求,90%以上市场份额由国外产品占领。国内真空获得产品与高新技术的发展严重脱节,产品结构不尽合理。多数企业期望只靠已有的老产品,不断增加产量而逐年增加利润,这种可能性在市场竞争日益激烈的今天会越来越小。在今天的国内市场格局面前,尽快调整产品结构,使其适应市场需求才是最明智的选择。

产品结构的调整一是要不断推出市场需要的对路产品,对真空泵市场来说,就是要加快各种干式泵、分子泵以及其他高端产品的研制生产,尽快形成批量。二是全行业要形成高、中、低端产品的合理布局,并随着市场的变化,不断调整,始终保持比较合理的产品结构状态。

尽管2003年真空行业取得了令人瞩目的成绩,但目前的真空泵技术发展状况却并不乐观。全行业要认真分析形势,总结经验教训,团结一致,为行业的发展和技术进步开出一条道路,为我国的经济建设做出应有的贡献。

真空设备行业现状及"十一五"发展预测

中国通用机械工业协会真空设备分会　孙　京

改革开放的浪潮把我国经济推向一个新的历史时期,由计划经济逐步过渡到市场经济。在此时期,真空行业各企业也都经历了改制、改组和改造等过程。使行业各企业由单一的国有和集体所有制经济发展成为国有、民营、股份制和中外合资等多种形式所有制经济,形成相互依存,各显优势,共同发展的局面。与此同时,在改革开放的过程中,通过吸引外资、技术引进、技术改造和采取经济合作等方式,使企业管理水平、技术水平和产品质量都有很大的提高。目前看,无论从产品产量、品种和质量上,基本都能满足国民经济各部门和人民生活各方面的需求。

一、行业产品用户分布情况

真空设备行业在众多机械工业行业中,虽属小行业但产品应用领域宽而广,渗透到国计民生各个部门。广泛应用于宇航、电子信息、机械、冶金、石油、化工、轻工、建筑、医药、建材、科研、军工和食品等行业。可以说产品分布四面八方,无所不在。据粗略统计,产品销售到全国各地及港澳台地区,境外销售到美国、英国、法国、委内瑞拉、日本、韩国、泰国、菲律宾、马来西亚、巴基斯坦和伊朗等20多个国家。

2003年真空行业的产品,在国内各行业所分布的比例数大约为轻工15%、电工15%、包装14%、电子13%、化工13%、军工10%、医药8%、冶金5%、建材5%、其他2%。

二、产品潜在市场发展前景

随着国民经济持续健康的发展和人民生活质量越来越高,真空技术应用领域将会越来越宽,产品供应量也会越来越多。满足各部门各层次的需要乃是真空行业义不容辞的责任和义务,同时也将为真空行业带来巨大的潜在市场。

1. 环保节能产品

石油化工行业用的大、中、小型水蒸气喷射泵需耗费大量的淡水资源和锅炉烟尘处理费用,使企业成本费用增高。近几年,抽气量在10kg/h以下,工作真空度在270Pa以下的小型蒸汽喷射泵被水环—罗茨泵真空机组替代,取得了较好的效果。既节省水资源,又改善了环境。因此,今后继续对大中型喷射真空泵加以攻关改造,将是一件十分有意义的事情,也是树立真空产品形象的一个大好时机。

2. 钢液炉外精炼

钢液炉外精炼抽气量在数百至1 000kg/h,工作真空度67Pa,日本真空炼钢占钢总量70%,而我国尚不足20%,其中关键设备是大型水蒸汽喷射泵,国外四级喷射泵即可达到67Pa工作真空度,而我国则需五级到六级才能达到,耗水量相当高。因此应攻克这一关,研发喷射式真空系统CAD应用软件,改进喷射泵的设计,以便提高喷射泵的性能,对加速产品开发及系列化进程都有着重要意义。如能较好解决这个问题,将提高真空钢水精炼的普及率,也为真空行业增加新的经济增长点。

3. 干式真空泵

干式真空泵是近年来国外发展较快的一种泵,由于无油润滑,无油蒸汽排放,无工作部件摩擦和直排大气等优点,是21世纪环保首选产品。在日本半导体行业已全部采用干式真空泵替代油封式机械真空泵、欧美半导体行业也已达45%,而我国干式泵供应量不到15%。因此真空行业应抓住此机遇,加紧研发生产这类泵,以满足需求,扩大供应量。

4. 食品真空冷冻干燥

国际市场上真空冷冻干燥食品的价格是热风干燥食品的4~6倍,且产量每年以30%的速度递增,成为国际贸易的大宗食品。冷冻干燥可以加工的食品有果蔬、医药和鱼肉等,在发达国家里普及程度相当高,而我国起步较晚,产量不大;今后随着人民生活质量的提高,需要量会增加,应大力开发挖掘此市场。

5. 玻璃制品行业

当今玻璃制品有太阳能玻璃、光性能玻璃、磁性能玻璃和电子玻璃等。其中ITO膜(在In_2O_3中掺Sn1%~20%)玻璃称为电子玻璃,在信息产业中占重要地位,是一种高科技的特种玻璃，是信息产业的基础材料。用它制成的液晶显示器(LCD)、场致发光屏、等离子显示屏(PDP)和真空荧光显示器等，广泛用于笔记本电脑、电子辞典、BP机、可视电话和携带式医疗仪器等。制造ITO膜的关键设备是磁控溅射镀膜生产线，一条生产线需要多种真空泵和真空阀，发展空间很大。实践证明我国生产这类设备已达国际先进水平，应抓住机遇扩大生产规模，阻挡进口。

6. 真空计小型化

电子技术的发展为实现真空计小型化提供了技术支持。真空计小型化是当今发展的方向，主要向一体化、集成化、系统化和智能化方向发展。一体化可以提高测量精度，集成化可以更好地适应于真空系统中的应用，系统化可满足工业自动化的需要，智能化是真空计具有自我诊断、自动操作和数据处理综合功能。真空计小型化是现代工业的需要也是市场需要。随着真空应用领域不断扩大，真空产品增多，真空测量仪表也会相对增多，应大力研发生产，以适应用户需求。

三、"十一五"发展预测

随着现代科学技术的发展和我国国民经济迅速增长以及发达国家将劳动密集型的产品转向发展中国家，真空产品国内外的需求量也会增加。下面就"十一五"真空设备主要应用领域需求状况做一个粗略预测。

1. 国内市场需求

(1)冶金及冶炼行业　今后中国钢铁工业仍将贯彻"控制总量、优化结构的方针"。重点是提高质量，增加品种，调整结构、降低消耗。今后产量的增长不会很大，但对质量和品种的要求，要上一个新的档次，要有很大改善。炉外精炼是冶金行业今后重点推广普及的先进成熟技术，目前我国炉外脱气精炼的比例不到5%，今后要增加到50%以上(依不同品种)。精炼最重要的手段就是真空脱气，单是真空脱气机组的需求即为10～15亿元/年。

其次是各种冶金炉，如真空感应炉，真空电弧炉和真空电阻炉等是冶炼高级合金钢的基本设备。我国对高级合金钢仍需进口，要想减少进口，就需要大力开发充实合金钢品种系列，从而对国内真空冶金设备市场形成新的需求。

(2)真空热处理行业　真空热处理技术具有高效、优质、节能、节材和无污染的优点，技术经济效益显著。先进工业发达国家的真空油淬技术已完善成熟，高压高流率气淬技术已成为高速钢、高级合金钢和高合金模具钢的主要工艺，离子渗碳和离子渗金属等新技术开始实用化，有迹象表明未来的金属表面工程将会更大的依靠真空和等离子技术。

我国热处理行业提出2010年基本完成以少氧化热处理为中心的技术改造，至少需要5 000～8 000台先进设备。如果达到这一目标，我国总体热处理水平将达到欧美国家水平。

经过多年努力，我国已形成自主开发设计制造真空热处理设备的能力，生产各类真空热处理设备占热处理设备总量的90%，基本能满足国内生产需求，其技术指标也接近国际先进水平。在这一时期行业内的企业如能争取到3 000～4 000台真空热处理炉的制造份额，其产值是相当可观的。

(3)电工行业　真空处理对电工行业的电机、电缆、变压器和互感器等众多电工设备及元器件的性能起着关键性的作用，可提高产品的绝缘性、散热性和机械电气性能。目前我国真空设备涉及较多的是为变压器、互感器行业服务的真空干燥、真空浇注、真空加压浸渍和真空注油等设备。今后我国电机制造业的目标是上品种、上档次、降能耗和物耗，扩大出口。目前电机行业年产约10亿kW，预计将有1亿kW的电机采用VPI技术(真空压力浸渍)，需要VPI设备300～350台(套)，目前我国约有150台(套)(包括引进18套)。可见今后需要量是很大的，将为真空设备行业拓宽更大发展空间。

(4)电子信息行业　近几年来，我国信息产业发展速度极快，成为朝阳产业，是国民经济发展的重要力量。预测2010年我国将成为世界上第二大半导体集成电路市场，总需求量为1 000多亿块，达到1 000亿元以上的总金额，即需建30多条大生产线才能满足需求。

近两年北京、上海两地共有4家芯片厂动工建设。北京华夏首批动工兴建两条8in和12in芯片生产线，长远规划到2010年将建成6～8in和12in芯片生产线，总投资达100亿美元。北京迅创公司将投资2亿元兴建一条6in生产线。上海市规划在浦东新区建设上海微电子产业基地，仅在"十五"期间就要引资100亿元，建10条以上芯片生产线。

芯片生产线上使用的主要生产设备有蚀刻机、离子注入机，真空镀膜机和化学气相沉积等设备。一条8in硅片集成电路生产线需要各类真空泵500台，其中大部分是清洁无油、耐腐蚀和耐粉尘的低温泵、蜗轮分子泵和干式泵，同时还要求所有这些泵组成的真空系统都具有自动显示工况、自动故障诊断以及自动保护功能。据预测单是半导体集成电路生产线，未来5～10年就需要增加各类高附加值的真空获得设备10 000台，需要量是很可观的。

(5)食品行业　真空技术是现代食品工业的重要基础技术。在食品加工的流程中，几乎每一道工序都离不开真空设备，而食品工业又是农业的延伸和发展，是我国经济的重要支柱，其产值在我国工业总产值中占有重要的地位，每年以10%的速度持续快速的发展。但我国的食品机械占机械工业总产值的比例不足1%，与日本相比差距很大。在这一领域中，我们有很大发展空间，用于食品工业中的主要真空设备有真空冷冻干燥机、真空包装机和真空封罐机、真空浸渍装置和真空保鲜装置等。

就食品保鲜与加工设备而言，拥有巨大的市场潜力。2000年我国生产的水果和蔬菜分别是6 000多万t和4亿t，占世界果蔬总产值的12%。目前我国果蔬变质损失巨大，水果高达25%，蔬菜达30%，因此果蔬保鲜加工设备是食品机械的发展重点，其中真空干燥及脱水保鲜设备和食品冷干设备发展潜力很大。据资料记载，到"十五"末期，我国的果蔬加工处理将由目前的20%～30%，增加到45%～50%，就是说到2005年，我国每年至少将有3 000多万t的水果和2亿t的蔬菜需要加工处理，这其中如果有1/4的果蔬采用真空技术处理，将形成对真空设备巨大的市场需求。

目前我国用于食品工业的真空获得设备还没有完全解决油污染的问题，可以预测，到2010年干式真空泵将成为食品机械的主力。

2. 国外市场需求

随着世界经济逐渐好转和我国真空产品质量的提高及品种的增多以及中外合资企业出口返销量增大，预测出口量将会增加。除保持原有的市场外，还应扩大销售网络，开拓非洲和拉美市场。

据行业企业上报的资料统计预测，"十一五"期间真空设备行业工业总产值将在现有的基础上翻一翻，达到25亿元左右，出口交货值提高50%，达到1亿6千万元左右。

四、几项措施

(1)加快企业改组、改制的步伐，优化资源、盘活存量资产，建立灵活高效的管理机制，以改革促发展。

(2)加大技改力度，以科技进步和技术创新为主，研发具有自主知识产权的高技术含量的产品，扩大真空应用领域。

(3)提高产品性能质量水平，淘汰劣质产品，限制长线产品，发展名牌产品，树立真空产品形象，更好地为用户服务。

(4)加快技术引进、合资合作步伐，提高产品档次，缩小与国外先进水平的差距，以满足国内外用户的需求。

国内真空设备的现状及发展趋势

浙江真空设备集团有限公司　王西龙

真空获得设备也就是真空泵及其各种真空泵的机组。我国经过60多年的发展，各种旋片泵、滑阀泵、分子泵已形成系列并批量生产，质量稳步上升，基本上可以满足国内用户的需求。但与中国加入世界贸易组织后国际市场上的质量水平相比，仍存在很大的差距。

一、我国真空获得设备的现状

国内生产的真空获得设备主要有旋片真空泵、滑阀真空泵、罗茨真空泵、水环真空泵、扩散真空泵、分子泵等。下面就这几种泵的现状阐述如下：

1. 旋片真空泵

旋片真空泵按其传动方式可分为直联驱动和皮带驱动两种，按其达到的真空度可分为单级和双级两种。旋片真空泵是我国使用量大面广的产品，国内生产旋片泵的厂家主要有上海真空泵厂、四川国投南光有限公司、淄博真空设备厂以及外资企业宁波爱发科真空技术有限公司等上百家企业，从0.5L/s到15L/s的2XZ型直联驱动旋片真空泵以及4L/s至150L/s的X型和2X型皮带驱动旋片真空泵。极限压力单级1Pa，双级6.7×10^{-2}Pa，年产约75 000台，基本上可以满足国内用户的需求。

其中上海真空泵厂生产的2XZ—2B和2XZ—4B直联驱动旋片真空泵不喷油也不漏油。淄博真空设备厂2X—4、2X—8和2X—15皮带驱动旋片真空泵，性能稳定可靠，可在高入口压力下连续运行，其主要性能指标已达到国外厂商的验收规范，已有批量出口到北美市场。

另外四川国投南光有限公司通过从瑞士BALZERS公司引进技术，自1995年开始已批量生产的DUO 016B直联旋片泵具有20世纪90年代国际先进水平。该泵抽速为4L/s，极限压力为1.7×10^{-2}Pa，噪声50dB(A)。可用于50Hz、60Hz的供电系统。

沈阳恒星实业有限公司生产的2X—70及其北京仪器厂生产的2X—15在质量上一直保持优势，运行可靠。

利用国外技术淄博真空设备厂和上海真空泵厂先后研制成功的X—70型(抽速70L/s)和X—150型(抽速150L/s)单极旋片泵可以适应真空煤油气相干燥、真空浸漆等领域。抽除大量水蒸气时，可将泵的油温设定在80℃高温下工作，如上海真空泵厂的X—150型单极旋片泵，入口压力6Pa时抽气效率达到45%，无气镇极限分压为0.33Pa，水蒸气允许入口压力为3 000Pa，最大水蒸气抽除量为12kg/h。

尽管国内旋片泵的总体质量水平比过去已有了很大提高，但仍有20%的皮带驱动泵和50%的直联驱动泵达不到标准要求，主要问题在：①直联驱动泵的旋片材料仍不过关，寿命短；②在2Pa时的抽气效率低，有些产品执行产品标准较差，连进气口径都未执行标准而造成通导不足，有些产品是由于生产厂家技术力量不足，泵内部结构的通导不足等从而引起抽气效率低下；③喷油和漏油严重；④噪声较高。

2. 滑阀真空泵

滑阀真空泵已系列化批量生产，性能质量不断提高，产量亦大幅度上升。按其达到的真空度可分为单级和双级两种。规格从8L/s到1 000L/s，单级滑阀泵的极限压力低于1Pa，双级滑阀泵的极限压力低于6.7×10^{-2}Pa，滑阀泵的年产量大约在7 000～8 000台，近年来滑阀泵越来越多地应用于很多真空工业如真空冶金、真空镀膜等。其中浙江真空设备集团有限公司生产的H型及2H型滑阀真空泵系列，抽速从8L/s到15L/s。经过不断改进，达到了美军真空厂商的验收标准，从1989年开始系列批量出口北美市场。

浙江真空设备集团有限公司生产的2H—70A型滑阀泵及合资企业上海凯尼公司生产的KT300，采用三缸结构，运行过程中滑阀及偏心轮自动得到平衡，因此振动非常小，甚至可以不加地脚螺丝钉。浙江真空设备集团有限公司生产的HR—150热泵特别适用于抽吸含水量较高的气体。该型泵通过加热油箱内的油把油中的水分蒸发掉，然后再把真空泵油冷却进入泵工作腔，该型泵入口压力19Pa，温度100℃，每小时可处理0.7kg的水。

浙江真空设备集团有限公司生产的H—7(抽速70L/s)、H—80A(抽速150L/s)和抚顺真空设备厂生产的H—150A滑阀泵由于结构不同，特别适用于环境比较恶劣的场合。

尽管如此，国内有些厂家由于起点低，仍存在很多问题，这主要表现在：①噪声、振动比较大。滑阀泵的诸多生产厂家的设计水平、加工能力等相差较大，零件在运行过程中不能达到平衡，致使有些企业的泵振动大，有的还有比较严重的爬行现象。②喷油、漏油严重。有的厂家一直停留在原来的产品结构上不做任何改进，适应不了在高入口压力下长期工作的要求。③停泵后没有防范措施，再次启动困难。④稳定性、可靠性较差等问题。

3. 罗茨真空泵

罗茨真空泵按其用途可分三大类。其一是普通罗茨泵包括带溢流阀ZJP型和不带溢流阀ZJ型，抽速从30L/s到10 000L/s，普通罗茨泵目前较广泛地应用于真空应用的各领域，如真空冶炼、真空镀膜、真空浸渍、医药化工的蒸馏和精馏等。其二是由浙江真空设备集团有限公司生产的LQ系列气冷式罗茨泵和上海真空泵厂生产的ZJL系列气冷式罗茨真空泵。气冷式罗茨真空泵抽速从75L/s到3 750L/s。由于气冷式罗茨泵采用了保证泵在运行过程中压缩热达到完全平衡的结构，因此泵的最大允许压差可达到8.7×10^{-4}Pa，可以直排大气。适用于负载特别大、抽气时间要求短、粗真空至高真空均需要大抽速和普通罗茨泵不能承受的载荷等场合。气冷式罗茨泵已得到广泛的应用，如大吨位的汽轮机转子动平衡试验舱、航空航天地面模拟试验风动装置及其化工行业的蒸馏、精馏设备等。其三是ZBK型或LS型水冷式罗茨真空泵，应用于造纸行业及工业除尘等。罗茨泵的年产量在5 000～6 000台。

生产普通罗茨真空泵的厂家国内有上百家，实力各不相同，因而罗茨泵产品的质量就相差悬殊。拿反映罗茨泵抽气能力的性能指标零流最大压缩比K_{0max}和最大允许压差$\triangle P_{max}$而言，对于抽气速率1 200L/s的罗茨泵，行业标准规定零流量最大压缩比$K_{0max}\geqslant35$，最大允许差$\triangle P_{max}\geqslant3\,000$Pa。有的企业由于采用了较好的转子设计型线，数控设备加工泵的主要零件，使这两个指标达到了充分地匹配，零流量最大压缩比$K_{0max}\geqslant55$，最大允许压差$\triangle P_{max}\geqslant5\,300$Pa。基本达到了LEYBOLD公司RA7001的水平。而大部分企业的1 200L/s零流量最大压缩比仅在35～40，最大允许压差仅在3 000～3 500Pa。另外由于国产轴封经不起长期运行，罗茨泵的轴封漏油还比较普遍，很多厂家罗茨泵的转子因条件限制未经过动平衡试验，振动比较大，配套电机、选用轴承及加工精度的不同，噪声比较大。

4. 液环真空泵

液环真空泵是一种在我国使用面十分广的粗真空获得设备，也是生产厂家最多的真空泵。淄博真空设备厂、佛山水泵厂通过引进国外技术生产的SKA系列水环泵，其性能基本上达到了国外同类产品的水平，浙江真空设备集团有限公司近几年开发的YK—H、2YK—H系列环保型液环真空泵特别适用于医药、化工行业，可以实现原料的回收并再次利用，防止了水资源的污染。

5. 扩散真空泵

目前为止，国内获得高真空的设备其主要泵仍然以扩散真空泵为主，生产企业有兰州真空设备厂、上海曙光机械厂、沈阳市真龙真空设备厂等30多个企业，有直腔和凸腔两种，口径从ϕ80至ϕ1 000，抽速从180L/s到50 000L/s，极限压力8×10^{-4}Pa，最大前级压力可达到4Pa。

6. 分子泵

口径从ϕ100至ϕ400，抽速从220L/s到3 500L/s的涡轮分子泵也形成系列，极限压力可达到2.6×10^{-8}Pa，对氢的压缩比小泵为1 000，大泵为10 000。

7. 国内目前生产的超高真空机组中，基本上以溅射离子真空泵固钛升华真空泵为主，极限压力可达10^{-10}Pa。

二、我国真空获得设备与国外先进水平相比存在的差距

我国主要企业生产的各种真空获得产品的技术指标如极限压力、抽速等指标与国外同类产品相比差距不大，但其综合性能与国外同类产品相比则有很大差距。

首先是外观质量。国外真空泵外形美观、零件的配合面之间的错位基本上不大于1mm，表面质量好，而国内的真空泵外形表面粗糙，很多厂家生产的泵其外表是出厂之前靠打一层较厚的腻子来弥补铸件表面之缺陷。其次是油封的寿命普遍较短。国内油封质量较差是引起漏油的一个重要因素。LEYBOLD公司用于上海某公司的RS7001的油封经过五年使用，拆卸重装后仍不漏油。另一引起漏油的因素是设计结构、加工精度，零部件互换性和产品质量稳定性差。第三是振动和噪声。国内很多厂家由于生产条件限制，运转零件未能进行良好的动平衡，致使泵在运行过程中产生较大的真空。国产机电的噪声普遍较高是造成泵整机噪声较高的一个重要因素。

另外就旋片泵和滑阀泵来讲，旋片泵的旋片材料不过关仍然是阻碍我国直联旋片泵发展的一个难点。为了适应各种真空应用领域的需要，国外真空泵均备有齐全的附属装置如入口过滤器、前级阱、出口油雾过滤器等。而国内的旋片泵和滑阀泵在这方面很少有厂家根据用户需要去考虑并生产各种附件。

就罗茨泵来讲，首先是反映罗茨泵抽气能力的性能指标零流量最大压缩比K_{0max}和最大压差$\triangle P_{max}$。如前所述国外罗茨泵如德国LEYBOLD公司生产的罗茨泵RA7001这两个指标分别为55和5 300Pa，而国产泵只有少数厂家可与其相比外，其他普遍较低。其次是加工精度、齿轮精度、轴承的安装方式、转子加工精度和动平衡等问题。这些问题不但引起罗茨泵的振动噪声，而且直接影响其运行的可靠性,特别是在高压差下运行的可靠性。

就扩散泵来讲:国外扩散泵返油率很低,与国内扩散泵不同的是大泵多以直腔为主,泵的喷嘴和导流管都是机加工的保证尺寸的精度和产品的性能。有的泵导管很厚,热惯性大可保持其上下温度均匀从而有利于喷嘴工作,而国内的扩散泵一般返油均十分严重,而用在入口压力为 10^{-1} Pa 时无法正常工作。

三、我国真空获得设备发展趋势

首先是提高现有真空获得产品的综合性能质量。

旋片泵:降低振动噪声,防止喷油返油,采取封闭电机,彻底消除轴封漏油,研究旋片材料,提高封油和配套电机质量,向直联高速泵方向发展。

滑阀泵:设计成三缸结构,电机安装于泵的上方,这种结构由于滑阀杆在运行过程中的自平衡,可大大减小其在运转过程中由于滑阀不平衡而产生的振动,而且占地面积也小。在油箱侧面增设一方门在维修时就不需要拆卸油箱,使得维修比较方便;这种泵安装时可直接放在地面上。目前国内滑阀泵大部分是单缸结构,振动大,安装时必须用地脚螺栓固定在地面上。

发展适应不同作业用途的滑阀泵,如真空镀膜行业要求真空度高,抽气速度快;而冶金行业的工作环境相对来说粉尘较多等。

发展多品种的高温滑阀泵及水环滑阀泵机组,提高抽水蒸气能力。

罗茨泵:提高齿轮精度、转子加工及动平衡精度,降低轴腔油往泵工作腔的返油,选择合理的间隙及改善轴承的安装方式等以提高罗茨泵长期运行的可靠性,进一步发展气冷直排罗茨泵。

发展罗茨干式机组来替代传统真空泵的并联组合,实现全无油的要求。这种类型的机组普遍具有以下特点:①低耗能。该类真空抽气系统实际运行的消耗功率一般只有传统的多台真空设备组合的 30% ~ 50%,如一套4 000t亚磷酸—二甲酯 JZQW2500—222 真空抽气系统在入口压力 500Pa 运行时的抽气速度可以替代 17 ~ 20 台传统的 W5—1 往复式真空泵并联组合,而一套 JZQW2500—222 抽气系统的实际运行消耗功率仅为 78 ~ 80kW, W5—1 往复式真空泵并联组合的实际运行消耗功率需要 324kW。②大容器快速抽真空(如大吨位的汽轮机转子动平衡试验舱、航空航天地面模拟试验风动装置等)。一套 JZH2500—24 抽气系统抽气速度可以替代 19 台传统 H—1500 滑阀真空泵的并联组合,而且真空度更高。③大大提高产品的回收率,使排出的气体得到再次利用。由于气冷罗茨泵的真空抽气系统可实现无油,因此可以回收很多医药化工行业的很多工作气体或中间气体。④占地面积相对大大减少。

发展环保型罗茨—液环机组。在化工、制药行业的蒸馏、精馏工艺中,常常要用到真空低压蒸馏、精馏。国内用于化工、制药行业的液环真空泵或罗茨—液环机组大多采用开式系统,这样水就会被有腐蚀性、有毒和有异味的气体和蒸汽如甲醛、乙醇、乙二醇、甲苯、氯化苯等污染。因此需要发展闭式的资源不被污染而且又比较经济的真空系统。

油扩散泵:降低油扩散泵的返油率,拓宽油扩散泵的工作压力范围。

发展干式泵如爪型、罗茨型的等。随着各行业要求越来越高、越来越不同,获得无油、清洁的真空设备势所必然。

分子泵:发展复合式分子泵、牵引分子泵及磁悬轴承分子泵和陶瓷轴承分子泵等,降低振动噪声。

干燥设备行业"十一五"发展预测

中国通用机械工业协会干燥设备分会　沈锡春

一、企业所有制形式的现状和发展趋势

我国的干燥设备行业开始于 20 世纪 60 年代,到 80 年代初已经初具规模。这个时期的干燥设备都是国有企业或者集体企业,产品主要应用在国民经济中的化工、轻工、医药、食品、农业、林业等行业。到了 20 世纪 90 年代,股份制企业、合资企业、民营企业如雨后春笋般的涌现出来,整个行业的所有制形式发生了根本性的变化。

干燥设备行业企业所有制形式见表 1。

表 1　干燥设备行业企业所有制形式

<table>
<tr><td rowspan="2">所有制形式</td><td colspan="2">股份制</td><td rowspan="2">中外合资企业</td><td rowspan="2">国有企业</td><td rowspan="2">民营企业</td></tr>
<tr><td>国有控股</td><td>民营</td></tr>
<tr><td rowspan="2">所占比例</td><td>30%</td><td>70%</td><td rowspan="2">10%</td><td rowspan="2">10%</td><td rowspan="2">10%</td></tr>
<tr><td colspan="2">70%</td></tr>
</table>

从表1不难看出，股份制企业在行业中比例之大，这些股份制企业，有着先进的管理体制，灵活的经营方式，他们生产的干燥设备囊括了化工、制药、粮食、食品、轻工、饲料和木材等行业，他们不仅为国内客户提供服务，还把产品销售到了国外。

2003年干燥设备行业产品产值近20亿元(不变价)，行业产品销售收入17亿元，全行业完成利税总额2亿元，出口交货值达5 000万元。

在成绩面前也要看到不足，全行业制造厂家有300余个，大多数是小型企业，生产手段不够先进，技术实力不强，产品开发创新能力较差。有些小企业的产品大部分是跟随大企业仿造，还有一些小企业产品生产存在着无商标现象，需要靠市场的竞争优胜劣汰，然后进行重新组合，才能在今后的国内外市场竞争中求发展、求提高。

随着我国国民经济的快速发展，干燥设备行业必将迎来一个新的历史时代，将形成一个以股份制为核心、多元化经营为主体、面向全世界的大行业。

二、行业产品用户分布

干燥设备行业的产品广泛应用于国民经济各个领域，如：化工、轻工、制药、冶金、农业、林业、牧业、食品、粮食等行业，干燥设备行业产品遍布全国(除西藏自治区)。其中谷物干燥设备的用户主要分布在内蒙古、辽宁、吉林、黑龙江、山东、河南、河北、青海、新疆等地，有的省份无霜期很短，成熟后的粮食水分很大，含水量在30%左右。含水量高给粮食的储存、销售带来很大影响，谷物干燥机的推广和使用，对我国粮食(种子)行业的发展和建设起到了巨大的作用。

其他产品包括真空(冷冻)干燥、振动干燥、喷雾干燥、旋转干燥、闪蒸干燥、烘箱干燥等产品的用户，主要分布在经济发达地区和沿海大城市，如江苏、浙江、广东、北京、天津、上海等地。这些地区的用户高达60%，其余省份的用户占40%。

另外，我国干燥设备行业的产品也出口到世界各国。远销到泰国、马来西亚、新加坡、印度、缅甸、越南、美国、日本、俄罗斯、香港等20多个国家和地区。出口的产品主要是：真空(冷冻)干燥机、振动干燥设备，中小型粮食干燥机、农林产品干燥设备，年出口量在百台左右。

三、产品潜在的市场发展前景

2003年是不平常的一年，世界经历了许多重大的事件，导致世界经济复苏的步伐放缓，但全球经济仍处于上升的趋势。随着我国实施西部大开发，振兴东北老工业基地和加大基础设施的投入力度，加上2008年奥运会相关项目的不断实施，国内经济估计3～5年内将保持良好的发展空间和势头，干燥设备行业将随着其他行业的发展而发展。总体而言干燥设备的市场发展前景是良好的。

国内市场，目前国内产品使用集中在化工、轻工、饲料、除尘、筛分、灭菌、淀粉、食品、制药、建材、粮食等方面。我国是一个农业大国，每年粮食总产量在43 000万 t左右，据统计粮食收获后在脱粒、晾晒、储存、运输等过程中每年损失高达15%，远远超过联合国粮农组织5%的标准。在这些损失中，每年因气候潮湿，粮食全靠自然晾晒，湿粮未能及时干燥处理，达不到安全水分，造成霉变、发芽的约占5%，相当损失2 150万 t粮食，这一数字是惊人的。但粮食干燥技术设备在我国推广仅有十几年，由于农业较落后，机械化水平低，农民收入较低，粮食干燥事业发展较慢，但随着农产品深加工的发展，农民收入的增加，农业现代化进程加快，粮食干燥技术设备必将有广阔市场前景。世界先进国家产后粮食用机械及时干燥占总产量60%，而目前我国产后粮食用机械烘干的仅占4%。由此可以推断谷物烘干机的市场需求是巨大的。预计近年需求量不会减少，而且还能逐年递增。化工产品干燥设备的需求量为年3 000台(套)左右，制药产品的各种干燥设备每年将有近1 500台(套)投放市场，轻工、饲料、食品等行业的干燥设备均在2 000台(套)左右。在品种上，仍以热风加热的常压干燥、真空干燥为主，食品和制药需要的大规格真空冷冻干燥设备，将向功能组合型发展。近年来兴起的纳米材料干燥及种子微波干燥基本上还处于实验室阶段，实现这两项技术的工业化应用还要做大量的工作。提高自动化控制水平、耐腐能力和性能良好可靠的干燥设备是奋斗目标。

国外市场，主要出口产品是真空干燥、振动干燥、中小型粮食干燥、食品干燥及农林土特产品的干燥设备。出口方向除东南亚及一些发展中国家外，对一些发达国家如俄罗斯、日本、美国的出口量也将逐步增加。预计到2005年出口量可达到200台(套)左右，并且逐年上升。在国外市场中，我国干燥设备的主要竞争对手仍将是丹麦、瑞士、英国、德国、日本、美国。我国生产的干燥设备与国外竞争对手相比优势是：价格低廉，经过认真总结经验吸取国外先进技术之长，缩小与国外产品的差距，使我国的干燥设备在国内国外两个市场中都成为主导力量的趋势是可以形成的。特别是我国政府所采取的鼓励政策，更强化了我国干燥设备在国内国外两个市场中的竞争优势。

我国干燥设备的市场前景是广阔的，尤其在为应用领域开发各种新产品所具有的相应保证作用和促进作用，更体现了干燥设备产品本身的发展和提高，将是永远不会停止的。

四、“十一五”发展预测

“十一五”末期，干燥行业的产品将接近或达到世界先进水平，在占领国内市场的同时，将扩大出口销售。企业的规模向集团化、联盟制发展，坚持多元化经营战略；搞好行业的名牌优质产品，按照ISO9000国际质量体系标准建立完善的质量体系；产值、销售收入、营业利润逐年递增速度有望超过15%，在“十一五”期末工业总产值达50亿元。

1. 企业的规模向集团化、联盟制发展，坚持多元化经营战略

(1)“十一五”期间，随着企业经济体制改革的深入，大型干燥设备生产企业，将逐步向集团化发展，也就是所说的“强强联合”，这样做不但增强了企业的竞争能力，扩大了产品的销售市场，提高了经济效益，而且推动了干燥设备事业的发展与壮大。

(2)提高中小企业的竞争力,实行必要的中小企业战略联盟,是一种好办法。这种联盟可以是多种多样的形式,包括成套化、系统化、复合化等方面的能力互补,产品互补,互相参股,大项目共同开发,联合投标,共同满足客户需求。选择合适的伙伴,要采取双方自愿,以互利互助、公平的原则进行联盟,把小船变大船,形成一种物质资源互补的新型组织机构。在经济自由化,贸易全球化的今天,我们中小企业都面临着机遇和挑战,如果能形成有效的战略联盟,更新竞争能力,取得新优势是可行的一种办法。

(3)坚持多元化经营战略,采取自主研发与有关高等院校、科研单位联合开发相结合的方法,开发有市场需要的新产品、新技术,采取引进、合作、参股等多种形式,积极与国内外有关企业和单位开展联合,扩大经营范围,增加新的经济增长点,加速企业的发展。

2. 创名牌、优质产品

近年来,我国干燥设备产品质量迅速提高,主要干燥设备的主要性能指标基本达到或接近国外同类产品水平。预计"十一五"期间,干燥设备行业将培育一批名牌和优质产品,推向市场,实现产品的良性循环。建立完善的质量体系,所有进入市场的干燥设备,必须通过 ISO9000 国际质量体系认证。为国内外用户提供高质量、高水平的产品。

3. 加速干燥设备行业发展,接近或达到世界先进水平

与发达国家相比,我国的产品少数已达到先进水平,但大部分产品还存在着一定的距离。这就要求我国的产品必须面向世界,结合实际使用经验,借鉴国际先进技术,探索新工艺、开发新技术、新产品,预计"十一五"末期我国的干燥设备会接近或达到世界先进水平,充分占领国内市场的同时,扩大国外市场的销售。展望"十一五"将是挑战与机遇同在,只要能够把握住发展的有利时机,注重产品的质量和技术含量,完善售后服务体系,工业总产值、销售收入、营业利润逐年递增的速度超过 15%,干燥设备行业预计在"十一五"末期完成工业总产值 50 亿元是有把握的。

几种干燥装置的应用与发展

中国通用机械工业协会干燥设备分会　周德仁

干燥是一个比较复杂的热质交换过程,既是一个物理过程,也是一个生物和化学过程。对干燥的要求不仅仅是去除水分,如果是粮食、食品类的还要保留它的营养成分不变,有的还要保持它的色、香、味;如果是化工材料,被干燥后需要保证其品质不变化。所以干燥过程是一个涉及热力学、机械学和流体力学等多学科交叉的技术。

干燥装置就是这些技术的载体,承担一个关键性的生产单元,近年来在全球范围内备受人们的关注,科研开发成果不断地被应用于生产之中,随着我国经济技术的发展,干燥技术也在不断的发展与提高。解放初期很少有人涉足干燥装置领域的研究与开发,干燥设备制造业几乎是一片空白,干燥环节靠的是简陋的土法解决,效率低下,质量难以保证。随着经济的快速发展,各个领域的产品干燥出现了难题,迫切的需要推动了干燥装置的科研开发,出现了干燥设备的专业生产制造企业,特别是 20 世纪 70 年代以来,我国干燥技术的科研、开发、应用都出现了快速发展的势头。一大批科研院所与生产制造企业的有效联合,更有力的推动了干燥技术与干燥装置生产制造的发展速度。

我国干燥设备科研开发制造相对国际先进水平起步较晚,围绕着化工、食品、林业、医药、水产、农业、纺织和轻工等方面的应用,还有继续发展的空间。随着生产效率不断提高,被干物料的种类增加,干燥难度大、耗能多的物料,在提高效率,降低成本,保证质量等方面,还有大量的工作要做。

干燥装置在以下几个方面的应用应当受到重视:

一、冷冻干燥

随着生活水平的不断提高和工作节奏的加快,人们对冷冻干燥食品的消费量出现迅猛增加的趋势。冷冻干燥食品是将新鲜的蔬菜、肉食、水产品等通过在真空条件下,将其速冻,由固态冰升华成汽,从物料中脱水干燥。这种冷冻干燥的食品保存不需要冷藏设备,在室温中可长期保存,不会变质,一加入水后恢复就好似鲜品。目前国内市场的冻干食品已经陆续出现在市场上,如方便食品的蔬菜料包、蘑菇、葱、胡萝卜、大蒜、牛肉、猪肉、虾、海带、海参、贝类、人参、干品蔬菜、山药、蔬菜、速溶咖啡、速溶茶等等,已被广大消费者越来越多的认识并受到青睐。但是目前我国冷冻干燥的食品总量还很小,远远满足不了市场的需求量。

近年来,国际市场对冷冻干燥食品的需求量出现逐年增加的强势上升势头,在 20 世纪 70 年代初仅有近 20 万 t 产品就可以满足市场供应,到 90 年代却达到了上千万 t。近些年冷冻干燥食品的年消费量美国是 500 万 t 以上,日本是 160 万 t 以上,法国是 150 万 t 以上,还有许多国家的消费量很可观。这些冷冻食品消费大国,每年都有相当数量的产品是由其他国家进口。我国的冷冻干燥食品产业还处于发展初期,总量还很小,生产加工的企业单机加工产量低,成本偏高,品种少。随着外商向中国市场的大量求购,出现了发展冷冻干燥食品产业的大好时机,同时更是开发生产制造高效节能的冷冻干燥设备的大好机遇,我国冷冻干燥食

品的发展速度、发展水平取决于冷冻干燥设备的性能和档次的进步与提高。目前，行业中的骨干企业经过多年来的研究开发，可以生产的这种设备已经达到世界同类产品的先进水平，性能、可靠性和节能等各项指标都能符合食品卫生的要求。低成本、高效率的大型设备，是行业在“十一五”期间将继续加大力量开发的重点项目，以为冷冻干燥食品产业发展需要提供强有力的支持。让我国冷冻干燥食品尽快形成规模，形成产业，以满足国内外两个市场的需求，提供良好的生产装备是当务之急。

二、污泥干燥

城市污水处理中所产生的污泥已成为影响城市环境的一大公害，一座 30 万 t 日处理量的污水处理厂，每天产生 100t 含水污泥。随着环保要求标准的提高，以往传统的处理方式如投放在固定地点或是填埋，已被禁止，继续堆放会出现渗滤到地下污染地下水，对出现的污泥能得到及时处理，至关重要，引起各方面的极大重视。预计未来 5 年是我国污水处理厂大量兴建的时期，全国将有几百座污水处理厂建成投产。

在污泥处理上，发达国家采取了多种方法，如日本在污泥脱水后进行干燥，然后进行焚烧处理，因为干燥后的污泥接近劣质煤的燃烧热量，所以欧盟和英国、波兰等国家把相当一部分污泥合成燃料燃烧，转换成其他能量进行利用，再把经过燃烧后的废渣用来改良土壤、筑路等，获得很好商业价值。

目前我国一般是将污泥堆放，自然风干后运到固定地点填埋，这样处理出现二次污染在所难免，随着环保要求的提高，这种处理方法将被禁止。随之而来的是如何将污泥及时有效处理，并能从中获取利用价值的课题摆在了面前。有的污水处理厂的处理办法是把污泥干燥处理后作为肥料利用，由于干燥环节耗能高、效率低，并没有得到普遍应用。其他更有价值的利用方法，还有待进一步开发。就目前的处理方法而言，都离不开干燥这个重要环节。干燥污泥所采用的滚筒干燥机，以燃烧炉产生的高温烟道气为干燥介质，该设备适应性比较强，但生产设备庞大，占地面积大，干燥时间长。在日本、加拿大、西班牙等国家采用立式圆盘耙式造粒干燥机，并已获得推广应用。这种干燥设备在干燥筒内设置多层加热装置，圆盘上放置湿污泥在耙式搅拌下，污泥干燥成块粒状，但这种干燥设备对污泥含水量有一定的要求，低于 50% 时效率比较高。除以上两种设备比较适用外，还有使用过热蒸汽、流化床干燥机、粉碎气流干燥机等。

污泥处理如何提高效率，加大产量，降低消耗，是目前干燥行业的共同课题。国内近年来在污泥的干燥与应用方面，已引起各科研院所与干燥行业生产厂家的广泛关注，并在应用方面有所进展。今后要在环境保护、社会效益和经济效益三者统筹兼顾的前提下，做到发展更理想的干燥设备。干燥设备需求是广泛的，市场前景很广阔。

三、药品干燥

药品的干燥根据不同的性状和要求，大致可采用下述两类基本方法，一类是由水溶液直接喷雾干燥成颗粒，如链霉素、庆大霉素等，另一类是溶液结晶，过滤后对结晶物进行干燥，对于热敏性药物可采取冷冻干燥。

用于医药生产的各种干燥装置都必须符合 GMP(《药品认证制药装备指南》)的有关要求，要保证药品生产质量均一，同时要求设备必须能达到可以原位清洗、原位灭菌的严格要求，与药品接触的设备材质普遍要求采用 316 不锈钢，进入干燥装置的空气必须经过精密的过滤，对尘埃粒子与活微生物的指标控制都有明确要求，不易清洗与灭菌的干燥装置是不能适用药品干燥的。根据我国制药行业的规定，对药品质量指标的要求不断提升，药品出口的条件不断提高，因此，对干燥装置的要求越来越高，同时药品干燥装置的需求潜力也正在加大，特别是 GMP 实施后，针对药厂的更新、改造、提高质量、提高效益，给干燥设备制造行业创造了提供适用干燥装置的机会。

目前国内从水溶液中提取药品一般多采用喷雾干燥机，存在问题是热空气源过滤系统要求标准高，要保证药品质量，空气过滤系统的性能改进是不可忽视的环节。一般结晶体药物的干燥由原来采用比较多的真空烘箱，发展到多数采用回转真空干燥机、振动流动干燥机等。除此之外，还有很多干燥装置应用在药物处理的环节中，如灭菌干燥机、真空冷冻干燥机等。应该说干燥这个生产单元对药物加工是一个很关键的环节，近年来新研制和引进国外的干燥装置陆续出现在我国药品制造行业中。在这个良好的基础上，继续提高干燥装置的性能，满足药品制造业的需求，是干燥设备制造行业义不容辞的责任。

减变速机行业发展预测

中国通用机械工业协会减变速机分会 王远征

一、行业各种所有制形式企业的发展现状，在行业中所占比例结构和发展趋势

1. 发展过程

减变速机行业在我国的发展已经有近 40 年的历史，这里所说的行业是指生产制造摆线减速机为主的企业形成的行业，逐步发展到今天的减变速机行业。从 20 世纪 60 年代的几家企业发展到几百家企业，在伴随着行业发展过程中，行业企业的所有制形式也有不同的变化。大致经历了三个阶段：第一阶段是以国有企业为主体的创始阶段，这一阶段的企业以天津减速机总厂、上海减速机械厂等为主要代表，开始了行业的初创。时间大致在60～70年代。第二阶段是国有企业为主体，集体企业开始进入的发展阶段，这阶段由于改革开放的到来，在江苏、浙江部分集体所有制形式的企业开始进入行业，同时，国有企业也继续发展。时间大致在80年代～90年代初期。第三阶段是民营企业纷纷组建，使行业出现了国有、集体、民营三种所有制形式的企业并存，进入了行业发展的阶段。时间大致在90年代中期到现在。在第三阶段中，还涌现出了外资企业、中外合资、合作企业等，使企业的所有制形式更加多样化。

2. 企业比例结构

(1)国有企业　据行业内统计，国有企业由几年前的二三十个企业到现在仅剩五六个企业，占会员单位数量的比例不足10%，而这些国有企业已经不是从前的全民所有制企业了，出现了国有控股、职工参股等形式，真正的国有独资企业已很少。

(2)集体企业　随着企业深入改革，原有的集体企业已逐步将集体资金撤出，或将企业资产量化给个人，现有集体所有制企业数占会员单位数的比例为10%左右。

(3)民营企业　民营企业目前占行业协会会员单位的比例为80%左右。其中包括两种情况，一是企业成立初期就是民营企业，私有或几个人入股成立的股份制企业。这样的企业大部分是在20世纪90年代后成立的企业，以浙江地区为主。企业数占50%左右。第二种情况就是原有的国有企业、集体企业在企业转制过程中改制成民营企业，企业的领导者成为了老板。这样的企业占民营企业的30%左右，当中还有从行业外民营资本全部收购国有资产企业的情况。

3. 发展现状及趋势

(1)国有企业目前都处于改革阶段，从行业角度讲，没有国家大型的国有企业，均属中小型企业。根据国家政策，国有资本将逐步退出中小型企业的精神，现有的国有企业面临着体制改革，至于如何改，怎样改只是方法的问题，改制是必然趋势。因此，在处于即将改制的阶段，目前国有企业的发展远比不上民营企业。其中有历史遗留的问题，如人员多、负担重，更主要是体制与机制不适应的问题。所以讲国有企业目前在市场竞争中由于以上的原因始终不能占上风，处于维持与缓慢发展的现状。因此，企业在资金投入、人才引进、产品开发上步子不是很大。

(2)集体所有制企业由于其所有制性质的决定，本身的体制比国有企业灵活，企业负担轻。因此，在与国有企业的竞争中比较有利。行业中的一些集体企业，虽然起步较晚，但靠着有利的政策，几年来发展较快，已具有一定规模，但毕竟它原有的所有制形式还要发生变化，集体的性质还带有大锅饭的色彩，企业的产权不够明晰，责权利还不能充分体现。因此，要想发展还要进一步改革，实现经营主体多元化。

(3)民营企业是行业中的一支生力军，虽然它们进入行业时间短，但以其优越的体制，灵活的经营策略和手段，成为市场竞争中的重要组成部分。在他们完成原始积累阶段后，开始发展壮大。这些企业已不满足原有的环境条件、技术水平、人员素质及生产规模，为保持竞争的实力，加大投入，购置设备、扩大厂房、引进各种人才，提高企业竞争力。据了解，江、浙一带协会会员的民营企业，在近一、两年中投入的资金就达数亿元。在资金投入的同时，还加大人才的投入，招聘高级工程师，经营队伍聘用大学生，注重企业的形象工程，向着规范化、标准化发展。

总而言之，国有资产推出，国有企业在变化，虽然目前国有企业困难较大，一旦改制，改革获得成功，原有的基础，原有的技术条件，原有的企业底蕴必将带来新的活力和变化，它的发展空间巨大，后劲无穷。民营企业将会越来越多，目前企业规模还很小，从发展的情况看，面临的是做大、做强。当然，要想做大、做强，仅靠自身的力量是不够的，应该利用并购、重组、联合等形式，才能有更大的发展。

二、行业产品用户分析及预测

减变速机产品是装备工业的通用产品，是为主机配套的产品，广泛应用在国民经济及国防工业的各行各业。从最初的摆线减速机的单一产品，发展到现在摆线减速机、无级变速器、齿轮减速机、蜗轮蜗杆减速机、电动滚筒等产品。特别是近几年，随着市场的开放，欧洲的一些产品及生产减速机的制造商纷纷进入中国，使齿轮减速机的市场扩大，规格品种增多，用户增加。据初步统计，近百个行业是减变速机的用户，从国民经济的要害部门到老百姓衣食住行的行业，从国防科技尖端火箭、卫星行业到水利机械、煤炭挖掘机械等行业，无处不在。

从这几年看，用量比较大的行业有：电力机械、冶金机械、环保机械、电子电器、筑路机械、化工机械、食品机械、轻工机械、矿山机械、输送机械、建筑机械、建材机械、水泥机械、橡胶机械、水利机械、石油机械及机械等，这些行业从数量上看，仅占全国行业数的20%～30%，但其使用减速机产品的数量占全国行业产品数量的60%～70%。

2000～2004年是第10个五年计划期，已经走过了前4年。从这前4年情况看，由于国家采取了积极的财政政策，拉动了内需，固定资产投资较大，使各行业的经济发展驶入了快车道，特别是基础建设的投资，使冶金、电力、建筑机械、建筑材料、能源等方面加快了发展。因此，减变速机行业的需求也逐步扩大。尤其在2002年以后，整个行业出现了快速发展的景象，2000～2003年减变速机产量见图1，2000～2003年减变速机销售收入见图2。

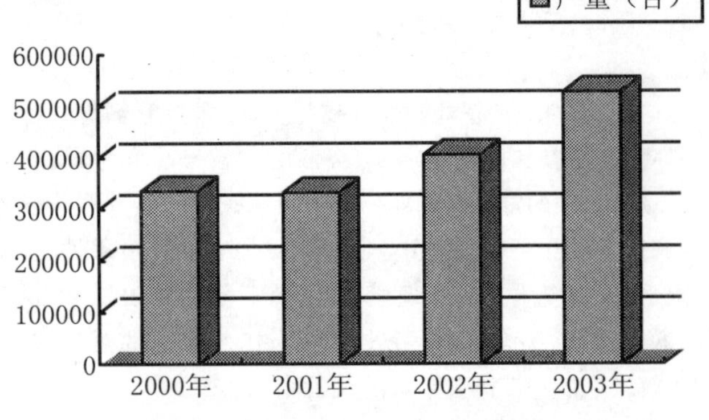

图 1　2000～2003 年减变速机产量

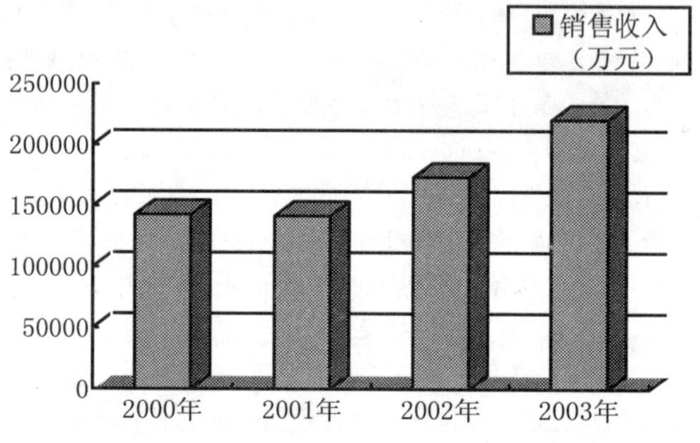

图 2　2000～2003 年减变速机销售收入

由图可见 2000、2001 年这两年虽然与 1999 年相比经济发展有所增加，但变化不大，而 2002、2003 年这两年发展速度明显加快。2002 年与 2001 年相比产量增长 22%，销售收入增长 22%，2003 年与 2002 年相比产量增长 29.7%，销售收入增长 27%。如果将 2003 年的指标与“十五”第一年的 2000 年指标相比增长幅度更大。产量增长 57%，销售收入增长 54%。2004 年第 1 季度经济运行情况仍然很好，行业内企业订货数量与 2003 年同期相比又有很大增长。除了从这些统计数字来看，还可以从各个企业固定资产投资来看，说明行业发展的情况。2003 年行业协会会员单位的固定资产73 400.6万元，比 2000 年增长 26.5%。各个企业固定资产投资加大，特别是购入了一些国外先进的加工设备，使劳动生产率、产品质量提高。按本行业五大类产品统计，产品产量都有较大幅度的增长，特别是齿轮减速机的市场领域逐步扩大，原先没有生产的企业也陆续生产、研发，预计这种产品的销售将是增长点。

从以上分析来看，第十个五年计划期间，由于国家整体经济的快速发展，使减变速机行业也有了比较大的变化。“十五”计划的最后一年与第一年相比，无论是产量、产值、销售收入增幅都达到了 50%左右。虽然 2004 年国家提出了 CDP 增长 7%的调整目标，根据宏观调控的情况看，对本行业影响不会很大，预计 2004 年行业的经济指标还会以两位数的速度增长。因此，预测下一个五年计划仍然比较乐观，经济总量增长仍能达到两位数，只是在各类产品之间的数量发生变化，有的增长快一些，有的增长慢一些，总体是增长的。

分离机械行业现状及预测

中国通用机械工业协会分离机械分会　赵　扬

一、行业现状

(一)国外发展历程

1.20 世纪 50～60 年代中期

二战后经济复苏，三废问题突出，有些工业发达国家到了污染非治理不可的地步。

2.20 世纪 70 年代中期

能源问题突出，在三废治理的同时要搞采煤，开发低品位矿、共生矿；大力节约能源，使过滤与分离技术得到迅速发展。

20 世纪 60 年代前，无机絮凝剂效果不理想，三废处理时固相回收率不大于 60%。60 年代以来，高分子絮凝剂出现使絮凝后的固相回收率上升到 99%～99.8%。仅日本有几千台过滤机、离心机用于污泥脱水。以日本为例：如过滤机、离心机 1970 年为 100% 计，到 1975 年，过滤机为 190.9%，离心机为 259.3%。

3.20 世纪 80 年代以来

为长期保持可持续性发展，世界各国共同要求：节约能源，有效利用资源和加强环境保护。为顺应这些潮流，要求节约资源、降低消耗、提高经济效益，并且有利于生态保护，为国家长期可持续发展创造条件。

4.20 世纪 80 年代后期

除环保、能源、资源以外，在精细化工、生物化工、材料工程上得到发展。主要用于难过滤物料(高粘度、高分散、极细小、不定型、高可压缩物料)分离：

(1)生物制品的过滤分离、提纯、脱盐、脱醇等；

(2)基因工程产品的分离过滤、浓缩、脱盐(干扰素 EPO、

TPO)等;

(3)血液过滤及血浆蛋白分离、浓缩(白蛋白、球蛋白);

(4)细胞培养制品的过滤、分离、浓缩(病毒、细菌、抗体);

(5)澄清发酵液;

(6)微小颗粒($<1\mu m$)的去除;

(7)脱色、除热源;

(8)酒、糖浆、茶的吸附澄清;

(9)分子量<3 000的物质去除热源、无污染、对产品吸附小,这是传统活性炭吸附达不到的;

(10)乳化物(如油包水、水包油)的过滤;

(11)胶体(粒子在$1\mu m$左右)不易沉降分离,胶状物(不定型)加压可以透过动植物蛋白、淀粉、糖类(多糖、单糖)、脂类的过滤。

5.20世纪末期至今

因能源短缺,资源贫化,水资源紧张,三废问题突出,加之科学与工业技术的不断发展,生物化工、精细化工、新材料的迅速发展,过滤与分离技术及行业都在环绕这些问题研究。

如何节省能源,有效利用资源,重视水资源的利用保护与开发,加强环境与生态保护,采用突飞猛进的新兴技术,工艺与过程装备都要大做文章。

分离机械的发展促进了过滤、分离应用基础的研究,特别是如下领域:

(1)过滤机理;

(2)离心分离、过滤及压榨机理;

(3)预增浓、旋液分离技术;

(4)絮凝、凝聚技术;

(5)过滤介质的开发。

在化工领域,80%产品都包含固液加工过程,需要分离机械,其他传统领域更不例外。

新兴的工业生物技术、材料、多种制药,要求固液分离的市场更是广阔。

据《中国市场报》介绍,世界过滤产品年销售量在171亿美元以上,而我国据不完全统计只占世界市场的2%~3%,说明我国还有很大发展空间。

(二)我国行业的现状

考察我国的过滤与分离技术现状,不能离开我国的历史发展。

我国是最早采用过滤分离技术的国家,早在商、周时期以前采用过滤中药,12世纪初用布袋过滤豆浆、离心分离蜂蜜,国际上公认过滤和分离的发源地在中国。

我国的分离机械行业在解放前几乎空白,解放以来,尤其是改革开放后,我国的分离机械到得了长足发展。据不完全统计,目前从事分离机械设计、研究、制造的单位约有260多个,它们分布在北京、天津、上海等国内24个省、市以及机械、化工、轻工等27个部门或系统。在机械工业中,主要分布于石化通用、矿山、农机、仪表等行业。由于企业分布于不同部门及系统,尤其是近年来出现了许多集体、私营及民营企业,因而对行业的基本情况作出精确的统计十分困难。

分离机械行业这些年发展的指导思想主要是依据国家的产业政策,以科技为第一生产力,提高企业和科研院所的内涵与技术素质,特别是提高企业自主开发新产品能力,形成能承担国家重点工程配套任务的攻关队伍,取得了一定的成绩。

1. 科研方面

我国分离机械行业在学术活动方面历来比较活跃,1991年、1994年、1996年和2002年,中国机械工程学会分离机械专业委员会共同组办了四届中日合作过滤与分离国际学术讨论会,除中日双方外,法国、澳大利亚、德国、瑞士、荷兰等国学者和专家也出席了会议;此外化工部化学非均相分离学组于1992年、1994年和1999年三次召开了全国非均相分离学术会议;国家海洋局杭州水处理技术中心于1994年举办膜技术学术讨论会。通过这些活动,对了解国内外技术发展动态和趋势,推动我国分离机械科研工作,起到积极的推动作用。在此期间围绕新产品开发,提高产品技术水平、质量可靠性、机电一体化的攻关课题成果亦比较多,完成国家级"新产品开发指南"中的产品共有12类,完善产品系列规格200多项,每年约在20项左右。在基础理论研究方面,开展了离心机和分离机减振降噪、过滤介质特性、膜材料、膜结构、膜装置及其膜分离机理、动态过滤等科研攻关和技术研究;在技术应用研究方面,开展了计算机辅助设计、优化设计、整机动平衡、微电子控制技术研究;开展了三足式离心机可靠性、厢式压滤机压榨、隔膜结构、隔膜配方、螺旋卸料离心机机头、活塞推料离心机复合油缸等零部件可靠性研究;在材料方面,开展了提高材料强度、耐蚀性、耐磨性及材料钛材用于离心机转鼓、喷涂、电镀等新工艺研究,并取得了进展和阶段性成果。

2. 产品发展方面

由于改革开放,不少企业与国外技术交往逐步增多,引进技术和合作生产的厂家也逐渐多起来,特别是对引进产品的测绘,研制的比例增大,加上装备水平有所提高,应用新技术、新工艺及质量意识的加强,行业重点产品如活塞推料离心机、螺旋卸料离心机、上悬式离心机、刮刀卸料离心机、碟式分离机、转鼓真空过滤机、厢式压滤机等技术水平的质量可靠性比20世纪80年代有较大提高,主要表现在这些产品的参数规格、功能、自控水平、运转性能、可靠性寿命等比80年代有较大进步。10年来,行业完成科技计划达90%~95%,完成新产品研制项目达400多项,其中国家级攻关和开发项目有40多个,获部、省市科研成果及优秀新产品达100多项。在引进消化吸收国产化方面,也取得了较大进展,吸收开发了HR355—HR800系列活塞推料离心机、W355×860~LW355×1460系列螺旋卸料离心机、JXK型式的上悬式离心机、DY1000~DY3000带式压榨过滤机,许多产品都达到国际20世纪80年代后期及90年代初期水平。通过消化吸收,攻关研制,使我国同类产品的技术水平都有较大提高,有些产品替代了一部分进口,节约了外汇,而且还有5%~10%的产品外销创汇。

在产品结构方面，由于20%～25%的产品达到引进产品的性能，因此国内石化系统所需的立式、卧式螺旋卸料离心机基本上立足国内；转台式、翻斗式、橡胶带式真空过滤机已转入批量生产。螺旋卸料离心机、活塞推料离心机、虹吸刮刀离心机、厢式压滤机、碟式分离机、转鼓真空过滤机、净油机等十几个重点产品的系列已逐步完善，增加了40～50个规格；膜分离装置，特别是微孔膜过滤及超膜过滤已有较大发展，陶瓷膜已逐步实现实用化、产品化。具有自控水平及微机操作的产品比例已有明显提高，如：螺旋卸料离心机，厢式压滤机、上悬式离心机等，不少企业已推出机电一体化产品。应用非金属材料的比例也提高较快，如板框、厢式压滤机的材料大部分已由增强聚丙烯所代替，其强度可满足2MPa过滤压力。

3．企业科技发展方面

行业骨干、重点企业已逐步普及用电脑进行生产管理与信息管理，并基本上普及了计算机辅助设计，增强了技术开发能力和应变能力，缩短新品开发周期，加快产品更新换代步伐。关键产品、关键零部件加工手段已实现数控、数显、微电子技术化，产品精度提高，实现了离心机转鼓离心浇铸的突破，精铸、模铸达到40%；模、精锻达到30%。对重点技术，如密闭防爆、减振降噪、基础件、过滤介质、过滤特性、转鼓超速自增强、部分排渣机理、超滤、反渗透、各种复合式离心机及分离机的机理研究有了新的突破。95%的产品有了完整的生产标准。不少企业已建立产品分析、物料试验室，加强了检验测试系统，对开发新品起了积极作用。

4．对外交流方面

自2003年8月起，中国继美国、日本、英国、法国、德国、奥地利、北欧共同体、比利时、匈牙利后，成为世界过滤组织(INDIFI)的第十个成员国。中国机械工程学会分离机械专业委员会主任委员、合肥通用机械研究所过滤与分离机械分所总工程师赵扬代表中国担任该组织的理事。

目前我国分离机械产品中：

过滤机有20个品种，110个系列，370多个型号规格，其中板框、厢式带压榨占近50个系列，160个规格，占过滤机的45%～50%，筒式及各种滤油机各占20%左右。其他十几个小品种比重小于10%。大型的、自动化程度高的压滤机还很少。国外一些新型的专用过滤机，我国才刚刚起步试制研究。

离心机有十多个品种，三足式离心机、上悬式离心机、刮刀卸料式离心机、离心力卸料式离心机、进动卸料式离心机、活塞推料式离心机、螺旋卸料式离心机、振动卸料式离心机等8个品种主要适合中粗颗粒的分离。其中三足离心机产量近60%，三足离心机中人工上卸料又占60%左右；上悬式离心机占10%；螺旋卸料式离心机占12%；刮刀卸料式离心机占5%；其他的更少。

适合细、粘物料分离用的虹吸刮刀卸料式离心机、沉降过滤式离心机、并流螺旋卸料式离心机、柱锥复合活塞式离心机、螺旋挤压式离心机，这几年也开始有了产品。

在我国的分离机械行业，长线产品是中小型机器，大型机器是短线产品。其中5%～10%达到国际20世纪80年代水平，2%～5%达到国际80年代中后期水平，总体水平落后先进发达国家15～25年。

目前，三足式离心机的最大规格为1 800mm，螺旋沉降离心机最大规格为1 200mm，刮刀卸料离心机的最大规格为1 800mm，活塞推料离心机的最大规格为1 000mm，上悬式离心机的最大规格为1 300mm，转鼓真空过滤机的最大规格为60m^2，厢式压滤机的滤板最大规格为2 500mm×2 000mm，过滤面积为1 600m^2，带式压榨过滤机的最大规格为3m带宽。存在的主要问题是：品种、规格较少，不能完全满足国内的需要，能够走出国门的产品更少；分离机理和应用技术研究落后；产品更新换代速度慢；产品技术参数、技术水平和自动化程度低；产品外观质量、可靠性差；国内配套件不过关，在一定程度上影响整机性能。

二、发展趋势

为了适应可持续发展的需要，过滤与分离机械行业的技术发展应顺应以下潮流：①节省能源；②加强环境保护；③有效利用资源；④重视水资源的开发和再利用；⑤发展高科技，促使过滤与分离的进一步发展。

在分离对象上，技术的发展从过去单纯研究牛顿流体已经发展到所处理的物料几乎都是非牛顿流体。由于技术进步出现了一些更难过滤的物料，体现在高可压缩性、高粘度性和高分散性。例如，粘度可高达：150～180Pa.s，相当于1 500～1 800P；高分散性，从10^{-3}级发展到10^{-6}级，而且是十分细小的μ级颗粒甚至更小。

在处理的固相中，不仅仅是单纯的固体颗粒，而且包括硬颗粒、超微细颗粒、软颗粒、胶体、胶状物(不定型固体)以不同形态存在的固相液态混合，上述固相物质甚至可以有几种形态同时存在。在处理的固相颗粒范围上，已经大大拓宽了分离领域，例如从选矿大于100mm的水煤浆到微米级石油钻井液，无机盐和颜料的分离粒径平均为0.01～1.0μm，炭黑的分离粒径为0.01～0.3μm，钛白粉的分离粒径为0.2～0.3μm。

在分离精度方面要求更高、更严。例如在制药中和生物化工中，要求同时达到分离、灭菌、脱脂、脱色等。

过滤与分离的研究领域更加拓宽，在原研究领域的基础上，随着新技术、新材料的发展，在下述领域的研究将日益突出：

(1)颗粒表面结构、颗粒行为及其利用，如：不均一性、相互作用、表面自由能、润湿性、表面的改性等，在固液两相分离中的应用(机械、化学、物理的改性)；

(2)工业悬浮液的液体动力学，如：在搅拌、输送及其临界状态、系统设计；

(3)流变学在改变工业悬浮液性质中的应用；

(4)聚团动力学及其在絮凝、凝聚及高分散、微细颗粒分离中的应用；

(5)具有复合作用的新型过滤介质的研究开发；

(6)高粘度的过滤分离技术(特别是纳米过滤技术)；

(7)多相物料的分离如：多种形状的固相分离，硬颗粒、软固体、胶状物、不定型固相、超微细颗粒以及上述固相物料几种同时并存的液固两相分离；

(8)重视集成工艺技术包括固液分离过程的上、下游工艺及过滤分离集成工艺技术的开发。

在产品发展上，其发展趋势主要是：

(1)产品开发要有创新性，应拓宽思路；

(2)产品技术含量高，性能参数高，分离精度高；

(3)提高自动控制水平，实现智能化操作；

(4)重视并提高设备的可靠性；

(5)适应不同条件，实现个性化应用；

(6)外观质量是提高产品档次和品位的直接因素；

(7)加入WTO以后，面对国内和国外两个市场的竞争，国外同类产品的价格已从高出国内产品8~10倍，下降到目前的2~3倍。另外当前人民币又面临升值压力，从而降低了国内产品的价格优势。

三、国内外技术、生产状况的差距及市场分析

经过多年的努力，我国过滤与分离机械行业有了长足进步，根据1991年、1994年、1997年以及2002年在我国召开的四届国际学术讨论会和1993年、1996年、2000年三届世界过滤大会上发表的论文来看，我国过滤与分离机械行业无论在研究的技术领域和内容上都与国外大体相当。

在产品技术水平上，一些重点产品的整机性能已经接近国外20世纪90年代初水平。产品质量与可靠性均有较大的提高。在产品设计方面，不少企业和设计单位都采用了计算机辅助设计系统。

在新技术应用方面，不少产品采用了新技术，如整机全速动平衡技术、零件表面镀镍磷技术，喷涂硬质合金提高材料耐磨、耐蚀和强度，采用微机控制以提高自动化程度等。

但和国外相比，国外同行业的科技水平普遍高于我国，尽管从总的领域和内容上大体相当，但在深度和广度上存在着较大的差距。国外在科研上比较重视基础理论研究，用基础理论指导应用开发，因此在理论与应用的结合上做得较好。研制出的产品的性能层次高，同时国外注重过滤与分离工程的应用，注重应用开发研究。

在规格大型化方面，目前国外分离机械产品的技术参数普遍高于我国，并继续向高参数大容量方向发展。由于参数高，容量大，同规格产品国外产品的处理能力和分离效率普遍高于我国。主导产品螺旋卸料离心机，国外分离因数高达7000，转鼓直径最大已达2.1m，长径比L/D=5，处理能力200m^3/h以上，功率450kW；碟式分离机线速度达170m/s以上，转鼓直径ϕ1 000mm，处理能力300m^3/h，功率200kW；转鼓真空过滤机过滤面积已达120m^{2}以上；厢式压滤机尺寸规格已超过2.5m×2.5m，过滤面积1 800m^{2}以上；活塞推料离心机ϕ1 200mm以上，推料次数60~80次/min，最高可达100次/min以上；管式分离机分离因数已达100 000以上。

在功能集成化方面，结构上国外采用复合式较多，从而使派生品种和系列增多，满足不同需要，加快更新换代速度，提高了应变能力。将多种功能集中于一种机器，满足各种工艺要求。如：压榨隔膜(加压+压榨)，过滤+干燥，分离+干燥(干燥离心机)，螺旋压榨(螺旋+挤压段)，真空带式+挤压，带式浓缩+挤压脱水，加压过滤+蒸汽，过滤+加热，结晶+过滤+干燥(罐式)，真空过滤+蒸汽加压，带式真空过滤+洗涤+干燥。这方面尤以转鼓结构多样化和分离、过滤推动力多样化最为突出和明显，如Krauss-affei公司、Siebtechnik公司把圆柱型与圆锥转鼓复合起来，形成柱-锥复合式活塞推料离心机；把离心机和虹吸力结合起来，形成虹吸刮刀卸料离心机；美国Sharples公司把沉降型与过滤式转鼓结合起来，形成沉降与过滤为一体的沉降-过滤复合式螺旋式卸料离心机；环球公司把碟片分离螺旋卸料组合一起，形成碟片复合式离心机，把重力沉降与真空吸滤或压榨过滤结合，把液体压力与机械压力结合等等，这样既提高了分离推动力，又使结构紧凑，增大了处理能力，并且达到节能提高分离和过滤效率。此外把转鼓和螺旋分段设计和安装，既可根据需要增减长度和长径比，又可改变螺旋升角，改变固相在转鼓中的停留时间，变化输料能力。在功能设计上也采用组合式，根据不同用户、不同要求，在基本型(或标准型)基础上，增减配件满足用户需要，因而加快了产品更新换代，目前基本每五年就有一个新品推出。

在品种多样化方面，国外许多生产过滤与分离机械的厂商大多都不只是生产一种机械，而是生产多种过滤与分离设备。如德国BHS公司产品有筒式过滤机(Candle Filter)、加压盘式过滤机(pressure Plate Filter)、芬达过滤机(Tellerdruck Filter)、带式压滤机(Belt Filter)、压榨机(Autopress)、转鼓加压过滤机(Rotary Pressure Filter)、带式真空过滤机(Bandfilter)等，荷兰Pannevis公司原来制作带式真空过滤机，现在也开始制作全自动厢式压滤机。Andritz公司除生产带式压滤机外，还生产浓缩机和螺旋卸料离心机等。

在用途专业化(以制药专业为例)方面，出现了为满足制药行业推行GMP规范要求的很多新机型。主要是能够满足机器的外形设计尽量简化，机内设计避免形成物料堆积的死角，液体应能排除干净，与药液接触的选材要求用耐蚀不锈钢材料，外壳和设备本体及焊缝都进行抛光加工，外壳和内件均有洗涤喷淋装置，便于设备内部的在线、密封选材和密封设计满足特殊要求。

在外观美学化方面，国外产品十分注意产品的艺术造型，工业品正向工业艺术品发展，其外观布局、各部件的比例功能定位都很协调。此外产品外观质量得到高度重视。

在自动控制水平方面，国外已向电脑控制、机电一体化方向发展。螺旋卸料离心机除运转的温度、转速、振动、噪声、润滑、压力等机械性能能自动显示、记录、报警、自动停车或连锁控制外，还能根据进料量、浓度、分离质量的变化，自动调整进料压力、进料量以及转速和扭矩；碟式分离机可以根据进料量和分离质量变化，反馈给控制系统，实现自控以调整进料量和排渣周期。

四、发展预测

分离机械是一种专用性、针对性很强的通用机械，不同的物料、不同的工艺条件、不同的分离要求、须采用不同品种、不同规格、不同操作参数、不同过滤介质和不同的控制机理，把它们恰当地有机匹配，才能达到理想的目的。因此就需要众多不同品种、规格和参数的机器，才能满足要求，物料和工艺要求的多样化决定了产品规格的多样化。然而目前我国仅有35个、品种160多个系列、560个型号规格，是远远不能满足要求的。

根据规划，在生产发展目标方面，我国分离机械行业将围绕三大化工、能源建设、冶金、矿山、交通和原材料加工等基础工业，重点发展高技术产品，如立卧式密闭沉降卸料离心机（包括开式）、高参数双级活塞推料离心机（包括柱锥转鼓）、大规格厢式离心机、带式离心机（包括胶带过滤机）、转鼓真空过滤机、翻斗和转台真空过滤机、虹吸刮刀离心机、净油机；同时，还要大力发展轻工、船舶、纺织、制药、商业、卫生、生物工程、环保、建材和乡镇企业等部门所需要的量大面广的碟式分离机、三足式下卸料离心机、上悬式离心机、离心力卸料离心机、管式分离机、密闭加压叶滤机、旋叶压滤机（包括膜旋叶过滤机）、筒式过滤机、膜滤装置、板框（塑料）压滤机等产品。

通过产品结构调整，高新技术产品以及大规格产品将获得较大发展，全行业产值将从2000年的13.8亿元提高到2005年的20亿元，年增长率为7.8%。

1．水资源综合利用领域

我国水资源严重缺乏，淮河以北占全国耕地面积64%，水资源仅占19%。全国500多个城市中300多个缺水，40多个严重缺水。人均用水只有美国的1/3，农业灌溉水利用率只有30%～40%，城市用水循环利用率10%～30%。20世纪90年代工业用水重复率，宝钢只有9.5%，首钢只有9.1%，日本钢厂重复率达75%。在该领域，螺旋卸料离心机、大型厢式压滤机将有比较大的发展空间。

2．环保与水处理领域

包括工业废液的分离，废水的处理与再利用，工业用水处理，以及生活用水与污水处理中的过滤与分离技术的发展将十分突出。我国工业废水每年几百亿吨，占全年污水排放的60%～70%，污水处理率只有10%左右。而美国是80%以上，英国是88%，日本是92%，瑞典是92%以上。在该领域，螺旋卸料离心机、大型厢式压滤机和带式压榨过滤机将有比较大的发展空间。

3．能源领域

我国能源的构成是：煤70%，石油21%，天然气2%，水力4%，其他3%。中国能耗虽然目前只占全球的10%，但人均能耗的水平低，相当于世界平均水平的40%。能源利用率只有30%，相当于日本的1/2。单位产值耗能高，居世界首位，高出世界平均水平近3倍，相当于日本的7倍，印度的1.2倍。在能源生产中，分离机械有很大的市场。

4．新兴的精细化工、生物化工、新材料等工业领域

要求更精密的过滤、预过滤以及集成工艺技术，中国目前的起点还很低，远远满足不了发展的要求，需要急起直追。

5．汽车领域

中国的汽车工业正处在大发展时期，目前仅国产汽车上使用的三滤（燃油滤清器、机油滤清器、空气滤清器）的产值已经超过20亿元，相信在未来的五年里，该数值将会大大超过。

6．膜分离领域

目前我国膜分离产品的产值已经超过60亿元，随着工业的进步，对膜过滤与分离技术的需求将越来越强烈，市场增长需求将超过30%。

和国外相比，我国过滤与分离机械行业的差距还是比较大的。这种差距不是表现在机种上，应该说国外有的机种国内基本都有，而是表现在技术含量上，表现在技术创新上，表现在外观质量上。因此在产品创新方面，应拓宽思路，从满足用户的需要出发，不断开发出新品，而不是几十年不变的老面孔。在产品技术含量方面，应对国民经济各部门对物料分离产量和高精度的要求，开发高参数机器。在自动控制方面，应尽量采取先进的控制技术，满足可靠性要求和用户的使用要求。在外观方面，要提高产品的档次，提高产品的品位。应对GMP的要求，在满足制药行业需要方面，更多的开发符合GMP规范的分离机械，满足用户的要求；不能只满足于机器的设备参数符合标准（如振动、噪声、转速、温升），更重要的是如何最大限度地满足用户对工艺参数的要求。这就需要加强对物料的物性进行研究，摸索设备的最佳操作条件。一定要从现在互相间低价竞争的怪圈中跳出来，不要自相残杀，而是要一致对外，直接参与国际市场的竞争。

值得关注的是，目前一些发展中国家、如印度和国外一些先进国家的企业合作，开发研制了一批过滤与分离机械产品，如翻袋离心机、立式离心机、厢式压滤机等，机器制作得非常精细。中国加入WTO，直接面临了国际、国内两个市场的竞争，国外产品的技术参数越来越高，产品越做越漂亮，功能越来越强大，质量越来越好，而价格和国内相比，同样的产品已经从8～10倍降到目前的2～3倍。如果人民币升值，这种价格优势将会荡然无存。如果我们国内的产品在技术含量上和产品质量上不进一步努力，缩小与世界的差距，将直接面临淘汰的危险，这绝不是危言耸听。看看我们周边的国家，如印度，其产品在很大程度上已经大大超过了我国，这是需要我们认真对待的。

五、近年来需要解决的技术

高浓度废水处理技术；胶体料液过滤与洗涤技术及成套装置开发；离心机不锈钢转鼓离心铸造工艺技术；翻袋式干燥离心机技术攻关；低质重油分离机系列开发；大规格虹吸刮刀卸料离心机研制开发；助滤技术研究；防腐涂层的试验研究；微滤、超滤、反渗透膜设备研制；对称滤布的开发研究；以压滤为主的水处理成套设备。

气体分离设备发展预测

中国通用机械工业协会气体分离设备分会　廖　彬

2003年，气体分离设备行业得到了快速发展。行业发展速度超过以往任何一年，各项经济指标创历史最高水平，产销两旺，经济运行质量不断提高。这一年“4万级”以上大型空分设备国产化进程加快，揭开了气体分离设备行业发展史上崭新的一页。

气体分离设备行业正面临着极好的发展机遇。随着国民经济的快速发展，特别是西部大开发、振兴东北老工业基地、城市化发展的加快，电力、汽车行业的发展，使国内钢铁需求量呈上升趋势；石油、化工行业的发展和“煤改油”工程的上马，使空分行业市场领域有了扩展；民营经济的发展使得小空分设备、制氢设备、变压吸附设备、低温液体贮槽等空分产品的市场需求增加；中国加入世贸组织等因素使空分设备的出口量增加。

但是，国家对钢铁、水泥、电解铝、房地产、汽车业等过度投资的限制，会在一段时间内、一定程度上减少，这些行业的项目量势必对气体分离设备行业的发展带来影响。下面分别阐述气体分离设备行业几大重点产品的需求与预测。

1. 大中型空分设备

在2003年以前，大中型空分设备的主要用户是钢铁与石化业，其比例基本为6:4，在2003年达到了7.5:2.5。在可以预见的一段时间内，钢铁仍是大中型空分设备的主要用户，其比例不会低于70%。

2004年我国经济继续快速发展，国内生产总值将增长7%以上；外贸进出口总额增长8%以上；全社会固定资产投资将增长12%以上。有专家预测，2004年中国钢铁市场需求仍将保持比较好的态势，钢产量将达到2.6亿t，比2003年增长16.9%；钢材消费量将达到2.8亿t，比2003年增长13%左右；钢材、钢坯进出口数量预计可保持2003年水平。

依据以上数据推测，2004年大中型空分设备在钢铁行业中的需求量将会比上年增长15%左右。但是，考虑到2003年度一些钢铁企业可能存在一定程度的过度投资，其产能将在2004年释放，2004年新上项目的可能性不大，所以，气体分离设备在钢铁行业的实际需求量将会与2003年持平。

石化行业的快速发展，将会大大增加对空分设备的需求。石油开采及加工，以及以乙烯、芳烃和三大合成材料为主线的石油化工，在未来的很长一段时间内将会是国家经济发展的重点。但是石化企业对空气分离设备的要求与钢铁行业的要求有所不同，一方面它要求的气量很大，另一方面，其流程组织较为复杂。在2002年前国内石化企业的大型空分设备多为进口设备。2003年，国内大型空分设备的技术得到了快速的发展；到2004年，国产第一套“4万级”空分设备将调试运行。杭州制氧机集团公司承制的1套“5万级”空分、2套“4.8万”级空分设备目前进展顺利，预计将于2005年调试运行。可以预见，在以后几年内，国产石化企业用空气分离设备将会有更大的发展。

大中型空分设备的发展一方面是企业规模的扩大，另一方面是产品规格的提高。2004年约需5套大型石化业用空气分离设备，2005年国内企业可以生产6万等级空分设备。

2. 小型空气分离设备

小型空气分离设备的发展得益于民营经济的发展。目前钢铁、石化企业内一些民营企业，其规模不足以应用大中型空分设备，而且这样的企业为数不少。它们的需求将带动小型空分设备的发展。初步估计，在2004年，小型空分设备将比2003年增长20%左右，达到120套。

3. 变压吸附设备

变压吸附设备相对于深冷法空分设备而言，其产品单一，纯度不高；但是它流程简单，能耗低，投资少，运行费用较少。在产品纯度要求不高、气体产量不超过10 000m^3/h的场合下，它具有相当大的竞争优势。近几年变压吸附设备的发展速度很快，生产企业的规模及技术水平都有了相当大的提高。预计2004年变压吸附设备将比2003年度增长30%。

变压吸附设备中的一重要组成部分——家用或医院用的小型变压吸附设备，将在2004、2005年得到非常大的发展。随着人民生活水平的提高，全民健康意识的深入，家用型或医用型变压吸附设备将会逐步进入中国家庭及各大医院。目前家用型变压吸附设备大部分还是出口，但是在不远的将来，它必将更多地进入中国家庭。

4. 制氮设备与制氩设备

氮气、氩气作为保护气，在钢铁冶炼、机械工艺加工、焊接等各方面得到越来越多的应用。特别是高纯度的氮气、氩气，在国民经济中各个领域中的应用越来越多。预计2004年制氮设备与制氩设备将比2003年增长20%左右，达到100套的规模。

5. 低温液体设备

随着国内气体分离设备企业发展思路的转变，从单纯提供设备到进入气体产品市场，低温液体设备得到了发展。目前国内气体分离设备生产企业已经开始进入气体产品市场，并在气体产品市场取得了不错的成绩。由此也带动了低温液体设备的迅速增长。初步估计，低温液体设备在2004年将比2003年增长50%左右。

6. 水电解制氢设备

氢气是国民经济发展中需要的重要气体，高纯度的氢气有着广泛的应用领域。氢气制取较为困难，电耗较大，一般企业难以涉足。预计水电解制氢设备将比2003年度增长20%左右。

综上所述，2004年仍将是气体分离设备行业快速发展的重要一年。国民经济的发展，钢铁、石化企业的发展，将带动气体分离行业保持一定的发展速度。

“中国泵阀之乡”打造泵阀产品金名片

永嘉县泵阀工业协会　瞿增甫

中国泵阀之乡——永嘉县瓯北镇位于浙江省东南部，濒临东海，与温州市隔江相望，跨桥相连。

改革开放20多年来，永嘉人在邓小平理论指引下，发扬敢为人先的精神，立足实际，抓住机遇，发展自己，形成了以民营经济、市场机制、特色产业为主要特征的经济发展格局，区域经济取得了较大的发展。泵阀作为一个有较强生命力的产业，为永嘉县现代化建设和国民经济相关行业的发展作出了一个又一个贡献。

经过30余年的艰苦创业，特别是十一届三中全会以来，永嘉泵阀业取得了长足的发展。永嘉县已成为全国泵阀业产量最大、企业数量最多、发展速度最快的地区。2000年销售额达33.6亿元，同比增长35%；2001年销售额超过40亿元，同比增长近20%；2002年销售额达48.5亿元，同比增长21%；2003年销售额超过60亿元，同比增长25%，泵阀类产品销售额占全国市场份额的25%以上。2000年4月，中国通用机械工业协会正式命名永嘉县为国内唯一一个“中国泵阀之乡”。

一、创业篇

纵观永嘉泵阀的发展历程，它经历了从家庭工业、二次创业到创新创业三个阶段。

第一阶段：家庭工业阶段（20世纪80年代中期到90年代初）。改革开放初期，由于国民经济全面复兴，许多工业品出现了供不应求的短缺现象，永嘉人抓住这一历史性机遇，发挥市场机制的先发优势，利用简易的设备，兴办泵阀加工企业，一时间形成了前店后厂、家家户户办企业的局面。企业的发展又推动了专业市场的形成。1988年28位农民集资1.4万元合股兴办了全国第一个阀门专业市场——瓯北机电阀门市场。在该市场影响下，个体私营企业和家庭工业经济规模不断扩大。1990年泵阀业发展进入了第一次创业的高潮，全县泵阀企业发展到800多家，产值达1.6亿元，产品也从单一的管道泵、截止阀扩展到真空磁力泵、加油泵、叶片泵、闸阀、止回阀、球阀、减压阀、安全阀等多种通用产品。

在泵阀发展实现量的快速扩张的同时，由于缺乏疏导管理和必要的技术基础，出现了以次充好、压价竞争等市场秩序混乱的状况，在用户中造成不良影响较长一段时间，国内相关用户对永嘉产品抱有成见，给永嘉泵阀产业发展带来了很大的压力和严峻的考验。

第二阶段：二次创业阶段（1991年到1996年）。为了推动泵阀业健康有序的发展，1991年永嘉县委、县政府决定全面实施“质量立业、名牌兴业”战略，开始了由量的扩张向质的提高转变的二次创业之路。1991年下半年在全县范围内开展第一次大规模的泵阀产品质量整治活动，严厉打击制造、销售假冒、伪劣泵阀产品行为，并积极扶持优势企业的发展，鼓励企业从家庭经营向股份合作制经营转变，从前店后厂向村镇工业小区转移。通过整治，改进了生产工艺，配备了必要的检测器具，加强了企业管理，产品质量有了很大的提高，泵阀企业的数量也由整治前的800多家减少到479家，产值达2.04亿元，泵阀行业开始从无序经营向有序发展转变。

然而，随着短缺经济的结束，知识经济的到来，中国加入WTO步伐的加快，行业发展中产品结构单一、企业规模偏小、品牌不响、信息闭塞、技术创新力不强等因素逐渐成为制约永嘉泵阀产业快速发展的主要障碍，永嘉泵阀产业发展面临新的挑战。

第三阶段：创新创业阶段（1997年到现在）。1997年，永嘉县政府提出了大力实施技术创新工程，积极扶持规模企业发展，争创产业发展新优势。与此同进，永嘉县积极实施“请进来、走出去”战略，主动加强与行业协会、大企业和科研院校的联系与合作，通过举办全国性产业发展战略研讨会、邀请专家来永嘉考察指导、组织企业家走出去等形式，吸纳国内外行业发展信息和技术辐射。全县泵阀企业开始向股份制、集团型、科技型、外向型方向发展。以超达股份、宣达集团、中泉泵业、良精集团为代表的一大批新生代企业，通过制度创新和技术创新，在“九五”期间得到快速发展。到目前，全县共有国家级企业集团8家，省级企业集团3家，浙江省高新技术企业6家，年销售额上亿元的企业5家，5 000万以上的15家，有118家企业通过了ISO9000族质量体系认证，有10家企业获得了美国石油学会API认证。泵阀产品开始向大型化、高速化、高参数、高可靠性、耐强腐蚀、机电一体化、程控、群控和监控方向发展。产品被广泛应用在大庆油田、上海宝钢、燕山石化、吉林石化、上海浦东国际机场、上海吴泾电厂、黄河小浪底工程、中国一汽等国家省(市)重点工程、大型企业和重大技术装备配套上,部分产品还远销欧美、中亚、东南亚等地区,永嘉县已经成为我国最重要的泵阀制造基地。

永嘉泵阀业快速发展引起了省市领导和国内有关行业专家的关注。浙江省副省长鲁松庭、温州市市长钱兴中等省市领导多次来永嘉考察指导工作,对永嘉泵阀业发展予以高度重视并寄予厚望。原国家机械部领导,中国通协、泵协、阀协的负责人多次率有关人员到永嘉实地考察,对永嘉泵阀发展给予充分肯定,认为永嘉是国内泵阀业最具活力、最具发展潜力与竞争力的地区之一,希望永嘉加快发展,为中国泵阀工业的进步做出更大的贡献。

二、创新篇

创新是一个产业发展的生命,永嘉泵阀就是在不断创新中形成、发展和壮大的。1997年,永嘉县率先在温州提出并实施技术创新工程,提高技术创新能力,运用高新技术改造传统泵阀业,使泵阀业发展步入了依靠科技进步的快车道。

1. 把加强技术创新体系建设放在首位,切实提高泵阀技术持续创新能力

首先是大力推动产学研合作,实施联合快捷创新。近几年来,永嘉泵阀企业先后与甘肃工业大学、江苏理工大学、合肥通用机械研究所、浙江省机电研究院等40余所科研院校建立了长期的科技经济合作关系,并聘请了34位行业专家、教授担任县政府科技顾问,指导产业发展。目前,全县已有20多家泵阀企业通过产学研合作、技术入股等方式,建立了多种形式的技术开发机构与新产品开发机制。其次是鼓励重点骨干企业建立技术研究中心,增强自主创新能力。县政府出台政策,凡经县认定的技术研究中心,县政府一次性给予扶持资金8~10万元,凡经国家、省认定的技术研究中心,县政府分别给予奖励20万元、10万元。浙江超达阀门股份有限公司建立了永嘉县首家企业技术研究中心,近年来已有6项产品填补国内空白,5项产品获得国家专利,该公司负责起草的“对夹式止回阀”产品标准(JB/T8937—1999)是国内第一个由民营企业起草的阀门标准。第三是加快技术创新服务体系建设。1998年,永嘉县组建了县科技创业服务中心,为永嘉泵阀业特别是广大中小企业提供人才引进、产品开发、产学研合作等方面服务,成为永喜县泵阀业创新、创业的重要桥梁。随着创新体系日臻完善,创新能力的提高,永嘉县产品开发速度明显加快,产品结构不断优化。近三年来,全县泵阀企业共开发出省级以上新产品216项,其中国家级重点新产品17项,获国家创新基金项目3项,获专利授权162件。

2. 支持和鼓励企业应用高新技术和先进适用技术改造传统产业,促进产业结构优化升级。

在产品结构上,永嘉县引导企业应用新材料、机电一体化、信息技术等改造传统泵阀产品,提高科技含量,增强产品竞争力。如宣达集团开发的高温调控蝶阀、浙江成达特种阀门厂开发的偏心金属硬密封球阀、黄河机械阀门厂开发的螺杆泵、中泉泵业开发的热水循环泵等多项产品填补了国内空白。在技术改造上,永嘉县引导泵阀企业积极采用CAD技术、数控技术、加工中心、自动化中心流水线等先进制造技术,改造传统设计手段和工艺装备,确保一流产品质量。县政府每年拿出200万元贴息,支持企业技术改造,并规定凡首次引进的先进技术装备,县财政给予10%~30%的补助,1998年以来,全县共有82个泵阀技改项目被列为省级技改项目,项目总投资18亿元。去年,全行业共引进数控机床100多台,其中良精集团从日本引进的在线检测光谱直读仪等检测设备达到国内一流水平,大大提高了永嘉县泵阀行业技术装备现代化水平。再过1~2年,一批装备精良、工艺先进、管理规范的现代企业将矗立在中国泵阀之乡。

3. 大力构筑人才高地,为产业创新发展提供人才保障

人才是形成自主创新能力的核心,近几年来,永嘉泵阀企业引才、用才观念有了很大改变,建立人才队伍方式由原来临时高薪聘用为主向以自己培养为基础、临时聘用为带动的方向转变,人才专业结构也由原来的一职多能向多种专业、多种学科优化组合方向转变。近年来全县共引进各类专业技术人员1 000多名,其中高级人才50多名,新分配的大学生350多名,全县泵阀企业中科技人员比例已占职工总数的10%以上。为鼓励企业引进人才,调动科技人员积极性,县政府制定了一系列有关引进人才工作、生活、劳动保障等方面政策。每两年开展一次有突出贡献的科技创新人才评选活动,由县政府发给特殊津贴每月200元。政府投入2 000多万元在中国泵阀工业园内兴建“科技新村”,总共200余套房子将陆续以优惠价格出售给引进人才居住。瓯北镇政府还拨出专项资金,对引进的中级技术职称人才和大学毕业生每月给予100元津贴,对具有高级职称的人才每月给予150元津贴。

三、发展篇

回顾过去,我们有过艰难的历程和成功的喜悦;展望未来,我们将更加信心满怀。21世纪,永嘉泵阀业将以加快发展为主题,以结构调整为主线,以提高产业竞争力为目标,继续坚持“质量立业、名牌兴业、科技强业”战略,强基础,抓创新,重提高,努力把永嘉县建设成为全国最大的泵阀产业基地。

1. 产品制造中心

去年,规划面积达5km^{2}的中国(永嘉)泵阀工业园已开始建设,超达、南方、宣达、凯泉、黄河等一批知名企业将在新的园区开始新的创业,铸造行业将得到优先发展,一大批先进的技术装备陆续进入新建企业。到2005年,全县泵阀销售额将达到80亿元,出口创汇1.5亿美元,成为中国最大的泵阀制造中心和出口创汇基地。

2. 技术创新中心

“十五”期间,要着力培养十大企业技术研究中心,使之成为行业技术创新带头人。政府将通过产学研合作,组建

泵阀产品创新服务中心，为广大中小企业产品开发与技术进步服务。认真实施《永嘉县泵阀行业“十五”科技进步纲要》，支持企业加快具有自主知识产权技术的研究与开发，“十五”期间，要开发省级以上新产品100个，国家级新产品20个。争取到2005年，全县泵阀企业持续创新能力、产品结构和市场转化能力有一个明显提高，部分重点骨干企业整体技术水平达到行业先进水平，科学技术在泵阀产业增长中的贡献率达到50%以上。

3. 企业焦聚中心

大力推动民营企业制度创新与企业联合，推动股份制企业建立。鼓励有一定实力和品牌优势的企业，以品牌、技术为纽带，通过联合、兼并、重组等形式，组建“联合舰队”或“航空母舰”，成为全国行业排头兵。“十五”期间，要培育10个年销售额超亿元的泵阀企业和10个省级高新技术企业。同时打响区域品牌，加大招商引资力度，大力引进国内外竞争力强的泵阀企业来到中国（永嘉）泵阀工业园独资或联合创办泵阀企业，提高产业、企业、品牌的集中度和国际竞争力。

4. 质量检测中心

为塑造全国泵阀业制造中心，进一步树立区域品牌质量形象，完善中国泵阀工业的检测手段，按照“政府主导，企业主体，公正运作，多元化服务”的原则，“十五”期间，永嘉县将在泵阀工业园内投资1 200万元，建设国家级泵阀产品质量检测中心，为泵阀产品提供高精度、全过程、智能化的质量检测服务。同时，作为泵阀工业园的重要试验基地，为泵阀业的重大科技攻关项目提供实验数据和中试服务。

5. 人才培训中心

以永嘉电大为基础，采取积极措施，大力吸引行业内有关院校来我县用股份制形式合作创办泵阀学院，为永嘉泵阀产业发展培养紧缺急需的科技人才和企业经营管理人才。加强与中国通协在人才培养方面的合作，在永嘉设立中国通协泵阀业技术培训中心，邀请国内外专家对在职科技、管理人员进行新知识、新技术、新标准培训，以不断提高企业科技人员持续创新能力和经营管理水平，为产业持续创新发展建设一支高素质的创新人才队伍。

中国通用机械工业年鉴

CHINA GENERAL MACHINERY INDUSTRY YEARBOOK

2004

第Ⅱ部分

行业发展概况

行业发展概况

泵

风机

阀门

压缩机

真空设备

干燥设备

减变速机

分离机械

气体分离设备

泵

一、生产发展情况

2001年泵协会员企业在2000年恢复性的适度发展的基础上,生产实现了快速增长。就133个可比企业的统计,2001年完成工业总产值(不变价)516 201万元,比上年增长15.5%;完成工业总产值(当年价)524 897万元,比上年增长17.1%;完成工业增加值153 479万元,比上年增长18.9%。从地区看,西南地区增长38.7%,东北地区增长24.2%,华东地区增长19.9%,华北地区增长9.7%,这五个地区增长较快,唯有西北地区降低38.1%。产值完成大户的浙江丰球实现26 428万元,比上年增长29.6%;沈泵23 579万元,比上年增长14%;上海凯士比23 170万元,比上年增长12.9%;大耐21 256万元,比上年增长25.3%;长沙水泵17 858万元,比上年增长34%;山东博泵17 840万元,比上年增长16.3%;山东双轮17 593万元,比上年降低5.9%;天工16 962万元,比上年增长1.8%;佛泵14 571万元,比上年增长5.7%;广一泵12 343万元,比上年降低2.7%;石泵11 553万元,比上年增长30.3%;海城三渔10 106万元,比上年增长38.3%;大隆40 117万元,比上年增长0.2%;山东潍坊21 887万元,比上年增长10.1%。这14个企业在拉动产值快速增长中起主要作用。他们虽仅占可比企业133个的10.5%,但完成总产值275 263万元,却占53%,拉动增长了11.3个百分点。

2002年就147个可比企业统计,完成工业总产值(不变价)553 379万元,比上年增长7.2%;完成工业总产值(当年价)543 172万元,比上年增长5.1%;完成销售产值520 623万元,比上年增长5.2%;完成工业增加值165 325万元,比上年增长7.2%。从地区看,中南地区增产28.4%,华东地区增产27.1%,西北地区增产10.4%,华北地区增产7.6%,西南地区增产3.3%,东北地区增产2.2%。

2003年中国通用机械泵行业协会会员企业总数为240个。据对143个会员企业的统计,职工总数58 760人,其中工程技术人员7 070人;拥有固定资产原值599 677万元;流动资产合计852 666万元。就143个会员企业可比统计,2003年完成工业总产值(不变价)811 909万元,较上年同期增长27%,调整可比因素,完成工业总产值726 430万元,比上年增长18%;完成工业增加值241 855万元,比上年增长26.6%,调整可比因素,完成工业增加值215 355万元,比上年增长16.6%。34家重点骨干企业完成工业总产值(不变价)332 500万元,比上年增长12.4%。6个分部工业总产值除西南分部持平外,其他分部较上年都有明显提高,其中:东北分部增长26.4%,华北分部增长7%,西北分部增长8.8%,华东分部增长38.4%,中南分部增长8.2%。

2003年泵业分会生产企业工业总产值、工业增加值、销售收入前20名排序见表1、表2、表3。

表1 2003年泵业分会按工业总产值排序

企业名称	工业总产值(万元)
上海连成(集团)有限公司	46 528
上海大隆机器厂	42 776
山东潍坊生建集团	42 509
江苏亚太水工机械有限公司	36 045
浙江丰球股份有限公司	35 711
上海东方泵业制造有限公司	31 447
大连大耐泵业有限公司	31 266
沈阳水泵股份有限公司	27 476
广东省佛山水泵厂有限公司	27 108
上海凯士比泵有限公司	26 100
长沙水泵厂有限公司	20 627
山东博泵科技股份有限公司	19 507
天津泵业机械集团有限公司	17 776
山东双轮集团有限公司	15 649
浙江大福泵业有限公司	13 522
石家庄泵业集团有限责任公司	12 788
浙江新界泵业有限公司	11 576
埃梯梯飞力(沈阳)泵业有限公司	11 205
丹东克隆集团有限公司	10 848
淄博水环真空泵厂有限公司	10 728
广州广一集团有限公司	10 727

表2 2003年泵业分会按工业增加值排序

企业名称	工业增加值(万元)
上海连成(集团)有限公司	15 306
江苏亚太水工机械有限公司	12 910
上海大隆机器厂	11 340
山东潍坊生建集团	9 527
长沙水泵厂有限公司	9 294
浙江丰球股份有限公司	8 402
上海东方泵业制造有限公司	8 256
广东省佛山水泵厂有限公司	7 871
山东博泵科技股份有限公司	7 699
安徽三联泵业股份有限公司	7 591
沈阳水泵股份有限公司	7 364
大连大耐泵业有限公司	6 797
石家庄泵业集团有限责任公司	6 311
上海凯士比泵有限公司	5 329
山东同泰集团股份有限公司	4 899
天津泵业机械集团有限公司	4 892
浙江大福泵业有限公司	3 921
长沙天鹅工业泵有限公司	3 916
广州广一集团有限公司	3 671
上海莲盛泵业制造有限公司	3 558

表3 2003年泵业分会按销售收入排序

企业名称	销售收入(万元)
上海连成(集团)有限公司	45 928
浙江丰球股份有限公司	37 645
上海大隆机器厂	35 190
山东潍坊生建集团	34 097

（续）

企 业 名 称	工业增加值（万元）
上海东方泵业制造有限公司	32 600
江苏亚太水工机械有限公司	28 717
大连大耐泵业有限公司	27 723
上海凯士比泵有限公司	25 663
广东省佛山水泵厂有限公司	25 212
山东博泵科技股份有限公司	22 149
山东双轮集团有限公司	20 455
长沙水泵厂有限公司	19 096
沈阳水泵股份有限公司	18 211
天津泵业机械集团有限公司	16 400
石家庄泵业集团有限责任公司	16 060
埃梯梯飞力(沈阳)泵业有限公司	14 386
浙江大福泵业有限公司	12 293
浙江新界泵业有限公司	11 159
南京蓝深制泵集团有限公司	10 607
山东同泰集团股份有限公司	10 560

2003 年泵业完成产品产量2 504 675台，2003 年泵业分会按产品产量排序见表 4。

表 4 2003 年泵业分会按产品产量排序

企 业 名 称	产 量（台）
浙江大福泵业有限公司	608 600
浙江新界泵业有限公司	548 169
浙江丰球股份有限公司	450 000
海城市三鱼泵业有限公司	226 700
上海东方泵业制造有限公司	65 478
广东省佛山水泵厂有限公司	54 060
上海连成(集团)有限公司	49 841
杭州斯莱特泵业有限公司	29 228
广州广一集团有限公司	29 092
广州市白云泵业制造有限公司	27 960
山东双轮集团有限公司	24 318
山东亚龙泵业集团总公司	18 000
江西省新瑞洪泵业有限公司	17 861
上海莲盛泵业制造有限公司	16 579
安徽莱恩电泵有限公司	15 399
山东博泵科技股份有限公司	14 819
广州水泵厂	14 337
山东同泰集团股份有限公司	12 565
福建省永兴制泵有限公司	12 463
安徽三联泵业股份有限公司	11 325

二、市场及销售

2001 年各会员企业建立现代企业制度，改革机制，开发新产品，增产适销对路产品，拓展国内外市场，营销运行形势良好。完成销售产值510 905万元，比上年增长 13.5%；产品销售量达1 033 636台，比上年增长 0.5%；产品销售收入实现496 723万元，比上年增长 12.3%，增幅增加 11.8 个百分点；产品销售收入1 000万元以下的有 55 家企业；1 000～3 000万元的有 38 家企业，3 000～6 000万元的有 16 家企业，6 000～10 000万元的有 11 家企业，亿元以上的有 13 个企业。从以上分组情况看，3 000万元以下的有 93 个企业，占 133 个企业的 69.9%；3 000～10 000万的 27 个企业，占 15.8%；亿元以上的 13 个企业仅占 133 个企业的 9.8%，却完成销售收入254 118万元，占 49.7%。其中上海大隆33 475万元，浙江丰球28 590万元，山东潍坊22 650万元，大耐21 726万元，山东博泵21 071万元，上海凯士比19 355万元，山东双轮18 707万元，沈泵18 126万元，长沙16 603万元，天工14 824万元，佛泵14 617万元，石泵14 007万元，广一泵10 364万元。

2002 年就可比企业统计，实现销售产值520 623万元，比上年降低 4.2%；产销率为 95.8%，比上年下降 1.5 个百分点；年末库存额112 531万元，比上年增加10 262万元，增幅10%。2002 年实现出口交货值66 873万元，比上年增长 0.1%，其中出口创汇5 574万美元，比上年下降 21.8%。

2003 年中通泵业分会实现销售产值为773 673万元，比上年增长 27.8%，调整可比因素，实现销售产值700 588万元，比上年增长 23.8%。产销率为 95.49%，比上年下降 0.47 个百分点，由于工业总产值(当年价)增长幅度略快于销售产值增长幅度，从而影响了产销率的上升，使产销率与上年相比略有下滑。

2003 年中通泵业分会会员企业市场化经营水平整体提高，调整产品结构，积极开发适销对路产品，以销定产，内抓管理，外抓市场，科技创新，不断推进泵产品技术进步，扩大内销，促进外销，使泵行业整体经济效益得到了全面提高。34 家重点骨干企业销售收入增长幅度较大的企业有 3 家，其中唐山市水泵厂增长 71.70%、本溪水泵有限责任公司增长 57.10%、河北恒盛实业股份有限公司增长 50%。

三、科研成果及新产品

2001 年以来，随着我国国民经济建设的飞速发展，泵行业坚持以市场为导向，大力推进产品创新，通过引进—消化—吸收，不断开发新产品，极大地促进了泵生产企业的科技进步。2600HTEXJ 型立式可调叶片斜流泵，是沈阳水泵股份有限公司供给广东省东江—深圳供水改造工程建设的产品，也是国家经济贸易委员会国经贸技术(2001)519 号文件确定的 2001 年国家重大技术装备国产化创新研制项目，由沈泵公司与奥地利安德列兹(ANDRITZ)公司合作开发。它是目前国内最新型的规格较大的可调叶片斜流泵，是国家级重大新产品，该泵用于香港、深圳及东莞市等城镇提供东江饮用水源、农田灌溉用水跨流域大型调水工程。亦可用于各类大型供调水工程和大型发电机组输送循环水。2002 年 4 月 25 日，中国机械工业联合会主持对 2600HTEXJ 型可调叶片斜流泵进行了专家技术评定。评定验收意见如下：①该产品以 ANDRITZ 公司技术为基础，合作设计、合作制造，具有运行过程中能自动调节叶片安放角度，保证不同工况下水泵在高效区安全稳定运行。由于采用了抽芯结构，检修维护方便。②该产品技术资料、文件齐全，设计图样完整、正确、统一、清晰，符合国家有关标准规范。③工艺、工装技术资料可以满足产品加工制造的需要，具备了指导生产的条件。④在产品制造过程中严格按照《2600HTEXJ 可调叶片斜流泵质量控制规程》进行质量控制，零部件制造质量符合产品图样、技术标准规范要求。⑤产品整机经台架试验，控制机构、液压系统、叶轮叶片角度调节机构运行稳定。⑥经现场测试，泵叶片在不同安放角下的流量、扬程、效率、振动、噪声等性能参数符合合同要求。⑦根据以上特点，专家委员会认为该产品填补了国内空白，达到了国际先进水平。

2003年沈阳水泵股份有限公司研制生产的10LDTN—6PC凝结水泵首次用于我国60万kW超临界火电机组(河南沁北电厂)，产品达到国际先进水平。该产品设计结构先进，自身设有平衡机构，泵自身承受轴向力，采用集装式机械密封。用于电厂输送凝结水，介质温度为80℃，产品运行安全可靠、机组成本较低，检修方便，高效节能。

天津泵业机械集团有限公司研制开发的“HW型汽液集输双螺杆泵撬装系统”及“无泄漏泵”两个产品通过天津市科委组织的科技成果鉴定，“09二回路系统用低噪声三螺杆主机滑油泵”设计方案通过海军装备部的评审。2002年企业共完成新产品开发38项，全部实现当年研制开发、当年投产，实现新产品产值7 714万元，占同期工业总产值的42%。成功地开发出一批科技含量高，市场潜力大的新产品，如液化泵、高压三螺杆泵、移动式单螺杆潜油泵、高温双螺杆泵、消防泵等，满足了市场的需求。

沈阳水泵研究所(全国泵类产品设计研究开发中心)设有研究室、设计室、核泵设计室、密封研究室等部门，主要承担新产品开发、老产品改造、引进技术消化以及泵的水利模型研究，泵的振动、噪声测试分析，旋转机械转子系统的动态特性分析，结构强度计算及应用分析(包括抗震分析)，计算机辅助设计，机电一体化成套技术研究以及泵用机械密封的研究开发等项目。中心多年来为能源、冶金、矿山、石油、化工、军工、城市给排水、环保、农业灌溉等国民经济重要部门设计开发了约30多个系列千余种泵类产品，例如更新换代的节能产品IS、IT型单级单吸清水泵、IR型热水循环泵、IH型化工离心泵、S型单级双吸离心泵、D、DG型卧式单吸多级离心泵、JC型长轴离心深井泵、磁力泵、螺杆泵、管道泵等系列图样已发放全国各行业厂，为中国泵制造业的发展作出了巨大贡献。另一方面，该中心还积极研究开发核电用泵和核能用泵、海上采油平台注水泵、高速泵、中开式双壳体高压锅炉给水泵、军工特种用泵等具有高难度和高技术含量的泵及特殊用途、特殊结构、特殊材料用泵的研制和开发。同时对水利模型、结构强度计算与应力分析等方面长期开展的深入研究，保证了产品的先进性和可靠性，依靠现有设备齐全的加工基地，保证了科研装置和新产品研究、老产品改造的加工制造。中心长期以来在不断开发新产品的同时通过联合设计和培训班等各种形式为水泵行业培养了大批设计员，推动了中国泵技术水平的发展。

长沙水泵厂有限公司2001年重新调整技术中心，设立开发部和设计部，加大产品开发和改造力度，全年共投入技改资金786万元，完成技术开发项目25项，实现新产品产值率比上年提高10个百分点。同时完成了26套斜流泵、4套卧式中开泵、1种立式轴流泵、3种大型冷凝泵和1种大型管道泵的设计。为加快环保产品的设计与开发，还完成了与美国Ellicott泥浆泵引进的前期工作，完成了三种搅拌器的设计开发，并自行设计1种小型挖泥船泵。

大连大耐泵业有限公司以市场为依托，以技术进步为导向，按照产品结构调整的要求，开展了新产品的开发和研制。该公司自行开发设计的强制循环轴流泵，研制的WD高压往复泵；开发的HSL—D中高压博格曼反应釜密封，其密封面首次采用流体动压槽技术，产品技术水平达到国际先进水平，并填补了国内空白。同时博格曼反应釜密封技术标准已被列为中国化工密封技术标准化机构的参照标准。该公司投入100多万元用于新产品开发，开发研制了HZX悬挂轴流泵等7个系列产品；苏尔寿公司开发新产品10个系列；博格曼公司和海密梯克公司各开发新产品2个系列。上述新产品的开发预计可新增产值上千万元。

本溪泵业有限公司开发研制的内螺旋污水提水泵，填补了国内该项产品的空白，效率达到85%以上，提升高度10m以上，直径系数$\phi610\sim\phi3\ 050$。

无锡市锡泵制造有限公司2002年获江苏省“省高新技术企业”荣誉称号和“省信息化制造企业”称号；2002年省火炬计划Q型潜水泵验收完工，获国家贴息8万元；实施“CAPP/CAD/CAM”项目；2002年立项国家重大技术装备开发，“南水北调大型泵开发”由省经委报国家经贸委。研发内容有：与水利部水利水电科学研究院合作，开发研制既具有较高效率又具有优良抗腐蚀性能的模型装置；与江苏省、山东省水利水电勘测设计研究院合作，开发研制适用南水北调东线工程用泵的合适泵型；与日立公司进行合作引进大型贯流泵设计制造技术；引进大型全调节混流泵液压调节技术；引进大型泵流道内流体数值计算技术，并加以消化、吸收，为南水北调东线工程提供高效、可靠、技术先进的泵型。

自贡市工业泵股份有限公司2002年企业重大技术装备研制及重大技术攻关项目进展情况如下：对ZB型化工流程泵的水力模型及结构设计获得成功，目前产品已推入市场，用户反映良好，订货量显著增加。ZW型循环泵的结构优化设计及轴封结构改造获得成功，很好地解决了在使用中叶轮拆卸困难及泄漏等问题，同时，对ZW型循环泵翼型的优化设计，为提高其效率指标的工作正在继续研讨中。针对ZW型循环泵泵体坡口加工难的问题，已成功完成了该类(系列)产品坡口的加工工装设计，使用状况良好。成功地解决了大型循环泵流量($>10\ 000m^3/h$)的测试问题。泵类产品的CAD开发已获成功，目前相关软件使用正常。

2002年公司有3种新产品获自贡市科学技术进步三等奖。

ZLH1000型盐析循环泵2002年5月29日通过专家鉴定，综合性能处于国内同类泵的领先水平，填补了国内空白。主要性能指标：流量$Q=4\ 500\sim7\ 300m^3/h$；扬程$H=1\sim1.2m$；效率$\eta=78\%$。

500ⅡH—40型化工混流泵2002年5月29日通过专家鉴定，处于国内同行业先进水平，可替代国外进口，节约外汇。

主要性能指标：流量 $Q=2\,400\sim2\,600m^3/h$；扬程 $H=9.5\sim10.5m$；效率 $\eta=83\%$，汽蚀余量：5.5m。

250NG115 型渣浆泵 2002 年 5 月 29 日通过专家鉴定，处于国内同行业先进水平。

主要性能指标：流量 $Q=900m^3/h$；扬程 $H=115m$；效率 $\eta=70\%$；汽蚀余量：6m。

广东省佛山水泵厂有限公司 2002 年累计开发新产品 44 种，部分新产品的性能达到国际先进水平，申请了实用新型专利 2 项，其中 1 项已获得国家知识产权局的受理，另一项正在办理申请中，填补了公司专利技术的空白；ISO 单级离心泵及 QW 潜污泵通过省级鉴定。

①KPS 型双吸式离心泵是公司最新推出的双吸式离心泵。它是采用最先进的流体力学计算方法、计算机辅助设计方法开发出的新一代泵类产品，具有低噪声、高效节能、坚固耐用、维修方便等特点。采用单级、双吸、蜗壳、水平分开、两端支撑的结构形式。

法兰标准：ISO7005.2—GB/T 17241.6PN1.0

产品标准：JB/T 1050—1993

工作压力：1.0MPa

工作温度：-15～105℃

技术参数：

流量：$180\sim20\,000m^3/h$　　扬程：12～80m

泵口径：200～1000mm　　转速：590～2900r/min

特点：

最佳的水力模型

采用最先进的流体力学计算方法及计算机辅助设计方法的水力模型

双向流叶轮

最低脉冲

最优化的流动性能

膜片式联轴器

补偿两轴线不对中能力强

传动效率高，有明显的减震作用

独立的轴密封腔体

②KDW 系列多级离心泵是公司最新开发设计的新一代多级泵产品。其优秀的水力性能和结构特点保证了用户在各种应用场合都能有效地降低泵的运行成本。

该系列产品共有 10 个规格的泵产品，能提供不同级数、不同叶轮直径、不同转速的几百种性能供用户选择。

主要技术参数(50Hz 时)：

泵口径(mm)：吸入 40～250　　排出 25～200

流量：最大 $500m^3/h$　　扬程：最大 395m

工作压力：最大 1.0MPa　　液体温度：最高 195℃

执行标准：Q/FP 2104—2002

山东博泵科技股份有限公司研制的 JP5 型节能型给水设备已列入山东省技术创新项目计划，该产品已于 2001 年底完成研制生产并投放市场。该公司研制的 NJ 型浓浆泵已列入省、市重点新产品计划，并得到了市科技局对该项目的扶持资金；1200S85 型中开泵已申报国家级新产品；DDM 系列煤泥泵被列入国家 2002 年火炬计划。该公司生产制造的 500HW 型混流泵、BSP 屏蔽泵、NJ 型浓浆泵等 53 种新产品已投放市场，并受到用户的欢迎。

广州市第一水泵厂 2002 年开发出新产品 WQQ 潜水污水切割泵，密封设计上采用三道优质材料，可有效地防止介质进入电动机，叶轮设计独特，在叶片入口镶装合金刀头，能有效地撕裂介质中大颗粒杂质、长纤维、塑料袋等，确保泵运行中无堵塞。独特的冷却系统设计，在叶轮顶部安装副叶轮，既可防止污物进入循环冷却系统，又能形成高低压差。该泵性能参数流量：$8\sim200m^3/h$，扬程：8～30m，功率：1.1～30kW，转速：2 900r/min，1 450r/min。XBD—DLL 型立式多级消防生活泵设计出高效率的叶轮和导叶的水力模型，采用新型的“蜗壳”结构，取代了多级泵传统的“末级导叶”结构，采用高转速(2 950r/min)，减少泵的尺寸，设计出易拆装的机械密封装置。通过这几方面的优化设计，泵的单级扬程达到 50m，减少泵的质量、体积，提高泵的效率。

唐山市水泵厂 2002 年共开发新产品 17 种，各项参数一次试验成功，达到预期要求。2003 年列入唐山市第一批创新重点项目的有 6 种。其中 80KZ—42 型、100KZ—42 型、150KZ—50 型渣浆泵 3 项已完成，并已达到国内先进水平。另外 100QW87—28—15 型、200QW350—20—37 型、200QW400—10—32 型潜污泵现正在研制开发之中。

KZ 型渣浆泵主要参数范围是：流量：$85\sim360m^3/h$，扬程：26～101.6m；QW 型潜污泵主要参数范围是：流量：$87\sim400m^3/h$，扬程：10～28m。

安徽三联泵业股份有限公司 2002 年开发了 100QW70—25—15、150QW130—30—22、150QW100—40—30、150QW140—18—15、300QW1100—12—55、350QW1500—15—90、500S22、MD450—60、MD280—65、8PW、900ZLB—100、500S59 共计 12 种。以上产品自开发投放市场以来，满足了城市、工业、农业、井下排灌的需求，具有节能降耗、运行平衡、使用寿命长、维修方便等优点、深受广大客户的欢迎。等效采用 GB/T 5657—1995《离心泵技术条件Ⅲ类》、JB/T1050—1992《离心式污水泵型式与基本参数》、JB/6535—1992《煤炭采掘工作面隔爆型潜水电泵技术条件》，满足 GB/T 3216—1989《离心泵、混流泵、轴流泵和旋涡流试验方法》达到 20 世纪 90 年代的国际水平。

赤峰宇太工业泵制造有限公司在开发 Z12.5—32、Z15—30P、Z50—50P 喷灌泵的基础上，又开发了 Z35—50P 自吸喷灌泵(流量 $3.5m^3/h$，扬程：47m，效率为：60%，临界汽蚀余量为 2.6m)这种型号水泵的开发，解决了自吸喷灌产品型号不全的问题，填补了市场销售空缺。经用户使用验证后，合格率达 100%。

西安泵阀总厂 2002 年研制开发了新材料——镍的冶炼，打破了过去只炼钛材的历史，从而开发了新领域。配合新材料的开始使用，设计了 CN 型系列镍泵以及镍阀。根据市场情况开发了 LYP 型长轴液下泵，彻底解决了长轴液下泵故障率高的问题。开发了 BWT 型保温夹套泵，首次打入了炼化装置中关键泵应用领域。将热交换器与钛真空泵分离器合二为一，并使钛真空泵与汽水分离器以及相关的管路阀门设计为一体,这样模块化的设计方便了用户,节省了空间,深受离子膜烧碱行业的欢迎。

河北省武安市宏泰机械泵业有限公司研制开发的RY125—80—250型离心式热油泵列入国家项目,并于2002年12月16日通过河北省经贸委鉴定,专家组成员认为该产品填补了国内空白。该产品主要用于输送不含固体颗粒的弱腐蚀性高温液体,也可根据用户需要,过流部件采用不同材质,输送具有腐蚀性或其他特殊性能的液体,输送介质温度≤350℃。该泵具有效率高、耐高温、无泄漏、运行费用低等优点,产品技术具有国内领先水平。

安徽莱恩电泵有限公司2002年研制开发的新型AV立式多级泵通过安徽省省级鉴定并被列为国家级新产品,600汽车助力泵被列为国家级技术创新项目,XBD固定式消防泵组被评为安徽省名牌产品称号,公司还被省科技局评为"民营科技型企业"。为了确保产品的知识产权不受侵犯,公司对AV立式多级泵申请了专利,并获得批准。

石首市水泵厂生产的"扬子江牌"产品达22个系列、200多个型号规格,广泛应用于冶金、矿山、电力、煤炭、石油、化工、轻工、医疗、食品、地质等领域,部分产品远销美国、澳大利亚、泰国、孟加拉国、香港等国家和地区。主导产品有BZ型渣浆泵、S、SH型中开、IS型清水泵、D、DKM型多级泵、LQG型高温沥青泵、E、KGLB型等壁厚空心单螺杆泵等,其中BZ型泵最大流量为2 400m^3/h、最大配套功率710kW;S、SH型泵最大口径为500mm;D型泵最高扬程为1 100m、最大配套功率为1 800kW,通过科技成果鉴定居国内领先水平;LQG高温沥青泵输送介质最高达450℃,其技术和使用寿命为国内同类产品领先水平,2002年获"省重大科学技术成果"证书和"国家重点新产品"证书;在消化吸收E型单螺杆泵技术基础上,开发了KGLB型深井抽油泵,其压力达16MPa,是深井采油最理想的设备,并获"国家级新产品"证书。该厂先后有BZ250—750型渣浆泵获部优产品,4BD—32/14型双速泵、IS65—50—160型清水泵、D580—60型多级泵获省优产品称号。

阳泉市水泵厂开发研制的LZE150—100J衬聚氨酯渣浆泵进一步拓展了渣浆泵的应用领域和设计构思,极大地延长了渣浆泵的使用寿命,可满足冶金、矿山、建材、化工等行业对特殊用泵的要求。该厂还进行了ISZ/ISZR型清水热水直联式单级泵系列,ZY、WGC型液下泵系列产品的开发和研制。ISZ/ISZR型清水热水泵共计153个规格,单台可节材30%,成本降低3.5%,其主要技术参数如下:流量$Q=5.4\sim460$m^3/h;扬程$H=4\sim125$m;配套电机功率$N=0.8\sim110$kW。ZY、WGC型液下泵为单级和双级两种系列,共计163个规格,采用单吸进水时,可在未改变安装高度的情况下抽低于叶轮中心线4m以下的渣浆,使用十分便利。其主要技术参数如下:流量$Q=7.2\sim576$m^3/h,扬程$H=4.3\sim37.5$m,效率$\eta=36\%\sim53\%$,转速700~2 200r/min。

哈尔滨水泵厂研制的供输送清水及物理化学性质类似于水的液体的泵产品,产品设计结构优良,装配简单,性能良好,噪声极低,为60dB以下,标准化程度高,极适合大批量生产,产品有50TLD、60TLD、80TLD等,其性能:$Q=12\sim170$m^3/h,$H=11\sim26$m,产品综合性能指标可达到国际20世纪90年代同类产品水平,该产品自投放市场以来受到国内外客商的广泛好评。

2001年山东双轮集团股份有限公司的82项科研项目有2项被国家经贸委列为"2001年度国家重点新产品",有7项列入2001年度山东省技术创新项目计划。

山东同泰集团股份有限公司研制生产的DG系列次高压锅炉给水泵可作为次高压锅炉给水或其他场合的高压给水用,输送介质温度可达160℃。性能范围:流量Q=36~180m^3/h;扬程$H=40\sim1\,056$m,共有3个型号:DG45—80、DG85—80、DG150—100。公司生产的N系列冷凝泵是卧式悬臂式冷凝泵,比一般的泵具有较高的抗汽蚀性,主要供给火力发电厂输送冷凝水用。4N6、6N6两种规格由于水力模型设计优秀,抗汽蚀性能有较大提高。

四、基本建设及技术改造

"十五"期间沈阳水泵股份有限公司利用国债资金实施了"超临界机组用泵、超大型和关键用泵及环保设备专项技术改造项目"。技术改造的主要内容及效果:引进技术与开发相结合,引进大型可调叶片斜流泵的技术,与奥地利安德列兹公司联手夺得东深供水工程订货合同;新增、改造关键生产设备,提高工艺水平,新增1800数控立式车铣加工中心一台、重型数控车床一台、改造和新增数控火焰切割机各一台、新增计算机控制高频红外碳硫分析仪一台。添置上述先进高效的工艺装备后,沈泵公司的工艺水平有了较大提高,解决了关键产品制造中的难点;为完善CAD/CAM系统,提高设计制造水平,改造了公司技术系统计算机网络,购置了先进的三维CAD/CAM软件,设计制造水平得到了提高,在东深工程用泵的叶片加工中使用了该软件,使叶片设计尺寸与加工后的实际尺寸保持一致;对部分公用设施更新改造,更新了800kV·A变压器,更新一台10t锅炉,新增自备井一眼,保证了沈泵公司生产经营正常进行。

山东博泵科技股份有限公司2002年技改投入资金2 000万元,其中新建厂房5 000m^2,完成基建投资500万元;铸铁车间树脂砂改造已完成调试,投资200万元;购置设备,试泵站扩容,试验设备更新等投资1 300万元。

广东省佛山水泵厂有限公司从长远发展角度考虑,每年都保持一定的技改投入,完善、提高企业的生产能力,为形成快速反应能力提供必要的保证。2002年共投入500多万元进行基本建设及技术改造。其中为结合ERP实施而建立的具有现代仓储特色的立体中心仓以及具有国际先进水平的液环泵测试中心先后顺利投入使用;另外还购买TPX6111B数控镗床、CK7820B数控车床、L11螺杆机,完善了生产、检测和物流管理。2003年通过了"调整产品结构、提高产品档次、扩大出口技术改造"项目竣工验收和"开发ISO系列、CBF系列高效节能泵类产品"出口专项技术改造项目竣工验收,两项目共投入4 100多万元资金。

大连大耐泵业有限公司重点抓了国债项目的实施和双D港搬迁改造工作。全年共完成技术改造投资1 100万元。

目前，国债项目中的往复泵车间改造已经完成。加工中心、数控机床等高精密设备的购买、安装工作已经开始。在双D港的搬迁改造方面，主要抓了地质勘探、土地回填、平面设计、建筑设计和部分厂房的建设工作，这些都将为企业今后的发展提供后劲。2003年结合企业搬迁改造，公司投资2 900万元进行技术改造，购置各种设备16台，其中重大设备8台。

无锡市锡泵制造有限公司为了提高公司在大泵市场的竞争力，2002年投资400万元左右购买了一台定梁龙门铣镗床，用于加工叶片型面，从而填补了泵行业在叶片加工上的空白，全面提高了产品档次，提高了企业的综合竞争力。

山东双轮集团股份有限公司进行了系列污水深度处理回用改造项目和环保节能型冲压不锈钢多级泵项目，总投资额1亿元。其中系列污水深度处理回用设备技术改造项目投资额为7 000万元，该项目被列入2001年国家重点技术改造项目计划；环保型节能冲压不锈钢多级泵项目投资3 000万元，列入山东省2001年技术改造导向计划，上述项目已按期完成并投入使用。

五、管理与改革

山东博泵科技股份有限公司（以下简称山泵）主要抓了以下几项工作。一是强化内部管理，主抓了五个强化活动（强化劳动纪律、强化组织纪律、强化工作纪律、强化现场管理、强化职业道德），通过检查与整治，使公司的管理水平有了一定程度的提高，并荣获了“全国机械工业基础管理规范化达标企业”称号。二是强化质量管理，加大处罚力度。结合认证机构的证后监督，采取了必要的纠正和预防措施，同时对质量控制中出现的问题加大了处罚力度，使产品的内在质量得到了一定保证，确保公司顺利通过了产品生产许可证工厂条件的现场验收。三是上市工作取得了实质性进展。四是推进规范化管理。在山泵公司实行中层干部、管理人员竞争上岗的用人机制，为公司深化人事制度改革提供了依据。五是生产管理张弛有序，较好地处理了产与销的关系，通过合理调度，基本保证了产品的按时供货。改革分配机制，实施“效率优先、兼顾公平”的二次分配制度。为彻底打破多年来的平均主义，真正体现按劳取酬的分配原则，公司制定下发了《关于在各二级单位实施职工收入二次分配的意见》，将公司全体职工的档案工资挂档封存，各二级单位负责人根据本部门工作业绩对工资及奖金进行二次分配，使职工分配拉开档次，多干多拿，少干少拿，不干不拿。二次分配方案的实施，使职工的工作热情和积极性得到了进一步的提高。

广东省佛山水泵厂有限公司2002年对原属于集体企业的4个分支机构进行转制，组建成立了由公司控股的子公司，并进行了产品分工，其中一个分支机构已正式成立有限公司，另三个已做好各项前期工作，并于2003年初注册成立。公司致力于发展企业信息化建设，先后经历了单台微机的文字处理应用、CAD设计应用、财务处理电算化、企业局域网、计算机管理的立体仓库物流控制及企业资源计划（ERP）应用等过程，逐步发展成为高效运营信息化应用企业。信息化建设获得了明显的经济效益，主要表现在：公司已建立起一个完善的内部CAD网络系统，总体上提高了设计质量，缩短了产品的设计周期，提高了工作效率；新产品的开发速度是以前的5倍以上；开展基于三维CAD、CAE技术产品集成设计在叶轮机械中的研究与应用，使企业拥有开展具有自主知识产权产品的能力。企业资源计划（KENFLO—EPR）的实施，从根本上改变了公司物流管理的模式，使信息流、物流和工作流有机地集成并优化运行，有效减少了产品的库存量及产品资金的占用，提高了企业的综合竞争能力。2003年公司被评为广东省信息化工程示范企业。

大连大耐泵业有限公司在管理方面，围绕减亏目标，开展了降成本、压缩应收账款工作。通过比价采购，货比三家等方法，全年预计降低采购成本200多万元，通过对自来水、采暖用气实行专人控制，定时开关等办法，可节约开支近50万元。利用电费白天与夜间的差价，变白天开炉冶炼为夜间开炉冶炼，节约了大量的电费支出。由于加大了对应收账款的催收力度，全年仅对老账的催收一项就收入账款近400万元。在改革方面，主要以三项制度改革为契机，认真贯彻落实了省政府提出的新经济裁员政策，做好改制企业人员身份置换和大耐主体富余人员的裁减工作。通过对大耐分厂和齿轮分厂进行改制，2003年共置换人员身份200多人，裁减富余人员60多人，精干了主体，提高了职工队伍素质。

无锡市锡泵制造有限公司坚持以效益为中心，以降本增效为手段，大力加强企业内部管理，牢牢把住合同评审关和结算审核关。2002年标准件价格下降8%，实行零库存；铸件外协价格下降50元/t，全年降低成本11万元；全年打折处理应付款差额29.5万元。同时，严格控制管理费用支出，全年降本增效总额达108.7万元，实现利润156.3万元，企业利润取得了突破性的增长。

2002年锡泵公司对冷作工段实行了“独立核算，自负盈亏”的承包方案，经过一年运行，工段职工积极性的发挥和创效都取得了卓有成效的成绩。同时完成了陆区长河铸造有限公司从筹建到正式子公司建制的各项工作，并投入了正常的生产运行。目前公司按照“一个目标，三个阶段，八个调整”的战略性结构调整基本框架，坚持以效益为中心，解放思想为动力，资源整合为活力，市场为导向，降本增效为手段，提高产品质量为保障，提高资金能力为标志，实现锡泵公司向更高层次的发展。

广州市第一水泵厂针对当前形势，推行“以人为本”的管理体制，尊重知识，尊重人才，全方位调动全员积极性，树立全员主人翁思想，充分发挥了全员能动性。建立企业信息化系统工程，使企业管理迈上新的台阶。成立采购招标小组，万元以上的物资采购实行招标，有效地控制了生产成本，降低产品成本5个百分点，减少内耗，增强企业竞争实力。实行“三位一体”销售管理模式，确保资金及时回笼，缩短货币周转期。为减轻企业负担，对原投资的企业广州电测仪器厂进行转制，使企业在市场竞争中更具有活力。

浙江真空设备集团有限公司逐步完善了现代企业管理

制度，按“三个比例完善”，即增加一线工人、技术人员、临时工的比例，加强用工制度改革；对技术人员实行浮动工资改革，销售人员实行全额承包制，加大与完善中层干部考核制度，实施竞聘上岗、末位流动制度，对铸造分厂、电子仪器分厂实行独立承包考核。以上举措大大提高了职工的积极性，主动性与创造性，强化了制度的可操作性，营造了一种积极向上、团结一致的生产、管理氛围。

〔撰稿人：中国通用机械工业协会泵业分会杨敬兵〕

风机

一、生产经营发展状况

据风机协会数据统计，2003年会员单位全部固定资产原价为310 777万元；固定资产净值为187 234万元；金属切削机床5 675台；锻压设备971台。2003年各项经济技术指标比2000年都有较大幅度增长，其中：工业总产值（当年价）622 835万元，比2000年的305 879万元增长103.62%；工业销售产值（当年价）593 002万元，比2000年的296 431万元增长100.04%；工业增加值165 889万元，比2000年的90 482万元增长83.34%；新产品产值205 831万元，比2000年的78 096万元增长163.56%；销售收入588 382万元，比2000年的298 806万元增长96.91%；出口交货值18 562万元，比2000年的14 195万元增长30.76%；利税总额68 365万元，比2000年的40 396万元增长69.24%；利润总额42 466万元，比2000年的16 811万元增长152.6%；全员劳动生产率52 571元/人，比2000年的26 787元/人增长96.26%。

据国家统计局数据统计，风机行业（275个企业）2003年工业总产值（当年价）1 205 628万元，2002年工业总产值（当年价）872 508万元，2001年工业总产值（当年价）606 610万元，2003年和2002年分别比上年增长38.18%、43.83%；2003年工业销售产值（当年价）1 161 762万元，2002年工业销售产值（当年价）819 606万元，2001年工业销售产值（当年价）586 366万元，分别比上年增长41.75%、39.78%；2003年新产品产值170 607万元，2002年新产品产值121 999万元，2001年新产品产值85 117万元，分别比上年增长39.84%、43.33%；2003年利润总额67 753万元，2002年利润总额43 723万元，2001年利润总额29 205万元，2003年和2002年分别比上年增长54.96%、49.71%。

2001～2003年在国家启动一大批重点工程和拉动内需政策的双重作用下，风机市场呈现较为活跃的需求态势，风机行业经济运行情况良好，风机制造业进入高速增长期。风机生产企业纷纷抓住机遇，抢占市场，订货量猛增，生产和销售保持了较高的增长势头，利税总额和利润总额也有很大增长。

2001～2003年工业总产值（当年价）逐年提高，年均递增25.73%；工业销售产值（当年价）年均递增26%；工业增加值年均递增22.4%；新产品产值年均递增26.08%；产品销售收入年均递增25.3%；利税总额年均递增19.2%；利润总额年均递增32.38%；全员劳动生产率年均递增25.2%。

2001年风机市场需求量比上年有所下降，总量下降3.88%。全行业完成各类风机产量合计247 375台，比上年减少9 973台。2002年全国风机市场需求量比上年有所上升，企业销售形势有所好转，完成各类风机产量合计263 929台，比上年增加16 554台。但由于受钢材市场涨价因素的巨大影响，风机产品成本有很大增加。2003年完成各类风机产量合计425 428台，比上年骤增161 499台。其主要原因是，某些中小企业生产的小型民用风机数量较大，有的企业每年生产6～10万台，而重点骨干企业的产品则向大型化、大机号和高技术含量方向发展，产品数量不多，但产值有很大增长，说明企业的技术水平不断提高，制造能力不断增强。

2001年亏损企业23个，占当年企业会员的29%。

2002年亏损企业22个，占当年企业会员的27.5%。

2003年亏损企业13个，占当年企业会员的12.75%。

2001～2003年风机行业会员单位主要经济指标完成情况见表1。

表1　2001～2003年风机行业会员单位主要经济指标完成情况

指标名称	单位	2001年	2002年	2003年
工业总产值（当年价）	万元	336 129	428 751	622 835
工业销售产值	万元	323 499	406 162	593 002
工业增加值	万元	92 370	123 293	165 889
新产品产值	万元	75 392	112 495	205 831
出口交货值	万元	11 328	12 501	18 562
产品销售收入	万元	329 953	398 729	588 382
销售成本	万元	238 125	293 398	420 084
利税总额	万元	38 125	47 862	68 365
利润总额	万元	15 487	21 554	42 466
全员劳动生产率	元/人	30 488	39 233	52 571

2001年风机行业产品出口单位有13个，出口额11 328万元；2002年风机行业产品出口单位有14个，出口额12 501.4万元；2003年风机行业产品出口单位有16个，出口额18 562万元。2002年和2003年分别比上年增长10.4%、48.5%。

2001年、2002年和2003年风机行业产品出口企业分别见表2、表3和表4。

表2　2001年风机行业产品出口企业

序号	企业名称	出口额（万元）
1	浙江上风集团公司	6 926
2	上海鼓风机厂有限公司	1 976
3	沈阳鼓风机厂	1 091
4	陕西鼓风机（集团）有限公司	421
5	武汉鼓风机厂	207
6	常熟市鼓风机有限公司	200
7	天津市鼓风机总厂	138
8	青岛风机厂	113

（续）

序号	企 业 名 称	出口额（万元）
9	四川鼓风机有限责任公司	80
10	四平鼓风机厂	62
11	湖北省风机厂	58
12	沈阳风机厂	30
13	新乡市鼓风机厂	26
	合　计	11 328

表 3　2002 年风机行业产品出口企业

序号	企 业 名 称	出口额（万元）
1	浙江上风实业股份有限公司	7 321
2	重庆通用工业(集团)有限责任公司	1 899
3	上海鼓风机厂有限公司	997
4	常熟市鼓风机有限公司	684
5	沈阳鼓风机(集团)有限公司	578
6	山东岳尔风机有限公司	180
7	山东省汇丰机械集团总公司	178
8	四平鼓风机厂	155
9	天津市鼓风机总厂	124
10	江苏大通风机股份有限公司	122
11	四川鼓风机有限责任公司	120
12	青岛风机厂	86
13	湖北省风机厂	49
14	长沙鼓风机厂有限责任公司	9
	合　计	12 502

表 4　2003 年风机行业产品出口企业

序号	企 业 名 称	出口额（万元）
1	浙江上风实业股份有限公司	10 360
2	上海鼓风机厂有限公司	2 461
3	重庆通用工业(集团)有限责任公司	1 459
4	广州市新华通风设备厂	1 231
5	台山港益电器有限公司	982
6	常熟市鼓风机有限公司	650
7	沈阳鼓风机(集团)有限公司	321
8	青岛风机厂	238
9	四平鼓风机厂	207
10	长沙鼓风机厂有限责任公司	171
11	天津市鼓风机总厂	131
12	沈阳铁扇风机制造有限责任公司	118
13	陕西鼓风机(集团)有限公司	107
14	上虞市明新风机制造有限公司	53
15	山东省汇丰机械集团总公司	51
16	四川鼓风机有限责任公司	22
	合　计	18 562

二、产品与技术概况

1. 风机产品分类、特点及构成

风机行业的产品主要分为离心压缩机、轴流压缩机、离心鼓风机、罗茨鼓风机、叶氏鼓风机、离心通风机、轴流通风机等七大类及其他特种用途风机，产品达 230 个系列4 500多种规格。

离心通风机、轴流通风机属于使用最广泛的风机，需求量最多，生产厂家也最多。总的预测是这类风机供大于求。特殊用途风机包括防腐风机、高温风机、耐磨风机等。这类风机需求量不是很大，但因作业环境特殊，在材质上和制造工艺上较为特殊。如不锈钢风机、玻璃钢风机、塑料风机、金属衬胶风机及叶片表面喷涂、叶片粘贴陶瓷贴片及堆焊耐磨材质等。随着新技术的不断涌现，这类风机仍有一定的需求量。

离心鼓风机和罗茨鼓风机主要用于冶金、水泥、煤气、污水处理等工程。随着节能改造、环保方面发展的需要，这类产品有一定的需求。

透平压缩机是装备重大工程的成套装置之一，是为高炉冶炼、大型化肥装置、大型乙烯装置、大型空分装置等配套的。随着成套装置的大型化，该类产品也向大容量方向发展。这类产品的需求量，占总风机台量比重较少，但由于该类产品作为重要配套产品，以及结构复杂、技术含量高，有比较好的经济效益，因而市场前景看好。透平压缩机制造水平代表了风机行业的整体水平。

目前风机行业生产离心压缩机和轴流压缩机的企业，只有沈阳鼓风机(集团)有限公司、陕西鼓风机(集团)有限公司和上海鼓风机厂有限公司三个企业。2001 年离心压缩机产值26 777万元，占全部风机产值的 10.1%；2002 年离心压缩机产值34 161万元，占全部风机产值的 10.4%；2003 年离心压缩机产值57 513万元，占全部风机产值的 14.3%。沈阳鼓风机(集团)有限公司 2001 年生产离心压缩机 29 台，占行业的 59.2%；2002 年生产离心压缩机 59 台，占行业的 70.2%；2003 年生产离心压缩机 76 台，占行业的 73.1%。陕西鼓风机(集团)有限公司 2001 年生产离心压缩机 13 台，占行业的 26.5%，生产轴流压缩机 23 台，占行业的 100%；2002 年生产离心压缩机 21 台，占行业的 25%，生产轴流压缩机 37 台，占行业的 100%；2003 年生产离心压缩机 27 台，占全行业的 25.96%，生产轴流压缩机 75 台，占行业的 100%。上海鼓风机厂有限公司 2001 年生产离心压缩机 7 台，占行业的 14.3%；2002 年生产离心压缩机 4 台，占行业的 4.8%；2003 年生产离心压缩机 1 台，占行业的 0.96%。

生产离心鼓风机的有沈阳鼓风机(集团)有限公司、陕西鼓风机(集团)有限公司、上海鼓风机厂有限公司、武汉鼓风机厂、四川鼓风机有限责任公司、天津市鼓风机总厂、湖北省风机厂、沈阳市通风机厂、宜兴市华兴特种风机厂等十几个单位，年产量在1 500台左右。2001 年离心鼓风机产值24 596万元，占全部风机产值的 9.24%；2002 年离心鼓风机产值33 647万元，占全部风机产值的 10.22%；2003 年离心鼓风机产值53 734万元，占全部风机产值的 13.36%。

生产罗茨鼓风机的主要有长沙鼓风机厂有限责任公司、天津市鼓风机总厂、山东省汇丰机械集团总公司、四川鼓风机有限责任公司、福建东亚鼓风机股份有限公司、上海鼓风机厂长征分厂、山西鼓风机厂、宁夏银川风机厂、临沂市风机厂、北海鼓风机实业公司等企业，年产量在15 000台左右。2001 年罗茨鼓风机产值23 502万元，占全部风机产值的 8.83%；2002 年罗茨鼓风机产值26 922万元，占全部风机产值的 8.18%；2003 年罗茨鼓风机产值40 598万元，占全部风机产值的 10%。

叶氏鼓风机只有重庆通用工业(集团)有限责任公司和重庆鼓风机厂两个单位生产。

其余大部分企业均以生产离心通风机和轴流通风机及其他风机为主，这部分风机量大面广，年产量在250 000台左右。2001 年通风机产值171 016万元，占全部风机产值的 64.3%；2002 年通风机产值186 584万元，占全部风机产值的 56.7%；2003 年通风机产值176 867万元，占全部风机产值的 44%。

2. 风机产品发展综述

我国风机产品制造技术大体历经三个阶段，第一阶段是 1949～1957 年仿制阶段，主要是仿苏图样，生产制造一般离心和轴流通风机。第二阶段是 1957～1980 年独立设计和行业联合设计阶段，当时以沈阳鼓风机厂、上海鼓风机厂、重庆通用机器厂为代表先后自行设计制造了大型通风机、离心鼓风机、罗茨鼓风机和离心压缩机。从 1962 年开始先后组织三次联合设计，共设计 11 个系列 109 个规格的离心通风机，其中大部分已作为高效节能产品被国家推广。第三阶段是从 1976 年开始的引进技术、消化吸收和创新阶段，这一阶段使我国风机工业发生了深刻变化，产品技术水平有了飞速提高，有很多产品已达到当代国际先进水平，为国家填补了空白。

目前沈阳鼓风机(集团)有限公司生产的离心压缩机和陕西鼓风机(集团)有限公司生产的轴流压缩机已成为我国重大装备项目首选产品。

罗茨鼓风机在 20 世纪 80 年代中期以长沙鼓风机厂为主组织一次行业联合设计，基本上用 L 系列取代老型号罗茨鼓风机。近年来通过引进技术、合资及自行开发等渠道，开发出低噪声三叶罗茨鼓风机，受到用户欢迎。

三、重大技术装备情况

以沈阳鼓风机(集团)有限公司为代表的风机制造业不断发展壮大，担负着为石油、化工、空分、冶金、电力、煤炭、矿山、纺织、环保、地下铁道和隧道及科研等国家重点工程提供配套风机的任务，产品已基本上可以满足我国重大装备配套的需求。年产 30 万 t 合成氨装置配套的空气压缩机、氨冷冻压缩机、天然气压缩机；年产 52 万 t 尿素装置配套的二氧化碳压缩机；年产 70 万 t 乙烯装置配套的裂解气压缩机、丙烯压缩机；年产 500 万 t 炼油装置配套的富气压缩机；48 000m^3/h空分装置配套的空气压缩机；年产 60～80 万 t 炼油催化裂化装置配套轴流压缩机；3 200m^3 高炉用轴流压缩机；300～600MW 电站用轴流风机等都达到了当代国际先进水平。

近三年来，沈阳鼓风机(集团)有限公司凭借着先进的设计制造技术，离心压缩机年产量已跃居世界第六位。同时，企业已具有较强的配套能力，不断成功设计制造出世界只有少数几个发达国家才能制造的离心压缩机组，多项技术填补了国内空白。生产制造的主导产品主要有：

镇海化肥厂荣获国家金质奖的年产 52t 以上尿素装置二氧化碳离心压缩机；

年产 30、45 万 t 以上合成氨装置天然气、氨冷冻和空气压缩机；

年产 120、160、180 万 t 以上加氢装置循环氢压缩机；

年产 350 万 t 以上催化裂化装置富气压缩机；

年产 48～75 万 t 乙烯装置裂解气压缩机、丙烯压缩机；

年产 140 万 t 加氢裂化装置压缩机；

年产 80 万 t 连续重整装置压缩机；

年产 10 万 t 丁基橡胶装置压缩机。

设计制造的国产第一台 4 万 m^3/h 空分装置空气压缩机和高炉尾气回收煤气发电装置压缩机，不仅扭转了国外公司长期垄断我国离心压缩机市场的被动局面，还填补了国内该类压缩机产品的空白。

该企业拥有主导产品 MCL/BCL/PCL、GM、SVK 三个系列压缩机关键设计、制造及检验技术的知识产权。其中：

MCL/BCL/PCL 系列产品是 1976 年以许可证贸易方式，全套引进了意大利新比隆公司的设计、制造技术。近二十年来，企业通过不断创新发展，已更新了其核心技术，为我国石化行业提供了 300 多套该类产品，挡住了包括新比隆公司在内的国外几大压缩机制造厂这类产品向我国的进口，为我国重大技术装备国产化做出了较大贡献。如 1996 年为四川年产 20 万 t 合成氨装置研制的压缩机获国家科技进步三等奖；1998 年为大庆年产 48 万 t 乙烯装置研制的裂解气压缩机、丙烯压缩机获国家重大技术装备重大贡献奖及中石化科技进步一等奖。该系列产品是国家机械工业名牌产品。

GM 系列产品是在 1997 年引进日本川崎公司一个机型(GM45)图样的基础上，自行开发了设计软件，同时在 GM45 的基础上，开发了 GM25、GM35、GM55、GM65 和 GM75 产品，形成了 GM 系列。产品是环保污水处理装置的核心设备，可替代进口和落后的低速鼓风机产品，是国际 20 世纪 90 年代末水平产品。该产品获 2000 年度辽宁省科技进步二等奖。

SVK 系列产品是在 1994 年引进德国德马格公司一个机型(VK8)图样的基础上，自行开发了 SVK4、SVK6、SVK12、SVK20 等产品，结合产品开发了模型级、高效换热器等技术，并进行了系列规划，形成了具有自己知识产权的高技术产品。该产品主要用于石化(空分装置)、动力站及制药、造纸等行业。该系列产品是国家级新产品和国家火炬计划项目，目前已替代进口近 100 台。2001 年在 SVK 系列产品基础上自主开发了具有自己知识产权的第一台 G 型高压组装式离心压缩机 G14，同时在 G14 基础上，开发了 G13、G16～G26 等产品，并进行了系列规划，同时结合产品开发了新的转子装配工艺方法，为我国高压组装离心压缩机的设计、制造探索出了一条新路。

陕西鼓风机(集团)有限公司 2001～2003 年为国家提供了 6 项重大技术装备国产化产品。其中为鞍钢3 200m^3 高炉配套，开发研制了具有全部知识产权的全静叶可调、目前国内最大的高炉煤气能量回收发电装置(TRT)，回收功率最大可达18 000kW，为大连石化 380 万 t/a 催化裂化装置和中国石油兰州石化分公司 350 万 t/a 重油催化裂化装置配套，分别完成了AV90—12和AV90—15轴流压缩机的设计制造，填补了国产大型轴流压缩机的空白，该产品也是目前开发完成的最大轴流压缩机组，轴功率最大达38 265kW。开发了国产首台干式TRT、干湿两用TRT全新产品，广泛用于中、小高炉的余热、余压能量回收，为TRT机组开辟了新的市场领域。该两个项目均被国家经贸委认定为“国家重大技术装备国产化创新研制项目”。为柳州化工公司和陕西渭河煤化工集团有限责任公司的2.8万 m^3/h(标准状态)空分装置研制了RIK100—4等温离心压缩机，将替代进口，填补国内空白。

上海鼓风机厂有限公司为中国秦山核电站二期工程中的一号机组研制生产的600MW电站风机于2001年初顺利实现并网发电，表明我国已经完全拥有了自主设计、自主建造、自主管理、自主运营600MW商用核电站的能力，标志我国核电国产化水平又跨上了一个新台阶。现在已为二期工程中的一号机组、二号机组共提供了各类风机65台，其中属于核级风机20台，非核级风机45台，全部用于核电站关键部位。在中国石化集团启动的国内第一个大型乙烯工程技术改造项目——45万t改66万t装置中的关键机组之一“大型丙烯冷冻压缩机”招标中，由上鼓公司中标。该压缩机由单缸4段6个叶轮组成，进口温度-40℃，总重量62t，在工艺流程过程中要实现“两次补气，一次抽气”的高难度技术，最高压缩比达到17。经过“闭式循环试验”完全达到燕山石化乙烯工程工艺流程的要求。

四、市场开拓情况

加入WTO为我国市场经济带来了新的机遇和挑战，为了能够在激烈的市场竞争中得到生存与发展，风机行业大部分企业及时调整了营销战略，以市场为先导，狠抓技术研发，拓宽产品市场领域，取得了可喜成绩。

沈阳鼓风机(集团)有限公司近三年紧紧抓住国家拉动内需的有利时机，狠抓了技术创新、产品质量、市场营销三个方面的工作，有力地促进了沈鼓稳步发展，使企业工业总产值、工业增加值、新产品品种、新产品产值、销售收入、销售订货额不断创历史最高水平。2002年完成了济钢煤气压缩机、德州大化肥的4万 m^3/h空分空压机、柳州化肥氮压机的设计方案。这些新产品的设计方案和新技术的采用，不仅填补了企业产品的空白，而且对进一步扩展市场，推动企业的发展有着十分重要的意义。进入2003年企业着眼发展、着眼未来，密切关注市场动态，广泛搜集市场信息，稳固老市场，开辟新领域，全方位强化市场开发工作，形成人人抓信息，项项有人管，重大项目领导挂帅的市场开发体系，提高了合同的中标率，订货额、回款额、出口创汇额等指标呈跨越式增长。在签订的合同中，出口印度的离心压缩机打开了东南亚市场的大门；10万t甲醇装置用合成气压缩机填补了企业空白；4.8万 m^3/h空分装置空压机中标再创历史“第一”；高炉用离心压缩机进入冶金领域；军工用10台离心压缩机全部中标。新的市场开创了企业发展的新局面。

陕西鼓风机(集团)有限公司为河南安阳永兴钢铁公司450m^3高炉配套，开发研制了同轴“三合一”机组，首次将高炉煤气能量回收发电装置与轴流压缩机联合使用，在国际上开创了“三合一”机组在冶金行业应用的先例。为云南云丰化肥厂10万t/a硝酸装置开发完成了“四合一”机组(硝酸尾气透平+空气压缩机+氧化氮压机+蒸汽轮机)，满足了化肥工业硝酸装置对风机和尾气回收透平机的需求。近几年，为进一步适应发酵装置大型化的要求，经过充分论证，将具有世界先进水平的瑞士苏尔寿公司轴流压缩机(引进技术经过消化吸收，移植创新、国产化产品)，推广应用于发酵行业，先后为内蒙古金河集团、宁夏启元药业等发酵生产企业提供轴流压缩机16台(套)。轴流压缩机在发酵领域的成功应用，为发酵生产装置又一次带来了新的革命。2003年经深入探索和实践“陕鼓模式”营销战略，积极推进专业化销售，加强工程成套和市场营销相结合，稳固主导市场，拓展细分市场，开发全新市场，进军全新领域，全年集团公司实现订货32.4亿元，同比增长136%；完成123台套轴流压缩机和26台TRT机组订货，两项指标均开创企业历史新纪录。

上海鼓风机厂有限公司充分调动广大技术人员和员工的积极性，较好地完成了国家和上海市重点工程项目的风机配套任务，其中有国内最大的烧结风机(叶轮直径4m)、最大的矿井风机(叶轮直径3.75m)、核电快堆风机(转速高达12 000r/min)、燕山、金山大型乙烯改造项目的压缩机、德州600MW电厂风机、鞍钢大型烧结风机等。2003年通过开拓过去未涉足或涉足不深的技术领域，开发了电站行业的子午加速静调风机、脱硫风机；冶金行业的烧结风机、焦炉煤气高速多级鼓风机；化工行业的冷气风机等。全年共完成设计任务151项，其中唐山脱硫风机为国内最大规格，叶轮直径达4m。

武汉鼓风机厂在消化吸收三菱离心风机和动叶可调轴流风机的基础上，开发设计了AL、AH系列，电站轴流风机、流化床系列，鼓风机D系列，煤粉、高温风机等新产品(含改型产品)120多种，及时地为生产一线提供了产品设计图样和工艺文件；积极改变思路，在保证技术可靠性的前提下，结合市场实际，降低设计成本，将三菱技术AL—R193DW和GW—R185SW等双支撑离心风机产品的整体轴改为分体轴，在一些国内的模型产品改型设计中，将圆弧形进风口、叶轮前盘改为锥筒或拼接式。这不仅兼顾了各类产品的通用性，而且大大降低了轴的锻造成本以及各种模具的制造成本，缩短了制造周期；在新材料的选用上，通过对技术、焊接工艺的评定，使产品选用材料，采购面更广、更优化，设计成本也随之不断降低。还完成了TJF射流风机模型级的制造和性能试验工作；开发了D1670—11转炉煤气鼓风机，该风机流量大、压力高，对密封要求严，且技术含量大，附加值高，填补了企业同类产品的空白。完成了为广州恒运电厂、云南宣威电厂、石家庄电厂改造工程和益阳电厂一、二期工程的风机配套以及宝钢450m^2大型烧结用风机转子国产化任务。

沈阳铁扇风机制造有限责任公司在企业改制过程中坚持面向市场，不断开发新产品和非标产品，完成了Y4—2×73 №24.8F双吸双支撑引风机、SFYX75—1、220—1、

SFGX75—1、220—1系列循环流化床风机、2K58大机号矿井轴流风机等50多个机号通风机产品的设计任务，KDB60—6 №18型矿井对旋轴流风机获得了生产许可证。

天津市通风机厂开拓西部市场，支援青藏铁路。青藏铁路全长1 118km，是目前全世界海拔最高的铁路，其中格尔木至拉萨段，海拔在4 000m以上的有965km。风火山隧道海拔4 902m，高寒地冻，空气稀薄，供氧不足，对在隧道施工中有着重要作用的通风机提出了非常严格的要求。国内外尚无适用于高原特殊气候的风机产品，针对这种情况研制成功了高原隧道施工风机，一举中标世界第一高原隧道——风火山隧道，并一次性试车成功。

福建东亚鼓风机股份有限公司2002年不断开发新产品，实施企业信息化工程，全年完成19种新产品的设计工作，其中17种已交付生产。重点开发的FSL型三叶罗茨鼓风机和FSD型射流隧道通风机，以国内领先的技术水平顺利通过省级技术鉴定，实现了公司新产品开发的新突破。

营口市鼓风机厂为治理地区的重烧镁砂竖窑熔炼产生的烟尘对大气造成的污染，在2001年研制的治理设备的基础上，通过多方位的调查和对重烧镁砂竖窑产生的烟尘的化学成分和含量的分析经进一步的精心研制、设计，试制出两套SXGX高效双旋风除尘系统设备，设备安装在重烧镁砂竖窑上试运行，经过省技术监督院检测，除尘效果良好，各项指标均达到标准要求，获得营口市科技二等奖。2003年经过专家评定，认为SXGX型高效双旋除尘器不仅可有效地收集粉尘和有害气体，而且具有工况稳定、操作维护简单等优点，可广泛应用于重烧镁砂窑的烟尘治理和冶金建材行业，应用前景广阔。它的推广应用必将取得显著的经济效益、环境效益和社会效益。该项目2003年获得辽宁省优秀新产品一等奖。

安徽安风风机有限公司以技术进步为依托，每年以50万元以上的投入作为新产品开发费用，大力开发新产品，两年来先后独立开发40多种新产品投放市场，给企业带来了可观的经济效益和社会效益。其中2002年为山西太原第一热电厂烟气脱硫环保治理工程设计的烟气脱硫专用风机，以高质量的设计方案一举中标，并一次交验合格。马鞍山长江钢厂新上大型烧结生产线，急需大型烧结风机，公司再次发挥自己的技术开发优势，通过精心设计，同样以高质量的设计方案和极具竞争力的价格中标。为开拓西部风机市场，为内蒙古包头钢铁股份有限公司研制成功D500—11型单吸双支撑结构煤气加压鼓风机，填补了省内空白。

德州巨龙风机有限公司不断开发新产品，完善老产品，在产品设计开发上投入大量的人力、物力，先后开发设计7个系列20多个规格的暖风机、诱导风机、喷雾风机、管道风机等产品。对排烟、斜流、混流风机进行了改进，且都已实现批量生产，取得了良好的经济效益。

沈阳人民风机厂在新产品开发上，完善了军品风机系列开发，产品由水下艇发展到水面艇风机，后者已成为企业今后重要的经济增长点。除此之外，还开发了罗茨鼓风机、煤气加压风机、消防排烟风机、非标离心通风机等产品，开拓了新的市场。

浙江兴益风机电器有限公司不断引进国内外先进技术，产品由小型到大中型，由单一化向多样化发展。2001年开发的钢厂烧结风机是由德国进口的№28L轴流风机转子组，叶片是由中碳钢锻压成形，价格昂贵，一台转子组需90万元。经公司改造过的叶片采用铸钢铸成，一台转子组才19.6万元，并且提高了使用寿命，每年为用户节约数万元。2003年开发的322D3BB24№32大型转子组在浙江大型水电站一举中标，同年开发的水泥窑风机在同行业竞争投标中也屡屡中标，反映出兴益公司具有开发独特产品、发展独特技术和开拓独特营销的能力。

五、改革情况

2001~2003年的三年中，风机行业在企业体制改革、转换经营机制方面取得新的进展，并向纵深发展。通过改制，企业的精神面貌和企业形象有了明显改观，文化素质有了明显提高。

沈阳鼓风机(集团)有限公司完成了机构重组、资产划分、财务管理等工作。运输公司、自控公司、宾馆等各独立部门的改制方案已经形成；锅炉房、水泵房等已经移交社会；与美国GE公司部分合资的"沈阳通用电器透平机械技术有限股份公司"正式签约。在机构重组的基础上，优化员工队伍，完成了定岗定员和减员工作。同时加大了清理和规范劳动关系的力度，对部分人员实施并轨和解除劳动合同。通过深化企业内部改革，推动了企业的进步与发展，进一步提高了企业现代化管理水平。通过全面推广ERP管理系统，加快了企业信息化工程的步伐，扩大了计算机管理在全厂管理工作中的覆盖率，实现了办公自动化并逐步走向无纸化办公。充分利用工厂光缆资源，完成了设计部、研发部、进出口部、制造部、财务部、采购部等管理部门关键设备、链路的升级、网络的扩容。通过车间管理系统的推广试点运行，实现了工人刷卡领任务、刷卡报工时，为全面实行车间层信息化工程起到了示范作用。完成了生产制造系统的生产动态监控工程，为进一步科学指挥生产创造了有利条件；完成了车间、班组统计系统的开发；实现了外锻件数据前处理软件系统的开发与应用；开发了计划管理系统；完成了结算系统的开发应用，促进了全厂自动化办公的进一步提高。进入2003年以来，企业在深化改革上又向前迈进了一大步。根据与华融资产管理公司签订的债转股协议，沈鼓厂整体转制为沈阳鼓风机(集团)有限公司。在企业整体改制的同时，以剥离非经营性资产为重点，本着"员工转变身份，资产退出国有，产权实行多元化"的原则，对辅助部门进行了改制。自动控制系统工程公司、运输公司、实业公司改制均已完成，组建和设立了沈阳鼓风机机电设备进出口有限公司、沈阳鼓风机通风设备配套有限公司、沈阳鼓风机通风设备木型有限公司等。

陕西鼓风机(集团)有限公司2002年以总体规划、分步实施的原则，对企业内部组织机构进行了较大范围、多层次的调整，减少了6个处级部门。完成了集团财务管理体制改革，建立了高效、便捷、规范的新型化财务管理模式；组建了合同管理中心，规范经营总体协调运作；初步完成了公司人力资源管理改革，整合成立人力资源部，全年组织竞聘 23 次，涉及 21 个部门 134 个岗位，参加竞聘人数 312 人次，有 136 人通过竞聘走上新的岗位。在生产管理过程中，积极探索和改进生产组织管理模式，确立了以块为主、条块结合的调控模式，强化生产宏观管理，提高了生产管理水平，有效地保障了全年生产任务的完成。2003 年结合企业战略规划和形势发展需要，优化内部组织机构，进一步理顺部门职能，全年共撤消部门 11 个，重新组建 8 个部门，173 名员工通过公开竞聘走上适合自己的新岗位，通过运行情况检查，效果良好。根据国家、省、市要求，国企产权制度改革势在必行，陕鼓已被省、市列为首批 60 个改革企业之一，并且提出了明确的工作要求，目前这项工作正在积极稳妥地推进。

上海鼓风机厂有限公司在强化企业管理方面，从推进改革的角度，进行了专题调研和方案设计，包括“资金运作专题”、“车间成本中心专题”、“市场产品发展专题”、“管理制度完善化专题”、“信息化与压缩机专题”、“退出机制与稳定专题”、“干部考评考核激励专题”、“三产后勤改革专题”等课题，都组织了力量逐项逐步落实，并制定了有关管理制度，进行督促检查，对严重违纪者给予经济处罚。

武汉鼓风机厂围绕企业结构问题、机制问题、管理问题和稳定问题，积极探索改革新路，以产权多元化改造企业，加大企业改革力度、加快机制转换。在原有的改制框架上构架新模式，作为开发区利用高新技术改造传统产业的试点，高科集团与奥兴公司投资共同筹建武汉高科鼓风机制造有限公司，全面负责武汉鼓风机厂的生产经营活动。通过进行改制调研，修订了《武汉鼓风机厂建立现代企业制度改制方案》，提出了工厂改制分流步骤和人员分流方案，精干了主业，推进了子公司改制的进程，退出国有，逐步建立健全规范的法人治理结构。2003 年在武汉高科国有控股集团有限公司直接指导下，武汉鼓风机厂确立了“企业全员买断，工厂整体搬迁”的重组思路，组建了新的公司。

沈阳鼓风机厂在上级政府部门的支持下，大胆改革，转换经营机制，在很短时间内成立了沈阳铁扇风机制造有限责任公司，并在各项管理工作中，加大了管理和改革的力度。根据公司方针和目标，制定营销政策；科技人员面向市场，参与销售技术洽谈；比质比价采购，严格控制成本；进行岗位培训提高员工生产技能和个人素质；制定新的分配方案，增加员工收入；加大经济责任制的考核力度，出色地完成了上级下达的各项经济技术指标。

四平鼓风机厂坚持以改革为动力，2003 年加大了改革力度，经市政府工业经济领导小组批准，顺利完成了法人股转让及国有股退出，从而使企业体制发生了重大变革。企业由原来的国有股、法人股、职工及自然人持股的股权结构，转变为以内部职工持股为主导与社会自然人持股相结合的民营股份经济体制。随着民营体制的确立，在干部选拔任用、劳动用工和分配制度上也进行了大胆改革，形成了激励机制，促进了劳动效率的提高，同时对企业今后持续、健康、稳定地发展必将产生深远的影响。

天津市鼓风机总厂以调整促改革，以改革促发展，取得了显著成效。自 2001 年 8 月组建罗尔茨鼓风机有限公司以来，按照《公司法》规范运作，通过企业资源重组和优化配置，着力解决了企业在产品开发、设备更新投资不足的问题；新的运行机制使罗尔茨公司走上了较为良性的发展轨道。2002 年 7 月罗尔茨鼓风机有限公司又与有关公司共同投资组建了天津市天鼓机械制造有限公司，对罗尔茨鼓风机有限公司向新产品、新领域发展，将会起到积极作用。

山东省汇丰机械集团总公司按照“科学管理，增创效益”的管理方针，强化基础管理，完善管理体制，提高科学管理水平，及时解决了管理工作中出现的各类问题，走出了一条“管理科学、制度完善”的创新之路，并积极向“管理型企业”迈进。总公司和各子公司在技术管理、生产管理、销售管理、设备管理、物资管理、财务管理、人事管理、现代化 ERP 网络管理等方面相继制定了一系列管理规定，推动了各项工作的有序开展。

福建东亚鼓风机股份有限公司调整总体考核方案，逐步改变管理机制。第一、为确保和加快资金回笼，把资金回笼作为统一的考核指标，各管理职能部门的工作业绩均同公司总体资金回款额挂钩，建立与市场营销效益直接相关的机制。第二、建立分级管理体系，实行分厂二级成本核算。第三、设备归制造部集中管理。第四、改革营销机制，建立销售分公司，把公司与营销部门的发包承包关系调整为卖方和买方的关系，提高了营销部门的压力和动力。

浙江上风实业股份有限公司自 1993 年组建，尔后又成立了 7 个控股子公司，其中为引进先进技术与国外合资的有 5 个，为成套化需要收购兼并了 2 个，形成了专业化生产格局。总公司重点以科研开发、成套化、工程化、销售服务为主，子公司技术由总公司提供，凡子公司生产的各类产品由总公司成套销售，做到公司内部不重复投入厂房、设备，不重复科技投入，不重复生产产品。在下属企业中，以产品的品种、规格、零部件和成套装备分工，组织专业化生产和集约化经营。通过成套化供货，拓展了市场领域，进一步提高了市场竞争能力，扩大了市场占有率。同时通过企业体制结构的调整，在企业内部形成了目标激励机制和人才竞争机制，采取合理的劳动分配制度、重大奖励政策，以及鼓励科技、管理人员入股等，极大地激发了科技人员和全体员工的劳动积极性，使企业保持了旺盛的活力。

六、产品科研成果

2001 ~ 2003 年风机行业坚持以市场为导向，大力推进技术创新，调整产品结构，积极开发新产品，加快了企业的科技进步。共研制完成新产品1 481种34 616台，获市级以上科技成果奖 89 项。其中：2001 年研制完成新产品 359 种8 744 台，新产品产值近75 400万元，获市级以上科技成果奖 31 项。2002 年研制完成新产品 635 种12 743台，新产品产值 112 495万元，获市级以上科技成果奖 30 项。2003 年研制完成新产品 487 种13 129台，新产品产值205 831万元，获市级以上科技成果奖 28 项。

沈阳鼓风机（集团）有限公司三年来认真贯彻“以人为

本,规范管理,降低成本,创造效益”的企业方针,紧紧抓住科研项目和新产品开发工作,通过实行《技术创新项目奖励管理规定》、《评选优秀科技人员实施方案》等有关政策,充分调动全体科技人员的工作积极性和创造性,有力地促进了科研与新产品开发工作。2001 年共研制新产品 81 种 132 台,新产品产值达到31 323万元,比上年增长 22.8%,新产品产值率达到 64.3%。完成 7 项产学研项目和 45 项科研攻关项目,新产品品种、产量、产值、产值率和高新技术产值、产值率均创历史最高水平。同时获得“九五”国家重大科技攻关奖,国家级新产品奖等市级以上科技奖励 18 项。其中为大庆研制的大型乙烯裂解气和丙烯压缩机获“九五”国家重大科技成果奖和中石化科技进步一等奖,加氢装置配套用 BCL 循环氢离心压缩机获“九五”国家技术创新优秀新产品奖,SVK12—3 组装式离心压缩机获国家技术创新优秀项目奖。2002 年沈阳鼓风机(集团)有限公司完善科研体制,坚定不移地抓技术创新,加大新产品开发力度,从政策、人力、财力等多方面入手,保证了科研和新产品开发工作的顺利进行。实施《沈鼓技术特区津贴实施办法》,鼓励和调动工程技术人员的积极性和创造性,促进了企业的技术创新和新产品开发;挑选优秀技术人才,组建研发部,加快市场急需的新技术、新产品、新工艺、新材料的开发步伐,在大连理工大学、西安交通大学建立了两个技术分中心。2002 年与国家、省、市有关部门签订重大科研项目 12 项,获国家重点新产品奖、国家火炬计划重点高新技术企业奖、辽宁省科技进步奖、沈阳市科技振兴奖等 17 项。完成 KYXP07—2001《SVK 型组装式压缩机系列化》等 5 个项目的研发工作;研制新产品 127 种 212 台,新产品产值达到42 529万元,新产品产值率达到 67.4%。特别是完成了技术要求难度很大的济钢煤气压缩机、德州大化肥的 4 万 m^3/h 空分空压机、柳州化肥氮压机的设计方案。这些新产品的设计方案和新技术的采用,不仅填补了企业产品的空白,而且对进一步扩展市场,推动企业的发展有着十分重要的意义。2003 年集团公司从现实和长远的发展需要出发,制定了市场发展战略决策,颁布了“超越领先,创造未来”的科技创新战略理念,加快了新产品、新技术、新材料、新工艺的研制与开发进程。全年完成创新项目 96 项,其数量和质量达到历史之最,荣获国家、省、市科技进步奖 9 项,有 3 项申报了专利。

陕西鼓风机(集团)有限公司 2001 年集中科技骨干力量进行新产品、新领域开发和科技攻关,完成轴流 + 混流级或离心级的复合式压缩机、轴流压缩机在污水处理领域应用的方案设计及等温压缩机工艺方案。与西安交通大学合作开发成功硝酸尾气透平设计计算软件,并在山西平安“三合一”机组上试用;与中科院合作开发成功利用离心鼓、压风机基本级模化设计软件,实现了独立设计产品;完成了压缩机控制仿真系统开发,并开始进行 TRT 余压回收透平“三化”工作。应用三元流技术开发设计新产品、改造老产品,对 D 系列产品改造了 18 种,B、E、C 系列风机改造了 4 种,完成了烧结风机全系列改造。2002 年继续以市场需求为导向,大力开发新产品、新技术,完善和发展了干式 TRT 设计技术;开发研制了具有同轴系结合形式的“三合一”机组,在国际范围内首次将轴流压缩机和 TRT 联合应用于冶金领域;较好地完成了大连 AV90、兰炼 AV90—15、AV80—13 等大型轴流压缩机设计开发工作和目前国产最大的鞍钢3 200m^3高炉 TRT 机组研制设计任务,提高了 TRT 三化水平。在新产品开发和老产品改造工作中,应用三元流技术对烧结风机及其他系列老产品共改造 90 项。大力开发与应用新工艺、新材料,开展科研试验,完成了 SC460、13NiCrMoV 等新材料的工艺试验研究和应用工作。加快 CIMS 工程实施进度,按照 CIMS 工程总体规划和目标,逐步完善了一些部门的硬件设备和软件管理系统,加快了各专业管理系统软件的开发步伐。

上海鼓风机厂有限公司 2001 年为中国秦山核电站二期工程中的一号机组研制生产的 600MW 电站风机已于 2001 年初顺利实现并网发电。全年还设计完成轴流风机产品 33 种,离心风机产品 85 种。2002 年充分调动广大技术人员的积极性,全面完成新产品开发计划,其中有国内最大的烧结风机(叶轮直径 4m)、最大的矿井风机(叶轮直径 3.75m)以及核电快堆风机(转速高达每分钟12 000转)。完成了子午加速风机节约成本的设计方案,对不同钢板的焊接进行了试验,以实现在叶轮上采用不同钢板组合,对钢叶片喷涂焊粉的定额进行了改进,降低了成本。另外实施了空心轴代替实心轴的降成本项目,对部分叶轮进口圈采用压模工艺成形替代锻件等,共节约成本 100 万元。

武汉鼓风机厂克服技术投入不足、技术人员外流严重的种种困难,加强产品创新工作,强化开发成本管理,努力简化工艺降低成本。在消化吸收三菱离心风机和动叶可调轴流风机的基础上,2002 年全年开发设计 AL、AH 系列,电站轴流风机、流化床系列,鼓风机 D 系列,煤粉、高温风机等新产品(含改型产品)120 多种,及时地为生产一线提供了产品设计图样和工艺文件;积极改变思路,在保证技术可靠性的前提下,结合市场实际,降低设计成本,将三菱技术 AL—R193DW 和 GW—R185SW 等双支撑离心风机产品的整体轴改为分体轴,在一些国内的模型产品改型设计中,将圆弧形风口、叶轮前盘改为锥筒或拼接式。这不仅兼顾了各类产品的通用性,而且大大降低了轴的锻造成本以及各种模具的制造成本,缩短了制造周期;在新材料的选用上,通过对技术、焊接工艺的评定,使产品选用材料,采购面更广、更优化,设计成本也随之不断降低。全年还完成了 TJF 射流风机模型级的制造和性能试验工作;开发了 D1670—11 转炉煤气鼓风机,该风机流量大、压力高,对密封要求严,且技术含量大,附加值高,填补了企业同类产品的空白。

天津市鼓风机总厂以技术创新为主题,对产品结构进行调整,以罗茨鼓风机,离心鼓,引风机,高压泵三类产品为主导,提高产品的技术含量,增强产品的竞争力。为适应市场需求,扩展经营空间,2001 年完成非标设计 142 项,其中包括 D 系列多级离心鼓风机、SDJ—90—4P 射流风机、MJLS 三叶密集型罗茨鼓风机、SLNV250d 罗茨真空泵、5 种规格循环硫化床风机、15 种规格其他用途离心通风机等新产品。同时完成了应用逆流降噪技术的 MJLS125a、250b 样机的设计与试制，DZF 系列大型号轴流通风机的设计工作，使之成为完整的产品系列。

浙江上风实业股份有限公司在新产品开发方面取得突破性进展，成功开发出列入浙江省重大科技攻关项目和高新技术产业项目的 DTF(R.H.V.S)地铁轴流风机、SDS 隧道专用轴流风机。产品在市场上获得高度信誉。该风机应用正反转切换装置、轴流风机防喘振环、动叶可调液压系统、ZL116 铝新材料，以及从日本进口的数控镗铣加工中心加工轮毂新工艺等等基础理论技术和实用新型技术，攻克了风机的技术难关。约克公司、麦克威尔、凉宇公司等企业热泵机组配套的轴流风机的成功开发为进一步扩大风机市场打下了基础，特别是在地铁隧道、上海打浦路隧道、高速公路隧道、深圳地铁工程、新加坡地铁工程、供 ABB 的香港地铁工程等风机招标中，中标成功。

沈阳铁扇风机制造有限责任公司深入市场和用户调查，经过不懈努力，2001 年设计开发了 19 种新产品和非标产品，其中 5 种已投入生产，实现新产品产值 128 万元。Y4—73—12№30F 电站锅炉引风机出口越南电厂；Y4—73—12№27.6F 锅炉鼓风机、SFYX130—11 №24F、SFYX220—11 №23F 循环硫化床锅炉引风机分别提供给用户，运行效果良好，受到用户称赞。同时还设计了我国第一台 410t 循环流化床锅炉引风机图样，填补了国内空白，并一举中标。2002 年在企业改制过程中坚持面向市场，不断开发新产品和非标产品，完成了 Y4—2 × 73 №24.8F 双吸双支撑引风机、SFYX75—1、220—1、SFGX75—1、220—1 系列循环流化床风机、2K58 大机号矿井轴流风机等 50 多个机号通风机产品的设计任务，KDB60—6№18 型矿井对旋轴流风机获得了生产许可证。

沈阳人民风机厂认真贯彻企业方针，2001 年研制开发了 5 项新产品，其中设计完成 XSTG 低噪声混流风机 6 种机号；完成箱式高温排烟风机 25 台；设计 RZA 低噪声动叶可调轴流风机 3 种机号；优化粮食风机设计及改进 2 个机号，改进粮食轴流风机的设计及工装工艺，由原来的焊接件改为一体结构，进行翻边、压制集风器，省工省料，降低成本，且提高了产品的外观质量。同时积极抢抓市场机遇，充分发挥自身优势，承担核潜艇风机的试制任务，在全体技术人员的共同努力下，完成了军品风机 16 台，风机叶轮 48 个，经过 80 多台次的风机性能测试，主要性能指标达到设计要求，风机噪声降到了 75 分贝以下。2002 年完善了军品风机系列开发，产品由水下艇发展到水面艇风机，后者已成为企业今后重要的经济增长点。除此之外，还开发了罗茨鼓风机、煤气加压风机、消防排烟风机、非标离心通风机等产品，开拓了新的市场。

四平鼓风机厂从提高市场竞争能力出发，不断实施技术改造和技术创新，一是加快新产品开发工作，根据市场需求，在对老产品进行改造，实现系列化的同时，完成了煤气鼓风机省级鉴定。二是加强新技术、新工艺、新材料的推广应用，先后进行了富氩气体保护焊、HG70、HG785 钢、耐磨陶瓷贴片、WER70 焊丝、超音速火焰喷涂等技术和材料的试验和推广，进一步提高了产品质量和生产效率。

福建东亚鼓风机股份有限公司 2001 年完成新产品设计 27 种，生产试制 21 种。在开发的新产品中，隧道射流通风机、三叶罗茨鼓风机、防火阀等新产品列为福州市 2001 年第一批新产品开发之首，并上报为省重点开发项目。已通过省级技术鉴定的消防风机、混流风机同时通过评审，被评为市技术进步三等奖和优秀新产品三等奖。2002 年不断开发新产品，实施企业信息化工程，全年完成 19 种新产品的设计工作，其中 17 种已交付生产。重点开发的 FSL 型三叶罗茨鼓风机和 FSD 型射流隧道通风机，以国内领先的技术水平顺利通过省级技术鉴定，实现了公司新产品开发的新突破。

四川鼓风机有限责任公司依据国家产业结构的调整和用户对产品的需求的变化，及时调整产品开发方向，2001 年成功地开发出 3R4WD、3R5W(L)D、3R6WD 3 个系列 11 个规格的三叶式高效、低噪声罗茨鼓风机，投放市场深受用户欢迎。另外完成了 C20、C40、C100 多级低速离心鼓风机、D103 多级高速离心鼓风机、R6—2 × 29№19F、W6—2 × 29№19.5F 双吸离心通风机、BF9—19№4D 特殊专用风机的研制工作。2002 年坚持以科技为先导，质量为重点的产品开发思路，全年完成 23 项新产品开发任务，特别是成功完成省重点科技创新项目 C 系列离心鼓风机的开发任务，并通过了省级鉴定。2003 年又相继完成了第二代三叶罗茨鼓风机改型设计、变型罗茨风机设计、L8、L9 煤气罗茨鼓风机开发、全系列罗茨鼓风机隔声罩设计、密集罗茨鼓风机定型设计、L6 立、卧式产品互换性设计、罗茨鼓风机配套产品(消声器、空气滤清器、逆止阀)等开发设计工作。在离心风机方面，完成了循环硫化床锅炉风机、点火增压风机、播煤增压风机、煤粉锅炉风机、高炉助燃风机、烧结风机、高温风机及高温防腐风机等 30 多项新产品的开发任务，为企业抢占市场提供了先机。信息化技术应用取得突出成果，被四川省列为“制造业信息化工程示范应用”单位。3R 系列罗茨鼓风机获市科技进步一等奖，中国机械工业科学技术三等奖。

安徽省庐江安风风机有限公司以技术进步为依托，每年以 50 万元以上的投入作为新产品开发费用，大力开发新产品，两年来先后独立开发 40 多种新产品投放市场，给企业带来了可观的经济效益和社会效益。其中 2002 年为山西太原第一热电厂烟气脱硫环保治理工程设计的烟气脱硫专用风机，以高质量的设计方案一举中标，并一次交验合格。马鞍山长江钢厂新上大型烧结生产线，急需大型烧结风机，公司再次发挥自己的技术开发优势，通过精心设计，同样以高质量的设计方案和极具竞争力的价格中标。为开拓西部风机市场，为内蒙古包头钢铁股份有限公司研制成功 D500—11 型单吸双支撑结构煤气加压鼓风机，填补了省内空白。

石家庄市风机厂有限责任公司设计开发了 35 ~ 75t/h 循环硫化床风机、DWT35 系列屋顶风机、D500 离心鼓风机、SJ1100 ~ 2300 离心鼓风机，ZFT 系列完全正反风轴流风机、风机调节门已申报国家实用新型专利。

广州风机厂在易地改造过程中坚持正常生产，并设计开发了KT系列空调专用风机、XKT系列消防排烟风机及印刷专用风机等新产品，取得了一定的经济效益。

甘肃省靖远通风机厂在新产品开发上打破了以往旧的传统模式，确立了以用户要什么品种型号的产品，就开发什么项目的指导思想，紧紧围绕市场需求进行开发，扩大和巩固了市场，为企业带来了良好的经济效益。2001年当年计划开发5种新产品，实际完成27种。如Y30—11砖窑轴流引风机、W9—28高温风机、M9—18煤粉风机、XQIS斜槽辅送风机、4—69蔬菜脱水专用风机、XLN移动冷却轴流通风机、200SIBB24C轴流通风机、冶炼高温风机等。根据用户需求和对产品运行过程的跟踪分析，对4—72离心通风机部分机号进行改型，增强了产品的适用性能；对GG15—13、GG10—13及GY15—13、GY10—13等产品通过改造设计，优化了产品的匹配性能。

长沙华南风机制造总厂以科技为先，把握发展方向，根据市场用户的需求开发科技含量高、结构新颖的产品，开发了XGPF—8BL立式斜流排烟风机、XSF低噪声轴流风机、FGD—I系列方接口低噪声外转子离心风机及HZF—I专用风机等。

青岛风机厂研制的JCDL—S系列舰船用低噪声离心通风机，已通过海军装备部鉴定，年产200台。

德州巨龙风机有限公司在产品设计开发上投入大量的人力、物力，不断开发新产品，完善老产品，先后开发设计了7个系列20多个规格的暖风机、诱导风机、喷雾风机、管道风机等产品；改进了排烟、斜流、混流风机，产品都已实现批量生产，并取得了良好的经济效益。

七、产品质量

据2001年度风机行业协会统计数据，行业机械加工综合废品率为1%，比上年下降0.42个百分点；铸铁件综合废品率为7.07%；成品装配一次合格率为98.3%；产品主要零部件主要项目抽查合格率为98%，比上年提高2.4%。据不完全统计，行业质量故障损失率为0.72%；内部质量损失率为0.14%；外部质量损失率为0.35%；优等品产值率15.91%；一等品产值率为32.55%；合格品产值率为49.89%。

据2002年度统计数据，行业机械加工综合废品率为2.25%；铸铁件综合废品率为9.89%；成品装配一次合格率为98.57%；产品主要零部件主要项目抽查合格率为98.31%；质量故障损失率为0.9%；内部质量损失率为0.13%；外部质量损失率为0.36%；优等品产值率为6.76%；一等品产值率为45.12%；合格品产值率为47.56%。

据2003年度统计数据，行业机械加工综合废品率为1.0%；铸铁件综合废品率为7.5%；成品装配一次合格率为97.5%；产品主要零部件主要项目抽查一等品率为99%。

八、骨干重点企业概况

风机协会骨干企业6个：沈阳鼓风机（集团）有限公司、陕西鼓风机（集团）有限公司、上海鼓风机厂有限公司、武汉鼓风机厂、重庆通用工业（集团）有限责任公司、长沙鼓风机厂有限责任公司。

重点企业6个：沈阳铁扇风机制造有限责任公司、四平鼓风机厂、天津市鼓风机总厂、石家庄市风机厂有限责任公司、江苏大通风机股份有限公司、山东省汇丰机械集团总公司。

2001～2003年12个骨干重点企业在体制改革、技术发展、经营理念、经济效益等各方面都得到快速发展，工业总产值、工业销售产值、工业增加值、销售收入（见表5～表8）都有很大提高。

表5　2001～2003年骨干重点企业工业总产值

序号	企业名称	工业总产值（当年价）（万元）		
		2001年	2002年	2003年
1	沈阳鼓风机（集团）有限公司	49 056	63 103	86 228
2	陕西鼓风机（集团）有限公司	40 880	70 823	130 978
3	上海鼓风机厂有限公司	25 811	26 674	37 625
4	武汉鼓风机厂	8 868	8 423	7 812
5	重庆通用工业（集团）有限责任公司	12 533	40 260	41 866
6	长沙鼓风机厂有限责任公司	7 714	8 381	12 884
7	沈阳铁扇风机制造有限责任公司	2 810	2 503	3 576
8	四平鼓风机厂	7 109	13 521	19 921
9	天津市鼓风机总厂	4 801	6 579	9 235
10	石家庄市风机厂有限责任公司	2 237	2 211	2 285
11	江苏大通风机股份有限公司	3 908	3 824	6 860
12	山东省汇丰机械集团总公司	13 250	18 293	25 874

表6　2001～2003年骨干重点企业工业销售产值

序号	企业名称	工业销售产值（万元）		
		2001年	2002年	2003年
1	沈阳鼓风机（集团）有限公司	40 670	59 026	66 545
2	陕西鼓风机（集团）有限公司	36 562	61 512	122 984
3	上海鼓风机厂有限公司	18 007	19 503	30 024
4	武汉鼓风机厂	8 011	7 223	7 163

（续）

序号	企 业 名 称	工业销售产值(万元)		
		2001 年	2002 年	2003 年
5	重庆通用工业(集团)有限责任公司	10 647	33 608	38 015
6	长沙鼓风机厂有限责任公司	7 790	8 748	11 511
7	沈阳铁扇风机制造有限责任公司	2 220	2 033	2 984
8	四平鼓风机厂	5 890	11 442	16 933
9	天津市鼓风机总厂	4 841	6 887	8 754
10	石家庄市风机厂有限责任公司	1 789	1 916	2 540
11	江苏大通风机股份有限公司	4 637	4 573	7 000
12	山东省汇丰机械集团总公司	12 954	18 050	24 768

表 7　2001～2003 年骨干重点企业工业增加值

序号	企 业 名 称	工业增加值(万元)		
		2001 年	2002 年	2003 年
1	沈阳鼓风机(集团)有限公司	11 349	14 581	19 139
2	陕西鼓风机(集团)有限公司	11 954	21 915	56 205
3	上海鼓风机厂有限公司	5 265	5 524	9 650
4	武汉鼓风机厂	2 455	2 516	2 242
5	重庆通用工业(集团)有限责任公司	2 243	8 753	12 489
6	长沙鼓风机厂有限责任公司	3 340	3 156	4 445
7	沈阳铁扇风机制造有限责任公司	750	623	930
8	四平鼓风机厂	3 100	4 913	6 649
9	天津市鼓风机总厂	2 115	3 531	2 219
10	石家庄市风机厂有限责任公司	1 108	1 197	794
11	江苏大通风机股份有限公司	1 119	1 523	1 463
12	山东省汇丰机械集团总公司	4 136	5 446	7 500

表 8　2001～2003 年骨干重点企业销售收入

序号	企 业 名 称	销售收入(万元)		
		2001 年	2002 年	2003 年
1	沈阳鼓风机(集团)有限公司	41 702	53 515	68 858
2	陕西鼓风机(集团)有限公司	40 986	59 119	120 862
3	上海鼓风机厂有限公司	18 014	19 512	30 033
4	武汉鼓风机厂	7 886	7 718	7 106
5	重庆通用工业(集团)有限责任公司	10 388	32 895	38 780
6	长沙鼓风机厂有限责任公司	8 226	8 946	11 859
7	沈阳铁扇风机制造有限责任公司	1 706	1 862	2 780
8	四平鼓风机厂	8 033	12 248	17 063
9	天津市鼓风机总厂	5 122	7 178	9 142
10	石家庄市风机厂有限责任公司	2 371	1 786	2 397
11	江苏大通风机股份有限公司	4 394	4 753	7 065
12	山东省汇丰机械集团总公司	12 667	16 880	23 855

〔撰稿人：中国通用机械工业协会风机分会郭绍华〕

阀　门

一、生产经营状况

2001 年阀门制造业（以下简称全行业）规模以上企业 595 个。根据国家统计局资料显示，共完成工业总产值（不变价）128.04 亿元，实现销售收入 126.13 亿元，利润总额 5.8 亿元，完成出口交货值 31.46 亿元，新产品产值 10.69 亿元。据对行业内会员单位统计，2001 年全行业有会员单位 116 个，占全行业的 19.5%；共完成工业总产值（不变价）41.03 亿元，占全行业的 32%；实现销售收入 39.11 亿元，占全行业的 31%；完成出口交货值 5.79 亿元，占全行业的 18.4%；新产品产值 8.17 亿元，占全行业的 76.4%。

2002 年全行业有企业 660 个，共完成工业总产值（不变价）147.71 亿元，实现销售收入 148.63 亿元，利润总额 7.25 亿元，完成出口交货值 35.52 亿元，新产品产值 10.65 亿元。

据对行业内会员单位统计,2002 年全行业有会员单位 119 个,占全行业的 18%;共完成工业总产值(不变价)44.98 亿元,占全行业的 30.5%;实现销售收入 44.62 亿元,占全行业的 30.4%;利润总额 1.46 亿元,占全行业的 20.1%;完成出口交货值 5.96 亿元,占全行业的 16.8%;新产品产值 8.15 亿元,占全行业的 76.4%。

2003 年全行业有企业 723 个,共完成工业总产值(不变价)215.84 亿元,同比增长 28%;实现销售收入 212.53 亿元,同比增长 28.3%;利润总额 12.03 亿元,同比增长 49.3%;增长额 3.79 亿元,完成出口交货值 54.29 亿元,同比增长 33.5%;新产品产值 12.29 亿元,同比增长 43.1%。据对行业内会员单位统计,2003 年全行业有会员单位 122 个,占全行业的 16.9%;共完成工业总产值(不变价)64.23 亿元,占全行业的 29.8%;实现销售收入 62.06 亿元,占全行业的 29.2%;利润总额 2.56 亿元,占全行业的 21.3%;完成出口交货值 8.53 亿元,占全行业的 15.7%;新产品产值 8.98 亿元,占全行业的 73.1%。

二、为重大技术装备配套情况

阀门行业近几年来为国家重点工程开发研制了不少新产品,这些产品填补了国内阀门产品的空白。例如:在核工业方面,开发了上装式核电球阀,核燃料提取用的软硬密封高真空电磁阀和手动耐压阀;在煤电方面,已试制成小口径超临界高温高压截止阀,适用于电站排灰的镍嵌耐磨陶瓷密封圈的闸阀、球阀、调节阀;在"西气东输"工程中,试制开发出1 016mm全焊结构管线球阀,以及生产供应在"西气东输"管道工程主干线站场 26″以下的全部球阀;在石油化工等方面研制生产了为石油化工大型吸附分子装置的关键核心配套——24 通旋转阀;石油化工、食品、制药气力输送系统中的关键配套设备——固体物料气力输送用阀门(旋转加料器、输送换向阀、滑板阀);硫磺制酸、硫铁矿制酸、烟气制酸及有色冶炼、黑色冶炼、石化、电力等系统的高炉配风、锅炉出口及其他高温管路作为控制阀使用的1 200℃高温蝶阀等等。

目前不论在国家特大型工程,还是在电力、石化等项目中,有不少阀门产品技术难度很高,在国内尚属空白。例如核一级阀门的设计制造,大口径超临界和超超临界的煤电阀门、煤化工阀门,"西气东输"工程中的大口径全焊结构管线球阀等,还需要去开发研制,以满足国民经济发展和国家重点工程建设的需要。

三、市场开拓情况

在"十五"期间,由于西气东输、电力、石化、化肥、冶金、城市建设等重大项目的启动,需要大量的阀门,阀门生产企业围绕国家重点建设项目和用户的需求,开发、生产了先进适用的阀门产品,选列如下:

(一)西气东输

在"西气东输"工程中,试制开发出1 016mm全焊结构管线球阀,生产供应了"西气东输"管道工程主干线站场 26in 以下的全部球阀、以及支管线上的球阀、闸阀、止回阀、平板阀、截止阀、清管阀等产品。

(二)电站

1. 核电站

为大亚湾核电站、秦山核电站、连云港核电站生产了上装式核电球阀、气动角式 T 形不锈钢隔膜阀等产品,为核燃料提取用的软、硬密封高真空电磁阀和手动耐压阀,为中国试验快堆工程生产的核高压截止阀和钠截止阀、闸阀等产品。

2. 火电站

为全国各大电厂生产了亚临界和超临界的高温高压截止阀、闸阀、调节阀,还生产了金属密封蝶阀、大口径电动蝶阀、陶瓷闸阀、陶瓷球阀等产品。

(三)石化工程

研制了为石油化工大型吸附分子装置的关键核心配套设备——24 通旋转阀,经中国石油化工集团公司鉴定,在检验和性能测试中证明达到了设计质量标准,一年时间的生产运行表明,主要技术参数、工作特性和行程精度等各项指标均达到或超过了同类进口产品,完全满足了模拟移动床吸附分离装置操作工艺需求,填补了国内空白,每年将为国家节约资金4 600万元。开发了石油化工、食品、制药气力输送系统中的关键配套设备——固体物料气力输送用阀门(旋转加料器、输送换向阀、滑板阀),并形成生产能力,在以国产代进口方面取得良好效果。还开发了斜盘式无撞击止回阀、摆动(导轨)式蝶阀等产品。

(四)冶金工程

近几年来为冶金工程研制生产出干熄焦用旋转密封阀、超高风温(1 450℃)热风阀、三杆式切断蝶阀、新型液压放散阀等产品。

四、企业改革情况

(一)行业各种所有制形式所占比例和发展趋势

阀门行业中各种所有制形式的企业现状见表 1,企业所有制形式有 17 种。其中占百分比较多的有 5 种形式:国有企业、集体企业、股份合作企业,其他有限责任公司、私营有限责任公司。

从发展趋势看国有企业和集体企业所占比例每年减少;私营有限责任公司、股份合作企业所占比例有较大发展。2001～2002 年,私营有限责任公司增加 5.3 个百分点,外资企业也有较大发展,增加 0.9 个百分点,其他有限责任公司增加 1 个百分点。2002～2003 年私营有限责任公司增加 0.7 个百分点,外资企业增加 0.5 个百分点,其他有限责任公司增加 1.5 个百分点。

(二)国企改革

改革开放以来,阀门行业得到了迅速的发展,特别是私营企业、股份制企业、中外合资企业的产权清晰,机制灵活,经济增长非常快,而多数国有企业近年来举步艰难。制约国企发展的关键是机制,国有企业要发展,走上新型工业化道路,就必须深化改革。阀门行业重点企业近年来进行一系列的改制、重组、并购等改革。

郑州市郑蝶阀门有限公司于 1993 年成立,职工 416 人(其中技术人员 96 人,中级 37 人,高级 19 人),1999 年该公司实现销售收入2 760万元,上缴税额 280 万元;2000 年实现销售收入8 732万元，上缴税额790万元；2003年实现销售收入1.1亿元，上缴税额1 000万元，职工年平均工资超过13 000元。

表1　2001～2003年国有及年销售收入在500万元以上非国有阀门企业登记注册类型比例

企业性质	2002年		2001年		2003年	
	数量	比例(%)	数量	比例(%)	数量	比例(%)
国有企业	58	8.8	66	11.1	50	6.9
集体企业	76	11.5	92	15.5	77	10.7
股份合作企业	117	17.7	116	19.5	120	16.6
国有与集体联营企业	1	0.2	2	0.3	1	0.1
国有独资企业	3	0.5	3	0.5	3	0.4
其他有限责任公司	83	12.6	69	11.6	101	14.0
股份有限公司	24	3.6	25	4.2	22	3.0
私营独资企业	51	7.7	44	7.4	63	8.7
私营合伙企业	14	2.1	11	1.9	14	2.0
私营有限责任公司	136	20.6	91	15.3	154	21.3
私营股份有限公司	7	1.0	6	1.0	8	1.1
合资经营企业(港、澳、台资)	18	2.7	15	2.5	18	2.5
合作经营企业(港、澳、台资)	3	0.5	2	0.3	3	0.4
港、澳、台商独资经营企业	9	1.4	5	0.8	13	1.8
中外合资经营企业	35	5.3	33	5.5	43	5.9
中外合作经营企业	3	0.5	1	0.2	2	0.3
外资企业	22	3.3	14	2.4	28	3.9
其中会员单位数	119	18.0	115	19.3	122	16.9

开封市市委、市政府本着企业长足发展，职工得到实惠，政府增加税收的三项原则，于2003年9月26日决定：由郑州市郑蝶阀门有限公司对开封高压阀门厂进行整体并购。2004年元月6日河南开封高压阀门有限公司注册成立，注册资本6 000万元，原郑蝶阀门公司董事长房四平任董事长兼总经理。

兰州高压阀门厂是1966年改建的西北地区高中压阀门专业生产厂家。经过三十多年发展，其产品在市场上享有良好的信誉，但由于体制和机制的矛盾，难以适应市场经济发展的要求，根据国家、省、市有关改制的政策和部署，于2003年10月改制重组为兰州高压阀门有限公司。改制后的兰州高压阀门有限公司为有限责任公司，法人代表陈清流，注册资本2 800万元，其地址、商标、经营范围均不变。

苏州高中压阀门厂建于1966年，是原国家机械工业阀门行业老厂。“苏”字牌阀门有着良好的品牌声誉。1992年产值达6 000万元，出口创汇300万美元。1996年实施第一次转制，组建股份有限公司由国有、集体、职工股三部分组成，但由于改制未到位，企业几年来变化不大，步伐不快。2003年在苏州市政府统一规划要求下，对企业进行二次改制。企业性质转为民营机制，企业由6位领导持股经营，由原董事长金立勇任董事长兼总经理；职工身份全部置换，按年龄段实施合理安置分流。企业迁入苏州吴中区经济开发区内，征用60亩地，设立5个车间，在市区购入600m^{2}新办公楼，目前公司职工150人，注册资金1 360万元，全年产销达6 000万元，2004年计划达8 000万元，2005年达1亿元，再创企业优势，重新跻入江苏省阀门行业前列。

（三）民营企业发展情况

1. 江苏省阀门行业民营企业发展概况

随着国民经济体制改革的不断深化，市场经济规律逐步形成，江苏省涌现出一批新的民营阀门企业，发展迅猛，有一定的实力与规模，已形成江苏阀门行业的新生力量。它们已有一定的规模优势，产销业务饱满。有的厂家起家较晚，已成为“后起之秀”，如盐城通商阀门有限公司，经过3年多发展，已形成高中压阀门外贸出口的生产基地，2003年产销3 000万元，2004年计划5 000万元。南通阀门厂与美商合资后，外贸出口阀门年年提高，现已突破1 000万美元，2～3年内达到2 000万美元。江苏宇达电站辅机阀门制造有限公司，抓住电站行业飞快发展的契机，2003年产销5 000万元，2004年计划1亿元销售额。

江苏省阀门工业协会秘书处2003年底统计，阀门企业数700个，其中民营企业已成为主力军，见表2。

表2　江苏省阀门企业情况

类别	数量	百分比
国有企业	23	3.3
集体企业	74	10.6
民营企业	603	86.1

2. 温州地区阀门民营企业发展概况

温州地区阀门民营企业发展于20世纪80年代后期，从修理库存旧阀门开始，逐步有些小老板在家庭范围内用一两台机床，生产中低压阀门。90年代中期温州地区阀门民营企业超速发展，特别是永嘉瓯北镇有“阀门一条街”的称号。90年代后期温州的阀门民营企业完成了初步积累阶段，一些有胆识、肯学习的私人老板开始上规模、上品种、上质量、上水平，使温州的阀门民营企业有了质的飞跃和改变，逐步得到用户和行业的认同。2000年以后，温州的民营阀门行业已经开始考虑建立集团公司，龙头企业，产品也开始有了定向发展,即技术创新,营销创市,成本领先,使温州阀门民营企业成为中国阀门行业不容忽视的一个重要组成部分。

根据温州市泵阀工业协会提供的资料,2001 年底温州阀门行业1 192家,其中合资 12 家,民营1 180家。产值 81 亿元,销售 69 亿元。

温州市阀门行业民营企业分布情况

龙湾	永嘉	瑞安	盐城	瓯海	其他县区
722	325	28	47	32	38

3. 其他地区阀门民营企业发展概况

其他地区的阀门民营企业发展不均衡,也不集中,其中河南郑州荥阳地区是比较集中地区,产品以中低压为主,高压产品较少。其发展也不如温州地区速度快,有些企业仍停留在初期阶段。

天津津南地区也是阀门民营企业发展较集中地区,企业以集体性质为主,即村镇办为主。有的企业已成集团公司性质,阀门企业是其中一个相对独立的子公司,如天津大站集团的大站阀门有限公司。

辽宁沈阳—大连地区也是民营阀门较集中地区,产品高中低都有,但因缺少温州地区特别是永嘉县地方政府的扶植和引导政策和策略,所以发展不充分,企业情况良莠不齐,有许多企业未充分发展,处于低水平经营。

五、产品开发、技术发展情况

阀门行业产品开发、技术发展的总体方向是:以市场为导向,围绕国家重点建设和主要用户行业需求,发展先进适用阀门产品;积极调整产品结构,加快企业组织结构调整,以改革促发展;提高市场竞争能力和产品出口水平。

阀门行业已能生产门类齐全的闸阀、截止阀、节流阀、旋塞阀、球阀、蝶阀、隔膜阀、止回阀、安全阀、减压阀、疏水阀和其他阀类等 12 大类,3 000多个型号,40 000多个规格的阀门产品;最高使用压力为 600MPa,最大公称通径达 5 350mm,最高使用温度为 570℃,最低使用温度为 - 196℃。

阀门产品质量不断提高,使用寿命越来越长,维修期已超过一年半以上。阀门产品打入国际市场,出口到美国、英国、日本、德国等 39 个国家和地区,“九五”期间达29 687.8万美元。阀门行业许多厂家已能按国外先进标准生产阀门(API、BS、DIN 等),达到国际 20 世纪 80 ~ 90 年代水平。

阀门行业工艺水平不断提高,热加工已有采用先进无箱挤压树脂砂造型线,多元素快速分析光谱仪;锻造采用胎模锻,多向模锻;阀门结构采用板焊、管焊、铸锻结合和液压成形技术。

阀门行业机械加工已采用组合机床、数控机床及加工中心和部分半自动生产线。在加工工艺上采用少切屑、无切屑滚压加工(冷轧三角形、T 形螺纹)、摩擦焊、二氧化碳气体保护焊、等离子喷焊等先进工艺。

目前阀门行业已基本满足 45 万 t 合成氨、52 万 t 尿素、500 万 t 炼油厂、6 万 t 高压聚乙烯、45 万 t 乙烯、120 万 t 氧化铝及 60 万 kW 发电机组等大型项目配套阀门;同时为核工业和其他国防工业提供特殊配套阀门。

阀门行业今后还将为石油、石油化工、化工、电力、冶金、城市建设等大型项目开发产品,扩大品种,提高质量,满足配套。

(一)产品开发方向和动向

按国民经济长远发展规划的初步设想,到 2010 年,石油、钢铁和化肥工业要持续发展,电力、塑料、乙烯和化纤的产量将会有较大幅度的增长,城市建设和环保项目也将有较大的发展,为此阀门行业产品开发应注重以下几个方面:(1)“十一五”期间,由于 60 万 kW 和 100 万 kW 火力发电设备,100 万 kW 核电站等大型发电机组是发展重点,因此开发高性能、高参数火电站和核电站用阀门前景广阔。(2)今后一段时间,海上石油的开采将占很大比重,这就要求在保证提供陆地油田和管线所需配套阀门外,更应大力开发海上石油开采配套阀门。(3)冶金、大型乙烯、高压聚乙烯和聚酯等工程要求的各种专用特殊阀门及大口径阀门。(4)城市建设用平衡阀及各种环保阀门。

从目前情况看,上述所需阀门品种仅能满足 70% 左右,还有新产品有待于开发。产量上,低压大口径阀门略为短缺,高中压阀门供需矛盾主要在品种和材质上,重点开发的产品如下:大型成套项目的配套用阀;城市建设配套用阀;节能和超载保护产品;电站用及石化装置用的调节阀、电动调节阀和电动减压阀等;化工用耐强腐蚀介质的高合金钢阀、衬里阀、钛阀和锆阀等。

(二)科技工作重点

1. 提高产品质量

(1)采用国际标准和国外先进标准,严格贯彻国家标准,对现有产品进行更新换代。通过创优质名牌产品和发放生产许可证,大大提高了阀门质量水平,使更多的产品打入国际市场。

(2)不断提高毛坯件质量和铸锻件外观质量,阀门行业应对铸锻件的原材料选用、铸造工艺、锻造工艺、热处理工艺、化学成分分析、力学性能检验、外观处理等环节采取有效措施,严格控制。不断吸取国外先进技术,尽快使铸锻毛坯的内在质量和外观质量达到国际先进水平。

(3)提高密封性能和使用寿命,继续开展内、外漏攻关,严格机械加工工艺,大力推广新型密封材料,积极采用柔性石墨等新型垫片,提高产品关键部位的加工精度,延长产品的使用寿命,使阀门“一短两漏”的现象根本好转。

2. 开发新产品

目前阀门行业生产品种、规格远不能满足国民经济建设发展的需要,应尽快开发新品种。在产量上,低压大口径阀门较为短缺,高中压阀门产需矛盾主要在品种和材质上。

3. 发展科研事业

(1)扩大科研队伍,提高技术人员素质。目前阀门行业科研设计力量尚薄弱,必须壮大设计队伍,除吸纳大专院校毕业生外,还要靠自己培养,采取脱产轮训、高等院校代培和开办专业培训班等多种形式来培养人才及不断提高科技人员的素质,要求科技人员提高外语水平,普及计算机知识,掌握有限元法、优化设计、价值工程和其他科学管理方法和知识,并能实际用于生产管理和科研实践中去。

(2)加强试验研究和测试基地建设。阀门行业不仅要加强产品的研究,而且要加强基础理论和开发性研究,尽快把综合性试验研究和测试基地建设起来,充实和完善各种试验测试装置,使其具有国际水平。安全阀、减压阀、蒸气疏水阀、阀用电动装置、大口径阀门测试分中心,也应充分提高、完善,充分发挥其在科研和生产中的作用。

(三)发展前景和潜在市场

国家西气东输、南水北调等特大型工程的陆续开工,电力、钢铁、石化等国民经济各部门的发展和城市基础设施建设,不仅为装备制造业带来巨大商机,也是对装备制造业提出了更高的要求。

1.“西气东输”及石油、天然气管线输送

天然气将是21世纪重要能源之一,特别是我国石油资源相对匮乏,因此天然气的开发利用将成为未来20年中改善能源结构的重要举措。2002年我国的天然气产量为316亿 m^3,在我国能源结构中仅占3.4%,而亚洲平均水平为8.8%,世界平均为24%。我国计划到2010年达8%,2015年达12%。

“西气东输”工程总投资1 400多亿元,主干线全长4 000km,管径1 016mm,输送压力10MPa。需要大量的施工机械和管线现场焊接、探伤设备;在4 000km的管线上设30多个工艺场站,需ϕ1 016mm大型管线球阀300多台,ϕ750mm以下管线球阀2万余台(包括支线),大型管线压缩机20余台(功率达2.5万kW)。计划在“十一五”及未来15年中,修建西西伯利亚、东西伯利亚、萨哈林岛、哈萨克、乌兹别克、土库曼到中国的跨国大型天然气管线,仅中国境内长度就达11 160km;“陕京”二期已经国家批准,其工艺参数与“西气东输”主干线相同。预计全国在“十五”期间将新建大型天然气长输管线10 000km以上,“十一五”在20 000km以上。初步预测2万kW以上大型站管线压缩机100余台,大口径高压锻焊结构球阀2万余台。

我国原油产量长期徘徊在1.6~1.7亿t,2002年进口原油7 000万t,预计2005年将达1亿t。为了缓解我国石油资源的不足,从俄罗斯和中亚原独联体国家进口原油将是重要途径。计划在“十一五”新建原油高压管道5 000km,需大型输油泵100台以上,高压大口径阀门3 000台以上。

2. 南水北调

我国水资源总量2.8亿 m^3,人均占用223m^3,相当于全世界人均的1/4,且时空分布不均,淮河以北不到全国的20%,京津两市不足全国1/7,解决北方用水是亟待解决的重大战略问题。“南水北调”已列入我国的跨世纪骨干工程,东、中、西三线总投资要超过4 500亿元。东线调水工程已于2002年12月开工,中线工程也已经国家批准,近期开工。

东线一期工程从扬州江都引水,经江苏、山东、河北至天津,全长1 150km。计划新建51座大型泵站,需各类大型输水泵(混流、轴流、贯流和斜轴)250多台,总装机达50万kW,除少量可能进口外,将主要从国内采购,总价值十几亿元。

中线从湖北丹江口水库引水,沿京广铁路北上,在郑州穿越黄河,自流到北京、天津,全长1 200多km。工程重点是加高丹江口水库大坝,修筑550km的全断面砌切引水渠道。

西线工程从长江上游的通天河、雅砻江、大渡河引水,调长江水入黄河,重点解决青、甘、宁、蒙、陕、晋6省区缺水问题。其中需要大量大口径闸阀特殊蝶阀和特殊方形闸门及水泵站配套阀门。

3. 电力工业

电力始终是我国最重要的能源,2002年累计装机达3.56亿kW,发电量达1.56亿kW,装机和发电量均居世界第二位。从去年开始,我国出现电力供应短缺状况,拉闸限电已波及19省市,开始严重影响工业和人民生活用电。为尽快解决拉闸限电状况,满足国民经济发展和人民生活需要,在“十五”后两年、“十一五”及未来20年中,电力工业将以更高速度发展。预计2005年装机将达4.2~4.3亿kW,2010年装机将达5.8亿kW(水电1.5亿、煤电3.8亿、核电1 190万、气电3 500万),2020年装机将达9.0~9.6亿kW(水电2.2亿、煤电5.8亿、核电3 600万、气电5 500~7 000万)。按照这样的计划目标,“十五”后两年每年新增装机2 500万kW,“十一五”每年新增装机3 000万kW。到2002年,全国已投产30万kW机组280台,60万kW机组60台,其中70%的30万机组和20%的60万机组为国家机组。目前已开工(包括已审批)的30万、60万亚临界机组100余套,超临界机组25套,90万超超临界1套。已立项、正在报批过程中的有100多套、2 000多亿元投资。电力工业的高速发展带来的不仅是需求总量的压力,更重要的是技术水平和难度的提高。今后电力工业的发展以高效节能、低排放为主,煤电将以60万超临界、60~100万超超临界为主;为达到2020年3 600万kW核电目标,每年将上3~4套百万kW级核电站;燃气轮机联合循环发电已通过捆绑招标、技贸结合方式引进制造技术,将合作生产23套,第2批捆绑招标项目正在组织。这些新型火电和核电机组对国内装备制造业来说,都尚未掌握和未完全掌握关键技术,装备水平和生产能力也有不同程度的差距。例如超超临界的汽轮机末级叶片设计,25MPa,600℃以上的大型给水泵、高温高压阀门,核反应堆主泵和核一级阀门设计制造,以及重型燃气轮机等目前尚未完全掌握的设计制造技术。

4. 石油化工

我国目前炼油能力为每年2.4亿t,今后发展重点是以节能降耗为代表的装置大型化、提高加氢精制比例和炼进口油能力。“十五”规划中要建设12~15个千万吨级大型炼油厂,目前已建成的有茂名、镇海和齐鲁炼油厂,生产能力都在1 300万t以上,正在建设的有上海外高桥、兰州等炼油厂,计划建设的有广州、福建、金陵、天津、大连等。

我国目前乙烯产量530万t,每年要进口100多万t。至2005年要形成600万t能力,2010年形成1 000万t能力。惠州—英荷壳牌、扬子—巴斯夫、上海金山—英国BP80万t乙烯和齐鲁石化80万t乙烯改造工程正在进行;镇海80万t乙烯国产化项目和天津—英国道化学80万t乙烯合资项目正在做可行性研究;茂名石化80万t乙烯和福建—埃克森

80万t乙烯合资项目正在评估待批。

应该说我国石化通用机械制造业基本具备了提供千万吨级炼油厂成套装备和70～80万t乙烯主要设备的能力。其中千万吨级炼油厂设备将主要由国内提供,而80万t乙烯装置用的部分乙烯透平压缩机及一些特殊泵和阀由于业绩等原因,用户仍希望从国外进口。

5. 煤的直接液化

煤通过高温、高压,在催化剂作用下直接液化制取汽、柴油工艺在国际上已趋成熟,但尚未形成大规模工业化生产。我国与美、日、德等国合作完成了中间试验。

(1)美国HTI工艺　该工艺是在两段催化液化法和H—COAL工艺基础上发展起来的,采用近十年来开发的悬浮床反应器和HTI拥有专利的铁基催化剂(GelCatTM)。

工艺特点:反应条件比较缓和,反应温度420～450℃,反应压力17MPa;采用特殊的液体循环沸腾床反应器,达到全返混反应器模式;催化剂是采用HTI专利技术制备的铁系胶状高活性催化剂,用量少;在高温分离器后面串联有在线加氢固定床反应器,对液化油进行加氢精制;固液分离采用临界溶剂萃取的方法,从液化残渣中最大限度回收重质油,从而大幅度提高了液化油回收率。

(2)日本DEDOL工艺　该工艺由煤前处理单元、液化反应单元、液化油蒸馏单元及溶剂加氢单元等4个主要单元组成。

工艺特点:反应压力较低,只有17～19MPa,反应温度为430～465℃;催化剂采用合成硫化铁或天然硫铁矿;固液分离采用减压蒸馏的方法;配煤浆用的循环溶剂单独加氢,以提高溶剂的供氢能力;液化油含有较多的杂原子,还须加氢提质才能获得合格产品。

(3)德国煤液化新工艺(IGOR工艺)　1981年,德国鲁尔煤矿公司和费巴石油公司对最早开发的煤加氢裂解为液体燃料的柏吉斯法进行了改进,建成日处理煤200t的半工业试验装置,操作压力由原来的70MPa降至30MPa,反应温度450～480℃,固液分离改过滤、离心为真空闪蒸方法,将难以加氢的沥青烯留在残渣中气化制氢,轻油和中油产率可达50%。

工艺特点:把循环溶剂加氢和液化油提质加工与煤的直接液化串联在一套高压系统中,避免了分立流程物料降温降压又升温升压带来的能量损失,并且在固定床催化剂上使CO_2和CO甲烷化,使碳的损失量降到最小。投资可节约20%左右,并提高了能量效率。

(4)俄罗斯煤加氢液化工艺(иги工艺)　工艺特点:一是采用了自行开发的瞬间涡流仓煤粉干燥技术,使煤发生热粉碎和气孔破裂,水分在很短的时间内降到1.5%～2%,并使煤的比表面积增加了数倍,有利于改善反应活性。该技术主要适用于对含内在水分较高的褐煤进行干燥。二是采用了先进高效的钼催化剂,即钼酸铵和三氧化二钼。催化剂添加量为0.02%～0.05%,而且这种催化剂中的钼可以回收85%～95%。三是针对高活性褐煤,液化压力低,可降低建厂投资和运行费用,设备制造难度小。由于采用了钼催化剂,俄罗斯高活性褐煤的液化反应压力可降低到6～10MPa,减少投资和动力消耗,降低成本,提高可靠性和安全性。但是对烟煤液化,必须把压力提高。

国家已批准神华集团在内蒙建设第一套年产500万t煤直接液化项目,一期工程年产250万t,投资达200多亿元。规划在2010年形成1 000万t规模、2030年形成3 000万t规模;此外云南先锋、黑龙江依兰和双鸭山、河南平顶山以及贵州、山东、山西、宁夏、安徽等省区也都计划要建设煤液化项目。如内蒙第一套项目成功,则将在我国形成一个新的巨大产业,对装备制造业也形成一个新的服务领域。

煤直接液化装置工艺条件十分苛刻,工作压力达20MPa,工作温度为450～500℃,固体颗粒含量在20%～80%,高温、高压、抗固体颗粒冲刷和耐腐蚀都对机、泵、阀提出了非常高的要求,集中体现了石油化学工业装置的技术难度。例如6台超大型加氢反应器,重量达2 000t,壁厚340mm,内径达4.8m,为世界之最;50～125t活塞推力的往复压缩机20余台,其中125t活塞推力往复压缩机也是世界上最大的;各种离心式渣浆泵80多台,油煤浆往复泵20多台,这些泵技术难度极高,只有少数外国制造厂家做过,有的要“两备一用”;煤液化装置中还有大量的油煤浆球阀、截止阀、减压阀和安全阀,密封可靠性和使用寿命都非常关键。

6. 钢铁工业

2002年我国钢铁产量1.8亿t,实际生产能力达2亿t以上,进口钢材1 800万t。国营钢铁企业发展重点是提高连铸连轧比例和以节能降耗、减少环境污染为代表的技术改造。据不完全统计,已经立项、正在审核报批的板坯连铸、中厚板和薄板冷连轧和热轧、高炉改造(包括大型空分和大型高炉鼓风机)、干熄焦、废水处理、除尘脱硫项目就达70多项,总投资超过1 200多亿元。

民营钢铁企业的发展越来越成为一支重要力量,全国仅年产600万t规模左右的民营钢铁企业就有宁波、常州等五六家,这些民营企业上项目快,价值取向更为实际,喜欢用性能价格比更为优越的国产装备,而且希望制造企业成套供货,提供交钥匙工程。其中需要成套供应的阀门有:高炉无钟炉顶装备、煤气专用阀门、热风阀、气体切断阀、热风炉成套阀门、煤气TRT成套阀门、盲板阀、插板阀、蝶阀(耐磨)、球阀(耐磨)。

7. 环保工程

我国政府制定的可持续发展方针,将环境保护确定为基本国策。环保机械产业有了大政方针和战略性的实施方向做支撑,产业所提供的装备将直接或间接地为治理环境污染和生态保护服务,为我国今后这一产业的快速发展提供了良好的条件。

环保机械行业的服务对象比较特殊。环保机械是与污染物打交道的,最终为防治污染、清洁生产、改善环境和综合利用服务,任务是满足当代及今后的生产生活需求,所以具有旺盛的生命力。

环保设备每年大约有600亿元的市场需求,特别是“非典”疫情过后,在环境保护方面带来了一些新思考。主要有医院废弃物的处理和危险废弃物的集中处理，大型公共场所集中空调空气的净化和消毒灭菌。国家决定在113个20万人口以上城市建立医疗废弃物处理厂，还要在全国8个区域建立处理能力为每年72万t的危险废弃物集中处置厂，上述两个项目总投资195亿元。考虑到项目的公益性，在实施中由中央按50%左右的补贴安排。目前已有不少制造企业和科研单位正在推出医院废弃物处理装置和大型建筑空气净化灭菌装置。

为配合南水北调工程，在长江中下游及湖泊周边要首先治理水质污染，仅东线和中线一期工程，就要投入200多亿元治理污水排放，要新建和改造城市污水处理厂135项，截污导流33项。

环保机械产品正以每年不低于16%的速度迅速发展，有些地区达到30%以上。而城市污水处理设备，燃煤烟气脱硫设备，城市生活垃圾无害化、资源化设备以及在线环境监测仪器等是2003年国内市场供需热点。

(四)2004年产品重点需求领域

“三河”、“三湖”等重点领域、区域、海域、城市的污染治理；南水北调工程和西部开发市场；危险废物处理处置及垃圾收集站的建设；中小城镇污水处理设施建设；城市生活垃圾处理及垃圾收集站建设；火电厂燃煤烟气脱硫；大气、水质、噪声、放射性、酸雨、生态及污染源监测；冶金、水泥、电力等重点行业的粉尘污染防治；造纸、纺织、电力、食品等重点耗水大户的中水回用；城市粪便处理及消纳；清洁生产所需的污染防治技术和装备；科技住宅相关技术开发(如太阳能利用、制冷系统等)；废旧家电等废弃物再生利用；环境污染突发事件及灾害的应急监测、处理处置技术装备；老工业基地及重点企业技术改造；开拓国际市场。

〔撰稿人：中国通用机械工业协会阀门分会刘亚良〕

压 缩 机

一、行业改制情况

2003年中国通用机械行业协会压缩机分会有会员单位105个，待批准新会员9个，除少数科研院所外，绝大部分为主机、配件及相关联企业，约占行业全国企业数量的1/3，基本上涵盖了行业的主体部分。

按照所有制划分，国企与集体企业的数量已退居到第二位，仅有26个，占会员总数的27%；股份制企业45个，约占43%；民营企业有较大幅度的增长，已达到21个，约占20%；合资与独资企业约占5%。

2001年来，会员单位改制的步伐迈得都很大，现在75%以上的企业均已完成了改制工作，2003年行业重点企业，尤其是国有大中型企业的改制，大多取得了令人瞩目的进展。

上海压缩机有限公司(以下简称上压)从2002年6月起，通过一系列的深化改革、资源整合、土地置换、存量盘活、甩掉冗员、债务等措施，以全新的姿态赢取新的发展，成为国有独资公司改制后取得骄人业绩的典型代表。在改制过程中，他们突出抓住：(1)坚持公司战略重组到位，积极吸纳社会资本，形成投资主体多元化，组建新的上海压缩机有限公司。新公司注册资本1亿元，其中上压公司出资6 000万元，上海瑞华(集团)公司出资4 000万元。(2)坚持子企业改制调整到位。上压公司目前尚有三级子公司企业12个，通过改制、转让、歇业、关闭、交属地管理等多种形式已全部退出。(3)健全公司的内部运行机制。企业内部通过机构撤并，精干主体，做大做强。调整后的企业其生产主体只制造压缩机的核心技术零部件。将一般的零件、标准件、通用件、毛坯、部分精加工、部分热加工等从目前的生产中剥离出去，真正做到“两头在内，中间在外”，建成一个没有围墙、低成本、高效率、高效益的企业。通过脱胎换骨的调整重组，上压公司2003年创造了7亿多元的历史最高产值，销售收入同比增长59.6%，工业经济效益综合指数高达236%，尤其是2003年上压公司成为行业首家一年内盈利过亿元的大户，占到全行业利润总额的71.5%。

南京压缩机有限公司(以下简称南压)按照南京市政府的要求，国有和国有控股企业都要实行“资产、债务、职工身份”的“三联动”改制。在职工身份的置换中，南压始终坚持四个原则：有利于企业的发展；有利于职工队伍的稳定；有利于政策法规的贯彻；有利于职工身份的置换。改革重组后的新公司接受了原公司不低于90%的在册职工，重新签订了劳动合同，建立了新的劳动关系。南压的改革模式是先改制后合作，股权的设置是经营层持大股或相对持股，国有股逐步退出。

北京第一通用机械厂采用的是破产重组的改制模式。北京京城环保产业发展有限责任公司的主体是收购了北京第一通用机械厂的经营性资产，由北京京城机电控股有限责任公司联合北京市国有资产经营有限责任公司、北人集团共同出资10 100万元组建的高新技术企业，于2002年6月正式成立。2003年新公司认真贯彻股东意见，按照总体规划，从基础建设入手，积极开拓市场，取得了抗击非典和经济发展的双胜利。通过整合型管理体系认证，获得了进出口资格、机电设备等安装资质、压力容器制造的设计资质，实现了三个突破：常规产品——天坛牌压缩机恢复并保持原有的市场，销售收入突破了历史最高水平；CNG(压缩蒸气)加气站实现了零的突破，与山东胜利油田签订了CNG(压缩蒸气)加气站建站合同；固废处理一年中签订了小武基轻质分选，延庆垃圾焚烧和房山垃圾处理厂(BOT)三个不同类型的项目。新公司突出抓了几项基础工作：全力打造企业文化，举办不同层次、多角度的员工培训，贯彻以用户为中心、对股东负责的经营理念；遵守公司管理行为准则的企业文化理念。缩短制造流程，强化核心加工；将原有的8个分厂合并为2个车间，只保全了关键件加工和装配车间。建立了供应链联盟，采用现代契约关系下的供应商模式，共同发展，实现双赢，保证了低价格、高质量的供货，极大地提高了公司的生产效率。奉行与“巨人”同行的原则，与著名厂商、行业名人合作，采用引进为主，自主开发为辅的方法，在CNG(压缩蒸气)加气设备方面，成功地引进了美通用电气公司的技术，通过国产化配套，满足不同用户的需求。坚持市场化用工，实行谈判工资制，公司现有员工300人，技术人员39人，一线人员186人，人均劳动生产率达32万元/人。2003年新公司工业总产值比上年增长70%，销售收入同比增长110%，利润总额同比增长602%，工业经济综合效益指数高达325%，位列行业重点企业排序第一名，突现出新公司旺盛的生命活力与发展前景。

2003年3月，伴随着国际化经济潮流，新奥集团成功收购蚌埠压缩机总厂，并更名为“安瑞科(蚌埠)压缩机有限公司”。这是一个民营资本上市公司收购国企的典型例子。自收购合同生效一个月内，完成了公司注册资产过户移交，组建机构搭建，干部和员工的选聘上岗；二个月内完成文化培训和基本制度建设；三个月内完成工资整改，公司经营活动步入正轨。新奥集团坚持以“宏大的事业感召人，优厚的待遇吸引人，优秀的文化凝聚人，创造条件成就人”的“以人为本”激励机制，集团还决定向新公司逐步注入资金1亿元，大力改进新公司的软硬件设施。2003年安瑞科(蚌埠)压缩机有限公司销售收入增幅为全行业重点企业的第一名，增幅高达94.2%，工业经济效益综合指数为170.5%，在行业重点企业中位列第5。

民营企业的迅猛发展和国企改革的高歌猛进，是2003年行业企业体制改革的突出亮点，但仍有20%左右的国有企业未完成企业重组改制。

二、生产发展情况

2003年良好的经济环境，为压缩机行业快速发展奠定了基础，生产发展增势强劲，经济运行质量显著提高，运行走势良好。

据压缩机行业协会2003年末67个企业汇总资料表明：从业人员26 047人，其中：工人与学徒17 044人，工程技术人员3 061人；固定资产总值241 661万元；流动资产479 614万元；平均流动资产466 855万元；平均流动资产负债430 243万元；所有者权益224 110万元；全员劳动生产率40 740元/人。

重点企业2003年末汇总资料表明：从业人员14 615人，其中：工人与学徒6 433人，技术人员1 706人；固定资产167 348万元；流动资产324 025万元；平均流动资金318 511万元；平均流动资产负债290 041万元；所有者权益176 190万元；全员劳动生产率38 687元/人。

全行业完成工业总产值(不变价)48亿元，比上年37亿元增长30%。重点企业完成工业总产值(不变价)30.5亿元，比上年23.2亿元增长37.4%，增长幅度高于全行业7.4个百分点。重点企业完成总产值占全行业总产值的63.6%，所占比重同比上升3.6个百分点。

2003年全行业工业总产值排列前三名的企业是：上海压缩机有限公司72 045万元；浙江开山股份有限公司49 225万元；上海大隆机器厂42 776万元。产值过亿元的企业上升到12个，超过2亿元的企业已达到7个，12个企业总产值为32.8亿元，占行业总产值68.3%，产值增长速度为45.1%，超过全行业幅度15.1个百分点。

67个汇总单位分布在全国6个地区组，工业总产值均以两位数同步增长，增长幅度为：华东一组40.7%、华北组40.6%，中南组34.2%，华西组26.7%，东北组21.7%，华东二组17.1%。

全行业经济效益综合指数96.5%，同比增长11.5个百分点，突破了多年来经济效益指数徘徊在60%～70%之间的水平，实现了高水平跨越式的发展。经济效益综合指数(不含微型压缩机)排列前三名的企业是：北京京城环保产业发展有限责任公司325%，上海压缩机有限公司236%，余姚捷华压缩机有限公司190.8%。

6个地区组的综合指数为四升二降：华东一组151%，提高28.4个百分点；华北组123.1%，提高76.6个百分点；华东二组105.7%，提高15个百分点；东北组69.2%，提高45.8个百分点；华西组68.7%，下降8.3个百分点；中南组－17.8%，下降14.5个百分点。

全行业实现利税总额34 860万元，同比增长31.8%。重点企业实现利税总额22 270万元，同比增长28.8%。全行业实现利润总额15 283万元，同比增长78.2%。重点企业实现利润总额10 295万元，同比增长45.4%。全行业盈利排列前三名的企业是：上海压缩机有限公司10 932万元，上海大隆机器厂2 289万元，山东潍坊生建集团2 213万元。

6个地区组盈利水平排列为：华东一组盈利15 434万元，同比增长47.5%；华东二组盈利114万元，同比增长59.5%；华西组盈利441万元，同比下降28.8%；华北组盈利114万元，同比增长212万元；东北组亏损586万元，同比减亏1 494万元；中南组亏损5 123万元，同比增亏1 661万元。

以上各项指标显示压缩机行业随着宏观经济发展已步入快速增长的新时期，2004年又将是一个经济快速增长年。国内石化炼油、化肥等企业需要更新一批设备，目标锁定为加大国产化，这为行业提供了很好的市场机遇。

2001年来压缩机行业各项经济指标、经济效益和主要产品产量见表1、表2、表3。

表1　2001～2003年压缩机行业各项经济指标

累计 年份	工业总产值(不变价)(万元)	工业增加值(万元)	产品销售收入(万元)	产品销售成本(万元)	全年职工年末人数(人)	资金总计(万元)
2001年	337 479	75 245	301 845	234 979	35 415	792 737
2002年	369 523	97 306	329 525	260 316	25 946	778 408
2003年	480 449	109 280	404 019	322 197	26 047	729 533

表 2　2001～2003 年压缩机行业工业经济效益综合指数

累计 年份	综合指数（%）	总资产贡献率（%）	资产负债率（%）	流动资产周转率（次）	工业产品销售率（%）	全员劳动生产率（元/人）
2001 年	60.0	3.2	72.2	0.6	100.6	20 634
2002 年	79.3	4.4	72.0	0.7	97.1	31 523
2003 年	96.6	6.7	69.4	0.9	96.7	40 740

表 3　2001～2003 年压缩机行业主要产品产量　　（单位：台）

2003 年			2002 年			2001 年		
合　计	大中小型压缩机	微型压缩机	合　计	大中小型压缩机	微型压缩机	合　计	大中小型压缩机	微型压缩机
165 598	98 540	67 058	116 322	47 390	68 932	119 588	49 797	68 791

三、市场与销售

汇总资料表明：全行业 2003 年实现销售收入 40.4 亿元，同比上升 22.8%，全行业销售收入达到亿元规模的企业 11 个，收入为 28.3 亿元，占全行业总销售收入的 70%，同比增长 10 个百分点。销售收入进入前三名的企业是：上海压缩机有限公司60 227万元；上海大隆机器厂35 190万元；浙江开山股份有限公司35 049万元，仅此三户的销售收入就占全行业收入的 32.2%。

重点企业实现销售收入 26 亿元，同比增长 31.7%。重点企业销售收入占全行业总销售收入的 64.25%，恢复到 2001 年的比重，带动了全行业销售收入的大幅度增长。重点企业中销售收入增幅较大的企业是：安瑞科（蚌埠）压缩机有限公司 94.3%，上海压缩机有限公司 59.6%，北京京城环保产业发展有限责任公司 51.5%。

汇总资料表明：全行业工业产品销售（简称产销率）为 96.7%，略低于上年 0.4 个百分点。重点企业产销率 98.6%，高于上年 0.7 个百分点，基本上达到产销速度同比增长。

2003 年全行业共销售大中小压缩机1 859种，97 536台，电机功率2 512 085kW，重点企业共销1 185种，1 908 359kW。全行业共销售微型压缩机 627 种，73 662台，12 486kW，重点企业其销售微型压缩机 268 种，53 687台，51 752kW。

2003 年全行业共生产大中小型压缩机98 540台，其中重点企业生产78 403台；全行业共生产微型压缩机67 058台，重点企业生产49 309台。

全行业生产的大中型压缩机中空气压缩机占绝对主导地位，其他压缩机产量不足1 500台，其中：

氮氢压缩机共生产 117 台，销售 112 台；天然气压缩机共生产 115 台，销售 118 台；氮气压缩机共生产 66 台，销售 64 台；二氧化碳压缩机共生产 73 台，销售 76 台；氢气压缩机共生产 81 台，销售 72 台；煤气压缩机共生产 83 台，销售 85 台；水煤气压缩机共生产 21 台，销售 21 台；液化气压缩机共生产 97 台，销售 120 台；原料气压缩机共生产 15 台，销售 15 台；富气压缩机共生产 14 台，销售 12 台；石油气压缩机共生产 45 台，销售 43 台；一氧化碳压缩机共生产 8 台，销售 3 台；其他气体压缩机如氯甲烷、丙烯气、氧气、氨气、氩气、甲醇气、甲烷、丙烷等压缩机共生产 360 台，销售 361 台。

除上述已列举出的特殊气体压缩机以外，其余情况如下：

1. 大中小型压缩机分类、品种及产销情况

40m^3 以上机型共生产 65 台，销售 61 台；40m^3 机型共生产 759 台，销售 718 台；39～21m^3 机型共生产 1 755 台，销售 1 727台；20m^3 机型共生产 975 台，销售 953 台；19～11m^3 机型共生产2 425台，销售2 658台；10m^3 机型共生产1 169台，销售1 055台；9.9～6.1m^3 机型共生产 2 556台，销售 2 092台；6m^3 机型共生产3 280台，销售3 028台；5.9～3.1m^3 机型共生产1 565台，销售 1 497台；3m^3 机型共生产 14 006台，销售 13 570台；2.9～1.65m^3 机型共生产50 596台，销售50 726台；1.6～1.4m^3 机型共生产7 220台，销售7 973台；1.39～1.05m^3 机型共生产5 754台，销售5 713台；1m^3 机型共生产4 578台，销售4 245台；

2. 微型压缩机分类、品种产销情况

0.9～0.7m^3 机型共生产11 178台，销售11 664台；

0.69～0.6m^3 机型共生产4 002台，销售3 904台；

0.59～0.4m^3 机型共生产8 406台，销售12 628台；

0.39～0.3m^3 机型共生产7 727台，销售7 855台；

0.29～0.1m^3 机型共生产14 624台，销售14 745台；

0.1m^3 以下机型共生产19 012台，销售20 511台。

2003 年全行业压缩机产量在国内销售占其总量的 92.1%，在国内各主要使用部门的销售分布和数量是：

化学工业　53 724 台　占总量的 25.2%；

冶金工业　31 522 台　占总量的 14.8%；

煤电油工业　21 465 台　占总量的 10.1%；

交通运输　18 985 台　占总量的 8.9%；

轻纺工业　15 270 台　占总量的 7.1%；

物资经营类单位　10 049 台　占总量的 4.7%；

军工方面　9 497 台　占总量的 4.5%；

建筑及建材　8 609 台　占总量的 4.0%。

其他为农、林、牧、副、渔、文教、机械产品单机配套等方面占其总量的 6.6%。

2003 年压缩机在国内销售按地区分布和数量如下：

华东地区　60 737 台　占总数量的 28.5%；

华北地区　35 936 台　占总数量的 16.8%；

中南地区　30 347 台　占总数量的 14.2%；

西北地区　23 526 台　占总数量的 11%；

西南地区　23 227 台　占总数量的 10.9%；

东北地区　22 748 台　占总数量的 10.7%。

2003 年全行业出口创汇21 773万元（人民币），比上年增

长46.5%。全行业共有20个企业向美国、俄罗斯、意大利、德国、加拿大、英国、巴西、比利时、墨西哥、澳大利亚、新加坡、韩国、新西兰及非洲、中东地区等34个国家和地区出口49 455台压缩机和压缩机配件及其他产品。出口产品增加13 171台,比上年增长36.3%。2003年出口创汇较好的企业是:上海压缩机有限公司5 907万元(人民币)、大隆机器厂4 760万元(人民币)、南京华冠压缩机有限公司2 058万元(人民币),3个企业出口创汇占全行业创汇总额的58.6%。

值得注意的是近年来行业出口创汇企业一直徘徊在20个企业左右,出口产品仍以空压机产品较多,而其他产品及结构上多年来未有大的突破和进展,产品无论从技术性能、质量结构上与国际需求尚有一定差距。产品大多科技含量低,需要在生产、销售发展的同时,加快结构调整,加速研发新产品,认真研究国内外市场需求,不断增加产品的技术附加值,创品牌、上质量,增强产品的市场竞争力。

四、行业新产品、新工艺、新技术开发情况

2001~2003年度里,在市场需求的拉动下,压缩机行业新产品、新工艺、新技术开发情况较前两年明显活跃。

(一)高压及大型往复活塞式压缩机

高压及大型往复活塞式压缩机新品种的开发,带动了行业骨干企业各自主要产品系列的拓展、充实和改进。其压缩机件能参数覆盖领域更加宽泛,可靠性进一步提高,新工艺和新材料、新技术的采用获长足进步。对材料许用应力的限值规定更加贴合实际,确保了压缩机长期运行的安全、可靠。

1.沈阳气体压缩机股份有限公司BX系列8M80特大型压缩机及活塞力1 000kN超大型压缩机

跨年度研制的8M80特大型压缩机及活塞力1000kN超大型压缩机,代表了我国压缩机制造业的最高技术水准,将使我国跻身于全球为数极少的拥有设计、制造特大型、超大型往复活塞式压缩机能力的压缩机大国行列。

2001~2003年,沈气共开发研制新产品50余种,其中部分产品的水平达到了国际同类产品的当代水平。这期间,公司先后为镇海石油化工股份有限公司炼油厂开发研制了4M20—181/10—BX解吸气压缩机;为甘肃荣华实业股份有限公司研制了4M50—22.6/16.5—313—BX合成气压缩机;为巨化集团公司物资装备分公司开发研制了6M32—293/54—BX甲醇气压缩机;为抚顺石油二厂重油接触裂解制乙烯项目研制了2D20—17.4/6.6—37.2—BX裂解气增压机;为山西晋城煤化工有限责任公司年产18万t合成氨装置研制了6M50型氮氢气压缩机。

2.上海压缩机有限公司大活塞力压缩机

上海压缩机有限公司在诸多新品种的研制、派生过程中,提高了大型压缩机的设计、制造技术,活塞力已达500kN,技术处理和运行可靠性亦有改进。

如其石油化工用新氢压缩机、循环氢压缩机诸型号大型压缩机,已具有高技术水准。增安型无刷励磁同步电动机通过挠性联轴节驱动压缩机,不仅方便了安装,当基础局部下沉时对压缩机的影响也小。连杆为精密模锻件,其大小头瓦均有铝基合金轴衬。

3.无锡压缩机股份有限公司大中型特色压缩机

2001~2003年度公司的大中型气缸无油润滑压缩机新品种多,且颇具结构特色——气缸填料、活塞杆滑动摩擦副以压力油内冷却。

该摩擦副处的工作温度趋低,利于填料的长寿命正常工作,减少气体泄漏。锡压的中空活塞杆以压力油内冷却。

4.华西通用机器公司6M系列大型压缩机

在2001~2003年度里,华西公司6M系列大型压缩机新品种增多,技术上更趋成熟。

6M系列压缩机发挥了6列对称平衡型压缩机动力平衡性好的先天优势,三对对动列的曲柄错角互为120°,精心设计可使惯性力、惯性力矩达到完全自平衡。

按美国石油学会标准API618推荐,气缸的气流方向为上进下出,并使吸排气缓冲器最大限度地靠近气缸,以避免可能析出的凝聚液造成的危害、减轻气流压力脉动和管道振动,还有助于降噪和节能。

5.潍坊生建压缩机多个品种

生建压缩机厂产6MD45—150/320型机,轴功率2 450kW、吸气绝对压力0.12MPa、排气压力31.47MPa、容积流量150m^3/min,行程450mm,转速250r/min,系对称平衡型。

该机由2 500kW同步电动机双轴直联同转速驱动。电机一侧为双作用的第Ⅰ级和第Ⅱ级气缸构成相对的两列,另一侧的机身配置4列,近电机侧的相对两列由单作用第Ⅶ级和双作用第Ⅳ级气缸组成,另两列是第Ⅲ级和第Ⅳ、Ⅴ级气缸。

4M32—112/153型二氧化碳压缩机等3个品种填补了国内空白,6MD—180/320型氮氢气压缩机当年销售额2 400万元。

6.整体式燃气摩托压缩机组

中国石油天然气集团公司四川石油管理局成都天然气压缩机厂和华西通用机器公司皆是此类压缩机组的制造者。

机组系由燃用天然气的几只动力缸和压缩天然气的几只压缩缸构成有机整体,不需外接主电源和水源,其冷却、润滑、点火、自控等系统亦无需外界提供动力。因其低转速、无人值守的设计理念,成为无动力电或接电困难的分散油气田、边缘油气田理想的集输气装备。2001~2003年度所产此类机组最大功率588kW,达世界级功率水准。

7.RDS系列橇装高速天然气压缩机组

针对陆上油气田、海上采油气平台之需而开发的RDS系列,基于天然气密度低、流动阻力损失小、允许气流速度高的优越条件,以高转速、短行程、高活塞平均速度的结构参数,达到压缩机结构高度紧凑、外形小、质量轻、并适于和高转速天然气发动机直联,实现机组橇装化,便于移位且无需电力驱动。中国石油化工集团公司江汉石油管理局第三机械厂,在2001~2003年度所产各型号新产品机组功率900~2 700kW,产品已用于国内各大油气田。

8.天然气汽车加气站用CNG压缩机

重庆气体压缩机厂有限责任公司、安瑞科(蚌埠)压缩机有限公司、中石化江汉三机厂、中石油成都天然气压缩机厂、四川金星环保科技有限公司、华西通用机器公司、无锡压缩机股份有限公司、南京压缩机有限公司、北京京城环保发展有限责任公司、自贡通达机器制造有限公司、自贡山川气体压缩机有限责任公司等企业,在2001～2003年度里均推出了多种型号的CNG压缩机新品种,使我国已完备地拥有常规加气站用、加气母站用、加气子站用这三大类压缩机。

(二)隔膜式压缩机

北京京城环保发展有限责任公司在2001～2003年度,为民用核电站、国防配套派生了新品种隔膜压缩机。京城环保公司是目前我国核电及国防用隔膜式压缩机的惟一供应者。

北京汇知机电设备有限责任公司研制了具有完整自主知识产权、新颖的对称平衡型金属隔膜压缩机。该项技术的创新性,已经机械工业信息研究院科技查新报告证实。功率等级22kW的样机,由北京市机械产品质量监督检验站实测得机组振动11.9mm/s(无基础时)、噪声声功率级89.8dB(A)、比功率0.339kW/($m^3 \cdot h^{-1}$)等指标,均优于现有的其他结构型式金属隔膜压缩机。2003年3月,北京市科学技术委员会组织专家通过了对汇知公司"GD134—30/160型对称平衡型隔膜压缩机"科技成果的鉴定,确认其创新点和填补了我国大型隔膜压缩机品种的空白,认定其技术性能指标为国内领先,接近国际先进水平。汇知公司已获得我国国家知识产业局颁发的此项技术的实用新型专利证书。

(三)特种压缩机

2001～2003年间,压缩机行业的特种压缩机开发与改进要点:

1. 气调保鲜汽车用气体分离机

气调保鲜车在我国基本上是空白。东风柳汽公司立项开发气调保鲜车,其中由柳二空机械股份有限公司负责开发该车气调核心部分——气体分离机。该气体分离机性能优良、分离效率高、可分离出高浓度的N_2和O_2,并在较宽的压力范围内取得较好的分离效果。该系统匹配好,可使气体分离时工作压力稳定,分离效率高。该系统同时考虑了车箱及整个系统的气流组织,而使保鲜车达到良好的保鲜效果。

2. 无基础、橇装式整体柴油摩托空压机组

该专利技术MT—3.5/7型机组,在同一个整体式机身和曲轴上,配置四冲程、直喷式柴油动力缸和压缩缸各数只,实施单作用、单级压缩、循环水内冷却,包括柴油箱、散热器、启动装置在内,均由双储气罐成橇支承。机组无需减振器,仅以4只支脚即可置于地坪上运行。支脚孔则供叉车移机组用。该无基础机组最适合在野外及水、电不便处提供小流量压缩空气,以驱动凿岩机等。

其容积流量3.5m^3/min、排气压力0.7MPa、压缩机所耗功率22.5kW、动力缸输出功率24kW,比燃油耗≤30g/m^3,机组质量仅800kg、外形仅1 845mm×880mm×1 400mm。

3. 轻便型高压小型空气压缩机组

上海东方压缩机厂在排气压力20～30MPa、容积流量0.1～0.2m^3/min的空压机性能参数范畴里,以VF—206、VF—0.1/200、VF—312三个基本机型的改进型为基础,开发了用于消防、汽车、检测及旅游行业的轻便型高压小型空压机组系列产品。其中,VF—206型、VF—0.1/200型已通过军工认证,成为军工定型装备配套用压缩机。

4. 66—10—6型电动高压空压机

沈阳气体压缩机股份有限公司研制的该型空压机,通过了海军和国家经贸委军工办组织的产品鉴定。与会专家一致认为该机在可靠性、可修性、减振降噪及自动保护、监控等主要方面达到或接近国际水平。

5. 医用氧气增压机系统、食品保鲜氧气增压机系统、消防水喷淋预作用系统专用压缩机装置。由南京市华冠压缩机有限公司开发成功。

(四)新产品研发的经济效益

柳州压缩机总厂在2001～2003年间,年均开发新产品15项,新产品销售额达1 500万元/年。

潍坊生建集团2001年压缩机新产品开发56种(包括LG—10/8.6型螺杆压缩机,氧压机DW—6.8—6—8型氢压机、MW—83/10型火炬气压缩机等石化系列压缩机);2002年新产品开发59种(新产品29种,变型产品30种)。其中,6MD—180—320型氮氢气压缩机当年实现销售产值2 400余万元,氧气压缩机试制成功57m^3/min、93m^3/min两种机型,开拓了经济增长点。

五、行业产品技术引进、合作生产情况

压缩机行业产品技术引进、合作生产的代表性企业是:南京压缩机股份有限公司引进瑞典SRM公司的螺杆压缩机设计技术,用于空气介质、制冷工质及工艺流程气体的各种螺杆式压缩机的设计、制造。北京兰天达汽车清洁燃料技术有限公司以由美国艾里尔公司(Ariel Corp)提供天然气汽车加气站用CNG压缩机主机(含常规站用、加气母站用、加气子站用各类型压缩机),兰天达公司总成为橇装CNG压缩机组的方式,实施合作生产,供应国内天然气汽车加气站装备市场。

六、行业产品获奖项目

压缩机行业产品获奖项目主要有:

(1)沈阳气体压缩机股份有限公司4M80—30/20—200—BX型新氢压缩机——2001年获国家"九五"重大技术装备优秀科技成果奖;获中国石油化工集团公司科技进步二等奖;获辽宁省优秀新产品一等奖。

(2)柳州压缩机总厂D—100/8—e型空压机——获国家"九五"技术创新优秀新产品奖;螺杆压缩机技术开发——获国家"九五"技术创新优秀项目奖。

(3)中国石油化工集团公司江汉石油管理局第三机械厂2D4型天然气汽车加气站用压缩机组——2002年获中国石油化工集团公司科技进步二等奖。

七、行业产品科研成果

1. 西安交大流体机械及压缩机国家工程研究中心

中心承担了"863计划"等国家重大研究项目十余项,并开发出具有国际先进水准及自主知识产权的全可控涡三元

流离心压缩机、涡旋压缩机、螺杆压缩机、旋叶压缩机的设计和制造一体化技术且成功地实施了技术转移，在工程化、产品化方面取得了重要进展，社会和经济效益显著。中心完成的国家重大项目有：国家重点工业性试验项目“旋叶式汽车空调压缩机”（国家发展计划委员会）、神舟号无人飞船环境实验用氦气压缩机（中国航天总公司）、国家自然科学基金重点项目“叶轮机械气动问题及优化设计”（国家科技部），国家863专项“燃料电池专用空气压缩机”等等。

中心的全可控涡三元叶轮设计方法，解决了叶轮内全部流动状态控制与叶片光滑可加工之间的矛盾，在设计时采用独特的三元流动逆命题公式，输入叶轮内全部流体质点的“涡”分布，通过计算机数值计算直接得到三元叶片的型面，从而达到控制叶轮内部全部流体质点的速度分布。该方法不仅大大缩短了用于叶轮设计的计算机时（仅为美国北方研究与工程公司[NREC]的1/15—1/20），而且可确保宽叶片或小轴向尺寸条件下设计计算收敛，效率比NREC型三元叶轮提高2%以上，较常规（二元）设计叶轮提高效率8%～10%，流量范围扩大10%～30%，整机效率可达82%～87%，节能2%～10%。

中心研究了涡旋压缩机型线的基本构成，探讨得出“基圆渐开线及其修正形式是最合适涡旋型线”，提出并实现了渐开线不对称的涡旋体结构，解决了加工过程中涡旋体壁厚度控制的难题，提出了“柔性密封与间隙自动补偿结构”，解决了加工精度与装配精度对径向间隙的影响，成为实现工业化批量生产的关键技术；研究了轴向气体力平衡方法，确定了保证径向气体密封和最小摩擦损失的平衡孔开设位置，还设计出可靠的油路结构和油气分离装置，提出了高速无油润滑喷水冷却结构，并用于燃料电池系统；形成了具有自主知识产权的涡旋压缩机设计与制造技术。

2. 上海压缩机有限公司

上海压缩机有限公司的产品科研是针对合成氨生产中螺杆压缩机和活塞压缩机串联运行的可行性实施的。

用螺杆压缩机替代活塞压缩机低压级，可实现氨生产中的螺杆活塞串联压缩。上压公司就此提出了具体实施的四种流程方案。同时，在螺杆压缩机壳体与转子材料的选择、转子各阶梯轴颈加大、采用米契尔推力轴承及可靠轴封等方面皆已具体量化。

八、标准化

截止至2003年底由全国压缩机标准化技术委员会负责制修订的容积式压缩机现行有效标准共71个，各类压缩机标准统计见表4。

表4　各类压缩机标准统计

等级	国家标准(GB)			机械行业标准(JB)		
类　别	基础	方法	安全	产品	零部件	材料
	11	11	3	21	22	3

目前压缩机标准体系已基本完善，近年来除按正常程序修订了一些标准外，以下一些标准的制定或修订将成为关注的重点：

(1)压缩机噪声测量标准　该标准已经完成制修订工作，将把工程法和简易法合并为一个标准，并补充压缩机声压级的确定方法，从而形成一完整的压缩机噪声测定标准；

(2)压缩机振动测量与评价标准　该标准在原《往复压缩机振动测量与评价》基础上，将增补回转压缩机的振动测量方法及评价值，使新标准覆盖整个容积式压缩机；

(3)制定石油天然气工业用往复压缩机标准　该标准将以美国石油学会标准API 618为基础，等效采用相应的国际标准；

(4)涡旋压缩机标准　提出该类机型的参数和制造技术条件；

(5)压缩空气净化装置标准　首先是吸附式干燥器、冷冻式干燥器标准以及压缩空气质量测量标准的制定，以适应该类产业迅速发展之需。

〔撰稿人：中国通用机械工业协会压缩机分会张宝兰〕

真空设备

一、产品发展综述

我国的真空工业从诞生到现在大体经历了两个发展时期，第一个时期从20世纪50年代开始到80年代中期，这一时期是发展的初级阶段，从制造简单的抽气机开始，逐步形成了初具规模的真空工业体系。当时全国生产真空设备的企业不足20家，产品以中低档真空获得设备为主，并生产一些技术含量较低的应用产品，如制镜镀膜机、香烟包装机等。

随着改革开放政策使得中国经济取得骄人成果，我国真空工业借此东风也走上了快速发展时期。从20世纪80年代后期到90年代是中国真空工业发展的第二个时期。这期间，生产企业增加到近300个，从业人员3.5万人。整个真空行业经过“七五”、“八五”的技术改造，整体水平有大幅度提高。从加工条件上讲，加工中心、数控机床、树脂砂铸件生产线等先进的生产设备开始装备企业。从产品上讲，真空获得产品如旋片泵、罗茨泵、滑阀泵、扩散泵等传统产品在质量水平上趋于稳定，过去长期不能解决的噪声、振动、喷油、漏油等情况得到控制和改善。真空获得设备中的干式泵、分子泵也应市场的需求得到一定程度的发展。从应用情况看，20世纪90年代更是快速发展的时期，这期间，我国成功研制开发了ITO膜生产线以及用于各种不同用途的薄膜镀制设备。同时由于这期间我国电子工业的迅速发展，在半导体、集成电路生产工艺中大量使用真空设备，使单晶炉、分子束外延设备、化学气相沉积设备、离子刻蚀机等也得到快速发展，个别产品已接近世界水平（如离子注入机）。

其他如用于电工行业的真空压力浸渍设备、真空树脂浇注设备、气相干燥设备，用于冶金行业的真空熔铸设备和大型建筑玻璃镀膜生产线等在这一时期先后装备了我国各行各业。

在真空测量方面，20世纪90年代我国开发研制了薄膜式真空计、绝对压力规等，大大降低了真空测量误差，对传统的测量仪表也进行了技术改进，以期适应市场需求。

到20世纪90年代末，我国已经形成了门类齐全完整的真空工业体系，担负起了对国民经济各个领域进行技术装备的重任，中国已经有能力生产具有自主知识产权的几乎所有的真空设备。

二、产品分类、特点及构成

真空设备产品可分为5大类：

1. 真空获得设备——产生、改善或维持真空的装置，包括各种获得粗、低、中、高及超高的真空泵和真空机组

(1)机械真空泵：旋片泵、往复泵、滑阀泵、罗茨泵、分子泵和水环泵等。

(2)蒸汽流真空泵：水蒸气喷射泵、油增压泵和油扩散泵等。

(3)气体捕集真空泵：钛溅射离子泵、低温泵、分子筛吸附泵和锆铝吸气泵等。

(4)真空机组：由产生真空、测量真空和控制真空等组件组成的各类机组。

2. 真空应用设备——在真空环境下(低于一个大气压的气体状态)应用的各种设备

(1)真空镀膜机：蒸发镀膜机、磁控溅射镀膜机、离子镀膜机和等离子化学气相沉积装置等。

(2)真空冶炼炉：电阻炉、电子束炉、电弧炉、感应炉和单晶炉等。

(3)真空热处理炉：淬火炉、回火炉、退火炉、渗碳炉、渗氮炉和渗金属炉等。

(4)其他真空设备：冷冻干燥设备、蒸馏设备、提纯设备、浸渍设备、果蔬保鲜设备、运输设备、空间模拟设备、包装机和钢水脱气装置等。

3. 真空测量仪器——测量低于1个大气压的气体和蒸汽压力的仪器

(1)低真空计(测量范围 $10^5 \sim 10^2$ Pa)。

(2)中真空计(测量范围 $10^2 \sim 10^{-1}$ Pa)。

(3)高真空计(测量范围 $10^{-1} \sim 10^{-5}$ Pa)。

(4)超高真空计(测量范围 $< 10^{-5}$ Pa)。

4. 真空检漏仪——检测真空系统或元件漏孔的位置或漏率的仪器

包括高频火花检漏仪、卤素检漏仪和氦质谱检漏仪等。

5. 真空阀门——在真空系统中，用于调节流量、切断或接通管路的元件

包括插板阀、挡板阀、蝶阀、电磁阀、电磁带放气阀、压差阀、球阀、隔膜阀和调节阀等。

三、生产发展情况

2001～2003年，中国通用机械真空设备行业，遵循以企业制度创新、技术创新为主，深化改革、更新观念，尽快建立与市场经济相适应的经营管理机制的方针；在强化企业内部管理和产品结构调整、加大技术改造力度和提高研发能力等方面做了大量工作。使企业管理水平和技术水平有了较大的提高，研发出了一批适合市场需要的高质量新产品。从而进一步扩大了真空技术应用领域，提高了市场占有率。使全行业经济运行质量处于稳定向上发展趋势。

2003年真空设备行业会员单位有78个。其中企业67个，大专院校和科研院所11个。据41个会员单位统计：职工人数10 680人，其中工人与学徒6 935人，工程技术人员1 712人，管理人员2 033人。实现工业总产值(不变价)12.7亿元，工业总产值(当年价)12.2亿元、产品销售收入11.9亿元、出口交货值8 363.2万元，工业增加值3.8亿元，利润总额6 440.3万元，应交增值税6 615.2万元。分别比2001年增长35.7%、26.9%、8.8%、23.3%、19.5%、23%、185.4%和5.7%。

三年来，从真空设备行业总体经营情况看，发展平稳，沉伏不大，2003年完成各项经济指标好于上两年，工业总产值、销售收入和出口交货值有所增加，利润有较大幅度提高。主要原因一是与国内经济全面发展和国外经济复苏有关，从而拉动了市场需求；二是与行业内各企业的产品质量的提高和新产品供应量的增多有关，扩大了市场份额；为行业保持稳定的发展提供了生机。应该指出的是全行业仍有10个企业亏损，其中4个企业连续三年亏损，但亏损额有所下降，向好的方面转变。三年来，真空设备行业企业主要经济指标、骨干重点企业产值完成情况和主要产品产量分别见表1、表2、表3。

表1　2001～2003年真空设备行业企业主要经济指标

年份	工业总产值		工业销售值(万元)	销售收入(万元)	出口交货值(万元)	工业增加值(万元)	利润总额(万元)	应交增值税(万元)	固定资产		流动资产年平均余额(万元)	统计企业数(个)
	不变价(万元)	当年价(万元)							原值(万元)	净值(万元)		
2001	93 338	96 416	100 603	96 096	7 001	30 930	2 257	6 257	122 250	84 167	123 163	43
2002	95 372	95 990	93 076	95 432	5 344	30 707	1 633	5 987	81 721	52 213	105 405	42
2003	126 697	122 364	109 434	118 453	8 363	38 037	6 440	6 615	97 816	62 566	120 257	41

表2　2001～2003年真空设备行业骨干重点企业产值完成情况

序号	企业名称	工业总产值(当年价)			销售产值(当年价)		
		2001年(万元)	2002年(万元)	2003年(万元)	2001年(万元)	2002年(万元)	2003年(万元)
1	沈阳真空技术研究所	1 858	2 069	1 795	1 810	2 069	1 762
2	浙江真空设备集团有限公司	5 047	5 342	5 819	4 543	5 011	6 355

（续）

序号	企 业 名 称	工业总产值(当年价)			销售产值(当年价)		
		2001年(万元)	2002年(万元)	2003年(万元)	2001年(万元)	2002年(万元)	2003年(万元)
3	兰州真空设备有限责任公司	3 784	4 382	5 040	3 930	4 435	5 137
4	淄博真空设备厂有限公司	4 033	4 520	5 243	4 217	4 224	4 586
5	广东真空设备厂股份有限公司	4 321	5 250	5 089	3 572	4 129	4 718
6	北京北仪创新真空技术有限责任公司	6 869	4 609	3 341	6 800	4 567	3 630
7	国投南光有限公司	9 818	7 664	7 648	9 732	6 694	7 363
8	上海曙光机械制造厂	2 555	2 789	3 243	2 481	3 019	3 308
9	上海真空泵厂	2 400	1 791	1 937	2 357	1 967	1 882
10	上海阀门二厂	1 630	1 840	2 161	1 661	1 906	2 063
11	南京真空泵厂	1 004	1 510	1 665	856	1 390	1 251
12	沈阳恒星实业有限公司	1 578	1 260	1 149	1 424	1 320	1 243
13	沈阳市机械三厂	1 357	1 674	1 243	1 304	1 614	1 221

表3 真空设备行业主要产品产量

产 品 名 称	单 位	2001年	2002年	2003年
真空获得设备	台	115 000	130 000	150 000
真空应用设备	台(套)	530	420	620
真空仪表	台	3 400	3 560	4 300

四、新产品、新工艺、新技术发展情况

真空设备行业几年来，为了更好地满足市场需求，扩大市场份额，加大了科技投入，更新工艺装备和测试手段，并改善了设计条件，缩短了新产品开发周期。每年都有许多新产品问世，为企业的发展拓宽了空间、注入了活力。

2001年浙江真空设备集团有限公司研制的ZZ—1800L型高真空卷绕式镀膜连续设备被国家经贸委列为2001年度国家重点新产品、填补了国家空白。研制的SK—25A型水环真空泵、JSQW2500—222型真空机组和LQ—2500型气冷罗茨真空泵被浙江省列为省级新产品。2002年公司研制的LQ—2500型直排大气罗茨泵和"亚硫酸—二甲脂"真空机组被国家认定为2002年度国家级重点新产品。2003年公司开发的H—300A型和H—150E型滑阀真空泵，JZQH—2500—244型超大容器快速抽空系统及JZPZQ—2500—244和JZJZH—600—22A型大型热真空模拟设备的予抽系统分别通过省经贸委和科技厅的鉴定。另外公司还对ZTP—1200型罗茨泵漏油问题的研究，取得重大突破，为推广解决罗茨泵漏油问题提供了技术支持。对H—150D型单级滑阀泵降低噪音的研究也取得初步结果，可降低到80dB。2003年公司开发的9个型号新产品和52套新真空机组实现产值2 100多万元。

2001年兰州真空设备有限责任公司研制成功10项新产品。其中ZR—250—11W型真空炉及K—900C型和K—500C型油真空扩散泵通过省级鉴定。2002年研发出21项新产品，其中2项通过国家鉴定。2003年开发了16项新产品，如JP—1600T型天文镜片真空镀膜机、ZZLD—2000/1.1型锌铝卷绕式真空镀膜机、TS—6型离子火箭真空镀膜舱及JPMD型海绵镍磁控溅射镀膜机通过省级鉴定，每年新产品产值约占总产值40%左右。

2001年淄博真空设备厂有限公司研发出6个系列新产品：2BE系列水环真空泵、ZSY系列水(液)环压缩机、W、WY和WL系列无油真空往复泵和LY、ZLY系列氯气压缩机和PT系列空心桨叶干燥机及PLG系列盘式连续干燥机。这些新产品不仅满足了市场需求，还为企业创造了可观效益，其产值同比增长25.1%。2002年研制的SKA型超大型水环真空泵投放市场后，销路很好。2003年研制成功了SKA153、SKA202、SKA253型(中型)及SKA670型(特大型)水环真空泵和X—15型单级旋片真空泵等，这些新产品的销售收入达1 500万元以上。

2003年上海阀门二厂研制的ϕ800型气动涂氟蝶阀，填补了军工项目空白，已有批量订货；研制的GJQ—63A型、DYC—JQ80型电磁真空带充气阀、GU系列高真空球阀，通过鉴定，并投向市场，用户反映良好；新产品产值达500万元。

2001年上海曙光机械制造厂自行开发的ZZ—2400和ZZB—2500型高真空卷绕式镀膜机，不但配有自动化控温、环保型深冷水蒸气凝结装置，还配有人机界面，在人机界面触摸屏上进行设定，操作通过PLC对设备实现自动控制。该机不但适用复合反光材料和40%左右含水量的纸张镀膜，还可用于各种塑料基材镀膜的生产。尤其是ZZB—2500型机，设备的自动化程度和运行遥控功能及收放卷自动对夹装置达到世界领先水平，是进口设备不具备的；使国内镀膜技术又上了一个新台阶。另外研制的ZZ—1688V(A)型高真空立式双门装饰镀膜机，较好地解决了塑料制件或其他制件表面蒸镀金属即制表面金属化的问题。

2001年北京北仪创新真空技术有限责任公司研制的HLG—350型等离子化学沉积系统是制备非晶硅太阳能电池关键设备。其生产的分室连续沉积系统在国外尚处研发阶段，是工业化生产大型多片装沉积系统中的核心技术。研制的LDSX—1350型低压反应离子镀膜设备、JPGF—600型直流磁控溅射台及ZDF—2A型数字复合真空计均有较高的技术性和先进性，受到广大用户的青睐，广泛用于科研生产。2003年公司又投入500多万元资金，研发了8个新产品；其中HYJ—320型和HYJ—400型化学沉积设备，ZZSX—650型、ZZSX—700型和ZZX—800型真空镀膜机通过有关方面的鉴定；产品的可靠性、稳定性及技术含量都有较高水平。新产品销售收入1 000多万元，占产品销售收入的30%。

2001年广东真空设备厂股份有限公司研发的GTS—1500型磁控溅射镀膜设备和2X—70B型旋片真空泵，分别通过省级鉴定，填补了国内空白。2003年研发出ZS—1300型光学镀膜机、H—70B型单级滑阀泵、Z—320型油增压泵ϕ900真空试验设备和1000纸箱浸渍机等，另就多弧离子和溅射镀铝等五项镀膜工艺上有新的突破，为今后提高镀膜质量打下了坚实的基础。

2002年南京真空泵厂研制的2X—100型双级旋片真空泵是国内真空度最高，抽速最大的一种旋片泵，填补了国内空白。

2003年广东省佛山水泵厂有限公司将产品开发重点转移到具有市场前景、有竞争力、能替代进口的中高档产品及个性化程度高的产品上来，研发了许多新产品，如ISO(KCP)系列单级离心泵和CBF系列水环真空泵等。全年新产品销售值近1.2亿元。

2001年沈阳恒星实业有限公司研制的高纯铝箔真空热处理炉，为提高我国铝箔制品的质量提供了关键设备。2003年研制的Z—800型油增压泵通过市科委鉴定，达到国内先进水平，并研制成功三种系列真空炉用的换热器，即钢管铜片系列、铜管铝片系列和钢管铝片系列，为企业形成新的经济增长点。

2003年衡阳市真空机电设备有限公司研制出新一代磁控卷绕镀膜机，广泛用于电子、信息新材料制造上，单台售价可达100多万元，为企业带来良好的效益。

2001年沈阳真空技术研究所研发的VQS—50高温感应真空烧结炉和VG—2型压力真空计通过市级鉴定，具有国内领先水平。

2001年上海真空泵厂自主开发的ZJ—1500型罗茨真空泵通过鉴定，已批量生产，并为019军工单位研制成功ZJ—15A型舱室取样装置，获得用户的好评。

五、技术改造、技术引进、合作生产情况

早在“七五”期间，真空设备行业就提出解放思想、更新观念，依靠科技进步加快技术改造和技术引进的步伐，提高了技术水平和研发能力，生产具有高附加值市场需要的产品，最大限度满足市场需求的主导思想。为了完成这个目标，行业各企业在更新装备、改进测试条件、进行技术引进和加强合作等方面做了大量工作。为实现行业经济方式根本性转变奠定了良好的基础，现已初见成效。

兰州真空设备有限责任公司的“十五”“双高一优”技术改造项目于2003年3月6日顺利通过甘肃省经贸委组织的验收。在此项目中，从德国、法国和奥地利等国家购进了许多先进设备，如工业用内窥镜、加速器探伤器和热工试验及吸附剂处理的真空炉等，为企业今后发展注入了活力和生机。

上海真空泵厂由国际环保组织和世界银行赠款的CFC项目(CFC—12小型半封闭制冷压缩机替代转换为HCF—22项目)，于1998年启动到现在已引进先进装备价值272.3万美元。引进美国的加工中心2台和3坐标测量仪1台、引进德国的对刀仪1台、引进香港编程仪1台和国内的其他设备。为国内生产环保型制冷压缩机打下了良好基础，也成为企业新的经济增长点。

2003年广东省佛山水泵厂有限公司通过“调整产品结构、提高产品档次、扩大出口技术改造”项目和“开发ISO系列和CBF系列高效节能泵类产品”出口专项技术改造项目已竣工验收。两个项目共投资4 000万元。为企业今后扩大出口创造了条件。

2001～2003年浙江真空设备集团有限公司投资引进了CAPP软件、三维设计软件和投影仪等技术开发管理措施，并投资500万元资金开发研制无油真空系统、超大容器快速抽空系统及大型真空模拟设备予抽系统。这些措施的实施极大的提高了企业管理水平和技术水平，企业的效益得到逐年增长。

2003年北京北仪创新真空技术有限责任公司继续加大技术改造力度，投资更新了加工设备共16种47台。引进日本的龙门五面加工中心、卧式镗铣加工中心及德国的高速、高精度三坐标测量机等，为公司的发展、提高产品质量和研发高、精、尖产品奠定了牢固的基础。

2002年上海凯尼真空设备有限公司引进美国TVS公司技术生产的KT—150型滑阀真空泵、KLRC—200和KLKC—525型双级水环真空泵，其性能指标均达到要求，经双方共同验收，已批量生产。

2003年台州市佳力真空设备有限公司引进英国SYKES公司FL型真空技术生产的泵已得到SYKES公司的认可，并签订合作协议，时效5年。第一批产品已出口英国和菲律宾。

六、科研成果及获奖项目

2001～2003年真空设备分会会员单位科研成果及获奖项目见表4。

表4　2001～2003年真空设备分会会员单位科研成果及获奖项目

企业名称	年度	项目名称	获奖等级	授予单位
浙江真空设备集团有限公司	2001	“天然膜法净化”真空系统	科技进步三等奖	浙江省科技厅
浙江真空设备集团有限公司	2002	“亚磷酸——二甲脂”真空抽气机组	科技进步奖	浙江省科技厅
浙江真空设备集团有限公司	2003	JZJQS1200—221型真空机组	中国机械工业科学技术二等奖	中国机械工业联合会
浙江真空设备集团有限公司	2003	ZJP2500型真空罗茨泵	科技进步三等奖	浙江省科技厅
兰州真空设备有限责任公司	2002	KC系列高真空油扩散泵	机械工业科技进步一等奖	甘肃省
兰州真空设备有限责任公司	2002	JPTD型平面磁控卷绕镀膜机	中国机械工业科技成果二等奖	中国机械工业联合会
兰州真空设备有限责任公司	2003	KC系列高真空油扩散泵	中国机械工业科技成果三等奖	中国机械工业联合会
广东省佛山水泵厂有限公司	2003	ISO(KCP)系列单级离心泵	中国机械工业科学技术进步三等奖	中国机械工业联合会
广东省佛山水泵厂有限公司	2003	CBF系列水环真空泵	中国机械工业科学技术进步三等奖	中国机械工业联合会

（续）

企业名称	年度	项目名称	获奖等级	授予单位
沈阳真空技术研究所	2001	冷坩埚真空感应凝壳炉	科技成果奖	沈阳市科委
沈阳真空技术研究所	2001	大型真空烧结炉	科技成果奖	沈阳市科委
沈阳真空技术研究所	2003	RVS—554 型高温电阻真空炉	科技成果奖	中国机械集团公司
广东省真空设备厂股份有限公司	2003	ZPT—64 型真空排气台	科学技术进步二等奖	肇庆市
广东省真空设备厂股份有限公司	2003	ZSX—1200 光学镀膜设备	科学技术进步三等奖	肇庆市
淄博水环真空泵厂有限公司	2003	2BEC 系列水环真空泵	科学技术进步二等奖	淄博市

七、质量与认证

多年来，真空设备行业始终坚持以质量求生存求发展的路子，开展了多种形式的质量意识教育活动，制定了若干质量保证措施。如行业在 2001 年 5～10 月对量大面宽的真空获得产品执行标准情况进行了性能测试，共检测了 7 个省市中 16 个企业生产的 4 个品种 20 多个规格的产品。2002 年国家真空设备质量监督中心又对 12 个企业送检产品进行了检测。各企业也根据自身情况建立起有效地质量管理体系和质量考核制度。使行业产品质量逐年提高，取得了用户的信赖和市场的认可，扩大了市场拥有量。

目前重点企业大都通过了 ISO9001 质量体系认证，其他企业也都参照 ISO9001 标准进行生产。取得认证的企业有：上海真空泵厂、广东真空设备厂股份有限公司、浙江真空设备集团有限公司、沈阳恒星实业有限公司、北京北仪创新真空技术有限责任公司、淄博真空设备厂有限公司、兰州真空设备有限责任公司、国投南光有限公司、沈阳真空技术研究所、中科院沈阳科学仪器研制中心有限公司、上海阀门二厂、衡阳市真空机电设备有限公司、淄博水环真空泵厂有限公司、宁波爱发科真空技术有限公司、广东省佛山水泵厂有限公司、沈阳市真空机械三厂等。另外获省名牌产品和著名商标的企业有：浙江真空设备集团公司生产的“ZZ”牌真空泵被浙江省质检局认定为名牌产品，被省工商管理局认定为著名商标；淄博真空设备厂有限公司生产的“双山”牌真空设备被山东省“名牌产品推进委员会”认定为省名牌产品；广东省真空设备厂股份公司生产的“中环”牌真空泵被评为广东省名牌产品。另外，兰州真空设备有限责任公司被甘肃省评为“质量管理小组活动优秀企业”。该公司董事长尚心德同志被授予 2002 年全国质量管理先进工作者。

〔撰稿人：中国通用机械工业协会真空设备分会孙 京〕

干燥设备

一、生产发展情况

2003 年干燥设备行业协会共有会员单位 73 个，其中企业 67 个，大专院校 1 个，科研院所 5 个，全行业从业单位基本上与 2002 年持平，包括小型和兼营在内有 300 个左右。统计 21 个重点会员企业，2003 年工业总产值（当年价）为98 783万元，同比增长 21.97%，其中出口交货值5 220万元，同比增长 69.10%；工业销售产值为86 315万元，同比增长 16.41%；销售收入85 194.1万元，销售成本65 199.95万元；利润总额为8 088.41万元；工业经济效益综合指数按统计企业数平均为 184.49%。2003 年全行业工业总产值（当年价）约为230 000万元，全行业工业销售产值可达200 000万元。据统计在册的会员企业单位分析，2003 年干燥设备行业部分骨干重点企业产值完成情况及主要经济指标见表 1；2003 年干燥设备行业销售收入前 10 名企业见表 2；2003 年干燥设备行业出口额前 9 名企业见表 3。

表 1　2003 年干燥设备行业部分骨干重点企业产值完成情况及主要经济指标

企业名称	工业总产值（当年价）（万元）			销售收入（万元）			利润总额（万元）		
	2003 年	2002 年	增长率（%）	2003 年	2002 年	增长率（%）	2003 年	2002 年	增长率（%）
江苏范群干燥设备厂	15 890	9 800	62.1	15 242	7 147	13.3	1 919	1 177	63.0
上海远东制药机械总厂	8 197	8 173	0.3	7 664	6 885	11.3	1 581	178	88.2
江苏东台食品机械厂	6 500	6 800	-4.4	6 070	6 475	-6.3	240	621	-61.4
无锡林洲干燥设备厂	5 500	4 500	22.2	5 006	4 300	16.4	385	344	11.9
铁岭精工机械有限公司	5 031	5 529	-9.0	6 238	4 130	51.0	106	94	12.8
常州市一步干燥设备厂	4 836	3 615	33.8	4 576	3 368	35.9	422	175	41.1
辽宁省开原立达集团公司	4 164	2 289	81.9	3 621	2 166	67.2	714	463	54.2
成都望江干燥设备厂	1 630	1 870	-12.8	1 554	1 780	-12.7	8	84	-90.5
哈尔滨东宇农业工程机械公司	1 357	1 301	4.3	1 351	1 298	4.1	97	94	3.2
青海 3419 干燥设备在限公司	1 279	1 228	4.2	1 279	1 529	-16.4	147	2	9 087.5
杭州钱江干燥设备有限公司	747	730	2.3	682	660	3.3	53	56	-5.4

表2 2003年干燥设备行业销售收入前10名企业

序号	企 业 名 称	销售收入（万元）
1	江苏省范群干燥设备厂	15 242
2	天华化工机械及自动控制研究设计院	11 280
3	上海远东制药机械总厂	7 664
4	铁岭精工机械有限公司	6 238
5	东台食品机械厂	6 070
6	淄博真空设备厂有限公司	5 192
7	无锡林洲干燥设备厂	5 006
8	常州市一步干燥设备厂	4 576
9	无锡市昂益达干燥设备厂	4 080
10	辽宁开原立达(集团)公司	3 621

表3 2003年干燥设备行业出口额前9名企业

序号	企 业 名 称	出口额（万元）
1	天华化工机械及自动控制研究设计院	1 908
2	溧阳正昌干燥设备有限公司	850
3	东台市食品机械厂	680
4	常州市一步干燥设备厂	675
5	无锡林洲干燥设备厂	500
6	江苏范群干燥设备厂	196
7	铁岭精工机械股份有限公司	195
8	常州市振兴干燥设备厂	170
9	淄博真空设备厂有限公司	46

二、市场及销售

干燥设备行业在2003年生产有所增长，企业销售收入同比增长21.1%，行业综合经济效益增长较快，经济运行质量逐年提高。2003年从业单位与2002年相比基本保持平衡，在市场经济的竞争环境下，适应市场发展的企业得到了生存和发展，现有从业单位一半以上都有较稳定的市场领域和份额。2003年干燥设备的市场仍处于稳定发展的趋势，而且在逐渐走向成熟，企业不断发展有针对性的不同市场、不同领域的产品，从而发挥专长和优势，扩大市场范围，使产品市场获得不断巩固和发展。

铁岭精工机械有限公司通过产品创新，结合国际先进技术，开发了高效节能的粮食干燥设备，在中国粮食流通项目国际招标及国家储备库招标项目中多次中标，深受广大用户的信赖。生产的各类工业干燥产品和自动化立体仓库广泛应用于各行各业，产品已销往除台湾以外的全国各省、市、自治区，并出口泰国、印尼、日本等国。

常州市一步干燥设备厂素以产品制作精良而著称，“一步”牌干燥设备已成为众多用户的首选品牌，产品覆盖全国。研制生产的多功能系列包衣机、二维运动混合机和沸腾制粒机，在制药、食品、化工等领域得到很好的应用，其中各种沸腾制粒机年产约150台(套)，市场占有率为20%～30%，并远销美国、日本、俄罗斯、中国香港、中国台湾等20多个国家和地区。工厂年产值平均以25%速度递增，每年出口产值一直在同行业中处于领先地位，成为具有“自营进出口权”的企业。

石家庄工大化工设备有限公司是一家集科研、开发、设计、制造、服务于一体的民营科技企业，其主导产品盘式连续干燥器是通过吸收国外先进技术后自主开发的新型干燥设备，广泛适用于化工、制药、农药、食品、饲料、化工建材等行业，系列产品目前销往了除宁夏、海南两省外的全国各地，且大多为国有大中型企业、上市公司和科研单位，如齐鲁石化集团、清华紫光集团、兰花科创公司等，在国内的同类产品中拥有较高的市场占有率。

山东天力干燥设备有限公司生产的埋管式内加热流化床干燥机广泛应用于镁盐、碱、过碳酸钠等物料的干燥，在国内具有较高的市场竞争力，主要用户有内蒙古吉兰太实业公司、伊化集团公司、浙江上虞洁华化工集团有限公司等。另外公司生产的小型喷雾干燥机填补了国内小型试验喷雾实验装置的空白，产品被各大院校、制药企业应用，并远销东南亚、美国等国家和地区。

青海3419干燥设备有限公司是军转民的企业，生产的压力喷雾造粒系列干燥设备与系列燃烧炉、各式除尘置、工业烟气脱硫设备，均为在消化和吸收国内外同行的先进技术的基础上，扬长避短，研制开发的产品，满足了用户对设备的需求，得到用户的一致好评。

兰州瑞德干燥技术公司是一家具有较高科研开发能力的技术密集型企业，曾担任过多项国家科技部、经贸委及中石化公司科研课题的开发工作。在重大设备国产化研制攻关方面取得过突出业绩，如中石化组织的燕山石化公司转鼓结片机的攻关，大连4万t/a聚丙烯装置粉末加热器，聚烯烃掺混料仓，齐鲁7万t/a聚丙烯装置蒸民器、氮气加热器，扬子7万t/a聚丙烯装置蒸汽管回转干燥机等项目，都获得成功。

总体来说，2003年干燥行业的生产和销售运行良好，较上年均有不同程度的增长。

三、产品概况

1. 产品分类、特点及构成

干燥设备在我国的商品化生产作为一个行业的形成起始于20世纪60年代，80年代后期起迅速发展，据不完全统计，我国从事干燥设备商品化生产(含兼营和专营)的企业总数达300家左右。其中，分布在江、浙、沪地区的企业可达30%以上，小型企业比例占80%以上，属于机械行业内的企业占30%，其他主要分布在制药机械、化工机械、食品机械、粮食加工及农副产品加工机械及矿山冶金、林产品、轻工陶瓷等设备加工行业及此类设备的应用领域，其中，在制药、化工、轻工、陶瓷、粮食及农副土特产品加工领域的干燥设备生产企业占我国干燥设备生产企业总数的40%左右。

我国商品化生产的干燥设备在20世纪60～70年代初主要品种是以电热干燥箱为主，自70年代后期起开始参照引进国外产品以自己生产或合资合作生产方式逐步扩大产品品种。到目前为止，在产品种类上，国外已正式生产的主要干燥设备我国都能自己生产。我国生产干燥设备的主要重点产品有振动流化床干燥机、喷雾干燥机、气流干燥机、真空冷冻干燥机、沸腾干燥机、带式干燥机、管束式干燥机、耙式干燥机、转筒干燥机、滚筒干燥机、空心桨叶干燥机、盘式干燥机、涡轮干燥机、旋转闪蒸干燥机、干燥箱等具有较大应用领域范围的干燥设备及谷物干燥机、木材干燥机、食用菌干燥机、茶叶干燥机、纺织品干燥机、压缩空气干燥机、棉籽干燥机等专用干燥设备。传统的能耗高的老式干燥设备已逐步被新型的高效节能干燥设备所代替，如曾经占干燥领域重要位置的普通电热烘干箱已逐渐被近10年来迅速发展起来的热风循环烘箱(含真空热风循环烘干箱)所代替，干燥设备的成套供货水平和能力也已大大加强，主要配套设备的热源系统的燃油、燃气、燃煤炉及热交换器的技术水平都有明显提高。我国曾经不能生产的具有蒸汽灭菌等功能的真空冷冻干燥机，上海远东公司已开发成功，并投入生产。每小时蒸发水分量10t以上的大规格喷雾干燥机已开始研制。干燥设备正由过去的高耗能、低效型向低耗能、节能型的产品发展。

2. 产品发展综述

由于干燥设备的应用面很宽，随着各领域的经济发展，对干燥设备的需要量也将随之加大，因此从总体而言干燥设备的发展前景良好。

国内市场，主要领域仍在制药、化工、农林土特产品、粮食、轻工食品等行业，其中，粮食烘干，特别是水稻、小麦和各类种子烘干设备(每小时处理量5t以下机型)需求将逐步提高；化工产品干燥设备需求每年预计在3 000台(套)以上；农林土特产品加工需要量预计在2 000台(套)以上；轻工食品行业需要2 000台(套)以上。在品种上，仍以热风加热的常压干燥、真空干燥为主，食品和制药行业需要的大规格真空冷冻干燥设备将增加，功能组合型的干燥设备将逐步受到欢迎，提高自动控制水平、耐腐蚀能力、良好可靠性和节能的干燥设备是行业的期望。

国外市场，主要出口产品是真空干燥、振动干燥、中小型粮食干燥、食品干燥及农林土特产品的干燥设备。出口方向除在东南亚及一些发展中国家将明显扩大出口量外，由于产品价格的优势，对一些发达国家，如俄罗斯、日本、美国、英国等的出口量将逐步增加，预测到2005年每年出口量可达100台以上。

在买方市场条件下，我国入世之后，预测我国生产的常规干燥设备仍可在我国国内市场总份额中占95%以上，而技术领先、产量大的、能耗低的先进设备的进口量仍将居高不下。在国内、国外市场中我国产品的主要竞争对手仍将是丹麦、瑞士、英国、德国、日本、美国。

今后的发展方向是：

(1)充分做好在国内对已成熟应用物料所需干燥设备的按期限保质使用，认真组织对尚待解决的干燥难度大的物料的工艺攻关研究，不断提高产品质量，不断扩大干燥设备的应用范围。

(2)节能、环保的产品有待开发。随着环保的要求日益严格，过去的产品将不能适应需求，因此产品的环保水平显得越来越重要。需要加大科研力度，积极开发。

(3)扩大国际交流和技术合作，引进先进技术，尽快提升我国干燥设备的技术含量，适应加入WTO后的发展需要。

(4)认真积极组织国际市场开发，扩大出口创汇，扩大我国干燥设备在国外市场的影响和知名度。

(5)做好售后服务，为用户解决应用工艺的技术问题，不断提高我国生产干燥设备的开动率和产品的寿命周期。

行业发展的主要目标是：

(1)总量目标：国产干燥设备国内市场占有率到2005年达90%以上，2010年达95%以上；干燥设备产值2005年达到25亿元，2010年达50亿元；销售额2005年达22亿元，2010年达30亿元；主要产品产量2005年5万台(套)，2010年达6万台(套)；行业发展速度每年增长8%；出口创汇2005年达1 500万美元，2010年达2 300万美元。

(2)结构调整目标：产品结构由单一功能向功能组合发展，其中喷雾—造粒—流化干燥、反应—过滤—干燥、分离—洗涤—干燥实现由研制到正式生产；振动流化床干燥机逐步扩大服务领域和品种；喷雾干燥发展喷雾量大于10t/h的机型，努力争取高转速的电动离心喷雾头的稳定可靠投入使用；冷冻干燥机对30m^{2}以上规格扩大使用领域，实现蒸汽灭菌、自动取样、封盖功能冻干机的国产化，提高其自控水平和可靠性水平；谷物干燥加强干燥—仓储成套化。在技术结构调整上，建立几个企业技术中心，全面促进CAD、CAM的应用，促进科技成果和专利项目的生产化，促进产品技术含量的提高。充分发挥重点骨干企业开发新产品、扩大新领域中的作用，瞄准世界先进技术进行开发。

(3)质量和效益目标：干燥设备产品出厂合格率要达到100%，主要干燥设备主机可靠使用寿命不低于国外同类产品，能耗不高于国外同类产品，产品外观质量及耐腐蚀性能达到20世纪90年代末期国际水平。

全行业总体利润年增长幅度不低于8%，资金使用率提高20%，亏损企业数逐年减少。

3. 新产品、新工艺、新技术开发情况

与国外水平对比，近期在干燥设备新产品开发上，完成了大规格用于蔬菜、土特产品的50～100m^{2}真空冷冻干燥机并已通过了鉴定，载体流化床、带自清理装置的滚筒干燥机、大颗粒尿素等用的喷雾造粒流化床干燥机均已正式投入批量生产，大型火电厂烟气脱硫用的大型喷雾干燥设备曾获部级科技进步一等奖，新型的圆塔式粮食干燥机已通过投产鉴定，上述产品均已达到国内先进水平。纳米材料干燥已取得一定进展，微波干燥在实际中已有应用。近年来，先后有浙江尔乐干燥设备厂的压力喷雾干燥机、四川成都望江干燥设备厂的喷雾干燥机、无锡林洲干燥设备厂的离心喷雾干燥机、江苏星轮高速机电设备制造公司的电动喷雾头、上海医用分析仪器厂的真空冷冻干燥机等十余项产品被分别列为国家级或省级新产品、高新技术产品及优秀新产品。杭州钱江干燥设备有限公司通过与浙江大学、浙江工业大学、天津轻工学院等高校、科研单位进行科技合作，利用高校、科研单位的科技力量和多学科交叉的综合优势，在新技术、新设备开发与产品革新上取得了长足的发展。相继开发了旋转内加热流化床干燥机、耙散卧式流化床干燥机、沸腾制粒干燥机、粗颗粒喷雾造粒干燥机、惰性粒子流化床干燥机、酵母三级干燥机、流化床循环结晶器等新产品，受到了用户的好评。

4. 产品获奖情况

近年来，我国干燥设备产品质量迅速得到提高，主要干燥设备的主要性能指标基本达到或接近国外同类产品水平，如常州一步干燥设备厂等一批企业通过几年的努力，产品外观质量明显地缩小了与国外产品的差距，获得了用户的好评，铁岭精工等十几家企业获得了 AAA 资信证书，企业的质量意识加强，在行业协会曾经举办的贯彻 GB/T1900 质量保证体系标准讲座之后，先后已有铁岭精工机械有限公司、3419 工厂、常州一步干燥设备厂、淄博真空设备厂、林洲干燥设备厂、江苏振兴干燥设备厂、苏州自力干燥设备厂、江苏范群干燥设备厂、无锡昂益达干燥设备厂、兰州瑞德干燥技术有限公司等近 30 家企业已经获得采用 GB/T19000 的认证证书。近年来，据不完全统计，有江苏太仓工业搪瓷厂的真空双锥回转搪玻璃干燥机、无锡林洲干燥设备厂的离心喷雾干燥机、铁岭精工机械有限公司的谷物干燥设备、沈阳化工研究院的旋流喷动干燥机等近 20 个单位的 38 项产品先后分别获国家精品、中国名牌产品、国家级科技进步奖、省市级科技进步奖、中国国际新技术名优产品博览会金奖、中国金榜技术与产品博览会金奖、中国专利技术博览会金奖、全国星火成果展销洽谈会金奖、埃及金字塔奖、省节能杯交易会金奖、星火国际博览会优秀项目奖等奖励。

四、质量及认证

2003 年行业协会统计的单位均通过了 ISO9000 认证或通过复查。江苏常州一步干燥设备有限公司荣获江苏省知名品牌、常州市知名商标、中国质量万里行全国先进单位、打假维权无投诉优秀品牌、常州市免检企业、质量诚信企业等称号，企业资信为 AAA 级。

江苏正昌干燥设备有限公司生产经营规范，注重产品质量，建立了完善的质量管理制度，在质量技术监督部门组织的统检、抽检中均为合格，未出现质量事故，被评为“质量信得过单位”，公司还具有完善的售后服务体系，在全国范围内建立 20 多处售后服务站。

无锡昂益达干燥设备厂以信为本，以质取胜，被锡山市评为“科技明星企业”、“重合同守信用企业”。

江苏省范群干燥设备厂完成了 ISO9001:2000 版的质量体系认证。企业主要产品均执行高于国家(行业)标准的企业(内控)产品标准，设有完善的服务体系，免费为用户安装调试，积极走访用户，维修在 24 小时内到达，用户满意度高达 99%。

2003 年 12 月成立了新一届的干燥行业标准化技术委员会，确定了今后标准化工作的目标，积极采用国际标准，促进企业技术进步，提高产品质量，增强企业活力，提高市场竞争能力。

五、管理及改革

1. 行业国有企业的改制、重组、并购情况

全行业有 50% 的国有企业进行了改制、重组，即由原来的国有制改变为股份制(国有控股国有资产占股份的 51% 其余股东占 49%)，有的国有企业变成了民营企业。企业内部在广泛进行调查研究，认清公司外部环境和内部条件，充分进行各项准备工作的基础上，在组织机构、用工制度、分配制度、干部调整等方面进行了配套改革。全行业改制、重组的国有企业主要有：铁岭精工集团股份有限公司、三门峡金渠集团化工机械(原三门峡化工机械厂)、哈尔滨东宇农业机械有限公司、锡山市林洲干燥设备厂、3419 干燥设备有限公司、江苏星轮高速机电设备制造公司、山东天力干燥设备有限公司、沈阳龙华干燥设备公司等。国有企业改制、重组后，有的企业又吞并收购了一些企业，如铁岭精工集团股份有限公司，并购了铁岭有色厂的铝材分厂，成立了铁岭市铝材加工厂等。

部分干燥设备行业生产企业在 2003 年里进行了改革、改制。

(1)原解放军 3419 工厂改为青海 3419 干燥设备有限公司，公司在改制后，经济效益明显提高，在 2003 年统计的单位中综合指标排名第一，改制的效果显著。

(2)东天力干燥设备有限公司原为山东省科学院能源所热能室，经改制后，作为技术型企业，公司以市场为导向，开发了大量的干燥和造粒设备，这些产品大部分列入了国家、省、厅局级科技攻关计划，经过科技成果鉴定，达到国内先进以上水平，公司产品的市场占有率也有较大提高。完成了面向市场的转变。

(3)常州武进明星干燥设备有限公司是由原常州市明星干燥设备厂改制而成立的股份制企业，在引进和培养技术人员方面加大力度，同时聘请著名教授，为公司的技术力量提供了保证，为开发新产品提供了保障，使企业迅速做大做强，在强手如林的企业竞争中开发特色产品，保持你强我更强的竞争优势，开发研制出他人不能生产的大型设备以及专业性较强的设备，在做大做强产品的同时，做大做强企业。

2. 对外合资合作情况

行业多数重点企业与国外企业签订了不同形式的合资合作项目。哈尔滨东宇农业工程机械有限公司，为了加速企业的发展，增加新的经济增长点，在搞好谷物干燥技术的同时，近几年积极寻求开展新的生产门路，经过市场调研，根据国家建设部提出的要限时禁止使用实心粘土砖，提倡大力发展新型墙体材料的市场变化。2003 年公司引进俄罗斯西里贡公司研发的新型墙体建材“免蒸压混凝土气泡砖”专利技术，成立了中外合资合作企业“哈尔滨东宇建材有限公司”，俄方以技术出资占 25% 股份，东宇公司投入资金 112.5 万元占 75% 股份，现已投入试生产；江苏东台食品机械厂与印尼一家公司合资成立了东台东雅轻工机械有限公司；铁岭精工集团股份有限公司与日本泰和株式会社合资成立了铁岭精泰制米有限公司。

通过合资合作给企业注入了新鲜血液，加快了企业的建设步伐。促进了技术的进步与效益的提高。

〔撰稿人：中国通用机械工业协会干燥设备分会杨怀宇〕

减变速机

一、生产发展情况

2003年中国通用机械减变速机行业协会有会员单位61个。其中企业单位58个、大专院校2个、研究所1个。根据2003年全行业上报的40个企业统计资料统计，全行业现有职工13 150人。其中工程技术人员1 546人，工人与学徒8 465人。拥有固定资产（原价）99 235.9万元，比上一年增长5.3%，年末40个企业金切机床拥有量4 420台，锻压设备为103台。2003年中国通用机械减变速机行业协会40个企业全行业职工人数、工资总额见表1。

表1　2003年中国通用机械减变速机行业协会40个企业职工人数、工资总额

企业数（个）	全部职工年末人数（人）					全部职工全年平均人数（人）	工资总额（万元）
	总计	其中					
		工人与学徒	工程技术人员	管理人员	其他		
40	13 150	8 465	1 546	1 510	1 499	12 979	21 642

减变速机行业企业紧紧围绕以市场经济为中心，抓市场营销，调整产品结构，加大技术改造力度和资金投入，抓质量，降成本，注重品牌意识，树立企业形象。2003年全行业企业的发展出现了前所未有的良好势头，各项经济指标均有较大幅度增长，经济运行结果令人鼓舞。2003年根据40个企业统计完成工业总产值（当年价）231 845万元，比上年增长24.1%；工业增加值61 926.9万元，比上年增长41.3%；利润总额12 643.1万元，比上年增长76.2%；2003年中国通用机械减变速机行业协会40个企业基本情况见表2。

表2　2003年中国通用机械减变速机行业协会40个企业基本情况

企业数（个）	工业总产值			工业增加值（万元）	产品销售收入（万元）	产品销售税金及附加（万元）	利润总额（万元）
	当年价（万元）	不变价（万元）	比上年增长（%）				
40	231 845	231 267	24.1	61 927	220 535	2 795	12 643

固定资产		流动资产		流动负债		所有者权益（万元）	全员劳动生产率（元/人）
原价（万元）	净值年平均余额（万元）	合计（万元）	年平均余额（万元）	合计（万元）	年平均余额（万元）		
99 236	56 799	109 330	98 353	116 918	111 797	95 453	47 594

经过分析40个企业的统计资料，2003年全年工业总产值、工业增加值，比上年呈两位数增长，特别是利润总额增长的幅度较大，为76.2%。有5个企业出现不同程度的亏损，占40个企业的12.5%，比上年亏损企业减少2个。2002年7个企业共亏损421.4万元，2003年5个企业共亏损536.4万元，比上年增亏115万元。2003年减变速机行业协会40个企业达到了前所未有的发展，各项经济指标均以两位数的速度增长，企业的经济效益大幅度提高。

二、产品分类及发展情况

（一）产品的发展概述

减变速机行业协会的产品发展，以市场为导向，大体上经过三个阶段。第一阶段产品单一，基本上是摆线减速机。第二阶段产品发展五大类，即：摆线减速机、齿轮类减速机、蜗轮蜗杆减速机、无级变速器、电动滚筒。这五大类产品中以摆线减速机及无级变速器为主导产品，齿轮类品种很少。到第三阶段这五大类产品发生了巨大变化，产品总量大幅度递增。产品品质及其技术含量有了重大突破，如摆线减速机研制出8 000系列不但整机性能达到国际一流水平而且是节能型产品，和原规格相同的机型其承载能力高出1~2个等级。还研制出小机型的铝合金产品。产品品种大量增加如齿轮类在齿形上有圆柱直齿、斜齿、伞齿、螺旋齿等。规格型号数以万计非常繁多，五大类产品都有自身不同的系列，每个系列中都有众多的型号，各型号下又有相当多的速比，输入方面再配上不同的极数的电机就有数以千百计的输出转速，除此以外还可配上10多种特殊用途的电机及制动装置。在安装形式和安装方位上突破了卧、立两种形式高达几十种以上。不仅如此，上述五大类产品除滚筒外还可以互相组合又衍生出很多系列。

（二）产品分类

从产品发展概述上看，面对如此复杂的类别、品种、系列、型号、规格。我们对产品的分类按使用不同，分别以平行轴类、同心轴类、垂直轴类、直交轴类来分类。现分述如下：

1. 平行轴类

（1）斜齿轮类型中产品代号有：

P系列：P—底脚安装平行轴斜齿轮减速机。PA—空心轴安装平行轴斜齿轮减速机。PF—法兰安装平行轴斜齿轮减速机。PAF—法兰空心轴安装平行轴斜齿轮减速机。它们的输入端直联电机的类型有Y—Y系列普通型三相异步

电动机；V—变频调速三相异步电动机；C—YEJ—电磁制动三相异步电动机；A—增安型三相异步电动机；B—隔爆型三相异步电动机。

C系列：C—底脚安装斜齿轮减速机。CF—法兰安装斜齿轮减速机。其输入端直联电机类型同P系列。

TF系列平行轴斜齿轮减速机，其输出转速在0.1～752r/min；输出扭矩可达17 000Nm，电机功率0.18～200kW。

C系列一级斜齿轮减速机其配套电机功率0.12～132kW，减速比1.6～6.4。

F系列三级斜齿轮减速机其配套电机功率0.12～90kW，减速比8～86.7。

TR系列斜齿轮硬齿面减速机其输出转速0.05～740r/min，输出扭矩高达15 000Nm，电机功率0.18～132kW。

(2)其他类型的产品代号有：

JZQ圆柱齿轮减速机。硬齿面减速机。悬挂式齿轮减速机。

TF系列平行轴斜齿轮减速机与无级变速机组合。此系列中的无级变速机输出速比为1:1.45～1:7.25。当其功率为0.18kW时，输出转速1.2～236r/min，当功率为0.25kW时，输出转速1.2～239r/min，当功率为0.37kW时，输出转速1.00～239r/min，当功率为0.55kW时，输出转速1.1～263r/min，当功率为0.75kW时，输出转速0.9～263r/min，当功率为1.1kW时，输出转速0.9～368r/min，当功率为1.5kW时，输出转速1.3～368r/min，当功率为2.2kW时，输出转速1.4～376r/min，当功率为3kW时，输出转速为1.4～97r/min，当功率为4kW时，输出转速为1.4～367r/min，当功率为5.5kW时，输出转速为1.6～123r/min，当功率为7.5kW时，输出转速为1.9～337r/min。

TC型平行轴齿轮减速机。其型号有04、06、08、10、12、14、16、20、25，装配型式分轴装P、H空心轴收缩盘式、B5法兰安装P空心轴式或收缩盘式、B5法兰安装元柱轴伸式、底脚安装P、H空心轴式、底脚安装收缩盘式轴伸式。

ZJ系列轴装式齿轮减速机的装配型式按空心输出轴端分为闷盖(M)和通盖(T)，输出端的旋转方向有双向(L)，顺时针单向(S)，逆时针单向(N)，输入轴装配型式分为右装(Ⅰ)和左装(Ⅱ)。它的机型号有ZJ63、ZJ100、ZJ160、ZJ250、ZJ400、ZJ630。公称传动比在每个机型号下分别为10和16。另外，有ZJY系列轴装式齿轮减速机，此系列系硬齿面，机型号有ZJY(75、90、106、125、150、180、212、250、300)。

2. 同心轴

(1)摆线减速机　产品有更新换代的X8000系列摆线减速机、X、B系列摆线减速机、微型摆线减速机、精密铸铝微型摆线减速机、非标摆线减速机。摆线减速机是一种应用行星传动原理，采用摆线齿形实行针齿啮合传递动力的结构，它是一种设计先进，结构新颖的减速机构，因此它可以广泛应用于各种传动形式。它的传动装置可分为三部分：输入部分、减速部分、输出部分。它有优越的特点：传动比大。一级减速机传动比为1/6～1/87；二级减速机传动比为1/99～1/5133；三级减速机传动比为1/5841～1/658503。传动效率高：由于该机啮合部位不同于渐开线齿形的节园啮合而是摆线齿形的滚动啮合，所以它的效率在90%以上。体积小、重量轻：由于设计采用行星传动原理，输入和输出同在一条轴线上且与电机直联、所以结构紧凑、体积小、重量轻。故障少、寿命长：由于是滚动啮合，导致在传动过程中形成多齿啮合，不仅如此它的啮合件材质又采用轴承钢。所以在传动过程中不但运转平稳可靠，经久耐用而且具有过载能力强，耐冲击。由于惯性力矩小适用于起动频繁和正反转。拆装简单、便于维修。

摆线减速机外型又分卧式、立式、卧式双轴型、卧式直联型、立式双轴型、立式直联型。具体安装型式多达32种。

更新换代产品X8000系列中单级减速机产品有27种机型，18种速比。双级减速机产品有50种机型、32种速比。它的安装形式分标准安装、倒装、左侧装、右侧装、立装、仰装、卧装共36种形式。功率在0.09～173kW之间，输出转矩6～6 000Nm。输入端可连接电机有YA系列增安型电动机、YB系列隔爆型电动机、Y系列普通型电动机、YEJ系列内制动型电动机、YCT系列电磁调速型电动机、YD系列多速型电动机、IEC系列电动机、NEMA系列电动机、YZ系列起重电动机、直流电动机伺服电动机、步进电动机。

(2)机械无级变速机类　产品有MB、JWB、YMT三个系列转臂行星机械无级变速机，UDL系列行星锥盘无级变速器，齿链式机械无级变速机，白威尔无级变速机，CV差动封闭无级变速机，MBK行星差动无级变速机，带数显全自动调速变速机，MBN精密铸铝无级变速机。

MB及UDL系列转臂行星无级变速机结构简单紧凑、操作方便、受力均匀、跳速灵敏度高、传动平稳、在受冲击载荷或主机逆转时，能精确传动其输出转矩—转速特性曲线是硬特性、变速范围为1:5、输出速比可在1:1.45～1:7.25之间任意变化、调速精度在0.5～1r/min。本机能与摆线减速机、齿轮减速机、蜗轮蜗杆减速机组合实现低速无级变速。

(3)CE斜齿轮减速机　产品的型号有CE32、42、62、72、82、92、102、122、152、162、182。当输入电机为1 450r/min时其输出转速在121～322r/min。电机功率从0.12～132kW。安装方位有9种。

(4)C(CF)系列斜齿轮减速机　产品型号有C(CF)17、27、37、47、57、67、77、87、97、107、137、147共12种。C型的安装形式有6种，CF安装型式有3种(C表示底脚安装、CF表示法兰安装)。输入直联电机类型是Y系列电动机，变频调速电动机，电磁制动电动机，增安型、隔爆型电动机。

3. 垂直轴

(1)B系列斜齿轮伞齿轮减速机　输入电机功率(4级)在0.18～160kW之间共25种(还可以配6级及8级电机)。传动比范围在5～164之间。安装连接形式有底脚安装、空心轴安装、法兰空心轴安装。亦可提供花健空心轴，销紧盘空心轴。每种连接形式又有六种安装方位。

(2)斜齿轮蜗轮蜗杆减速机　分 WA 系列(输出为轴装式),WF 系列(输出为轴伸式)。可同齿轮装速机,摆线减速机组合。当蜗杆转速1 500r/min时可正反运转。输入电机功率在 0.18 ~ 15kW 之间共 14 种。

(3)W 系列蜗杆减速机　减速比 13.5 ~ 39 共约 16 种速比。功率 0.25 ~ 4.0kW。机箱为铸铁。另外还有方箱铸铝机箱。其代号为 NMRV 系列,如带输出法兰有 F1 和 F2 两种。W 或 NMRV 系列,均可无级变速机组合。

(4)TS 系列斜齿—蜗杆蜗轮减速机　它的机型有 32、42、52、62、72、82、92。在连接方面有下列结构形式:普通轴伸式、轴装式、轴伸法兰式、普通轴伸双轴型、轴装法兰式、轴伸法兰式双轴型、轴装法兰式双轴型。安装形式有 21 种。传动比 7.18 ~ 13 761之间。可与无级变速机组合。

(5)TK 系列螺旋锥齿轮减速机　机型号有 37、47、67、77、87、97、107、127、157。连接方面的结构形式有普通轴伸式、轴装式、轴伸法兰式、普通轴伸式双轴型、轴装式双轴型、轴伸法兰式双轴型、轴装法兰双轴型、轴装法兰式。安装形式有 35 种。传动比在 5.29 ~ 13 116之间。可与无级变速机组合。

(6)R 系列蜗轮减速机　机型号有 50、63、80、100(铝合金压铸外壳)、125。安装方式分 Ra、Rb、Rd、Re、Ro。蜗轮输出轴分空心轴和实心轴。蜗杆也可同向直接输出。输入方式可配输入轴、直联电机、输入法兰,减速比在 7.5 ~ 80 之间。

(7)S 系列斜齿轮蜗轮减速机　机型号有 32、42、52、62、72、82、92。减速比在 11.8 ~ 25 之间(当减速比在 11.8 ~ 41.3 时,效率为 77%,其他在 60% ~ 65%之间)。扭力臂式安装分法兰式安装和底座式安装。输入功率在 0.06 ~ 15kW 之间。许用扭矩在 30 ~ 1 417Nm。安装方位有 29 种。

(8)K 系列斜齿轮伞齿轮减速机　此系列为三级齿轮中间为伞齿轮。当选用电机转速在1 450r/min时,减速比在 8.1 ~ 143.6 之间共 23 种。当电机转速在 960r/min 时,减速比在 102.8 ~ 143.6 之间共 4 种。当电机转速在 710r/min 时,减速比为 126、143.6 两种。输入电机功率在 0.12 ~ 200kW 之间。安装方位有底座安装、法兰安装、扭力臂安装、小法兰安装。输入方式有电机直联、电机皮带联接、输入轴、联接法兰。输出方式有空心轴、实心轴。可同无级变速机组合,组成 MB—K 系列可以得到更大的减速比,更低的调速范围。

4. 直交轴

(1)T 系列螺旋伞齿轮转向箱　该系列是一级螺旋伞齿轮,它可以应用在并排转送、立体车库、升降装置、包装机、游戏机等。轴配置及轴旋转方向和安装方位各有 42 种。还有铝合金外壳 ARA 系列螺旋伞齿轮转向箱,可以全方位安装,轴可用耐腐蚀钢,机型号有 ARA0、ARA1、ARA2、ARA4。

(2)Z 系列螺旋齿轮减速机　机型号有 Z2、Z4、Z6、Z7、Z8、Z10、Z12。传动比有 1:1、1.5:1、2:1、2.5:1、3:1。轴配置及轴旋转方向关系和安装方向各有 24 种。

(三)产品产量

2003 年根据上报的 40 个企业统计共生产减变速机 527 098台,比上年增长 22.1%。2002 ~ 2003 年中国通用机械减变速机 40 个企业产品分类产量见表 3。

表 3　2002 ~ 2003 年中国通用机械减变速机 40 个企业产品分类产量

产品分类名称	2003 年产量(台)	2002 年产量(台)	2003 年比2002 年增长(%)
摆线减速机	256 139	252 283	1.5
无级变速器	53 246	56 073	-5.0
齿轮减速机	129 072	52 347	146.6
蜗轮减速机	79 630	35 093	126.9
电动滚筒	9 011	10 506	-14.2
合　计	527 098	406 302	29.7

三、市场及销售

2003 年减变速机行业协会根据 40 个企业统计,全年工业销售产值(当年价)225 194万元,比上年增长 26.4%;产品销售收入220 535.1万元,比上年增长 25.1%。

根据行业协会的调查及统计资料分析,减变速机产品市场总体上来说,需求量在回升,生产经营形势保持良好趋势。虽然中国加入 WTO 后,国际知名减变速机生产企业在中国建厂生产,抢占中国市场,国内生产厂家也日益增多,市场竞争的日趋激烈,钢材涨价。但行业协会企业 2003 年增长幅度还较大,所获利润也是近几年最好的,扭亏为盈企业增多,说明全行业企业处于稳定发展态势,而且在逐渐走向成熟。行业中大部分企业已基本形成了产销的良性循环。

2003 年民营企业的发展速度很快,及时调整产品结构,瞄准世界先进水平的减变速机生产企业,测绘先进的产品,加大齿轮减速机的开发生产,2003 年全行业齿轮减速机生产产量增长幅度达到 146.6%。另外,怎样提高销售收入、加快资金回笼速度,是制约企业发展的一个重要环节,协会企业在对销售队伍的培训和加强管理的同时,也相应出台许多措施和办法,积极调动销售人员热情,充分发挥销售人员的积极性多劳多得,使企业和个人都得到利益。

〔撰稿人:中国通用机械工业协会减变速机分会李春丽〕

分离机械

2002 年,分离机械行业和全国其他行业一样,在国家继续推进积极宏观调控政策的影响下,行业整体形势较 2000 年出现良好转机,经济效益进一步回升,亏损面、亏损额再次大幅度下降。行业经济效益综合指数为 72.37%,比 1999

年提高了48.21个百分点。

一、生产发展情况

生产销售完成情况

2001年行业累计完成工业总产值11亿元，同比增长9.13%，完成销售产值11.2亿元，同比增长8.1%，累计完成出口交货值3.3亿元，同比下降2.18%。

行业综合指数同比下降12.48%，总资产贡献率同比下降36.12%，资产保值增值率同比下降18.66%，资产负债率同比增长0.99%。

2002年分离机械行业20个主要会员单位的统计资料显示，完成工业总产值9.23亿元，按可比价计算比2000年下降30.06%，同比下降16.09%。完成销售产值9.5亿元，比2001年下降10.93，累计完成出口交货值3.12亿元，比2001年下降7.2%，完成工业增加值2.10亿元，按可比价计算比2000年下降50.18%，同比下降18.5%。经济效益指数72.37%，同比提高了1.3个百分点。销售收入8.1亿元，同比增长19.01%。从行业7个综合经济指标分析：

(1)总资产贡献率7%，同比增长72%，但与标准值还差3.7个百分点，表明行业资产运作质量仍有差距，获利能力仍较弱。

(2)资本保值增值率126.58%，同比下降18.5%。

(3)资产负债率73.22%，同比下降11.9个百分点，表明有所好转，但资产结构仍不合理，经营风险依然存在。

(4)流动资产周转率为0.83次，同比提高24%，是标准值1.52次的54%，表明企业流动资金虽然有改善，但企业经营困难局面没有根本改变。

(5)成本费用利用率0.41%，同比下降70%，表明行业亏损面有所扩大。

(6)全员劳动生产率为19 320元/人，同比下降10.4%，表明行业企业劳动投入的经济效益有所下降。

(7)产品销售率为95.51%，同比增长3个百分点。基本接近96%的标准值，表明产销售情况趋好，“以销定产”的经营方针行之有效。

在行业企业总体效益得到回升的情况下，分离机械产品的生产、销售等指标也出现较大幅度的反弹。分离机械指标完成情况：产值(不变价)同比减少12.53%；销售额同比增加4.49%；销售收入同比减少12.53%；离心机产量同比减少39.6%。从分离机械部分的经济指标完成情况看，分离机械产品市场需求已得到有效刺激，生产经营形势逐渐趋好。

2001～2003年行业骨干企业主要经济指标完成情况见表1、表2、表3。

表1　2001年分离机械行业骨干企业主要经济指标完成情况

企业名称	全年职工平均人数(人)	工业总产值(不变价)(万元)	工业增加值(万元)	产品销售收入(万元)	产品销售税金及附加(万元)	利润总额(万元)	固定资产	
							原价(万元)	净值年平均余额(万元)
重庆江北机械厂	1 308	8 005	2 753	6 740	64	27	7 238	2 875
金华铁路机械厂	146	1 142	169	980	9	22	456	170
上海化工机械厂	530	3 827	366	3 978	20	6	6 965	4 945
无锡通用机械厂有限公司	539	6 821	1 670	6 130	40	228	6 007	3 245
辽阳制药机械股份有限公司	847	2 706	659	2 846	20	－72	6 225	2 583
石家庄新生机械厂	2 185	1 386	250	1 351	7	56	4 285	2 533
青海农牧机械制造有限公司	175	700	300	847	2	1	1 531	441
浙江轻机实业有限公司	366	2 213	1 458	2 504	13	364	2 528	1 748
南京绿洲机器厂	2 530	32 895	7 250	19 550	9	203	20 643	12 397
杭州化工机械厂	458	3 384	1 415	2 957	18	39	2 104	1 169
上海远东制药机械总厂	532	10 052	3 694	5 962	10	20	6 201	4 771
广东汕头离心机厂	41	92	25	92	2	56	368	216
杭州防腐设备有限公司	142	2 012	902	2 000	13	28	632	416
蚌埠轻工制药机械厂	218	1 394	419	1 258	10	8	1 150	560
靖江赛德力制药机械有限公司	194		740	2 085	10	8	570	308
安庆船用柴油机厂	962	3 618	1 427	5 028	38	53	7 867	4 837
吉化集团公司机械厂	1 770	14 392	4 359	16 826	67	112	15 818	7 570
湘潭离心机制造有限公司	460	2 220	660	1 688	9		2 412	1 271
浙江建华集团压滤机有限公司	300	3 901	945	3 422	38	64	2 368	1 448
张家港沪江离心机制造有限公司	100	1 800	475	1 288	86	28	2 000	78
杭州初阳压滤机实业有限公司	162	1 247	369	1 212	12	6	289	165
连云港市化工机械厂	238	809	286	750	7	6	674	185
自贡滤油机厂	146	909	340	1 373	21	5	344	151
合　计	14 349	105 526	30 930	91 264	525	1 268	98 674	54 082

表 2　2002 年分离机械行业骨干企业主要经济指标完成情况

企业名称	全年职工平均人数（人）	工业总产值（不变价）（万元）	工业增加值（万元）	产品销售收入（万元）	产品销售税金及附加（万元）	利润总额（万元）	固定资产净值年平均余额（万元）
重庆江北机械厂	1 215	8 234	2 432	4 973	5 060	1 050	2 671
金华铁路机械厂	135	946	258	538		131	82
上海化工机械厂	389	2 677	631	2 113	862	74	3 470
辽阳制药机械股份有限公司	609	4 977	1 479	3 135	2 460	240	2 593
石家庄新生机械厂	2 142	1 132	-503	877	1 229	-7 190	2 391
青海农牧机械制造有限公司	217	740	208	672	500	-90	390
浙江轻机实业有限公司	351	2 470	1 231	1 358	1 403	3 049	1 713
南京绿洲机器厂	2 059	33 773	7 743	16 044	5 284	3 070	12 599
杭州化工机械厂	447	4 097	978	2 589	963	138	1 137
上海远东制药机械总厂	506	11 028	. 81	5 648	3 748	1 779	4 051
广东汕头离心机厂	40	122	44	88	104	-96	295
杭州防腐设备有限公司	130	—	650	1 838	2 407	326	402
蚌埠轻工制药机械厂	211	1 607	533	907	817	74	509
靖江赛德力制药机械有限公司	194	—	953	1 846	1 532	611	312
安庆船用柴油机厂	849	2 053	580	1 534	2 268	-899	1 371
杭州初阳压滤机实业有限公司	426	4 386	1 179	1 676	3 013	2	4 442
连云港德邦化工机械公司	143	1 309	393	1 000	867	65	146
湘潭离心机制造有限公司	218	1 039	287	770	720	0	243
浙江建华压滤机有限公司	250	3 925	960	3 182	2 527	713	1 257
杭州兴源过滤机有限公司	333	7 782	873	5 599	5 072	962	2 992
合　计	10 864	92 297	20 990	56 387	40 836	12 284	43 064

表 3　2003 年分离机械行业骨干企业主要经济指标完成情况

企业名称	全年职工平均人数（人）	工业总产值（不变价）（万元）	工业增加值（万元）	产品销售收入（万元）	产品销售税金及附加（万元）	利润总额（万元）	固定资产	
							原价（万元）	净值年平均余额（万元）
重庆江北机械有限责任公司	958	9 589	2 603	9 000	55	141	5 784	1 569
南京绿洲机器厂	1 964	39 504	8 182	25 057	60	357	22 023	12 598
石家庄新生机械厂	881	1 499	271	1 578	12	-265	4 073	2 277
湘潭离心机有限公司	395	3 102	740	1 848	7	0	2 703	1 364
上海化工机械厂	328	3 603	1 173	4 093	20	53	4 669	3 211
浙江轻机实业有限公司	317	2 822	1 412	2 970	25	452	2 666	1 671
辽阳制药机械股份有限公司	432	4 985	1 362	5 174	25	13	6 269	3 719
杭州化工机械厂	416	3 095	338	3 757	31	-122	1 535	1 068
苏州优耐特机械制造有限公司	113	1724	—	1 322	8	13	480	366
中国核工业总公司七二〇厂	921	8 580	1 615	8 065	30	-66	8 263	8 263
青海农牧机械制造有限公司	160	400	230	525	3	-19	1 489	344
吉林市华工机械制造公司	189	1 685	707	1 799	14	47	503	313
蚌埠轻化药机有限责任公司	191	1 760	655	1 400	11	-244	924	457
杭州防腐设备有限公司	104	0	1 240	2 860	24	60	722	450
上海远东制药机械总厂	486	11 576	4 015	7 664	22	1 581	6 154	4 818
张家港牡丹离心机制造有限公司	180		837	2 779	17	274	1 051	842
靖江赛德力制药机械制造有限公司	214		1 246	3 899	29	106	748	516
上海航发机械有限公司	130	2 787	1 144	2 071	6	160	2 424	1 433
自贡川滤设备制造有限公司	144	1 040	337	1 690	8	11	818	568
杭州初阳压滤机实业有限公司	130	1 610	483	1 269	2	1	60	38
浙江青田特种设备制造有限责任公司	105		716	2 419	120	252	954	634
汕头市离心机厂	38	112	44	92	1	-4	462	295
合　计	8 796	99 473	29 349	91 331	530	2 801	74 775	46 815

二、市场及销售情况分析

在行业总体效益得到回升的情况下，分离机械各类产品的生产、销售等也出现较大幅度的回升。

1. 离心机

2002 年行业共销售 2 513 台，同比减少 32.08%。其中：三足式离心机 1 910 台同比减少 14.08%；上悬式卸料离心机

75台，同比增长38.89%；活塞推料离心机162台，同比增长9.48%；离心卸料离心机10台，同比减少96.81%；刮刀卸料离心机143台，同比减少74.19%；螺旋卧螺离心机199台，同比减少23.46%；其他离心机14台，同比减少89.85%。从以上数据分析，除上悬式卸料离心机和活塞推料离心机有所增长外，其余种类的离心机销售均有不同程度的下降。从销售地区及行业分布来看，主要集中在华东、西南及华北等地。用户主要集中在化工、医药、食品等行业。在较为关注的环保行业，仅销售33台，离预期目标相差甚远。2003年分离机械行业会员单位上报22家，根据上报情况，2003年行业共销售2 419台，同比减少3.74%，可见离心机销量趋势有所回升。

2. 分离机

2002年行业共销售12 518台，同比增长16.16%。其中：管式分离机61台，同比增长110.34%；室式分离机0台；碟式分离机12 457台，同比增长15.91%。产品销售主要集中在西南、西北、华东地区，用户主要集中在农牧、食品加工和交运行业。2003年行业共销售11 228台，同比有所下降，产品销售主要销售在华北、东北、西北等地区。

3. 压滤机

2002年行业共销售2 404台，同比增长60.15%。其中：化工行业594台，同比增长107.97%；环保行业714台，同比增长71.63%；冶金行业254台，同比增长37.29%；食品行业153台，同比增长51.48%；医药行业139台，同比减少39%；轻纺行业124台，同比增长117.54%；煤电行业104台，同比减少11%；石化行业173台，同比增加22.69%；储运行业5台，同比减少82.76%；机械行业51台，同比增长142.86%；出口33台，同比增长65.5%；其他行业60台，同比增长445.45%。产品销售主要集中在华东、西南、华南等地区。2003年行业共销售365台，产品销售主要集中在华北、华东等地区。

4. 过滤机

2002年行业区销售19台，同比减少89.73%。其中：化工行业5台，同比减少80.77%；其他行业2台，同比减少100%。2003年行业共销售40台，产品销售主要集中在华东、华北、西南等地区。

2002年分离机械行业各类主要产品产销情况见表4，2003年分离机械行业各类主要产品产销情况见表5。

5. 销售地区分析

(1)华东地区(包括：上海、山东、江苏、安徽、浙江、江西、福建等)：是我国分离机械产品销售最多的地区之一。2002年离心机销往华东地区937台，占销售量的37.28%；分离机销往华东地区354台，占销售量的2.82%；压滤机889台，占销售量的36.98%；过滤机6台，占销售量的31.58%。

(2)西部地区：国家实施西部大开发战略一年来，西部地区有关优惠政策相继出台，对西部地区的经济也起到了良好的推动作用。2002年离心机销往西部地区538台，同比增长59.64%；分离机销往西部地区11 709台，同比增长19.82%；压滤机561台，同比增长94.11%；过滤机2台，同比增长96.97%。

分离机械行业作为通用机械行业的分支之一，其产品广泛应用于国民经济众多领域，行业的发展与整个国民经济的发展息息相关。

表4　2002年分离机械行业各类主要产品产销情况

产品名称	产　量（台）	同　比增长(%)	销　量（台）	同　比增长(%)
离心机	2 519	-40.05	2 513	-32.08
分离机	14 376	33.62	12 518	16.16
压滤机	2 583	72.43	2 404	60.15
过滤机	19	-89.73	19	-89.73

表5　2003年分离机械行业各类主要产品产销情况

产品名称	产　量（台）	同　比增长(%)	销　量（台）	同　比增长(%)
离心机	4 580	81.82	2 419	-3.74
分离机	14 722	2.35	11 228	10.31
压滤机	1 234	-90.39	365	-84.82
过滤机	339	1 684.21	40	110.53

从市场分销售的角度分析，分离机械行业目前面临很大的机遇：

(1)目前国民经济将保持持续稳定增长。全国国内生产总值持续增长7%左右，这将为分离机械行业提供良好的发展空间；

(2)分离机械主要应用行业如化工、医药、食品加工等行业目前也出现较好的发展势头，这些行业的发展必将拉动分离机械行业的发展；

(3)随着西部大开发战略措施的逐步落实，一些与分离机械产品相关的项目将相继立项，必然进一步促进分离机械的生产；

(4)环保行业(如污水处理等项目)日益受到党和国家的重现，这也将为分离机械产品提供较大的市场需求。

但同时我们也应看到，行业的发展仍存在一些不足并面临严峻挑战：

(1)从2002年行业经济运行情况看到，行业的经济运行质量不高、亏损仍较严重、流动资金的周转速度很慢等因素仍制约着行业的发展。

(2)在市场竞争日趋激烈的情况下，行业企业市场行为不规范多有出现，行业内部管理有待加强。

(3)我国已加入WTO，分离机械行业同样面临来自国外同行业的竞争。

三、新技术及科研成果

近两年来重庆江北机械有限责任公司生产经营得到稳步发展，一年一个台阶，经济效益进一步提高。企业不断开发新产品，应用新工艺，重视新技术开发。2001年至2002年两年期间共开发新产品16项，新产品试制10项。技术改进300余项，其中工艺改进200余项。技术储备达到10项。从而为企业市场开发提供了强有力的后劲。

南京绿洲机器厂以大型卧螺机科研项目和贝克舵的技术合作为契机，加快技术创新步伐，提高自主制造技术水平。2003年完成LHQ—600焚烧炉及处理系统、ϕ56AM2液压起锚机、300KN液压移船绞车、KSDR213SJ—03型分离机、LW500X2000—NC型卧螺机等11项新产品研制项目。在新工艺、新材料的研究应用方面，完成了圆柱形基柱加工工艺，ϕ56链轮铸造工艺和2Cr13Mo材料研究等方面。全年技术改造投入2 500万元，是工厂历年投入最多的一年。船用起重机喷涂厂房，分离机生产线场地调整，特种甲板机械生产线改造，总降压站主要增容项目完成。初步改善了企业资源的综合利用，增强了发展后劲。企业产品技术引进，对外合作进一步加大。在巩固原有合作项目、合作渠道的同时，积极寻求新的合作伙伴。通过努力完成与德国贝克船用设备制造公司合作生产船用舵的技术合作协议签订，并取得首批2台"贝克舵"返销德国的订单。与此同时，船用产品在韩国市场的销售实现了零的突破。当年船用锚绞机和污物焚烧炉出口总量近40台。离心机在邻国的市场开发和自营出口业务突破100万美元，为工厂实现"亚洲船用设备制造中心"目标展示了广阔前景。

上海化工机械厂2003年共开展新产品开发设计5项，其中3项投入了新产品试制，年内完成新产品试制1项。同时进行了产品的改进、改型设计2项，并完成了试制、投入了市场，较好地满足了顾客的要求，打开了产品新的销售市场。在山东西王集团8台葡萄糖分蜜上悬式刮刀卸料变频调速、节能型离心机取得成功的基础上，2003年又推出了新机架、改进型葡萄糖分蜜上悬式刮刀卸料变频调速、节能型离心机，并在山东西王集团二期项目上得到了应用。同时，为了满足糖厂食品生产得需要，推出了不锈钢材料和新机架的重力卸料甘蔗糖分蜜离心机，得到了顾客的欢迎。

2003年，无锡通用机械厂有限公司认真研究市场发展趋势，从适应市场、满足市场出发，针对目前市场要求，有的放矢地开发新品，优化产品设计。开发了ZXB50大型中心传动刮吸泥机、DY2900敞开式带机、BXH66周边传动吸泥机、DNYD2000带式浓缩压滤机、GSY4500移动格栅五项新品，公司围绕"做专做强"总体发展目标，实施了提高优势主导产品市场占有率的经营策略，到10月份为止已承接合同上亿元。带式压滤机、刮吸泥机、拦污格栅等优势产品销售量分别达到了80台、105台和90台，占公司销售量的25%、36%和30%，合计91%，其市场占有率在市政行业中分别为15%、12%和10%。优势产品市场占有率的提高，确立了企业行业排头兵的地位，增大了企业知名度，为公司"做专做强"的发展目标奠定了坚实的基础。

青田特种设备制造有限责任公司2001年荣获"转筒浓缩机"、"带式压榨机滤布纠偏装置"、"转筒浓缩带式压榨脱水一体机"专利3项，2002年荣获"具有硬质合金堆焊层的螺旋叶片"、"带阻尼挡板的浓缩脱水装置"、"十字进料装置"、"外压式耐磨合金套"、"带排渣增强筋的转鼓"专利5项，2003年完成省重点科研项目——城市污水浓缩压榨脱水一体化处理设备的研制，目前正在实施浙江省"十五"科技攻关项目——生物法处理工业有机废气技术与设备研究项目(与浙江工业大学合作)。

蚌埠轻化药机有限责任公司2003年已开发的新产品有LS系列平板式上、下部卸料离心机和SZ系列直联上部卸料离心机。LS系列平板式上、下部卸料离心机系无基础安装，取消了传统悬挂式支柱，简化了安装过程，结构简洁，外形美观，设备基础平板即为工作平台，操作清洗维修方便，符合GMP规范要求。采用高粘度液态阻尼剂式隔振器，使离心机因振动产生的能量被隔振器吸收，对基础池面和周边设备无振动干扰，可采取PLC自动控制。SZ系列直联上部卸料离心机采用转鼓与电动机直接连接的方式，结构紧凑，无离合器和三角皮带摩擦粉尘对环境的污染，操作维护方便。

张家港市牡丹离心机制造有限公司2003年试制SD1500吊袋离心机10台(其中不锈钢7台，衬塑3台)产品。2003年试制LD1500平板式吊袋离心机2台，经检测各项性能指标均符合设计要求。2003年试制LWL350卧式螺旋过滤离心机2台，用户反映良好，2004年有望增加订货数量。GK1250卧式刮刀离心机正在试制中，已完成50%工作量。

四、质量及质量管理

企业视产品质量为企业立足的根本，2000年11月重庆江北机械有限责任公司获得ISO9001质量认证，2003年完成ISO9001质量体系2000版、环境管理、职业健康安全管理三合一体系认证。

南京绿洲机器厂2003年把贯彻"以顾客为中心，实行系统管理，持续质量改进，确保顾客满意"质量方针为宗旨。相继通过ISO9001—2000、API和GJB9001—2001的换版认证，质量体系运作始终处于受控状态。工厂按照原国家经贸委等八部委下发的859号文件精神，在2003年完成了"工厂主辅分离、改制分流总体方案"和"首批主辅分离、辅业改制企业方案"。新组建成立的绿洲备件服务公司已进入良好运作状态。与此同时，工厂细化"5S"管理的内涵、方法、标准、要求，制定出相关规定。通过开展考核考评工作，进一步提高现场管理水平，为精益化生产管理的推广应用创造了有利条件。

上海化工机械厂2003年全面启动了ISO9001—2000版的换版和认证工作。工厂成立了推行小组，在各部门的协力合作下，完成了贯彻ISO9001—2000版的质量手册、程序文件等四级文件的重新编制，并开始了按照新的质量手册和程序文件进行质量体系的运转。

辽药机公司积极运作，在2003年5月取得了ISO9001—2000版质量体系认证证书。它将为公司带来新的商机与市场，也起到了向顾客证实我公司产品能够满足相关的法律法规要求和向顾客提供满意的产品的作用。

2002年8月，南昌720厂以94版《质量管理体系标准》为依据，建立质量管理体系，于2003年3月18通过ISO9000—2000质量体系认证。2003年5月通过QSO9000;1998汽车工业质量体系标准的认证。

蚌埠轻化药机有限责任公司2002年2月通过ISO9001—2000质量体系认证，提出了"以产品质量为先，以用户满意为本"的质量方针。

江苏新宏大(集团)公司2000年通过了ISO9000质量体系认证；2002年11月，公司又经英国SGS公司认证，顺利通过了换版后的 ISO9001—2000 质量体系认证。

张家港市牡丹离心机制造有限公司 2000 年 5 月通过 GB/T19002—94 标准，CMOS/CO3—01 国家机械安全认证审核，2003 年 9 月通过 GB/T19001—ISO19002—2000，CMOS/CO3—2002 换版审核。

浙江轻机实业有限公司于 2003 年年初开始建立 ISO9000 质量管理体系，2003 年 7 月份开始在公司全面推行，2003 年 11 月份通过了 ISO9000—2000 质量管理体系认证。

由于出色的产品质量及较高的技术水平，重庆江北机械有限责任公司的产品及企业多次得到有关部门的表彰并授予很高的荣誉。2001 年 6 月，川江牌卧式螺旋卸料沉降离心机经中国质量检验协会国家级权威检验合格，被评定为国家监督抽查合格好产品；D4LC、D5LCHP 卧式螺旋卸料压榨离心机等产品参加国家环境保护总局主办的（第五届环保产业及第七届国际环保展览会）重庆展区展出，受到好评，被重庆环境保护产业协会评为推荐产品；2001 年 10 月，卧螺离心脱水机与污泥浓缩机一体化装置被中国工业高科技论坛组委会及中国工业经济联合会推荐入选为中国工业 500 项重大科技成果；2001 年 12 月，WT—25 污泥离心脱水成套设备设计与应用开发被重庆市委办公厅、市政府办公厅评为重庆市第四届"科教兴渝"金桥工程优秀项目三等奖；2002 年 5 月，被重庆市工商行政管理局连续五年评为重庆市重合同守信用企业；2002 年 6 月，被重庆市环保局评为 2001 年读重庆优秀环保骨干企业；2002 年 8 月，LWY520X1924—N 压榨式卧螺离心机被国家经贸委认定为 2002 年度国家重点新产品；2003 年 2 月，D5MC 离心机被重庆市经济委员会认定为 2002 年度市级新产品；2003 年 8 月，被重庆市经委评为重庆市创新工作先进集体。诸多荣誉、累累硕果展现出企业良好的发展态势，并得到社会及用户的认同。

南京绿洲机器厂的"绿洲牌碟式、卧螺离心机"继续荣获南京市人民政府颁发的南京市名牌产品称号（有效期：2003～2006 年）。

无锡通用机械厂有限公司 2002 年 12 月获无锡市高新技术企业，2002 年 12 月西神牌水处理成套设备及分离机械获无锡市名牌产品证书，2003 年 6 月获江苏省环保产业骨干企业，2003 年 7 月 DNY 带式浓缩压滤机、中心传动刮吸泥机、周边传动利吸泥机获无锡市经贸委产品认定证书，2003 年 10 月获中国环保产业骨干企业。

南昌 720 厂生产的带式真空过滤机获中国核工业总公司科技进步奖、江西省科技进步奖；全国"质量、服务、信誉"消费者可信产品。

蚌埠轻化药机有限责任公司生产的 SD1000 吊袋式离心机，SGZ1500 三足式刮刀下卸科自动离心机获"安徽省新产品"称号。2003 年 6 月，SGZ1500 型三足式刮刀下卸料自动离心机被安徽省科技厅认定为省级高新技术产品。2003 年 11 月，SSZ 系列三足式直联密封型离心机纳入国家级火炬计划项目。

江苏新宏大（集团）公司 2001～2002 年公司获得了"江苏省民营先进企业"、"江苏省重合同守信用企业"、"泰州市连续五年重合同守信用企业"、"兴化市纳税十强私营企业"等称号。2002 年 3 月，公司又与英国"BEGG，GOUSLAND"公司签订了技术合作协议，引进了国际先进的生产技术生产环保产品"非湿性纤维除雾器"，为我公司的发展增添了后劲。

2002 年 6 月牡丹牌离心机被苏州市工商局评为苏州市知名商标，2003 年牡丹牌离心机被苏州市质量技术监督局评为苏州市质量信得过产品。

浙江轻机实业有限公司生产的 P—40、P—500、P—60、P—85 双级推料离心机，DRY—366、DRJ—395（LX—460）、QTD—350HZ、DPZ—450、LX—560、DBP—420 碟式分离机均通过了浙江省机械产品质量监督检验总站的检验，分别符合相应的产品标准。西湖牌碟式分离机系列（包括 DRY—366、LX—460、QDT—350HZ、DPZ—450、DBP—420、LX—560）于 2001 年被评为杭州市著名商标，LX—560 胶乳分离机 2002 年被评为浙江省优秀科技产品，P—500、P—60 双级推料离心机获得浙江省技术监督局颁发的采用国际标准 ISO3945、VD12060、VDMA24401 合格证。

〔撰稿人：中国通用机械工业协会分离机械分会戴明〕

气体分离设备

一、生产发展情况

2003 年气体分离设备行业各项经济指标创行业历史最高水平。

1. 总体生产情况

截止至 2003 年底，气体分离设备行业资产总计 500 774.4万元，固定资产89 728.6万元，流动资产365 533.9万元；大型、重型金属加工机床1 963台、计算机1 631台；从业人员13 030人，其中工程技术人员1 993人。

2003 年度，全行业产销两旺，生产、销售、利润和经济效益同步增长，全员劳动生产率提高，盈利能力持续增强，经济运行质量继续提高。按行业上报的生产企业统计，完成工业总产值（不变价）372 325.1万元，同比增长 70.51%，比 2000 年增长 252.3%；完成工业总产值（当年价）326 813.5万元，同比增长 70%，比 2000 年增长 244%；完成新产品产值 138 850.9万元，同比增长 31.9%，比 2000 年增长 327.4%；完成销售产值344 187.3万元，同比增长 75.3%，比 2000 年增长 254%；完成工业增加值105 401.6万元，同比增长 91.4%，比 2000 年增长 232.1%。

2003 年全行业共生产空分设备 225 套，同比多生产 69 套。生产大中型空分设备 81 套，相当氧容量 86.47 万 m^3/h，氧容量同比增长 102.27%，套数同比多生产 42 套；生产小型空分设备 93 套，相当氧容量 1.753 万 m^3/h，氧容量增长 79.06%，套数同比多生产 12 套；生产空分制氮设备 53 套，相当氮容量 5.43 万 m^3/h，同比多生产 23 套；生产氩提取设备 23 套；低温液体（液化）设备 5 套。全行业共生产低温液体贮运设备 1061 台，同比多生产 94 台；主要单机和单销产品生产了2 266台，同比多生产 687 台。2000～2003 年大中型空分设备生产情况见表 1。

表 1　2000～2003 年大中型空分设备生产情况

项目内容 \ 年份	2000 年	2001 年	2002 年	2003 年
大中型空分设备生产套数(套)	19	26	39	81
相当氧容量(万 m^3/h)	16.70	19.02	42.75	86.47

2003 年，全行业实现产品销售收入385 831.2万元，同比增长 85%；实现利润盈亏相抵后盈利45 560.6万元，同比增长 315%，实现利税总额64 776.4万元，同比增长 198%。其中杭州制氧机有限公司（以下简称杭氧）实现利润31 879.9万元，四川空分设备有限公司（以下简称川空）实现利润11 490万元。全行业经济效益显著增长。

2003 年，全行业工业总产值（当年价）、新产品产值、工业增加值、产品销售收入、利润总额、实现利润等主要经济指标完成情况见表 2。

表 2　2003 年气体分离设备行业主要经济指标完成情况

主要经济指标	2003 年	2002 年	同比增长(%)
工业总产值(不变价)(万元)	372 325	218 354	70.5
工业总产值(当年价)(万元)	326 814	191 136	70.0
新产品产值(万元)	138 851	105 258	31.9
工业增加值(万元)	105 402	55 056	91.4
产品销售收入(万元)	385 831	208 490	85.1
利税总额(万元)	64 776	21 720	198.0
实现利润(万元)	45 561	10 978	315.0

2．经济效益全面提高

全行业经济效益继续稳步提高，产品销售衔接好、全员劳动生产率提高、行业盈利能力增强。2003 年经济效益综合指数为 177.27%，同比增长 73.78 个百分点。2000～2003 年气体分离设备行业经济效益指标见表 3。

表 3　2000～2003 年气体分离设备行业经济效益指标

年份 \ 指标名称	总资产贡献率(%)	资本保值增值率(%)	资产负债率(%)	流动资金周转率(次)	成本费用利润率(%)	全员劳动生产率(元/人)	产品销售率(%)	经济效益综合指数
2000	1.64	99.62	66.41	0.52	－3.41	16 760	102.37	43.68
2001	3.45	99.98	63.36	0.62	1.93	22 094	99.79	71.99
2002	7.10	104.55	70.90	0.93	5.48	37 881	102.15	103.49
2003	15.16	118.27	72.65	1.21	13.25	78 886	105.32	177.27

2003 年，全行业成本费用方面，产品销售成本、销售利润和销售收入同步增长；财务费用下降；销售利润大幅度增长。表现为，销售成本303 241.1万元，同比增长 81.2%；销售费用7 509.9万元，同比增长 27%；销售利润73 301.1万元，同比增长 111.5%；管理费用30 344.8万元，同比增长 26.5%；财务费用2 716.3万元，同比下降 29%。2000～2003 年气体分离设备行业产品的成本费用见表 4。

表 4　2000～2003 年气体分离设备行业产品的成本费用

年份 \ 指标名称	销售成本(万元)	销售费用(万元)	销售利润(万元)	管理费用(万元)	财务费用(万元)
2000	83 892	3 887	18 523	19 833	4 730
2001	121 436	4 396	27 826	25 666	3 109
2002	166 800	5 915	34 654	23 979	3 804
2003	303 241	7 510	73 301	30 345	2 716

3．生产运行特点

从以上统计数据可以看出，2003 年度行业的生产运行有以下几个特点：

(1)行业产销两旺。主要产品产量、空气分离设备套数，特别是大型空分设备套数都是进入 21 世纪后增长最快的年份，主要是抓住了钢铁快速发展的机遇。

(2)经济运行质量提高。随着产值大幅度上升，利税总额、利润总额有较大增长，新产品产值成倍增长，产品成本相对下降，劳动生产率提高。这主要是行业抓管理、抓产品质量，不断开发新产品的结果。

(3)行业订货形势喜人，生产任务充足，许多企业加班加点干，并合理调整生产计划，科学组织生产。

(4)交货周期短给技术准备、生产准备、物资采购带来一定困难，一定时期的资金紧张困扰着生产的正常运行。如何组织好生产，保证交货期，进一步节约挖潜，提高经济效益，值得探讨。

二、市场与销售

2000 年以来，随着国民经济的快速发展，特别是西部大开发和城市化进程的加快，电力、汽车行业的发展，使国内钢铁需求呈上升趋势；"三大化工"行业的发展和"煤改油"工程的上马，使空分行业市场领域有了扩展；民营经济的发展使得小空分、制氢设备、变压吸附设备、低温贮运设备的市场需求增加；改革开放的进一步深入，使空分设备的出口量增加；另外空分设备大型化的趋势越来越明显，所有这些因素，拉动了对空分设备的市场需求，使气体分离设备行业有了加快发展的机遇，连续多年空分设备市场形势看好，任务饱满。2003年全行业订货任务额再次创下历史新高。

1. 国内市场情况

2003年全行业累计订货912 448.5万元，同比增长92.93%；当年订货额641 977.6万元，同比增长98.55%；共订大中型空分设备132套，比上年多52套。其中"4万级"的大型空分设备签订了6套以上；杭州制氧机有限公司（以下简称杭氧）2003年当年订货335 693.9万元，累计订货418 476.8万元，订大中型空分设备55套，位居行业第一位。四川空分设备有限责任公司（以下简称川空）2003年累计订货184 332.0万元，当年订货133 529.0万元，签订大、中型空分设备39套；开封空分集团有限公司（以下简称开空）2003年累计订货143 886.0万元，当年订货79 877万元，签订大中型空分设备38套。

2. 国际市场情况

2000年以来，全行业对外销售收入3 638.6万美元，已交付用户的产品中有大中型空分设备8套，小型空分设备46套；空分制氮设备5套，低温液体设备12套；变压吸附制氮、制氢设备3套。

川空出口土耳其的8 000m³/h空分设备是我国出口欧洲最大空分设备；杭氧出口伊朗的1900变压吸附制氧设备是出口同类产品中最大的；上海亚联瑞兴气体有限公司出口韩国1 500m³/h、纯度为99.999%的变压吸附提取高纯氢设备2002年底投运。

全行业出口产品目的地仍以东南亚为主，近几年逐步向欧洲市场扩展。2003年大型空分设备出口套数明显增加，这是2003年出口创汇金额大幅度提高的重要因素。

3. 市场分析与预测

根据气体分离设备行业协会统计，到2002年底止，国内共生产大中型空分设备（1 000m³/h以上）645套，从1993年到2003年一季度止，我国工业企业实际拥有和已签订的大中型空分设备共381套，制氧容量3 318 175m³/h，我国大中型空分设备应用领域见表5。

表5　我国大中型空分设备应用领域（1993.1～2003.4）

项目内容 \ 应用领域	钢　铁	有色冶炼	石油化工化肥、煤气化	气体工业	其　他	合　计
套数（套）	258	20	70	23	10	381
占有率（%）	67.72	5.25	18.37	6.04	2.62	100
制氧容量（m³/h）	2 343 180	127 900	700 945	106 540	40 150	3 318 715
占有率（%）	70.71	3.85	21.12	3.21	1.20	100

从表5可以看出，钢铁是空分设备的主要应用领域，无论是套数还是制氧容量均占很大比例，分别占67.72%和70.71%。

据协会统计资料，截止1988年底，我国拥有空分设备418套，其中冶金行业（包括钢铁和有色冶炼）为235套，氧容量989 150m³/h，套数占56.2%，氧容量占58.36%。分析冶金行业近十年来用氧快速增长的原因有：一是随着改革的不断深入，各行各业都在不断发展，基础建设、汽车业，特别是房地产业的蓬勃发展，使钢铁需要量猛增。二是钢铁工业淘汰落后工艺、上规模、上品种和"十五"计划等各项政策措施的拉动。三是民营企业资金的注入。

近几年，国民经济的增长速度保持在7.8%左右，钢铁工业2004年产量将达2.5亿t，预计空分设备的市场仍将以钢铁为主。"4万"级以上大空分设备向石化行业扩展。

三、新产品、新技术和科研成果

2000年以来，气体分离设备行业进行了"4万级"空分设备、内压缩流程空分设备、全低压流程小型空分设备、低温罐式集装箱、低温液体贮槽、及有机生活垃圾处理、太阳能空调制冷和供热系统等方面的开发研制工作。全行业共研制生产新产品64项，其中，杭州制氧机集团有限公司的采用规整填料及全精馏制氩技术的新型空分设备、国内首套70万t/a大型乙烯冷箱；开封空分集团有限公司的鄂钢10 000m³/h内压缩流程空分设备、KDON—200/2000空分设备和KDN—3000型制氮设备；苏州制氧机有限责任公司的CF—5～50/0.8型热虹吸粉末绝热贮槽；江西制氧机厂的JXY9360GDY低温液体运输半挂车和JXY9370GYQ型液化气运输半挂车；开封空分集团有限公司的高压绕管式换热器和ZKQ1960、ZKQ48500型冷库工程及抗生素废水处理工艺；四川空分设备（集团）有限责任公司的ZW—2.43/2—250型天然气压缩机；北大先锋科技有限公司的PU—8新型高交往制氧专用分子筛；无锡市雪浪化工填料厂的空分金属波纹填料等20多项新产品通过鉴定。

1. 新型空分设备达到国际20世纪90年代中期水平

新型空分设备是在第5代空分设备的基础上，采用规整填料和全精馏制氩技术，节能效果显著，分离效率高，操作弹性大，变工况迅速，塔径小，制氩流程简化，氩产品质量高，可靠性好。已有数十套采用该技术的空分设备投入运行。

2000年以来，越来越多的空分设备采用了这一技术，2003年无氢制氩技术已趋于成熟，逐步代替了原来有氢制氩的传统工艺。川空也设计制造了多套无氢制氩空分设备。2001年开空为上海焦化配制带制氩装置的"17000"空分设备，提氩率达到90.3%，为国际先进水平。

2. 行业自主设计制造的"3万"级空分设备取得重大突破

2001年宝山钢铁有限公司在充分分析国内外空分设备制造厂家，并同国内外制造厂家和设计院进行深入交流的基础上，2001年9月24日与杭氧签订了"3万"级空分设备的订货合同。杭氧负责整体流程及性能保证，分馏塔和冷箱主体核心设备的制造；开空承担预冷系统和分子筛预净化系统设备的制造；部分关键部机采用进口。上海宝山钢铁公司30 000m^3/h空分设备于2002年12月14日一次开车成功,12月16日顺利出氧,并于2002年12月30日通过了性能考核,氧产量30 500m^3/h,氮产量40 000m^3/h,氩产量1 050m^3/h,氧、氮、氩产品的产量和纯度都达到或超过了设计指标。

宝钢30 000m^3/h空分设备采用了分子筛增压流程,规整填料塔和全精馏制氩技术。整套设备采用可靠的模块化设计软件,经大量模拟计算,优化设计出最合理的流程。采用DCS计算机控制技术,实现了中控、机旁、就地一体化的控制,可有效地监控整套空分设备的生产过程。成套控制系统具有设计先进可靠、性能价格比高等特点。

3.“4万”级空分设备国产化进程加快

随着冶金、“三大化工”行业对“4万级”以上空分设备国产化需求的增加。2002年9月16日开空同山东华鲁恒升化工集团有限公司签订1套40 000m^3/h空分设备合同,2003年底全部交货。2003年3月杭氧承接了台北50 000m^3/h空分设备改造合同,2003年12月4日又与中石化湖北安庆分公司签订了2套48 000m^3/h空分设备合同。与此同时,2003年12月19日林德公司工程部和林德工艺装置有限公司(大连)与岳阳中石化—壳牌煤气化公司签订了1套48 000m^3/h空分设备合同,2003年为本钢提供2套35 000m^3/h空分设备。液空(杭州)为首钢提供1套35 000m^3/h空分设备,同邯钢签订1套35 000m^3/h空分设备合同。

4.内压缩流程空分设备通过专家评审,备受用户青睐

内压缩流程空分设备是近年来行业技术不断创新的又一个集中体现,是在规整填料塔和全精馏制氩流程的基础上,采用液氧泵进行氧气压缩的一种流程形式。采用内压缩流程技术的空分设备具有液体产量高、安全性能较好等特点,特别适合于特大型空分设备的用户。无论国内空分设备制造厂商还是合资企业的空分设备制造厂商均将该技术用于目前设计制造的大型空分设备。已有多套设备在用户单位投入运行。

由开封空分集团有限公司自行设计、制造、安装的国内首套国产10 000m^3/h、3.0MPa等级的液氧内压缩工艺流程空分设备于2002年3月在湖北鄂城钢铁公司氧气厂投入稳定运行,而后相同另一套10 000m^3/h内压缩空分设备于2002年7月在山东青岛钢铁气体有限公司投入稳定运行。这两套空分设备均采用分子筛预净化、空气增压膨胀制冷循环、液氧内压缩、全精馏制氩、带增压的透平膨胀机等多项先进技术。该空分设备属国内自行设计制造投产的氧气压力3.0MPa等级的首套采用液氧内压缩、全精馏制氩与多项先进技术的“10 000级”空分设备,于2002年11月2日通过专家评议。整套设备设计合理,技术指标先进,这两套10 000m^3/h内压缩空分设备在工艺流程组织、热力及精馏计算、单体设备设计、全精馏制氩、氧氩产品提取率、能耗指标等达到或接近国际内压缩流程的先进水平。已有14套内压缩流程大型空分投入运行,为大型内压缩空分设备的国产化打下了坚实的基础。

杭州制氧机集团有限公司提供北大荒农业股份有限公司投资新建为浩良河分公司“1830”重大技改造工程配套的18 000m^3/h内压缩流程空分设备,采用全低压分子筛吸附、氧气内压缩、氧气压力为6.4MPa、增压透平膨胀机及膨胀空气进上塔,上塔采用填料塔的工艺流程。2002年杭氧签订“20000”等级内压缩流程空分设备3套合同,2003年签订5套“30000”等级空分设备合同。

川空多套大型空分设备也采用了内压缩流程,2003年签订了1套28 000m^3/h内压缩空分设备合同。中国空分设备公司签订了1套30 000m^3/h内压缩空分设备。全行业内压缩流程新技术日趋成熟。

开封空分集团有限公司提供山东华鲁恒升化工股份有限公司40 000m^3/h内压缩空分设备,氧气压力达8.5MPa,是国产内压缩空分设备压力最高的一套。

5.小型空分设备向低压流程发展

自350m^3/h全低压流程空分设备投入运行以来,因能耗下降、氧产品的经济性好受到用户的欢迎,行业制造厂纷纷将这一技术用于小型空分设备上,已形成了150~800m^3/h的系列产品。

2002年全行业共生产小型空分设备78套,其中低压流程空分设备22套,产品氧容量为150、170、350、400、600m^3/h等,行业中的杭氧、川空、邯氧、杭通、苏氧、哈氧等单位均已生产。2003年全行业共生产小型空分设备93套,这一技术得到进一步应用。

苏州制氧机有限责任公司设计制造的KDON—400/650型空分设备,为全低压内压缩流程空分设备,纯化器采用氧化铝分子筛双层床,再生温度低,使用寿命长;设备操作压力低,运转周期长,产品质量高,解决了“二次”产品质量下降的问题。生产的KDON—130Y/180Y型液氧设备,采用无预冷分子筛纯化系统,全增压透平膨胀机及外循环空气膨胀流程,为全液体设备。氧产品采用液氧泵升压气化后直接充瓶,减少了操作危险程度,降低了压氧能耗。

由邯郸制氧机厂设计制造的KDON—600/1200型空分设备于2002年7月10日在山东省招远市一次试车成功。该设备的设计要求为氧气产量600m^3/h、纯度99.6%,调试氧气实际产量为612m^3/h、纯度为99.7%,各项技术指标均达到用户要求,已投入运行。该设备配备了空气预冷器,纯化器采用双层吸附器,换热器为板式结构,采用膨胀空气进上塔的全低压流程。由于配备了空气预冷器,大大增强了吸附效果,600m^3/h空分设备的成功运转,标志着邯氧在1 000m^3/h以下的小型空分设备取得了历史性突破,为增加小型空分设备的市场占有率提供了更为广阔的空间。设计制造的KDON—350/700型空分设备也于2002年7月在扬州开车成功,投入使用。

杭州川空通用设备有限公司的第一台KDON—170/400型低压流程空分设备于2002年12月一次开车成功。

6.变压吸附制氧设备和专用吸附剂取得重大进展

变压吸附制氧设备因投资少、占地面积小、开停方便,广泛应用在有色冶炼、环保、造纸等行业,还应用在医学用氧方面,大量应用于西部大开发中。北大先锋科技有限公

司新型高效制氧吸附剂及大型变压吸附制氧设备于2002年3月23～24日通过专家评审。新型高效制氧吸附剂PU—8在制备工艺的关键技术以及组分调变方面具有独创性，氮吸附容量和氮氧分离选择性远远高于目前国内的其他吸附剂，性能指标达到国际同类产品的先进水平，并在大型制氧设备中得到证实。ZO—1000型大型VPSA制氧设备性能达到设计要求，使我国大型变压吸附制氧技术接近国际先进水平，具有投资少、能耗低、氧气生产成本低等优点，有广泛的应用前景。该公司已生产ZO—1000型VPSA制氧设备3套，ZO—3000型VPSA制氧设备1套，均已交付用户使用。到2003年，行业VPSA制氧设备最大容量已达3 000m^3/h。另外，该公司的新型制氧吸附剂及变压吸附制氧设备项目获国家科技部、财政部2002年度第四批科技型中小企业技术创新基金。

医用氧变压吸附制氧设备已工业化生产，因其开启方便、操作简单、经济性好、在西部大开发中得到应用。北大先锋科技有限公司研制生产的ZO—30型PSA制氧设备于2001年11月在海拔4 995m的青海格尔木风火山上的中铁20局工地开车成功，为开发高海拔移动式呼吸用制氧设备提供了宝贵经验。浙江龙飞集团有限公司、北大先锋科技有限公司开发的医用变压吸附制氧设备已有2 000多台成功应用于青藏铁路工程的多个标段，供施工人员呼吸用氧。

瑞气医用PSA制氧设备列入温州市2002年高技术产业发展项目计划，获得国家专利技术，能大大提高氧气的回收率，降低了设备能耗。本医用设备特设双机组功能，根据医院用氧情况自动开启、停机及交替使用，并设有备用气并用功能，为设备检修或停电时自动补给氧气，保证了病人能及时吸到氧气。制氧过程全自动，24h连续运转，可随用随制，1人即可操作。

7. 非气体分离设备产品开发取得实质性进展

(1)污水处理设备　污水处理设备是行业非气体分离设备类的主要产品之一，杭州制氧机集团有限公司、开封空分集团有限公司和四川空分设备(集团)有限责任公司均有设计资格。

开封中环环保工程有限公司抗生素生产污水综合治理技术借鉴了多项国家“九五”环保科技攻关成果和部分国外先进技术，集多种先进工艺和设备于一体，使国内难以治理的抗生素废水得到经济有效的治理，经处理后的污水达到国家《污水综合排放标准》(GB8978—1996)二级标准。该工艺有以下特点：预处理工艺先进，不仅去除了大部分有机污染物，而且使废物得到综合利用；生化处理单元运用合理，处理效率高、运行平稳、操作简单；自动化程度高，管理方便；投资省，运行费用低，于2002年5月25日通过了河南省经贸委主持的新技术鉴定。

该技术已成功应用于河南南阳普康集团第二制药厂麦白霉素和庆大霉素生产废水的治理，被南阳市政府列为环保示范工程。该抗生素生产污水综合治理技术居国内先进水平，在工程设计、运行和管理方面为同类制药污水的处理提供了较成熟的经验，建议推广应用。

杭州杭氧环保成套设备有限公司通过6年努力开发的SBR和三沟式氧化沟工艺的城市污水处理成套设备项目，已成功应用于浙江、江苏、新疆、山东等省，设备运行稳定，通过省级鉴定，获中国机械工业科学技术三等奖。该成套设备具有运行稳定、故障率低、低能耗、易损件的互换性好、自动化程度高、操作方便等特点。

杭州杭氧环保成套设备有限公司的日处理5万吨级的城市污水处理成套设备荣获杭州市经济委员会、杭州市科学技术局、杭州市财政局2001年度杭州市优秀新产品新技术一等奖。公司为杭州自强链条传动公司设计建造的链条废水处理工程，达到了国家污水排放一级标准，顺利通过验收，填补了国内链条废水处理技术的空白。

(2)乙烯冷箱实现了国产化　乙烯冷箱是乙烯装置的关键设备，冷箱用的板翅式换热器和空分设备用的板翅式换热器结构相似，但压力高、物流成分复杂，杭州制氧机集团有限公司通过信托工程进行攻关，已掌握了这一技术，实现了乙烯冷箱的国产化。

杭州制氧机集团有限公司为北京燕山石化总公司设计改造的国内第一套扩量工程70万t/a乙烯冷箱于2002年4月通过验收，2003年12月通过国家鉴定，各项指标均达到或超过设计要求，标志着我国乙烯冷箱国产化获得成功。

燕山石化乙烯冷箱是到2003年为止规模最大、最复杂的冷箱，内部有13台板翅式换热器，最高设计压力4.4MPa，有25股物流，设备外形尺寸5 400mm×3 350mm×3 215mm，冷箱总重量226t。单体换热器最大外形尺寸4 800mm×100mm×1 224mm，重达9.335t，有9股物流换热，其中4股物流换热过程有相变，这在国际上也属高难度产品。2002年7月，该公司为上海金山石化公司70万t/a乙烯改扩建提供的乙烯冷箱又一次开车成功。

(3)冷库工程通过省级鉴定　开封空分集团有限公司根据市场需要，开发了食品冷藏保鲜、加工、储存、储运和金属组装式气调库等设备，成为开空的主要产品之一。开发的ZKQI1960和ZKQ4850型冷库，一次试压力成功，均通过省级鉴定，达到20世纪90年代中期国际水平，获河南省机械工业科技进步一等奖，现已生产了4套。

(4)CIMS工程的应用，提高了企业的整体水平　杭州制氧机集团有限公司的“杭氧CIMS应用一期工程”和开封空分集团有限公司的KF—CIMS工程均已通过验收。CIMS工程实现了空分设备成套设计的规范化与价值优化，辅助项目经理规划和调控项目实施的全过程，实现产品CAD/CAE/CAM/CAPP技术，缩短产品设计周期，提高了产品质量，提高了管理效率，同时为企业培养了计算机软件的开发和应用人才。

四、质量及标准

2000年以来，全行业企业加强质量管理，完善质量管理条例，加大对质量问题的考核力度，对产品目标实行全过程的监控，保证了产品质量。同时，全行业按ISO9000系列标准和ASME标准的要求，进行产品质量管理和检验，使全行业产品质量持续提高。2003年的产品质量表现为：新产品产值率42.49%，同比下降12.26个百分点；产品质量等级品率65.88%,同比增长4.29个百分点;质量损失率0.20%,同比下降0.12个百分点;机加工综合废品率0.27%,同比下降0.19个百分点;铸铁件综合废品率4.17%,同比下降0.29个百分点。2000~2003年质量指标见表6。

开封空分集团有限公司以《质量责任条例》为全公司"全面质量管理"(TQM)工作的依据,严格质量奖罚,始终坚持质量意识的培育。每年都召开质量工作会议,专题研究、总结公司的"质量控制"(QC)和TQM成果,努力推进QC和TQM工作的开展和成效。公司获河南省机械工业质量管理优秀企业称号。四川空分设备(集团)有限责任公司坚持"一切为了用户,一切为了发展"的质量方针,成品一等品率99.14%,成品抽查合格率100%,产品等级品率87.46%,顺利通过ISO9001:2000质量管理体系换证和ASME换证联检。其主导产品大中型空分设备和低温液体贮槽贮运设备被四川省政府授予"四川省名牌产品"称号,公司被授予"2001年质量管理优秀企业"和"2002年四川省质量管理先进企业"称号。

表6 2000~2003年质量指标

指标 年份	新产品产值率(%)	产品质量等级品率(%)	质量损失率(%)	机加工综合废品率(%)	铸铁件综合废品率(%)
2000	34.20	57.28	0.56	0.74	6.45
2001	38.81	65.14	0.37	0.36	5.61
2002	54.75	61.59	0.32	0.46	4.46
2003	42.49	65.88	0.20	0.27	4.17

杭州制氧机集团有限公司根据公司改制后质量体系的实际情况,重新编制了"质量手册"和"质量管理制度汇编";通过每月召开质量分析例会、压力容量体系审核、工艺纪律检查、工序纪律检查、产品质量审核、内部质量管理审核、质量考核等,及时解决和纠正质量体系运行和产品出现的问题,确保体系运行的有效性和产品质量的稳定。生产的6 000m^3/h空分设备获"浙江省名牌产品"称号,生产的以规整填料塔和全精馏制氩技术为核心的新型空分设备被浙江省科技厅认定为2002年浙江省第三批高新技术产品。

邯郸制氧机厂对产品质量实行全过程控制,制订各种质量管理制度近80种,有效保证了产品生产及售后服务过程都在高质量下运行,用高质量拓展了市场空间,新产品开发成效显著。

五、基本建设及技术改造

2000年以来,全行业基本建设投资额8 590万元,更新改造完成投资额15 446万元。进行了"4万"空分设备国产化创新研制、天然气液化分离装置和大型低温液体贮槽国产化、乙烯冷箱国产化、工业废水和城市污水富氧曝气成套设备国产化、空分用金属波纹填料的改造等项目的研制改造。

开封空分集团有限公司工业废水和城市污水富氧曝气成套设备国产化已完成,于2002年11月29日通过国家发展计划委员会委托河南省计委、开封市计委的竣工验收。开封空分集团有限公司发挥自身技术优势,成功地将空分设备产品引入城市污水处理领域,积极调整产品结构,实施富氧曝气成套设备国产化项目,符合国家当前鼓励发展的产业和产品政策,具有广阔的市场前景。富氧曝气是城市污水处理的一种先进工艺,在西方发达国家早已采用,但在我国尚属起步阶段。该公司引进了世界先进水平的美国克鲁格公司的富氧曝气关键技术,不仅填补了国内空白,而且对提高我国城市污水处理设备的整体技术水平起到了促进作用。通过本项目的建设,企业已经基本形成年产10套10万t/d污水富氧曝气处理设备和年产20套1 000t/d工业废水处理设备的能力。该公司已将此项目交给开封空分集团有限公司与中国环境保护公司合资的开封中环环保工程有限公司实施产业化。截止验收期,开封中环环保工程有限公司已进行了工程项目的设计和技术总承包16项。目前,该公司已将开封县4万t/d城市污水处理项目作为采用富氧曝气技术的依托工程。与本项目有关的环保、职业安全卫生及消防设施等已通过有关部门验收,工程质量达到设计要求。

杭州制氧机集团有限公司技术改造项目乙烯冷箱国产化已成功设计改造了2套70万t/a乙烯冷箱,正在承担设计制造任务的有:天津石化、辽阳石化、中原石化、广石化项目,该技改项目达到了国产化的目标。

四川空分设备(集团)有限责任公司天然气液化分离装置和大型低温液体和贮槽国产化技术改造调整项目已完成,项目已拨交,增加设备206台(套),包括微机78台,焊接设备79台,探伤设备4台,测试设备2台,硬支承动平衡机1台等。

六、企业管理与企业结构调整

1.企业管理

2000年以来,行业企业根据自身特点,狠抓内部管理,完善各项规章制度,降低成本,增加效益。开封空分集团有限公司坚持"实事求是,以人为本"的治企策略和全心全意依靠广大职工,开拓进取,创新发展的工作思路,形成了以成套空分设备为主导、以环保设备和冷库产品为两翼的经营格局,进一步拓宽国内外市场空间,不断完善制度建设,大力开展诚信经营活动,恪守对用户的承诺,2003年被评为国家级"守合同、重信用"企业。该公司深化和完善物资采购管理工作,制订了"成套外配仪电控采购费用总额承包办法"等一系列的配套政策,使物资比价采购工作更加全面和完善。同时,加快公司内部分配制度改革,对分厂、车间实行了按"工作量计发报酬并考核利润指标"为主要内容的经济责任制;对技术人员实行了协议年薪制;对经营处、外贸处实行了工资收入、各项费用大承包的办法;对职能管理处室实行了岗位绩效工资制度。

四川空分设备(集团)有限责任公司按照"科技质量为第一,内升素质拓市场,经营管理增活力,挖潜降本创效益"

的方针目标，实行“精、细、严”管理。以加强经济责任制考核为突破口，对考核的主要经济指标注重过程考核，考核每月完成情况，并与考核单位领导、员工的工资收入密切挂钩。制定并实施了《岗位基本报酬制度指导性意见》、《中层以上管理干部岗位报酬实施方案》和《二级核算单位全面实施资金自收自支的暂行规定》，并在部分技术开发人员中实行工资协商制。

苏州制氧机有限责任公司秉着“客户满意是苏氧人的追求”的宗旨和“团结、进取、创新、求实”的精神，对各部门各条线重新整顿。从质量管理、人事管理、物流管理、安全管理各方面重订或修订了相关规定制度，促进形成一整套完备实效的管理体系，确定了“预防于先，过程控制，服务于后，层层把关”的质量管理制度，2003年实行了新的岗位工资制度，理顺了各类人员工资分配；实行了仓库集中管理；实行了比价采购，降低了成本。

邯郸制氧机厂按照“盯市场、保合同、创新品、促销售、抓管理、增效益”的方针，将一切工作立足于适应市场需求基础上，确保销售收入提高；各职能部门指挥有力，调控有方，保证交货期；经营部门继续做好业务人员学习培训工作，不断更新观念，认真研究市场，及时调整新产品奖惩条例，激励工程技术人员的积极性和创造性；以提高产品质量、降低生产成本、提高劳动生产效率为目的，广泛开展工艺创新年活动。加大“分块搞活”力度，鼓励扶持具备条件的单位进行股份制改造。

中国空分设备公司为进一步理顺管理关系，对管理部门的设置及相关职能进行了调整，行政服务工作从管理部门划出，成立了行政服务中心。加强项目管理，逐步建立项目经理负责制的管理模式、核算办法，为公司从承包经营模式向工程公司的管理模式转换打下基础。关心青年成长，建立“师徒结对”带培制度。加大投入、改进管理、全面开通公司局域网。合理配置人力资源，逐步实现物业管理社会化。

四川天一科技股份有限公司供气中心在武汉“中国光谷”建成投产，意味着公司科技成果产业化的发展引入了国际跨国气体公司的经营模式。

2. 企业改制工作

杭州制氧机集团有限公司进行了划小核算单位、建立规范的法人治理结构为重点的分立式改制工作，先后成立了26个独立法人企业，完成了企业改制，开始进行资本经营，成立了杭州杭氧资产经营公司，使杭州制氧机集团有限公司与各有限公司由行政上下级关系改变为母子公司型资产纽带关系，以资产为纽带的企业集团构架形成，各有限公司逐步走上了按合同协议操作的市场化运作道路。2002年3月完成“债转股”，成立了由杭州杭氧资产经营管理公司和中国华融资产管理公司共同投资的有限公司。公司注册资本1.8亿元，其中杭氧资产经营有限公司占58.33%的股份，中国华融资产管理公司占41.67%的股份。下属的核心企业杭州杭氧科技有限公司按照“强化提升主体产业，扩大搞活辅助产业”的战略目标，2002年12月18日改制成立杭州杭氧股份有限公司，迈出了上市的第一步。2003年着手“二次改制”，对部分下属公司进行资产重组，加快与“北美电器”的合资、合作进程。

四川空分设备(集团)有限责任公司以产权为突破口，实现了国有资本从(集团)公司的完全退出，新公司由员工个人股和新集团法人股组成，建立健全了规范的公司法人治理结构的公司组织结构。以建立现代企业制度为目标，分离了后勤物业管理，组建了“简阳川空实业有限公司”，将原安装公司与机器厂合并进行整合改制，成立了(集团)控股、经营层人员参股的“四川空分低温工程安装公司”。将原六大职能管理部门进行了压缩改组，设立了经济运行及投资管理部、集团管理部和党群工作部三大职能管理部门。2003年企业改制进一步深化，组建了“四川空分低温工程安装公司”、“四川简阳川空通用机械设备有限公司”，原公司技校改为民营的“四川空分集团技工学校”，职工医院改制为公司相对控股的“简阳市川空人民医院”。

苏州制氧机有限责任公司2002年4月，经政府批准，实行了整体改制，对企业产权制度进行了彻底改革，公司从原来的国有企业改变成为股份制企业。5月28日，新苏州制氧机有限责任公司举行了揭牌仪式，实现了公司机制转换的平稳过渡。新公司下设事务部、财务部、产供部、质量管理部、技术开发部、市场营销部、环保能源设备制造部等11个机构，分管公司内务、采购、生产和销售。苏氧还对苏州华福低温容器有限公司、苏州市吴中区三川换热器厂、苏州华辰电控设备有限公司进行控股或参股。

2003年中国空分公司与中国工程与农业机械进出口总公司实施了战略重组，在重组基础进行了了改制，实施股权多元化，为公司创造了新的发展空间。

开封空分集团有限公司进一步完善企业法人治理结构，充分发挥公司管理、协调和资本运营职能，与中国环境保护公司共同投资组建了“开封中环环保工程有限公司”，与山东即墨热电厂和上海利兆实业有限公司共同投资发起设立了“青岛宝岛气体有限公司”。还打破传统观念，与自然人股东共同设立了“开封空分集团鼓风机有限公司”。此外还通过内部改制，设立了开封中原制冷设备工程有限公司和开封空分集团设计研究所有限公司。

江西制氧机厂先后对有关车间进行撤并改制，形成了母子公司管理框架，总厂下设全资、控股、合资多种形式的7家子公司。

大连林德工艺装置有限公司(LPP)杭州工程与销售中心于2002年4月正式挂牌成立并开始工作。它是继1995年德国林德集团公司在大连成立林德工艺装置有限公司以来为开拓中国市场的又一重大举措。LPP杭州工程与销售中心担负着市场销售、工程设计、项目管理、国内外产品的采购和售后服务等主要职能。

〔撰稿人：中国通用机械工业协会气体分离分会王令卿〕

中国通用机械工业年鉴

CHINA GENERAL MACHINERY INDUSTRY YEARBOOK

2004

第Ⅲ部分

进出口

进 出 口

世贸组织《贸易技术壁垒协议》与机械工业发展

2003年石化通用机械进出口快速增长

2003年石化通用机械进出口汇总

2003年石化通用机械进口统计

2003年石化通用机械出口统计

2001年气体分离设备出口情况

2002年气体分离设备出口情况

2003年气体分离设备出口情况

世贸组织《贸易技术壁垒协议》与机械工业发展

贸易技术壁垒(Technical Barriers to Trade)是指一国或区域组织以维护其国家安全、保障人类健康或安全、保护动植物的生命和健康、保护生态环境、防止欺诈行为、保证产品质量为理由,而采取一些强制性或非强制性的技术性措施。这些措施成为其他国家或区域组织的商品、服务和投资进入该国的障碍。世界各国尤其是发达国家已将贸易技术壁垒作为十分重要的非关税措施,采取制定技术法规、技术标准和合格评定程序,以及提出包装和标签要求等措施,来限制进口,严格市场准入条件,保护本国企业利益。因此,我们要研究世贸组织《贸易技术壁垒协议》及其他相关协议,研究发达国家在国际贸易中所实施的技术壁垒状况,并结合我国实际,研究我国政府和机械工业需要采取的应对措施。

一、《贸易技术壁垒协议》(简称 TBT 协议)和主要内容

世贸组织《贸易技术壁垒协议》对技术法规、技术标准和合格评定程序的内容和执行做了规定,在其他协议中(如《卫生与植物检疫措施协议》,简称 SPS 协议等),还对产品检疫、检验、包装和标签要求,以及信息技术和绿色技术壁垒做了规定。

1. 技术法规

技术法规是指必须强制执行的、有关产品特性或其他相关的加工工艺和生产方法的文件,包括:法律和法规、政府部门颁布的命令、规定、条例、技术规范、指南、准则、包装、标志和标签要求等,涉及劳动安全、环境保护、卫生与健康、交通规则、无线电干扰、节约能源与材料等。

2. 技术标准

技术标准是指经公认机构批准的、非强制执行的、供通用的重复使用的产品或相关加工工艺和生产方法的规则、指南或特性的文件,包括专门术语、符号、包装、标志和标签要求等。

技术法规一经颁布,就必须执行,进口产品如不符合技术法规要求,则不能进入;技术标准是非强制性的,不符合技术标准的进口产品,则可以在市场销售,但消费者如果更喜欢符合当地标准的产品,则这类产品销售份额就可能受到影响。

3. 合格评定程序

合格评定程序是指产品是否符合相应的技术法规和技术标准的技术程序,如需要通过试验、认可、检查和认证等。有关费用一般由出口商承担。不透明和不公正的合格评定程序,会对国际贸易造成障碍。

二、我国履行和运用世贸组织 TBT 协议情况

按照我国《标准法》规定,我国标准分为强制性和推荐性标准,强制性标准与世贸组织 TBT 协议规定的技术法规基本一致,并已到世贸组织 TBT 协议委员会认可。

到 2001 年底统计,我国已经批准的19 744项国家标准中,采用国际标准和国外先进标准的有8 621项,采标率为43.7%。其中船舶行业、纺织行业采标率达到 85%,化工行业为 82%,冶金行业为 67%,电子行业为 56.4%,石油行业为 50.6%,出版印刷行业已全部采用国际标准。

国际标准委员会(ISO)和国际电工委员会(IEC)现有标准16 745项,已转化为我国国家标准的有6 300项,转化率为38%,其中煤炭行业对应 ISO 国际标准的有 66 项,转化率为97%;电子行业对应 IEC 国际标准的有 181 项,转化率为81%;机械行业对应 ISO 和 IEC 国际标准的有 417 项,转化率为 52%。其中电工行业对应 IEC 国际标准的有1 372项,转化率为 64%,其中汽轮机、低压电器、电气传动的标准化率已达 100%。

从 2002 年 1 月 1 日起,出于安全和环境保护的原因,我国政府采取行政法规措施,禁止一批旧机电产品进口,共有 8 位数税则号 175 个税目,主要有旧的压力容器、锅炉、气体燃烧器具、工业用炉、医疗仪器及器械、游戏机、全部旧发动机和各种旧汽车、旧专用车、旧摩托车以及这些车的零部件。

国家质检总局、国家认证认可监督管理委员会发布公告,从 2002 年 7 月 1 日起,对一批机械产品实施强制性认证,包括汽车和摩托车发动机、交流和直流电动机、手提式电动工具、各种汽车、复印机、电度表等。同时在全国指定 9 个机构承担强制性产品认证工作(即 CCC 认证),其中中国质量认证中心是唯一综合性的认证机构,该中心已在武汉、上海、南京、杭州、福州、青岛、广州、深圳、成都、西安、沈阳设立分中心,承担 CCC 认证的工厂检查和日常监检查工作。按照规定,从 2003 年 5 月 1 日起,上述机械产品必须通过强制性产品认证,并贴有 CCC 标志后,方可出厂并销售。这是我国规范市场秩序,适应国际贸易新形势的重要举措。

外经贸部、海关总署、国家环保总局发出 25 号公告,从 2002 年 7 月 3 日起,禁止一批废机电产品进口,主要有空调器、计算机及其各种部件、微波炉、移动通讯设备、录放像机、数码相机、电视机、复印机及医疗器械等。

三、建议我国政府采取的措施

我国入世后,随着关税下降、非关税措施的逐步取消,采取技术性贸易壁垒措施,来保护国内产业,显得格外重要。同时,发达国家对我国逐步开放市场后,也将强化对我国采取技术性贸易壁垒。因此,我国政府和企业都要十分重视研究应对措施。建议我国政府采取以下几点措施。

(1)尽快建立健全我国的技术法规、技术标准和合格程序体系,积极采用国际标准,提高采标率,大力宣传我国《标准法》,结合世贸组织 TBT 协议,进一步组织实施。

(2)建立和加强专门的技术性贸易壁垒信息收集、咨询和研究机构,及时汇总、整理、跟踪国外的技术贸易壁垒情况,建立技术性贸易壁垒数据库。加强对发达国家和我国主要贸易伙伴的技术标准政策、有关法规、标准结构和内容的研究。

(3)充分利用《贸易技术壁垒协议》有关条款,特别是其中的“例外条款”,坚持非歧视和国民待遇原则,防止发达国家在产品的法规、标准、认证和检疫制度方面实行双重标准。

(4)加快培养熟悉世贸组织规则的专门人才,特别是熟悉技术性贸易壁垒的专门人才。

四、机械企业如何应对技术性贸易壁垒

(1)要高度重视,不断提高产品技术标准,使本企业产品技术标准与国际标准或国外先进水平标准接轨。标准水平的高低,是企业产品质量的基础,没有高水平的标准,就不可能有高质量的产品。2002 年 7 月,国家质检总局、国家计委、国家经贸委、科技部等 7 部委发出《关于推进国际标准的若干意见》,要求在制定行业和地方发展规划、确定重大技术和设备引进、技术改造、国家重要新产品计划、国家重点工程项目、确定名牌产品以及审定免检、免验产品时,实行采标产品优先。

(2)熟悉、掌握和运用《贸易技术壁垒协议》的游戏规则,适度保护国内竞争力较弱的机械产品。要遵守规则,应用规则,最大限度地减少或消除贸易技术壁垒所形成的障碍。要研究如何利用《贸易技术壁垒协议》中对法规、标准、合格评定程序的制定,保护国内产品。从机械工业来说,要着重于从安全、环境保护要求出发(质量标准难度较大),对某些产品实施生产许可、产品包装、使用说明和原产地证明等措施,既可规范市场竞争秩序,抑制国外某些商品过量进口的冲击,又可促进国内相关产品的发展。与此同时,要进一步要推动我国企业开展国际质量管理认证(ISO9000)、国际环境管理认证(ISO14000)和产品认证工作,以提高竞争力。

(3)通过与外商尤其是跨国公司合作、合资或收购、兼并、投资等方式,绕开技术壁垒。这样可以采用先进的技术标准,利用其营销渠道,跨越技术壁垒。

(4)研究贸易伙伴采取的贸易技术壁垒措施,及时掌握信息,制定相应对策。如我国温州出口的儿童玩具打火机,每只价格不超过 2 美元,销路很好。欧盟为了保护其相关企业利益,制订了新标准,规定价格在 2 美元以内的儿童玩具打火机,必须有自锁装置,理由是为了安全,实质是限制进口。这个标准一出台,许多企业的打火机将不能出口到欧盟。但是也有的企业得知这一信息后,立刻组织力量,研制开发有自锁装置的产品,照样出口,冲破了欧盟的技术壁垒。

〔撰稿人:郑国伟〕

2003 年石化通用机械进出口快速增长

2003 年气体压缩机、风机、制冷设备、橡胶塑料机械、液体泵、阀门出口大幅增长。

2003 年液体泵、干燥设备、热交换器、工业用除尘器、胶印机、阀门进口大幅增长。

预计 2004 年仍将保持两位数增长,但出口增速将回落,进口仍将高增长。

据海关统计,2003 年石化通用机械进出口 169.4 亿美元,比 2002 年(下同)的 124.6 亿美元增长 35.9%,占全国机械产品进出口总额2 238.6亿美元的 7.6%。其中出口 60.5 亿美元,增长 41.9%,占全国机械产品出口1 051美元的 5.8%;进口 108.89 亿美元,增长 32.8%,占全国机械产品进口1 187.6 亿美元的 9.2%。进口大于出口,逆差 48.39 亿美元。

石化通用机械进出口一年净增 44.8 亿美元(其中出口净增 17.9 亿美元,进口净增 26.9 亿美元),如此高速增长是空前的。

一、出口高速增长,出口产品结构有所改善

(1)气体压缩机、风机、制冷设备、橡胶塑料机械、液体泵、阀门出口金额较大,增幅快。气体压缩机出口2 786万台,外汇收入 2.28 亿美元,金额增长 97%;风机出口1 061万台,外汇收入 1.03 亿美元,金额增长 78.2%;冷冻机、制冷设备及零件出口收入 9.6 亿美元,增长 32.2%;橡胶塑料机械及零件出口收入 3.25 亿美元,增长 38.3%;液体泵、液体提升机及零件出口收入 6.4 亿美元,增长 27.8%(其中潜油潜水电泵出口 808 万台,7 453万美元,增长 27.6%);阀门及零件出口收入 22.3 亿美元,增长 46.3%。

(2)出口金额不多,但增速很快的有:胶印机出口2 207万美元,增长 107.7%;空气分离设备出口1 287万美元,增长 103.4%;工业除尘器出口1 317万美元,增长 122.6%;照相排版设备出口 115 万美元,增长 1036%,猛增十倍。

(3)其他出口增长较快的产品有:过滤机械出口 1.9 亿

美元，增长87.3%（其中内燃机燃油过滤器出口3 593万美元，增长168.3%）；传动轴、离合器及联轴器出口5.17亿美元，增长37.3%；石油、天然气钻机及零件出口2.9亿美元，增长18.6%（其中6 000m及以上的19台，7 316万美元，增长31.8%；6 000m以下的47台，5 803万美元，下降34.4%）。

出口高速增长的主要原因是：世界经济和国际贸易保持一定增长；我国加入WTO的积极效应；利用外资增长和外资企业出口的拉动；我国政府采取了多项符合WTO规则的鼓励政策（如出口信贷、出口信用保险等）；生产企业外贸经营权的扩大等。

二、进口快速增长，技术含量较高的产品进口增幅较大

（1）液体泵、干燥设备、热交换器、工业用除尘器、胶印机、阀门进口大幅增长。液体泵、液体提升机及零件进口11.5亿美元，增长48.3%（其中液压往复式排液泵进口242万台，1.5亿美元，增长63.2%；计量泵进口11.3万台，5 054万美元，增长52.1%；潜油潜水电泵2.5万台，2 693万美元，增长47.4%）；干燥设备进口5.8万台，2.3亿美元，增长58.4%（其中木材、纸浆、纸或纸板干燥器1 039台，6 801万美元，增长231.6%）；热交换器进口31.9万台，2.4亿美元，增长82.4%；工业用除尘器进口3.1万台，5 656万美元，增长70.9%（其中静电除尘器5 910台，1 664万美元，增长280.5%，）；胶印机进口1 500台，6.8亿美元，增长53.1%（其中卷取进料式胶印机131台，1.26亿美元，增长80.5%；平张纸进料式胶印机937台，5亿美元，增长49.3%）；阀门及零件进口14.5亿美元，增长49.8%。

（2）四类产品进口金额大，有一定增长：一是橡胶塑料机械及零件进口25.5亿美元，增长24.7%；二是冷冻机、制冷设备及零件进口8.6亿美元，增长21%；三是过滤机械进口7.4亿美元，增长5.8%；四是传动轴、离合器及联轴器进口7.1亿美元，增长58%。

（3）其他进口量大，增速较快的产品有：风机、气体压缩机、中小型制氧机、喷墨印刷机、凹版印刷机、分离机械等。此外，6 000m及以上石油、天然气钻机进口4台，417万美元，增长79.7%，进口金额不多，但增速很快。

进口快速增长的主要原因是：我国经济持续快速发展，国内需求强劲，需要进口较多的技术含量较高的设备和质量好、可靠性高的配套件、零部件，以满足国内企业结构调整，产业升级和提高产品技术水平的要求；同时也为石化通用机械今后发展指明了方向，要大力发展进口量多、技术含量较高、质量好、可靠性高的产品。

三、2004年石化通用机械进出口形势展望

今年扩大石化通用机械出口的有利条件是：首先，世界经济和国际贸易将继续增长。美国经济发展强劲，欧洲经济适度增长，发展中国家多数都有不同程度的发展，俄罗斯经济发展较快，中东欧经济呈现恢复性增长。国际经济环境的这一特点，为我国扩大出口，发展合作，利用外资提供了机遇；其次，我国入世后的积极效应仍将继续呈现。我国固定资产投资和利用外资将增长，国际制造业向我国转移加快，将有一批技术含量较高的石化通用机械形成生产能力，为扩大出口注入新的活力，促进出口产品结构的改善；再次，我国政府制定了支持机电产品出口的政策措施；扩大生产企业外贸自营权，推行外贸代理制，为扩大出口创造了条件。

但是出口也有若干不利因素，一是来自美国、欧盟等国家的反倾销、技术壁垒、知识产权摩擦越来越多，将影响我国产品出口；二是从今年1月1日起，我国出口退税率下调，石化通用机械行业除石油、天然气钻机维持17%退税率不变外，其他产品（含通用机械和石油、天然气钻机零件）都由17%降到13%，将影响企业利润和生产成本。

2004年进口仍将高速增长，这是因为：首先，我国经济继续保持快速增长，固定资产投资和利用外资仍将增长，国内相关行业对石化通用机械需求强劲；其次，我国进口关税继续下降，大部分通用机械下降2～3个百分点，如CO_2压缩机2003年进口关税为9.2%，2004年为7%；胶印机由12.4%降为10%；工业用除尘器由7.6%降为5%；橡胶塑料机械由7%降为5%；压滤机由8%降为5%；200～500L制冷机组由18%降为15%；再次，从2004年起，按照内地与香港、澳门更紧密经贸关系安排，内地从香港、澳门进口的部分通用机械（部分印刷机械、阀门，4.64kW及以下空调机零件）实行零关税，将增加进口。

根据以上分析，预计2004年石化通用机械进出口仍将实现两位数增长，但出口增速将回落，进口仍将高增长，进出口产品结构将改善。

〔撰稿人：郑国伟〕

2003年石化通用机械进出口汇总

商品名称	进口			出口		
	数量（万台）	金额（万美元）	金额增长率（%）	数量（万台）	金额（万美元）	金额增长率（%）
液体泵液体提升机及零件		115 086.0	48.3		64 208	27.8
真空泵及空气泵	141.0	9 805.0	28.6	7 100.0	9 485.0	11.8
风机	181.0	15 002.0	54.2	1 061.0	10 301.0	78.2
气体压缩机	643.5	48 191.0	15.6	2 786.0	22 833.0	97.0
真空泵风机压缩机零件		16 297.0	18.2		11 081.0	34.7
冷冻机、制冷设备及零件		86 144.0	21.0		96 338.0	32.2

（续）

商品名称	进口			出口		
	数量（万台）	金额（万美元）	金额增长率（%）	数量（万台）	金额（万美元）	金额增长率（%）
干燥设备	5.8	23 341.0	58.4	30.3	2 091.0	33.1
提净塔和精馏塔		7 735.0	164.3	0.7	1 520.0	28.5
热交换器	31.9	24 365.0	82.4	6.3	2 597.0	5.3
空气分离设备		3 992.0	83.0	2.1	1 287.0	103.4
分离机械	2.0	17 536.0	26.6	5.9	1 292.0	28.5
过滤机械	1 530.0	74 165.0	5.8	5 908.0	18 704.0	87.3
工业用除尘器	3.1	5 656.0	70.9	1.9	1 317.0	122.6
分离与过滤机械零件		24 021.0	45.3		11 084.0	50.8
石油及天然气钻机及零件		8 606.0	-2.5		29 049.0	18.6
装订机械及零件		3 533.0	32.3		507.0	14.9
照相排版设备	361.0	1 393.0	20.1	0.1	115.0	1 036.0
铸字或制版机械及零件		5 441.0	32.0		2 264.0	36.4
胶印机械	0.12	68 117.0	53.1	0.1	2 207.0	107.7
其他印刷机械及零件		59 017.0	9.9		9 978.0	54.7
橡胶、塑料机械及零件		255 197.0	24.7		32 558.0	38.3
阀门及零件		145 322.0	49.8		223 334.0	46.3
传动轴、离合器及联轴器		70 994.0	58.0		51 704.0	37.3

2003年石化通用机械进口统计

商品码	商品名称	2002年金额（美元）	2003年数量（台）	2003年金额（美元）	金额增长率（%）
84131100	分装燃料或润滑油的泵，用于加油站或车库	6 512 568	7 979	4 609 087	-29.23
84131900	其他装有或可装计量装置的泵	33 232 464	113 878	50 535 995	52.07
84132000	手泵，但装有或可装计量装置者除外	1 721 697	2 489 505	5 334 119	209.82
84133021	输出 $P \geqslant 132.39$kW 发动机用燃油泵（含3029）	33 639 897	147 963	60 090 108	78.63
84133030	润滑油泵或其他燃油泵、冷却剂泵（含3029）	61 427 176	2 723 006	110 088 542	79.22
84134000	混凝土泵	13 324 808	1 488	19 417 603	45.73
84135010	气动往复式排液泵	3 993 444	31 760	5 275 912	32.11
84135020	电动往复式排液泵	15 280 204	2 494 289	29 474 476	92.89
84135030	液压往复式排液泵	92 055 810	2 422 552	150 209 381	63.17
84135090	未列名往复式排液泵	11 501 294	882 520	28 164 171	144.88
84136010	潜油电泵及潜水电泵	18 266 786	24 810	26 927 927	47.41
84136090	其他回转式排液泵	45 899 236	2 258 472	97 450 701	112.31
84137010	转速在10 000r/min及以上的离心泵	14 848 087	19 672	20 834 285	40.32
84137090	未列名离心泵	90 940 240	1 025 710	144 585 692	58.99
84138100	未列名液体泵	177 861 068	7 200 417	206 882 635	16.32
84138200	液体提升机	3 708 927	20 590	5 605 434	51.13
84139100	液体泵零件	150 811 023	12 839 153	184 159 591	22.11
84139200	液体提升机零件	1 214 161	45 206	1 214 448	0.02
84141000	真空泵	73 036 116	489 057	95 247 549	30.41
84142000	手动或脚踏式空气泵	3 215 900	920 028	2 806 325	-12.74
84145930	离心通风机	30 360 980	52 479	45 468 071	49.76
84145990	鼓风机及其他风机、风扇	61 059 491	1 697 548	97 084 343	59.00
84146000	罩平面最大边长≤120cm的通风或循环气罩	5 878 867	63 273	7 464 492	26.97
84148020	CO_2 压缩机	7 626 039	14 605	14 313 372	87.69
84148090	其他气体压缩机、空气泵、通风罩、循环气罩	409 196 332	6 417 428	467 597 025	14.27
84149090	8414所列其他机器的零件	137 885 586	16 203 893	162 967 635	18.19
84181010	各自装门的冷藏—冷冻组合机，容积>500L	5 635 000	17 361	12 514 671	122.09

（续）

商品码	商品名称	2002年金额（美元）	2003年数量（台）	2003年金额（美元）	金额增长率（%）
84181020	200L < 容积≤150L的压缩式家用型冷藏箱	1 652 656	17 301	6 495 592	293.04
84181030	容积≤200L的冷藏—冷冻组合机	115 338	859	356 838	209.38
84182110	容积 > 150L的压缩式家用型冷藏箱	1 011 859	5 886	2 452 180	142.34
84182120	50L < 容积≤150L的压缩式家用型冷藏箱	449 345	1 046	244 817	-45.52
84182130	容积≤50L的压缩式家用型冷藏箱	105 419	1 563	258 000	144.74
84182200	电气吸收式家用型冷藏箱	1 242	66	14 161	1 040.18
84182900	其他家用型冷藏箱	48 830	559	230 338	371.71
84183010	t≤-40℃的柜式冷冻箱，容积≤800L	1 295 817	428	1 716 316	32.45
84183021	t > -40℃的柜式冷冻箱，500L < 容积≤800L	59 934	68	196 628	228.07
84183029	t > -40℃的柜式冷冻箱，容积≤500L	270 909	360	296 925	9.60
84184010	t≤-40℃的立式冷冻箱，容积≤900L	7 825 011	1 923	8 310 140	6.20
84184021	t > -40℃的立式冷冻箱，500L < 容积≤900L	231 237	304	421 002	82.07
84184029	t > -40℃的立式冷冻箱，容积≤500L	375 756	572	626 214	66.65
84185000	其他冷藏或冷冻柜、箱、展示台、陈列箱等	10 964 292	4 912	13 244 214	20.79
84186110	冷凝器为热交换器的压缩式制冷机组及热泵	463 487 243	62 226	498 524 016	7.56
84186190	其他冷凝器为热交换器的压缩式制冷设备	144 668 386	37 665	223 409 700	54.43
84186910	其他制冷机组及热泵	8 857 399	563 610	7 835 092	-11.54
84186990	未列名制冷设备	17 387 736	1 087 185	17 801 149	2.38
84189100	冷藏或冷冻设备专用的特制家具	1 202 392	127 638	1 393 057	15.86
84189910	制冷机组及热泵的零件	17 502 271	1 427 322	19 166 459	9.51
84189991	t≤-40℃的冷冻设备的零件	2 276 279	259 941	2 141 913	-5.90
84189992	t > -40℃，容积 > 500L的冷藏或冷冻设备零件	2 193 512	691 265	3 982 599	81.56
84189999	8418设备的未列名零件	24 013 117	3 823 050	39 809 671	65.78
84193200	木材、纸浆、纸或纸板干燥器	20 509 982	1 039	68 011 199	231.60
84193910	微空气流动陶瓷坯件干燥器	2 083 552	105	2 049 991	-1.61
84193990	未列名干燥器	124 745 919	56 743	163 352 954	30.95
84194010	提净塔	2 937 641	36	7 205 455	145.28
84194020	精馏塔	4 383 382	43	23 958 941	446.59
84194090	其他蒸馏或精馏设备	21 940 762	898	46 189 778	110.52
84195000	热交换装置	133 592 441	319 737	243 647 924	82.38
84196011	制氧量≥15 000m^3/h的制氧机	64 153	3	20 385	-68.22
84196019	其他制氧机	2 141 956	1 268	4 650 755	117.13
84196090	未列名液化空气或其他气体的机器	19 600 647	915	35 246 727	79.82
84211910	脱水机	25 949 579	1 719	25 101 527	-3.27
84211920	固液分离机	35 903 212	3 376	45 402 805	26.46
84211990	其他未列名离心机，包括离心干燥机	76 684 554	14 972	104 860 347	36.74
84212110	家用型水的过滤、净化机器及装置	972 436	51 347	850 227	-12.57
84212190	非家用型水的过滤、净化机器及装置	139 765 057	340 353	120 877 534	-13.51
84212200	过滤或净化饮料的机器及装置	10 455 277	2 450	9 833 418	-5.95
84212300	内燃发动机的燃油过滤器	25 281 567	6 837 777	44 296 608	75.21
84212910	压滤机	30 031 690	305	26 050 855	-13.26
84212990	未列名液体过滤、净化机器及装置	140 456 740	4 067 782	173 281 782	23.37
84213100	内燃发动机的进气过滤器	16 613 561	1 449 294	39 573 420	138.20
84213910	家用型气体的过滤、净化机器及装置	1 125 257	104 845	3 308 816	194.05
84213921	工业用静电除尘器	4 372 823	5 910	16 639 456	280.52
84213922	工业用袋式除尘器	4 095 699	2 451	7 847 521	91.60
84213923	工业用旋风式除尘器	7 722 169	4 217	7 996 784	3.56
84213929	其他工业用除尘器	16 887 297	18 619	24 072 130	42.55
84213990	其他非家用型气体的过滤、净化机器及装置	333 445 701	2 446 668	323 581 092	-2.96
84219110	干衣量不超过10kg的干衣机零件	52 817	572	17 438	-66.98
84219190	其他离心机（包括离心干燥机）零件	9 457 927	360 868	11 306 017	19.54

（续）

商品码	商 品 名 称	2002 年金额（美元）	2003 年数量（台）	2003 年金额（美元）	金额增长率（%）
84219910	家用型过滤、净化装置零件	5 674 907	1 134 693	13 577 779	139.26
84219990	8421 未列名机器的零件	150 159 861	17 343 317	215 311 675	43.39
84304111	自推进石油及天然气钻机，钻探深度≥6,000m	2 322 708	4	4 172 716	79.65
84304119	未列名自推进的石油及天然气钻机	4 474 592	5	1 720 000	-61.56
84305010	其他自推进采油机械	1 065 129	6	58 966	-94.46
84314310	石油或天然气钻机的零件	80 445 750	4 605 443	80 108 242	-0.42
84401010	锁线装订机	5 569 549	262	3 209 908	-42.37
84401020	胶订机	7 711 051	279	15 224 567	97.44
84401090	其他书本装订机器	12 869 912	2 681	15 657 124	21.66
84409000	书本装订机器的零件	549 726	80 237	1 236 199	124.88
84421010	激光照相排版设备	10 114 345	243	12 819 465	26.75
84421090	其他照相排版及排字机器	1 209 560	74	710 263	-41.28
84422000	其他方法排字的机器、器具及设备	359 664	44	403 302	12.13
84423010	铸字机	139 803	49	1 094 104	682.60
84423020	制版机器、器具及设备	29 635 262	924	35 018 377	18.16
84423090	未列名铸字或制版用的机器、器具及设备	567 709	88	1 165 899	105.37
84424000	铸字、排字或制版机械的零件	1 574 288	44 667	2 593 861	64.76
84425000	活字、印版、滚筒等；印刷用的板、片、筒等	9 289 140	1 308 836	14 535 531	56.48
84431100	卷取进料式胶印机	70 052 292	131	126 449 095	80.51
84431200	办公室用片取式胶印机（片尺寸≤22cm×36cm）	440 073	82	1 318 905	199.70
84431910	平张纸进料式胶印机	339 721 079	937	507 103 854	49.27
84431990	未列名胶印机	34 765 571	337	46 298 653	33.17
84432100	卷取进料式凸版印刷机	15 323 405	196	17 887 333	16.73
84432900	其他凸版印刷机	22 880 510	903	23 799 146	4.01
84433000	苯胺印刷机	22 841 040	77	33 429 447	46.36
84434000	照相凹版印刷机	73 422 598	223	70 108 649	-4.51
84435100	喷墨印刷机	67 029 665	11 221	79 936 700	19.26
84435990	其他未列名印刷机	212 459 218	25 241	224 043 627	5.45
84436000	印刷用辅助机器	53 880 454	3 505	45 664 537	-15.25
84439000	印刷及印刷用辅助机器的零件	62 012 235	14 291 860	90 015 266	45.16
90061010	电子分色机	1 012 928	8	346 525	-65.79
90061090	其他制版照相机	6 345 288	168	4 943 215	-22.10
84771010	注塑机	639 112 849	18 396	841 382 702	31.65
84771090	其他注射机	51 440 320	753	51 564 710	0.24
84772010	塑料造粒机	28 839 210	474	45 998 117	59.50
84772090	其他挤出机	199 218 650	1 779	239 952 602	20.45
84773000	吹塑机	116 141 381	469	137 905 862	18.74
84774010	塑料中空成型机	82 714 190	326	70 391 586	-14.90
84774020	塑料压延成型机	41 812 811	486	44 991 217	7.60
84774090	其他真空模塑机及其他热成型机器	126 736 711	2 759	142 946 463	12.79
84775100	充气轮胎模塑或翻新及内胎模塑或成型机器	17 135 911	358	44 177 737	157.81
84775900	其他模塑或成型机器	127 885 407	3 144	181 226 628	41.71
84778000	其他橡胶或塑料及其他产品的加工机器	488 146 075	15 290	606 193 411	24.18
84779000	8477 所列机器的零件	127 412 440	10 223 440	145 226 143	13.98
84811000	减压阀	24 068 195	3 218 534	40 447 122	68.05
84812010	油压传动阀	113 332 004	2 913 493	205 872 726	81.65
84812020	气压传动阀	20 308 390	1 610 446	54 863 377	170.15
84813000	止回阀	18 447 647	42 050 394	27 936 983	51.44
84814000	安全阀或溢流阀	31 711 093	2 995 476	55 149 121	73.91
84818011	调节阀	122 496 513	0	0	-100.00
84818019	其他未列名阀门	447 114 797	0	0	-100.00

（续）

商品码	商品名称	2002年金额（美元）	2003年数量（台）	2003年金额（美元）	金额增长率（%）
84818090	龙头、旋塞及类似装置	29 495 282	49 172 042	54 670 008	85.35
84819010	阀门零件	113 395 886	9 098 084	166 854 822	47.14
84819090	龙头、旋塞及类似装置的零件	49 689 701	4 176 684	53 438 205	7.54
84818010	其他阀门	0	104 335 326	793 983 771	0.00
84834010	滚子螺杆传动轴	13 061 788	18 304 545	24 072 485	84.30
84834020	行星齿轮减速器	22 560 475	426 863	45 869 171	103.32
84834090	齿轮及其他变速、传动装置；滚珠螺杆传动轴	266 029 800	592 022 185	406 691 965	52.87
84835000	飞轮及滑轮，包括滑轮组	33 457 509	39 661 307	41 268 741	23.35
84836000	离合器及联轴器（包括万向节）	45 365 313	5 484 177	71 126 356	56.79
84839000	8438 所列货品的零件	68 737 958	14 378 434	120 916 016	75.91
	石化通用机械进口总计：	8 199 190 597		10 889 563 474	32.81

2003 年石化通用机械出口统计

商品码	商品名称	2002年金额（美元）	2003年数量（台）	2003年金额（美元）	金额增长率（%）
84131100	分装燃料或润滑油的计量泵，加油站或车库用	3 421 711	17 736	5 064 648	48.02
84131900	其他装有或可装计量装置的液体泵	4 395 169	343 192	4 691 304	6.74
84132000	手泵，但装有或可装计量装置者除外	15 450 252	7 330 243	12 698 126	-17.81
84133010	输出 $P \geq 132.39$kW 发动机用燃油泵	605 888	51 964	1 020 650	68.46
84133090	其他活塞内燃机用燃油、润滑油泵或冷却剂泵	14 271 841	3 567 230	22 130 231	55.06
84134000	混凝土泵	2 817 743	355	3 919 897	39.11
84135010	气动往复式排液泵	2 079 168	72 252	2 262 756	8.83
84135020	电动往复式排液泵	4 980 476	243 077	15 390 186	209.01
84135030	液压往复式排液泵	3 718 182	270 427	3 798 259	2.15
84135090	未列名往复式排液泵	3 202 558	552 431	6 410 774	100.18
84136010	潜油电泵及潜水电泵	58 411 627	8 078 663	74 531 271	27.60
84136090	其他回转式排液泵	12 700 091	1 651 620	24 490 621	92.84
84137010	转速在 10 000r/min 及以上的离心泵	5 014 072	255 519	7 334 048	46.27
84137090	未列名离心泵	50 364 102	4 828 075	82 769 956	64.34
84138100	未列名液体泵	116 858 471	26 814 902	160 527 986	37.37
84138200	液体提升机	4 612 116	132 191	1 591 233	-65.50
84139100	液体泵零件	165 285 889	89 146 656	209 827 977	26.95
84139200	液体提升机零件	4 949 746	1 489 159	3 613 699	-26.99
84141000	真空泵	29 186 673	4 006 583	27 545 192	-5.62
84142000	手动或脚踏式空气泵	55 668 016	66 994 229	67 308 966	20.91
84145930	离心通风机	8 150 950	6 515 395	30 394 005	272.89
84145990	鼓风机及其他风机、风扇	32 177 605	2 699 812	48 804 289	51.67
84146000	罩平面最大边长≤120cm 的通风或循环气罩	17 467 716	1 398 012	23 883 965	36.73
84148020	CO_2 压缩机	1 879	1 024	55 506	2 854.02
84148090	其他气体压缩机空气泵，通风罩、循环气罩	115 868 931	27 855 157	228 268 500	97.01
84149090	8414 所列其他机器的零件	82 285 582	40 289 141	110 796 374	34.65
84181010	各自装门的冷藏—冷冻组合机，容积＞500L	1 005 242	10 120	3 648 276	262.93
84181020	200L＜容积≤500L 的冷藏—冷冻组合机	32 346 561	395 811	68 739 880	112.51
84181030	容积≤200L 的冷藏—冷冻组合机	66 891 565	1 079 562	111 737 535	67.04
84182110	容积＞150L 的压缩式家用型冷藏箱	34 231 224	231 612	35 927 393	4.96
84182120	50L＜容积≤150L 的压缩式家用型冷藏箱	202 788 615	3 136 088	225 017 909	10.96
84182130	容积≤50L 的压缩式家用型冷藏箱	34 521 425	1 012 446	52 821 010	53.01
84182200	电气吸收式家用型冷藏箱	25 871 472	2 059 270	44 266 921	71.10
84182900	其他家用型冷藏箱	9 362 599	882 658	12 831 829	37.05

（续）

商品码	商　品　名　称	2002 年金额（美元）	2003 年数量（台）	2003 年金额（美元）	金额增长率（%）
84183010	$t\leqslant-40$℃的柜式冷冻箱，容积≤800L	3 162 363	3 426	451 262	-85.73
84183021	$t>-40$℃的柜式冷冻箱，500L<容积≤800L	392 525	2 439	655 106	66.90
84183029	$t>-40$℃的柜式冷冻箱，容积≤500L	60 208 808	718 522	70 912 488	17.78
84184010	$t\leqslant-40$℃的立式冷冻箱，容积≤900L	259 166	37	59 656	-76.98
84184021	$t>-40$℃的立式冷冻箱，500L<容积≤900L	222 521	611	52 257	-76.52
84184029	$t>-40$℃的立式冷冻箱，容积≤500L	24 661 243	207 147	22 081 695	-10.46
84185000	其他冷藏或冷冻柜、箱、展示台、陈列箱等	48 223 117	648 348	68 328 853	41.69
84186110	冷凝器为热交换器的压缩式制冷机组及热泵	16 405 954	152 990	43 210 365	163.38
84186190	其他冷凝器为热交换器的压缩式制冷设备	19 301 431	210 362	38 794 384	100.99
84186910	其他制冷机组及热泵	3 575 308	2 088 477	7 606 712	112.76
84186990	未列名制冷设备	45 493 741	6 463 511	20 365 004	-55.24
84189100	冷藏或冷冻设备专用的特制家具	1 506 588	290 419	1 021 914	-32.17
84189910	制冷机组及热泵的零件	12 621 065	5 575 046	19 501 569	54.52
84189991	$t\leqslant-40$℃的冷冻设备的零件	3 187 452	842 361	4 766 283	49.53
84189992	$t>40$℃，容积>500L 的冷藏或冷冻设备零件	2 259 371	647 433	1 529 543	-32.30
84189999	8418 设备的未列名零件	80 091 467	35 408 259	109 043 370	36.15
84193200	木材、纸浆、纸或纸板干燥器	1 638 042	224	3 682 643	124.82
84193910	微空气流动陶瓷坯件干燥器	674 685	24	758 143	12.37
84193990	未列名干燥器	13 386 524	303 601	16 459 208	22.95
84194010	提净塔	4 278 337	26	1 622 747	-62.07
84194020	精馏塔	502 685	13	108 491	-78.42
84194090	其他蒸馏或精馏设备	7 048 187	7 347	13 467 493	91.08
84195000	热交换装置	24 659 235	63 617	25 974 920	5.34
84196011	制氧量≥15 000m^3/h 的制氧机	2 949	2 474	244 473	8 190.03
84196019	其他制氧机	4 692 877	17 286	10 408 293	121.79
84196090	未列名液化空气或其他气体的机器	1 629 819	1 888	2 217 780	36.08
84211910	脱水机	1 363 259	35 313	2 268 718	66.42
84211920	固液分离机	3 363 101	3 234	4 970 374	47.79
84211990	其他未列名离心机，包括离心干燥机	5 321 297	20 944	5 666 263	6.48
84212110	家用型水的过滤、净化机器及装置	10 124 421	2 739 584	13 133 708	29.72
84212190	非家用型水的过滤、净化机器及装置	8 455 798	870 652	17 029 332	101.39
84212200	过滤或净化饮料的机器及装置	114 091	80 745	350 341	207.07
84212300	内燃发动机的燃油过滤器	13 389 667	43 123 830	35 927 444	168.32
84212910	压滤机	2 500 502	128	1 277 490	-48.91
84212990	未列名液体过滤、净化机器及装置	13 258 153	615 294	15 161 275	14.35
84213100	内燃发动机的进气过滤器	4 671 956	5 219 366	9 885 331	111.59
84213910	家用型气体的过滤、净化机器及装置	34 719 782	4 526 283	66 990 941	92.95
84213921	工业用静电除尘器	550 689	223	1 471 468	167.20
84213922	工业用袋式除尘器	1 197 677	1 058	3 530 307	194.76
84213923	工业用旋风式除尘器	990 305	13 998	5 876 334	493.39
84213929	其他工业用除尘器	3 179 166	3 928	2 289 304	-27.88
84213990	其他非家用型气体的过滤、净化机器及装置	9 275 346	1 814 357	20 983 506	126.23
84219110	干衣量不超过 10kg 的干衣机零件	881 445	379 233	960 765	9.00
84219190	其他离心机(包括离心干燥机)零件	1 349 153	449 388	3 984 169	195.31
84219910	家用型过滤、净化装置零件	27 113 384	16 104 652	36 671 293	35.25
84219990	8421 未列名机器的零件	44 134 480	18 277 069	69 226 110	56.85
84304111	自推进石油及天然气钻机，钻探深度≥6 000m	55 504 430	19	73 159 918	31.81
84304119	未列名自推进的石油及天然气钻机	88 412 681	47	58 028 091	-34.37
84305010	其他自推进采油机械	4 515 354	500	11 730 193	159.78
84314310	石油或天然气钻机的零件	96 572 366	39 089 392	147 574 726	52.81
84401010	锁线装订机	418 652	151 434	1 025 999	145.07

（续）

商品码	商品名称	2002年金额（美元）	2003年数量（台）	2003年金额（美元）	金额增长率（%）
84401020	胶订机	417 836	625	740 384	77.19
84401090	其他书本装订机器	2 602 707	25 643	2 911 795	11.88
84409000	书本装订机器的零件	137 757	200 418	391 631	184.29
84421010	激光照相排版设备	38 332	18	384 627	903.41
84421090	其他照相排版及排字机器	9 024	3	9 220	2.17
84422000	其他方法排字的机器、器具及设备	53 996	491	751 927	1 292.56
84423010	铸字机	211 984	81	125 139	−40.97
84423020	制版机器、器具及设备	842 247	343	1 370 517	62.72
84423090	未列名铸字或制版用的机器、器具及设备	153 691	186	116 558	−24.16
84424000	铸字、排字或制板机械的零件	66 324	30 752	162 740	145.37
84425000	活字、印版、滚筒等;印刷用的板、片、筒等	14 270 904	4 594 529	20 867 728	46.23
84431100	卷取进料式胶印机	5 535 657	114	12 858 775	132.29
84431200	办公室用片取式胶印机（片尺寸≤22cm×36cm）	381 175	4	20 372	−94.66
84431910	平张纸进料式胶印机	2 686 775	322	8 128 477	202.54
84431990	未列名胶印机	2 023 297	566	1 066 057	−47.31
84432100	卷取进料式凸版印刷机	2 858 362	58	2 920 895	2.19
84432900	其他凸版印刷机	829 772	355	1 314 700	58.44
84433000	苯胺印刷机	620 511	27	899 553	44.97
84434000	照相凹版印刷机	2 087 608	334	3 811 664	82.59
84435100	喷墨印刷机	8 857 123	2 571	25 348 186	186.19
84435990	其他未列名印刷机	30 403 751	148 648	38 049 652	25.15
84436000	印刷用辅助机器	3 896 437	8 413	7 774 905	99.54
84439000	印刷及印刷用辅助机器的零件	14 916 138	7 351 727	19 626 644	31.58
90061010	电子分色机	80	0	0	−100.00
90061090	其他制版照相机	14 042	242	23 958	70.62
84771010	注塑机	113 365 156	8 371	139 608 952	23.15
84771090	其他注射机	936 546	249	1 423 516	52.00
84772010	塑料造粒机	1 547 847	341	2 556 521	65.17
84772090	其他挤出机	14 331 251	818	21 351 417	48.99
84773000	吹塑机	12 854 756	1 392	17 432 228	35.61
84774010	塑料中空成型机	3 691 513	233	4 051 588	9.75
84774020	塑料压延成型机	1 956 265	169	1 987 201	1.58
84774090	其他真空模塑机及其他热成型机器	5 473 068	918	8 050 307	47.09
84775100	充气轮胎模塑或翻新及内胎模塑或成型机器	3 552 089	654	1 963 751	−44.72
84775900	其他模塑或成型机器	4 081 001	4 126	6 103 640	49.56
84778000	其他橡胶或塑料及其产品的加工机器	46 193 760	342 868	67 422 969	45.96
84779000	8477所列机器的零件	27 505 312	27 558 645	53 613 277	94.92
84811000	减压阀	10 260 661	15 384 360	12 327 999	20.15
84812010	油压传动阀	1 708 587	413 873	3 406 455	99.37
84812020	气压传动阀	4 318 104	3 754 118	10 351 000	139.71
84813000	止回阀	13 527 925	267 377 480	21 714 222	60.51
84814000	安全阀或溢流阀	3 673 772	3 874 626	11 463 001	212.02
84818011	调节阀	10 092 282	0	0	−100.00
84818019	其他未列名阀门	313 149 733	0	0	−100.00
84818090	龙头、旋塞及类似装置	562 185 669	798 653 719	825 805 098	46.89
84819010	阀门零件	331 124 594	209 227 773	451 996 073	36.50
84819090	龙头、旋塞及类似装置的零件	276 230 103	128 370 908	432 338 480	56.51
84818010	其他阀门	0	291 936 441	463 941 813	0.00
84834010	滚子螺杆传动轴	1 898 368	1 974 323	3 080 238	62.26
84834020	行星齿轮减速器	4 604 453	405 990	12 264 902	166.37
84834090	齿轮及其他变速、传动装置;滚珠螺杆传动轴	133 375 642	142 664 611	163 503 802	22.59

（续）

商品码	商品名称	2002年金额（美元）	2003年数量（台）	2003年金额（美元）	金额增长率（%）
84835000	飞轮及滑轮，包括滑轮组	50 263 445	336 527 789	72 783 381	44.80
84836000	离合器及联轴器（包括万向节）	70 025 182	41 863 463	89 750 224	28.17
84839000	8483所列货品的零件	116 498 730	78 261 139	175 655 211	50.78
	石化通用机械出口总计	4 264 769 116		6 052 242 594	41.91

2001年气体分离设备出口情况

产品型号名称	出口数量台（套）	出口国别或地区	创汇额（万元）
开封空分集团有限公司			
KDON—800/800Y型空分设备	1	越南	
KDON—350/800Y型空分设备	1	越南	
KDON—800型制氮设备	1	越南	199
四川空分设备（集团）有限责任公司			
KDON—131Y/173Y型空分设备	1	苏丹	
RYQ—40—8型溶解乙炔设备	1	苏丹	46
江西制氧机厂			
KZON—50/200型空分设备	1	印度尼西亚	14
苏州制氧机有限责任公司			
KDN—800/40Y型制氮设备	2	印度尼西亚	62
邯郸制氧机厂			
KZON—50/100型空分设备	1	加纳	
KZO—50型空分设备	3	印度尼西亚	
	2	尼日利亚	51
杭州制氧机集团有限公司			
KZON—300/1000型空分设备	1	意大利	
KZON—150/550IV型空分设备	2	孟加拉	
	1	越南	
KDN—800/40Y型制氮设备	1	苏丹	
KLN—20型液氮机	1	朝鲜	
KL—15型制氧制氮车	1	纳米比亚	
板式换热器	5	泰国、韩国	201
哈尔滨制氧机厂			
KDON—350/700型空分设备	2	越南	
KZO—150型空分设备	1	约旦	
KZON—50/35型空分设备	1	尼日利亚	
KZO—50型空分设备	1	约旦	
L3.5—9.3/14型空压机	1	尼日利亚	87
杭州川空通用设备有限公司			
BF—20型PSAN制氮设备	1	缅甸	2
哈尔滨环保制氢设备工业公司			
DQ—4型水电解制氢设备	1		
3F—88163A主极板配件	1批	挪威	86
中船第七一八研究所			
ZDQ—16水电解制氢设备	1	朝鲜	
CNDQ—65型水电解槽	1	挪威	
CNDQ—60型水电解槽	3	冰岛	
CNDQ—10型水电解槽	1	挪威	
四川天一科技股份有限公司			
PSA—H_2—500型变压吸附制氢设备	1	印度尼西亚	13
江苏苏净集团有限公司			
液氨制氢装置	3	印度尼西亚	
气体纯化装置	2	印度尼西亚	

2002 年气体分离设备出口情况

产品型号名称	出口数量 台(套)	出口国别或地区	创汇额 (万元)
开封空分集团有限公司			
KDON—5000/50/70 型空分设备	1	土耳其	
YPN—2675 型氮液化设备	1	葡萄牙	146
四川空分设备(集团)有限责任公司			
KZON—50/100 型空分设备	2	朝鲜	
KDONAr—150/50Y/4 型空分设备	1	沙特阿拉伯	
液氧容器	1 批	印度	
备件	1 批	苏丹	83
邯郸制氧机厂			
KZO—50 型空分设备	2	朝鲜、老挝	
KZO—50—1 型空分设备	1	印度尼西亚	
KZON—50/100 型空分设备	1	缅甸	30
杭州制氧机集团有限公司			
KZON—150/550 型带氩空分设备	3	朝鲜	
KZON—150/550 型空分设备	1	越南	
KZO—60 型空分设备	1	摩洛哥	
KDN—1600/100Y 型制氮设备	1	伊朗	
板式换热器	6	巴布亚新几内亚、韩国	211
杭州川空通用设备有限公司			
BF—50 型 $PSAN_2$ 制氮设备	1	缅甸	
哈尔滨制氧机厂			
KZO—50 型空分设备	1	印度尼西亚	
KDON—350/700 型空分设备	1	越南	
3Z3.5—1.67/150 型氧压机	3	越南	44
上海亚联瑞兴气体技术有限公司			
PSAH2—1500 型提纯氢设备	1	韩国	

2003 年气体分离设备出口情况

产品型号名称	出口数量 台(套)	出口国别或地区	创汇额 (万元)
开封空分集团有限公司			
KDON—4500/9000/120 型空分设备	1	土耳其	
KDON—6150/1000/150 型空分设备	1	土耳其	377
四川空分设备(集团)有限责任公司			
KDON—8000/2400/56 型空分设备	1	土耳其	
KDON—350 型空分设备	1	沙特阿拉伯	
贮槽	3	越南	
压缩机	2	越南	
泵	1	越南	
备件	2 批	越南、沙特阿拉伯	
换热器	4	哈萨克斯坦	481
江西制氧机厂			
蓝色快递无水氟化氢罐箱	30	日本	
100 立方米氟化氢贮罐	4	日本	60
苏州制氧机厂			
KDON—1000/1100 型空分设备	1	越南	
KDON—1000/1000/12 型空分设备	1	朝鲜	

（续）

产品型号名称	出口数量台(套)	出口国别或地区	创汇额(万元)
KDON—80 型空分设备	1	尼日利亚	
KDN—1000/40Y 高纯氮设备	1	孟加拉国	183
邯郸制氧机厂			
KZO—50—1 空分设备	1	印度尼西亚	
空分设备配件	1 批	印度尼西亚	12
杭州制氧机集团有限公司			
KDN—5000 纯氮设备	1	中国台湾	
KDN—150/550IV 空分设备	1	孟加拉国	
KDN—150/550IV 空分设备	1	尼日利亚	
1900 变压吸附制氮设备	1	伊朗	
YDS—4 液氮设备	1	菲律宾	
670m^3 液氮贮槽	1	泰国	
1 300m^3 液氮贮槽	1	泰国	
管壳式换热器	2	泰国	369
哈尔滨制氧机厂			
KZO—50 型空分设备	1	韩国	7
液化空气(杭州)有限公司			
空分设备零部件			103
林德工艺装置有限公司			
空分设备零部件			6

第Ⅳ部分

企业风采

企业风采

通用机械行业上市公司分析

企业家论坛

国企经营的成功案例

高新技术企业的竞争谋略

民营企业的发展战略

优秀企业的新台阶

通用机械行业上市公司分析

截止至2003年底，沪深两市通用机械类上市公司主要有大冷股份、中核科技、烟台冰机、广州冷机、天一科技、上风高科、冰山橡塑、广东明珠、特精股份、洪城股份、轻工机械、ST冰熊、力源液压和北人股份。这些上市公司覆盖了通用机械行业的泵、阀门、风机、冷冻设备、印刷机械、橡塑机械等6大类产品，其中阀门行业4个、泵行业2个，冷冻设备制造业5个、橡胶工业设备制造业2个、印刷设备制造业1个。2003年这些上市公司的总股本269 558万股，占全部上市公司的0.42%。

一、盈利能力分析

1. 单位收益呈下降趋势

1998～2003年通用机械行业上市公司收益情况见表1。

表1　1998～2003年通用机械行业上市公司收益情况

年　　份	1998	1999	2000	2001	2002	2003
每股收益(元)	0.18	0.18	0.13	0.10	0.10	0.08
每股净资产(元)	1.90	1.98	1.96	2.31	2.41	2.48
净资产收益率(%)	9.97	9.48	2.38	2.92	3.58	1.79

2003年整个上市公司每股收益0.195元，净资产收益率为7.37%，分别同比增长31.9%和26.7%，其盈利能力基本达到1999～2000年时的水平。而通用机械行业却呈下降的趋势，每股收益2003年较2002年下降20%，只占1999年最高收益的44.4%，净资产收益率2002年在小幅反弹后，2003年又开始下降，成为近6年净资产收益率最低的一年，通用机械行业单位收益能力下降的原因与原材料价格上涨和产品价格下降有关。

2. 主营业务收入大幅增长

2003年，我国通用机械行业上市公司主营业务收入602 288万元，比2002年的466 508万元增加135 780万元，这与通机行业上市公司盈利能力下降相背。2002～2003年通用机械行业上市公司盈利情况见表2。

表2　2002～2003年通用机械行业上市公司盈利情况

股票代码	股票名称	主营业务收入（万元）		主营业务利润（万元）	
		2002年	2003年	2002年	2003年
000530	大冷股份	95 636	104 310	14 315	17 507
000777	中核科技	22 812	24 428	3 790	5 363
000811	烟台冰机	52 974	70 807	11 785	14 113
000893	广州冷机	35 525	42 230	8 064	4 591
000908	天一科技	21 444	24 719	4 752	5 139
000967	上风高科	16 318	18 443	5 507	6 196
600346	冰山橡塑	20 918	25 231	6 035	5 653
600382	广东明珠	43 887	61 278	6 602	9 735
600468	特精股份	22 675	50 539	5 440	9 994
600566	洪城股份	10 729	11 343	3 044	2 692
600605	轻工机械	18 287	51 683	2 473	1 450
600753	ST冰熊	6 467	8 131	1 333	1 460
600765	力源液压	6 142	8 585	2 240	3 412
600860	北人股份	92 693	100 561	29 532	32 938

从表2可以看出，通用机械行业上市公司的主营业务收入、主营业务利润近2年有一定的增长，其中主营业务收入2003年比2002年增长29.1%，主营业务利润2003年比2002年增长14.6%。这说明上市公司主营业务的盈利能力较好。另外从主营业务利润率看，2002年为23.65%、2003年为21.36%，此指标2003年较2002年下降9.7%。从这几个指标的增减变化可以看出，我国通用机械行业上市公司的主营业务的收入和利润虽然在不断增长，但其相应的成本增长速度高于利润额的增长速度，导致主营业务利润率开始下降，总体盈利能力逐年在下降。

从具体上市公司看，14个上市公司的主营业务收入2003年都较2002年有不同程度的增加，其中增幅在1倍以上的有2个，这2个企业完成主营业务收入102 222万元，占上市公司主营业务收入的16.97%。增幅在20%以上的有4个，这4个公司完成103 225万元，占17.14%，增幅最大的为轻工机械，增速高达182.63%。

从主营业务利润率看，2003年通用机械行业的主营业务利润率为21.36%，行业的盈利能力比较理想，但与2002年相比下降9.68%。从具体上市公司看，2003年主营业务利润率最高的为力源液压，高达39.75%。2003年主营业务利润率较2002年增长的只有5个，这5个企业的平均利润率为25.42%，高于上市公司平均利润率4.06个百分点。增幅最大的为中核科技，增幅达32.15%，其他9个企业的主营利润率都下降，下降幅度最大的为轻工机械，降幅达79.22%。而轻工机械的主营业务收入却是14个上市公司中增长最快的一家。这说明通用机械行业上市公司收入虽然在增加，因2003年面对诸如原材料涨价、电荒和2003年非典的影响，增加了公司的成本，使得利润率有所下降。

2002～2003年通用机械行业上市公司主要财务指标情况见表3。

3. 费用控制不力，净利润增长缓慢

2002～2003年上市公司净利润情况见表4。

表 3　2002～2003 年通用机械行业上市公司主要财务指标

股票代码	股票名称	年　份	主营业务利润率（%）	净资产收益率（%）	存货周转率（%）	总资产周转率（次）	流动比率（倍）	速动比率（倍）
000530	大冷股份	2002	14.97	7.38	2.62	1.78	1.86	1.37
		2003	16.78	6.70	2.92	4.15	1.76	1.18
000777	中核科技	2002	16.61	－2.75	2.15	－1.71	1.90	1.37
		2003	21.95	0.83	2.27	－2.59	2.02	1.47
000811	烟台冰机	2002	22.25	11.71	2.07	13.87	0.82	0.39
		2003	19.93	8.91	2.32	11.93	0.94	0.44
000893	广州冷机	2002	22.70	1.86	0.98	3.35	0.29	－0.57
		2003	10.87	－13.42	2.49	0.97	0.82	0.54
000908	天一科技	2002	22.16	2.74	1.61	39.59	1.60	1.26
		2003	20.79	2.67	1.63	－2.00	1.77	1.34
000967	上风高科	2002	33.75	3.27	4.41	7.06	4.49	4.01
		2003	33.59	2.22	3.63	10.89	4.57	4.07
600346	冰山橡塑	2002	28.85	2.72	1.18	2.88	1.95	1.31
		2003	22.41	1.45	1.41	3.28	1.77	1.11
600382	广东明珠	2002	15.04	7.15	2.61	－0.20	1.59	1.29
		2003	15.89	6.83	4.09	8.61	1.47	1.31
600468	特精股份	2002	23.99	1.25	1.43	26.23	1.90	1.27
		2003	19.78	2.95	2.70	11.28	1.33	0.87
600566	洪城股份	2002	28.37	3.03	2.24	4.06	2.74	2.34
		2003	23.73	1.59	2.06	7.27	2.50	2.09
600605	轻工机械	2002	13.52	1.96	0.62	3.99	1.45	0.59
		2003	2.81	2.25	1.89	17.67	1.45	0.79
600753	ST 冰熊	2002	20.61	3.80	0.47	0.74	0.80	0.47
		2003	17.96	－8.04	0.57	－7.82	0.94	0.52
600765	力源液压	2002	36.47	0.98	1.42	3.84	2.29	1.68
		2003	39.75	3.25	1.69	3.43	1.97	1.42
600860	北人股份	2002	31.86	7.04	1.25	19.03	1.23	0.56
		2003	32.75	6.82	1.28	0.58	1.62	0.78

表 4　2002～2003 年上市公司净利润情况

股　票　名　称	净利润（万元）	
	2002 年	2003 年
大冷股份	9 095	8 615
中核科技	－735	224
烟台冰机	3 536	3 546
广州冷机	613	－3 931
天一科技	1 402	1 403
上风高科	1 508	1 126
冰山橡塑	855	463
广东明珠	3 575	3 669
特精股份	416	1 018
洪城股份	1 389	740
轻工机械	603	708
ST 冰熊	414	－814
力源液压	151	518
北人股份	6 894	8 205

上市公司净利润 2003 年比 2002 年下降 14.22%，净利润增长速度近年在逐渐减少，低于主营业务收入和主营业务利润的增长，主要是由于上市公司的各种费用快速增加所致。部分公司由于费用的高速增长，经营效益大幅下滑，大冷股份、广州冷机、上风高科、冰山橡塑由于费用的大幅增长，使得净利润出现负增长。但也有一些公司的净利润大幅增长，如特精股份，净利润增速高达 144.8%。

二、财务状况分析

由表 3 可见，行业总体财务状况良好。资产结构有所改善，行业平均流动比率 2003 年为 1.78 次，与 2002 年持平。平均速动比率由 2002 年 1.24 次上升到 2003 年的 1.28 次，表明短期偿债能力有所提高。2003 年通用机械行业上市公司存货周转率为 2.21 次，较 2002 年的 1.79 次增长 23.46%，总资产周转率为 4.83 次，较 2002 年都有所下降，这说明上市公司的经营状况尚可。行业上市公司能有这样较好的经营状况，一方面与各上市公司纷纷加大销售力量、不断开拓市场有关，另一方面与各上市公司加大产品开发力度、缩短产品生产周期有关。

三、主要公司分析

1. 大冷股份（000530）

大冷股份是中国最大的工业制冷设备生产企业和中国最大的制冷成套设备出口商家，公司主要产品有活塞式、螺杆式制冷压缩机、吸收式溴化锂制冷机以及压力容器、组合库、气调保鲜库等6大成套设备以及冷冻冷藏厨柜、平板式速冻机、隧道式速冻机、块冰机等61个品种,400多个规格。

2003年,大冷股份经受住了非典疫情及原材料持续大幅涨价的考验,抓住了国家以投资拉动经济的契机,实现主营业务收入104 310万元,较2002年增长9.07%;实现主营业务利润17 507万元,较2002年增长22.29%;实现利润总额10 076万元,较上年增长2.00%。其中主营产品制冷设备2003年完成104 309万元,较2002年的95 636万元增长109%。

大冷股份2003年的健康运行将为公司2004年的继续发展打下良好的基础。2004年大冷股份将在提高国际竞争力、和国际大公司开展合资合作、瞄准国际竞争对手提高产品质量,在维持产品价格优势的同时,尽快提高产品技术含量和市场占有率等方面加大力度,使公司的发展再上一个台阶。预计2004年公司将实现销售收入120 000万元,实现利润12 000万元。

2. 广州冷机(000893)

广州冷机的主要产品为冷冻设备及压缩机、中央空调及各类型制冷空调设备、冷水机组及各类日用电器及相关材料、附件及配件。

2003年公司共生产冰箱压缩机260.02万台,销售255.56万台,产销率为98.28%,实现产品销售收入42 230万元,产品销售成本37 516万元,毛利率11.16%,冰箱压缩机产、销量同比分别增长了34.02%和33.66%,呈大幅增长趋势。

2003年广州冷机的冰箱压缩机完成业务收入40 675万元,占公司总收入的96.32%,业务利润达3 519万元,占主营业务利润的76.64%。

3. 广东明珠(600382)

广东明珠是以阀门及其驱动装置等产品的生产经营和研制开发为主的高新技术企业,主导产品球阀广泛应用于石油、化工、轻工、食品、制药、纺织、冶金、机械、航天等多个行业。

2003年,公司以提高市场竞争力为总体发展目标,通过管理创新和逐步完善法人治理结构,不断提高公司科学决策和经营管理水平。根据市场竞争形势发展和公司产业发展布局的需要,组建11个事业部,各事业部的工作以市场为导向,以经济效益为中心,狠抓内部管理,努力降低成本,不断开发适应市场需求的新产品,使公司全年的经营业绩保持了稳中有升的良好态势。2003年实现主营业务收入61 278万元,比2002年同期增加39.63%;实现净利润3 669万元,比2002年同期增加2.63%。

2003年广东明珠阀门类产品完成业务收入17 228万元,占主营业务收入的28.12%,比2002年增长52.41%;毛利率达32.72%,比2002年下降4.31%;冶炼产品完成业务收入22 884万元,占主营业务收入的37.34%,比2002年增加2.79%;毛利率为6.40%,比2002年增长2.18%。而从销售的地区分布看,华南地区49 256万元,占主营业务收入的80.38%,另外还出口3 100万元,出口创汇375万美元,比2002年增长7倍多。

2004年广东明珠将继续以创新为动力,以发展为主线,全面创新企业文化,打造“明珠”品牌;以技术改造为契机,以高起点、高档次为目标,开发技术含量高、附加值高的“专、精、特、新”的阀门、医药、发电设备等产品,扩大产品的市场占有率,以国产取代进口,在立足拓展国内市场的同时,向国际市场大步迈进。

4. 特精股份(600468)

特精股份是经天津新技术产业园区认定并在该园区内注册的高新技术企业,公司主营液压元件的制造,主要产品包括齿轮泵、液压阀、液压缸、柱塞泵、齿轮马达、静液压驱动装置及各种主机液压系统,广泛为农业机械、工程机械、汽车运输机械、建筑机械、船舶、冶金机械等行走机械和固定机械配套。

2003年,特精股份完成主营业务收入50 539万元,同比增加122.89%;实现净利润1 018万元,同比增加144.82%。2003年公司共销售液压元件63.19万件,实现销售收入17 531万元,同比增加4.13%。2003年是公司液压产品结构调整取得实质性进展的一年,新产品销售收入达6 441万元,占液压元件总销售收入的36.7%。2003年特精股份齿轮泵完成业务收入9 493万元,液压缸完成24 744万元,液压阀完成3 361万元,其毛利率分别为24.73%、33.14%、15.80%。市场主要集中在天津和江西赣州地区。

5. 北人股份(600860)

北人股份的主要产品是印刷机械、锻压设备、包装机械、商用表格印刷机、商用轮转印刷机、商用柔性版印刷机、凹印机及机械设备的零配件。2003年北人股份主营业务收入为100 561万元,比2002年增长8.49%;实现净利润8 205万元,比2002年增长19.01%;每股盈利0.19元。2003年北人股份顺利完成公司二期搬迁工作,另外为了参加国际印刷机展览会,全新设计了水平高、难度大的Beiren200四开四色平版印刷机。根据市场的要求,还对N376、N406、N141等几种产品进行了改进。本公司的卷筒纸分公司还与美国GI公司合作,生产的产品已销往美国等国际市场。

2003年北人股份克服钢材等原材料涨价等因素的影响,通过降低产品采购成本和扩大产品宣传,加快资金周转等方式,使公司2003年的经营经受住各种考验,2003年北人股份平张纸机完成业务收入54 424万元,占54.12%;卷筒纸机完成业务收入18 756万元,占18.65%;凹版印刷机械完成业务收入14 496万元,占14.42%。

〔撰稿人:机械工业信息研究院产业与市场研究所郇恩年〕

企业家论坛

以科技创新做强做大干燥设备行业

中国通用机械干燥设备行业分会　迟庆余

我国干燥设备制造行业起步较晚，几十年来，从无到有，从小到大，发展到今天的规模和水平，是一批不断进取的专家学者和同仁志士用心血换来的。

从行业整体上看，特点是"二小一大"，即干燥行业规模小，企业规模小，但市场潜力很大。到目前为止，干燥设备行业每年向市场提供的产品价值在20亿元左右，生产厂家近300个。其中好的企业的一个显著的共同特点就是，这些企业都与科研院所、专家学者有着比较密切的合作，所以企业发展步子快，他们在干燥设备行业中起着积极的作用，成为行业主力军。铁岭精工就是最早最大的受益者之一。

据统计，近年来我国每年都有近30万项的科研成果出现，其中有10%属于重大成果，每年新登记申请专利有6万项。这些科研成果真正进入实验的只有70%，得到推广的只有10%，真正进入市场的只有5%，而国际发达国家占到85%。这就为如何将科研成果尽快地转化为生产力提出了新课题。

随着我国加入WTO，贸易无国界，全世界变成了一个大市场，在一种规则下运行操作。我国的经济活动正处于一个轰轰烈烈的全球化进程中。干燥行业在这个进程中，如何应变抓住机遇加快发展，显得尤为重要。

党的十六大会议明确提出要振兴装备工业，重视装备工业发展的氛围正在逐步形成，这无疑为整个机械行业带来非常好的机遇。近年来，干燥设备行业出了一批骨干企业，不少的产品已经达到或接近国际水平，创造了一批品牌产品。从行业总体情况分析，形势是蓬勃发展的。但在比较之下还存在以下问题：一是许多产品低水平重复多，企业之间产品趋同。二是有相当一部分产品止步不前，呈下降趋势，新的替代产品没有形成规模。三是产业的整体开发速度有待提高，产品更新缓慢。

要做大做强干燥设备行业，需从以下几方面努力。

第一，不断增强企业自身核心竞争能力。抓住两大重点不放松，一是抓住产品的开发创新与技术进步不放松，一是以客户为中心抓住市场需求和变化不放松。抓住信息是关键，在新产品开发创新上要瞄准世界先进水平、先进技术、先进产品，这样开发出来的产品才有生命力，才是新的增长点。不要低水平重复，出现鹬蚌相争的现象，那样外来的渔翁就得利了。要与科研院所、专家、教授、专业技术人员紧密合作。科研院所有丰富的知识储量和先进的开发能力、灵敏的信息资源，企业具有较强的创新需求和高技术成果商业化的物质能力，而且能敏锐地捕捉市场需求动态，如果实现这样对接，势必将产生巨大的物质力量。在企业界以"客户为中心"的经营战略，正在推进之中，不管是飞利浦公司的"让我们做得更好"的信条，或是高露洁公司的以"消费者为中心"的目标，还是戴尔电脑公司的"奉献最好的服务，做世界上最成功的公司"的标语，都是经济全球化过程中"消费主义文化"的一部分，就是以最好的产品和最佳的服务去满足客户的需求。企业的发展壮大是在"客户满意"的前提下才能获得成功，所以企业要不断增强满足客户需求的能力。

第二，搞好品牌特色经营。在经营战略问题上，企业经营的最高境界就是品牌经营，要想在日益激烈的市场竞争中获得优势和主导地位，必须重视品牌经营战略。挖井哲学告诉我们，到处挖井都挖得不深，不如在一口井上深挖下去。千品通不如一品精，产品升级要有所为有所不为，不能重复别人低水平的产品，不然对企业有害无益。要选准几种产品做细做精，在产品链上不断延伸优势与特点，在产品专一化的格局上领先一步，才能做多做强，赢得名牌价值和声誉。所以说搞品牌式特色经营，就是要放开眼界，看市场、看产品、看发展、看走势与需求，做到各有专长。

第三，加强中小企业间的战略合作。在社会主义市场经济的大背景下，面对越来越秩序化、越来越细分化、越来越成熟化的市场，企业的梯度分工正在逐步形成，这是高质量低成本的要求，是市场竞争力的推动。如何提高单个企业的竞争能力，实行必要的中小企业战略联盟，不失为一种好办法。这种联盟可以是多种多样的形式，包括成套化、系统化、复合化、机电一体化、自动化等方面的能力互补，产品互补，互相参股，大项目共同开发联合投标，共同满足客户需求，共同面对外配套产品的供应商等方面的联盟。选择合适的伙伴，应双方自愿，达到互利互助和公平。把小船变成大船，共同设定联盟的基本规则以保持灵活的战略和独立的地位。联盟不是兼并而是一种物质资源互补的新型组织结构，企业规模大并不等于是规模经济。对于一般规模的企业要实现规模经济，一个重要的措施就是缩短战线，将大部分通用零部件由内配转移到企业外部去配套，将自己主要精力集中在最优势的几个环节上做细做精，这样可以降低成本，提高质量，增强优势。在经济自由化、贸易全球化、市场开放化的今天，中小企业面临着机遇与挑战，面临着巨大的生存发展压力，如果能形成有效的战略联盟，更新竞争能力，必然能够取得新优势。

总而言之，干燥设备行业的前景是广阔的，只要坚持产、学、研紧密结合，以技术交流作为推动力，干燥设备行业就一定能做大做强。

实施人才强企战略　谋求快速高效发展

陕西鼓风机(集团)有限公司　印建安

陕西鼓风机(集团)有限公司(以下简称陕鼓)，是国内设计制造大型系列透平鼓风机、压缩机、能量回收装置的大型龙头骨干企业，中国500家最大的机械装备制造企业之一。目前在岗员工2 743人，其中各类专业技术人员1 100余人，国家、省市专家和硕士以上学历人员共78人。近年来，企业坚持实施人才强企战略，把人才的培养、使用、激励作为人才成长并发挥作用的有效途径，创造了优秀人才脱颖而出的良好氛围，为提高企业核心竞争力和快速发展发挥了十分重要的作用。近三年来陕鼓主要经济指标翻番攀升，工业增加值年均递增117%，利税、利润年均递增分别为155%和255%，企业步入了良性、高效发展的快车道。2003年实现工业总产值13.1亿元，利税3.2亿元；2004年预计实现工业总产值20亿元，利税5.3亿元以上。

一、从观念入手，创新人才理念

人力资源是企业可持续发展的第一资源，也是创造可持续竞争的最有价值的无形资产，更是强企的一大法宝。如何提高对人才工作的重视，如何做好人力资源的挖掘与开发？必须从更新观念入手，建立科学系统的人才理念，形成对人才的新认识。因为观念决定思路，思路决定出路。对企业而言，人才问题一定要有两方面的深度认识：一是对人的作用的认识，即对员工重要度认识；二是对知识作用的认识。

二、按照“市场化、人文化”的思想理念，充分发挥人才的主观能动性和创造性

企业之所以能够创造效益，是因为通过其自身的流程，提供了能满足用户需求的产品和服务。而流程的改进和执行则需要员工脑力和体力的投入以及员工能力的提高。因此，企业要想获得持久的核心竞争力，必须从员工能力着手，使人力资本转化为组织资本。

人力资本如何转化为组织资本？企业员工如何才能全身心的投入工作？最为重要的是，要让员工中的优秀人才脱颖而出。只有这样，企业才能快速发展。

首先，要从机制入手，建立市场化的观念。三年前，我们探讨了陕鼓员工的收入情况，得出一个结论：国企的薪酬体系严重背离人才市场价值，其优秀人才的收入远远低于社会平均水平，一般人员的收入却往往高于社会平均水平，导致优秀人才不断流出，而一般人员大量流入。三资和民营企业却有一套市场化的与社会劳动等价酬的激励机制，所以他们能够逐渐建立起一支精英团队。因此，国有企业必须建立一套有竞争力的薪酬体系。根本目标是调动优秀员工的积极性，激励他们尽最大努力发挥自己的才智、技能和知识。

其次，要尊重员工的个性，合理制订各类人才机制，实现员工个人价值和社会价值。认识到一点，就是要勇于承认人性里具有“私”的一面。人的“私”心也会使自己更追求自我的发展，而个人在谋求自我发展的同时，也会促进企业发展和社会进步。个人发展与企业发展、社会进步也是可以相互促进的。陕鼓建立了一套公平、公正、透明度高的人才竞聘选拔规则。中层干部岗位、收入较高的热门岗位一般都要采取竞聘上岗方式。其目的，一是尊重员工个性化的追求，让优秀员工有权选择和设计自己的职业生涯，从事自己热爱、喜欢的工作。这样员工的积极性很容易被调动起来。二是尽可能为想干事、能干事的人才脱颖而出创造机会，提供平台。

第三，要打破传统的技术职务等级认定方式，不看文凭，不凭资历，完全按贡献来决定一个人的技术职务等级和收入。按照传统模式，国有企业优秀的大专、中专生很难评上高级别技术职务，因此也会造成一些优秀的人才被埋没或流失。因此，必须着力实行高级技术职务评聘公开机制，一切看能力，凭贡献。

第四，要从制度设计入手鼓励员工创新。企业在建立干部及员工考核体制时一定要注意一点，就是要允许创新中出现的问题，但不允许责任心缺乏造成的问题。日常工作中，对出现错误和问题的原因要进行客观、深入分析，如果属于创新中的问题，以查找原因和纠正引导为主，如果属于责任心不强造成的问题，则必须严惩。

第五，要以企业战略发展中的绩效为衡量标准，建立人才动态管理机制。企业在给干部和优秀人才待遇、工作机会及个人实现价值平台的同时，必须充分给予市场压力，响鼓更要重锤敲。在陕鼓，每年都要对中层以上干部进行四种考核、三种评议，并以员工尤其是职工代表和骨干员工的评议结果，确定收入分配及职务调整等。同时，陕鼓每年都要对高级工程师以上技术职务进行考评。最关键的岗位一直要由最优秀的人才掌握，这是市场化的要求，也是尊重知识、尊重人才、尊重个人发展和企业可持续发展的要求。

三、充分认识和挖掘知识资源，促进高技术人才创新

21世纪是知识经济时代，知识已成为一种资本，而且是最重要的资本。陕鼓有一句工作格言——在知识经济时代里，智慧比汗水更重要！人们常说，不劳动者不得食，在当今社会，更准确地说，无成果者不得食。对企业来讲，不依靠知识来思考，只知道投入，不知道产出；只会辛苦，没有成果，是一种“犯罪”行为！陕鼓这几年的跨越式发展，主要是因为逐渐走出了机械制造业传统发展老路，围绕功能，围绕服务，围绕系统工程集成，实施技术和管理创新。

时代在不断进步，在世界经济日益融为一体，经济技术合作越来越紧密的国际化氛围中，我们的认识也需要随之与时俱进。企业还必须注重借助外脑，借助外部智力，建立可持续发展智囊团。同时，通过用资源换技术、换管理、换取知识资源。

实践证明：企业兴隆，人才为本；激励人才，人才辈出；知识育才，强企必成。在日益激烈的市场竞争和知识经济时代里，一个企业要实现持续快速发展，就必须不断探索和实践一条全新的人才强企之路！

实施技术创新战略 促进企业持续发展

沈阳鼓风机(集团)有限公司 苏永强

沈阳鼓风机(集团)有限公司(以下简称沈鼓)是我国目前规模最大的开发、设计与制造透平压缩机、透平鼓风机和大型通风机的专业企业，也是国家认定的压力容器制造企业。全国风机行业归口的沈阳鼓风机研究所、风机产品质量监督检测中心、中国通用机械工业协会风机分会设在沈鼓。

沈鼓的主要产品有离心压缩机、离心鼓风机、大型通风机等，产品大部分是为国家重点工程配套。2003年沈鼓全年完成创新项目96项，其数量和质量为历史之最，已经鉴定验收27项。荣获国家、省、市、科技进步奖等各种奖励9项，申报专利3项，争取科研拨款428万元，与中科院等合作完成产学研项目7项。这些成果的取得，都得益于技术创新战略的实施。

一、实施技术创新战略的背景

20多年来，沈鼓根据市场的需求，共引进了6个国家的11项先进风机设计、制造技术。沈鼓对引进技术不是照搬照套、照葫芦画瓢，而是通过消化、吸收，进行不断的开发创新。为了尽快消化吸收引进技术，沈鼓每年投资上千万元致力于技术更新和开发新技术，在压缩机气体动力学、转子动力学、传热学等方面都取得了重大突破，关键技术得到了及时更新，使沈鼓主导产品的技术水平始终保持在国际先进水平。先后有70多项科研成果获市级以上科技进步奖90次，有9种产品被认定为国家级新产品，主导产品被评为省、市和国家机械工业名牌产品。企业获得了众多荣誉，1990年被确认为国家“863”高科技自动化领域CIMS工程重点示范工厂；1994年被确认为沈阳市高新技术企业；1999年被国家人事部确认为博士后科研工作站；同年被沈阳市确认为首批“双创新”示范企业；2000年被确认为国家级企业技术中心。

进入21世纪，全球经济一体化、知识化浪潮和中国加入WTO后市场严峻挑战扑面而来，企业生存和发展面临严重威胁。企业必须发展自己的核心技术专长和自主创新能力，依靠广大科技人员的智慧和力量，以市场和用户个性化需求为导向，围绕技术创新这条主线，整合企业各种资源，坚持科技兴企的发展道路，不断开发高新技术产品，调整产品结构，提升企业的核心竞争力，才能在激烈的市场竞争中站稳脚跟，求得生存和可持续发展。

二、实施技术创新战略需解决的问题

加强技术创新工作是企业在激烈的市场竞争中求生存、求发展的必然要求。随着现代科学技术的迅速发展，技术、产品的生命周期越来越短，更新越来越快。企业面对激烈的市场竞争，在技术创新、新产品开发方面，只有走在最前面，才能够首先占领新的市场，使自己立于不败之地。所以说，创新是企业核心竞争力的源泉，是企业发展的原动力，技术创新已成为决定企业市场竞争成败的关键因素。企业要在竞争中生存发展，就必须依靠有效的技术创新及其管理。

尽管沈鼓在技术创新方面付出了很大努力，但与国外同行业企业相比，资金投入、技术储备、研发速度、制造水平等各方面都存在较大差距，使沈鼓在一些高新技术领域无法与跨国公司正面竞争。造成这些问题的主要原因具体表现在：

(1)未能把技术创新工作纳入企业发展的战略高度来认识，技术创新工作局限于项目实施，长远发展目标不明确；技术创新体系不完善，现有技术创新资源优势没有得到充分发挥，资源配置需优化。

(2)与国外同行业知名厂家相比，技术开发投入不足，技术开发能力不强。科研力量不能集中使用，科技投入效益不理想，很多基础性、关键性制造技术问题不能解决，制约了技术创新的速度和进程。

(3)与国外同行业厂家相比，产品技术水平还存在一定差距，产品品种不全。如：长输管线压缩机、高压注水压缩机、透平膨胀机和汽轮机驱动的空分用离心压缩机还需要开发。

(4)在工艺装备上，现有关键生产设备绝大部分是20世纪70～80年代购置的，需要进行更新改造。数控机床占有率较低，先进性和自动化程度不高。

(5)激励机制不完善，蕴藏在广大员工中的创新潜能没

有充分发挥出来。

三、技术创新战略的方案实施

(一)以市场为导向,制定技术创新战略目标

2002年,沈鼓确定了企业长远发展战略。企业战略定位是:成为世界一流鼓风机制造企业。战略目标是:把沈鼓建设成技术和管理先进、环境优美、专业化、多元化的知名企业。在未来5~10年内跻身于世界先进风机制造商行列,工业总产值达到15~20亿元。

在总的战略目标引导下,坚持"以市场为导向,以产品为龙头,以高起点、高技术、高效益为宗旨"不断调整优化产品结构,坚持"引消结合、软硬并重"的技术改造方针,提高产品技术档次和产品质量。主要产品的技术水平要接近或达到国外同类产品的先进水平,主要产品质量、可靠性和整机运行寿命要达到国际水平。通过技术创新和技术改造,重点发展和提高为大型乙烯装置、大型合成氨装置、大型尿素装置、大型重油催化裂化装置、大型加氢装置、大型空分装置、大型高炉装置、大型火电站装置等国家重大技术装备配套的能力。同时,还要加速生产市场急需的高附加值产品。

(二)整合研发资源,完善企业技术中心

技术中心是企业创新的骨干力量,建设一流的技术中心是完成技术创新的首要条件。1997年沈鼓对原有的技术部门进行了重组,设立了企业自己的研发机构——企业技术中心,2000年被确认为国家级企业技术中心。2002年企业根据技术创新的需要,在完善国家级企业技术中心管理运行的同时,重组形成了整合企业内外部创新资源和核心功能的综合型组织,完成了大连理工、西安交大两个技术分中心组建挂牌工作,形成了一个多层次、跨地区的技术创新体系,强化了企业技术中心在技术创新中的核心作用,突出了技术中心对企业科研开发的战略调控功能。还设立了相对独立的、具有高新技术产品开发能力的北方电脑公司和自控公司,分别进行计算机软件和压缩机控制系统的开发研究,使企业技术创新体系更加完善,运行更加科学,有力地促进了企业核心技术产品的开发研制。

完善后的企业技术中心,创新能力不断提高,新产品开发速度明显加快,企业经济效益显著提高。

(三)充分利用博士后工作站优势

充分利用博士后科研工作站,采取按企业确定的科研攻关课题选拔引进博士后的办法,引进企业急需的高级科技人才从事风机前沿课题的开发研究。对进入博士后工作站从事课题研究的博士后,与其签订项目承包合同,明确规定其责权利以及工作进度要求,促进项目的开发速度。不但大大提高了新产品开发的成功率,保持了产品技术的先进性、领先性,同时也有效地缩短了新产品的研制周期。

(四)不断地实施技术改造,提高企业技术创新能力

"九五"期间,沈鼓完成了"石化装备国产化基地透平压缩机技术改造项目"、"大型火电站配套风机技术改造"和"国家重大技术装备国产化技术改造"。为了振兴我国环保工业,"十五"期间又不失时机地实施了"曝气系统设备国产化项目"。该项目通过引进国外的先进技术设计软件,新增关键工艺设备,计算机系统改造,原有设备升级改造及新建污水处理间和改建喷漆烤房和空压站,形成新的曝气系统和曝气鼓风机的生产能力。通过本次技术改造,将从根本上消除城市污水处理核心设备曝气鼓风机国产化程度低、生产能力不足、曝气系统装置成套性差等差距,实现城市污水处理曝气系统装置的国产化、成套化、系列化、规模化,提高鼓风曝气系统装置的生产能力,满足国内城市污水处理厂对鼓风曝气系统的需求。

(五)建立科技人员激励机制,激发企业创新活力

1. 引入竞争机制,为科技人员创造奋发向上的环境

(1)实行聘任制。对科技人员实行聘任制,主要依据科技人员工作绩效,采取双向选择、择优聘任的办法,聘任科研开发、产品设计、工艺研究岗位的技术人员,被聘任人员与厂签订《岗位责任承包合同书》,明确规定了期间承担完成的科研新产品开发任务。

(2)建立非领导职务制。按照《行政职务等级管理制度》,开展处级、副处级、主任、副主任、主管、科员等评选活动,评选比例高于管理线比例,并与工资、奖金、住房、福利挂钩,一年一评,实行动态管理。

(3)教授级高工制。参照国家有关教授级高级工程师的任职资格条件,在企业内部建立教授级高工制。被评选上的教授级高工在科研新产品开发上承担重任,在生活上给予优厚待遇,激励他们发挥学术带头人作用。

(4)从优秀的科技人员中培养、选拔领导干部。积极大胆地从科技人员中选拔和培养具有真才实学、年富力强、思想素质好、作风正派,有一定组织能力和开拓创新精神的科技人员充实到领导岗位上来。

2. 加大科研奖励力度,调动科技人员的创新积极性

(1)建立学位津贴制。为吸引和稳定大批有识之士共谋企业发展之路,特设学位津贴,学士学位每人每月200元,硕士学位每人每月400元,博士学位每人每月1 000元。

(2)建立技术津贴。依据贡献大小、成果多少,打破年龄界限,评选优秀科技人员,对评选出的优秀专家每人每月发津贴800元,优秀专业带头人每人每月发津贴600元,优秀技术骨干每人每月发津贴400元等。

(3)建立技术创新项目奖。制订了《技术创新项目奖励管理规定》,对新产品开发、成果转化、市场营销、质量攻关和技术改进等承包项目,根据承包合同进行奖励。对重大技术创新项目,由厂技术委员会鉴定,确定项目等级和奖励标准。其中,新产品一等奖可以得到3~10万元的奖励,技术难题攻关一等奖可以得到1~5万元的奖励,质量攻关一等奖可以得到0.3~1万元的奖励,成果转化和推广项目按利润的0.5%~8%提取奖金,主要完成人奖金不低于总数的60%~70%;由厂长颁发嘉奖令、证书及奖金。

(六)注重人才资源培养开发,培育学习型组织

沈鼓之所以能够激发科技人员的创新活力,在技术创新上走出一条良性、健康发展的道路,确保企业稳步发展,是因为在不断地建立健全对科技人员的激励机制的同时,

非常重视科技人员的培养学习、知识更新，把技术团队创建成学习型组织，重点开展了“三型”教育。

(1)针对知识更新的实际情况，进行“更新型”教育。选送优秀科技人员到国外著名公司培训、学习、考察；聘请国内、外专家来厂举办新技术、新科学、新知识的讲座；选派数十名技术人员赴上海复旦大学、吉林大学、大连理工大学、沈阳工业大学攻读硕士学位；结合技术发展需要每年选送2~3名年轻的优秀技术人员，带课题到大学深造；这种有针对性的教育不论是在企业的新产品开发上，还是在与外国产品合作生产中都发挥了重要作用。

(2)针对新知识薄弱的状况，进行“补充型”教育。举办脱产学习班，对各类技术人员进行多种专业技术培训，系统补充专业和理论知识；鼓励并资助成人自学；利用与各大院校密切联系及技术合作，结合新产品开发和科研项目等为专业技术人员提供学习的机会。通过“补充型”教育，提高技术人员的专业技术水平，适应科技发展的需要。

(3)针对企业发展的需要，进行“复合型”教育。对工程技术人员进行现代化管理方法的培训；对专业管理人员开展产品技术讲座，培养机电一体化、机械与计算机、管理与计算机等复合型、多学科专业人才，使工程技术人员懂管理，管理人员懂技术。

(七)关心科技人员，创造良好环境

正确地了解科技人员不同的需求，是正确地发挥激励作用的基础。企业非常重视科技人员，从工作环境、生活条件、成就荣誉等不同层次满足科技人员的需求。

(1)改善住房条件，解决专业技术人员后顾之忧。

(2)改善工作环境，提供满意的工作条件。为使科技人员专心于创造才能的发挥，厂对科技人员集中的设计部、研发部、制造部工作环境进行了改造。

(3)评选推荐相结合，宣传树立科技先进。

新的里程碑
——宝钢“3万”空分设备投入运行

杭州制氧机集团有限公司　毛绍融

一、实现“3万”空分设备国产化

我国第一台自行设计制造的30 000m³/h(下面简称“3万”)空分设备在上海宝山钢铁股份有限公司顺利建成投产，于2002年12月14日一次开车成功，并于12月30日通过了性能考核，氧、氮、氩产品的产量和纯度都达到或超过了设计指标。这是2003年前由我国自行设计、制造、成套的最大规模的空分设备，该套空分设备采用了当代先进的规整填料和全精馏制氩技术，主要指标达到了国际先进水平。宝钢“3万”空分设备的诞生，说明我国已具备了制造“3万级”空分设备的能力，标志着我国空分设备的制造规模和技术水平又上了一个新台阶，是我国空分设备行业的一个新的里程碑。

宝山钢铁股份有限公司在充分分析国内外空分设备制造厂家，并和部分国内外制造厂家和设计院进行深入的交流后，于2001年9月24日与杭州制氧机集团有限公司(以下简称杭氧)签订了“3万”空分设备的订货合同，杭氧负责整体流程及性能保证，分馏塔和冷箱主体核心设备的制造。公司接合同订单以后，于2002年3月底完成主体设备制造工作，2002年12月14日开车出氧，12月16日出氩。并于2002年12月底通过了性能考核，受到业内专家的好评。

“3万”空分设备采用了多项新技术，集中体现了杭氧近几年技术进步的成果。近几年开发的规整填料塔和全精馏制氩技术，广泛应用于“2万级”的空分设备中，有多套“2万级”的空分设备投产，并且均一次开车成功。宝钢“3万”空分设备是在此基础上充分吸收当今世界上先进流程技术，同时结合杭氧近年来在空分设备设计制造调试等方面的宝贵经验，在保证可靠稳定的前提下采用了多项新技术，使宝钢“3万”空分设备的总体性能达到当前国际先进水平。目前该套空分设备自从开车以来，一直稳定可靠运行，各项指标均达到和超过合同要求。

在流程上，我们采用了当前先进的规整填料塔和全精馏制氩第六代空分流程技术，整个流程设计合理，流程计算准确，对上下塔的各个抽口设置合理，物料量和组分都作了严格的设定和控制。整套空分设备采用可靠的模块化设计软件，经大量的模拟计算，优化设计出最合理的流程。该套空分设备的提取率高，在生产大量液体的情况下，其精馏塔的氧提取率仍高达99%，其氩提取率高达78%。实际运行参数和理论计算参数完全吻合，尤其是氩馏分在上塔的抽口位置合理准确，使得实际运行时其氩馏分的含氩量保持在9%以上，保证了整个氩系统的稳定运行。

主冷凝蒸发器采用了双沸腾型冷凝蒸发器技术。这种形式的主冷把液氧蒸发侧通道分成两层，以此降低液氧层高度，增强换热效率和效果。和双层主冷相比，这种主冷大大简化了管路系统，结构紧凑，降低了主冷的高度，同时降低了成本。双沸腾型冷凝蒸发器，操作液面低，传热效果好，换热温差小，节约能源效果十分明显。经实际运行表明，主冷凝蒸发器换热性能良好，同时还具有热、冷启动快等特点。

使用先进的规整填料塔。在上塔、粗氩塔中采用了法液空提供的规整填料塔和分布器，其精馏效率高，工况稳定，操作弹性大。下塔采用四溢流筛板塔，避免了常规使用的单溢流和双溢流筛板在精馏塔直径加大时出现液体滞流区存在的液体返混、塔板上存在液面落差等现象。四溢流塔板可有效地减少液体流程、液面落差和溢流强度，因此有效地改善了气液接触，提高了塔板效率和液体处理能力，减少压力降。

合理的总体布置和冷箱内部配置。整个冷箱内的管道布置合理，在材料选用上采取了高强度合金，气体和液体管路上的管径选择合理，特别是对于两相流管路的计算采用了更精确的模型。针对冷箱采用钢结构分析软件 STAAD 做应力分析。冷箱内配管设计应用 PDMS 软件。这些都是保证项目一次开车成功的基础。

配套部机的选用上，采取合理、可靠、先进的原则，部分关键部机采用进口，如膨胀机、液体泵、阀门等。

由于空分等级规模的增大，很多设备的单体重量重，尺寸大，壁厚厚，材料选用上有新的要求。宝钢"3 万"空分设备的上塔内径达 ϕ3 800mm，内置规整填料，主冷外筒直径 ϕ4 250mm、高7 880mm，结构复杂；下塔内径达 ϕ3 800mm，塔内采用四溢流型式的孔板塔板。宝钢"3 万"空分设备的上塔、主冷、下塔、氩塔等低温设备的壳体全部采用了高强度铝合金 5083 材料，这种材料强度虽高，但延伸性只有普通碳钢的二分之一，奥氏体不锈钢的三分之一，这给上下塔、主冷所用的大型厚壁封头的成形带来了很大的困难。为此，我们进行了高强度铝合金(5083)厚板的焊接及冷、热加工试验，掌握了焊接、冷热成形及热处理规范，攻克了大直径厚壁封头的旋压成形难题。

大型低温设备加工技术攻关是杭氧承接的国家"3 万"空分设备国产化课题，结合与国外公司合作生产的"3 万级"空分设备的经验，逐步形成了杭氧自己的焊接、大型有色容器加工、大直径精馏塔组装的技术。这次在宝钢"3 万"空分设备上成功地采用和发展了这些技术，使杭氧大型低温设备的制造又向前迈了一个台阶。

二、推进更大型空分设备国产化进程

宝钢"3 万"空分设备不仅仅是在规模上突破了一个等级，而且其主体技术指标达到同类空分设备的国际先进水平，用事实证明我国完全有能力完成"3 万级"空分设备的国产化。

从"3 万"级空分设备国产化过程中可以看出，用户(业主)对推进我国空分设备技术的发展起到非常关键的作用。从"七五"开始，我国就提出了"3 万级"空分设备的国产化，并列入国家攻关项目，但是经过多方面的努力，虽然取得了不少阶段性的成果，但是始终没有突破成套"3 万"空分设备的国产化，其中主要原因之一就是缺少业主单位的支持。

宝山钢铁股份有限公司作为我国钢铁行业的巨头，凭借其支持民族工业的热情，凭借其本身的空分设备方面的经验和技术水平，凭借对杭氧及国内制造商的充分信任和理解，为我国空分设备的广大用户树立了一个成功首先使用国产空分设备的榜样，为振兴民族工业做出了贡献。

经过多年不断的努力，杭氧在各个方面取得了长足的进步，杭氧空分设备成套、设计、制造技术与能力都有了很大的提高，同时培养了一支过得硬的技术经营生产队伍。同时经过与宝钢三号空分项目的合作，双方建立了良好的合作关系，双方能互相信任精诚合作，这也是这次项目获得成功的关键。

杭氧充分认识到在当前的市场经济时代，只有把杭氧建成一个适应市场经济的强有力的现代化企业才能更好地担负起我国空分设备行业排头兵的重任。为此杭氧从 2000 年开始就致力于内部改制，经过两年多的努力已初步完成内部的改制，并建立了核心企业——杭州杭氧股份有限公司。

杭氧在实现"3 万级"空分设备国产化的同时，在其他各个方面也取得了很多新的进展，开发了多项新产品，基础技术水平进一步得到提高，有多项产品及科研成果分别获得中国机械工业联合会、浙江省、杭州市的科学技术进步奖，并以优良的服务赢得了用户广泛的好评。到 2003 年底止，已经获得内压缩流程空分设备订货 10 余套，其中有 3 套已顺利开车投产。2003 年 1 月 18 日承接了 1 套"52000"的空分设备，12 月又签订了 2 套"48000"空分设备，2003 年共签订"30000"空分设备 5 套，使杭氧在"30000"及更大型空分设备国产化的道路上前进了一步。

这几年杭氧进一步加强了企业的技术改造，使设计制造能力有了新的提高。同时技术经营队伍逐步稳定，综合素质进一步得到了提高。杭州杭氧股份有限公司将进一步加强新产品、新技术的开发力度，不断改进产品的质量和服务，努力提高自己的技术水平，加强内部管理，提高产品质量。希望在今后能为我国空分设备的广大用户提供更加优良的产品和优质的服务，为我国空分设备行业的发展做出新的贡献。

整体改制　蓬勃生机

四川空分设备公司　吉红梅

1996 年，四川空分设备厂(以下简称川空)按照我国《公司法》改组为国有独资的有限责任公司。这次改组理顺了产权关系，取得了较大的成就。1996 年底企业通过了 ISO9001 质量体系认证，1997 年建立了省级技术中心，2000 年，签订出口缅甸的 $28\times10^4 m^3/d$ 和 $45\times10^4 m^3/d$ 天然气分离设备合同，这是我国出口最大的天然气分离设备。

但是，这次改制并不是完全的、彻底的，不能使员工将个人的利益更为紧密地同企业整体的利益相结合。改组后企业并没有按照当初的思路得到快速的发展壮大。川空的企业领导层陷入了沉思，企业何去何从？经过几年的酝酿，加之国家形势的变化，一个大胆的发展思路逐步形成：整体改制，国有资产全部退出。

2001年7月，原国有独资的四川空分设备(集团)有限责任公司整体改制为非国有的、资本构成多元化的有限责任公司，国有资本全部退出。

一、改制增活力，管理出效益

集团公司整体改制后，积极探索适应民营体制下管理运作的新模式，充分发挥民营企业新体制优势，通过规范治理结构、深化内部改革，大力开发新产品新技术，强化各项管理等一系列重大举措，取得了生产经营和改革发展的持续进步。

1.进一步深化改革

集团公司改制后，调整内部机构，实施了二级单位的分立式改制和后勤部门的剥离改制，实现了资产的优化和资源共享，逐渐减轻了企业非生产性负担。

2.调整职能管理部门

集团公司对职能管理部门机构和人员进行了重大调整，将原6个职能管理部门精简为高效精干的政工、行政和经济运行三大部门；同时，对职能管理部门、产品事业部后勤管理及辅助岗位实行定岗定员，通过多岗合一、撤岗并岗、定员压编，川空集团现有在册员工2 257人(其中四川空分设备(集团)有限责任公司仅1 594人)，工作效率大大提高，凝聚力也显著增强。

3.加强各项管理

为进一步加强民营后新公司的各项管理，降低费用，提高效益，回报股东，集团公司先后实施了关于加强生产管理、财务管理、质量管理、通信管理，进一步理顺和加强经营工作管理等一系列行之有效的措施，内升素质，外整形象，受到了用户及当地政府的广泛好评；推行并建立货币资金自收自支的自求平衡和内部控制制度，提高了各产品事业部收款的主动性、用款的计划性和成本的控制性。

4.改制后的效益

整体改制后，集团公司生产经营呈现强劲上升势头。改制当年，即扭转年中亏损的不利局面，当年完成利润165万元；2002年，川空集团(含控股以上公司)完成工业总产值40 319万元，实现销售收入36 378万元，累计签订合同101 797万元(其中新签合同72 992万元)，实现利润1 432万元，全面超过年初预定目标。销售收入和商品产值首次突破3亿元大关，利润水平大幅上升，特别是合同额达到自建厂以来的最好水平。

2003年，川空集团迎来了又一个发展的春天。川空集团(含控股以上公司)完成工业总产值58 893万元(当年价)，实现销售收入79 525万元，实现利润10 474万元，累计签订合同184 332万元，其中当年新签合同133 529万元，签订大中型空分设备39套。这些经济效益指标已全面超过川空集团历史最好水平，也大大超过2003年年初的预定目标。

以上成绩的取得，充分显示了民营化后的新公司适应市场的能力在增强，创利能力在增强，发展潜力正在显现和拓展，不仅为员工增加了收入，为股东作出了回报，更为地方经济乃至机械行业做出了比过去更大的贡献。

二、技术领先，质量护航，创川空名牌

1.拓展技术领域，加强科研开发

川空集团历来重视依靠科技推动发展，增强竞争力。改制后集团公司理顺了技术开发体制，创立了科研开发新的激励机制，对科技人员实行协商工资制，建立了科技成果股权奖励政策，大大激发了科技人员的工作热情和创新精神；对技术开发体制进行改革，由以前的集团公司全力投入变为集团公司、各产品事业部分别承担，加大了各产品事业部对技术开发投入的压力及主动性，促进了技术发展，取得了一定的成绩。

在大型空分设备方面，多套“2万级”(含内压缩流程)空分设备已顺利开车，在关键技术——规整填料的开发、制造、应用，全精馏无氢制氩技术的应用，DCS控制系统的应用等方面，集团公司技术水平已居国内前列。2003年7月，出口土耳其10 000m^3/h空分设备，是我国迄今为止出口欧洲最大的成套空分设备，标志着国产大型空分设备首次进入欧盟市场。

在低温液体贮槽方面，2 000m^3大型低温液体贮槽的研制工作在流程组织、应力分析及安装技术方面均有突破。2002年公司承接两套2 000m^3大型低温液体贮槽合同均已交货投入使用，目前集团公司正着手3 000～5 000m^3等级大型贮槽的开发研制工作。

此外，集团公司在天然气分离设备方面处于国内领先地位。公司出口缅甸的两套大型天然气分离设备正在试车，这是我国至2003年出口最大的天然气分离装置；在液化设备的开发上；集团公司取得了骄人的业绩。到2003年全国正在或已经开车的液化设备，60%以上为川空公司设计、制造；阀门产品的技术开发取得成果，目前密封面无磨损的长寿命切换蝶阀公称通径达到DN1400，冷箱低温截止阀最大公称通径达到DN400，全系列的LNG阀门已研制成功并全面进入石化行业；集团公司应用世界先进的NREC软件进行透平膨胀机设计，运用CAE分析软件进行性能分析，辅以五轴联动数控铣床和三坐标测量机等先进的加工、性能检测设备，及完善的性能试验手段，使增压透平膨胀机技术始终处于国内领先地位；加大了车用低温绝热气瓶的开发，研制成功35L、55L绝热气瓶，装备该种气瓶的家用轿车已通过国家重型汽车质量检验。同时，公司天然气高压压缩机荣获2002年度国家级重点新产品称号，50L/h膜分离制氮设备被列入四川省2002年度重点技术创新项目，并获技术开发经费补助。

2.重视提高装备技术水平，加强质量管理

在技改方面，集团公司在资金紧张的情况下，在2003年前的6年多时间里，已投入亿元资金进行技术改造，根据各部门提出的生产及产品需要调整设备的需求，安排投资项目，及时满足了各事业部由于生产任务的增加而急需设备的要求，保证了集团公司生产的正常进行。2003年，集团公司又投资了1 500多万元作为技改资金，进行技术改造，进一步提高装备水平。美国一家同行业公司来厂参观后的评价是，有不少装备水平已经超过了他们。

集团公司领导高度重视产品质量、服务质量及人员素质的提高，严格执行《质量手册》和《程序文件》，加强环节控制，坚持开展内部质量审核，确保质量体系持续有效运转。公司顺利获得了 ASME 证书和压力容器设计、制造许可证，通过了 GJB/Z9001A—2001、GJB9001A—2001 军工质量管理体系认证以及 ISO9001:2000 的换证联检，并通过了低温液体运输(半挂)车 3C 认证、组合安全阀、紧急切断阀船级社认证，取得了压力管道设计资格证书，促进公司产品质量再上台阶。同时，集团公司长期开展质量培训、竞技活动，提高员工的质量意识和品牌意识，努力为用户提供性能先进、安全、可靠、技术一流的优质产品，打造川空优质品牌产品。"一切为了用户，一切为了发展"，集团公司正以务实的精神、诚实的劳动兑现着这一承诺。

三、生产经营与资本经营并行

走生产经营与资本经营并行、经营设备与经营气体并举的路子，是集团公司领导站在公司长远发展的高度所制订的发展战略。随着国家西气东输工程的全面展开，液化天然气(LNG)贮存、运输、接收设备所需低温阀门的市场十分广阔，公司领导审时度势，通过市场调查、分析，2003 年投资组建了生产 LNG 阀门的专业化公司——新疆广汇川空阀门有限公司，在国内率先进入 LNG 低温阀门市场。

气体市场有着广阔的发展空间和稳定的利润空间，经营气体是对公司经营设备的重要补充，更是以后集团公司一个重要的利润组成部分，并将大大提高公司的抗风险能力。2002 年，集团公司在重庆永川组建气体公司，2003 年又在江苏溧阳、山东济宁、山西长治与当地钢厂合资组建专门生产和经营气体的气体公司，这几个公司的成立，是川空集团产品结构由设备制造向气体经营延伸的重大转折。

整体改制后，在生产经营及改革发展取得一定成绩的基础上，集团公司乘势而上，又提出了"二次改制建机制，股权调整增活力，科技领先添后劲，确保利润超千万"的 2003 年度方针，并制定出以后 3～5 年"以设备优势为基础，开展气体经营，走设备和气体联合，两只脚支撑前进的发展道路"的中长期发展战略。

内压缩流程空分设备研制与发展

开封空分集团有限公司　王忠建　戴思聪

一、前言

内压缩是空分设备的一种工艺流程组织方式。内压缩是产品以液体状态在冷箱内采用流体泵升至所需压力，然后气化复热回收冷量送出冷箱。国际上一些知名公司早在 20 世纪 70 年代中后期就为一些大型空分设备用户，特别是为石油、化工行业提供了多套该类流程空分设备。在 90 年代中后期，大型内压缩流程装置得到迅速发展，在国内冶金、石化行业又相继进口了一批大型内压缩流程空分设备，比较典型的有：渭河化工公司 40 000m^3/h、上海焦化厂 17 000m^3/h、淮南化工厂 28 000m^3/h、上海宝山钢铁集团公司 60 000m^3/h、南京化工集团公司 40 000m^3/h、太原钢铁集团公司 23 000m^3/h 等多套大型空分设备。这批产品与 70 年代中、后期产品相比无论从流程设计组织、机器配套和产品提取率及能耗等方面都有了很大的改进和提高。90 年代初，国内空分设备业界开始关注大型内压缩流程装置，其主要有以下两方面原因：一是国民经济的迅速发展，拉动国内冶金、化工大型技术改造项目的启动，对大型空分设备的需求增加。二是内压缩工艺流程有操作简便、安全可靠、占地少、投资省、可以获得较多液态产品等优势。这也就为国内空分设备制造业研究开发大型内压缩空分设备提供了一个良好的机遇。开封空分集团公司顺应发展潮流，抢抓机遇，即时投入技术力量，研究开发内压缩工艺流程及关键设备。

二、开封空分集团公司内压缩流程空分装置的研制历程

开封空分集团公司对内压缩工艺流程的开发研究始于 1993 年。1994 年向客户提供小型的内压缩医用氧设备，1994 年底与天津铁厂签订了采用内压缩工艺流程的 15 000m^3/h 空分设备合同，实现了国内大型空分设备采用内压缩流程的突破。产品氧压力为 0.6MPa，为高炉富氧供气，无液态产品要求，因此采用膨胀气送入上塔的方案，液氧和增压空气换热，配套液氧泵为 ACD 公司提供，原料空气压缩机和增压机均为开封空分自行设计制造生产的离心式压缩机，空压机、增压机均采用蒸汽透平驱动。

1995 年 3 月，开封空分和美国 APCI 在开封召开了一次配套大化肥的空分技术交流会，参加会议的有我国石化行业相关的用户及设计院，相关配套厂家。这次技术交流会议主要议题就是大型内压缩流程和无氢制氩工艺。APCI 专家在会上介绍了世界上典型的内压缩工艺和无氢制氩工艺的发展概况，开封空分集团公司亦就上述两议题向与会代表作了汇报。

天津铁厂 15 000m^3/h 空分设备于 1997 年末投运，至 2003 年已运行 6 年多的时间。考核的结果是各项指标达到合同规定的要求，说明该套大型内压缩流程空分设备开发是成功的。

1996 年签约 3 套出口菲律宾，产氧量为 300m^3/h，压力为 20.0MPa，这种小型的内压缩流程都是采用提高空压机排出压力，返流膨胀，液氧泵内增压，绕管式换热器冷箱内汽化送出充瓶，装置省去了外置氧气压缩机，整个装置结构紧凑，操作安全可靠，但与外压缩相比，氧气提取率低，能耗相对略高。3 套设备 1997 年相继投入运行。

1999 年 5 月，开封空分集团公司与德州恒升化工集团就恒升化工集团化肥装备节能改造工程配 40 000m^3/h 空分设备国产化达成合作意向。为此开封空分集团投入大量技术力量进行方案设计,并编制了《40 000m³/h空分设备国产化项目可行性研究报告》。1999 年 11 月,在北京由国家机械工业局主持专家论证会,国家经贸委、山东恒升化工集团、华陆工程公司(化六院)、五环工程公司(化四院)、西安交大、通用机械公司、中国空分设备公司的专家及开封空分集团公司、杭州制氧集团公司、四川空分设备集团公司、沈阳鼓风机有限公司、陕西鼓风机有限公司、航天部十一所的代表共 33 人参加会议。与会专家和代表一致认为:"我国已经具备了以我为主成套设计、制造40 000m³/h大型空分设备的能力。开封空分集团公司针对德州恒升化工集团有限公司大化肥改造工程中40 000m³/h大型空分设备所提出的技术方案和所采用的技术是先进的,在国内已经成熟,提出的实施方案是符合我国当前实际状况和切实可行的"。

2000 年,开封空分集团公司与鄂城钢铁集团公司签订10 000m³/h空分设备合同,氧产品出冷箱的压力为 2.5MPa,采用规整填料上塔、全精馏无氢制氩,部分氩内增压至3.0MPa,带有高纯氧产品,而且装置液体产品数量较大,在流程组织上采用膨胀空气入下塔,高低压换热器分开。这套设备是冶金企业较为典型的空分装置。配套增压机和低温工艺泵从国外引进,空气压缩机、透平膨胀机、高压板式等关键部机均由开空公司自己设计制造。该套设备 2002 年3 月开车投用,经两年多的连续运行情况来看,设计制造是成功的。整套设备开车投运后,空分设备业界和冶金、石化许多企业用户都给予极大关注,还有一些用户派出关键操作人员到现场熟悉流程,学习操作。多家用户通过现场参观,对内压缩流程装置有了更进一步的了解,也进一步看到了内压缩流程所表现出来的各方面优势。但作为国内第一套自行设计制造的 3.0MPa 等级的内压缩流程空分设备,在设计制造上还存在着一些需要改进和完善的地方,我们希望空分业界和用户朋友多提宝贵意见。应该肯定这套设备的开发研制总体上是成功的,使国内自行设计成套大型内压缩空分装置水平推上了一个新台阶。

2001 年 8 月 ~ 2004 年 3 月,开封空分集团公司先后签订生产了青岛钢铁公司10 000m³/h(投产 1 年后签订了第 2 套),柳州钢铁公司15 000m³/h,宣化钢铁公司15 000m³/h(投产 1 年后签订了第 2 套),舞阳钢铁公司10 000m³/h,山东潍坊华奥钢铁有限公司 15 000m³/h,天津荣程钢铁厂15 000m³/h,唐山新龙钢铁有限公司15 000m³/h,承德钢铁集团有限公司15 000m³/h,四川威远钢铁公司10 000m³/h(第 1 套外压运行 1 年后又签订了10 000m³/h内压流程 1 套),山东莱钢永锋钢铁有限公司10 000m³/h等多项合同,均采用内压缩工艺流程。

2002 年 4 月,开封空分集团公司与柳州化工股份有限公司签订28 000m³/h空分装置合同,产品氧出口装置压力(G)为 4.5MPa,产品氮以三种压力等级送出,内压产品氮(G)为 8.2MPa,这是我们国内第一套自行设计成套的三万等级双泵内压缩流程的空分装置。

2002 年 9 月 16 日,开封空分集团公司与德州恒升化工集团签订40 000m³/h空分装置合同,产品氧出装置压力8.5MPa,该项目氧、氮、氩产品齐全。应该说该合同的签订是德化对开封空分最大的信任,也是对我国民族工业发展的最大支持。

上述开封空分集团公司所供大型内压缩流程空分装置,继鄂钢、青钢成功投运后,2003 年,柳州钢铁投运公司15 000m³/h,宣化钢铁公司 15 000m³/h,舞阳钢铁公司10 000m³/h,承德钢铁集团有限公司15 000m³/h等都相继成功投运,最长的连续运行已两年多。天津荣程钢铁厂15 000m³/h已于 2004 年 5 月中旬开车成功,山东潍坊华奥钢铁有限公司15 000m³/h随后将开车,同行业和用户朋友非常关注的德州恒升化工集团40 000m³/h空分装置安装已到尾声,正在进行单机试车,将于 2004 年年中联动试车。

三、设计制造技术的不断提高和整体实力不断增强

开封空分集团有限公司,经过"八五"、"九五"的市场磨炼及企业经济体制的改革,在消化吸收、技术交流、合作生产和技术改造的基础上,通过技术攻关,结合 CAD/CAM/CAPP 的技术应用,取得令人注目的技术进步,公司的设计制造技术不断提高。自主设计、制造并成套的外压缩流程的空分设备,达到20 000m³/h等级规模。自主设计制造成套的内压缩流程的空分设备达到40 000m³/h等级。

1. 开发专用工艺流程计算软件

开封空分集团公司与西安交通大学合作开发了全低压流程计算软件和高纯氮设备工艺流程专用计算软件,同时还开发了精馏计算以及水力学计算的专用计算软件。通过自主产权软件开发和实际应用对比,积累了一定的物性数据和设计计算经验。

在自主开发设计、计算软件的基础上,为进一步提高公司设计开发能力,于 1996 年引进了通用的工艺流程模拟软件 ASPen - plus,我公司在已有的设计计算软件应用经验基础上对 ASPen - plus 进行二次开发。经过大量对比和模拟计算,二次开发的 ASPen - plus 软件完全适用于各类型空分设备工艺流程计算,保障了设计精度和设备选型的正确性。

2. 工艺流程设计计算的实际应用与技术进步

开封空分集团公司由于 ASPen - plus 软件的二次开发应用成功,为各种类型空分设备的工艺流程设计提供了可靠的手段,也缩短了设计周期。1996 年以后,我公司应用 ASPen - plus 计算软件,完成了所有成套空分合同的工艺计算。

外压缩流程应用实例:完成了鲁南化肥厂的14 000m³/h〔设计值为(标准状态)16 000Nm³/h〕,该空分设备为国内当时最先进的流程组织配置,采用带增压透平膨胀机的分子筛预净化流程,规整填料上塔及全精馏制氩技术。同时,氧气产量变负荷调节范围达到 - 30% ~ 120%,创造变负荷设计的新水平,为大型空分设备工艺流程优化设计、变负荷运行控制积累了经验。

在国内率先完成“6 000等级”空分设备全精馏技术的实际应用。

内压缩及全液体流程应用实例：为上海焦化引进“17 000”空分设备新增全精馏无氢制氩项目，公司不但应用ASPen - plus软件对该“17 000”流程进行全面模拟计算，而且设计全精馏无氢制氩系统投产后的实际产量，完全超过原有的设计指标。

开封空分集团公司在内压缩流程设计开发实际应用过程中，走过了规模从小到大，输出产品压力由低压向中、高压逐渐扩展的路程。由于有这些年来实际投产的合同项目的实践这一个循序渐进的过程，因此取得技术进步的基础是扎实的，而且每个合同项目的完成，都对内压缩流程设计技术向更高一个层次推进奠定了良好基础。首先，公司完成 300m^3/h 内压缩流程空分设备的出口菲律宾项目；然后，在国内做出了第一套内压缩流程15 000等级 0.6MPa 空分设备，在天津铁厂已投运 4 年多。2003 年，10 000等级 2.5MPa 的内压缩流程空分设备在鄂钢和青钢相继投运。为执行柳钢、宣钢、舞钢、潍钢、柳化、德州恒升化工等项目积累了宝贵的经验。

随着这些合同项目的完成，公司内压缩流程的计算设计、制造技术也得到不断的完善和提高。同时，应用 ASPen - plus 计算软件，公司在全液体产品的空分设备的实际业绩中体现公司在工艺流程计算设计方面日趋成熟，如出口葡萄牙的全液体产品空分设备，其氩的提取率达到 90.3%。根据市场的发展和用户需求，2003 年初，开封空分集团公司又购买了 HYSYS. PLANT 动态流程模拟软件，以适应新的发展。

3. 各类单体设备及相关技术

空分设备流程的设计计算及优化设计在实际应用的最终结果，直接受各单机的设备技术性能制约。“八五”、“九五”期间公司承担的①大型空分设备压力容器大型化；②大型板翅式换热器的研制；③DCS 控制技术研究；④高效精馏塔研究；⑤空分设备用规整填料精馏塔；⑥全精馏制氩技术研究等课题攻关目标已基本实现并且得到实际应用。此外，公司为 APCI 南化项目“40 000”空分设备成功制造了多股流高压绕管换热器，为宁夏化工厂28 000m^3/h空分设计制造下塔全部内件，并成功现场修复损坏严重的下塔，都进一步表明公司相关设计制造技术方面的能力。

四、几点体会

国内外内压缩流程空分设备近年来发展迅速，尤其是大型空分(10 000m^3/h等级以上)装置，原因是这些大型装置安全、可靠、连续稳定运行被用户放在了第一位，除烃类浓缩引起的危险减少外，从工艺液氧泵备机的快速启动和配以大容量的液体贮槽都起到了连续可靠的保证作用。另一个原因是取消了氧压机运行操作的危险和比较复杂的维护，还可以根据用户市场的情况，配以生产各种液态产品。第三是，近几年随着内压缩流程空分的一些配套关键部机的快速开发与研制，与外压流程相比能耗已非常接近。国产的大型内压缩流程空分装置，虽然在高压换热器翅片结构型式、品种和软件等方面还赶不上国外知名专业公司，膨胀机、增压机、空压机等机组效率国内的产品与进口产品相比还有一定差距。我们必须勇于创新，不断地去努力实践、改进提高。但我们认为：不能有了一定差距就完全否定国内的产品，不能以一种固定的模式划定什么部机、什么设备必须引进，应该针对每个用户要求的规格、产品性能指标、及投资成本进行综合分析比较，向用户推荐最优化的技术方案。

开封空分之所以有所发展、有所进步，完全是广大用户的支持，我们感谢所有的用户，特别是感谢敢于吃螃蟹的第一位客户：

第 1 套3 200m^3/h空分设备，规整填料上塔——三明钢铁公司(1995 年投运)。

第 1 套6 000m^3/h空分设备，全精馏制氩——鄂城钢铁公司(1997 年投运)。

第 1 套15 000m^3/h空分设备，液氧内增压至 0.6MPa 天津铁厂(1997 年投运)。

第 1 次为国外引17 000m^3/h空分设备，全精馏制氩装置(氩的回收率达 89.6%)——上海焦化股份有限公司(1999 年投运)。

第 1 套15 000m^3/h空分设备，填料上塔 + 全精馏制氩——鲁南化肥厂(1999 年投运)。

第 1 台为国外引进40 000m^3/h空分设备，配套用高压绕管换热器(压力等级为 10MPa)——南京化肥公司(2001 年投运)。

第 1 台10 000m^3/h空分设备，配套空压机——鄂城钢铁公司(2002 年投运)。

第 1 台现场重新制作28 000m^3/h空分设备，下精馏塔——宁夏石化公司(2001 年投运)。

第 1 套15 000m^3/h空分设备，液氧内增压至 2.5MPa——柳州钢铁公司(2001 年 9 月合同)。

第 1 套 28 000m^3/h 空分设备，液氧内增压至 4.52MPa——柳州化工股份公司(2002 年 4 月合同)。

第 1 套40 000m^3/h空分设备，液氧内增压至 8.5MPa——德州恒升化工集团(2002 年 9 月合同)。

事实表明，无论是成套空分设备规格的逐步大型化还是每一项新技术的开发应用，每上一个新的台阶，都得到客户的全力支持，积极配合和高度信任，并与开封空分集团公司共同承担着风险，有时甚至是比较大的风险，当然也遭遇到一些挫折，但最终是分享成功的喜悦。

国企经营的成功案例

“杭氧”成功的秘诀

在素有“上有天堂，下有苏杭”之美誉的杭州，在通往杭州工业老牌企业基地的大道边，矗立着一家我国空分设备开发、设计、制造及成套的最大企业、空分设备制造行业的排头兵——杭州制氧机集团有限公司。它生产的空分设备产量、质量均居全国之冠，空分产品国内市场占有率超过60%，被原国家经贸委批准为我国空分设备行业惟一的国家级重点新产品开发、制造基地。

一、不断开发新产品

杭氧是我国空分设备制造业的龙头企业，其主要产品是为国民经济的基础产业（钢铁、有色冶炼、化肥、石化等）和尖端产业（国防、航天等）提供大中小型成套空气分离设备，它与这些产业的发展有着十分密切的关系。自从杭氧在1955年生产出第一台空分设备以来，杭氧的技术发展走过了测绘仿制、引进消化吸收国外技术、自主开发创新、跟踪国际先进水平等几个阶段。从与国外大企业合作生产到跟踪国际先进水平，自主研究开发第五代、第六代、第七代大中型空分设备，杭氧每一次的技术创新都增强了企业的市场竞争能力。不断加大对技术进步的投入，加快技术创新的步伐，使杭氧主要产品的技术连续上了几个台阶，形成了竞争优势。杭氧人明白：只有不断地超越自我、扩大自我，才能保持住已有的生存空间。于是，“要么不做，要做就做最好的”已成为杭氧集团公司的行为准则。

他们根据不同用户的需要，开发常温分子筛净化、增压膨胀机、规整填料塔、无氢制氩技术和内压缩流程技术等当代国际先进的空分设计制造技术，并逐步形成系列产品，满足不同客户群的需求。2002年，“采用规整填料塔和全精馏无氢制氩技术大中型空分设备”获得国家机械工业科学技术一等奖、浙江省科技进步一等奖、杭州市科技进步一等奖，再一次稳稳地坐上了国内空分行业的头把交椅。

技术的不断创新，使杭氧的销售业绩和国际竞争力扶摇直上。到目前为止，杭氧公司已为国内外用户提供大小空分设备3 800多套。其中，与德国林德公司、法液空公司合作生产了10多套3万等级的空分设备。2003年年底，杭氧公司自行设计和制造的我国第一套最大空分设备——宝钢3万等级空分设备成功通过性能考核，从而结束了我国3万等级以上空分装置长期依赖进口的历史。2004年2月，杭氧公司又赢得辽宁北台钢铁（集团）公司50 000m^3/h特大型空分设备的设计制造任务，这是迄今为止国内最大的空分设备制造项目，实现了我国自主成套特大型空分设备国产化的新跨越。

自20世纪90年代以来，杭氧产品在国内市场上一直保持着三分天下有其一的格局，市场占有率一直保持在领先地位，居全行业之首。杭氧已由过去只生产中小型空分设备，发展到目前以生产6 000m^3/h、10 000m^3/h、15 000m^3/h、20 000m^3/h、30 000m^3/h、50 000m^3/h等大型空分设备为主体、多元化经营发展的新格局。

二、多元化的发展方略

乙烯冷箱是乙烯生产装置中的关键设备。目前，我国正值乙烯生产装置进行大规模第二轮扩产改造时期。杭氧股份公司的领导凭着敏锐的目光，提早看准了这一商机。公司采用引进技术与自主开发相结合的办法，使生产的乙烯冷箱技术水平达到国外先进水平，为开发60万 t/a以上乙烯生产设备配套用乙烯冷箱打下扎实基础，并以其雄厚的技术实力，被原国家经贸委确定为大型乙烯冷箱设备国产化基地。迄今，杭氧公司已承接了9套大型乙烯冷箱生产订单，其中8套已交付使用。杭氧股份公司为北京燕山石化总公司设计和改造的国内首套71万 t/a乙烯工程的成功投产，实现了我国大等级乙烯冷箱国产化的零突破。专家认定，该技术属国内首创，达到国际先进水平。

在实施多元化的战略方针下，杭氧公司依托先进的技术、科学的管理、得力的措施，很快打开了国内市场，奠定了冲出亚洲、走向世界、发展企业的基础。

如果说企业产品升级是企业提高竞争力的一个层面的话，那么通过资本成功运作，则是提高企业竞争力，壮大实力的更高层面。业内人士都知道，企业通过资本扩张是呈几何状态的。虽是一剂良药，但稍有不慎，将使企业一蹶不振。

具有超人胆略的杭氧领导班子明白此理。但他们更明白，杭氧要求生存、求发展，就得抓住这稍纵即逝的商机。

上气体项目就是在这种思想的指导下展开的。

投资组建杭州建德杭氧气体有限公司，杭氧迈出了跨地域发展的第一步。在建德建立了通往国内外的窗口，提升了国际市场占有率，实现了企业规模的新跨越。

三、技术改造和设备更新

杭氧在不断引进新技术、开发新产品的同时，还十分注重技术改造，增加技改投入，共投入1.2亿元进行技术改造。通过几年来的技术改造，特别是在“七五”至“九五”期间公司非常重视提高杭氧的装备能力与水平，引进多套国外先进的加工设备及有关软件，从而提高了公司的设计、制造、加工的技术水平，促进了产品技术性能、质量、产量不断提高，交货期不断缩短。

具有先进的产品设计开发软件是一个企业不断开发出性能优良产品的重要保证。长期以来，杭氧一直非常重视软件的开发工作，通过不断的努力杭氧已逐步建立较完善的产品设计开发软件体系，为杭氧新技术、新产品的开发提供了强有力的工具。

四、全面质量管理

杭氧人始终把“今天的质量，明天的市场”这一管理思想作为企业的生存法则，全面与国际先进的质量管理接轨。

1988年，公司在国内空分行业率先通过美国ASME认证，取得“U”、“U2”钢印，每年有按ASME要求生产的产品出口美国等国家。

1986年，公司通过了国家一级计量验收，1989年取得国家商检实验室证书。

1995年，在国内空分行业率先通过由挪威船级社DNV和浙江质量体系审核中心ZQAC认证机构的ISO9001—94国际质量管理体系认证，通过了ISO10012计量确认体系认证。

在加大产品设计及制造质量管理的同时，为了适应市场的需求，杭氧还努力提高服务质量，加强内、外部信息反馈，确保以优良的产品、优质的服务，达到让每一个用户都满意的程度，以赢得用户对杭氧的信任和满意。如今，杭氧产品成了国内用户理所当然的“首选产品”，其主导产品已牢牢占领国内市场。

五、以市场为导向

对于今天的企业，谁都会有这样的看法：订单是企业的生命。没有适销对路的产品企业无法打开市场，没有特色的产品企业就无法形成竞争优势。追求订单的关键在企业竞争优势，实现产品的技术创新和营销创新，这是企业经营理念上的一次深刻变革。

尤其是随着我国对外开放不断深入，国际知名企业纷纷进入中国市场，国内市场已成为国际市场的一部分，市场竞争日趋白热化。杭氧要想获得长足发展，惟有不断开拓市场，勇于与国际惯例接轨，接受市场竞争的考验。

生机和活力来源于创新

——前进中的锡压公司

无锡压缩机股份有限公司(以下简称为锡压公司)始建于1955年，前身为无锡农具厂、无锡市通用机械厂，1992年12月在无锡压缩机总厂的基础上改制为全国压缩机行业第一家股份制企业。经过半个世纪的奋斗，锡压公司已从建厂初期的一个名不见经传以生产农机用具为主的公私合营小厂，发展到今天拥有资产3亿多元的国家重点高新技术企业、国家大型一类企业、全国压缩机行业重点骨干企业。

锡压公司是一个以研发、制造、营销各类大、中型螺杆式压缩机，活塞式压缩机，工艺流程用压缩机和离心压缩机等产品为主的企业。从1959年开始生产制造出第一台活塞压缩机，到1965年生产制造出第一台螺杆压缩机；从20世纪80年代中期第一次技术引进，成功地把瑞典ATLAS公司喷油螺杆压缩机制造技术引进国内并批量生产，到20世纪90年代中期第二次技术引进日本神户制钢公司无油螺杆压缩机设计制造技术，率先在国内生产出具有国际先进水平的无油螺杆压缩机；从20世纪90年代末与韩国“三星”公司联合挺进国内离心压缩机市场，到21世纪初引进离心压缩机设计制造技术和引进日本神户制钢公司60t活塞往复式压缩机制造技术；如今已形成了规格齐全的无油、喷油螺杆压缩机，无油、喷油活塞式压缩机，0～60t活塞工艺流程用压缩机，迷宫式压缩机，离心式压缩机，天然气加气站等各大产品系列，300多个品种，逐步建成了我国螺杆式、活塞式等各类压缩机的现代化研制开发、生产制造基地。

锡压公司研制开发的喷油螺杆压缩机、活塞压缩机、无油螺杆压缩机等多个产品先后获得了国家银质奖，部、省优质名牌奖；自行开发的40m^3、100m^{3}无油螺杆压缩机填补了国内“空白”，获得国家高新技术产品奖；自主研制的天然气汽车加气设备，经国内专家评审为国际先进、国内领先；校厂联合研制的氦气压缩机为“神州五号载人飞船”助力；螺杆式压缩机控制用组合阀等四种专用产品先后获国家新型实用专利；公司生产的产品曾获得过李鹏同志亲自签发的“努力实现重大技术装备国产化”荣誉证书；螺杆压缩机多次被国家有关政府部门推荐为压缩机市场首选产品。公司生产制造的各类“锡压牌”产品广泛应用于机械电子、石油化工、冶金矿山、纺织烟草、国防科研等国民经济各个领域。诚信经营、优质服务和健全的、遍及全国各地的“本地化”营销网络，使锡压产品覆盖各行各业，深受广大用户的青睐，并远销东南亚、欧美、中东等多个国家和地区。

建立企业科技创新发展支撑平台，完善技术创新运行机制，精心培育核心技术，以重视科技、发展科技、依靠科技，向科技要效益为企业发展战略核心，走科技强厂、科技兴厂的道路。公司依靠省级技术中心和国家二类科研水平的压缩机全性能测试站，集产品开发、工艺、新品样机试制、零部件试验、压缩机性能测试及控制技术试验研究等于一体。围绕企业核心产品，推行产、学、研相结合，与国内拥有压缩机专业的高校、研究所保持研制高科技含量的压缩机产品的密切合作关系，不断开发潜力产品和基础技术的研究，推动科技成果转化，不断培育企业新的经济增长点，满足市场和用户个性化需求。每年平均开发新品30余种，高新技术产品达70%以上，锡压产品达到开发一代、生产一代、储备一代、构思一代，确保公司的产品技术水平处于国内领先。坚持不断地投入巨资连续进行大规模的技术引进和技术改造，先后从日、德、美、英等国引进了具有国际一流的转子铣床、磨刀机、对刀仪、五面体加工中心、数显钣金设备等一大批高效自动化装备，为企业高新技术产品制造和可靠的产品质量保证，提供了高精尖技术装备保障。坚持不断地技术创新，使锡压公司具备了与世界大公司可抗衡的可比优势，支持着公司不断地发展、进步。

构筑健全的企业规范管理平台，坚持不断地管理创新，完善管理体制，注重管理效益，以管理创新推动企业的进步，提高企业的核心竞争力。锡压公司在近50年的历程中，把规范管理、程序操作、信用为重的理念转化为了员工的行为方式和思维行动。强化责能监督，扎实基础管理，开展“管理效能”攻关；全面实施ERP和建设企业信息化平台，实现“网络化”管理，重塑、再造、优化管理流程；视质量为企业生命，健全质量管理体系，向质量要效益，靠质量促发展；以“承诺”和“信誉”树立现代管理效率观念，切实地提高管理部门和全体员工的现代化管理水平和管理素质。公司率先分别于1996年8月在同行业中通过ISO9001质量体系认证和GB/T19001军品认证；2001年又通过ISO14001环境体系认证。先后获国家机械企业管理基础工作规范化达标企业、国家CAD应用工程示范企业、江苏省首批制造业信息化示范企业、中国机械行业竞力之星企业等称号。

营造优秀的企业文化平台，以人为本，倡导“尊重个人、服务用户、崇尚实干、鼓励超越”的企业准则，弘扬“求实、创新、争一流”的企业精神，造就“平等、和谐、能动、合作、超越”的企业文化，培育团队意识，创建“学习型”企业，不断增强企业持续发展的内在驱动力。制定员工成长路径，建立了一整套吸引人才、培育人才、留住人才、重用人才的新机制，为各类员工成长提供事业发展平台。注重员工智源开发，将人才培养纳入系统的制度轨道，实施“育百人”工程，与西安交大联合开办机械硕士生班等。为企业员工提供施展才干的广阔舞台和空间，使员工产生自豪感、使命感和归属感，形成了“人人爱企业，个个作贡献”的良好氛围，企业充满了生机和活力。公司先后获全国机械行业文明单位、江苏省文明单位标兵、无锡市先进基层党组织等称号。

纵览锡压公司的发展，企业的科技创新、管理创新、机制创新和优秀的企业文化是公司保持持续发展的支撑。一个优秀企业，在企业的经济发展中要有卓有远见的发展战略目光，坚持不断地创新，发展自己的核心技术、核心产品、构筑自身的核心优势，增强企业的核心竞争力，才能有市场，才能有发展，才能使企业青春长驻，充满生机和活力。展望锡压公司的未来，发挥现有优势，夯实百年基业，争做“百年企业”的目标将使锡压公司的明天更美好。

加快技术创新，促进新产品开发

石家庄泵业集团有限责任公司

石家庄泵业集团有限责任公司是由石家庄水泵厂改制的国有独资公司，国家大一类企业。全国杂质泵专业生产企业，中国500家最大机械工业企业之一。现有职工2 938人，工程技术人员355人，占职工总数的12.1%；中高级技术工人1 335人。企业占地面积287 462m²，固定资产原值3亿多元。年生产能力13 000台，主要为环保排污、城市给排水、农田水利、矿山、冶金、电力、煤炭、石油、化工、建材、火电烟气脱硫、疏浚吹填等国民经济部门提供配套用泵及阀门、旋流器等系列产品，产品行销全国，远销西欧、北美、东南亚等40多个国家和地区。建有测试精度达到国际标准的渣浆泵、潜水泵高压试泵站和河北省杂质泵试验、测试检验中心。设有杂质泵研究所，专门从事杂质泵设计理论、水泵性能、磨损机理、耐磨材料和新产品开发的试验研究工作。产品开发设计和工艺编制全部采用CAD和CAPP新技术，企业全部实现了微机辅助管理。1997年通过化信技术检验有限公司、美国FMRC公司的质量体系认证，2002年通过2000版转版认证。

主要经济指标在全国同行业中名列前茅。连续19年为河北省超千万元利税大户。曾获全国“五一”劳动奖状，“全国管理基础达标示范企业”，“全国机械企业管理优秀企业”，国家“CAD”示范企业，国家“863”计划CIMS工程示范企业，河北省“质量效益型先进企业”，“科技先导示范企业”等称号。

一、不断开发新产品，紧跟市场需求

近几年来，公司紧紧围绕市场完成了上百个新技术创新项目，为企业带来了巨大的经济效益，完成新产品开发185种，其中引进新产品43种，产品性能达到国际20世纪90年代先进水平。在消化吸收引进技术的同时，瞄准国际先进水平自行设计开发了ZGB、ZQ、DZ、PYS、WQ、WN系列渣浆泵和潜水污水泵、X—TL(R)系列脱硫泵等146个品种的创新产品，并移植引进技术完成了16种老产品的改造，形成了“生产一代、储备一代、研制一代、构想一代”的格局，增强了技术储备。产品效率平均提高7.4个百分点，易损件寿命提高1~2倍，并且产品适用状况范围大大拓宽，以其可靠性强、通用化强度高、密封性能好、噪声小、安装维修方便等优良的性能跻身市场。先后为安太堡露天煤矿、秦山核电站、石横300MW、平圩600MW电厂、齐鲁30万t乙烯、渤海石油钻井平台、德兴铜矿、上海宝钢二期工程、高碑店污水处理厂、珞璜电厂脱硫、山东黄台电厂脱硫等上百个国家重点工程项目提供了数万台配套用泵。几十种产品填补了国内空白，有效地替代了进口。

保护环境，控制大气污染(SO_2处理)是我国环保的一项重要措施。公司开发的X—TL(R)系列脱硫泵及AHR系列、

LR系列、SPR系列脱硫泵,是火电烟气脱硫系列的重要设备。上述系列脱硫泵用来作为吸收塔循环泵、磨机浆液泵、吸收塔制备泵、石灰浆供给泵、石膏尾浆输送泵和废水泵等。经特殊处理,可用于沿海地区海水脱硫及烟雾、电化学腐蚀等工况。烟气脱硫泵的开发填补了国内空白,在新的技术领域市场抢占了先机。目前山东黄台电厂、江苏夏港电厂、天津大港电厂、江苏太仓港电厂、南通天生港电厂已选用我公司脱硫泵产品,收到较好的社会效益和经济效益。

针对我国江河湖海年久失修,疏浚、吹填工作迫在眉睫的现状,为满足国家河湖清淤的迫切需要,自行研制生产的WN型挖泥泵系列产品,以其整体结构船用性好、高效耐磨、成套能力强、过流部件寿命长等技术优势,在国家“百船计划一期”选用的具有国际先进水平的48台大型挖泥泵中,石泵集团公司WN型挖泥泵就有36台入选,从而满足了国家百船一期工程的需要。公司生产的14/12T—G型砂砾泵,在参加长江疏浚和填筑长江大堤公安段、监利段、彭泽段的施工中,完成泥河量110万m^3,在输送粗细沙时,实现排距4 000m的远距离输送。与同时在公安段工地使用的进口“海狸”5800挖泥船相比,该泵具有耗能低、成本低、排距远的优势,被亲临现场考察的湖北、湖南、江西等数家造船厂一致公认为是长江中下游排淤疏浚,迄今为止国内最先进的产品,不愧为国内名牌精品。石泵集团公司WN型挖泥泵系列产品,无论是在经济效益和社会效益上,都显示了巨大的后续效应。

二、不断推出新材料、新技术、新工艺,提高产品的技术水平

研发新材料一直是公司围绕产品发展的攻关课题之一,近期研制的A33耐磨材料在红河磷肥厂现场运转后,寿命比以前提高了7倍,用户非常满意。我公司还开发了挖泥泵用的A21、A22、A25系列材料,这些新材料具有良好的耐磨损、耐冲击的特性,而且成本比原来下降20%左右,具有很好的应用前景。

渣浆泵浆体的泄漏一直是公司的一个难题,为此我们专门组织攻关小组,1998年设计制造出一种适用于浆体的高可靠性的浆体机械密封,并获国家专利,解决了国内多年来机械密封不能用于渣浆的难题。

由于泵材质所需的高耐磨性,材料的硬度也在逐步提高,给加工带来了困难。公司在高硬材质加工方面也摸索出了许多宝贵的经验。如碳化硼、氮化硼刀具的应用,我们已能够切削硬度在60HRC以上的高硬材料,并在高硬材料钻孔攻螺纹等方面也取得了较大的成绩,大大提高了加工能力,在各技术领域时刻追踪国内外先进技术。

三、加大技改力度,提高企业竞争能力

为提高我公司的整机全性能试验能力,公司投资600万元对试泵站进行改扩建,完成466m^2土建工程。实现了计算机自动采集试验,检测手段先进,检测结果精确可靠。完全满足并符合国家B级精度的要求。

总之,高新技术的发展与创新是经济发展的原动力,石泵集团的发展得益于坚定不移地走技术创新之路,公司的目标是把石泵集团建设成为技术开发能力强,产品技术含量高,企业经济增长快,质量过硬,具有国际竞争能力的现代化企业集团。

立足市场创名牌,开拓创新求发展

天津减速机股份有限公司

天津减速机股份有限公司(以下简称天减)始建于1956年,是原机械部重点骨干企业,中国机械工业500强之一,中国减变速机行业协会理事长单位,中国最大的减速机生产基地。企业1995年通过挪威船级社(DNV)ISO9001—1994质量管理体系认证,成为全国同行业第一个也是惟一获得英国工贸部颁发的金钩证书。2003年11月获得ISO9001—2000质量管理体系认证再次获英国工贸部金钩证书。

天津减速机股份有限公司20世纪60年代研制了我国第一台摆线减速机并投产后成为我国第一家减速机生产厂,几十年来,为国家重点工程、国防、军工、航天、尖端科技及各行各业提供了大量优质产品,多次受到中央军委、国务院、国家重点工程指挥部等的通令嘉奖。

一、奋发图强、打造民族工业的品牌

“天星”品牌是天减的荣誉,是连续多年的天津市著名商标,“天星”产品的可靠性和优良的品质得到了用户的广泛认可。从20世纪60年代研制出第一台摆线减速机,到改革开放的今天;从过去的国有企业到股份制公司,几代天减人为之努力,为之拼搏,为之倾注了大量的心血和汗水,使“天星”品牌越来越响亮,成为民族工业品牌的一颗耀眼明星。

天星产品之所有成为民族工业品牌的明星,是和天减公司竭诚为客户的理念,质量第一的思想,坚持不懈地抓质量分不开的。从1964年国内第一台摆线减速机诞生,几十年来,为社会、为用户提供大量的优质产品,形成了设计、制造、服务三位一体的质量保证体系。

首先是设计领先。由于是国内首创,产品的设计没有先例可寻,技术人员一开始就确立了“追求最好”的工作思路,多年来,经过摸索和无数次改进,攻克了一道道难关,获得了一项又一项专利技术,产品设计一直处于全国最高水平,天星减速机一直领导着国内减速机行业的潮流。在不断改进的基础上,从1997年开始研制开发X8000系列摆线针轮减速机,该系列产品不仅保持了原有产品的优势,其承载能力比国内同类产品平均提高两倍左右,已达到国际当代先进水平,被市场广泛采用。

其次是生产制造领先。生产加工手段上采用先进技术,关键工序采用 CAM 柔性制造系统,从毛坯上线到制成零部件全部是计算机控制,从整体上保证了产品质量。生产制造过程中严格按 ISO9001 质量保证体系进行。生产现场实施全方位的定置管理,把产品生产过程的质量隐患降到最低程度。

第三是售后服务到位,企业建有一套售后服务体系,有覆盖全国的售后服务网络,视客户满意为最高标准,优质的服务良好的信誉确立了产品的品牌形象。

二、面向市场,通过技术创新加快产品结构调整

科技是第一生产力,创新是企业的灵魂。天减公司几十年的发展就是面向市场通过科技创新,不断调整产品结构来实现的。随着市场经济的发展,公司及时调整运作方式,根据市场需求,通过科技创新,加快产品结构调整。在坚持主导产品为主的前提下,1991 年通过兼并改造,吸收引进了具有市场潜力、水平先进的丹麦约机滚筒技术,通过消化国外技术,大大提高了电动滚筒生产能力,使天减公司的主导产品由原来的一个增加到两个,大大地拓展了市场重点,形成了两大主导产品并举战略格局。

随着市场化进程加快,减速机市场也形成了多元化的需求市场。根据市场和用户的要求,天减公司积极地拓展思路,把调整产品结构作为一项常规工作。充分利用企业技术力量雄厚,资金充足,位居科技先进的大城市的优势,与科研院所等广泛合作,围绕老产品进行改造,对摆线产品在做"全"的基础上瞄准国际先进水平,加快更新步伐,根据市场需求,对有优势的摆线减速机产品增加规格,补齐系列,形成了 0# ~ 12# 全系列的摆线减速机,升级换代的 X8000 系列摆线减速机达到国际当代水平,受到了用户广泛欢迎,很快地占领市场。

在确定主导产品的优势基础上,投入大量资金,根据市场需求相继研制开发了无级变速器,行星齿轮减速机,悬挂减速机,输送机专用减速机,双卧轴减速机,硬齿面减速机等多种传动装置,做到了通用产品我有,专用产品我做,既往横向发展又向纵深挖掘。每年新产品销售额占 30% 以上,极大地满足了市场需求。

三、以市场为导向,提升营销水平,为企业发展提供市场支撑

随着计划经济向市场积极转变步伐的加快,市场竞争的特性越来越明显地体现出来,作为通用产品的减速机行业表现尤为突出。

改革开放初期,全国减速机市场厂仅有几家,且规模较小,随着市场经济发展,不但乡镇企业纷纷崛起,大量的外资企业也登陆中国,使减速机生产厂由过去的几家发展到几百家,面对激烈的市场竞争,天减公司积极采取对策,通过机制创新,大大提高了营销水平,为企业发展提供着市场支撑。

一是建立一支高素质的营销队伍。重视销售队伍的建设是天减公司多年来坚持不懈抓的一项主要工作。通过外聘人才,内选人才,加强培训等措施,使一大批文化程度高,懂技术,有专业知识的人才充实到销售部门,使销售人员的整体素质大大提高,为适应激烈的市场竞争奠定了基础,提供了保证。

二是创新经营管理,打造营销服务体系。首先广开信息渠道,建立一支专群结合的信息搜集队伍,全面掌握国内外同行动态和市场信息,为营销政策提供依据;其次是调整销售网络的布局,打服务品牌。把过去大专业区细化为以省市为单位,建立了以大城市为中心小城市联动的销售网络。并对各地区强化了售后服务功能,形成了销售、售后服务一条龙体系,方便了用户。

三是对营销体制进行不断改革。2002 年对营销管理体制进行大胆的改革,把过去的封闭式营销管理体制变为开放式营销体制,业务员可以面向全国跑市场,极大地激发了销售人员的积极性,收到了明显的效果。

四、转换企业机制,推进企业发展

为使企业全面适应市场经济的要求,从 2001 年开始进行企业改制,2002 年 5 月全新体制的天津减速机股份有限公司正式成立。成功的改制,它以制度的形式从根本上解除传统经济体制对企业的束缚,使企业成为自主经营的法人实体和市场竞争的主体,为企业注入了新的生机和活力。借改制的契机,天减公司按照股份制的要求对劳动用工、劳动分配、管理结构、生产运作体制,营销体制进行了一系列的改革。建立起了新型的经营机制和管理体制,使企业朝着现代企业制度迈进了重要的一步。我们有理由相信,随着企业转制的成功,机制的进一步转换,新体制的生机与活力会充分的体现出来,必将推进企业有一个更大的发展。

聚贤纳才,创建国家科研基地
务实创新,打造通用诚信品牌

合肥通用机械研究所

合肥通用机械研究所 1999 年 7 月作为全国 242 家国家级科研院所之一转制为科技型企业。

2000 年,新一届所领导班子上任以后,采取了一系列措施加强人才队伍的建设,本着"人才为先,科技为本"的理念,不拘一格培养和重用专业技术骨干。为鼓励科研人员进行科技创新、加快产业化,所内每年将利润总额的 5% 作为所科研发展基金,根据市场和专业需求,有选择性地扶持一批重点科研项目。该项基金项目针对性强、见效快,同时

也是对研究所科研体系的重要补充。使技术骨干能够充分施展个人才华。

所领导对技术人员的再教育也极为重视，采取“送出去、请进来”的方式，强化人员培训工作。我所先后与中国科技大学、浙江大学等知名高校联合办学，共建博士点，已为我所培养了博士生9人；同时以博士后科研工作站为纽带，吸引各高校的博士在我所流动工作，现有两名博士在站内做课题研究；另一方面，为技术人员广泛进行学术交流创造条件。主动地引导或推荐科技人员参加国内外各种学术研讨会、交流会，并派遣科技人员走出国门，加强与国际一流学术界的交流，并着手选拔一批优秀的专业技术人员送往国外的世界一流学术机构和大学进行短期学习和工作。自1999年以来，通用所已举办全国性学术研讨会、交流会15次，先后组织80余人次出国参加学术交流和考察。使我所的专业技术人员在广泛的学术交流中不断开阔眼界，拓展思路，活跃学术思想，了解学术前沿动态，并从同行专家的研究成果中获得启迪，吸取营养。

在中国机械装备(集团)公司的大力支持下，我所于2001年通过了国家人事部的验收，建立了博士后科研工作站。博士后科研工作站的设立是我所吸引人才、拥有人才、用好人才、留住人才的又一重大举措；标志着我所又增加了一个强有力的新科研基地，对我所完善科技创新体系，构筑人才高地，培养和造就高水平的科技创新人才和高层次管理人才，都具有重大意义和深远影响。博士后科研工作站成立以后，我所立足安徽，着眼全国，进一步加强了同高等院校和兄弟企业的合作关系，围绕化工与通用机械行业，结合市场需求，不断改进科技创新体系，促进产学研的结合；引进和培养高科技人才及管理人才。近年来，利用博士后科研工作站的优势，与兄弟单位合作申请并获得批准的国家级科研项目23项，我所科技成果喜获丰收，获得省部级以上奖励近30项，其中进站项目12项。

通用所在流体机构及压力容器方面资质齐全，并顺利通过了ISO9001质量体系民品认证和军工产品质量体系认证。

产品质量的控制是贯彻ISO9000标准的重要环节，也是质量体系有效运行的根本保证。通用所产品特点是品种多、批量少、技术含量高、生产周期长。因此，按照ISO9000标准要求建立和实施质量体系、进行产品质量控制的工作难度很大。我所所长亲自挂帅，以建立“诚信所”为目标，全员参与，产品质量层层落实、突出重点。尤其对关键件、重要件的把关更为严格，对重点产品、军工产品图样和技术资料实行三级审签制度，对采购产品、过程产品、最终产品严格按标准和试验大纲进行检验试验，实行质量否决权。质量不合格的产品决不出所、不交付用户。目前我所产品一次交付检验合格率为100%，顾客验收合格率100%。我所本着“一日为用户，终生是用户”的指导思想，在确保产品出所质量的基础上，建立健全售后服务保障体系，选派技术骨干为售后服务人员。用户的困难，就是对我们的召唤，无论路途多远，困难多大，即使在“非典”肆虐的2003年5月，我所的工程技术人员也无畏艰险，南下北上深入疫区，为用户排险解难，赢得了用户的尊重，也树立了极好的口碑。

近年来我所一直保持着良好的发展势头，但市场经济的竞争犹如逆水行舟，不进则退。所领导班子居安思危，从企业长远发展的角度出发，结合我所自身的行业优势以及主管部门的大力支持，在原有的“国家机械工业局流体机械节能与可靠性工程技术研究中心”和“国家机械工业局压力容器与管道安全工程技术研究中心”基础上组建了“安徽省流体机械节能与可靠性工程技术研究中心”和“安徽省压力容器与管道安全工程技术研究中心”。

流体机械及工程是一个量大面广、产研两旺的大行业，产品广泛应用于国民经济各部门、各行业，能耗占总发电量的50%以上，它的发展对国民经济极为重要。无论是国外还是国内，流体机械的节能与可靠性都是极其重视的重要基础研究课题；锅炉压力容器和压力管道特种设备的安全运行，同样是关系到工业生产连续性和人民群众生命财产安全，乃至社会稳定的重要课题。

通用所是通用机械与化工设备12个专业的技术归口单位，是5个专业的国家和部级专业标准化技术委员会以及13个全国专业信息网挂靠单位。同时还挂靠有9大产品的质量监督检测中心、产品检验站和设备失效分析中心。编辑出版有《压力容器》、《流体机械》、《包装与食品机械》学术期刊。

我所近年经济持续增长，2000年销售收入13 000万元，2001年销售收入15 000万元，2002年销售超过20 100万元，企业信用等级一直为AA级，2002年度生产经营状况良好且被国家工商局授予“重合同守信用企业”，被合肥市工商局评为首批2002年“企业年度检验免检企业”，并被国机集团授予2002年度“先进工作单位”光荣称号。

本着务实创新的态度，发扬团结、拼搏、艰苦奋斗的精神，把握机遇，扎实工作，通用所人正以“通用所，诚信所”为目标，广纳英才，为实现企业的腾飞而努力！

走向辉煌的明天

开封空分集团有限公司

开封空分集团有限公司(以下简称为开空)是我国自行设计、制造大、中型气体分离设备的重点骨干企业。自1965年建成投产以来，开空一直紧跟国际空分技术发展潮流，不断推出新技术、新产品。主导产品大、中型空分设备、气体液化设备、金属组装式冷库及成套污水处理设备，已为国家四个现代化建设做出了重大贡献。迄今为止，开空已为我国冶金、石化、化肥、建材、能源等工业部门提供大、中型空分设备和气体液化设备400余套，遍布全国各地，并出口东南亚、西亚、中东和欧洲一些国家和地区。为适应国民经济发展和加入WTO以后形势发展的需要，开空进一步加大科技投入力度，利用先进的计算机技术，不断提高新技术、新产品的开发能力，为实现4万等级大型空分设备国产化做出了新的贡献。开封空分集团有限公司的发展历程，作为我国现代工业建设的一个缩影，映衬出了我国社会主义经济建设的辉煌成就，在我国气体分离制造行业中有极其重要的地位。

1965年底，新厂正式投产后，为发展符合国家建设需要的新产品，开空厂以研制成套3 200m³/h空分设备为第一主攻目标。在研制成套3 200m³/h空分设备中，开空采用了以全低压流程代替高低压流程、双高纯度石头蓄冷器代替铝带蓄冷器；在分馏塔冷箱内，设备以全铝结构代替铜结构；开发了高效紧凑的铝制板翅式换势器，以径流反击式透平膨胀机代替绝热效率低的冲动式膨胀机；用循环液氧泵代替辅助冷凝器，以及先进的新一代仪表和研制新型配套阀门等。同时，还自行设计了1 800m³/h，3.0MPa的立式无润滑氧气压缩机用于设备配套。

建厂初期产品发展的需要带动了技术迅速的提高，而技术的提高又促进了新产品的发展和更新换代产品的实现。随后，在很短的时间内相继开发了切换换热器流程的1 500m³/h和3 200m³/h空分设备。20世纪70年代，开空人为满足国内化纤工业发展的需求，开空研制高纯氮设备。1978年10月，我国首套3 000m³/h高纯氮设备在辽阳化纤厂开车成功，氮气纯度达到99.999%，开创了首次在大型空分设备上采用单级精馏的先例，填补了国内空白。

开空在研制配套单机产品中，也取得了丰硕成果，如离心式空气压缩机、无润滑活塞式压缩机、透平膨胀机、液氧泵和高速双圆弧齿轮增速器等。无论是成套的新产品，还是配套单机，许多属于填补国内空白的新产品，并逐步形成了系列。在不少具有国内先进水平的产品中，有的已接近国际水平，尤其是锯齿形翅片冲床及模具的试制成功，使翅片达到了国际先进水平。该项目科研成果获国家二等发明奖。

十一届三中全会以后，随着全党工作重点转移到经济建设上，开空厂认真执行国家有关“上水平、上质量、上品种，提高经济效益”的指示精神，积极更新老产品，开发新产品，并引进国外先进技术进行企业技术改造，使主导产品“3200”、“1500”空分设备实现了更新换代，并开发出“4500”空分等新产品。1983年3月，为烟台合成革厂研制开发出国内尚无先例的分子筛预净化流程的“1000”高纯氮设备，纯度达到99.999%。原《中国机械报》为此在头版头条位置作了长篇通讯报道，并在编者按中赞扬开空人谱写了一首振奋人心的争气歌。

“七五”期间，我国空分市场大型空分设备的需求量急剧增加，开空厂与美国空气制品公司合作为宝钢、鞍钢提供30 000m³/h和35 000m³/h大型空分设备。两项目的圆满成功，使开空厂在产品规格的大型化方面迈出了坚实的一步。

在这段期间，开空厂“三大系列”产品的开发，以及“两个基地”的建设得到了迅速发展。百吨盐浴炉的投入使用，6 000m³/h等级空分设备的研制成功，国内最大的5.9m大板式的问世，真空钎焊板式通过鉴定，引进德国硬质聚胺酯夹心保温板生产线和冷链设备在国际冷库项目上中标等成果不断涌现，充分展示了开空人自力更生、艰苦奋斗、开拓进取、无私奉献的精神风貌。

进入20世纪90年代，邓小平南巡讲话和党的十四大精神，似东风吹遍了神州大地。深化改革、扩大开放成为中国的主旋律。开空人紧紧抓住空分行业出现的难得机遇，进一步解放思想，深化企业改革，转换经营机制，确立了“科技兴厂”的战略，当之无愧地跻身于“中国500家最大机械工业企业”的行列。

开空瞄准当时的先进技术，首先开发了分子筛预净化、增压透平膨胀机流程的空分设备。截止到1996年10月，开空在“1500”、“3200”、“4500”、“6000”空分设备上全部采用了分子筛预净化带增压透平膨胀机流程技术，并投入运行。全部实现了由切换型流程向分子筛预净化流程的转变。

同时，开空立即又瞄准了当今国际最新的先进技术——规整填料精馏塔、全精馏制氩和内压缩流程技术。1993年，开空开始对规整填料塔技术进行开发研究。为尽快将这一新技术用于产品，开空与天津大学进行技术合作，首先在三明钢厂“3200”空分设备改造中的上塔采用了规整填料塔技术。1995年10月，开空开发的我国首套采用规整填料上塔的3 200m³/h空分设备在三明钢厂的开车成功，缩小了我国空分行业与国外先进水平的差距，从此拉开了我国空分行业规整填料塔技术应用的序幕。

在此基础上，开空立即开始了对全精馏制氩技术的研究。1997年11月30日，开空研制的我国首套全精馏制氩6 000m³/h空分设备在鄂钢开车成功。1998年11月通过鉴定，当时处于国内领先水平，被原国家经贸委认定为1999年度国家级新产品。

20世纪90年代，大型内压缩流程空分装置得到迅速发展。开空紧跟发展潮流，从1993年就开始对这项新技术进行了研究和开发，并在国内率先开发成功内压缩流程空分设备。在实际的开发应用中，走过了规模从小到大，输出产品压力由低压向中、高压逐渐扩展的路程。1994年，开空向客户提供了小型的内压缩医用氧设备，积累了内压缩流程技术经验。接着开空完成了压力为20MPa的3套300m³/h内压缩流程空分设备的研制任务，出口菲律宾。

1997年底，开空提供的液氧内压缩流程、氧气压力为0.7MPa的15 000m³/h大型空分设备在天铁开车成功，至今运行稳定。鄂钢、青钢两套10 000m³/h空分设备，氧气压力分别为2.5MPa和3.0MPa于2002年3月和8月相继成功投运，柳钢16 000m³/h，氧气压力为2.5MPa空分设备于2003年5月投运，标志着开空内压缩流程空分设备技术已经成熟。

特别是2002年，开空先后签订了柳化“2.8万”和华鲁恒升化工股份有限公司的“4万”两套大型内压缩流程空分设备,使我国空分行业实现了多年来“三万”、“四万”等级大型空分设备国产化的夙愿。

随着计算机技术的应用和推广,开空技术开发能力和设计制造能力得到迅速提高。不仅加快了设备流程的更新换代,也促进了单体设备的开发和进步。如高效率的环流筛板塔、规整填料塔、高效的直接接触式空气冷却塔、水冷却塔、分子筛再生蒸气加热器等。板翅式换热器的生产,已淘汰了盐浴钎焊工艺。钎接的5.7m大板式,1998年用于印度4 500m^3/h空分设备,已使用5年之久,工作压力为6MPa的产品于2002年初投入使用。1996年底,开空为宁夏化工厂成功地提供了我国首台用于30万t/a合成氨大化肥的E7绕管式换热器。这一成果填补了国内空白,结束了我国石化行业该产品全部依赖进口的历史。

计算机技术的应用,还使空分设备的自动化水平得到不断提高。开空自20世纪90年代初就成功地将DCS用于空分装置。现在,开空产品从检测、控制到联锁保护等都由DCS实现,按用户的不同需要,提供仪表和电气的一体化控制。

开空在开发空分设备产品的过程中,根据社会发展的需要,开发了相关的冷链产品和环保产品,在增加经济效益的同时,也增加了社会效益。20世纪80年代初,开空相继成立了制冷设备研究所和制冷设备工程公司,大力开发食品的冷藏保鲜、加工、储存、储运等设备,使之成为开空的主要产品之一。1982年,开空为郑州外贸公司建造了我国第一座1 000t金属组装式冷库,并取得成功,开创了我国冷库建设的新里程。1987年9月,开空从西德进口的成套聚氨酯夹心板生产线投产,可年产10万m^2,可建1 000t冷库30余座。截止1995年,开空已先后为全国各地提供大、中、小型高温库、低温库、综合库40余座。

1994年,开空进一步调整产品结构,研究开发金属组装式气调库。1995年10月,山东龙口15 000t组装式气调库交工验收,各项指标达到或超过了世界先进水平。1998年5月,开空为西安华圣提供的万吨气调冷库一次试压成功,该产品被原国家经贸委认定为2001年度国家级新产品。

开空介入环保产业是1993年。1999年11月开始承担建设国家“工业废水和城市污水富氧曝气成套设备国产化项目”,关键技术引进美国克鲁格公司富氧曝气工艺。公司成功地将空分设备产品引入城市污水处理领域,实现工艺及成套设备国产化,填补了国内空白。该项目于2001年11月通过国家验收。

目前,开空已形成年产日处理10万t污水富氧曝气处理设备10套和日处理1 000t工业废水20套的能力。2001年,开空承担的河南省南阳普康集团第二制药厂污水综合治理工程通过验收,这项1 000t/d高浓度难降解制药废水处理工程具有国内领先水平。

艰苦创业,奋发图强,与时俱进的开空人,不断开发新产品、新技术、新工艺,在国内外市场上赢得了应有的位置。从1992年至今,已经向国外出口了30套不同类型和规格的空分设备,产品不仅出口东南亚、西亚、中东等国家和地区,而且已将产品成功地打入了欧洲市场,为我国空分产品更广泛地开辟国际市场铺平了道路。面对我国加入WTO后的新形势,开空人将在党的十六大精神鼓舞下,进一步深化企业改革,推进技术进步,不断提高国际市场竞争力,为我国的空分事业作出更大的贡献。

二 次 创 业

——上海压缩机有限公司的复兴之路

上海压缩机有限公司(以下简称上压)是上海压缩机厂于1995年进行现代企业制度改革、转制而来的国有独资有限责任公司。公司于1987年和1997年分别同美国英格索兰压缩机有限公司和德国兰塞兰压缩机有限公司组建了上海英格索兰压缩机有限公司和上海德兰塞兰压缩机有限公司两个合资企业。由于种种原因,工业总产值在行业内一直排名在前的上压却因上德公司经营问题,拖累了上压公司,致使效益连年下滑。2002年6月,上压和上德不得不进行了资产和人员的重新组合,703名员工返回上压安置,同时,上压又用6 190万元回购了技术、设备和生产物资,全面恢复生产。自此,上压走上了二次创业之路。

二次创业的路怎么走?是不是再克隆一个旧上压?这个问题严峻地摆在企业领导班子面前。经过反复讨论和酝酿,一个新上压的企业目标和定位闪亮登场,即不克隆旧上压,建成一个精干主体,剥离辅助,流程再造,管理机构扁平化,人员新,机制活,投资主体多元化的新上压。

一、转变观念

企业走出困境必须靠发展,而这一切又都必须依靠全体干部员工同心同德。干部员工信心的恢复不但要靠宣传教育,更要靠效益提升和激励机制。调整之初,生产严重不足,人心涣散,公司不惜把主机工厂的生产全部拉回总部保全局,同时大力宣传企业的发展前景,并解释企业只是暂时的困难。随着各项措施到位,合同不断进来,员工信心开始恢复,许多员工都表示争取进入调整后的500强(指调整后的上压人员定编500名)。一年来,公司召开了十多次职工干部座谈会,同时,通过职代会、个别谈心、家访等工作,反复宣传,使职工理解、支持,对调整有充分的准备和认识。2003年下半年以来,人员分流工作逐步展开,截止到2003年9月底,上压公司已同554名员工解除了劳动合同,目前公司总部在岗人数已下降到555名。在过去的一年,公司还转制了三家,歇业了两家子企业,同时有三家子企业进入歇业程序。

二、结构调整

一是坚持公司战略重组调整到位，积极吸纳社会资本，形成投资主体多元化。新公司注册资本1亿元，其中上压以资产出资6 000万元，上海瑞华(集团)公司出资4 000万元。上压公司500名职工平移进入新公司。

二是企业改制调整到位，上压公司目前尚有三级子企业12家，其中进入工业统计目录4家，非工业统计目录8家，通过改制、转让、歇业、关闭、属地等多种形式，年内全部退出。

三是优化公司运行体系，进行生产组织的革命。如2004年将在2003年热加工车间与清整车间合并建立热工车间基础上，将部分热加工调整到位。调整后的生产实体，只生产制造压缩机的核心技术零部件，一般零件、通用件、毛坯、部分精加工部分热加工等从目前的生产中剥离出去，对外积极培育质量可靠、有信誉度的供货商，组织社会人协作；对内进行机构撤并、资源整合，形成轻型的企业结构框架。二次创业后的上压公司将以"精益生产"方式，真正做到一个"两头在内，中间在外"、没有围墙、低成本、高效率的企业。

三、降本增效

二次创业后的新上压，将抓住我国制碱业发展和扩展、改造进入高峰期的契机，以国内领先一步的技术优势，在"精业牌"品牌，大力培育工艺螺杆压缩机等优势产品，并通过添置少量加工设备，在制碱业 CO_2 螺杆，铝厂煤气螺杆，石化厂尾气螺杆等产品上形成特色和规模生产能力。产品是企业决战于市场的武器，我们将以活塞力16～20t级新产品填补产品与市场空缺，在石油化工市场中争取更大的份额。以市场为导向，开发年产4万t级的化肥用压缩机，满足"十五"期间我国中小化肥改造的需要。开发新兴领域的机电仪一体化产品，PLC控制的特种压缩机组，如车载式油田注气压缩机、石油天然气灌瓶压缩机、天然气输送压缩机、高压特种压缩机等。公司将延伸产品服务，精心编制全国服务网络，对上压历年已在用户中使用的近20 000万台压缩机提供全方位的售后服务，提供配件、技术指导、安装调试、维修、改造和化工工艺流程成套服务。

一是坚持"人本管理"。采购管理的全过程是企业机制和人的素质的体现，我们要提高采购人员的素质，逐步推行采购岗位轮换制。只有抓好人的管理，将责任、权限、利益都统一集中到采购的决策、采购的执行、采购的监督整个过程中，形成以"人本管理"为先的管理机制，才能降低采购成本。二是必须坚持规范操作，制定零件外协外购管理制度，强调财务处审核价格，质检处控制质量，严格按流程程序操作。三是坚持"比价采购"。对大宗、批量、金额较高的物资必须从生产厂家直接进货，必须比价采购，必须进行招标。

紧扣目标始终不松劲　团结一致打好翻身仗

上海鼓风机厂

2003年，上海鼓风机厂有限公司(以下简称上鼓)五大经济技术指标实现了"两个三超"、"两个两超"、"一个两优"，即工业总产值完成3.76亿元，超计划17.5%，超2002年40.8%，超历史最高记录40.8%；产品销售收入完成3.0024亿元，超计划33.4%，超2002年53.9%，超历史最高记录26.3%；利润完成135万元，超计划35%，超2002年同期88.8%；出口创汇完成344万美元，超计划164.6%，超2002年186.4%；应收账款和存货，占产品销售收入优于计划7个百分点，优于上年同期27个百分点。

在上海鼓风机厂有限公司发展史上，2003年是个不平常的年份，特别是在2002年底寒冷的冬天和2003年一季度阴冷的春寒，当时承接任务不足，生产能力有所空闲，银行信誉等级受到冲击，资金运作一度陷入困境，职工信心不足。新的党政班子感到压力重大，责任重大。为了扭转这种局面，必须树信心，赶灰心；转观念，鼓斗志；明确摆脱困境求发展的根本途径是稳定队伍，稳定人心，要发动和依靠全体员工，采取各种积极措施，要打主动仗，打进攻仗，在前进中，在发展中，树立信心，扭转局面。因此，上海鼓风机厂从三个方面进行突破：

一、猛攻市场，从订单上突破历史纪录

企业要发展，首先要有市场，要有订单。上鼓推出了新的销售承包机制，更进一步激发了营销人员的积极性。随着国民经济建设强劲上升的势头，以及火电进入超常规发展机遇，全力以赴攻市场，终于获得了有史以来的最好成绩，2003年就承接业务5.7亿元。

在加强销售订单的同时，对货款回笼工作加大力度，采取了责任制办法，全年回笼货款超过3.5亿元，达到了100%，有效阻止了应收账款连续几年向上攀升的势头。

二、精心组织，从产能上突破历史纪录

2003年初目标是确保大型风机210台超2002年，到了2003年6月份，根据市场订单和企业信誉，把目标提高到确保350台，力争400台。并成立统一指挥、统一协调各方力量的"03目标指挥部"，精心组织，把实现目标当作组织一场战役来打。同时，先后在五个车间采用了"车间成本中心"绩效考核法，根据车间实际，分别采用不同的核算，激励车间努力完成任务。对市场营销部、技术开发部、质量保障部则采用"部门责任中心"绩效考核法，以承接任务、回笼货款、保设计开发、保产品质量等主要内容进行核算。做到责任明确，奖惩明确。每月进行经济责任制考评，每季开展工作讲评，每半年组织工作总结和奖励，年终进行全面的绩效考核，从而推动了目标的全面超额实现。

三、探索管理模式，从文化观念上突破旧的束缚

通过“目标管理”、“绩效考核”、“车间成本中心”、“部门责任中心”这四个概念来实施管理模式的转变，并决心连续不断地抓上几年，形成一种企业文化。对企业目标，先由总经理与上级主管部门签约，后由总经理与各分管条线的副总经理签约。然后对所有目标通过“五个车间实行成本中心”、“技术部门、销售部门、质保部门实行责任中心”加以落实。在编制了“工厂方针目标”、“工厂预算”以后，又坚持做到各副总经理每月对所管部门下达工作计划任务，总经办组织对所有部门和车间进行经济责任制落实情况的每月考评，每季讲评，半年和全年总评的方式，步步促进目标的实现。所有的考核方案，都是以激励为主，扣罚为辅的，扣罚的目的在于通过鞭策推动进步。为了进一步搞好“目标管理”和“绩效考核”工作，我们又利用社会咨询力量，对企业进行了诊断，并提出了新的绩效考核方案，在今后的管理中，不断优化完善。

加强管理，我们在薪酬体系方面探索改革，在条件尚不成熟与市场完全接轨的实现情况下，我们对部门奖金分配开了刀。过去完全按岗位系数分配，现在把奖金总额的20%用于对部门内工作积极同志的加奖。在公司一次性奖金分配时，通过对部门工作绩效的考核，分出等级，并由部门去进行二级分配。在工资分配方面，也迈出了较大步子，通过改革方案设计，使销售业务员、工程技术人员、质量保障人员及车间成本中心所有员工，都可以通过工作业绩测量，较大幅度提高收入，体现了多劳多得的分配原则。其他管理部门的业务骨干通过多做贡献，也获得了较好的报酬，有些岗位的收入，已超过该岗位的社会平均水平。为了进一步完善薪酬体系，通过大量调查研究，在对各部门进行了岗位定编工作后，对现行的较为复杂的结构工资进行了“工资转轨”的改革，提出了关于建立“岗位工资”新模式。这一模式，强调的是在什么岗位拿什么工资，岗变薪变，薪随岗定。通过改变分配形式，强调一定要考核才能获取报酬，在职工的文化观念上发生了变化，为今后逐步拉大差距创造了条件。

通过以上三个方面的突破，上鼓打了一个翻身仗，实现了跨越式的发展。从1999年开始的四年时间里，利润报表一直靠非主营业务支撑，分别为35万元、51万元、62万元、71万元，到2003年在消化了部分亏损后，终于突破100万元，达到135万元。预计2004年效益可以翻番。

高新技术企业的竞争谋略

以信息化推动市场国际化

浙江丰球集团有限公司

一、企业简介

浙江丰球集团有限公司是一家集科、工、贸和自营进出口贸易于一体的国家重点高新技术企业，国家大型企业，省“五个一批”重点骨干企业，全国泵行业重点骨干企业。集团拥有总资产3.08亿元，净资产1.18亿元，厂区占地面积80 000m²，建筑面积58 000m²，目前资产负债率为51.7%。企业现有主要生产设备137台(套)，其中精密数控设备28台(套)。

公司在1996年12月通过ISO9001—1994质量认证，2001年6月通过ISO14001环境管理体系认证，历年来均被评为银行资信等级“AAA”级企业。公司目前共有25个系列近400多种规格的泵类产品，年产量达25万台。2004年度公司实现销售收入3.76亿元，实现利税4 551万元，实现出口创汇2 188万元。

丰球集团注重追踪国际先进的科学技术，力求通过对外合作开发新一代丰球系列产品，扩大出口创汇。2002年底公司与美国克瑞泵与系统公司共同出资成立了“浙江克瑞丰球泵业有限公司”，合资公司总投资2 500万美元，注册资金1 442万美元，成为迄今为止全国泵行业最大的中外合资项目。

以E－mail为代表的信息技术正以史无前例的影响力改变着传统的商业模式，加剧了市场竞争。E－mail逐渐代替了多年来一直使用的信函和电报，看样订货也逐渐被看网页订货所取代，信息技术缩短了交易双方的距离，大大降低了交易成本，加快了交易速度，这是一场真正的商业革命。这场革命打破了以往的商业格局，有的企业因及时利用信息化这一当今世界最先进的武器而不断发展壮大，更多的企业却因没有或没有及时利用该先进武器而逐渐衰败，甚至陷入破产的境地，正如美国GE公司前任首席执行官杰克·韦尔奇所说：“一个组织了解信息和快速将信息转化为行动的能力是其取得竞争的关键”。丰球集团正是因为看准了信息化的强大威力，凭着对市场敏锐的洞察力，及时利用信息化这一先进武器而力挫群雄，市场由国内扩大到国外，由发展中国家延伸到发达国家。

二、引进人才，建立必要的“信息化工作平台”

信息技术是一门尖端的技术，企业要充分利用信息技术为企业服务，利用信息化推动市场国际化，首先要有一支高素质的专业人才队伍。丰球集团作为我国生产水泵的国家重点高新技术企业，早在20世纪90年代初就非常重视信息化人才队伍的建设，近几年来，随着我国加入WTO，国际市场竞争日趋激烈，公司加快了信息化人才的培养和引进。一方面，通过与浙江大学、浙江省机电设计研究院等高等院校和科研院所的合作，培养专门的信息化人才，另一方面，公司又通过人才交流中心等渠道引进信息化人才，现在公司专门从事信息化工作的各类人才就有10多人。

有了这样一支高素质的信息化人才队伍，就为公司开展信息化建设提供了保障。但是，开展信息化工作。除了人才资源外，还必须配备必要的硬件设施，并建立信息收发站——信息化工作平台。为此，公司投资数百万元，设立了信息中心，除了为信息中心的每个工作人员配备计算机外，公司内部各个部门和驻外机构也都配备了计算机，1996年公司又在国际互联网上设立了自己的电子信息 zjfq@mail.sxptt.zj.cn，并建立了网站 www.fengqiu.com，这样就可以方便快捷地收集到世界各地的有用信息，而且能全天候向全世界推介企业和产品。1998年起，公司又相继在美国和南美设立了分公司，并在境外分公司设立了电子信箱和网站，大大方便了总公司和海外分公司之间的信息交流。为更广泛地向全世界宣传自己的企业和推广自己的产品，2000年起，公司又上了全球知名的“环球资源”网站 www.globalsources.com 和其他一些网站，现在平均每月在网上成交额就达40多万美元。

三、建立“信息资源库”，使信息资源真正发挥效益

为了有效地管理信息资源，使信息真正发挥效益，公司建成了“信息资源库”，由专业信息人才负责信息的收集、整理、筛选、发布。国内外的各种技术信息和市场信息源源不断地充实到信息库中，这些信息在公司的生产、经营和管理中发挥了极大的作用，公司决策层正是依靠信息库收集到的信息在经过认真的综合分析后，认为美国和南美的水泵市场相当大，而且公司的“丰球”牌潜水泵在美国和南美市场已有一定的竞争力，但由于美国的劳动力价格相当高，因而水泵价格一般要比国内市场高一倍以上。美国是世界上经济最发达的国家，丰球产品如果能够打入美国市场并站住脚，那么就能够比较容易地向其他发达国家推广。南美对水泵产品的技术要求并不是很高，但价格却比国内市场高出不少，于是公司决策层当机立断，决定在这两个国家和地区设立分公司，现在丰球产品不但在美国和南美市场站稳了脚，而且销量日趋倍增。公司能够在东欧和澳洲扩大市场，在很大程度上也应归功于该信息库。

一个企业如果要发展壮大，要拓展国内外市场，除了有过硬的产品外，还要宣扬自己的企业，宣传自己的产品。因此，公司充分利用信息网络向世界各地的用户以及其他机构、人员宣传自己的企业，介绍丰球产品。现在公司信息化工作人员每天都要发送数百条信息给全球各地的用户及公司驻外机构和人员，公司还把全球各地经销商和用户的产品咨询技术咨询等及时进行反馈，利用现代信息技术对产品进行跟踪服务，从而有效地提高了服务水平。

四、实地收集信息，提高信息的可靠性

仅靠现代信息技术收集信息，虽然快捷、成本也较低，但也有其局限性。比如有些信息的可靠性就值得进一步论证，为此公司在全球各地专门聘请了一批信息员，他们活跃在世界各地，对市场需求、用户的资信等进行实地调查，再把收集到的各种信息通过 E-mail 等信息渠道反馈给总部，从而扩大了信息来源，提高了信息的可靠性，减少了公司的损失。

2003年，公司曾准备与澳大利亚一客户签订2 000多台水泵的供货合同，但经过澳大利亚信息员的实地调查，发现该客户的资信较差，资本不足。于是，公司果断决定停止签订合同，从而为公司挽回了巨大的经济损失。

公司驻外销售员、信息员还把公司的各种信息传递给世界各地，并与他们面对面地进行信息交流，从而提高了经销商和用户的信任度。

五、实施863/CIMS工程，提高企业内部信息化水平

在建立并完善企业外部信息化的同时，公司也抓紧企业内部的信息化建设。1999年公司投资200万元，实施了国家863/CIMS应用示范工程，即FQ—CIMS工程，通过计算机软硬件，综合应用现代技术、信息技术、制造技术、自动化技术和系统工程技术，将企业生产的整个过程的有关管理、技术、生产、经营、物流、资金流、信息流等有机集成，促进管理、技术与制造过程的优化，实现对企业各部门的全面自动化控制。

通过实施FQ—CIMS工程建立起来的企业内部信息网络系统，使各个分散的系统有机地集成起来，实现了企业内部信息资源的共享，加快了企业内部信息交流的速度，提高了企业的生产效率，也为企业拓展国际市场打下了坚实的基础。

丰球集团通过加强信息化建设，以信息化推动市场国际化，取得了明显的成效，一个全球化的信息网络已经形成，各种信息源源不断地汇集到公司总部，同时又向世界各地发送各种信息。现在一个产品从下订单到送到经销商和用户手中的时间要比国内一般的水泵生产企业快一倍以上，出口额也以平均每年30%以上的速度递增，从而为公司参与国际市场竞争打下了良好的基础。

继往开来，再铸辉煌

北京中科科仪技术发展有限责任公司

在方兴未艾的中国仪器制造领域，北京中科科仪技术发展有限责任公司(中科科仪)是一颗异常闪耀的明星。她地处北京中关村海淀园腹地，紧邻北京大学、清华大学、中国科学院三大教科研单位，置身于浓厚的科技创新氛围之中。经过45年的发展，中科科仪公司已经成为集科学仪器研制、开发、生产和经营为一体的综合性高新技术企业，主要产品有系列分子泵、系列离子泵、系列氦质谱检漏仪等高真空获得与检漏设备；溅射镀膜机、充气回收检漏设备、氟油平台、多工位检漏平台等真空应用设备；扫描电子显微镜、X光能谱仪、质谱仪等分析仪器；冷却循环水等实验设备；高频电手术刀等医疗仪器；机箱机柜制造和机加工服务。公司产品被广泛应用于国内大中小企业、科研院所、高校、航天航空、核能、信息、环保等行业。同时，公司产品远销到欧亚等10多个国家和地区，以极强的性价比优势赢得了国际市场的认可。

一、45年技术沉淀，企业改制更促发展

中科科仪公司的前身是中国科学院北京科学仪器研制中心(原中国科学院北京科学仪器厂)，始建于1958年。当时是为科学院和国家一些重大工程的需要而成立的，曾在“两弹一星”的研制和核工业的发展中做出了贡献。在科仪厂的发展历程中，成功研制出我国第一台扫描电子显微镜、第一台商品化质谱仪、第一台涡轮分子泵和第一台通过国家鉴定的射频心脏消融仪；曾获多项科学院重大科技成果奖，如扫描电镜、透射电镜，有机质谱计、离子探针等，并产生了较为可观的经济效益和社会效益。1996年，经国家科委和外贸部的批准，科仪厂获得自营进出口权。

2000年，在国有应用型科研机构进行现代企业制度改造的形势下，作为中国科学院知识创新工程的重要内容，科仪中心率先完成企业化转制工作，成立了北京中科科仪技术发展有限责任公司，建立了现代企业制度。从此，北京中科科仪迈进新的快速发展期。2003年，公司已迈入销售收入超亿元的中型高新技术企业，成为国内重要的真空获得和应用设备的生产企业之一。

二、筑就人才高地，创造竞争优势

企业的竞争，关键是人才的竞争，对技术密集的科学仪器生产行业来说，人才意味着核心竞争力。为了满足企业高速发展的需要，公司不断完善人才的甄选、任用和评价体系，多渠道积极引进人才。同时，公司也强调内部人才的培养，通过内部培训和脱产学习等各种形式培训员工，以提高内部员工的素质。“百年大计，人才为先”，公司正在不断调整人才结构，继续向人才高级化和年轻化的方向发展。

三、推行全面质量管理，提供质量卓越产品

公司“一切以顾客为关注焦点”，理解顾客当前和未来的需求，最大限度满足顾客的需求，并争取超越顾客的期望。2003年，公司顺利通过了方圆认证中心的质量管理体系审核，完成了ISO9001质量管理体系从1994版到2000版的转换工作。公司在产品质量控制工作中强调“一切按标准和流程进行”，所有产品生产严格按照国家标准和行业标准规范。对研发项目实施项目管理和评审制度，所有新产品只有经过严格的立项评审、设计评审、样机测试、小批试制生产工艺成熟后，产品才能进入市场。公司加强检验过程监督检查。采用“质量评估一票否决制”，质量技术部负责公司出厂产品的合格证发放工作，没有产品合格证的产品不能出厂销售。为了保证供方产品质量，公司加强对供方的评估，所有采购在合格供方范围内进行，最大限度地减少由于供方的原因影响产品质量的可能。公司还积极主动地收集客户的意见，持续改进，不断地提高产品质量。

公司除了在研发、生产、采购、销售等环节推行ISO9001国际质量控制体系外，还在公司各部门推行全面质量管理，非产品的部门也着眼于“一切以顾客为关注焦点”，为产品部门提供合格的人力资源、及时的资金保证、及时准确的信息支持等服务。

四、加大研发投入，产品推陈出新

北京中科科仪公司秉承中科院重视研发和创新的传统，加大研发投入，在积极争取国家基金的同时，每年超过销售收入的5%作为研发经费，加大研发力度，不断推出新产品。公司在2001年相继推出了通过了省部级鉴定的自行开发的F400/3500分子泵、FF200/1200两种新型号的分子泵之后，最近又推出了新一代的系列脂润滑分子泵，实现了国内分子泵制造几代人的梦想。该脂润滑分子泵可以任意角度安装，极大的拓宽了国产分子泵的应用领域，使国产分子泵迈上一个新台阶，使得国内相关的制造业摆脱了只能依靠进口分子泵的局面，有了更多更好的选择。2003年，公司又投入大量资金，改造加工设备，按照当今国际通行的方法进行分子泵的加工，涡轮转子整体加工而成，从而使国产分子泵从基础的制造工艺开始就能做到与国外产品接轨，保证了产品性能、可靠性和实用性都达到国际水平，成为替代进口产品的第一选择。同时，公司加大了分子泵控制器的开发力度，除分子泵控制器可靠性大大提高外，还可以用来驱动国外分子泵，并可根据用户系统的总体情况，提供多种控制信号。公司的氦质谱真空检漏仪技术水平一直处于国内领先地位，近年来不断推陈出新，已经形成了十几个品种。双工位宽量程氦质谱检漏仪的推出，解决了利用一台检漏仪提高生产节拍的问题，效率可提高50%～80%。ZQJ—291全自动氦质谱检漏仪等系列产品相继投放市场，标志着该公司的检漏仪与国际先进水平的接轨。

“规范运作、诚信经营”是中科科仪公司一贯的经营原则。在市场经济腾飞的今天，科仪人将凭着不懈的拼搏和开拓精神为中华民族仪器行业的兴盛做出更大的贡献！

夯实基础　求实创新　成就未来

北京京城环保产业发展有限责任公司

一、公司简介

北京京城环保产业发展有限责任公司，是北京京城机电控股有限责任公司为落实机电控股公司“十五”战略规划，联合北京市国有资产经营有限责任公司、北人集团公司共同出资组建的一家具有现代经营理念，完全实行市场化运作的，具有快速的融资能力和强大的环保工程项目系统集成能力的环保企业。新的公司主体是收购北京第一通用机械厂经营性资产。

京城环保于 2002 年 8 月 6 日正式注册，公司注册资金达10 100万元的高新技术企业。京城环保以“全方位地向用户提供环保问题完全解决方案”为核心竞争力，以京城控股公司现有的资源为载体，充分利用京城控股公司丰富的制造资源，向用户提供包括融资、设计、制造、设备成套、安装调试和运营服务等环保问题的完全解决方案。通过从国外引进先进、成熟的环保技术与专业的环保技术开发；环保设备研制；环保工程项目的总承包、环保设施的托管运营；环保项目投资、融资等生产经营活动，建立自己的竞争优势，确定并保持环保产业领域的市场领先地位，为公司的客户提供范围广泛、质量上乘、盈利合理的产品与服务，为公司的利益相关者创造财富。

2003 年是京城环保创业元年，公司按照总体规划，认真贯彻股东意图，公司从基础建设入手，积极开拓市场，为公司生存、发展和壮大搭建平台、铺垫基础。我们取得了抗击非典和经济发展的双胜利，通过了整合型管理体系认证；获得了进出口资格、机电设备安装资质、压力容器制造和设计资质；顺利完成了生产基地的搬迁；实现了三个突破：常规产品——天坛牌压缩机恢复并保持了原有市场，销售收入突破了历史最好水平；CNG 加气站实现了零的突破，与山东胜利油田签订了 CNG 加气站建站合同；固废处理实现了零的突破，一年中签订了小武基轻质分选、延庆垃圾焚烧和房山垃圾处理厂（BOT）三个不同类型的项目。圆满地实现了公司的预期目标。

二、夯实基础，构筑核心竞争力

(1)全力打造企业文化。举办了不同层次的多角度的员工培训，对“把京城环保公司办成全新的市场化的公司”为目标，“以用户为中心，对股东负责”为公司的经营理念，“以诚信为本，遵守规则”为公司的管理行为准则等企业文化理念进行宣贯，全力打造被市场和员工认同的京城环保经营发展理念和企业文化。在追求卓越、崇尚创新的环境中，实现公司价值与员工价值的同步快速增长。

(2)完成流程再造。按照“最大限度调动社会资源为己所用”的宗旨，抓住生产基地搬迁建设契机，进行了生产流程再造。公司注重增加关键环节加工能力和提升加工水平，对非关键环节采取外包，最大限度地减少不增值环节。实现低投入、低成本、低风险。舍弃了北一通原有的铸造、锻造、热处理工厂，将原有的 8 个车间降到了 2 个，只保留一个关键部件的加工车间和一个装配车间。缩短制造流程，强化核心技术加工。

(3)建立供应链联盟。秉承“与供应商联盟，与供应商共同成长”的双赢理念，我们舍弃了通过办子公司实现生产协作的做法，完全采用了现代契约关系下的供应商联盟方式，对合格供方进行了评价、甄选，并向供应商提供设备、签订长期供货合同以及派人驻厂技术指导，帮助供方增强能力、降低成本，保证了低价格高质量地供货，大大提高了公司生产效率。

(4)解决产品与技术来源问题。奉行与“巨人”同行宗旨，与著名厂商、行业名人合作，采取引进为主、自主研发为辅的办法，整合京城控股公司原有企业成熟技术和人才，解决产品与技术来源，缩短新产品导入期。现在 CNG 加气站设备方面，成功地引进了通用电气公司（GE）的技术，通过实施国产化配套，满足了不同层次客户的需求。

(5)坚持市场化佣工。员工工资比照社会劳动力市场价格，实行谈判工资制。按照岗位设置，配备人员，为公司发展提供干练的资源保障。在岗位设置与人员配备上充分体现了效益和效率。

(6)用一年的时间一次性捆绑通过了质量（ISO9000）、环境（ISO14000）、职业健康（ISO18000）整合型管理体系认证。

三、彰现特色，实现快速增长

2003 年是京城环保的“寻根年”，“天坛牌”特种气体压缩机具有技术优势，曾经占据国内气体压缩机市场的领先地位，京城环保 2003 年坚持发展特色产品，着力开拓用户定制产品市场，重新恢复了气体压缩的原有客户和市场，使其成为了新公司利润的重要源泉，并成为京城环保 2003 年快速发展的关键。工业总产值9 676万元，比 2002 年增长70%；产品销售收入8 358万元，比 2002 年增长 110%；利润总额 393 万元，比 2002 年增长 602%。

四、战略构思，绘制企业蓝图

京城环保将充分发挥自身和京城控股资本运作优势，实现由单一制造业向公共投资服务业的战略拓展，以垃圾综合处理为投资重点，以天然气供气投资为辅助，进入公共服务业。实现制造、投资、运营服务三位一体的资本结构。

民营企业的发展战略

“超达”的足迹

有人这样论断：如果说20世纪80年代初期中国乡镇企业、家庭企业的异军突起，靠的是历史机遇，那么经过20年来的大浪淘沙，能够生存下来并稳操舵桨，则完全靠的是企业家的远见卓识和智慧。浙江超达阀门股份有限公司的发展历程，或许可以为这个论断提供有力的论据。

一、黄金搭档创市场

20世纪80年代，以家庭工业为主要特征的“温州模式”在浙南大地逐渐形成。1984年6月，王汉洲和黄明金筹资3 000元购置了2台旧机床，租用当地的一座破庙作为厂房，创办起永嘉县清水埠仪表阀门二厂。王汉洲善于交际，博学多才，知识面甚广，给人的感觉是既精明能干，又儒雅真诚。黄明金则性格沉稳，吃苦耐劳，对生产技术有一股子钻劲。因此王汉洲跑供销、接业务，黄明金抓技术、管生产。这就是当时家庭工厂、个体企业通常的运作方式。

二、另辟蹊径巧定位

办厂初期，生产的通用阀门由于产品没有特色，逐渐显出了竞争乏力的尴尬局面。由于当时温州的经济体制不被外人认可，他们的产品根本无法打入国有大中型企业。从1985～1988年，企业累计产值不到百万元，企业发展举步维艰。

王汉洲、黄明金敏锐地感觉到，通用阀门市场由实力雄厚的国有企业占有，零打碎敲的小厂很难形成气候。他们分析面前的路子只有三条：一是走“假冒骗”的路子，但这是自取灭亡之道；二是避开“温州”这个不利的阴影，与上海等国有企业挂牌联营。但国有企业没有合作的意愿；三就是另辟蹊径，寻找一条既能充分发挥自身技术优势，又能占领市场的新路子。

这时期，国内引进了大量的国外设备装置，而这些设备装置的配套阀门构造相对复杂，技术要求高，且规格多，批量少，国有阀门企业一般不愿意投资开发，用户直接向国外订货不仅成本高价格昂贵，更重要的是时间不能保证，生产流水线一旦停工误时，造成的损失是不可估量的。王汉洲决定把企业定位于专门为引进设备生产配套阀门的专业制造厂。1989年，永嘉县清水埠仪表阀门二厂正式更改为永嘉县引配阀门厂，从此开始专门生产引进设备的配套阀门。

三、信誉实力促竞争

更换厂名，定位生产经营目标只不过是企业在战略上转移，而要打赢每一个战役必须靠企业信誉和技术实力。1989～1998年的10年时间，永嘉县引配阀门厂凭产品质量和技术实力相继叩开中国石化总公司、吉林化学工业公司、石家庄焦化厂、北京焦化厂、上海焦化厂、上海金山石化厂、上海高桥石化公司、岳阳石化、大庆油田、攀钢、武钢、宝钢、本钢等全国大型企业的大门。

有一年，石家庄焦化厂正在上一个年产120万t的焦化项目，引进了德国克鲁伯考帕斯公司的设备，这个设备需要2台DN35口径的特殊安全阀门。石家庄焦化厂仅提供一些参数，把任务委托给了王汉洲。王汉洲便和黄明金自行设计，并请教科研院所的专家，最终拿出厂方满意的设计方案并签订了合同。

石家庄焦化厂按德国标准全方位的检验，完全合格后启运北上。阀门如期装在了设备上，试车的那天晚上却出了事：这个阀门设定的压力为0.08MPa，而当仪表显示0.05MPa时，这个阀门竟然起跳了。经过检查是仪表出了问题，显示出来的0.05是电力信号，而此时的压力已经达到0.1MPa。要是没有这个阀门起跳，整个塔都飞起来了。从此以后，永嘉县引配阀门厂逐渐受到众多厂家的认可，全国十大钢铁厂都用上了该厂的阀门。

四、辉煌前景凭战略

永嘉引配阀门厂经过10年的发展，先后成为中国阀门行业协会成员企业、中国石化物资装备资源市场成员、中国石油天然气总公司高中压阀门一级供应网络单位、国家电力系统阀门供应网络成员企业、浙江省高新技术企业、温州市重点骨干企业、省级信用AAA企业、永嘉县实力型巨龙企业。2002年4月超达牌阀门获温州行业名牌产品，超达阀门2002年5月获永嘉县名牌商标，2002年9月获温州市知名商标，2004年1月又获浙江省著名商标。企业赢得了中国阀门行业的共同赞誉后，急速地向建立现代企业制度迈进。1995年5月，浙江超达阀门股份有限公司组建成功，开始走集团化、联合化的发展道路。制度创新，进一步激发企业活力，通过股份制组合，科学分工、专业生产、形成规模效益，有效地发挥了本地区阀门行业的区位优势，走出了共同发展的新路子。

经过企业重组，超达公司领导把战略眼光转向阀门新技术新产品的研究和开发。公司高薪聘请邱晓来（浙江省跨世纪学术带头人，享受国务院特殊津贴）等高级工程师组建了一支强大的技术研究和新产品开发队伍。公司产品荣获9项国家专利，填补了国内空白。1999年受全国阀门标准化技术委员会委托，负责起草对夹式止回阀产品标准 JB/T8937—1999，2000 年 1 月 1 日由国家机械工业局发布实施，这是建国以来第一个由民营企业起草的国家机械行业阀门标准。

公司在产品设计、材料采购、加工装配、试验检验、质量档案以及用户服务的全过程中，严格按照国际质量管理体系的规则和程序进行运作。1998 年 5 月通过了挪威船级社（DNV）ISO9001 质量体系认证，1999 年 12 月通过了美国石油学会 API6D 认证，2002 年 3 月通过了欧盟 CE 安全认证。主要生产符合美国 ANSI/API、日本 JIS、德国 DIN、英国 BS、法国 NF 以及中国 GB 等标准的各种球阀、闸阀、止回阀、蝶阀、截止阀、旋塞阀和特殊安全阀等，产品广泛应用于石油、化工、冶金、电力、城建等行业，并出口欧美、东南亚、中东等国家和地区，质量稳定可靠，深受用户好评。

随着全球经济信息一体化的进程，公司建立起以 PDM（产品数据管理）、ERP（企业资源计划）为核心的企业信息化工程。投资 320 万元，开发基于 WEB 支持产品创新的 PDM 系统并研究在阀门制造业中的应用，进一步提高公司技术创新能力与企业管理水平；动态交互式网站 www.chinavalve.com，改变了传统的信息传递及营销模式，向电子商务服务全球化迈进。2002 年超达公司被浙江省科技厅列为制造业信息化示范单位。

为了适应企业发展需要，目前占地333 333.5m²（50 亩）的新超达工业园已经投入使用，计划 2005 年总产值达到 3 亿元。从一个家庭作坊式的小厂，发展成为永嘉的实力型巨龙企业。

优秀企业的新台阶

中国通用机械工程总公司

一、发展概况

中国通用机械工程总公司，简称中通公司（CME），成立于 1979 年，1990 年与中国石油化工设备成套公司合并，经过了 20 多年的艰苦奋斗，已发展成为颇具规模的集技、工、贸为一体的工程公司。目前公司拥有甲级工程设计，甲级工程总承包，甲级机电设备成套，甲级工程咨询，甲级工程设备招标和甲级建设监理及进出口和对外工程承包等资格，具有三类压力容器、压力管道设计和环保专项设计资格。主要从事国内外工程设计、科研开发、工程承包、设备成套、工程设备招标以及进出口、劳务输出业务。是中国机电产品进出口商会、中国对外工程承包商会会员单位和中国咨询协会团体会员单位及中国通用机械工业协会副理事长单位。

公司下设 11 个工程部门，6 个管理、服务部门。共有在职员工 298 人，其中专业技术人员比例达到 80% 以上。在公司的专家队伍中，国家有突出贡献的中青年专家 1 人，享受政府特殊津贴专家 12 人，中国机械工业科技专家 5 人，中国机械工业青年科技专家 3 人。通过 20 多年的发展，公司具有了工程设计、设备选型、设备监制、成套供货、安装调试及售后服务的强大实力，这是公司的特色与最大优势所在。

公司一贯非常重视质量工作。实行“以质量求生存，以技术求发展，守合同重信誉，让用户满意”和“为用户提供先进、可靠、安全、适用的产品和服务，100% 满足合同规定的要求，产品质保期（合同规定）内质量事故为零”的质量方针和目标。1994 年公司获得核电站通用辅机设备总承包资质，并于 1998 年通过了中国船级社的 ISO9001 质量体系认证，2001 年质量体系换版升级为 ISO9001:2000 标志着公司质量管理水平、市场竞争能力、质量意识和服务意识迈上了一个台阶。

公司本着“团结、求实、诚信、创新”的精神，积极开拓国内外市场，赢得了用户的信赖。从成立至今，公司共完成工程承包、工程设计、设备成套、科学研究、新产品研制等项目近3 000项，其中国家重点工程 850 多项，系统成套出口 100 多项，累计创汇达 2 亿多美元，共获国家级、部、省级科技进步奖等各类奖项 60 多项。公司以自己丰富的工程承包经验和业绩，为保证国家重点工程项目和重大技术装备国产化项目的完成，为成套设备出口和企业技术改造，为行业的产品进步和产品更新换代作出了突出贡献。

中通公司的发展走的是一条参与国际竞争的路子，通过对在国外第一个接手的泰国泰美纶纺织厂冷冻空调项目，从设计、设备选型、设备供货及监制到指导安装、调试与售后服务的工程总承包，使公司在工程总承包方面取得了经验，同时锻炼了队伍，积累了工程管理经验，并在东南亚工程建设市场上创出了中通公司的牌子（GME）。随着公司在国外承接项目的不断增多，通过这些项目的实践，造就了公司一大批技术设计、工程项目管理人才，并在国际市场上站稳了脚跟。除了开发国际市场，公司在国内一大批重点工程中也有出色的表现,如:在宝钢二、三期工程,南海 W114 海上平台装备国产化,毛主席纪念堂设备更新改造,国内最大的自来水厂——北京第九水厂,亚洲最大污水处理厂——上海合流污水预处理厂、SB 泵站,重庆电网改造,煤港码头洒水除尘系统,核电、大电站、城市煤气、大化工、大化肥国产化以及各大中城市泵站、污水治理等工程中充分发挥公司“工程承包、工程设计、科研开发、进出口贸易”四位一体的综合优势和各种资源的作用,赢得了广大用户的信任和支持。由公司承包的上海苏州河合流污水二期 SB 泵站工程获得了上海市政工程金奖。

二、科技成果及新产品

为了适应不断发展变化的国际、国内市场,公司始终坚持不懈地进行科技开发和技术创新,研制工程和市场所需要的产品和技术。

公司自行开发的 100～3 500kg/h 二氧化碳净化回收技术和成套设备,已在 150 多家啤酒厂、酒精厂、烟厂得到应用,对提高产品质量,有效地利用副产物,具有显著的经济效益,国内市场占有率已达 70%。在二氧化碳净化回收装置中公司自行研制、设计的关键设备,内热式干燥塔和二氧化碳汽车装置已获国家实用新型专利产品。由公司自行开发研制的 DI—200 型干冰机亦通过了有关方面的鉴定。

公司根据国内医疗装备市场的需求,研制出 OM 型变压吸附式医用氧气发生装置,并通过了国家食品药品监督管理局的鉴定,获得了国家食品药品监督管理局颁发的生产许可证。该装置非常适合国内外各种规模医疗单位自行制取所需的医用氧气,其氧气质量完全符合国家食品药品监督管理局颁布标准所规定的指标。目前已在北京、山东、山西、河北、河南等地区多家医院实际应用,效果显著。

公司自行开发研制的 TB 型钛泵,流量 6.3～400m^3/h,扬程 5～125m,符合 ISO 国际标准,被广泛地用于制碱、制酸、制药、造纸、化纤、食品等行业,有效地解决了泵的腐蚀和泄漏问题,显著地改善了生产条件。

三、对外合作

公司在国内外建有 5 家全资企业,3 家控股企业和 6 家参股企业。在泰国曼谷、伊朗德黑兰、俄罗斯莫斯科、刚果、印尼等地设有办事机构;此外,公司还与日本、美国、德国等十多个国家和地区以及国内众多著名的公司、设计院所建立了长期的技术、贸易合作关系,在工程承包、合作生产、技术转让与技术咨询等方面开展了广泛的合作。中通公司目前承建或与其他公司合作建设的伊朗德黑兰地铁、泰国大城府自来水厂、苏丹农业泵站、缅甸造纸厂、马来西亚古晋电站项目正在按计划实施,受到国外业主和同行的好评。

陕西鼓风机(集团)有限公司

一、发展概况

陕鼓是国内生产透平鼓风机、压缩机、能量回收透平装置的大型骨干专业公司,国家大型工业企业,陕西省高新技术企业,是质量和环境体系双认证企业,国家“863”计划 CIMS 应用示范工程先进企业和全国 CAD 应用工程示范企业。公司建有国家首批认定的风机行业第一家国家级企业技术中心。

企业始建于 1968 年,1975 年建成投产。1996 年成立集团公司。1999 年 6 月,以集团公司生产经营主体和精良资产为依托,发起成立了西安陕鼓动力股份有限公司,资本金 1.4553 亿元,集团公司控股 98.624%。企业占地 57 万 m^2,截至 2003 年底,集团拥有资产总额 23.45 亿元,集团拥有各种设备2 440余台,其中大、精、稀设备 112 台,进口设备 46 台,数控设备 30 台。现有职工3 424人,其中有各类专业技术人员1 000余人,有国家和省市级专家 37 人,博士 3 人,硕士 39 人。

公司的产品有五大类,50 多个系列,800 多个品种规格。可为石化、冶金、空分、制药、电力、城建、环保等多种工业部门提供轴流压缩机、离心压缩机、离心鼓风机、大型通风机和能量回收透平装置。公司生产的产品行销全国各地,并出口印度、巴基斯坦、阿尔巴尼亚、伊朗、苏丹、朝鲜等国。

陕鼓的主导产品轴流压缩机和能量回收透平装置,均属国家重点推广的高效节能产品,始终保持国际领先水平,先后荣获全国机械工业名牌产品,全国用户满意产品,构成陕鼓产值的 70%、利润 95%以上,在国内市场上均处于相对垄断地位。

陕鼓的发展战略和主要工作思路是:调整营销战略,深化陕鼓营销模式,稳固主导产品,开发新品领域;有的放矢地抓好工程成套市场,广泛建立战略合作伙伴关系;采用全新思路,全新模式组织好生产;在兼顾生产的基础上,高度重视产品质量工作;着眼当前和长远,持续推进技术改造;积极稳妥地推进企业产权制度改革,完善企业内部管理,提高企业核心竞争力;采用低成本扩张方式,收购兼并主要竞争对手及下游产业链,实现多元化经营。计划用 5 年左右时间,把陕鼓建成我国动力装备制造业基地。

二、生产经营情况

近几年,企业在生产经营、改革改制等各方面以前所未有的速度发展,创造了中国风机行业轴流压缩机和能量回收透平生产的历史之最,为振兴民族工业,为国家重大装备国产化,为国民经济的发展做出了巨大贡献。2003 年完成工业总产值130 978万元,完成销售收入120 861万元,实现利税总额32 313万元、利润20 399万元。同比各分别增长 85%、104%、211%和 317%。近年来,企业经济效益一直名列省市机械企业和风机行业前茅。从 2003 年行业各主要厂家完成的主要经济指标看,各项经济指标陕鼓位居第一。

三、科技成果及新产品

近几年,陕鼓研制国家级新产品 27 种,部(省)级新产品 37 种,市级新产品 60 种;完成国家重大技术装备的风机成套设备项目72项；获国家科技进步二等奖1项(高炉煤气余压透平机组)、三等奖2项(AV80型轴流压缩机和TP1670/2.258—1.136高炉煤气透平)，部(省)科技进步一等奖2项(高炉煤气余压透平机组和AV100—17轴流压缩机)、三等奖2项(AV80型轴流压缩机和TP167012.258—1.136高炉煤气透平)，部(省)科技进步一等奖2项(高炉煤气等)，二等奖7项(AV80型和AV56型轴流压缩机等)、三等奖6项；获陕西省企业技术创新奖特等奖1项(AV型全静叶可调轴流压缩机)、三等奖1项(轴流压缩机和能量回收装置专项技改)；获“九五”国家技术创新优秀项目奖1项(AV63/AV71轴流压缩机重大技术装备项目)，“九五”国家技术创新优秀新产品奖1项(大型高效AV100—17轴流压缩机)。

仅2001～2003年，陕鼓就开发完成了下列6项重大新产品：

(1)开发研制了具有全部知识产权、全静叶可调的高炉煤气能量回收发电装置(简称TRT装置，用于鞍钢3 200m^{3}高炉上)，是目前国内最大的TRT装置，回收功率最大可达1 800kW。

(2)完成了大连石化380t/a催化裂化装置配套的AV90—12轴流压缩机设计制造，填补了国产大型轴流压缩机的空白，也是目前开发完成的最大轴流压缩机组，轴功率最大达38 265kW。

(3)设计开发的云峰“四合一”机组的硝酸尾气透平机组，被国家科技部等七个部门认定为“国家重大新产品”。

(4)开发了国产首台干式TRT(用于杭钢420m^{3}高炉)、干湿两用TRT(用于首钢2 500m^{3}高炉)全新产品。并广泛用于中、小高炉的余热、余压能量回收，为TRT机组开辟了新的市场领域。该两个项目均被原国家经贸委认定为“国家重大技术装备国产化创新研制项目”。而且各给了80万元财政拨款补贴。

(5)开发研制了具有轴向进、排气结构的轴流压缩机，将广泛用于大型风洞实验和污水处理领域。

(6)开发研制的同轴“三合一”机组，首次将高炉煤气能量回收发电装置与轴流压缩机联合作用。在国际上开创了“三合一”机组在冶金行业应用的先例。

目前，又在为柳州化工公司和陕西渭河煤化工集团有限责任公司2.8万m^3/h(标准状态下)空分装置研制RIK100—4(采用内置式冷却器的最新结构)等温离心压缩机，又将替代进口，填补国内空白。

对外合作：1979年引进瑞士苏尔寿公司AV型全静叶可调轴流压缩机设计制造技术，1991年国产化。通过消化吸收和移植创新，至今已设计制造和在制319台产品。2003年陕鼓生产轴流压缩机73台(套)，打破苏尔寿公司年产32台的世界记录。为我国钢铁工业和石油化工工业的重大技术装备国产化作出了贡献。

1992年引进日本川崎重工干式TRT设计制造技术，2002年国产化。截至目前，包括自行研制的该类产品，已设计制造和在制58台产品，亦为我国冶金工业的重大技术装备国产化作出了贡献。

1988年与英国豪登公司签订烧结鼓风机合作生产协议，合作生产的SJ21000—1.038/0.858烧结鼓风机为上海宝钢450m^{2}烧结机配套。

另外，陕鼓为了满足持续发展的市场需求，不断加大新产品、新装置的开发力度，与瑞士苏尔寿公司、德国MAN透平公司等在空分领域合作生产大型空分装置空压机组及其他机组。如合作生产的RIK100—4等温离心压缩机和RZ35—6、RBZ45—7离心空气增压机，分别为柳化和渭化28 000m^3/h(标准状态下)空分装置配套。

科技创新无止境

淄博真空设备厂有限公司

作为全国真空行业的知名企业，淄博真空设备厂有限公司经历了40多年的风风雨雨，特别是经受了改革开放后市场经济的千锤百炼后，我们得出这样一个结论，只有抓好新产品开发和不断进行科技创新，才能使企业在激烈的市场竞争中站稳脚跟，这是企业制胜的两大“法宝”。

淄博真空设备厂有限公司是原机械部重点企业，全国机械行业首批百家科技进步示范试点企业，中国通用机械工业协会常务理事单位、真空设备行业协会副理事长单位，中国通用机械真空干燥技术开发中心。公司主要生产旋片式真空泵、水环式真空泵及压缩机、往复式真空泵、罗茨真空泵、真空机组及真空干燥、真空浸渍、真空发生装置等10大品种、15个系列、几百种规格的产品。产品产量、技术水平和主要经济技术指标均名列真空行业前茅，产品广泛用于石化、轻工、制造、冶金、建材、电子电器、医疗等行业。

一个企业的发展离不开产品的研发，加大产品开发的力度和投入是治理企业之根本，是企业保证长久生命的源泉。多年来，我公司始终注重产品开发和科技创新工作，其主导产品水(液)环真空泵及压缩机属叶片式流体机械，也是汽液两相混合流机械，为了提高产品性能，公司与我国著名“两相流”理论的发明者蔡保元教授合作，开发了高效节能流体机械——水(液)环真空泵及压缩机，该产品被原国家经贸委、原国家计委、原国家科委联合下文列为“优秀节能新产品”。公司研制的氯气回心水环压缩机，被原国家科委等五部委授予国家级新产品奖，获部级科技进步三等奖，该产品的研制成功，填补了我国排出压力大于0.3MPa的水环压缩机空白。近几年来相继开发出WL系列立式无油真空泵，2LY系列氯气压缩机等具有国际水平的系列产品，占产品总量的48%，形成了“生产一代，研究一代，开发一代，储备一代”的良好势头。

在淄博真空设备厂有限公司的成绩薄上，记载了建厂以来的大小成就。其中 2X—4、2X—8、2X—30 旋片式真空泵荣获国优银奖，2X—4 真空泵 1980 年被用于我国运载火箭的发射工作，受到中共中央、国务院、中央军委贺电嘉奖，1998 年双山牌真空泵荣获山东名牌产品称号，双山牌被评为山东省著名商标，公司于 1998 年 12 月通过了 ISO9001 质量体系认证，2002 年 12 月被山东省科学技术厅认定为山东省高新技术企业。2002 年 2 月组建了山东高科真空技术研究所，致力于新产品的研制开发，努力把公司建设成现代化的大型真空产品科研制造中心。

美国沃茨工业集团—天津塘沽瓦特斯阀门有限公司

美国沃茨工业集团（WATTS Industries）成立于 1874 年，是专业生产各类水技术产品及提供整体解决方案的跨国性工业集团，其生产技术和市场占有率均居世界领先地位，在国际水技术领域具有很高的知名度，并享有“阀门标准制定者”的美誉。

WATTS 集团的总部设在美国马萨诸塞州，在全球范围内拥有 29 个大型制造企业，其中 13 个在美国，另外 16 个分别设在加拿大、欧洲和中国，客户服务机构 150 余个，生产、销售网络遍布世界几乎所有工业国家和地区，2003 年 WATTS 集团的销售额突破 60 亿美元。随着 WATTS 集团在全球范围内的快速发展，其产品线不断得到创新与丰富，现已涵盖水质保证、水流控制、水压控制、水温控制以及水源节约等相关水技术应用领域。

天津塘沽瓦特斯阀门有限公司（TWT）成立于 1994 年，是美国 WATTS 集团在中国设立并控股的合资公司，专业生产各类中低压阀门。公司注册资本1 414万美元，总投资2 642万美元，占地 8 万 m^2，拥有现代化的厂房、制造加工和检测设备，技术力量雄厚，取得了 ISO9001:2000 质量体系认证、欧盟承压设备指令 97/23/EC 认证（CE 认证）、中国船级社工厂认证等一系列国际权威认证，是 WATTS 集团的全球战略制造中心之一，也是 WATTS 集团在亚洲地区的制造中心。

公司主要设计、生产各类 PN 0.05 ~ 6.4MPa，DN 15 ~ 3 000mm的蝶阀、闸阀、止回阀、自动控制阀、截止阀、排气阀、方闸、圆闸、过滤器及管道附件等产品。产品广泛应用于水源工程、城市给排水、污水处理、电力、石油、化工、供热、船舶、医药及冶金等行业。

公司庞大的销售网络覆盖国内 31 个省、市、自治区，产品广泛应用于国家大型重点项目，在举世瞩目的三峡左岸电站辅助设备投标中一举中标，中标额达1 900万元。此外，公司产品远销美国、加拿大、英国、法国、德国等 30 多个国家，年出口额近千万美元。

本地化的零部件生产与整机装配，使得 TWT 可以在最短的时间内为国内用户提供所需要的产品。同时，对于用户在产品购买和使用中出现的各种问题，可以提供及时、有效的售前、售中和售后服务，以实现顾客效用及满意度的最大化。

沈阳气体压缩机股份有限公司

一、发展概况

沈阳气体压缩机股份有限公司(以下简称沈气)是由沈阳气体压缩机厂转制而组建的,是我国压缩机行业主导厂和科研试验基地,行业压缩机研究所设在这里,被誉为中国压缩机的“摇篮”。公司始建于1938年,是新中国成立后第一个生产压缩机的专业制造厂。中国第一台工艺压缩机、第一台超高压压缩机、第一台舰艇用压缩机、第一台无油润滑压缩机、第一台空气压缩机、第一台大型氧压机、第一台大型氢压机等,都是在这里设计制造成功的。它是我国生产压缩机历史最长、规模最大、品种最多、设备条件最好、技术力量最强的专业生产厂。

经过几十年努力,沈气在开发、设计、制造往复式压缩机技术方面获得长足进步和发展。特别是20世纪80年代中期引进德国往复式压缩机整机设计、制造专有技术后,使压缩机设计制造技术接近和达到国际先进水平,处于国内领先地位。“七五”期间,国家提出重大装备项目国产化的目标。沈气依靠引进技术的优势,在国内首批7套23台炼厂用氢压机国产化任务中,承担了6套21台的研制任务。又相继为国内40多家大型炼厂提供了40多个品种、500多台新氢和循环氢压缩机,均长周期平稳运行。目前,国内90%以上的国产大型往复式氢压机均由沈气提供制造,先后替代进口,为国家节省外汇1亿多美元。为适应国内化肥行业扩大规模、稳产高效、节能降耗的需求,沈气开发了一系列能够满足中小氮肥工艺流程需要的各种氮氢气压缩机、二氧化碳压缩机和循环压缩机,为我国中小化肥行业的发展做出重要贡献。

几代人的艰辛,几代人的创业,沈气从无到有、由小到大,以其先进的压缩机设计与制造技术、精良的装备、悠久的历史、雄厚的技术实力和优质的产品而雄居于行业之首。目前生产的压缩机已达到50多个系列、600多个品种。产品广泛应用于石油、化工、冶金、机械、电力、交通、矿山和国防科研等各个领域,不仅在国内享有较高声誉,而且远销30多个国家和地区。

目前,公司现有员工1 200人,拥有固定资产总值7.09亿元,年销售收入2.8亿元。

1998年,沈气通过吸纳相关优良资产成立了股份有限公司。重组后的公司在取得良好业绩的基础上,将承担国家重大技术装备和重点工程项目为主攻方面,继续为我国“三大化工”行业的发展做出新的贡献。

二、生产经营情况

2003年,公司紧紧把握市场机遇,在近两年来生产经营指标持续增长的情况下,2003年各项主要经济指标均以两位数增长,达到历史上的高峰,实现了新的跨越。全年完成工业总产值3亿元,同比增长27.5%;当期订货4.21亿元,同比增长130%;实现销售收入2.18亿元,同比增长18.5%;实现利税1 102万元,同比增长12%;完成工业增加值6 501万元,同比增长15.9%;产销率达到97.3%,同比提高0.3个百分点。

2004年,沈气公司生产经营工作的主要目标值确定为“44333”,即:主机新增订货40 000万元,工业总产值40 000万元,销售回款30 000万元,销售收入30 000万元,配件订货3 000万元。

三、科技成果及新产品

沈气公司依靠引进技术并结合已有成熟经验,积极开发研制新产品。在近年来开发的200多种新产品中,有49种达到国内先进水平,46种达到国际先进水平,23种被评为国、部、省名优产品。其中4M8(3A)—36/320氮氢气压缩机、2D—3/8—1型无油润滑空压机荣获国家银质奖;4M25—73/320—BX氮氢气压缩机被评为国家级新产品;66—10G3高压空压机获国防科学技术进步三等关;4M50—33.7/11—192新氢压缩机获国家科技进步三等奖;4M80—30/22—200大型新氢压缩机获国家“九五”(重大技术装备)优秀科技成果奖。

沈阳盛世高中压阀门有限公司

一、发展概况

沈阳盛世高中压阀门有限公司(原沈阳高中压阀门厂)始建于一九三八年,一九五五年开始专业生产各类高中压阀门,经过多次大规模技术改造,现已成为国内实力雄厚的阀门科研和制造基地。

公司地处著名的机械工业城市沈阳市,占地160 000m^2,现有职工2 100名,其中工程技术人员200余名,高级工程技术人员52余名,是全国最大的阀门专业生产厂家,属国家重点骨干企业。

公司有较强的产品设计、开发研究、生产制造和检验试验能力,产品设计、工艺工装设计等都已采用三维CAD等先进的计算机辅助设计手段。全国阀门科技信息中心、全国阀门行业专业研究所——沈阳阀门研究所设在本公司。行业双月刊《阀门》杂志对国内外发行。

阀门研究所设有产品开发中心、科技信息中心、阀门材料研究室、产品性能测试室、高温核阀试验室、水气综合试验室等,可以对各种压力的产品及设备进行水力、空气、蒸汽、高温高压水等各种性能技术参数工况及工艺考核试验。

公司在产品制造方面装备精良齐全,有铸钢、锻造、热处理、铆焊、机加、装配等生产车间以及设备维修、工具工装制造等辅助车间。拥有主要设备700余台,其中大中型设备90台,铸钢设备有5t和1.5t电弧炉,有3t AOD炉外精炼炉,配套有从意大利引进的40t/h树脂砂造型生产线。机械加工设备有大型立式数控车床、数控镗床、万能数控加工中心、大型球加工机床、等离子喷焊机等。

公司具有完善的质量检测设备和高精度的计量仪器，其中有从美国引进的直读光谱仪、红外线快速定碳定硫分析仪、大功率X射线探伤仪、$C_o60\gamma$射线探伤仪、超声波探伤仪及磁粉探伤仪等。

公司已经取得了ISO9001质量管理体系认证、国军标GJB/Z9001质量体系认证、美国石油学会API认证、欧盟CE认证，以及国家民用核承压设备设计、制造资格许可证等等。

公司可采用API、JIS、ANSI、BS、DIN、GB、JB等标准进行研制生产产品，产品品种主要有：闸阀、截止阀、止回阀、球阀、蝶阀、安全阀、减压阀及核动力阀等特殊阀门。产品主要应用于石油、化工、电力、国防、核工业等行业。产品主要参数：压力：0.1～200Mpa；通径：25～2 500mm；温度：-269～+860℃；材料：碳钢、合金钢、不锈钢等。

二、生产经营情况

近年来，公司主动调整了市场开发和产品开发的战略，要发挥自身在技术、制造、检验几个方面的优势，把目光转向高温、高压、特殊材质等技术要求高的核阀或其他特殊阀门，而不再一味地与其他厂商去在一些中小口径阀门上争夺。经过一段时间的工作，现在公司已经与一些科研单位建立了战略合作伙伴，并已取得了核电方面一定量的订单，初步收到成效。

在生产环节上，解决了核级阀门的技术要求高，加工难度大等问题，完成了军用和民用核阀的制造任务。2003年公司销售收入6 441万元，工业总产值6 316万元，工业增加值3 692万元。

三、发展前景

现在国内市场阀门需求旺盛，大量的进口阀门产品还需要国内厂家来消化，国际市场正不断开放，对于阀门制造企业来说只要经营得当，生存空间应该非常广阔。

公司计划在今后的几年时间里，借助国家振兴东北工业基地的政策，优化资源配置，应用信息化手段，做强市场开发和产品开发两个主要环节，改善生产加工环节，使企业进一步向“哑铃型”改进，提高经营效率。

继续扩大在军工及民用核领域阀门方面的技术攻关和市场开发，把握企业技术为先，发展高、精、尖产品的方向，以此来带动企业综合实力的提升。

四、科技成果及新产品

2004年我公司开发新产品96种，完成科研项目攻关1项。其中为中国原子能研究院、中国工程物理研究院等单位开发设计了钠截止阀、重水介质用截止阀、闸阀、止回阀等核安全级阀门。还开发1 800mm大型蝶阀、DN800双通道蝶阀等新型阀门，满足了客户的需求。

青田特种设备制造有限责任公司

一、企业概况

青田特种设备制造有限责任公司位于风光秀美的瓯江之畔和著名的名人之乡、石雕之乡、华侨之乡——青田经济开发区。

公司始建于1980年，前身是一家集体企业——青田特种设备厂，隶属二轻系统，1992年进行了第一次大规模技术改造，1995年改制为有限责任公司。公司先后被列入中国环境保护产业骨干企业、理事单位，中国通用机械分离行业协会会员单位，浙江省高新技术企业，浙江省科技型中小企业，浙江省百强诚信企业，《中国环境保护产品认定技术条件——旋转式细格栅》、《中国环境保护产品认定技术条件——微孔过滤装置》起草单位，是一家通过ISO9000：2000国际质量体系认证的专业生产环保机械产品的企业。

公司由上海研发中心和青田制造中心两部分组成。上海研发中心办公面积250m^2，负责产品的研究设计、技术创新、市场开发和技术服务，青田制造中心占地面积20 000m^2，建筑面积8 000m^2，负责产品的制造、装配、试验。公司现有员工150多人，其中研发中心现有高级工程师12人，初中级技术人员16人，市场开发人员6人；制造中心生产技术、质量、计量、企管等管理人员12人，高级技术工人45人，中级技工20人，拥有厂房5 000m^2，办公、仓储用房2 000m^2，拥有精密磨床、精密车床、精密铣床等机械加工设备100多台(套)。公司总资产已达3 000多万元，年产值5 000多万元，年销售额5 000余万元。

公司的主导产品有：LW系列卧式螺旋卸料沉降离心机、XG系列旋转式细格栅、DJ系列微孔管式过滤机、DNY系列带式浓缩压榨脱水一体机、DY系列带式压榨过滤机、TN系列转筒浓缩机、LY系列螺旋压榨机、WQ系列污泥切割机、WLS系列无轴螺旋输送机、ZJ系列全自动絮凝剂调配装置、AB系列热解焚烧炉和为上述设备配套的DK系列电气控制柜，为系统工程配套的ZK系列全自动PLC控制电气控制柜等13个系列，100多个规格品种的环保设备。公司生产的系列产品配套性强，可组成由粗滤到精细分离的各种水处理系统和固体废物处理设备。产品广泛应用于市政污水、船舶、化工、纺织、化纤、造纸、电镀、石油、印染、制药、制革、冶金、轧钢、食品、酿酒、印刷版制造、养殖等行业产生废水的污泥浓缩、脱水和废污泥、固体废弃物的焚烧，还广泛用于果汁、蔬菜汁、大豆分离蛋白、浓缩蛋白、小麦淀粉、玉米淀粉等农产品的净加工和高岭土分级、石墨分级、硅藻土分级、染料分级等非金属产品的深加工。产品销售网络遍布全国，出口至泰国、马来西亚、伊朗、哈萨克斯坦、中国香港等国家和地区。

经过20年的发展，公司各项技术、制度管理日臻成熟，信息化管理已起步。公司于1998年率先在同行业实行无纸化办公,在公司内部建立管理网络,部门间的联系均以电子邮件方式往来,并与INTERNET联网,建立自己的网站,发展了电子商务。

二、诚实守信得市场

人无信不立,企业无信不长。公司自创办以来,一直致力于打造"诚信青特、数字青特",以"诚信为本,用户至上"为经营指导思想,号召每一个员工都要树立"从我做起,从自身做起,诚信是金"的思想,立足岗位,加强自身素质修养,实事求是,想用户之所想,踏踏实实干好本职工作,用实际行动建立企业和自身良好的信誉。迄今为止,公司已连续8年获得丽水市、青田县"重合同守信用"称号,并被列入浙江省二级"重合同守信用"单位。经过20多年的精心打造,"青田青特一诺千金"的承诺深入人心,取得了用户的广泛信任。

对企业来讲,诚信最终体现于生产的产品上,消费者认同的企业诚信就归属于对企业产品、服务的质量认同。为了增加产品性能,提高产品质量,公司不断调整科研机构,培育高科技人才,采用新工艺、新技术,开发新产品,使公司产品一直保持国内同行业领先水平。产品质量上,实行层层把关,每一道工序都由专门的质检员按照公司质量标准严格考核,零配件选用质量过硬,信誉可靠的商家产品(关键配件一律采用国际知名品牌),绝不让一个不合格品流到下道工序。创办20多年来,产品出厂合格率年年达到100%。

经营中,无论是产品销售还是原材料采购,公司有关部门都依法与客户签订销售合同(即供需合同),并严格按照合同条款履行,合同履约率达100%,从无合同违约行为发生过。公司建立了完善的合同管理制度,进行合同规范化管理,配备专职和兼职管理员负责电脑软件管理及手工台帐登记。

公司注重维护职工的合法权益,遵守劳动法,为职工建立了人事档案,与职工签订了劳动合同并参加了养老保险,2003年被市总工会授予"先进职工之家"。公司注重生产安全,从建厂至今无安全生产责任事故发生,多次被评为市级"治安安全单位"。

公司财务制度健全,依法照章纳税,遵守财务制度和税法,连续多年被评为"纳税大户"、省级信用优等企业、2002~2003年度被评为省级AAA级信用企业。

公司董事长刘建宗带头遵纪守法,遵守社会公德,并要求公司所有员工都要加强自身修养,树立良好的信誉,为打造"诚信青特"而努力。他本人于2000年被丽水市授予优秀厂长(经理)荣誉称号。

三、质量管理保市场

公司1998年建立质量管理体系,2000年1月通过ISO9001:1994版国际质量体系认证,2003年4月完成ISO9000:2000版国际质量体系转换认证。

公司的质量方针为:以顾客为关注焦点,不断提高产品质量和服务质量。公司依存于顾客,必须理解顾客当前和未来的需求,并将其转化为产品质量和服务质量,满足顾客要求并争取超越顾客的期望。

公司的质量目标为:确保双百,排名第一,创国际品牌。即出厂产品合格率100%,服务顾客满意率100%,产品主要技术指标在国内同行业中排名第一,争创国际名牌产品。

从4个方面确保出厂产品合格率100%:①技术部提供设计图样、资料准确率100%;②经营部提供的原材料、外购外协件必须100%为合格品,产品包装、贮存、防护及交付必须100%符合标准和合同要求;③生产部必须保证过程产品及最终产品符合图样和工艺要求,合格率100%;④质检部必须按检验规程(验收规范)对出厂产品全数检验,漏检和误判率为0,提供产品合格证、技术文件及随机附件不得有误。

从5个方面确保服务顾客满意率100%:①总经办对顾客反馈信息的记录、传递和提供的准确率100%;②经营部确保售前、售中、售后服务使顾客满意;③售前必须让顾客了解公司和公司产品,采取网上、电视、报刊、资料、展览会等宣传形式力求实事求是;④热情接待来公司进行实地考察的顾客,做好引导和介绍,对顾客的咨询和提问均给予满意的答复;⑤做好顾客来料试验,帮助顾客进行产品选型。

质量方针和质量目标由管理者代表负责实施策划,企管部、总经办协助,组织全体员工积极贯彻和实施,并适时组织评审,以确保其有效运行。

四、科技研发练内功

公司一贯重视科技开发,2003年3月公司被列为浙江省高新技术企业、浙江省科技型中小企业。先后开发出下列科技项目:

1997年完成的《离心机在高炉污泥脱水系统中的应用》项目由国家环保总局批准列入《1998年中国环境保护实用技术推广计划》。

1998年起草了《中国环境保护产品认定技术条件——微孔过滤装置》和《中国环境保护产品认定技术条件——旋转式细格栅》两个产品的标准。

2001年荣获转筒浓缩机、带式压榨机滤布纠偏装置、转筒浓缩带式压榨脱水一体机专利三项。

2002年荣获具有硬质合金堆焊层的螺旋叶片、带阻尼档扳的浓缩脱水装置、十字进料装置、外压式耐磨合金套、带排渣增强筋的转鼓专利五项。

2003年5月LW型BD系列市政污水离心浓缩脱水一体机试制成功,该项目被列为浙江省重点技术创新项目(第一批)。该设备根据我国城市污水实际,采用了五项专利技术:采用十字头进水口技术提高流量;采用阻尼板技术提高分离效果;加大长径比提高分离因数;采用优质材料、进口关键零部件与先进加工工艺改善设备适用工况和使用寿命。经权威检测部门检测,各项指标达到或超过计划要求,部分指标好于同类进口设备。经在山东淄博、潍坊等地污水处理厂长期带负荷运行,均取得满意效果,打破了环保行业进口卧螺机一统天下的局面。

2003年9月,公司与浙江省科技厅、青田县科技局共同出资实施浙江省"十五"科技攻关项目——生物法处理工业有机废气技术与设备研究项目，经招标由浙江工业大学技术科技攻关、公司设计研制。

2003年12月完成省重点科研项目——城市污水浓缩压榨脱水一体化处理设备的研制。

五、跨越发展塑辉煌

公司紧紧抓住城市发展的巨大商机，以现中心技术力量为基础，在上海建立了研发中心（中心设立技术创新部、技术服务部、项目工程部、市场开拓部、产品销售部、企业策划部等部门）。以青田企业及其协作单位为生产基地，形成以上海为发展中心，青田为制造中心的新格局。以上海为发展腹地，通过上海辐射到全国及世界各地，凡城市污水处理工程项目所需的环保设备、合同或订单一概在上海签订，并由上海研发中心派技术人员进行现场工程设计、设备选型，以技术带动销售，并及时将技术资料发送到青田基地生产制造，从而使公司朝集团化发展，融市场调查、科研、设计、开发制造、销售、服务于一体。同时加大产品结构调整的力度，将产品由单一的水处理领域发展到固、液、气等多方面的环保设备产品，实现“生产基地在青田，研发和销售总部在上海”的创新机制和跨越式发展模式。

2003年12月，公司上海研发中心被授予省级中小企业技术服务中心。

中国的成功入世，党的“十六大”胜利召开，给公司带来机遇，更带来了挑战，“青特人”必须与时俱进，开拓创新，迅速把公司建设成为中国环境保护产业基地。

发展中的林德工艺装置有限公司

德国林德集团是世界低温空分装置的发源地，世界上第一套低温空分分离装置就是由林德博士于1902年开发制造成功，1903年调试出氧。一百多年来，林德集团公司一直在这一领域处于世界最先进行列。

林德低温空分装置在我国改革开放之前虽也已进入中国市场，但数量很少。自从改革开放之后，特别是杭氧引进林德技术并与林德集团合作生产的这一期间，由于其竞争力大大增强，因而使林德在中国空分设备市场的占有率大大提高。

1995年，林德集团看好中国市场，因而决定在中国建立合资公司，以增强其在中国市场的竞争力。林德集团在中国建立合资公司可分成两个阶段：

第一阶段：大连－林德金重空分装置有限公司，下设制造中心。

1995年4月，林德集团与当时的大连金州重型机器厂合资兴建了大连－林德金重空分装置有限公司。该合资公司实质是林德集团在中国的空分装置和化工设备的制造基地，因为此时的合资公司没有设立空分装置工程部，既没有流程选择、流程计算、设备基础设计的能力，也没有成套空分装置项目执行和采购能力，故其无法独立承接成套空分装置合同；而其他外商在中国建立的合资企业，不仅有制造基地，而且还有完整的工程部，完全能在外商专家的支持下独立承担空分装置的技术总负责、设计总成套任务。因而林德集团工程部(以下简称LE)在与另一家中国合资公司的竞争中屡战屡败，从未取胜过。在1995年4月到2002年4月期间，在空分装置项目上，LE仅取得一些林德投资的或德国政府贷款的空分装置项目，因而当时的大连林德合资公司除了生产化工设备外，主要是生产不锈钢绕管式热交换器，对于空分设备仅仅是为LE取得的空分项目合作生产一些单元设备，开始主要是黑色容器、冷箱组装和吸附系统、阀门、管道组装供货，后期发展到生产筛板精馏塔、规整填料精馏塔、铝窗口和铝管道。由于该合资企业仅是一个生产型制造企业，因而缺乏生机。

第二阶段：林德工艺装置有限公司，下设两个中心——杭州工程与销售中心及大连制造中心。

林德集团吸取了第一阶段的教训，为减少空分装置的生产成本和增加在中国及亚太市场的竞争力，2002年4月扩大了在中国的投资：在中国空分装置的超市——杭州建立了杭州工程与销售中心。而此前的大连金州重型机器厂也被大连冰山集团兼并，因而合资公司的双方是德国林德集团和大连冰山集团，并由林德集团控股，合资企业也改名为“林德工艺装置有限公司”，至此，总部设在大连的合资公司——林德工艺装置有限公司(以下简称LPP)下属有两大中心，即杭州工程与销售中心及大连制造中心，其中杭州中心担负着空分装置技术总负责、设备总成套的任务，它设有销售部、技术部、项目部、采购部、售后服务部等职能部门，从而大大提高了林德集团在中国空分市场的竞争力。

2002年杭州中心建立后，LE和LPP联合一举在中国取得了三大套空分装置——马鞍山钢铁公司43 000m^3/h空分装置(标准状态)(O_2)、扬子—BOC 38 500m^3/h空分装置(标准状态)(O_2)、武钢60 000m^3/h空分装置(标准状态)(O_2)；2003年LE和LPP又争取到了厦门15 000m^3/h空分装置(标准状态)(O_2)。这些共同努力取得的项目，往往由LE与用户签订技术总负责和进口设备总成套设备合同，由LPP与用户签订国内供货的总合同(包括空分装置有关的系统设计，如交钥匙工程则还包括工厂工程设计、安装、调试等)。到2003年8月有了更大的突破，由LE作技术支持，LPP技术总负责、设备总成套，签订了本溪钢铁公司的2套35 000m^3/h空分装置(标准状态)(O_2)的合同。2003年12月中旬，在LE和LPP的共同努力下，中石化又宣布岳阳中石化壳牌煤气化有限公司的1套48 000m^3/h空分装置(标准状态)(O_2)由LE中标。这套空分装置技术要求高，对安全性更有特别的要求，主要机组都要求贯彻壳牌公司的DEP标准。

在这同时，取得的化工项目，特别是绕管式换热器的合同也有了很大的增长。在LPP杭州建立不到两年来，LPP的销售额和产值呈直线上升，公司人员从2001年的100人，发展到目前的160多人，因此合资双方都对LPP的运作表示非常满意，并谋求两大中心的继续发展，特别是林德技术软件和先进加工设备的引进，为公司发展创造了条件。

未来的LPP必将进一步活跃在中国的空分装置和化工设备市场上，为中国的经济发展作出贡献。

第V部分

新产品、新技术、新工艺、新材料及获奖项目

新产品、新技术、新工艺、新材料及获奖项目

市场—企业成败的标准

创新—占领市场的利器

泵业分会获国家、部、省级奖产品

产 品 名 称	奖 项 名 称	获奖等级	获 奖 单 位	获奖年份
2000ZLBI 2～1.8 开敞式轴流泵	省新产品奖		无锡市锡泵制造有限公司	2001
3800ZXQ5 0～2.8 斜式全调节轴流泵	省新产品奖			
ADY 系列卧式多级离心轴油泵	国家级新产品		山东双轮集团股份有限公司	2001
SLG 冲压不锈钢立式多级泵	山东省技术创新奖			
XBD 系列恒压切线消防泵	山东省新产品奖			2002
JBQ 污泥消化池搅拌器	山东省技术创新奖			
SWB 成套污水处理及中水回用设备	山东省技术创新奖			
TLB 型稠油泵	机械工业部科技进步二等奖		丹东恒星泵业有限公司	
LQB 型沥青泵	机械工业部科技进步二等奖			
TCB 型滑片泵	国家级新产品			
ISO(KCP)系列单极离心泵	机械工业科学技术进步三等奖	三	广东省佛山水泵厂有限公司	2003
CBF 系列水环真空泵				
QW 系列潜水排污泵	佛山市科技进步三等奖	三		2003
LQG 型高温沥青泵	湖北省重大科学技术成果奖"国家级新产品"证书		石首市水泵厂	2002
KGLB 深井抽油泵	"国家级新产品"证书			2003
BZ250—750 渣浆泵	获部优		石首水泵厂	2003
4BD—32/14 型双速泵	获省优			
JS65—50—160 型清水泵	获省优			
D580—60 型多级泵	获省优			
DKM360—92×11 型矿用多级泵	湖北省重大科技成果奖			
ZJP5000 罗茨泵	浙江省科技进步三等奖		浙江真空设备集团有限公司	2003
LQ2500 直排大气泵	浙江省科技进步三等奖			
JZJQS1200—221 机组	机械工业科学技术二等奖			
CHTC5/6 给水泵	获沈阳市科技进步二等奖	二	沈阳水泵股份有限公司	2003
2600HTEXJ 大型可调叶片斜流泵	中国机械工业科学技术一等奖	一		
10LDTNB—3 凝结水泵	中国机械工业科学技术二等奖	二		

2001 年风机分会新产品试制完成情况

序号	企 业 名 称	产品型号及规格	完成台数	鉴定单位	技术水平
1	沈阳鼓风机(集团)有限公司	SVK4—2S 离心压缩机	1	沈阳鼓风机集团有限公司	20 世纪 90 年代
		SVK8—2S 离心压缩机	1		
		SVK8—3S 离心压缩机	6		
		SVK12—3S 离心压缩机	1		
		SVK20—1 离心压缩机	1		
		SVK20—3S 离心压缩机	2		
		DMCL804 + MCL804 + 2MCL706 离心压缩机	1		
		2MCL454 + 3MCL406 离心压缩机	1		
		2MCL803 离心压缩机	2		
		2MCL1006 + 2MCL528 离心压缩机	1		
		BCL405 离心压缩机	2		
		BCL408 离心压缩机	2		
		BCL457 离心压缩机	2		
		2BCL459 离心压缩机	1		
		CT525 离心压缩机	1		
		DH80 离心压缩机	1		
		11H—6S 离心压缩机	1		
		10MH—7A + 06MV—5B 离心压缩机	1		
		D50—112 离心鼓风机	1		
		D140—31 离心鼓风机	2		
		D150—22 离心鼓风机	3		

（续）

序号	企 业 名 称	产品型号及规格	完成台数	鉴定单位	技术水平
		D190—32 离心鼓风机	1		
		D350—41 离心鼓风机	1		
		D400—42 离心鼓风机	2		
		D450—23 离心鼓风机	1		
		D450—39 离心鼓风机	1		
		D500—22 离心鼓风机	2		
		D630—27 离心鼓风机	1		
		D630—33 离心鼓风机	2		
		D700—22 离心鼓风机	3		
		D800—29 离心鼓风机	1		
		D1000—27 离心鼓风机	2		
		D1100—33 离心鼓风机	1		
		D1200—33 离心鼓风机	1		
		D1250—27 离心鼓风机	2		
		D1250—28 离心鼓风机	2		
		D1250—29 离心鼓风机	2		
		D1300—37 离心鼓风机	2		
		D1300—38 离心鼓风机	2		
		D1300—39 离心鼓风机	1		
		D1400—32 离心鼓风机	2		
		D1650—31 离心鼓风机	1		
		D3500—12 离心鼓风机	3		
		DG400—11 离心鼓风机	1		
		DG800—12 离心鼓风机	1		
		GM20L 离心鼓风机	8		
		GM20L—6 离心鼓风机	2		
		GM20L—7 离心鼓风机	2		
		GM20L—8 离心鼓风机	2		
		GM20L—9 离心鼓风机	2		
		GM25L 离心鼓风机	6		
		GM25L—7 离心鼓风机	3		
		GM25L—8 离心鼓风机	3		
		GM35L 离心鼓风机	3		
		GM45L 离心鼓风机	8		
		GM45L—6 离心鼓风机	4		
		GM45L—10 离心鼓风机	4		
		GM55L 离心鼓风机	2		
		GM55LH 离心鼓风机	1		
		GM65L 离心鼓风机	1		
		S1200—16 离心鼓风机	1		
		S1800—17 离心鼓风机	1		
		Y4—73—14№25D 离心通风机	1		
		Y4—2×73№27.55F 离心通风机	1		
		Y5—2×54№27F 离心通风机	2		
		Y5—73—2№28F 离心通风机	1		
		SKF№22FBD 轴流通风机	2		
2	上海鼓风机厂有限公司	3MCH806 丙烯离心压缩机	1	上海鼓风机厂有限公司	20世纪90年代
		3MCH1006 丙烯冷冻离心压缩机	1		
		SAF25—16—2 脱硫风机			
		5kW 风力发电机组	1		
		2118AZ/1760 烧结风机	4		
		1904AZ/1608 离心风机	2		
		2008B/1585 离心风机	2		
3	陕西鼓风机(集团)有限公司	AV40—10 轴流压缩机	1		
		AV63—10 轴流压缩机	1		
		硝酸生产四合一机组	1		

(续)

序号	企业名称	产品型号及规格	完成台数	鉴定单位	技术水平
		CCPP 燃气蒸汽联合循环发电机组	1		
4	重庆通用工业(集团)有限责任公司	LB60—P 离心制冷机		重庆市经委	20 世纪 90 年代
		LB180—P 离心制冷机			
		LC105—P 离心制冷机	1		
		LC150—P 离心制冷机			
		LC210—P 离心制冷机	3		
		LC240—P 离心制冷机	3		
		LC250—P 离心制冷机	6		
		LC270—P 离心制冷机	3		
		LC300—P 离心制冷机	2		
		LDB200—P 离心制冷机	1		
		LDC250(-3)—P 离心制冷机	1		
		LSBLXR123—2450—Ⅱ离心制冷机	3		
5	武汉鼓风机厂	$450m^2$ 大型烧结机转子组	1		
		D1300—31 离心鼓风机	1		
		烟气脱硫风机	1		
		单级变速曝气鼓风机	2		
		道口隔声屏技术	1		
6	天津市鼓风机总厂	MJLS80c、80d、125a、150a、150c、150d、200a、200b 密集成套型三叶罗茨鼓风机			国内先进
		SL100b、250b 三叶罗茨鼓风机			
		D100—41—1.3 离心鼓风机			
7	长沙鼓风机厂有限责任公司	JT3 系列罗茨鼓风机			
		AR 系列罗茨鼓风机			
8	沈阳铁扇风机制造有限责任公司	G4—73№27.6 送风机	1		
		Y4—73№30F 引风机	1		
		SFQ×130—1№18F 通风机	2		
		SFY×130—1№24F 通风机	2		
		SFY×220—1№23F 通风机	2		
9	吉林市鼓风机厂	KB50 矿用防爆轴流通风机	96		
10	肇东市风机制造总厂	ZFY№20—12.5D	6		
11	西安风机厂	GWF 系列消防高温排烟风机	28	天津	国内先进
12	石家庄市风机厂有限责任公司	ZFT35 完全正反风轴流通风机	99		
13	甘肃省靖远通风机厂	4—69№6C 蔬菜脱水专用通风机	55	甘肃省经贸委	
		M9—18№12.5D 煤粉离心通风机	1		
		W9—28№9D 高温离心通风机	1		
		XIN№7A 移动式凉风轴流通风机	5		
14	山东省汇丰机械集团总公司	3HE 型罗茨鼓风机		山东省科技厅	
15	山东岳尔风机有限公司	BDJ 局扇煤气加压风机	86		
16	德州市玻璃钢制品总厂	DITIE№18 地铁风机	1		
17	浙江上风实业股份有限公司	SFZ 型空调室外机组用冷却风机	1863		
18	安徽省庐江安风风机有限公司	SJ1100 型烧结风机	2		
		Y6—50S№21D 通风机	2		
		W9—24№10D 通风机	1		
		10—12№9.5D 通风机	2		
19	临沂市风机厂	W4—72—13№20B 20 万 t 复合肥专用风机	15	山东省通用机械质量监督检验站	国内先进
		F9—28—12№20F 20 万吨复合肥专用风机	15		
		SL33WD 三叶罗茨鼓风机	6		
20	青岛风机厂	JCDL—S 系列舰船用低噪声离心通风机	200	海军装备部	国内先进
21	德州巨龙风机有限公司	FT、ET、KT 系列空调风机		市测试中心	20 世纪 90 年代
		F035—11、F038—11 防腐喷雾风机			
		PWF—11 喷雾轴流通风机			

（续）

序号	企业名称	产品型号及规格	完成台数	鉴定单位	技术水平
22	内蒙古天福风机有限公司	SFF131—11系列纺织轴流通风机			
		GY75—II循环流化床锅炉引风机	1		
		GG80T—1、GY80T—1循环流化床锅炉鼓引风机	2		
23	四川鼓风机有限公司	3R5、3R6L(W)D系列罗茨鼓风机	42		
		C20—C500系列多级低速离心鼓风机	10		
24	成都电力机械厂	AN35eb电站锅炉脱硫静叶可调轴流引风机	1		
25	武汉和平风机有限责任公司	ZTH系列准正交面舰船用低噪声通风机	60	省科技厅 湖北省国防科技办	国际先进
26	湖北省风机厂	AII系列双吸双支撑离心鼓风机	1		
27	广州风机厂	空调专用风机	13		
		扫地车专用风机	11		
		印刷专用风机	2		
28	大理通用机械厂	SKS—480G农用风机	15		
		XQI系列水泥厂用风机	12		

2001年风机分会新技术、新工艺、新材料完成情况

序号	企业名称	项目名称	主要技术参数	适用范围
1	沈阳鼓风机(集团)有限公司	水溶性淬火介质的应用研究	应用SZ聚合物淬火剂对45、40Cr、35CrMoV和40NiCrMo进行淬火试验，效果很好。与油淬比较能增加淬硬层深度	合金钢热处理
		大型耐蚀风机高强度焊接叶轮用不锈钢研究	解决了焊接及热处理变形开裂等问题，工艺性、耐蚀性好	耐硫化氢、耐氯化物、耐腐蚀
		下料工艺采用乙炔切割机		
		风机部件能采用自动焊的全部采用自动焊		
		企业全部采用CAD、CAM、CAPP		
		主要零部件的主要工序全部采用数控机床加工		
2	上海鼓风机厂有限公司	采用数控仿形下料		
		离心风机进口圈采用旋压		
		CO_2气体保护焊在风机制造中已广泛应用		
		关键零部件均采用数控机床加工		
		叶轮耐腐采用镍磷、耐磨采用喷耐磨合金、叶片熔焊耐磨材料		
		CAD、CAM、CAPP已广泛用于设计和工艺加工中心		
3	武汉鼓风机厂	低速、反转、宽刃切削工艺	同轴度0.01 表面粗糙度0.8	大型主轴加工
		Jsw13Cr—4Ni与WEGEN590异种钢焊接试验	获得最佳焊接工艺规范	大型烧结风机叶轮焊接
		大型离心风机叶轮焊接变形防止措施研究	变形量控制在1/1000	大型离心风机叶轮焊接
		叶轮耐磨采用等离子喷涂、激光熔覆堆焊		
		数控切割		
		大型锥盘滚压成型		

（续）

序号	企业名称	项目名称	主要技术参数	适用范围
4	重庆通用工业(集团)有限责任公司	DMV25P复杂型线及三维表面加工	提高零件制造质量，提高工效5倍	
		容器壳体板成形模	节省材料、降低成本	
		埋弧自动焊	提高工效和产品质量	
		氩弧焊打底焊	提高焊缝探伤合格率	制冷机进气管部
5	广州风机厂	12—49—2风机叶轮机械化生产	用机械滚压铆接加工工艺，实现系列化风机叶轮近似于流水作业，降低叶轮生产工时50%	多翼式风机叶轮加工
		橡胶模具新工艺	采用橡胶模具冲压，具有较高的通用性，节约模具费用35%左右	叶片冲压
6	沈阳铁扇风机制造有限责任公司	马蹄形进风口下料自动编程切割		
7	临沂市风机厂	复合肥专配20B高温风机机壳	机壳加宽内衬耐火珍珠岩	
		复合肥专配9号防腐风机	聚丙烯材质代替原应用的钛材	
		采用数控等离子切割下料工艺		
		冷作工艺采用500万t万能液压机及自动卷板机		
		焊接采用CO_2气体保护焊		
8	青岛风机厂	采用数控、仿型切割		
		焊接采用CO_2气体保护焊		
9	福建东亚鼓风机股份有限公司	叶片仿型切割		
		风机锥型旋压		
		CO_2气体保护焊		
		叶轮表面耐磨喷涂		
10	宁波风机有限公司	叶片采用数控切割		
		叶轮采用CO_2气体保护焊		
		煤粉风机叶轮采用喷涂耐磨材料		
11	山东岳尔风机有限公司	下料采用光电、仿形切割		
12	德州巨龙风机有限公司	制作角钢弯曲机，进行角钢、扁钢弯曲制作，压圆机进行各种进风口压圆		
13	文登市风机厂	高温风机内衬保温层	耐温1 100℃以上	大型高温风机
		采用数控等离子切割机下料	材料利用率提高10%	

2002年风机分会新产品试制完成情况

序号	企业名称	产品型号及规格	完成台数	鉴定单位	技术水平
1	沈阳鼓风机(集团)有限公司	1、离心压缩机			
		MCL406	1		
		MCL454	1		
		MCL456	1		
		MCL524	1		
		MCL803	1		
		MCL806	1		
		MCL904	1		
		MCL1003	1		
		2MCL356	1		
		2MCL405	2		

（续）

序号	企业名称	产品型号及规格	完成台数	鉴定单位	技术水平
		2MCL406	1		
		2MCL408	1		
		2MCL456	1		
		2MCL457	1		
		2MCL458	2		
		2MCL526	1		
		2MCL527	1		
		2MCL606	1		
		2MCL706	1		
		2MCL454 + 3MCL406	1		
		3MCL704	1		
		BCL407	1		
		BCL408	1		
		BCL408/A	1		
		BCL456	1		
		BCL457	2		
		BCL606	1		
		PCL303	1		
		SVK6—3S	1		
		SVK20—3S	5		
		SVK8—2H	1		
		SVK8—3S	8		
		10MV7A + 100MV7A	1		
		DA60—11	1		
		DA71	1		
		DA100—1	2		
		DA180—11	3		
		DA30—11	1		
		2、离心鼓风机			
		GM20	4		
		GM20L	5		
		GM20L—13	3		
		GM20L—14	2		
		GM25L	6		
		GM25L—11	2		
		GM25L—13	4		
		GM25L—15	3		
		GM35	4		
		GM35H	1		
		GM35H—2	1		
		GM35L	3		
		GM35L—9	1		
		GM35L—10	3		
		GM45L	4		
		GM55L	1		
		GM55L—7	1		
		D50—114	1		
		D50—116	2		
		D90—112	2		
		D120—110	2		
		D125—21	3		
		D250—112	2		
		D450—311	2		
		D450—312	2		
		D700—23	1		

(续)

序号	企业名称	产品型号及规格	完成台数	鉴定单位	技术水平
		D750—214	2		
		D800—317	1		
		D900—12	3		
		D900—13	2		
		D900—27	2		
		D900—28	2		
		D1000—15	4		
		D1400—33	1		
		D1400—35	1		
		D1400—36	1		
		D1400—37	3		
		D1400—38	1		
		D1500—31	1		
		S1100—115	3		
		S1600—12	1		
		S1900—11	1		
		S2450—14	1		
2	陕西鼓风机(集团)有限公司	TP4055/2.773—1.161 高炉煤气透平压缩机	1	陕西鼓风机(集团)有限公司	国际先进
		AV90—12 全静叶可调轴流压缩机	1		
		AV80—13 全静叶可调轴流压缩机	1		
		AV75—15 全静叶可调轴流压缩机	1		
		硝酸"三合一"机组尾气透平:TP280/3.0—1.1 主风机:E1400—4.59	1		
3	上海鼓风机厂有限公司	POB—CH 乙烯压缩机	1		
		SAF25—16—2 湿式脱硫风机	2		
		L37×29WD—A 不锈钢高压罗茨鼓风机	2		
		17674AZ/1282 高速大型烧结风机	1		
4	武汉鼓风机厂	AL—R260DW(IDF)离心除尘风机			国际先进
		BL—JR185SW(IDF)钢厂除尘风机			国际先进
		ML—H1—R90/194(FDF)动叶可调电站风机			国际先进
		LH—CR200D(IDF)流化床风机			国际先进
		AF4500—11 烧结抽烟风机			
		MF—AR195D 煤粉风机			
		GW—AR185SW 高温风机			
5	重庆通用工业(集团)有限责任公司	W6—2×29№33.5F 高温风机	1		国际 20 世纪 90 年代
		W6—2×39№31.5F 高温风机	3		
6	长沙鼓风机厂有限责任公司	JAS 系列罗茨鼓风机			填补国内空白
		AR 系列罗茨鼓风机			
		SO_2 专用鼓风机			
7	沈阳铁扇风机制造有限责任公司	SFYX130—1№25F 循环流化床风机	2	沈阳铁扇风机制造有限责任公司	国内 20 世纪 90 年代
		SFYX220—1№19.8F 循环流化床风机	6		
8	四平鼓风机厂	BW440—2.49/2.39 煤气反吹风机	1		可以替代进口
9	哈尔滨哈暖环境工程设备有限公司	NFS30~50 系列智能程控风机	1	哈尔滨市科技局	20世纪90年代末
10	营口市鼓风机厂	SXGX 型高效双旋除尘器	4	辽宁省产品质量监督检验院	20 世纪 90 年代末
11	天津市鼓风机总厂	D80—61—1.5 离心鼓风机		天津市科学技术委员会	
		D100—41—1.3 离心鼓风机			
		SL 系列罗茨鼓风机			
12	天津市通风机厂	DTZ180—M—6P 变频调速可逆转地铁轴流通风机		天津市经济委员会	

（续）

序号	企业名称	产品型号及规格	完成台数	鉴定单位	技术水平
13	石家庄市风机厂有限责任公司	SJ1100烧结烟气风机	4	石家庄市风机厂有限责任公司	国内先进
		D500—11钢厂除尘风机	3		
		WP—11№12.5温室大棚风机	2		
14	山西盛元鼓风机制造有限责任公司	气垫机专用系列风机	20		国内领先
15	宁夏银川风机厂	YFTS—5脱水蔬菜专用风机	20		
		LYF—10水泥立窑风机	1		
		W—L460涡轮自然排风机	1		
16	内蒙古天福风机有限公司	KT№10矿用对旋轴流式局部通风机		重庆国家煤矿通风安全产品质量监督检验中心	国内20世纪90年代
17	甘肃省靖远通风机厂	HM120/1100型煤磨离心通风机	1		
		2000SIBB24型热风机	1		
18	江苏大通风机股份有限公司	JLY75—10A/21D循环流化床锅炉引风机	36	江苏大通风机股份有限公司	国内20世纪90年代
		冷轧脱脂机组离心通风机	3		
		钢厂热风炉助然风机	2		
19	无锡中策机电设备有限公司	SLF—125三叶罗茨鼓风机	23		
20	山东省汇丰机械集团总公司	3HD三叶罗茨鼓风机	83	济南市科技局	国内先进
		RRB—50P罗茨鼓风机	15		
		ZLB3056罗茨真空泵	2		
21	青岛风机厂	VAD9550№6.3A隧道烘丝离心通风机	2		国内先进
		XYH—11№5.7C离心通风机	1		
22	德州巨龙空调设备有限公司	PWF系列喷雾风机			国内先进
		立、卧式警报器管道风机			
23	山东岳尔风机有限公司	BDK62№27煤矿主通风机	2	山东省煤炭局	
24	安徽省庐江安风风机有限公司	Y5—2×53№25F锅炉离心引风机	1		国内先进
		SJ1150/12烧结风机	8		
		SJ1250/12烧结风机	4		
25	福建东亚鼓风机股份有限公司	FSL型三叶罗茨鼓风机	150	福建省经贸委	国内领先
		FSD型隧道射流通风机	45		
26	武汉和平风机有限责任公司	ZTH系列准正交面三元舰船用低噪声通风机	60	湖北省科技厅、国防科技办	国际先进
27	湖北省风机厂	CT6—11№3.4A船用风机	4	海军武汉局、船舶七〇一所	20世纪90年代国内先进
28	成都电力机械厂	AN40e6静叶可调轴流式增压风机	2、		
		AN37e6静叶可调轴流式引风机	4		
29	四川鼓风机有限责任公司	C系列多级低速离心鼓风机	10	四川省科技厅	国内领先
30	大理通用机械厂	洁净热风核桃烘烤炉风机	10	大理州科技局	国内20世纪90年代末期

2002年风机分会新技术、新工艺、新材料完成情况

序号	企业名称	项目名称	主要技术参数	适用范围
1	沈阳鼓风机(集团)有限公司	SVK型组装式压缩机系列化	国际先进水平	
		VK8产品设计软件的工作站转换及基本级分析开发	国际先进水平	
		NREC程序多线程开发应用	国际先进水平	
		转子—轴承—密封系统非线性动力特性研究与配套软件开发		
		跨音速离心压缩机设计软件、任意叶型叶轮设计、真实气体级性能计算和特性计算程序		

(续)

序号	企业名称	项目名称	主要技术参数	适用范围
		地铁风机样机研制		
		透平压缩机、鼓风机叶轮自动焊		
		换热器铜合金焊接试验研究		
2	陕西鼓风机(集团)有限公司	轴流、TRT叶片数控焊旋加工工艺	达到国际同行业先进水平	机翼型叶片加工
		离心三元流叶轮铣制工艺	达到国际同行业先进水平	叶轮曲面加工
		轴流改TRT叶轮滚模锻工艺	达到同行业先进水平	轴流压缩机及TRT叶片
		压缩机叶轮真空钎焊工艺应用	达到国内同行业先进水平	离心叶轮
		SC460材料在叶轮上的应用	替代中温中强度级别叶轮用料	烧结叶轮
3	武汉鼓风机厂	采用新型进口材料取代进口法奥迪耐磨材料	降低成本	
4	沈阳铁扇风机制造有限责任公司	采用喷砂设备		风机铆焊件表面处理
5	石家庄市风机厂有限责任公司	风机分段压型、冷压成型技术	满足设计要求	
6	宁夏银川风机厂	罗茨鼓风机密封防漏		用于L系列罗茨鼓风机
		改进离心通风机传动组密封结构		用于各类带轴承箱的风机
7	江苏大通风机股份有限公司	火力发电厂煤粉风机叶片热喷涂工艺的应用	提高风机使用寿命3~5倍	耐磨要求高、长期运行
		玻璃纤维行业尾气风机耐腐蚀材料的表面处理	耐磨涂层可在强酸环境下连续运行12个月以上	
8	山东省汇丰机械集团总公司	改进三叶罗茨鼓风机叶轮加工测量		3H系列三叶罗茨鼓风机
		CAPP软件系统的开发应用与改进		计算机辅助工艺设计与工艺管理
9	德州巨龙空调设备有限公司	空调风机叶轮盘冲孔模	可以通过改换定位中心,实现一模多用	DF系列空调风机
10	四川鼓风机有限责任公司	高分子复合材料防腐罗茨鼓风机	抗≤30%浓度的酸、碱、盐及气体腐蚀	

2003年风机分会新产品试制完成情况

序号	企业名称	产品型号及规格	完成台数	鉴定单位	技术水平
1	沈阳鼓风机(集团)有限公司	1、压缩机			
		DA30—11	1		
		DH63	2		
		DH63—28	1		
		DH63—29	1		
		DH80	2		
		DH80—22	1		
		DH90	1		
		SVK6—2H	2		
		SVK6—3S	1		
		SVK8—3S	2		
		SVK12—3S	2		
		SVK16—3S	2		
		SVK20—3S	9		
		MCL454	1		
		MCL523	1		
		MCL603	3		
		MCL904	1		
		MCL1003	1		
		MCL1104	4		

（续）

序号	企 业 名 称	产品型号及规格	完成台数	鉴定单位	技术水平
		MCL456 + 3MCL458	1		
		2MCL406	1		
		2MCL456	1		
		2MCL457	1		
		2MCL458	2		
		2MCL526	1		
		2MCL606	1		
		2MCL705	1		
		2MCL803	1		
		2MCL1004	1		
		2MCL1105	2		
		2MCL356 + 2MCL355	1		
		2MCL454 + 3MCL406	7		
		2MCL605 + 3MCL356	1		
		2MCL606 + 3BCL406	1		
		3MCL406	1		
		3MCL458	1		
		3MCL707	1		
		3MCL527 + MCL525	1		
		3MCL1004 + 3BCL407	1		
		DMCL706 + 2MCL707	2		
		DMCL1104 + 2MCL1103 + 3BCL527	1		
		BCL405/A	1		
		BCL408/A	1		
		BCL406/A	1		
		CT525	1		
		2、鼓风机			
		D50—115	2		
		D50—117	1		
		D50—118	1		
		D170—16	2		
		D200—19	1		
		D200—110	8		
		D300—53	1		
		D340—17	1		
		D400—23	2		
		D400—118	2		
		D450—24	2		
		D450—313	2		
		D560—21	1		
		D600—21	2		
		D600—22	1		
		D630—34	2		
		D630—211	3		
		D700—24	1		
		D750—215	1		
		D750—216	2		
		D750—217	2		
		D750—218	1		
		D750—219	2		
		D750—220	1		
		D750—221	2		
		D750—222	2		
		D800—16	1		
		D800—210	2		

（续）

序号	企 业 名 称	产品型号及规格	完成台数	鉴定单位	技术水平
		D800—211	2		
		D800—318	1		
		D800—320	2		
		D900—29	2		
		D900—316	2		
		D1000—17	1		
		D1000—315	1		
		D1100—13	2		
		D1100—14	1		
		D1100—15	2		
		D1250—210	3		
		D1250—211	2		
		D1250—212	2		
		D1400—39	3		
		D2000—11	1		
		D2000—21	2		
		D3000—11	1		
		D3000—12	1		
		D3200—11	1		
		D3500—12	1		
		GM20L	3		
		GM20L—15	2		
		GM20L—16	3		
		GM25L—14	6		
		GM25L—16	3		
		GM35L—11	3		
		GM35H	6		
		GM45H	2		
		GM45L	1		
		GM55L	2		
		S1800—18	1		
		S2800—1T	1		
		S3500—11	1		
		S5700—1T	1		
		S6000—3T	1		
		S6000—11T	1		
		S7000—11T	1		
		S8000—11T	1		
		S16500—11T	1		
		SJ6000—11T	1		
		SJ8500—12T	1		
		SJ13500—11T	1		
		SJ6500—11T	1		
		C2700—11T	1		
		20071ZA/2028	1		
		3、通风机			
		C5—2×54—1№27F	1		
		Y6—41№12F	1		
		G7—2×35№15F	1		
		G9—06№8.5D	1		
		AN—28/V19+4	1		
		AN37E6（V19+2.5）	1		
		AN—42/V13+2.5	2		
		BUF—3150/1800	1		
		DFG19.5F—C4A	1		

（续）

序号	企业名称	产品型号及规格	完成台数	鉴定单位	技术水平
		DFY13F—C4A	1		
		DFY26.5F—C5A	1		
		GXS90(1681)	1		
		SFG11D—C7A	1		
		22/40ZSK800/900	1		
		26/60ZSK560/630	1		
2	沈阳铁扇风机制造有限责任公司	Y4—2×73№22F 离心通风机	2		国内20世纪90年代末
		Y4—2×73№23.2F 离心通风机	1		
		Y4—73—12№32.5F 离心通风机	1		
3	营口市鼓风机厂	SXGX 型高效双旋除尘器	32	辽宁省除尘设备监督检验站	国内领先
4	四平鼓风机厂	MQ 煤气鼓风机	28	吉林省机械行业管理办公室	20世纪90年代国外先进
5	哈尔滨哈暖环境工程设备有限公司	NFQ(S)CK—(20～120)系列程控智能型暖风机	16		
6	肇东松辽风机厂	DW9—60№2.5 离心通风机	60	黑龙江省风机检测中心	国内先进
		DW12—47№2.0 离心通风机	80		
		DW16—47№3.0 离心通风机	20		
		YC 型烟草专用风机	300	黑龙江烟草公司	
		农药喷洒专用风机	2	黑龙江农科院	
7	陕西鼓风机(集团)有限公司	AV40—10 轴流压缩机	1	陕西省机械行业办	国际先进
		AV63—10 轴流压缩机	1		
		AV71—11 轴流压缩机	1		
		MPG4.08—222.3/150 高炉煤气膨胀透平	1	陕西省经济贸易委员会	20世纪90年代中期国际先进
8	北京风机二厂	PYX 系列低噪声排烟风机箱	90	国家固定灭火系统和耐火构件质量监督检验中心	国内领先
9	北京当代复合材料有限公司	HWF 系列屋顶风机	12		
		QWF 系列屋顶风机	8		
		YGF 圆型管道风机	28		
		JGF 矩型管道风机	16		
		BDZ 系列壁式风机	6		
10	天津市鼓风机总厂	ML 系列罗茨鼓风机	2		
		MLA8～9WD 罗茨鼓风机	40		
		TL82WD 罗茨鼓风机	2		
		SGDF7.5F 离心通风机	1		
		TG36—13C 离心通风机	4		
11	石家庄市风机厂有限责任公司	HTD12—11 离心鼓风机	1	石家庄市风机厂有限责任公司	国内先进
		HTD20—11 离心鼓风机	1		
12	天津市通风除尘设备厂	FDL 系列电柜冷却风机	2200		国内领先
13	原平鼓风机有限责任公司	MZ 系列煤焦炉专用风机	20	原平鼓风机有限责任公司	国内先进
14	内蒙古天福风机有限公司	X45.25 斜流风机	2	内蒙古天福风机有限公司	国际20世纪90年代
15	宁夏银川风机厂	MJ9—19 离心通风机	120	宁夏银川风机厂	国内先进
		M9—28 离心通风机	5		
		BL26、BL28 离心通风机	25		
16	上海鼓风机厂有限公司	2008AZ/1993 烧结风机	2		20世纪90年代中后期
		D100—11 快堆加热鼓风机	2		
		D1200—11 高速离心鼓风机	1		
		气垫船用离心压缩机	1		

（续）

序号	企业名称	产品型号及规格	完成台数	鉴定单位	技术水平
		GAF37.7—20—1矿井风机	2		
17	江苏大通风机股份有限公司	35.5出铁场除尘风机	2	江苏大通风机股份有限公司	国内先进
		SJ3850烧结风机	2		
		SJ5500烧结风机	2		
18	江阴市宏达风机有限公司	40t/h循环流化床锅炉风机	1	江阴市宏达风机有限公司	国内先进
		CFBG—11№15.4D一次风机			
		CFBG—11№12.5D二次风机	1		
		CFBY—12№14D引风机	1		
19	浙江大丰风机电器有限公司	YBT系列矿用隔爆型局部通风机		煤炭工业重庆电气防爆检验站	
		2BKJ矿用防爆对旋风机			
		HTF消防高温排烟风机		国家固定灭火系统和耐火构件质量监督检验中心	
		SWF混流风机			
20	余姚风机总厂	KHF系列离心通风机	89	宁波市经济委员会	
21	济南风机厂	130t/h循环流化床锅炉风机	13	山东省机械工业办公室	国内先进
		240t/h循环流化床锅炉风机	8		
22	山东省汇丰机械集团总公司	ZMR环保密集型风机机组	83	济南市科技局	国内领先
		无泄漏高效TZJD新型渣浆泵	8		国际先进
		TRRF—250串联高压风机	3		
23	青岛风机厂	DMC系列脉冲袋式除尘器	134	青岛风机厂	20世纪90年代末国内先进
24	福建东亚鼓风机股份有限公司	FSL45WC高压水冷三叶罗茨鼓风机	15		国内先进水平
25	安徽安风风机有限公司	AFY6—2×29№26.5F离心通风机	2		国内先进水平
		VH712高压轴流风机	6		
		AI80—1.14防爆鼓风机	2		
26	武汉鼓风机厂	AY—FR260DW(IDF)离心通风机		武汉鼓风机厂	20世纪90年代国际先进
		AL—R310DW(IDF)Ⅱ离心通风机			
		BL—AR208SW(IDF)离心通风机			
		D1840—11离心鼓风机			
27	湖北省风机厂	SJ系列烧结离心风机	9		国内先进
		AII(M)1200—1.26转炉煤气鼓风机	4		
28	湖北双剑鼓风机制造有限公司	AII1100—1.3256/1.0197离心鼓风机	3	山西晋城煤气化有限责任公司	20世纪90年代
		C(M)485—1.5499/0.9831鼓风机	2		
29	湘潭平安电气集团有限公司	FJC系列智能通风机状态监控与故障诊断系统	20		国内先进
30	重庆通用工业(集团)有限责任公司	W6—2×29№38.5F高温风机	1		国内先进
		BCD125—1.7/1.0曝气风机	1		
		LCS360—P离心制冷机	1		国际水平
31	四川鼓风机有限责任公司	W6—2×29№23F高温离心风机	1	四川鼓风机有限责任公司	国内先进
		AI110—1.21、AI180—1.18煤气加压鼓风机	9		
		9—2×26№15F、9—2×28№15.8F高炉助燃离心风机	4		
32	南海市九州普惠风机有限公司	PLG—12№7.1A玻璃钢高压离心通风机	114	佛山市科达机械有限公司	
33	上虞市五星风机厂	KTF系列低噪声空调专用风机	3500		国内领先
34	上虞市明新风机制造有限公司	MX303净化通风系统	10		国内领先
		MX全自动电热循环风机箱	50		
		MX1001型气动风机	15		
		MX—60型多级高压离心风机	5		

2003年风机分会新技术、新工艺、新材料完成情况

序号	企业名称	项目名称	主要技术参数	适用范围
1	沈阳鼓风机(集团)有限公司	移植SGM003源程序为微机版	国际先进	
2	沈阳鼓风机(集团)有限公司	CALC300程序的微机版开发	国际先进	
3	沈阳鼓风机(集团)有限公司	半开式大流量基本级开发	国际先进	
4	沈阳鼓风机(集团)有限公司	小轮毂比模型级开发	国际先进	
5	沈阳鼓风机(集团)有限公司	端面键连接方式中重要零部件形位公差的检测	国内领先	
6	沈阳鼓风机(集团)有限公司	鼓风机设计软件开发	国际先进	
7	沈阳鼓风机(集团)有限公司	非标准(测绘)三元叶片压型模具数控铣加工程序的编制	国内领先	
8	沈阳鼓风机(集团)有限公司	大流量65°模型级开发	国内领先	
9	沈阳鼓风机(集团)有限公司	GE90—30热备冗余系统作为压缩机的ETS	国内领先	
10	沈阳鼓风机(集团)有限公司	叶轮测绘技术开发	国内领先	
11	陕西鼓风机(集团)有限公司	AV71—4轴流压缩机	首台应用于国内硫磺制酸行业,机组为全新结构,国内外领先水平	用于500~700kt/a硫磺制酸装置,还可用于大型污水处理装置
12	陕西鼓风机(集团)有限公司	利用三元流技术开发新产品	利用三元流技术进行产品设计,气动性能优良,精度高,达到国内外领先水平	
13	陕西鼓风机(集团)有限公司	透平压缩机叶片精密模锻工艺开发及推广应用	制坯及成型辊锻技术应用,使锻件的纤维结构良好,从而提高叶片内在质量。叶片推广使用淬透性良好的AISI403料代替相同价位的2Cr13不锈钢,采用先进的形变热处理,提高叶片晶粒度等级。该技术在国内处于领先地位	透平压缩机叶片锻造
14	陕西鼓风机(集团)有限公司	轴流式压缩机叶片轮毂整体加工编程技术	采用五轴联动数控加工中心整体铣制机翼型空间扭曲造型的叶片,解决了自由面三元流叶轮数学建模及编程加工等问题,为提高转子强度及抗击疲劳损坏提供了一个新途径	轴流式压缩机、轴流式膨胀透平转子的制造生产
15	陕西鼓风机(集团)有限公司	TP4055/2.773—1.161制造技术	采用大型径向镗杆,成型榫槽车刀等先进工装,一次制造成功	大型透平压缩机等箱体,轴类零件加工
16	沈阳铁扇风机制造有限责任公司	Y4—73F系列风机调节门	由原来的铸铁件改为板焊件	调节门联动柄
17	四平鼓风机厂	富氩气体保护焊	焊接效率提高3倍以上	大型风机旋转件及静止件的焊接
18	四平鼓风机厂	HG70、HG785钢在风机叶轮上的应用	常温屈服强度达到80kg级,在行业上率先使用	大型高温风机、煤气鼓风机等
19	四平鼓风机厂	WER70焊丝代替E8018—C1焊条		焊接大型通风机叶轮
20	哈尔滨哈暖环境工程设备有限公司	采用数控等离子切割机下料	火焰可切割厚0.5~180mm 等离子切割厚0.5~19mm	碳钢、不锈钢
21	哈尔滨哈暖环境工程设备有限公司	法兰旋压成形	可翻6mm厚边 外圆直径1 000mm	
22	北京当代复合材料有限公司	轮毂旋压、风筒旋压、旋筋工艺		轴流风机
23	石家庄市风机厂有限责任公司	进风口整体成型		8#以下风机进风口
24	江苏大通风机股份有限公司	WelDOX700F板材焊接工艺	线能量≤14kJ/cm	高强度耐热叶轮的焊接
25	江苏大通风机股份有限公司	SJ3850叶轮加工工艺		烧结风机
26	济南风机厂	零泄漏密封装置		风机产品
27	重庆通用工业(集团)有限责任公司	高温可拆叶片风机	工作温度在450℃~520℃叶轮磨损严重,采用可拆叶片,提高叶轮使用寿命	

2001～2003 年风机分会技术引进情况

序号	企业名称	项目内容	引进内容	引进国别	签约时间
1	沈阳鼓风机(集团)有限公司	环保用高效风机模型级设计试验软件转让	国外污水处理厂用环保风机技术	德国	2001.4
2	石家庄市风机厂有限责任公司	单项吸入 NEW、THREE、ACE，N 系列送风机	技术转让	日本荏原滨田送风机株式会社	2002.8
3	江苏大通风机股份有限公司	射流风机	技术转让	德国莫德坎普(MODLOMP)公司	2002

2001～2003 年风机分会与国外公司合作生产情况

序号	企业名称	国外公司(企业)名称	主要产品	生产方式
	陕西鼓风机(集团)有限公司	德国 MAN 透平公司	RIK100 及 RZ35 压缩机	合作生产
1	武汉鼓风机厂	日本三菱重工	单、双吸双支撑离心通风机	
		日本荏原株式会社	450m^2 大型烧结风机转子	
2	成都电力机械厂	ABB Soly Vent—Ventec(法国)	离心风机	机壳制造
		ABB Ventilantion Products AB(瑞典)	轴流风机	机壳制造
		TL7—KKK(德国)	轴流风机	制造转子
3	江苏大通风机股份有限公司	美国 ROBINSON 风机公司	窑尾风机	合作生产
4	重庆通用工业(集团)有限责任公司	美国通用电气公司	离心压缩机	部件及整机加工制造
5	湖北省风机厂	英国 Halifax 实业有限公司	轴流风机	合作生产

2001～2003 年风机分会产品获奖项目

序号	企业名称	项目名称	奖励名称	获奖时间
1	沈阳鼓风机(集团)有限公司	年产 48 万 t 乙烯装置用裂解气压缩机	沈阳市科技进步一等奖 中石化科技进步一等奖	2001
2	沈阳鼓风机(集团)有限公司	年产 48 万 t 乙烯装置用丙烯压缩机	沈阳市科技进步一等奖 中石化科技进步一等奖	2001
3	沈阳鼓风机(集团)有限公司	节能型高速离心鼓风机	沈阳市科技进步三等奖	2001
4	沈阳鼓风机(集团)有限公司	煤油装置配套用 2MCL806 离心压缩机	辽宁省科技进步二等奖	2001
5	沈阳鼓风机(集团)有限公司	合成氨装置配套用 MCL457 + BCL408 离心压缩机	辽宁省科技进步二等奖	2001
6	沈阳鼓风机(集团)有限公司	SVK 组装式离心压缩机	中国机械工业科学技术二等奖	2001
7	沈阳鼓风机(集团)有限公司	重油催化裂化装置配套用 MCL523 离心压缩机	沈阳市优秀新产品一等奖	2001
8	沈阳鼓风机(集团)有限公司	催化裂化装置配套用 MCL405 + MCL354 离心压缩机	沈阳市优秀新产品二等奖 辽宁省优秀新产品三等奖	2001
9	沈阳鼓风机(集团)有限公司	MA80 轴流压缩机	沈阳市优秀新产品二等奖 辽宁省优秀新产品二等奖	2001
10	沈阳鼓风机(集团)有限公司	组装式小流量离心压缩机	沈阳市优秀新产品三等奖 辽宁省优秀新产品三等奖	2001
11	沈阳鼓风机(集团)有限公司	污水处理用 GM 型离心鼓风机	辽宁省优秀新产品一等奖	2001
12	沈阳鼓风机(集团)有限公司	加氢装置配套用 BCL 循环氢离心压缩机	国家技术创新优秀 XCP 奖	2001
13	沈阳鼓风机(集团)有限公司	SVK12—3 组装式离心压缩机	国家技术创新优秀 XCP 奖	2001
14	沈阳鼓风机(集团)有限公司	大型乙烯裂解气压缩机、丙烯压缩机研制	国家科技攻关计划重大成果奖	2001
15	沈阳鼓风机(集团)有限公司	年产 30 万 t 催化裂化装置配套用 2MCL806 离心压缩机	国家级新产品奖	2001

(续)

序号	企业名称	项目名称	奖励名称	获奖时间
16	沈阳鼓风机(集团)有限公司	合成氨装置配套用 MCL405 + BCL408 离心压缩机	国家级新产品奖	2001
17	陕西鼓风机(集团)有限公司	AV50—16 全静叶可调轴流压缩机	陕西省科技进步二等奖	2001
18	陕西鼓风机(集团)有限公司	TP1670/2.258—1.136 高炉煤气透平压缩机	陕西省科技进步三等奖	2001
19	上海鼓风机厂有限公司	FAF、SAF、PAF 型 600MW 火电机组动叶可调轴流风机	中国机械工业科学技术二等奖	2001
20	山东省汇丰机械集团总公司	RRE 系列罗茨鼓风机	济南市科技进步二等奖 山东省科技进步三等奖	2001
21	山东省汇丰机械集团总公司	RRF—250F 干式罗茨真空泵	山东省机械工业科技进步三等奖	2001
22	天津市鼓风机总厂	SL1506 三叶罗茨鼓风机	国家重点新产品奖	2001
23	重庆通用工业(集团)有限责任公司	秦山二期核电站大型(R134a)离心式冷水机组	“九五”国家技术创新优秀项目奖	2001
24	浙江上风实业股份有限公司	DTF 正转可变翼地铁隧道轴流风机	浙江省科技进步奖	2001
25	武汉和平风机有限责任公司	ZTH 系列准正交面三元舰船用低噪声通风机	国家重点新产品奖 湖北省科技成果一等奖	2001
26	新乡市鼓风机厂	循环流化床锅炉通引风机	河南省机械工业科技进步三等奖	2001
27	临沂市风机厂	D 系列离心鼓风机	科技创新奖	2001
28	沈阳鼓风机(集团)有限公司	年产 48 万 t 乙烯装置用裂解气压缩机	沈阳市科技振兴奖	2002
29	沈阳鼓风机(集团)有限公司	年产 48 万 t 乙烯装置用裂解气压缩机	辽宁省科技进步二等奖	2002
30	沈阳鼓风机(集团)有限公司	年产 48 万 t 乙烯装置用丙烯压缩机	辽宁省科技进步二等奖	2002
31	沈阳鼓风机(集团)有限公司	BCL456 + 2BCL407 甲醇合成气离心压缩机	沈阳市科技进步二等奖	2002
32	沈阳鼓风机(集团)有限公司	RR150—4 + 08MH6C 离心压缩机组	沈阳市科技进步二等奖	2002
33	沈阳鼓风机(集团)有限公司	高效节能型离心鼓风机	中国机械工业科学技术三等奖	2002
34	沈阳鼓风机(集团)有限公司	年产 10 万 t 甲醇合成装置用 BCL456 + 2BCL407 离心压缩机	国家科技部确定为 2002 年度国家重点新产品	2002
35	沈阳鼓风机(集团)有限公司	年产 48 万 t 乙烯装置用裂解气压缩机组	原国家经贸委确定为 2002 年国家重点新产品	2002
36	沈阳鼓风机(集团)有限公司	年产 10 万 t 甲醇合成装置用 BCL456 + 2BCL401、RR150—4 + 08MH6C 离心压缩机	沈阳市重点新产品	2002
37	沈阳鼓风机(集团)有限公司	30 000m^3/h 大型空分装置用高压氮压机组研制项目	获国家重大技术装备创新研制项目	2002
38	陕西鼓风机(集团)有限公司	B125—1.7 离心鼓风机	西安市科技进步三等奖	2002
39	陕西鼓风机(集团)有限公司	AV100—17 全静叶可调轴流压缩机	陕西省科技进步奖	2002
40	陕西鼓风机(集团)有限公司	RZ35—7 富气压缩机	陕西省科技进步奖	2002
41	重庆通用工业(集团)有限责任公司	LCZ10—P 离心式制冷机	中国机械工业科学技术奖	2002
42	天津市鼓风机总厂	SL、MJLS 系列三叶罗茨鼓风机	天津市科学技术进步奖	2002
43	山东省汇丰机械集团总公司	RRG—450 罗茨鼓风机	山东省机械工业工艺科技二等奖	2002
44	山东省汇丰机械集团总公司	改进三叶风机叶轮加工测量	山东省机械工业工艺科技二等奖	2002
45	山东省汇丰机械集团总公司	CAPP 软件系统的开发应用与改进	山东省机械工业电子信息技术应用科技成果三等奖	2002
46	山东省汇丰机械集团总公司	3HE 三叶罗茨鼓风机	山东省科技进步三等奖 济南市科技进步二等奖	2002
47	山东岳尔风机有限公司	BDK62 防爆对旋轴流式通风机	山东省科技进步二等奖	2002
48	福建东亚鼓风机股份有限公司	WXP 系列高温消防排烟通风机	福建省科技进步三等奖	2002
49	四川鼓风机有限责任公司	3R41 低噪声罗茨鼓风机	中国机械工业科学技术三等奖 四川省优秀新产品二等奖 达州市科技进步一等奖	2002
50	济南风机厂	JY5—2×44№24.8F 双吸入排烟引风机	济南市科学技术进步奖	2002
51	济南风机厂	FWZ—36 大型蜂窝式消声器	济南市科学技术进步奖	2002
52	济南风机厂	法兰翻边装置	济南市科学技术进步奖	2002
53	沈阳鼓风机(集团)有限公司	SVK 组装式离心压缩机	辽宁省科技进步三等奖	2003
54	沈阳鼓风机(集团)有限公司	20 万 t/a 合成氨装置原料气压缩机	沈阳市政府科技进步一等奖	2003
55	沈阳鼓风机(集团)有限公司	20 万 t/a 合成氨装置原料气压缩机	辽宁省政府优秀新产品一等奖	2003
56	沈阳鼓风机(集团)有限公司	20 万 t/a 合成氨装置原料气压缩机	中国机械工业科学技术三等奖	2003

（续）

序号	企业名称	项目名称	奖励名称	获奖时间
57	沈阳鼓风机(集团)有限公司	BCL4576＋2BCL407 甲醇离心压缩机	中国机械工业科学技术三等奖	2003
58	沈阳鼓风机(集团)有限公司	SVK20—1 笨菲尔离心压缩机	沈阳市政府科技进步二等奖、优秀新产品二等奖	2003
59	沈阳鼓风机(集团)有限公司	SVK20—1 笨菲尔离心压缩机	辽宁省优秀新产品三等奖	2003
60	沈阳鼓风机(集团)有限公司	年产 24 万 t 乙烯裂解气压缩机	国家科技部科技进步二等奖	2003
61	沈阳鼓风机(集团)有限公司	整体组装式离心压缩机	沈阳市政府科技振兴奖	2003
62	沈阳鼓风机(集团)有限公司	整体组装式离心压缩机	国家科技部火炬计划十周年优秀项目奖	2003
63	沈阳鼓风机(集团)有限公司	大型离心压缩机、鼓风机和通风机	辽宁省政府院校合作优秀项目奖	2003
64	沈阳鼓风机(集团)有限公司	D900—25 离心鼓风机	沈阳市政府优秀新产品三等奖	2003
65	沈阳鼓风机(集团)有限公司	D900—25 离心鼓风机	辽宁省优秀新产品三等奖	2003
66	陕西鼓风机(集团)有限公司	AV100—17 轴流压缩机	国家重点新产品奖	2003
67	陕西鼓风机(集团)有限公司	AV100—17 轴流压缩机	中国机械工业科学技术一等奖	2003
68	陕西鼓风机(集团)有限公司	高炉煤气余压发电装置中炉顶压力稳定性分析与控制试验研究	中国机械工业科学技术二等奖	2003
69	陕西鼓风机(集团)有限公司	RZ35—7 离心压缩机	陕西省科学技术三等奖	2003
70	济南风机厂	KFH 型静电除尘器	中国机械工业科学技术三等奖	2003
71	山东省汇丰机械集团总公司	C 系列多级高心鼓风机	山东省机械工业科技进步一等奖	2003
72	山东省汇丰机械集团总公司	3HD 三叶罗茨鼓风机	济南市科技进步二等奖	2003
73	营口市鼓风机厂	SXGX 型高效双旋除尘器	辽宁省第五届优秀新产品一等奖	2003
74	云浮市云丰环保设备有限公司	子午加速轴流式消防高温排烟风机	云浮市云城区科技进步一等奖	2003
75	福建东亚鼓风机股份有限公司	FSL 型三叶罗茨鼓风机	福州市政府优秀新产品三等奖、科技进步三等奖	2003
76	四川鼓风机有限责任公司	C 系列多级低速离心鼓风机研制	达州市科学技术进步一等奖	2003
77	四川鼓风机有限责任公司	C 系列多级低速离心鼓风机	国家重点新产品	2003
78	上虞市明新风机制造有限公司	智能型冷却专用风机	绍兴市科技成果奖	2003

阀门分会新产品开发情况

新产品名称、型号、规格	主要技术参数	技术水平	研制单位	完成时间
软密封明杆闸阀 Z41X—$\frac{6}{10}$DN40～600 16	公称压力:0.6、1.0、1.6MPa 公称通径:DN40～600 介质:水、饮用水等	国际先进水平	天津塘沽瓦特斯阀门有限公司	2001 年
大口径工业用新型系列耐磨陶瓷调节阀	公称压力:PN0.6～6.4MPa 公称通径:DN50～300mm	国际先进	天津市圣恺工业技术发展有限公司	2001 年
大口径工业用新型系列耐磨陶瓷球阀	PN:6.4MPa DN:50～300mm	国际先进	天津市圣恺工业技术发展有限公司	2001 年
1 500 磅级高温高压 Y 型波纹管截止阀 CBHJ65C—1500V	公称压力:1 500b 公称通径:1 $\frac{1}{2}$～2in 工作温度:≤590℃	消化吸收国内外先进技术,标准的基础上开发的新产品	大连大高阀门有限公司	2001 年
300 磅级低温波纹管氯气阀 CBJ41C—300CL—JS	公称压力:300b 公称通径:1/2～2in 工作温度:2～101℃	填补国内空白达到 20 世纪 90 年代中期水平	大连大高阀门有限公司	2001 年
带导流孔抗硫平板闸阀 CKZ43F(D)—160	公称压力:16MPa 公称通径:DN25～80 工作温度:－29～200℃	达到 20 世纪 90 年代中期水平取得替代国外同类产品资格	大连大高阀门有限公司	2001 年
T 型三通球阀 Q45F—16P—$\frac{50}{65}$	公称压力:1.6MPa 公称通径:DN50mm、65mm 工作温度:≤200℃	替代进口,达 20 世纪 90 年代中期国外同类产品水平	大连大高阀门有限公司	2001 年
GK 型管线球阀	公称压力:PN5.0～6.4MPa 300～400b 公称通径:700～800mm (28～32in) 使用温度:－29～250℃	国际先进水平	上海耐莱斯·詹姆斯伯雷阀门有限公司	2001 年

（续）

新产品名称、型号、规格	主要技术参数	技术水平	研制单位	完成时间
SJ 水力控制阀系列阀门	公称压力：PN1.0～2.5MPa 公称通径：DN50～300mm	国内先进	上海精嘉阀门制造有限公司	2001 年
超临界截止阀 J61Y—P_{57} 21V	公称通径：DN10～32mm 最高工作压力：210MPa 使用温度：570℃	国内先进	南通市电站阀门有限公司	2001 年
球面密封截止阀 JQ961Y / JQ61Y —P_{55}—170V JQ961Y / JQ61Y —320	公称通径：DN10～50mm 工作压力：170MPa 使用温度：550℃	国内先进	南通市电站阀门有限公司	2001 年
全自动水封逆止阀 SFNZF—0.5C	公称通径：DN500～2600mm 公称压力：PN0.5～0.1MPa 适用温度：≤90℃ 单程启闭：6～15s	国际先进水平	江苏神通阀门有限公司	2001 年
快速节流阀 电动闸阀 水压试验堵阀	配套 200MW 发电站 300MW 发电站主给水 主蒸汽及再热器管通	国内领先	青岛电站阀门厂	2001 年
双向密封金属密封蝶阀 DH3F504/47	公称通径：DN100～2 000mm 公称压力：PN0.6、1.0、1.6MPa	专利产品	武汉亚美蝶阀制造有限公司	2001 年
燃气球阀 YQ41F(641F)—16(25、40)	公称压力：PN1.6、2.5、4.0MPa 公称通径：15～150mm 适用温度：－30℃～150℃	国内先进	广东明珠集团股份有限公司	2001 年
长输管线球阀 FQ647F—16(25、40)	公称压力：PN1.6、2.5、4.0MPa 公称通径：DN250～600 适用温度：－46～150℃	国内先进	广东明珠集团股份有限公司	2001 年
QT 系列部分回转阀门电动装置	IP67 力矩：40～12000Nm	国内先进	天津百利二通机械有限公司	2001 年
智能型阀门电动装置控制系统	现场总线控制 远程集成控制	国内先进 国内空白	天津百利二通机械有限公司	2001 年
撑开式硬密封球阀 TZQH—DN50～500	公称压力：1.6、2.5、4.0、6.4MPa 公称通径：DN50～500mm 使用温度：t≤650℃ 介质：水蒸气、油品或酸类	达到国内先进 获国家两项专利	浙江石化阀门有限公司	2001 年
GT 系列部分回转气动装置	输出：0°～90° 气源压力：0.4～0.6MPa	国内先进	天津百利二通机械有限公司	2001 年
OOM 系列多回转阀门电动装置	IP67 大触点开关 力矩：50～2 400Nm	国内先进	天津百利二通机械有限公司	2001 年
负压安全阀 FA72	公称压力：PN1.0～2.5MPa 公称通径：DN15～200 适用温度：≤200℃ 开启压力：0.001～0.09MPa	国内领先	浙江超达阀门股份有限公司	2001 年
对夹式止回阀 H71、H76	公称压力：PN10.0～42.0MPa 公称通径：DN15～500mm 适用温度：≤425℃	国内领先	浙江超达阀门股份有限公司	2001 年
金属硬密封提升式旋塞阀 TX41、TX61	公称压力：PN1.6～16.0MPa 公称通径：DN40～600mm 适用温度：≤500℃	国内领先	浙江超达阀门股份有限公司	2001 年
金属硬密封高温球阀 Q41Y Q347Y BQ41Y	公称压力：PN1.0～25.0MPa 公称通径：DN15～600mm 适用温度：≤540℃	国内领先	浙江超达阀门股份有限公司	2001 年
组合三通阀 YQ44F	公称压力：PN≤4.0MPa 公称通径：DN25mm 适用温度：≤180℃	国内领先	浙江超达阀门股份有限公司	2001 年

（续）

新产品名称、型号、规格	主要技术参数	技 术 水 平	研 制 单 位	完成时间
偏心旋塞阀 X43X	公称压力：PN1.0～4.0MPa 公称通径：DN25～350mm 适用温度：≤200℃ 适用介质：水、蒸汽、油品、剧毒易燃气（液）体、硝酸	国内领先	良精集团阀门有限公司	2001年
高压油田专用注水阀 GPD25G22C	公称压力：PN10.0～40.0MPa 公称通径：DN50～150mm 适用温度：≤150℃ 适用介质：水、油、泥浆等	国内领先	良精集团阀门有限公司	2001年
高性能波纹管截止阀 WJ41H	公称压力：PN0.6～4.0MPa 公称通径：DN10～300mm 适用温度：≤350℃ 适用介质：水、蒸汽、油品、剧毒易燃气（液）体、硝酸	国内领先	良精集团阀门有限公司	2001年
嵌式高性能密封截止阀 J41F	公称压力：PN1.6～16.0MPa 公称通径：DN10～300mm 适用温度：≤150℃ 适用介质：水、蒸汽、油品、酸类	国内领先	良精集团阀门有限公司	2001年
大口径硬密封球阀 QB941H64～100 DN600～700	公称压力：PN4.0～10.0MPa 公称通径：DN600～700mm	国内先进水平达到国际领先水平，其中：QB947H100DN600填补国内空白	开封高压阀门厂	2001年
NP工程自然循环阀样机研制		国内先进	中核苏阀科技实业股份有限公司	2002年
高性能插板阀 YEF943X—2.5	公称通径：DN800～2 400mm 工作压力：PN0.25MPa 适用温度：≤600℃ 适用介质：高炉煤气等 泄漏率：0	国内先进水平	江苏神通阀门有限公司	2002年
放料阀 JF664H(B)—10K	公称通径：DN40～100mm 公称压力：PN0.6MPa 控制：气动	国内领先	杭州华惠阀门有限公司	2002年
蓄能器式0.3s快关蝶阀	公称通径：DN400～1 400mm 公称压力：PN0.6～4.0MPa 快关时间：t≤0.3 使用温度：－29～452℃ 适用介质：水、蒸汽等	国内领先	温州环球阀门制造有限公司	2002年
球面双密封水封闸阀	公称通径：DN25～600mm 公称压力：PN1.6～42MPa 适用介质：水、蒸汽、油品等介质 适用温度：≤425℃	国际领先水平，替代同类进口闸阀	温州环球阀门制造有限公司	2002年
小巧型防水锤缓闭蝶形止回阀	公称通径：DN300～1 600mm 公称压力：PN1.0～6.4MPa 使用温度：－29～452℃	国际同类产品水平	温州环球阀门制造有限公司	2002年
逆止阀 6FHT—10P	公称通径：DN6mm 公称压力：PN1.0MPa 气密性试验压力：0.6MPa 适用温度：－20～80℃　适用介质：SF6气体	达国外同类产品先进水平	阜宁中洲阀门有限公司	2002年
6″21A23C耐磨损闸阀	公称通径：DN6in 公称压力：150b 气密性试验压力：0.6MPa 适用温度：≤425℃ 适用介质：水、油、蒸汽等	优于国内同类产品先进	阜宁中洲阀门有限公司	2002年
亚临界高温高压截止阀 100J61Y—P_{54}170V—1	DN：100mm PN：17MPa 气密性试验压力：21.3MPa 适用温度：≤540℃ 适用介质：水、蒸汽等	国内领先	阜宁中洲阀门有限公司	2002年

(续)

新产品名称、型号、规格	主要技术参数	技术水平	研制单位	完成时间
注油器 A—4525—002	PN:30MPa 气密性试验压力:0.6MPa 适用温度:-50~200℃ 适用介质:腐蚀介质	国内领先	阜宁中洲阀门有限公司	2002年
耐腐蚀型气瓶阀 QF-21A	PN:15.0MPa 气密性试验压力:16.5MPa 真空度: 适用温度:-40~60℃ 适用介质:毒性、腐蚀性气体	国内领先	阜宁中洲阀门有限公司	2002年
MM—G 化水取样阀 SS—6NBS—12	DN:6mm PN:32MPa 气密性试验压力:0.6MPa 适用温度:≤550℃ 适用介质:水、蒸汽、等	达到国外同类产品水平	阜宁中洲阀门有限公司	2002年
排泄阀 A—0410	PN:30MPa 气密性试验压力:0.6MPa 适用温度:-50~200℃ 适用介质:腐蚀介质	达到国内同类产品水平	阜宁中洲阀门有限公司	2002年
平转蝶阀 PC341H—16C	公称通径:DN500~1 200mm 公称压力:0.25、0.6、1.6、2.5MPa 工作温度:≤425℃ 双向零泄露,耐磨耐腐蚀,寿命长	国内首创	浙江天胜阀门有限公司	2002年
大口径旋塞阀 XSF~10	公称通径:DN100~1 200mm 公称压力:PN1.0MPa 带启动装置	国内空白	武汉亚美蝶阀制造有限公司	2002年
导杆球阀 QQ47H—16(25、40)	公称通径:DN50~300mm 公称压力:PN1.6、2.5、4.0MPa 适应温度:-29℃~425℃	国内领先	广东明珠集团股份有限公司	2002年
弹性球金属密封球阀 SQ41Y—16(25、40)	公称通径:DN50~300mm 公称压力:PN1.6、2.5、4.0MPa 适应温度:-29~425℃	国内领先	广东明珠集团股份有限公司	2002年
天然气注醇雾化装置 GDW 系列	公称通径:DN40~300mm 公称压力:PN10~32MPa	专利产品达国际水平	西安泵阀总厂	2002年
绝缘接头 JYG 系列	公称通径:DN80~600mm 公称压力:1.6~10.0MPa	填补国内空白	西安泵阀总厂	2002年
环保型弹性软密封防盗闸阀 HFZ45X $\frac{10}{16}$DN50~400	公称压力:PN1.0、1.6MPa 适用介质:清水、污水 适用温度:≤80℃	国内先进并获国家实用新型专利	四川省邛崃阀门制造有限公司	2002年
300MW、600MW 电站主蒸汽管用 P91 焊接管电动闸阀 Z960Y3000CLC9Ⅱ DN:22in	压力级:3000CL 公称通径:DN22in 工作温度:546℃ 工作压力:18、24MPa	填补国内空白国内领先	开封高压阀门厂	2002年
轨道式球阀 Qg41H25 DN200	公称压力:PN2.5MPa 公称通径:DN200mm	国内领先	开封高压阀门厂	2002年
DCHP 型自控金属密封蝶阀	公称压力:PN2.0MPa(150CL) 公称通径:DN80~1 200mm (4~48 英寸) 使用温度:-29~350℃	国内先进水平	上海耐莱斯·詹姆斯伯雷阀门有限公司	2002年
生物抗菌隔膜阀 SKEG 型 DN6~200	公称压力:PN≤1.6MPa 阀体流道表面粗糙度达到 $Ra0.8\mu m$	填补国内空白达国际先进水平	上海阀门五厂	2003年
邦朗水电站底孔高压闸门 FZT—19M	规格 1.4m×3.45m 1.4m×3.75m 最高档水位:199.5m 设计档水位:117m 操作水位:77.5m	填补国内空白处于国际先进国内领先水平	铁岭阀门股份有限公司制造 昆明勘测设计院设计	2003年

（续）

新产品名称、型号、规格	主要技术参数	技术水平	研制单位	完成时间
高压大口径金属复合密封球阀 Q941H64～100 DN600～700	公称压力：PN4.0～10.0MPa 公称通径：DN600～700mm	国内领先	开封高压阀门厂	2003年
CM型在线维护管线球阀	公称压力：PN2.0～10.0MPa (150～600CL) 公称通径：DN50～500mm (2″～20″) 使用温度：-29～250℃	国际先进水平	上海耐莱斯·詹姆斯伯雷阀门有限公司	2003年
弹性座封闸阀	公称压力：PN1.6MPa 公称通径：DN50～300mm	国内先进	上海耐莱斯·詹姆斯伯雷阀门有限公司	2003年
0.3s快关蝶阀 DN500 DN200	公称压力：1.6～2.5MPa 公称通径：DN500 DN200mm 工作温度：-29～425℃	国内先进	上海标一阀门厂	2003年
硬密封球阀		国内先进	中核苏阀科技实业股份有限公司	2003年
调节阀		国内先进	中核苏阀科技实业股份有限公司	2003年
405工程高真空耐压阀		国内先进	中核苏阀科技实业股份有限公司	2003年
上装式核电球阀 $H_2Q_SG_W1F$—150RL	公称通径：DN25～100mm 公称压力：PN2.0MPa 核安全级：2级、3级 抗地震加速度：水平 X、Z 方向4g垂直 Y 方向4g 抗辐射累积剂量4×104Gy 使用寿命：40年	国际先进水平	江苏神通阀门有限公司	2003年
管线球阀 CQ47F	公称通径：DN50～700mm 公称压力：PN1.6～10.0MPa 全通径，防火，防静电、内固定式 带现场紧急密封和排污 自动超压排放	国际20世纪90年代末水平	浙江保一阀门集团有限公司	2003年
多功能水泵控制阀 J745X—$\frac{1.0}{1.6}$	公称通径：DN100～800mm 公称压力：PN1.0、1.6MPa	专利产品	武汉亚美蝶阀制造有限公司	2003年
单向金属密封球阀 DQ41H—16(25、40)	公称通径：DN15～300mm 公称压力：PN1.6、2.5、4.0MPa 适用温度：-29～425℃	国内领先	广东明珠集团股份有限公司	2003年
清管阀 PV系列	公称通径：DN50～500mm 公称压力：PN1.6～16.0MPa	专利产品 填补国内空白	西安泵阀总厂	2003年
AP1标准锻钢球阀 Q347系列	公称通径：DN250～500mm 公称压力：PN6.4MPa	国内领先	西安泵阀总厂	2003年

阀门分会科研成果

项目名称	经济效益	技术水平	奖项名称	获奖等级	研制单位	完成时间
1 500b级高温高压Y型波纹管截止阀 CBHJ65C—1500V		消化吸收国内外先进技术标准基础上开发新产品	国家重点新产品奖	国家级	大连大高阀门有限公司	2001年
200b级低温波纹管氯气阀 CBJ41C—300CL—JS		填补了国内空白，达国际20世纪90年代中期水平	国家重点新产品奖	三等奖	大连大高阀门有限公司	2001年
带导流孔抗硫平板闸阀 CKZ43F(D)—160		达国际20世纪90年代中期水平，取得替代国外同类产品的资格	辽宁省优秀新产品奖	三等奖	大连大高阀门有限公司	2001年

（续）

项目名称	经济效益	技术水平	奖项名称	获奖等级	研制单位	完成时间
电站球面密封截止阀		国内领先	省高新技术产品		南通市电站阀门有限公司	2001年
智能化应急快速切断阀	创利税240万元	国际领先	南通市科技进步奖	二等奖	江苏神通阀门有限公司	2001年
燃气球阀	6 000万元	国内领先	列火炬计划获广东省优秀新产品	二等奖	广东明珠集团股份有限公司	2001年
燃气注醇雾化装置	250万元	国家专利，国内空白			西安泵阀总厂、辽河石油勘探设计研究院	2001年
工业阀门CAD系统	每年为企业创造600万元效益	行业领先	河南省机械工业科技进步奖、河南省优秀新技术奖	二等奖 三等奖	开封高压阀门厂	2001年
大口径工业用新型系列耐磨陶瓷阀门	经济效益1 000万元	国际先进	科技型中小企业创新基金		天津市圣恺工业技术发展有限公司	2002年
全自动水封逆止阀	创利税190万元	国际先进	南通市科技进步奖	二等	江苏神通阀门有限公司	2002年
高性能插板阀	创利税267万元	国际先进	南通市科技进步奖	三等	江苏神通阀门有限公司	2002年
减温减压装置	年产量2 500t产值1.3亿元		浙江省重点科研项目	重点科研成果	温州环球阀门制造有限公司	2002年
三偏心复合阀 金属密封蝶阀		达国际同类产品水平，获国家实用新型专利	中国机械工业科技奖	三等	天津塘沽瓦特斯阀门有限公司	2002年
1 200℃高温调控蝶阀		填补国内空白并报专利	中国机械工业科技奖	三等	宣达实业集团有限公司	2002年
密封球阀		填补国内空白获国家实用新型专利	中国机械工业科技奖	三等	上海浦东汉威阀门有限公司	2002年
亚临界高温高压截止阀100J61Y—P_{54} 170V—1	净增产值1 960万元、其中利润207万元	达国内领先水平	江苏省科技进步奖	三等	辽宁省中洲阀门有限公司	2003年
阀门组自控的设计和应用	实现在一个库区内阀门的自动化控制和在线监控、节省人工资源提高工艺生产率为厂创经济效益270万元				浙江保一阀门集团有限公司	2003年
大口径清管阀	450万元	国家专利，填补国内空白			西安泵阀总厂	2003年
多级流量调节阀特制研究	300万元	国内领先			西安泵阀总厂与交通大学合作	2003年

2001～2003年阀门分会获国家、部、省级奖产品

产品名称型号规格	奖项名称	获奖等级	获奖单位	获奖年份
三偏心复合圈金属密封蝶阀	2001年国家重点新产品	国家级	天津塘沽瓦特斯阀门有限公司	2001年
1 500b级高温高压Y型波纹管截止阀CBHJ65C—1500V	国家重点新产品奖	国家级	大连大高阀门有限公司	2001年
300b级低温波纹管氯气阀CBJ41C—300CL—JS	国家重点新产品奖、市政府科学技术进步奖	科技市三等奖	大连大高阀门有限公司	2001年
GK型管线球阀	上海市优秀新产品	二等奖	上海耐莱斯·詹姆斯伯雷阀门有限公司	2001年
带导流孔抗硫平板闸阀CKZ43F(D)—160	辽宁省优秀产品奖	三等奖	大连大高阀门有限公司	2001年
电站球面密封截止阀	江苏省高新技术产品	省级	南通市电站阀门有限公司	2001年

（续）

产品名称型号规格	奖项名称	获奖等级	获奖单位	获奖年份
智能化应急快速切断阀	国家级重点新产品、南通市科级进步奖	二等	江苏神通阀门有限公司	2001 年
铜阀门	浙江省名牌产品	省级	宁波埃美柯铜阀门有限公司	2001 年
闸阀系列	浙江省优质产品	省级	浙江正华阀门厂	2001 年
燃气球阀 YQ41F—16C DN150	广东省优秀新产品	三等奖	广东明珠集团股份有限公司	2001 年
D_B 型偏心法兰蝶阀	中国机械工业科学技术奖	三等奖	天津塘沽瓦特斯阀门有限公司	2001 年
金属密封蝶阀 D343H25 DN300	河南省机械工业科学技术奖	二等奖	开封高压阀门厂	2001 年
软密封明杆闸阀 Z41X—6/10/16 DN40—600	2002 年度国家重点新产品	国家级	天津塘沽瓦特斯阀门有限公司	2002 年
新型套筒式陶瓷调节阀 ZJHMC	国家重点新产品、上海国际工业博览会	银奖	天津市圣恺工业技术发展有限公司	2002 年
T 型三通球阀 Q45F—16P DN50.65	国家重点新产品奖	国家级	大连大高阀门有限公司	2002 年
GK 型管线球阀	国家级重点新产品试产计划		上海耐莱斯·詹姆斯伯雷阀门有限公司	2002 年
DCHP 型自控金属密封蝶阀	上海市优秀新产品、上海高新技术成果转化项目	三等奖	上海耐莱斯·詹姆斯伯雷阀门有限公司	2002 年
全自动水封逆止阀	国家级重点新产品、南通市科技进步奖	二等奖	江苏神通阀门有限公司	2002 年
美式蝶阀	全国质量稳定合格产品		武汉亚美蝶阀制造有限公司	2002 年
闸阀 Z41/44W/45 (T)—10 DN50—400	省优质产品	省级	贵阳贵标阀门制造有限责任公司	2002 年
希斯威牌蝶阀（液控、金属硬密封）产品	湖南省名牌产品	省级	长沙市阀门厂	2002 年
三偏心复合圈金属密封蝶阀	中国机械工业科学技术奖	三等奖	天津塘沽瓦特斯阀门有限公司	2002 年
智能化应急快速切断阀	中国机械工业科学技术奖	三等奖	江苏神通阀门有限公司	2002 年
1 200℃高温调控蝶阀	中国机械工业科学技术奖	三等奖	浙江宣达实业集团有限公司	2002 年
大口径硬密封蝶阀	河南省优秀新产品奖	二等奖	开封高压阀门厂	2002 年
密封球阀研制	中国机械工业科学技术奖	三等奖	上海浦东汉威阀门有限公司	2002 年

2001～2003 年阀门分会新技术、新工艺、新材料应用情况

项目名称	主要技术参数（或技术水平）	经济效益（万元）	研制单位	完成时间
新型结构陶瓷材料	国际先进	1 000 万元	天津市圣恺工业技术发展有限公司	2001 年
C12 新钢种研制	国内先进		中核苏阀科技实业股份有限公司	2001 年
阀门低温试验装置的设计与制造	国内先进		中核苏阀科技实业股份有限公司	2001 年
高温灰渣阀	介质：灰渣 温度：≤900℃ 材质：HK30 采用标准：ASTM A351	200 万元	杭州华惠阀门有限公司	2001 年
表面除铅	达到表面无铅	92 万元	浙江桐庐阀门总厂	2001 年
气动球阀快关技术	球阀关闭时间小于 1s	3 000 万元	广东明珠集团股份有限公司	2001 年
GDW 雾化器喷嘴研制	强旋转功能，强条流脉动环状雾化角形成，达国际水平	250 万元	西安泵阀总厂	2001 年
清管阀球体研磨装置	研磨球体直径≤ϕ1 100mm 表面粗糙度 R_a1.6μm 圆度：≤0.08mm 国内先进水平	1.5 万元	西安泵阀总厂	2001 年
三偏心硬密封蝶阀试制	工艺突破口：阀座及蝶板的加工 工艺方案：改变传统加工方法采用同一装备法。填补国内空白	1 万元	西安泵阀总厂	2001 年

（续）

项　目　名　称	主要技术参数(或技术水平)	经济效益(万元)	研　制　单　位	完成时间
DN500新结构球阀及100、150再循环调节阀试制	工艺突破口:形状位置公差和深孔加工 工艺方案:采用研磨装置,分散加工方法填补空白		西安泵阀总厂	2001年
邦朗水电站底孔高压闸门焊接、加工及振动时效工艺	大型水闸大断面复合板材壳体的焊接,加工及振动时效处理。国内领先	605万元	铁岭阀门股份有限公司	2002年
硬质合金	硬度达52HRC达国内先进水平	200万元	大连大高阀门有限公司	2002年
大口径低磅级阀门刚体分析及改进	国内先进		中核苏阀科技实业股份有限公司	2002年
C9与P91管的对接焊	国内先进		中核苏阀科技实业股份有限公司	2002年
BW端阀门工艺攻关	国内先进		中核苏阀科技实业股份有限公司	2002年
阀门密封面青铜堆焊工艺实施	国内先进		中核苏阀科技实业股份有限公司	2002年
抗硫气动、手动双联闸阀	设计采用窄密封面,实现了高压气密封。在结构设计,材料选用,材料技术要求的制定,以及在焊接热处理等关键工序皆采用和贯彻国际先进标准,从而实现了"抗硫产品"的功能,大口径气缸及缓冲机构设计,实现了阀门快速启闭,达到国际先进水平	760万元	无锡锡山阀门厂	2002年
超音速喷涂碳化钨	国内先进	80万元	江苏神通阀门有限公司	2002年
阀门装配生产线体一	线体一总长度为17.58m,共设22辆台车呈环形分布,台车有效尺寸为600mm×400mm,高度为450mm;恒转矩交流调速电动机,功率选用2.2kW,运行速度在0.2～2m/min范围内可任意调节,也可实现节拍慢流;生产线电控采用接触集中控制	年产414t,产值1 025万元	温州环球阀门制造有限公司	2002年
阀门装配生产线体二	线体二总长度为17.58m,共设24辆台车量环形分布,台车有效尺寸为500mm×300mm,高度为600mm,恒转矩交流调速电动机功率选用1.5kW范围任意调节,也可实现节拍慢流,生产线电控采用接触集中控制	年生产356t,产值902万元	温州环球阀门制造有限公司	2002年
减温减压装置	进口蒸汽压力:$P_1 \leqslant 3.82MPa$, $t_1 \leqslant 450℃$ 出口流量Q:减温减压装置出口流量Q的变化范围为30%～100%Q,在此范围内调节比较理想 出口蒸汽压力P_2的调节精确度不低于2.5级 出口蒸汽温度t_2的调节精确度不低于2.5级 噪声:在正常运行时,在减温减压阀下游1m,同时距管壁1m处测噪声$<85dB$	年产2 500t,产值5 963万	温州环球阀门制造有限公司	2002年
蝶阀密封圈塔式夹具	蝶阀DN100～400mm加工用一组夹具,可完成三道工序	节约工时,年增益50万元	浙江天胜阀门有限公司	2002年
铸件毛坯采用消失模铸造	国内领先水平	300万元	武汉亚美蝶阀制造有限公司	2002年
堵阀DN700喷涂耐蚀密封面工艺	氧炔焰为中性焰	20万元	武汉锅炉集团阀门有限责任公司	2002年
弹性球金属密封球阀及导杆球阀中的双滚轮装置	国内领先	2 000万元	广东明珠集团股份有限公司	2002年
平板闸阀闸板喷焊Ni基合金试验	提高密封面抗擦伤性能,减少启闭力矩,行业先进		西安泵阀总厂	2002年

（续）

项 目 名 称	主要技术参数(或技术水平)	经济效益(万元)	研 制 单 位	完成时间
三体式锻钢球阀工艺改进	降低加工难度,节约工装		西安泵阀总厂	2002年
三偏心金属硬密封蝶阀密封圈成形工艺	双向密封达到GB/T13927渗漏量标准	360万元	铁岭阀门股份有限公司	2003年
斜座止回阀密封面加工工艺	使密封符合国家标准要求达到国际先进水平	165万元	铁岭阀门股份有限公司	2003年
防泥沙蝶阀密封面材料及加工工艺	此种超硬密封材料国内首创漏量符合国家标准	300万元	铁岭阀门股份有限公司 中科院沈阳金属研究所	2003年
高磅级阀门整体锻造1 500～2 500b级	国内先进水平	1 000万元	大连大高阀门有限公司	2003年
硬密封球阀DN2.5～10.0MPa	国内先进水平	200万元	大连大高阀门有限公司	2003年
数控车床	加工密封件	100万元	大连大高阀门有限公司	2003年
真空冶炼特种合金	国内先进	120万元	江苏神通阀门有限公司	2003年
悬挂链式阀门烘漆工艺生产线	输送线总长:56.8m 线体转弯半径:$R=660mm$ 工件输送速度:$v=0.35\sim3.5m/min$ 吊点承重量:≤500kg 输送链型号:WY—PX—160 负载滑架节距:1.60m 吊具数:94只	年增产682t 产值2 231万元	温州环球阀门制造有限公司	2003年
阀门清洗生产线	工件最大尺寸为0.65m×0.65m×0.7m,工作最大重量为500kg,清洗生产线的节拍时间,按悬挂输送机的设计速度为1m/min计时	年增产321t 产值625万元	温州环球阀门制造有限公司	2003年
WC9与P91异种钢焊接工艺	用于300MW以上参数的火电机组ASTMA335—P91主蒸汽管道的各类电站阀门	500万元	青岛电站阀门厂	2003年
激光焊接	用于深孔焊接获湖北省科技成果奖	30万元	武汉锅炉集团阀门有限责任公司	2003年
等离子喷涂陶瓷在阀门密封面的应用	≥55HRC	1 500万元	广东明珠集团股份有限公司	2003年
超音速喷涂在阀门行业的应用及产业化	≥70HRC	1 500万元	广东明珠集团股份有限公司	2003年
清管阀门主体有限元分析论证	行业领先	450万元	西安泵阀总厂	2003年

2001～2003年阀门分会技术引进、合作生产情况

项 目 名 称	合同号(签订日期)	项目接受单位	项目引进、合作方、国别、单位	项目主要内容	项目类别	消化吸收和批量生产情况
管线球阀的引进和国产化	2002年	浙江保一阀门集团有限公司	美国泰克流体控制有限公司	管线球阀的技术引进	技术引进	引进技术已全面吸收消化转化为国产化,并已全面应用到国家西气东输和城市天然气输配管线中,取得良好的社会和经济效益
山西万家寨引黄工程减压阀	WJA—SLV—14008 2003年3月26日日签订	长沙市阀门厂	日本栗本铁工所	生产大型,大流量,压力调节阀	合作生产	该项目为设计,生产国际水平高科技含量产品。通过合作生产,为国内大型引进工程提供技术储备,已为山西万家寨引黄工程提供6台DN1400、PN10MPa的阀门,并已正常运行

（续）

项 目 名 称	合同号（签订日期）	项目接受单位	项目引进、合作方、国别、单位	项目主要内容	项目类别	消化吸收和批量生产情况
大口径低压阀门 大蝶阀 方闸阀 斜座止回阀(带阻尼) 斜座止回阀 Y型过滤器	 2003TMK001 2003TMK004 2003TMK005 2003TMK006 2003TMK003	铁岭阀门股份有限公司	美国酋玛克国际公司	合作生产低压大口径蝶阀、闸阀、止回阀、水闸等	合作生产	从2003年1~8月消化吸收美国阀门技术5项，总计生产阀门209台，产值18万美元，全部销往美国
减温减压装置	2003年	温州环球阀门制造有限公司	俄国莫斯科工业科技研究所	需生产设备126套次，需增检测设备31台套	合作生产	项目建成生产，年实现2 500台中温中压减温减压装置
主给水平行闸阀维修	W1—03—01	武汉锅炉集团阀门有限责任公司	英国威尔公司	山东聊城电厂配套阀门维修与调试	合作生产	
疏水阀维修	W1—03—02	武汉锅炉集团阀门有限责任公司	英国威尔公司	陕西渭河电厂配套用阀门维修与调试	合作生产	
进口安全阀调试	W1—03—03	武汉锅炉集团阀门有限责任公司	英国威尔公司	山东胜利油田厂配套用阀门维修与调试	合作生产	
进口调节阀调试	W1—03—04	武汉锅炉集团阀门有限责任公司	英国威尔公司	湖南株洲电厂配套用阀门维修与调试	合作生产	
进口安全阀调试	W1—03—05	武汉锅炉集团阀门有限责任公司	英国威尔公司	山东胜利油田电厂配套用阀门维修与调试	合作生产	

中国通用机械工业年鉴

CHINA GENERAL MACHINERY INDUSTRY YEARBOOK

2004

第Ⅵ部分

质量

进入市场的通行证

质　量

通过ISO质量体系认证的企业

通过API、CE、ASME质量体系认证的企业

泵业分会通过ISO9000质量体系认证企业

序号	取证企业名称	认 证 模 式	认 证 机 构	认证时间
1	沈阳水泵股份有限公司	ISO 9001:2000	中国新时代质量体系认证中心	2003.12.10
2	浙江真空设备集团有限公司	ISO 9001:2000	浙江省质量体系认证中心	2003
3	河北省武安市宏泰机械泵业有限公司	ISO 9001:2000	中国船级社质量认证公司	2001.10
4	哈尔滨泵业股份有限公司	ISO 9001:2000	中国进出口质量认证中心	2001
5	哈尔滨第二水泵厂	ISO 9001	北京九千标准质量体系认证中心	2000
6	石家庄泵业集团有限责任公司	ISO 9001:2000	华信技术检验有限公司	2001.11
7	大连大耐泵业有限公司	ISO 9001:2000	北京华信技术检验有限公司	2002.05
8	自贡市工业泵股份有限公司	ISO 9001:2000	中国质量认证中心	2002.09
9	山东博泵科技股份有限公司	ISO 9001:2000	中国机械工业质量体系认证中心	2002
10	无锡市锡泵制造有限公司	ISO 9001:2000	中质协质量保证中心	2002.07
11	广东省佛山水泵厂有限公司	ISO 9001:2000	华信技术检验有限公司	2002.06
12	唐山市水泵厂	ISO 9001:2000	“赛宝”质量体系认证中心	2002.05
13	广州广一集团广州市第一水泵厂	ISO 9001:2000	挪威船级社	2002.09
14	石首水泵厂	ISO 9001:2000	环通认证中心有限公司(深圳质量中心)	2002.09
15	赤峰宇太工业泵制造有限公司	ISO 9001:2000	北京新世纪认证中心	2002.11
16	安徽莱恩电泵有限公司	ISO 9001:2000		2000
17	本溪水泵有限责任公司	ISO 9001:2000	中联认证中心	2004.01
18	浙江丰球股份有限公司	ISO 9001:2000	浙江质量体系审核中心	2002
19	浙江丰球股份有限公司	ISO 9001	中国环境科学研究所,环境管理体系认证中心	2001.07.18
20	常州市东申水泵厂	ISO 9002	北京天一正质量体系认证中心	2000.02.25
21	淄博水环真空泵厂	ISO 9001	中国方圆标志认证委员会质量认证中心	2003.05.15
22	浙江华明电机有限公司	ISO 9002		2000.10
23	保定水泵厂	ISO 9001	美国(American Systems Registrar)	2001.08
24	丹东恒量泵业有限公司	ISO 9002	东北质量体系审核中心	2000.10.24
25	山东双轮集团股份有限公司	ISO 9001:2000	中国方圆标志认证委员会质量认证中心	2003.12.29

风机分会通过质量体系认证企业

序号	企 业 名 称	认 证 模 式	发 证 机 构	取证时间
1	沈阳鼓风机(集团)有限公司	ISO9001:2000	北京华信技术检验有限公司	2002.12
		ISO9001	FMRC(美国工厂研究会)	1996.05
2	沈阳铁扇风机制造有限责任公司	ISO9001:2000	北京华信技术检验有限公司	2002.12
3	沈阳人民风机厂	GB/T19001—ISO9001	中国机械工业质量体系认证中心	1999.10
4	沈阳通风机有限公司	GB/T19002—ISO9002	东北质量认证中心	2000.12
5	沈阳川益集团公司	GB/T19002—ISO9002	中国方圆标志认证委员会质量认证中心	2000.08
6	鞍山风机厂	GB/T19001—ISO9001	兴原质量认证中心	1999.11
7	鞍山市风机二厂	ISO9001:2000	深圳质量认证中心北方中心	2003.04
8	营口市鼓风机厂	ISO9001:2000	北京恩格威质量体系认证中心	2003.01
9	吉林市鼓风机厂	GB/T19001—ISO9001	北京华信技术检验有限公司	2000.06
10	吉林市亚星电站辅机有限公司	ISO9001:2000	GRS Registrarsinc 美国西尔斯认证注册公司	2002.09
11	四平金丰股份有限公司	ISO9001:2000	长城(天津)质量保证中心	2003.09
12	哈尔滨哈暖环境工程设备有限公司	ISO9001:2000	挪威船级社、英国劳氏质量认证有限公司	2003.07
13	肇东市风机制造总厂	ISO9001:2000	中国进出口商品检验总公司质量认证中心	2002.11
14	肇东松辽风机厂	ISO9001:2000	中联认证中心	2003.08
15	陕西鼓风机(集团)有限公司	ISO9001:2000	中国质量协会质量保证中心	2002.11
16	西安风机厂	ISO9001:2000	北京新世纪质量体系认证中心	2002.07
17	西安凯瑟通风设备有限公司	GB/T19001—ISO9001	SGS 雅斯利国际认证服务公司	2001.01
18	北京当代复合材料有限公司	ISO9001:2000	中诚体系认证中心	2002.07
19	天津市鼓风机总厂	ISO9001:2000	北京新世纪认证公司	2002.10
		ISO9001:2000	英国国家质量保证有限公司	2003.03
20	天津市通风机厂	GB/T19001—ISO9001	长城(天津)质量保证中心	1997.10

（续）

序号	企业名称	认证模式	发证机构	取证时间
21	天津市暖风机总厂	ISO9001:2000	长城(天津)质量保证中心	2003.11
22	天津市通风除尘设备厂	ISO9001:2000	长城(天津)质量保证中心	2001.12
23	石家庄市风机厂有限责任公司	ISO9001:2000	北京九千标准质量体系认证中心	2003.04
24	呼和浩特市新超风机有限公司	ISO9001:2000	兴原质量认证中心	2003.01
25	内蒙古天福风机有限公司	ISO9001:2000	中联认证中心	2002.12
26	宁夏银川风机厂	ISO9001:2000	中国质量认证中心	2003.09
27	甘肃省靖远通风机厂	ISO9001:2000	中国方圆标志认证委员会方圆标志认证中心	2002.11
28	新疆风机有限责任公司	ISO9001:2000	中国进出口商品质量认证中心	2002.09
29	新疆迎宾风机厂	ISO9001:2000	中国进出口商品检验总公司质量认证中心	2003.01
30	上海鼓风机厂有限公司	ISO9001:2000	北京华信技术检验有限公司	2002.10
		ISO9001	FMRC(美国工厂研究会)	1996.04
31	上海鼓风机厂长征分厂	ISO9001:2000	北京新世纪质量体系认证中心	2001.11
32	上海通用风机股份有限公司	GB/T19001—ISO9001	上海质量体系审核中心	2000.11
33	上海德惠特种风机厂	ISO9001:2000	中国质量认证中心	2002.10
34	上海应达风机有限公司	ISO9001:2000	北京世标认证中心	2002.10
35	江苏大通风机股份有限公司	ISO9001:2000	中联认证中心	2003.02
36	南通金通灵风机有限公司	ISO9001:2000	中联认证中心	2003.02
37	南通市恒荣机泵厂	ISO9001:2000	中国质量认证中心	2002.12
38	无锡中策机电设备有限公司	ISO9001:2000	广东赛宝质量体系认证中心	2003.03
39	无锡市苏风通风机有限公司	GB/T19002—ISO9002	上海质量体系审核中心	1998.11
40	无锡耀新通用机械有限公司	ISO9001:2000	广东赛宝质量体系认证中心	2002.12
41	常熟市鼓风机有限公司	ISO9001:2000	北京大陆航星质量认证中心	2002.11
42	张家港市英德利空调风机有限公司	GB/T19002—ISO9002	英国摩迪国际认证有限公司	2000.12
43	江阴市宏达风机有限公司	GB/T19001—ISO9001	中国船级社质量认证公司	2001.12
44	宁波风机有限公司	ISO9001:2000	CKC 中国质量认证中心	2003.08
45	杭州科星鼓风机有限公司	ISO9001:2000	深圳质量认证中心	2003.10
46	余姚风机总厂	ISO9001:2000	英国英特安(苏州)认证服务有限公司	2001.08
47	浙江上风实业股份有限公司	GB/T19001—ISO9001	法国 BVQI 及浙江质量体系审核中心	1998.03
48	上虞市明新风机制造有限公司	ISO9001:2000	深圳质量认证中心	2002.09
49	上虞市五星风机厂	ISO9001:2000	浙江质量认证有限公司	2002.12
50	浙江大丰风机电器有限公司	ISO9001:2000	浙江质量认证有限公司	2002.12
51	浙江兴益风机电器有限公司	ISO9001:2000	英业捷贝尔国际验证机构	2003.04
52	济南风机厂	ISO9001:2000	中国机械工业质量体系认证中心	2002.02
53	山东省汇丰机械集团总公司	ISO9001:2000	北京华信技术检验有限公司	2003.11
		ISO9001	FMRC(美国工厂共同研究协会)	2003.12
54	山东省德州市玻璃钢制品总厂	GB/T19001—ISO9001	挪威船级社(DNV)	2000.01
55	青岛风机厂	GB/T19001—ISO9001	北京世标质量认证中心	2000.06
56	临沂市风机厂	ISO9001:2000	中国中大华远认证中心	2003.11
57	山东岳尔风机有限公司	GB/T19002—ISO9002	北京华信技术检验有限公司	2000.12
58	安徽安风风机有限公司	ISO9001:2000	北京世标质量认证中心	2003.01
59	福建东亚鼓风机股份有限公司	ISO9001:2000	中国方圆标志认证委员会福建审核中心	2003.08
60	武汉鼓风机厂	ISO9001:2000	中国质量认证中心	2003.03
61	武汉搏力风机有限公司	GB/T19002—ISO9002	中国方圆标志认证委员会质量认证中心	2001.04
62	武汉和平风机有限责任公司	ISO9001:2000	英国贝尔验证机构武汉分公司	2002.04
63	湖北新流鼓风机有限公司	ISO9001:2000	中国质量认证中心(CQC)	2002.03
64	湖北双剑鼓风机制造有限公司	ISO9001:2000	鹏程国际认证中心	2003.07
65	湖北省风机厂	GB/T19001—ISO9001	中国进出口商品质量认证中心	2000.02
66	长沙鼓风机厂有限责任公司	ISO9001:2000	中国质量认证中心(CQC)	2003.12
67	长沙市湘江风机厂	GB/T19001—ISO9001	中国进出口商品质量认证中心	2000.09
68	长沙市湘桥风机厂	ISO9001:2000	EQA 国际认证中心	2001.12
69	湘潭平安电气集团有限公司	ISO9001:2000	北京天一正认证中心	2003.03
70	湖南省湘潭风动机械厂	ISO9001:2000	北京华信技术检验有限公司	2002.12
71	重庆通用工业(集团)有限责任公司	ISO9001:2000	中国质量认证中心	2003.09
72	成都电力机械厂	ISO9001:2000	中质协质量认证中心	2003.02
73	四川望江风机制造有限公司	ISO9001:2000	北京大陆航星质量认证中心	2004.01
74	四川鼓风机有限责任公司	ISO9001:2000	四川三峡认证有限公司	2003.03

（续）

序号	企 业 名 称	认 证 模 式	发 证 机 构	取证时间
75	贵州省鼓风机厂	ISO9001:2000	北京中检联合质量认证中心	2002.12
76	广州风机厂	ISO9001:2000	鹏程国际认证中心	2003.01
77	南海九州普惠风机有限公司	ISO9001:2000	广东质量体系认证中心	2002.01
78	云浮市云丰环保设备有限公司	ISO9001:2000	深圳质量认证中心	2002.11
79	高明市正野电器有限公司	ISO9001:2000		
80	台山港益电器有限公司	ISO9001:2000	GACC审核中心	2002

压缩机分会通过质量体系认证企业

序号	企 业 名 称	质量认证标准	认证日期	认证机构
1	中国人民解放军第四八一二工厂	ISO9002	2001.1	中国新时代认证公司
2	烟台兰星压缩机有限公司	ISO9001	2001.1	中国新时代认证公司
3	余姚通用机器厂	ISO9001	2001.12	
4	余姚大隆空压机配件有限公司	ISO9002	2001.6	北京八一质量认证中心
5	柳州市金象机器制造有限公司	ISO9001	2002.1	深圳质量认证中心
6	自贡机一气体设备有限公司	ISO9001	2001.3	中国机械质量认证中心
7	咸阳压缩机厂	ISO9001	2002.10	中国方园标志委员会
8	宁波镇海机械制造有限公司	ISO9001	2001.12	英国帕尔认证公司
9	泰州晨阳压缩机有限公司	ISO9001:2000	2002	上海兴轻质量认证中心
10	南京华冠压缩机有限公司	ISO9001	2001.6	中国方园标志委员会
11	杭州杭空压缩机有限公司	ISO9001:2000	2001.12	北京埃尔维认证公司
12	扬州成功机械有限公司	ISO9002	2001.1	天一正质量认证中心
13	上海博莱特压缩机有限公司	ISO9002	2001.6	美国思尔公司
14	江西气体压缩机有限公司	ISO9001	2001	中国华信技术检验有限公司
15	杭州嘉美净化设备有限公司	ISO9002	2001	浙江质量体系审核中心
16	温州市建庆实业公司	ISO9002	2001	上海帕尔认证中心
17	黄石长江换热器厂	ISO9001:2000	2001.12	中国船级社质量认证中心
18	佛山市珊瑚压缩机有限公司	ISO9001:2000	2002.1	广东质量体系认证中心
19	无锡力源压缩机有限公司	ISO9001	2002.2	广东质量体系认证中心
20	上海崇江仪表电器有限公司	ISO9001:2000	2002.2	北京世标认证中心
21	天津市压缩机厂	ISO9001:2000	2002.9	北京市兴原质量认证中心
22	河北吴桥空压机有限公司	ISO9001:2000	2002.3	中国质量认证中心
23	上海第五机械有限公司	ISO9001:2000	2002.9	UKAS公司
24	浙江衢州煤矿机械总厂有限公司	ISO9001:2000	2002.9	中国方园标志委员会
25	宁波星箭航天机械厂	GJBISO9001A—2001	2002.9	军工产品质量体系认证委员会
26	五洋压缩机有限公司	ISO9002	2000.7	北京新世纪认证中心
27	江苏劲风压缩机制造有限公司	ISO9001	2002.5	英国摩迪公司
28	浙江乐雁压缩机有限公司	ISO9001	2001.8	上海方圆质量认证中心
29	温州市建庆实业公司	ISO9001:2000	2001.9	中国方圆标志委员会
30	宁波星箭航天机械厂	GJBISO9001A—2001	2002.9	军工产品质量保证体系认证委员会
31	江苏劲风压缩机制造有限公司	ISO9001	2002.5	英国摩迪公司
32	温州荣德气阀有限公司	ISO9001	2002.9	深圳质量认证中心
33	深圳质量认证中心	ISO9001		
34	浙江市威雷特电气有限公司	ISO9001:2000	2002	国际质量体系认证中心
35	中国通用机械工程总公司	ISO9001:2000	2002	中国船级社质量认证中心
36	北京金环压缩机厂	ISO9001:2000	2002.6	中国进出口商品检验公司质量认证中心
37	无锡顺昌塑料厂	ISO9001:2000	2002.4	广东质量体系认证中心
38	鸿友压缩机制造有限公司	ISO9001:2000	2002.9	深圳质量认证中心
39	中国鑫磊工贸有限公司	ISO9001		
40	镇江春环密封件集团有限公司	ISO9001:2000	2003	北京新世纪认证有限公司
41	阜新金昊空压机有限公司	GB/T 19001—2000	2003.7	东北认证有限公司

减变速机分会通过 ISO9000 认证企业

单　位	认 证 模 试	认 证 机 构	年　份
天津减速机股份有限公司	ISO9001:2000	挪威(DNV)船级社	2003
上海减速机械厂有限公司	ISO9001	贝尔国际验证机构上海总公司	1999
广东江门电机股份有限公司	ISO9001	北京华信技术检验有限公司	1999
佛山市星光传动机械有限公司	ISO9002	北京华信技术检验有限公司	1999
浙江通力减速机械有限公司	ISO9002	北京三星九千质量体系认证中心	1997
温州三联集团有限公司	ISO9001	广东赛宝质量体系认证中心	1999
常州减速机总厂	ISO9001	中国机械工业认证中心	1998
宁波市摆线减速机厂	ISO9002	中国进出口商品质量认证中心	2000
浙江博能传动有限公司	ISO9001	上海贝尔质量认证咨询有限公司	2001
浙江飞龙传动有限公司	ISO9001	英国亚士博质量体系验证机构	2001
浙江午马变速机械有限公司	ISO9001	美国贝尔国际验证机构	1999
浙江变速电机有限公司	ISO9002	英国摩迪国际认证有限公司	2000
永嘉县减速机厂	ISO9002	北京九千标准质量体系认证中心	2000
江苏泰隆减速机股份有限公司	ISO9002	中国方圆标志认证委员会质量认证中心	1997
永嘉县浙南减速机厂	ISO9001	英国亚士博质量体系验证机构	2001
泰州市琼花传动机械总厂	ISO9002	北京天一正质量体系认证中心	1999
泰星减速机股份公司	ISO9002	中国方圆标志认证委员会质量认证中心	1996
温岭市变速器厂	ISO9002	北京九千标准质量体系认证中心	1999
武进市牛塘特种轴承厂	ISO9002:2000	中国方圆标志认证委员会质量认证中心	2002
温州青峰机构有限公司	ISO9001	英国摩迪国际认证有限公司	2000
无锡市明友机电工业有限公司	ISO9001	北京新世纪质量体系认证中心	2000
无锡金辉减速机制造有限公司	ISO9001	中国船级社质量认证公司	2000
天津市石化通用机械研究所	ISO9001:2000	中国进出口质量认证中心	2002
永嘉县减速机二厂	ISO9001:2000	国家管理体系认证委员会	2001
温州双联机械有限公司	ISO9001:2000	北京世标认证中心	2003
兰州减速机厂	ISO9001:2000	中国质量认证中心	2003
浙江东方传动机械有限公司	ISO9001:2000	中国质量认证中心	2002
浙江东霸传动有限公司	ISO9001:2000	浙江质量认证有限公司	2003
山东博山减速机厂	ISO9001:2000	北京华信技术检验有限公司	2003
台州清华机电制造有限公司	ISO9001:2000	中国质量认证中心	2003
上海永宏减速机械制造有限公司	ISO9001:2000	中国质量认证中心	2003

分离机械分会通过 ISO9000 质量体系认证企业

序号	企 业 名 称	认 证 模 式	认 证 机 构	认证时间
1	重庆江北机械有限责任公司	ISO 9001:2000	中国质量认证中心	2003.12
2	南京绿洲机器厂	ISO 9001	中国新时代质量体系认证中心	2001.04
3	广州重型企业集团公司	ISO 9001:2000	中联认证中心	2003.12
4	湖南湘潭离心机有限公司	ISO 9001:2000	爱尔维认证公司	2003.12
5	上海化工机械厂	ISO 9001	上海质量体系审核中心	2000.09
6	辽阳制药机械股份有限公司	ISO 9001:2000	中国方圆标志认证委员会质量认证中心	2003.05
7	蚌埠轻化药机有限责任公司	ISO 9001:2000	中国进出口质量认证中心	2002.02
8	无锡通用机械厂有限公司	ISO 9001:2000	中质协质量保证中心	2003.01
9	吉化集团环保产业有限公司	ISO 9001:2000	中质协质量保证中心	2002.07
10	杭州兴源过滤机有限公司	ISO 9001	上海质量体系审核中心	2000.02
11	自贡川滤设备制造有限公司	ISO 9002	北京九千标准质量体系认证中心	1998.11
12	启东海鹰机电集团公司	ISO 9002	江苏质量保证中心	1999.09
13	安庆船用柴油机厂	ISO 9001	中国船级社质量认证公司	2000.10
14	上海远东制药机械公司	ISO 9001:2000	中国方圆标志认证委员会质量认证中心	2003.03
15	南昌中国核工业总公司七二〇厂	ISO 9000:2000	摩迪国际认证有限公司	2003.03
16	连云港化工机械厂	ISO 9001	中国方圆标志认证委员会质量认证中心	2001.08
17	浙江轻机实业有限公司	ISO 9000:2000	万泰认证有限公司	2003.11

（续）

序号	企业名称	认证模式	认证机构	认证时间
18	张家港市牡丹离心机制造有限公司	ISO 9001:2000	中联认证公司	2003.09
19	浙江建华压滤机有限公司	ISO 9001:2000	浙江省质量认证有限公司	2002.02
20	江苏新宏大(集团)公司	ISO 9001:2000	英国 SGS 公司	2002.11
21	江苏靖江赛德力制药机械有限公司	ISO 9001:2000	中国船级社认证机构	2003.11
22	浙江青田特种设备有限公司	ISO 9001	中国方圆标志认证委员会质量认证中心	2000.03
23	陕西汉中变压器有限公司	ISO 9002	中国进出口质量认证中心	2001.08
24	上海市离心机研究所	ISO 9001:2000	DNV 认证机构	2003.04
25	广重离心机制造公司	ISO 9001	中国机械工业质量体系认证中心	1997.01
26	上海市机械研究所	ISO 9001	挪威船级社	2001.06
27	江苏泰恒机械有限公司	ISO 9001		

分离机械分会通过 API、CE、ASME 产品认证企业

序号	取证企业名称	证书编号	API 标准	认证日期
1	南京绿洲机器厂	API 证		
2	杭州兴源过滤机有限公司	CE 证		
3	吉化集团环保产业有限公司	ASME 证		

分离机械分会通过其他体系认证企业

序号	取证企业名称	证书编号	API 标准	认证日期
1	重庆江北机械有限责任公司	ISO 14001	中国质量认证中心	2003.12
		OHSAS 18001	中国质量认证中心	2003.12

气体分离设备分会会员单位认证情况

取证、认证名称及内容	发证机构	取证时间/有效期
开封空分集团有限公司		
GB/T 19001:1994 质量体系	中国机械工业质量认证中心	2000.06.12/2003.06.12
一、二、三类压力容器制造许可证换证及增项 AR_1	中国机械工业质量认证中心	2000.12.31/2005.12.31
ASME U 证书	美国机械工程师协会	2001.04.25(换证)/2004.04.25
压力管道设计、制造许可证(GC 级类)	国家质量监督检验检疫总局	2003.07/2008.07
完成计量检测体系认证	国家质量监督检验检疫总局	1999.01/2004.01
ISO9001:2000 质量管理体系认证	中国机械工业质量认证中心	2004.01/2007.01
四川空分设备(集团)有限公司		
ASME U 证书	美国机械工程师协会	2002.12.06/2006.01.28
ASME U2 证书	美国机械工程师协会	2002.12.06/2006.01.28
ISO9001 质量管理体系认证	中联认证中心	2003.01.14/2006.01.13
GJB/Z9000lA—2000、GJB/Z9001A—2001 军工质量管理体系认证	中联认证中心	2004.01.14/2007.01.13
低温液体运输(半挂)车 3C 认证	中国质量认证中心	2003.07.18/
AR_1、CR_2、DR_4 级压力容器、汽车罐车、低温绝热气瓶制造许可证	国家质量监督检验检疫总局	2000.12.31/2005.12.31
组合安全阀、紧急切断	中国船级社重庆分社	2003.12.16/
压力容器设计资格证书(低、中高压及汽车罐车)	国家质量监督检验检疫总局	2004.04.01/2008.04.01
压力管道设计资格证书(GC 级)	四川省质量监督检验检疫局	2003.05.31/2007.05.31
江西制氧机厂		
AR_1、CR_2 级压力容器制造许可证	国家质量监督检验检疫总局	2000.12.31/2005.12.31
自贡市机械一厂		
ISO9001:1994 质量体系	中国机械工业质量认证中心	2001.03.02/2004.03.02
GJB/Z9001—1996	机械军工产品承制单位质量体系认可证书	2001.02.10/2004.02.10

（续）

取证、认证名称及内容	发证机构	取证时间/有效期
苏州制氧机有限责任公司		
压力管道设计资格	机械工业联合会	2002.08/2007.08
压力容器制造许可证增项，换证（增 C_3）	国家质量监督检验检疫总局	2003.08/2007.08
压力容器设计许可证增项，换证（增 C_3）	国家质量监督检验检疫总局	2003.11/2007.11
计量保证确认复查	江苏省质量技术监督局	2003.12/
邯郸制氧机		
一、二、三类压力容器制造许可证	国家质量监督检验检疫总局	2000.07/2005.07
AR_1 级容器制造许可证	国家质量监督检验检疫总局	2000.12/2005.12
压力管道设计资格证	国家质量监督检验检疫总局	2003.07.09/2008.07.09
压力容器设计资格证（换证）	国家质量监督检验检疫总局	2003.12/1009.12
杭州制氧机集团有限公司		
ISO9001:2000 质量管理体系换证	挪威船级社（DNV）	2001.01/2003.03
ISO9001:2000 质量管理体系换证	挪威船级社（DNV）	2002.11/2005.11
哈尔滨制氧机厂		
ISO9000—1994 质量体系认证年审	北京九千认证中心	2002.06/2005.03
ISO9000:2000 质量管理体系认证	北京华夏认证中心	2003.09.14/2006.09.13
杭州川空通用设备有限公司		
ISO9001:2000 质量管理体系认证	英国 AJA 英特安	2001.11/2004.11
AR_2 级压力容器制造许可证	国家质量监督检验检疫总局	2001.02/2005.12
GC_1 级压力管道安装许可证	国家质量监督检验检疫总局	2003.11/2008.11
CL_2 级（含罐式集装箱）压力容器制造许可证	国家质量监督检验检疫总局	2003.12/2005.12
哈尔滨环保制氢设备工业公司		
ISO9001 质量体系	长城（天津）质量保证中心	2001.01/2003.01
苏州竟立制氢设备有限公司		
ISO9001 质量体系	中国进出口商品质量认证中心	2000.12.18/2002.12.17
四川天一科技股份有限公司		
ISO9001:2000 质量体系	中国新时代质量体系认证中心	2001.05/2003.12
江苏苏净集团有限公司		
ISO9001:2000 质量体系	电子行业质量体系认证委员会	2001.10/2004.10
无锡市雪浪化工填料厂		
ISO9002:1994 质量体系		2000.06.27/2003.06.27
中国空分设备公司		
招标代理机构资格证书	国家经贸委	2001.08.17/2004.08.17
内容：具备技术发行项目设备乙级（预备）招标代理机构资格		
ISO9001 质量体系	深圳质量认证中心	
内容：气体分离、液化、贮运设备、溶解乙炔设备、环保设备及相关部件的咨询、设计、开发、承包、成套和服务		2001.12.19/2004.12619
中国对外经济合作经营资格证书	浙江省对外经济合作厅	
内容：承包境外机电工程和境外国际招标工程；上述境外工程所需的设备、材料出口、对外派遣实施上述工程所需的劳务人员		2001.12.16/2006.12.19
液化空气（杭州）有限公司		
ASME 证书	锅炉和压力容器委员会	2003.12/2007.2
	浙江省特种设备检验中心	
压力容器设计许可证	浙江省质量技术监督局	2003.6/2007.6
压力管道设计证书	国家质量技术监督局	2003.3

第Ⅶ部分

标准

标　准

国家标准

行业标准

泵行业国家标准、行业标准

标准编号	标准名称	采标情况	代替标准
GB/T 3214—1991	水泵流量的测定方法		GB 3214—1982
GB/T 3215—1982	炼厂、化工及石油化工流程用离心泵　通用技术条件		
GB/T 3216—1989	离心泵、混流泵、轴流泵和旋涡泵试验方法	neqISO 2548:1973	GB 3216—1982
GB/T 5656—1994	离心泵　技术条件(Ⅱ类)	nevISO 5199:1986	GB 5656—1985
GB/T 5657—1995	离心泵　技术条件(Ⅲ类)	nevISO 9908:1993	GB 5657~5659—1985
GB/T 5660—1985	轴向吸入离心泵、底座尺寸和安装尺寸	idtISO 3661:1977	
GB/T 5661—1985	轴向吸入离心泵机械密封和软填料用的空腔尺寸	idtISO 3069:1974	
GB/T 5662—1985	轴向吸入离心泵(16bar)标记、性能和尺寸	idtISO 2858:1975	
GB/T 7021—1986	离心泵　名词术语		
GB/T 7782—1996	计量泵	neqAP 1675:1987	GB 7782—1987 GB 7783—1987 GB 9236—1988
GB/T 7784—1987	机动往复泵　试验方法		JB 1054—1981
GB/T 7785—1987	往复泵　分类和名词术语		
GB/T 9096—1988	往复泵噪声声功率级的测定　工程法		
GB/T 9234—1997	机动往复泵		GB 9233—1988 GB 9234—1988 GB/T 13363—1992
GB/T 9235—1988	蒸汽往复泵　试验方法		
GB/T 9481—1988	中小型轴流泵　型式与基本尺寸		
GB/T 10886—1989	三螺杆泵　型式与基本参数		
GB/T 10887—1989	三螺杆泵　技术条件		
GB/T 11473—1989	往复泵　型号编制方法		JB 4134—1985
GB/T 1306—1991	离心泵、混流泵和轴流泵　汽蚀余量		JB 3562—1984
GB/T 13007—1991	离心泵　效率		JB 3559—1984 JB 3560—1984 JB 3563—1984
GB/T 13008—1991	混流泵、轴流泵　技术条件		ZBJ 71009—1988
GB/T 13364—1992	往复泵　机械振动测试方法		
GB/T 13929—1992	水环真空和水环压缩机　试验方法		
GB/T 13930—1992	水环真空和水环压缩机　气量测定方法		
GB/T 14794—1993	蒸汽往复泵		JB 1053—1985 JB 4097—1985
GB/T 16907—1997	离心泵　技术条件(Ⅰ)	eqvISO 9905:1994	
GB/T 18149—2000	离心泵、混流泵和轴流泵　水力性能试验规范精密级	精 eqvISO 5198:1987	
JB/T 443—1992	长轴离心深井泵　技术条件		JB 443—1985
JB/T 1050—1993	单级双吸清水离心泵　型式与基本参数		JB 1050—1984
JB/T 1051—1993	多级清水离心泵　型式与基本参数		JB 1051—1984
JB/T 2727—1993	立式多级筒形离心泵　型式与基本参数		JB 2727—1982
JB/T 3564—1992	长轴离心深井泵　型式与基本参数		JB 3564—1984
JB/T 3565—1993	长轴离心深井泵　效率		JB 3565—1984
JB/T 4297—1992	泵产品涂漆　技术条件		JB 4297—1982
JB/T 5294—1991	大型立式单级单吸离心泵　技术条件		
JB/T 5411—1991	隔膜计量泵用安全阀和补偿阀		
JB/T 5412—1991	隔膜计量泵用隔膜与限制板		
JB/T 5413—1991	混流泵、轴流泵开式叶片　验收技术条件		
JB/T 5414—1991	热水离心泵　技术条件		
JB/T 5415—2000	微型离心泵		JB 3788—1984 JB/T 5415—1991 JB/T 5415.2—1999
JB/T 6433—1992	大、中型立式混流泵　型式与基本参数		
JB/T 6434—1992	输油齿轮泵		
JB/T 6435.1—1992	小型多级离心泵　型式与基本参数		
JB/T 6435.2—1992	小型多级离心泵　技术条件		

（续）

标准编号	标准名称	采标情况	代替标准
JB/T 6436—1992	计量泵调量表		
JB/T 6437—1992	油隔离泵		
JB/T 6534—1992	离心式污水泵　型式与基本参数		JB 2975—1981
JB/T 6535—1992	离心式污水泵　技术条件		JB 2975—1981
JB/T 6536—1992	凝结水泵　技术条件		
JB/T 6537—1992	管道式离心泵　型式与基本参数		
JB/T 6538—1992	往复式增压泵		
JB/T 6878.1—1993	管道式离心泵　型式与基本参数		
JB/T 6878.2—1993	管道式离心泵　技术条件		
JB/T 6879—1993	离心泵铸件过流部位尺寸公差		
JB/T 6880.1—1993	泵用灰铸铁件		
JB/T 6880.2—1993	泵用铸钢件		
JB/T 6880.3—1993	泵用抗磨白口铸铁件		
JB/T 6881—1993	泵　可靠性测定试验		
JB/T 6882—1993	泵　可靠验证试验		
JB/T 6883—1993	大、中型立式轴流泵　型式与基本参数		
JB/T 6884—1993	液下式离心泵　型式与基本参数		
JB/T 6909—1993	超高压泵		
JB/T 6910—1993	微量计量泵		
JB/T 6911—1993	往复泵产品零件热处理　技术条件		
JB/T 6912—1993	泵产品零件无损检测　磁粉探伤		
JB/T 6913—1993	泵产品清洁度		
JB/T 7255—1994	水环真空泵和水环压缩机		
JB/T 7256—1994	自吸离心泵　型式与基本参数		
JB/T 7742—1995	小型磁力传动离心泵		
JB/T 7743—1995	旋涡泵		ZBJ 71016—1989 ZBJ 71007—1988
JB/T 8059—1996	高压锅炉给水泵　技术条件		
JB/T 8060—1996	托架式离心泵　型号标记、性能和尺寸		
JB/T 8091—1998	螺杆泵　试验方法		JB/T 8091—1995
JB/T 8095—1999	离心油泵　型式与基本参数		JB/T 8095.1—1995
JB/T 8096—1998	离心式渣浆泵		JB/T 8096.1—1995 JB/T 5295—1991
JB 8097—1999	泵的振动测量与评价方法		JB/T 8098—1995
JB 8098—1999	泵的噪声测量与评价方法		JB/T 8098—1995
JB/T 8099—1999	油田用转子式稠油泵		JB/T 8099.1—1995
JB/T 8543.1—1997	泵产品零件无损检测　泵受压铸钢件射线检测方法及底片的等级分类		
JB/T 8543.1—1997	泵产品零件无损检测渗透检测		
JB/T 8644—1997	单螺杆泵		GB 10884—1989 GB 10885—1989
JB/T 8645—1997	潜水螺杆泵		
JB/T 8687—1998	泵类产品　抽样检查		
JB/T 8688—1998	塑料离心泵		
JB/T 8697—1998	隔膜泵		
JB/T 8857—2000	离心式潜污泵		JB/T 8857—1999 JB 5803—1991
JB/T 9087—1999	油田用往复式油泵、注水泵		ZBJ 71005—1988 ZBJ 71019—1990
JB/T 9088—1999	往复式杂质泵		ZBJ 71006—1988
JB/T 9089—1999	试压泵		ZBJ 71012—J71015—1989
JB/T 9090—1999	容积泵零部件液压与渗漏试验		ZBJ 71018—1990
JB/T 10114—1999	输油离心泵　型式基本参数		
JB/T 10179—2000	混流式、轴流式潜水泵		
JB/T 10377—2002	中小型轴流泵水电泵		
JB/T 10378—2002	固定式消防泵		

〔撰稿人:沈阳水泵研究所杨丽华〕

风机行业现行标准

序号	标 准 名 称	标 准 编 号	发布日期	实施日期	替代标准
1	工业通风机　用标准化风道进行性能试验	GB/T 1236—2000	2000.09.26	2001.02.01	GB/T 1236—1985
2	风机和罗茨鼓风机噪声测量方法	GB/T 2888—1991	1991.11.06	1992.08.01	JB 2888—1982
3	通风机基本形式、尺寸参数及性能曲线	GB/T 3235—1999	1999.06.14	1999.11.01	GB/T 3235—1982
4	通风机　现场试验	GB/T 10178—1988	1988.11.03	1989.07.01	
5	一般用途轴流通风机　技术条件	GB/T 13274—1991	1992	1992.08.01	JB 1416—1986
6	一般用途离心通风机　技术条件	GB/T 13275	1992	1992.08.01	JB 1416—1986
7	交流电气传动风扇(泵类、压缩机)系统经济运行通则	GB/T 13466—1992			
8	通风机系统电能平衡的测试与计算方法	GB/T 13467—1992			
9	通风机系统经济运行	GB/T 13470—1992			
10	流程工业用透平压缩机——设计制造规范与数据表	GB/T 16941—1977	1977.08.11	1998.04.01	
11	工业通风机　尺寸	GB/T 17774—1999	1999.06.14	1999.11.01	
12	工业通风机　——通风机机械安全——护罩	GB/T 19074—2003			
13	工业通风机词汇及种类定义	GB/T 19075—2003			
14	风机和罗茨鼓风机术语	JB/T 2977—1992	1992.12.24	1993.07.01	JB 2977—1981
15	离心和轴流式鼓风机和压缩机热力性能试验	JB/T 3165—1999	1999.07.12	2000.01.01	JB 3165—1982
16	石油、化学和气体工业用整体齿轮增速机组装型离心式空气压缩机	JB/T 4113—2002	2002.12.27	2003.04.01	JB 4113—1995
17	矿井轴流式通风机	JB/T 4296—1999	1999.07.12	2000.01.01	JB 4296—1986
18	矿井离心通风机　技术条件	JB/T 4355—2003	2003.07.01	2003.12.01	JB 4355—1993
19	工业蒸汽锅炉用离心引风机	JB/T 4357—1999	1999.07.12	2000.01.01	JB 4357—1986
20	电站锅炉离心送风机和引风机	JB/T 4358—1999	1999.07.12	2000.01.01	JB 4358—1986
21	一般用途轴流式压缩机	JB/T 4359—1994	1994.07.18	1995.07.01	JB 4359—1986
22	电站轴流式通风机	JB/T 4362—1999	1999.07.12	2000.01.01	JB 4362—1986
23	风机配套消声器　性能试验方法	JB/T 4364—1999	1999.07.12	2000.01.01	JB 4364—1986
24	专用的润滑、轴密封和控制油系统	JB/T 4365—1997	1997.04.15	1988.01.01	JB 4365—1986
25	石油、化学和气体工业用离心压缩机	JB/T 6443—2002	2002.12.27	2003.04.01	JB/T 6443—1993
26	风机包装通用技术条件	JB/T 6444—2003	2003.07.01	2003.12.01	JB/T 6444—1992
27	通风机叶轮超速试验	JB/T 6445—1992	1993.01.01		JB/TQ 328—1983
28	通风机圆形法兰尺寸	JB/T 6885—1993	1993.07.13	1994.07.01	
29	通风机涂装　技术条件	JB/T 6886—1993	1993.07.13	1994.07.01	JB/TQ 332—1983
30	风机用铸铁件　技术条件	JB/T 6887—1993	1993.07.13	1994.07.01	JB/TQ 336—1984
31	风机用铸钢件　技术条件	JB/T 6888—1993	1993.07.13	1994.07.01	JB/TQ 444—1985
32	风机用铸铁件缺陷修补　技术条件	JB/T 6889—1993	1993.07.13	1994.07.01	
33	风机用碳钢铸件缺陷补焊　技术条件	JB/T 6890—1993	1993.07.13	1994.07.01	
34	风机用消声器　技术条件	JB/T 6891—1993	1993.07.13	1994.07.01	
35	一般用途的离心式鼓风机	JB/T 7258—1994	1994.07.18	1995.07.01	ZBJ 72007—1987
36	烧结厂用离心式鼓风机	JB/T 7259—1994	1994.07.18	1995.07.01	ZBJ 71004—1988
37	能量回收透平膨胀机	JB/T 7676—1995	1995.06.16	1996.07.01	ZBJ 99003—1988
38	防爆通风机技术条件	JB 8523—1997	1997.03.04	1997.10.01	ZBJ 72034—1990
39	通风机振动检测及其限值	JB/T 8689—1998	1998.03.19	1998.07.01	
40	工业通风机噪声限值	JB/T 8690—1998	1998.03.19	1998.07.01	
41	高温离心通风机　技术条件	JB/T 8822—1998	1998.09.30	1998.12.01	ZBJ 72032—1989
42	通风机产品型号　编制方法	JB/T 8940—1999	1999.07.12	2000.01.01	
43	一般用途罗茨鼓风机　第 1 部分　技术条件	JB/T 8941.1—1999	1999.07.12	2000.01.01	
44	一般用途罗茨鼓风机　第 2 部分　性能试验方法	JB/T 8941.2—1999	1999.07.12	2000.01.01	
45	冷却塔轴流通风机　技术条件	JB/T 9099—1999	1999.07.12	2000.01.01	ZBJ 72033—1989
46	矿井局部通风机　技术条件	JB/T 9100—1999	1999.07.12	2000.01.01	ZBJ 72037—1990
47	通风机转子平衡	JB/T 9101—1999	1999.07.12	2000.01.01	ZBJ 72042—1990
48	通风机　焊接质量检验技术条件	JB/T 10213—2000	2000.08.31	2001.01.01	ZBJ 72038—1990
49	通风机　铆焊件技术条件	JB/T 10214—2000	2000.08.31	2001.01.01	ZBJ 72039—1990
50	消防排烟通风机　技术条件	JB/T 10281—2001	2001.06.04	2002.06.23	

风机行业作废标准

序号	标准名称	标准编号	废止日期
1	整体齿轮增速组装型离心式空气压缩机	JB/T 4113—1995	2003.04.01
2	矿井离心通风机	JB/T 4355—1993	2003.12.01
3	离心压缩机	JB/T 6443—1993	2003.04.01
4	风机包装通用技术条件	JB/T 6444—1992	2003.12.01

阀门国家标准和行业标准

序号	标准编号	标准名称
	国家标准	
1	GB/T 1047—1995	管道元件的公称通径
2	GB/T 1048—1990	管道元件公称压力
3	GB/T 11698—1989	船用法兰连接金属阀门的结构长度
4	GB/T 12220—1989	通用阀门　标志
5	GB/T 12221—1989	法兰连接金属阀门结构长度
6	GB/T 12222—1989	多回转阀门驱动装置的连接
7	GB/T 12223—1989	部分回转阀门驱动装置的连接
8	GB/T 12224—1989	钢制阀门一般要求
9	GB/T 12247—1989	蒸汽疏水阀分类
10	GB/T 12248—1989	蒸汽疏水阀术语
11	GB/T 12249—1989	蒸汽疏水阀标志
12	GB/T 12250—1989	蒸汽疏水阀结构长度
13	GB/T 12712—1991	蒸汽供热系统凝结水回收及蒸汽疏水阀技术管理要求
14	GB/T 15188.1—1994	阀门的结构长度　对焊连接阀门
15	GB/T 15188.2—1994	阀门的结构长度　对夹连接阀门
16	GB/T 15188.3—1994	阀门的结构长度　内螺纹连接阀门
17	GB/T 15188.4—1994	阀门的结构长度　外螺纹连接阀门
18	GB/T 12225—1989	通用阀门　铜合金铸件技术条件
19	GB/T 12226—1989	通用阀门　灰铸铁件技术条件
20	GB/T 12227—1989	通用阀门　球墨铸铁件技术条件
21	GB/T 12228—1999	通用阀门　碳素钢锻件技术条件
22	GB/T 12229—1989	通用阀门　碳素钢铸件技术条件
23	GB/T 12230—1999	通用阀门　奥式体钢铸件技术条件
24	GB/T 4213—1992	气动调节阀
25	GB 7512—1998	液化石油气瓶阀
26	GB/T 8464—1998	水暖用内螺纹连接阀门
27	GB 10877—1989	氧气瓶阀
28	GB 10879—1989	溶解乙炔气瓶阀
29	GB/T 12232—1989	通用阀门　法兰连接铁制闸阀
30	GB/T 12233—1989	通用阀门　铁制截止阀与升降式止回阀
31	GB/T 12234—1989	通用阀门　法兰和对焊连接钢制闸阀
32	GB/T 12235—1989	通用阀门　法兰连接钢制截止阀和升降式止回阀
33	GB/T 12236—1989	通用阀门　钢制旋启式止回阀
34	GB/T 12237—1989	通用阀门　法兰和对焊连接钢制球阀
35	GB/T 12238—1989	通用阀门　法兰和对夹连接蝶阀
36	GB/T 12239—1989	通用阀门　膈膜阀
37	GB/T 12240—1989	通用阀门　铁制旋塞阀
38	GB/T 12241—1989	安全阀一般要求
39	GB/T 12243—1989	弹簧直接载荷式安全阀
40	GB/T 12244—1989	减压阀一般要求

（续）

序号	标 准 编 号	标 准 名 称
41	GB/T 12246—1989	先导式减压阀
42	GB 13438—1992	氩气瓶阀
43	GB 13439—1992	液氯瓶阀
44	GB/T 13932—1992	通用阀门　铁制旋启式止回阀
45	GB/T 14173—1993	平面钢闸门　技术条件
46	GB/T 15185—1994	铁制和铜制球阀
47	GB 15382—1994	气瓶阀通用技术条件
48	GB/T 12242—1989	安全阀　性能试验方法
49	GB/T 12245—1989	减压阀　性能试验方法
50	GB/T 12251—1989	蒸汽疏水阀　试验方法
51	GB/T 13927—1992	通用阀门　压力试验
52	GB/T 17877—1999	液氨瓶阀
53	GB/T 9112—2000	钢制管法兰类型与参数
54	GB/T 9113.1—2000	平面凸面整体钢制管法兰
55	GB/T 9113.2—2000	凹凸面整体钢制管法兰
56	GB/T 9113.3—2000	榫槽面整体钢制管法兰
57	GB/T 9113.4—2000	环连接面整体钢制管法兰
58	GB/T 9114—2000	凸面带颈螺纹钢制管法兰
59	GB/T 9115.1—2000	平面、凸面对焊钢制管法兰
60	GB/T 9115.2—2000	凹凸面对焊钢制管法兰
61	GB/T 9115.3—2000	榫槽面对焊钢制管法兰
62	GB/T 9115.4—2000	环连接面对焊钢制管法兰
63	GB/T 9116.1—2000	平面突面带颈平焊钢制管法兰
64	GB/T 9116.2—2000	凹凸面带颈平焊钢制管法兰
65	GB/T 9116.3—2000	榫槽面带颈平焊钢制管法兰
66	GB/T 9116.4—2000	环连接面带颈平焊钢制管法兰
67	GB/T 9117.1—2000	平面突面带颈承插焊钢制管法兰
68	GB/T 9117.2　2000	凹凸面带颈承插焊钢制管法兰
69	GB/T 9117.3—2000	榫槽面带颈承插焊钢制管法兰
70	GB/T 9117.4—2000	环连接面带颈承插焊钢制管法兰
71	GB/T 9118.1—2000	突面对焊环带颈松套钢制管法兰
72	GB/T 9118.2—2000	环连接面对焊环带颈松套钢制管法兰
73	GB/T 9119—2000	平面、突面板式平焊钢制管法兰
74	GB/T 9120.1—2000	突面对焊环板式松套钢制管法兰
75	GB/T 9120.2—2000	凹凸面对焊环板式松套钢制管法兰
76	GB/T 9120.3—2000	榫槽面对焊环板式松套钢制管法兰
77	GB/T 9121.1—2000	突面平焊环板式松套钢制管法兰
78	GB/T 9121.2—2000	凹凸面平焊环板式松套钢制管法兰
79	GB/T 9121.3—2000	榫槽面平焊环板式松套钢制管法兰
80	GB/T 9122—2000	翻边环板式松套钢制管法兰
81	GB/T 9123.1—2000	平面、突面钢制管法兰盖
82	GB/T 9123.2—2000	凹凸面钢制管法兰盖
83	GB/T 9123.3—2000	榫槽面钢制管法兰盖
84	GB/T 9123.4—2000	环连接面钢制管法兰盖
85	GB/T 9124—2000	钢制管法兰技术条件
86	GB/T 9126.1—1988	平面型钢制管法兰用石棉橡胶垫片
87	GB/T 9126.2—1988	凸面型钢制管法兰用石棉橡胶垫片
88	GB/T 9126.3—1988	凹凸面型钢制管法兰用石棉橡胶垫片
89	GB/T 9126.4—1988	榫槽面型钢制管法兰用石棉橡胶垫片
90	GB/T 9128.1—1988	钢制管法兰盖连接用八角形金属环垫
91	GB/T 9128.2—1988	钢制管法兰盖连接用椭圆形金属环垫
92	GB/T 9129—1988	钢制管法兰盖连接用石棉橡胶垫片技术条件

（续）

序号	标 准 编 号	标 准 名 称
93	GB/T 9130—1988	钢制管法兰盖连接用金属环垫片技术条件
94	GB/T 12388—1990	管法兰用垫片密封性能试验方法
95	GB/T 12621—1990	管法兰垫片应力松弛试验方法
96	GB/T 12622—1990	管法兰垫片压缩率及回弹率试验方法
97	GB/T 13402—1992	大直径碳钢管法兰
98	GB/T 13403—1992	大直径碳钢管法兰用垫片
99	GB/T 13404—1992	管法兰用聚四氟乙烯包复垫片
100	GB/T 14626—1993	锻钢制螺纹管件
101	GB/T 15530.1—1995	铜合金整体锻造法兰
102	GB/T 15530.2—1995	铜合金对焊法兰
103	GB/T 15530.3—1995	铜合金板式平焊法兰
104	GB/T 15530.4—1995	铜合金带颈平焊法兰
105	GB/T 15530.5—1995	铜合金平焊环松套板式钢法兰
106	GB/T 15530.6—1995	铜合金对焊环松套板式钢法兰
107	GB/T 15530.7—1995	铜合金法兰盖
108	GB/T 15530.8—1995	铜合金及复合法兰技术条件
109	GB/T 15601—1995	管法兰用金属包复垫片
110	GB/T 17185—1997	钢制法兰管件
111	GB/T 17186—1997	钢制管法兰连接强度计算方法
112	GB/T 17241.1—1998	铸铁管法兰类型
113	GB/T 17241.2—1998	铸铁管法兰盖
114	GB/T 17241.3—1998	带颈螺纹铸铁法兰
115	GB/T 17241.4—1998	带颈平焊和带颈承插焊管法兰
116	GB/T 17241.5—1998	管端翻边带颈松套铸铁管法兰
117	GB/T 17241.6—1998	整体铸铁管法兰
118	GB/T 17241.7—1998	铸铁管法兰技术条件
	行业标准	
1	JB/T 74—1994	管路法兰技术条件
2	JB/T 7928—1999	通用阀门　供货要求
3	JB/T 8530—1997	阀门电动装置型号编制方法
4	JB/T 2203—1999	弹簧式安全阀　结构长度
5	JB/T 2205—2000	减压阀结构长度
6	JB/T 5300—1991	通用阀门　材料
7	JB/T 6438—1992	阀门密封面等离子弧堆焊技术条件
8	JB/T 7248—1994	阀门用低温钢铸件技术条件
9	JB/T 7744—1995	阀门密封面等离子弧堆焊用合金粉末
10	JB/T 1308.1—21—1999	PN250MPa 超高压阀门和管件　技术条件
11	JB/T 450—1992	PN16.0～32.0MPa 锻造角式高压阀门、管件、紧固件技术条件
12	JB/T 2766—1992	PN16.0～32.0MPa 锻造高压阀门结构长度
13	JB/T 2768—1992	PN16.0～32.0MPa 管子、管件、阀门端部尺寸
14	JB/T 2769—1992	PN16.0～32.0MPa 螺纹法兰
15	JB/T 2770—1992	PN16.0～32.0MPa 接头螺母
16	JB/T 2771—1992	PN16.0～32.0MPa 接头
17	JB/T 2772—1992	PN16.0～32.0MPa 盲板
18	JB/T 2773—1992	PN16.0～32.0MPa 双头螺柱
19	JB/T 2774—1992	PN16.0～32.0MPa 阶端双头螺柱及螺孔尺寸
20	JB/T 2775—1992	PN16.0～32.0MPa 螺母
21	JB/T 2776—1992	PN16.0～32.0MPa 透镜垫
22	JB/T 2777—1992	PN16.0～32.0MPa 无孔透镜垫
23	JB/T 2778—1992	PN16.0～32.0MPa 管件和紧固件温度标记
24	JB/T 5298—1991	管线用钢制平板闸阀
25	JB/T 5299—1998	液控止回蝶阀
26	JB/T 6441—1992	压缩机用安全阀
27	JB/T 6900—1993	排污阀
28	JB/T 6901—1993	封闭式眼镜阀
29	JB/T 7245—1994	制冷装置用截止阀

（续）

序号	标 准 编 号	标 准 名 称
30	JB/T 7376—1994	气动空气减压阀技术条件
31	JB/T 7550—1994	空气分离设备用切换蝶阀
32	JB/T 7745—1995	管线球阀
33	JB/T 7746—1995	缩径锻钢阀门
34	JB/T 7747—1995	针形截止阀
35	JB/T 7749—1995	低温阀门技术条件
36	JB/T 8527—1997	金属密封蝶阀
37	JB/T 8528—1997	普通型阀门电动装置技术条件
38	JB/T 8529—1997	隔爆型阀门电动装置技术条件
39	JB/T 8531—1997	阀门手动装置技术条件
40	JB/T 8691—1998	对夹式刀形闸阀
41	JB/T 8692—1998	烟道蝶阀
42	JB/T 8937—1999	对夹式止回阀
43	JB/T 9093—1999	蒸汽疏水阀　技术条件
44	JB/T 9094—1999	液化石油气设备用紧急切断阀技术条件
45	JB/T 5296—1991	通用阀门　流量系数和流阻系数的试验方法
46	JB/T 6439—1992	阀门受压铸钢件磁粉探伤检验
47	JB/T 6440—1992	阀门受压铸钢件射线照相检验
48	JB/T 6899—1993	阀门的耐火试验
49	JB/T 6902—1993	阀门铸钢件液体渗透检查方法
50	JB/T 6903—1993	阀门锻钢件超声波检查方法
51	JB/T 6904—1993	气瓶阀的检验与试验
52	JB/T 7748—1995	阀门清洁度和测定方法
53	JB/T 7927—1999	阀门铸钢件　外观质量要求
54	JB/T 9092—1999	阀门的检验与试验
55	JB/T 8862—2000	阀门电动装置　寿命试验规程
56	JB/T 53036—1999	止回阀　产品质量分等
57	JB/T 53072—1999	封闭式眼镜阀　产品质量分等
58	JB/T 53162—1999	闸阀　产品质量分等
59	JB/T 53165—1999	高压平衡截止阀　产品质量分等
60	JB/T 53166—1999	隔膜阀　产品质量分等
61	JB/T 53167—1999	球阀　产品质量分等
62	JB/T 53168—1999	多回转阀门电动装置　产品质量分等
63	JB/T 53170—1999	弹簧直接载荷式安全阀　产品质量分等
64	JB/T 53171—1999	蝶阀　产品质量分等
65	JB/T 53172—1999	液化石油气瓶阀　产品质量分等
66	JB/T 53173—1999	阀门碳素钢铸件　产品质量分等
67	JB/T 53174—1999	截止阀　产品质量分等
68	JB/T 53177—1999	溶解乙炔气瓶阀　产品质量分等
69	JB/T 53183—1999	阀门用灰铸铁件　产品质量分等
70	JB/T 53200—1999	对夹式刀形闸阀　产品质量分等
71	JB/T 53217—1999	氧气瓶阀　产品质量分等
72	JB/T 53242—1999	管线用钢制平板闸阀　产品质量分等
73	JB/T 53243—1999	通用阀门球墨铸铁件　产品质量分等
74	JB/T 53265—1999	先导式减压阀　产品质量分等
75	JB/T 9142—1999	阀门用缓蚀石棉填料技术条件
76	JB/T 9143—1999	缓蚀石棉填料腐蚀试验方法
77	JB/T 9081—1999	空气分离设备用低温截止阀和节流阀技术条件
78	JB/T 8863—1999	蝶阀静压寿命试验规程
79	JB/T 8864—1999	阀门气动装置技术条件
80	JB/T 8862—1999	阀门电动装置寿命试验规程
81	JB/T 8861—1999	球阀静压寿命试验规程
82	JB/T 8860—1999	旋塞阀静压寿命试验规程
83	JB/T 8859—1999	截止阀静压寿命试验规程
84	JB/T 8858—1999	闸阀静压寿命试验规程

压缩机行业现行标准

序号	名　称	标准号及发布日期
1	容积式压缩机验收试验	GB/T 3853—1998
2	压缩机、凿岩机械与气动工具　优先压力	GB/T 4974—1989
3	容积式压缩机术语　总则	GB/T 4975—1995
4	压缩机　分类	GB/T 4976—1985
5	容积式压缩机噪声的测定	GB/T 4980—2003
6	容积式压缩机机械振动测量与评价	GB/T 7777—2003
7	动力用空气压缩机和隔膜压缩机噪声功率级限值	GB 7786—1987
8	固定的空气压缩机　安全规则和操作规程	GB 10892—1989
9	压缩空气干燥器　规范与试验	GB/T 10893—1991
10	容积式空气压缩机进气滤清消声器	GB/T 13276—1991
11	一般用压缩空气质量等级	GB/T 13277—1991
12	一般用干螺杆空气压缩机　技术条件	GB/T 13278—1991
13	一般用固定式往复活塞空气压缩机	GB/T 13279—2002
14	工艺流程用螺杆压缩机　技术条件	GB/T 13280—1991
15	微型往复活塞空气压缩机	GB/T 13928—2002
16	容积式压缩机　流量测量方法	GB/T 15487—1995
17	往复活塞压缩机零部件　第1部分:轴销外径尺寸	JB/T 2231.1—1999
18	往复活塞压缩机零部件　第2部分:气缸直径	JB/T 2231.2—1999
19	往复活塞压缩机零部件　第3部分:薄壁轴瓦	JB/T 2231.3—1999
20	往复活塞压缩机零部件　第4部分:环状阀片	JB/T 2231.4—1999
21	往复活塞压缩机零部件　第5部分:气阀安装尺寸	JB/T 2231.5—1999
22	往复活塞压缩机连杆小头衬套	JB/T 2236—1991
23	螺杆压缩机转子和同步齿轮　基本参数及尺寸	JB/T 2409—1991
24	容积式压缩机　型号编制方法	JB/T 2589—1999
25	移动式压缩机底盘　技术条件	JB/T 3771—1992
26	车装容积式空气压缩机机组　技术条件	JB/T 4223—1994
27	一般用喷油滑片空气压缩机	JB/T 4253—2002
28	罐车用风冷滑片空气压缩机	JB/T 5233—1991
29	石油工业用容积式天然气压缩机　基本参数	JB/T 5297—1991
30	压缩机球墨铸铁零件的超声波探伤	JB/T 5439—1991
31	压缩机锻钢零件的超声波探伤	JB/T 5440—1991
32	压缩机铸钢零件的超声波探伤	JB/T 5441—1991
33	压缩机重要零件的磁粉探伤	JB/T 5442—1991
34	往复活塞压缩机铸铁活塞环	JB/T 5447—1991
35	一般用喷油螺杆空气压缩机	JB/T 6430—2002
36	容积式压缩机用灰铸铁件　技术文件	JB/T 6431—1992
37	压缩空气净化设备　型号编制方法	JB/T 6432—1992
38	微型空气压缩机用钢制压力容器	JB/T 6539—1992
39	隔膜压缩机	JB/T 6905—1993
40	摩托压缩机　技术条件	JB/T 6907—1993
41	容积式压缩机锻件　技术条件	JB/T 6908—1993
42	无油润滑往复活塞灌充食用二氧化碳压缩机技术条件	JB/T 7238—1994
43	往复活塞压缩机用网状阀片	JB/T 7239—1994
44	一般用往复活塞压缩机主要零部件技术条件	JB/T 7240—1991
45	容积式压缩机　回转压缩机	JB/T 7662—1995
46	容积式压缩机　包装技术条件	JB/T 7663.1—1995
47	容积式压缩机　涂漆技术条件	JB/T 7663.2—1995
48	压缩空气净化术语	JB/T 7664—1995
49	通用机械噪声声功率级现场测定　声强法	JB/T 7665—1995
50	无润滑液化石油气循环压缩机	JB/T 8052—1996

（续）

序号	名　　称	标准号及发布日期
51	容积式空气压缩机　安全要求	JB 8524—1997
52	往复活塞压缩机机械振动分级	JB/T 8541—1997
53	工艺流程用往复压缩机设计结构规范及数据表	JB/T 8685—1998
54	往复活塞空气压缩机　储气罐	JB/T 8867—2000
55	全无油润滑往复活塞空气压缩机	JB/T 8933—1999
56	直联便携式往复活塞空气压缩机	JB/T 8934—1999
57	工艺流程用压缩机安全要求	JB 8935—1999
58	往复活塞压缩机金属平面填料　第1部分:三斜口密封圈	JB/T 9102—1999
59	往复活塞压缩机金属平面填料　第2部分:三斜口刮油圈	JB/T 9102.2—1999
60	往复活塞压缩机金属平面填料　第3部分:三、六瓣密封圈	JB/T 9102.3—1999
61	往复活塞压缩机金属平面填料　第4部分:径向切口刮油圈	JB/T 9102.4—1999
62	往复活塞压缩机金属平面填料　第5部分:密封圈和刮油圈用拉伸弹簧	JB/T 9102.5—1999
63	往复活塞压缩机金属平面填料　第6部分:密封圈和刮油圈技术条件	JB/T 9102.6—1999
64	往复活塞乙炔压缩机　技术条件	JB/T 9103.1—1999
65	往复活塞乙炔压缩机　性能试验方法	JB/T 9103.2—1999
66	容积式压缩机用球墨铸铁件　技术条件	JB/T 9104—1999
67	大型往复活塞压缩机　技术条件	JB/T 9105—1999
68	注油器	JB/T 9106—1999
69	往复压缩机术语	JB/T 9107—1999
70	汽车加气站用天然气压缩机	JB/T 10298—2001

2003年压缩机标准项目计划

序号	标准项目名称	标准类别	制定或修订	起止年限	技术委员会或技术归口单位	主要起草单位	代替标准	备注
1	吸附式压缩空气干燥器	产品	制定	2003～2004	全国压缩机标准化技术委员会	南京压缩机股份有限公司、柳州力风空气净化设备厂		
2	冷冻式压缩空气干燥器	产品	制定	2003～2004	全国压缩机标准化技术委员会	柳州富达机械有限公司、长春压缩空气净化设备有限公司		
3	往复活塞压缩机连杆小头衬套	产品	修订	2003～2004	全国压缩机标准化技术委员会	江苏姜堰市粉末冶金厂	JB/T 2236—1991	复审项目
4	容积式压缩机包装技术条件	产品	修订	2003～2004	全国压缩机标准化技术委员会	山东省潍坊生建集团	JB/T 7663.1—1991	复审项目
5	无油润滑往复活塞灌充食用二氧化碳压缩机技术条件	产品	修订	2003～2004	全国压缩机标准化技术委员会	杭州杭氧压缩机有限公司	JB/T 7238—1994	复审项目
6	容积式压缩机锻件技术条件	产品	修订	2004～2005	全国压缩机标准化技术委员会	上海压缩机有限公司	JB/T 6908—1993	复审项目
7	罐车用风冷滑片空气压缩机	产品	修订	2003～2004	全国压缩机标准化技术委员会	南京压缩机股份有限公司	JB/T 5233—1991	复审项目
8	一般用往复活塞空气压缩机主要零部件技术条件	产品	修订	2003～2004	全国压缩机标准化技术委员会	南京压缩机股份有限公司	JB/T 7240—1991	复审项目
9	摩托压缩机技术条件	产品	修订	2004～2005	全国压缩机标准化技术委员会	四川华西通用机械公司	JB/T 6907—1993	复审项目
10	单螺杆空气压缩机	产品	制定	2004～2005	全国压缩机标准化技术委员会	顺德市正力精密机械有限公司		
11	无油润滑摆动空气压缩机技术条件	产品	制定	2004～2005	全国压缩机标准化技术委员会	武汉气体压缩机厂		
12	高压往复活塞空气压缩机	产品	制定	2004～2005	全国压缩机标准化技术委员会	南京英格索兰压缩机有限公司		
13	中压往复活塞空气压缩机	产品	制定	2004～2005	全国压缩机标准化技术委员会	南京英格索兰压缩机有限公司		

2001～2003年真空设备行业编制、修订标准

序号	标 准 名 称	标 准 编 号	编制及修订时间	替 代 标 准	启用时间
1	超高真空法兰	GB/T 6071—2003	2002年	GB/T 6071.1—1995 GB/T 6071.2—1995 GB/T 6071.3—1995	2004.7.1
2	夹紧型真空快卸法兰	GB/T 4982—2003	2002年	GB/T 4982—1995	2004.7.1
3	拧紧型真空快卸法兰	GB/T 4983—2003	2002年	GB/T 4982—1985	2004.7.1
4	容积真空泵性能测量方法　第一部分:体积流率(抽速)的测量		2003年	JB/T 7266—1994	
5	容积真空泵性能测量方法　第二部分:极限压力的测量		2003年	JB/T 7266—1994	
6	蒸汽流真空泵性能测量方法　第一部分:体积流率(抽速)的测量		2003年	JB/T 8472.1—1996	
7	蒸汽流真空泵性能测量方法　第二部分:临界前级压力的测量		2003年	JB/T 8472.2—1996	
8	蒸汽流真空泵		2003年	JB/T 7265—1994	
9	水喷射真空泵		2003年		
10	水蒸汽喷射真空泵		2003年	JB/T 8540—1997	
11	真空磁流体动密封件		2003年		
12	罗茨真空泵机组		2003年	JB/T 6921—1993	
13	真空蒸发镀膜设备		2003年	JB/T 6922—1993	

2001～2003年干燥行业修订标准

标 准 名 称	标 准 编 号	编制及修订时间	启 用 时 间
气流干燥机	JB/T 10278—2001	2001年	2002年
滚筒干燥机	JB/T 10279—2001	2001年	2002年
喷雾造粒干燥机	JB/T 10280—2001	2001年	2002年
箱式热风木材干燥机	JB/T 10278—2001	2001年	2002年

减变速机行业标准

序号	标 准 编 号	标 准 名 称
1	GB/T 10107.1—1988	摆线针轮行星传动　基本术语
2	GB/T 10107.2—1988	摆线针轮行星传动　图示方法
3	GB/T 10107.3—1988	摆线针轮行星传动　几何要素代号
4	JB/T 2982—1994	摆线针轮减速机
5	JB/T 53324—1997	摆线针轮减速机　产品质量分等(内部使用)
6	JB/T 5288.1—1991	摆线针轮减速机　温升测定方法
7	JB/T 5288.2—1991	摆线针轮减速机　清洁度测定方法
8	JB/T 5288.3—1991	摆线针轮减速机　承载能力及传动效率测定方法
9	JB/T 7253—1994	摆线针轮减速机　噪声测定方法
10	JB/T 5561—1991	双摆线针轮减速机
11	JB/T 7683—1995	机械无级变速器　分类及型号编制方法
12	JB/T 6950—1993	行星锥盘无级变速器
13	JB/T 50150—1999	行星锥盘无级变速器　质量分等
14	JB/T 6951—1993	三相并列连杆脉动无级变速器
15	JB/T 53083—1999	三相并列连杆脉动无级变速器　质量分等
16	JB/T 7515—1994	四相并列连杆脉动无级变速器
17	JB/T 6952—1993	齿链式无级变速器
18	JB/T 7010—1993	环锥行星无级变速器
19	JB/T 7668—1995	多盘式无级变速器
20	JB/T 7686—1995	锥盘环盘式无级变速器
21	JB/T 7254—1994	无级变速摆线针轮减速机
22	JB/T 50020—××××	无级变速摆线针轮减速机　产品质量分等(内部使用)报批稿
23	JB/T 7346—1994	机械无级变速器试验方法

分离机械行业标准

序号	标 准 名 称	标 准 代 号	备 注
1	离心机和过滤机名词术语	GB 4774—19842002	已修订—报批
2	离心机型号编制方法	GB 7779—19872003	已修订—审查报批
3	过滤机型号编制方法	GB 7780—19872003	已修订—审查报批
4	分离机型号编制方法	GB 7781—19872003	已修订—审查报批
5	分离机械噪声声功率级的测定工程法	GB 10894—19892002	已修订—报批
6	离心机、分离机机械振动测试方法	GB 10895—19892002	已修订—报批
7	离心机性能测试方法	GB 10901—19892003	已修订—审查报批
8	带式真空过滤机技术条件	GB 13327—19912003	已修订—审查报批
9	带式真空过滤机型式与基本参数	GB/T 13218—19912003	已修订—审查报批
10	三足式离心机技术条件	GB/T 13755—19922003	已修订—审查报批
11	三足式离心机型式和基本参数	GB/T 13756—19922003	已修订—审查报批
12	分离机型式与基本参数	GB/T 15186—1994	
13	外滤面转鼓真空过滤机	JB/T 3200—1997	
14	厢式压滤机和板框压滤机技术条件	JB/T 4333—19972003	已修订—审查报批
15	翻斗真空过滤机	JB/T 5282—1999	
16	非金属滤板滤框	JB/T 5283—19972003	已修订—审查报批
17	离心卸料离心机	JB/T 8101—1999	
18	带式压榨过滤机	JB/T 8102—1999	
19	碟式分离机技术条件	JB/T 8103—1999	
20	厢式压滤机和板框压滤机试验方法	JB/T 8104—19992003	已修订—审查报批
21	离心机安全要求	JB 8525—19972002	已修订—报批
22	固定室带式真空过滤机用橡胶滤带	JB/T 8947—1999	
23	离心机、分离机锻焊件无损探伤技术规范	JB/T 9095—19992001	已修订—报批
24	加压叶滤机	JB/T 9097—1999	
25	螺旋卸料过滤离心机	JB/T 8652—1997	
26	固定室式带式真空过滤机	JB/T 8653—1997	
27	分离机安全要求	JB 8686—19982002	已修订—报批
28	管式分离机技术条件	JB/T 9098—19992003	已修订—审查报批
29	分离机械清洁度测定方法	JB/T 6418—1992	
30	分离机械涂装通用技术条件	JB/T 7217—1994	
31	筒式加压过滤机滤芯	JB/T 7218—19942001	已修订—报批
32	筒式加压过滤机滤芯性能试验方法	JB/T 7219—19942001	已修订—报批
33	进动卸料离心机技术条件	JB/T 7241—1994	
34	碟式酵母分离机	JB/T 7242—19942003	已修订—审查报批
35	离心萃取机型号编制方法	JB/T 7243—1994	
36	离心机转鼓强度计算规范	JB/T 8051—1996	
37	防爆型刮刀卸料离心机	JB/T 5284—1991	
38	真空净油机	JB/T 5285—2001	
39	纸板、硅藻土板框式压滤机	JB/T 5286—1991	作废
40	碟式啤酒分离机	JB/T 5287.1—19912003	已修订—审查报批
41	碟式乳品分离机	JB/T 5287.2—19912003	已修订—审查报批
42	碟式胶乳分离机	JB/T 5287.3—19912003	已修订—审查报批
43	碟式淀粉分离机	JB/T 6419—19922003	已修订—审查报批
44	刮刀卸料离心机	JB/T 7220—1994	
45	碟式植物油分离机	JB/T 7231—1994	
46	上悬式离心机技术条件	JB/T 445—19922003	已修订—审查报批
47	活塞推料离心机技术条件	JB/T 447—19922002	已修订—报批
48	螺旋卸料沉降离心机型式与基本参数	JB/T 502—19912001	已修订—报批
49	活塞推料离心机型式与基本参数	JB/T 4063—19912002	已修订—报批
50	上悬式离心机型式与基本参数	JB/T 4064—19922003	已修订—审查报批

（续）

序号	标 准 名 称	标 准 代 号	备 注
51	螺旋卸料沉降离心机技术条件	JB/T 4335—19912001	已修订—报批
52	厢式压滤机和板框压滤机型式与基本参数	JB/T 5152—19912003	已修订—审查报批
53	板框式加压滤油机型式与基本参数	JB/T 5153.1—1991	
54	板框式加压滤油机技术条件	JB/T 5153.2—1991	
55	活塞推料离心机用滤网	JB/T 8865—2001	
56	筒式加压过滤机	JB/T 8866—20012001	已修订—报批
57	旁滤式离心机技术条件	YY0021—1990	

中国通用机械工业年鉴

CHINA GENERAL MACHINERY INDUSTRY YEARBOOK

2004

第Ⅷ部分

统计资料

统计资料

让数据告诉您昨日的成绩

让数据告诉您今日的商机

让数据告诉您明日的契机

2001年中国通用机械工业协会泵业分会会员单位经济指标

企业名称	工业总产值		工业增加值（万元）	从业人员平均人数（人）	固定资产净值年平均余额（万元）	销售收入（万元）
	（不变价）（万元）	（当年价）（万元）				
上海大隆机械厂	40 117	35 002	8 331	1 689	8 904	33 475
浙江丰球集团公司	26 428	30 391	6 753	491	11 811	28 590
沈阳水泵厂	23 579	22 636	7 252	2 328	38 383	18 126
上海凯士比泵有限公司	23 170	19 415	4 861	889	6 041	19 355
山东省潍坊生建集团	21 887	22 318	5 521	1 282	6 453	22 650
大连耐酸泵厂	21 256	20 243	1 981	1 583	14 521	21 726
长沙水泵厂	17 858	18 447	6 286	1 552	9 940	16 603
博山水泵厂	17 840	23 882	7 589	2 170	4 033	21 071
威海市水泵厂	17 593	17 177	5 319	1 124	5 418	18 707
天津泵业集团有限公司	16 962	11 898	5 128	1 002	6 241	14 824
广东省佛山水泵厂有限公司	14 571	14 136	5 459	744	2 890	14 617
广州第一水泵厂	12 343	13 189	2 652	712	3 242	10 364
石家庄水泵厂	11 553	14 393	6 032	2 779	18 825	14 007
海城市三鱼泵业有限公司	10 106	10 638	2 318	1 497	5 903	7 650
山东亚龙泵业集团总公司	9 809	11 890	1 970	240	3 400	9 700
山东同泰集团股份有限公司	9 380	9 553	4 797	1 039	4 018	8 791
南京水泵集团股份有限公司	8 909	8 924	3 313	592	4 037	8 940
重庆水泵厂	8 783	7 533	3 812	1 218	3 010	7 683
无锡市水泵厂	8 526	8 352	1 980	792	4 788	8 620
丹东克隆集团有限公司	8 287	8 287	1 991	407	1 982	6 672
安徽三联泵业股份有限公司	8 032	8 590	3 081	494	6 783	8 605
埃梯梯飞力(沈阳)泵业有限公司	7 401	7 401	1 062	98	3 875	7 622
高邮水泵厂	6 933	6 701	1 038	947	1 248	6 541
安徽莱恩电泵有限公司	6 076	6 073	2 149	360	3 990	4 293
上海第一水泵厂	6 011	5 017	904	306	3 373	5 281
西安泵阀总厂	5 857	5 006	1 653	862	3 113	5 214
广州白云水泵厂	5 550	6 530	1 029	315	1 356	6 408
长沙工业泵厂	5 239	5 130	1 796	300	554	4 384
杭州斯来特泵业有限公司	4 698	4 949	1 618	407	2 813	5 004
江苏海狮泵来有限公司	4 694	4 201	1 525	462	1 210	3 829
浙江真空设备厂	4 359	5 047	2 206	637	10 250	4 201
浙江中泉泵业集团有限公司	4 352	3 680	908	285	2 049	3 518
杭州碱泵厂	4 213	2 854	978	148	397	2 779
沈阳潜水泵厂	4 113	4 300	2 362	711	2 035	3 789
淄博真空设备厂	3 899	4 033	1 036	544	2 672	4 024
杭州大路实业有限公司	3 749	4 015	1 226	303	1 676	3 967
郑州电力机械厂	3 712	2 826	1 279	560	2 935	3 165
本溪水泵厂	3 500	2 971	1 400	1 475	7 580	3 078
靖江市庆功耐腐泵阀有限公司	3 475	4 066	1 043	242	114	1 065
南京古尔兹制泵有限公司	3 325	3 572	1 192	404	1 138	3 540
上海深井泵厂	3 212	2 688	1 274	177	303	1 942
宁夏电机总厂	3 117	2 947	914	846	4 074	1 928
开平水泵厂	3 000	2 864	627	227	1 264	1 259
丹东恒星泵业有限公司	2 867	2 850	1 362	410	1 230	2 171
自贡市工业泵厂	2 752	2 837	1 003	730	3 819	2 775
唐山市水泵厂	2 745	2 675	1 204	466	1 017	2 608
天津市耐酸泵厂	2 730	2 048	930	350	923	1 771
上海华联泵业有限公司	2 600	2 600	1 410	180	1 064	2 400
新达机械集团股份有限公司	2 550	2 948	1 030	797	1 317	3 180
广州水泵厂	2 526	2 253	663	226	1 214	2 271

（续）

企业名称	工业总产值（不变价）（万元）	工业总产值（当年价）（万元）	工业增加值（万元）	从业人员平均人数（人）	固定资产净值年平均余额（万元）	销售收入（万元）
阳泉市水泵厂	2 515	2 523	1 163	941	7 677	2 201
靖江市奔腾机泵阀门厂	2 512	2 512	831	182	792	2 392
石首水泵厂	2 438	2 438	731	639	638	2 334
沈阳第二水泵厂	2 422	2 825	745	329	1 109	3 715
江苏振华泵业制造有限公司	2 419	2 419	981	358	499	2 400
宝鸡水泵厂	2 200	1 875	478	787	1 788	1 488
宜昌水泵总厂	2 133	2 141	283	311	1 361	973
河北恒盛实业股份有限公司	2 080	2 080	981	580	1 184	1 535
上海莲盛水泵厂	1 999	2 499	1 800	188	486	2 450
桂林水泵厂	1 996	1 693	811	430	2 376	1 392
襄樊五二五泵业有限公司	1 840	1 995	845	193	273	1 656
武安市水泵厂	1 805	1 764	832	329	1 725	1 405
四川三台泵业有限公司	1 780	1 511	628	400	757	1 507
成都水泵厂	1 776	2 134	860	251	2 105	2 090
兰州水泵总厂	1 748	1 999	688	655	1 910	1 609
上海水泵厂	1 742	2 082	494	122	1 265	2 020
湘潭县花石水泵厂	1 680	1 680	760	206	452	1 428
武汉水泵厂	1 654	1 388	41	1 499	14 725	1 677
哈尔滨第二水泵厂	1 588	1 512	485	242	346	1 161
山东聊城化工机械厂	1 568	1 390	450	350	1 770	602
肇东市水泵厂	1 456	1 460	530	178	544	600
江西省瑞洪泵业有限公司	1 370	1 280	623	198	290	1 128
昆明机电制造厂	1 366	1 277	244	395	574	1 102
哈尔滨水泵厂	1 360	1 375	1 111	682	5 615	864
洛阳水泵厂	1 341	1 606	510	372	1 138	295
烟台市耐腐蚀集团有限公司	1 330	1 330	320	333	1 864	1 175
北京第二水泵厂	1 313	1 260	678	318	1 257	1 230
博山第二水泵厂	1 240	1 240	273	218	89	959
江西赣州制泵有限责任公司	1 202	1 451	435	242	688	1 310
昆明市水泵厂	1 201	1 595	820	416	3 289	1 160
新乡豫通集团公司	1 197	1 613	558	1 088	2 814	1 106
温岭市水泵厂	1 142	1 455	557	138	615	1 152
沈阳铸造厂	1 006	1 288	91	540	17 529	1 427
浙江水泵总厂	1 004	1 957	533	287	616	1 838
北京门头沟水泵厂	955	974	393	108	343	741
陕西扶龙泵业有限责任公司	892	1 098	351	350	782	822
汉沽农场水泵厂	882	880	325	258	323	853
重庆第四水泵厂	820	951	200	155	411	844
漯河水泵厂	808	823	218	382	1 097	700
黎城水泵厂	783	1 444	347	466	971	952
上海飞流制泵工程有限公司	777	805	126	255	123	522
沈阳第一水泵厂	758	944	563	263	280	978
都匀水泵厂	700	701	233	253	342	490
新乡水泵厂	689	689	181	195	190	646
靖江市亚太泵业有限公司	682	682	230	161	244	645
济南水泵厂	665	794	334	211	2 548	517
兴城水泵厂	628	761	148	80	546	985
新疆水泵厂	565	598	318	177	3 702	814
八步水泵厂	497	581	282	282	1 240	487
芜湖亚太泵业制造有限公司	490	546	388	197	292	665
陕西德泉水泵排灌机械有限公司	464	495	123	193	410	335
沈阳皮拉密封有限公司	442	441	193	102	1 452	503
陕西兴平市水泵厂	413	421	46	267	143	191
福州市水泵厂	399	501	295	160	286	333

（续）

企 业 名 称	工业总产值（不变价）（万元）	工业总产值（当年价）（万元）	工 业 增加值（万元）	从业人员平均人数（人）	固定资产净值年平均余额（万元）	销 售 收 入（万元）
大连水泵厂	398	437	29	159	36	486
保定水泵厂	363	410	258	414	960	291
陕西省关中水泵厂	353	353	208	192	718	223
盖州水泵厂	347	503	173	128	322	525
内蒙古赤峰宇太工业泵有限公司	300	300		120		596
北海市水泵厂	290	301	126	142	631	276
浙江山川制泵有限公司	285	285	85	28	335	201
龙岩水泵厂	257	324	87	414	1 199	319
鹰潭泵业有限公司	250	577	294	112	968	305
北京东方大禹工业泵股份有限公司	246	257	162	293	1 579	221
邢台水泵厂	229	281	4	183	1 300	275
东港市水泵厂	223	253	148	80	29	225
淄博饮料泵厂	222	166	65	221	257	154
洪湖市工业泵厂	222	223	88	98	468	342
黄岩八一通用机械厂	219	277	77	201	1 575	246
沈阳滑动轴承厂	211	237	148	68	29	219
自贡凉高山水泵厂	203	246	115	272	286	291
温州市远东防腐设备厂	202	202	101	27	74	187
甘肃水泵厂	199	205	61	714	1 572	513
重庆工业泵厂	184	165	56	106	110	214
陕西省水泵厂	169	205	70	428	220	209
天津市海河工业泵厂	160	156	55	134	60	207
朝阳水泵厂	152	166	35	112	515	202
山西省阳泉市平坦泵业有限公司	130	155	65	80	271	169
北京丰台区北方水泵厂	126	171	32	80	660	190
石家庄市通用水泵厂	123	104	134	100	300	209
天津市科海泵业有限公司	107	104	3	28		108
承德水泵厂	103	117	76	110	89	67
沈阳水泵厂昌图分厂	100	65	29	199		68

2002 年中国通用机械工业协会泵业分会会员单位经济指标

企 业 名 称	工业总产值（不变价）（万元）	工业总产值（当年价）（万元）	工 业 增加值（万元）	从业人员平均人数（人）	固定资产净值年平均余额（万元）	销 售 收 入（万元）
上海大隆机器厂	40 592	33 905	11 171	1 568	8 655	33 662
山东潍坊生建集团	30 818	29 190	7 508	1 286	7 312	31 129
浙江丰球股份有限公司	30 186	33 540	5 008	509	8 285	31 863
上海凯士比泵有限公司	25 530	19 145	3 095	872	5 546	19 045
大连耐酸泵厂	25 367	22 808	4 559	1 447	15 083	24 426
上海东方泵业制造有限公司	23 560	24 806	6 201	1 123	3 487	23 088
沈阳水泵股份有限公司	23 470	23 257	6 810	2 139	41 149	16 869
长沙水泵厂有限公司	19 347	19 625	6 005	1 531	10 735	16 726
广东省佛山水泵厂有限公司	19 317	18 799	5 959	715	4 111	18 841
博山水泵股份有限公司	18 409	24 336	7 696	2 167	3 692	22 002
天津泵业机械集团有限公司(天工)	18 274	12 385	5 556	922	6 087	16 860
山东双轮集团有限公司	14 524	13 814	2 863	1 177	6 354	20 392
上海连成(集团)有限公司	13 738	13 738	4 956	573	1 856	13 051
石家庄泵业集团有限责任公司	13 003	15 200	6 308	2 819	17 886	16 493
无锡锡泵制造有限公司	11 749	11 103	2 587	632	4 325	11 078

（续）

企 业 名 称	工业总产值		工 业 增加值 （万元）	从业人员 平均人数 （人）	固定资产净值 年平均余额 （万元）	销 售 收 入 （万元）
	（不变价） （万元）	（当年价） （万元）				
广州广一集团有限公司	11 074	12 714	3 660	668	3 287	11 455
浙江新界泵业有限公司	10 071	10 071	2 398	650	2 164	10 005
山东同泰集团股份有限公司	9 832	9 850	4 886	1 037	4 964	9 670
安徽三联泵业股份有限公司	8 826	9 327	3 165	474	6 033	9 138
埃梯梯飞力(沈阳)泵业有限公司	8 699	9 666	1 771	119	3 959	9 930
山东亚龙泵业集团总公司	8 531	10 340	2 585	250	3 486	9 814
浙江宣达实业集团有限公司	8 529	8 670	2 938	237	4 579	8 245
丹东克隆集团有限公司	8 368	8 368	2 041	494	1 729	7 244
南京蓝深制泵集团有限公司	8 319	7 930	2 978	570	3 824	8 957
海城市三鱼泵业有限公司	8 189	8 620	3 546	1 340	5 725	7 340
国营高邮泵厂	7 781	7 540	1 488	660	1 998	7 094
重庆水泵厂	7 528	6 543	3 589	1 179	1 105	6 718
广州白云泵业制造有限公司	6 673	7 851	1 273	408	1 515	7 885
长沙天鹅工业泵有限责任公司	6 269	6 269	2 269	391	784	5 226
安徽莱恩电有限公司	6 173	6 297	2 257	390	5 080	5 005
上海第一水泵厂	5 892	4 455	1 519	304	3 269	4 329
西安泵阀总厂	5 883	5 052	1 720	792	3 725	4 787
江苏海狮泵业有限公司	5 860	5 972	1 039	482	1 219	5 262
湖北省天门泵业有限公司	5 350	5 138	2 194	318		809
浙江真空设备集团有限公司	4 855	5 342	3 027	593	10 140	4 669
杭州斯莱特泵业有限公司	4 608	4 780	1 363	324	2 701	5 051
南京古尔兹制泵有限公司	4 331	4 526	1 512	278	1 100	4 081
郑州电力机械厂	4 205	3 618	1 838	539	3 321	5 427
淄博真空设备厂有限公司	4 202	4 521	1 456	532	2 719	4 177
浙江中泉泵业集团有限公司	4 175	3 538	1 052	235	4 511	3 614
广州水泵厂	3 861	2 608	934	218	2 410	2 521
本溪水泵厂	3 500	2 998	1 849	643	1 301	2 774
湘潭泵业集团有限公司花石水泵厂	3 500	3 500	1 820	210	938	3420
上海深井泵厂	3 252	1 723	556	171	259	2 815
山东省青州水泵厂	3 235	3 607	702	324	1 217	2 462
宁夏电机总厂	3 208	3 044	913	788	3 867	2 124
江苏振华泵业制造有限公司	3 208	3 208	1 326	339	466	3 206
杭州碱泵有限公司	3 131	2 756	1 162	137	468	2 765
唐山市水泵厂	2 951	2 901	1 348	462	1 049	2 682
自贡市工业泵厂	2 951	2 919	577	627	3 709	2 827
沈阳第二水泵厂	2 930	2 494	396	309	1 213	2 519
上海华联泵业有限公司	2 918	2 918	1 700	185	1 580	2 659
广东省开平市水泵厂	2 900	2 712	570	205	1 183	1 107
阳泉市水泵厂	2 801	2 817	1 311	920	7 586	2 361
宜昌水泵总厂	2 706	3 001	302	290	772	1 200
石首市水泵厂	2 698	2 698	809	590	613	2 560
天津市耐酸泵厂	2 689	1 934	1 137	486	930	1 707
江苏利工集团有限公司	2 608	2 192	1 874	703	2 743	2 608
新达机械集团股份有限公司	2 587	3 006	1 064	648	1 096	2 799
襄樊五二五泵业有限公司	2 504	2 976	1 312	202	359	2 273
阳江市新粤华不锈钢泵有限公司	2 500	2 800	300	165	2 000	2 600
宝鸡水泵厂	2 433	2 126	978	755	1 667	1 397
河北恒盛实业股份有限公司	2 418	2 418	1 389	580	1 556	2 412
四川南部嘉陵水泵厂	2 300	2 240	649	230	960	1 477
丹东恒星泵业有限公司	2 250	2 250	1 119	410	1 130	1 963
上海莲盛泵业制造有限公司	2 136	2 670	1 293	183	471	2 665
湖北省武穴市金环泵业有限责任公司	2 056	972	250	180	509	863
武安市宏泰机械 泵业有限公司	2 055	1 781	757	246	1 717	1 495
浙江水泵总厂有限公司	1 997	2 497	749	214	529	2 499

（续）

企业名称	工业总产值		工业增加值（万元）	从业人员平均人数（人）	固定资产净值年平均余额（万元）	销售收入（万元）
	（不变价）（万元）	（当年价）（万元）				
长春贝特制业制造有限公司	1 866	3 084	1 124	406	2 014	3 168
桂林市水泵厂	1 835	1 662	776	374	2 259	1 628
四川三台泵业有限公司	1 767	1 494	734	411	698	1 564
浙江台州新宏基泵业有限公司	1 709	1 785	38	93	857	1 638
兰州水泵总厂	1 585	1 718	465	513	1 898	1 685
哈尔滨水泵厂	1 460	1 417	196	618	5 478	1 397
江西省瑞洪泵业有限公司	1 460	1 310	516	180	280	1 148
武汉四方泵业集团有限公司	1 456	1 195	79	1 307	14 315	1 350
河南豫通企业(集团)公司新乡水泵厂	1 445	1 994	742	834	2 892	1 690
烟台东港耐腐蚀泵有限公司	1 440	1 440	266	303	1 683	1 336
沈阳铸造厂	1 405	1 776	539	525	18 763	1 647
江西赣州水泵制造有限公司	1 398	1 661	548	222	935	1 438
浙江飞旋泵业有限公司	1 321	1 631	563	89	403	1 372
昆明市电机制造厂	1 307	1 151	535	348	530	1 145
漯河腾龙泵业有限责任公司	1 300	1 213	471	370	1 098	720
洛阳市水泵厂	1 288	1 512	467	115	955	680
博山第二水泵厂有限公司	1 255	1 255	207	215	55	973
昆明市水泵厂	1 231	1 635	930	407	3 210	1 002
浙江江山伟懋制泵有限公司	1 192	1 192	121	110	478	1 129
成都飞泉泵业有限公司	1 186	1 186	540	183		727
北京第二水泵厂有限公司	1 180	1 586	1 075	272	754	1 882
新疆潜水泵厂	1 104	1 009	650	418	775	957
重庆第四水泵厂	1 085	1 237	214	158	476	1 099
辽宁锦州银河泵业制造有限公司	1 083	1 101	60	188	780	1 234
山西黎城波涛泵业有限公司	1 038	1 940	350	399	859	870
北京金龙泉泵业公司(门头沟)	1 035	1 063	463	103	246	918
哈尔滨第二水泵厂	1 032	1 047	293	224	335	733
上海中开泵机制造有限公司	1 008	1 008		95	546	1 008
沈阳第一水泵厂	950	1 147	655	234	239	991
杭州振兴工业泵厂	854	854		66	402	904
上海水泵厂	844	957	234	113	1 258	909
陕西扶龙泵业有限责任公司	836	1 007	308	350	690	803
大连挠叠联轴器厂	829	746	144	83	725	610
靖江亚太泵业有限公司	819	819	181	150	215	786
新乡泵厂	706	706	210	175	73	630
泰州泰东泵业有限公司	692	692	437	85	387	752
兴城水泵厂	690	837	151	85	535	1 020
湖南省醴陵市水泵厂	595	726	260	112	363	712
济南试金集团泵业有限公司	594	704	174	526	2 617	586
沈阳第三水泵厂	550	560	110	100	588	251
都匀水泵厂	550	549	208	240	318	527
河北省汉沽农场水泵厂	518	684	167	264	326	544
陕西德泉水泵排灌机械有限公司	518	542	146	158	377	309
芜湖水泵制造有限公司	517	560	165	166	282	627
石家庄通用水泵厂	510	361	237	83	20	164
洪湖市工业泵厂	487	611	72	98	634	267
吴忠市水泵阀门厂	476	634	222	288	368	370
甘肃水泵厂	400	430	280	236	1 540	149
肇东水泵厂	399	401	166	178	650	604
浙江山川制泵有限公司	398	398		43		308
贺州地区八步水泵厂	388	444	229	238	1 229	435
新疆水泵厂	368	390	220	105	2 422	552
陕西兴平市水泵厂	350	360	38	255	139	92
保定水泵厂	329	387	195	365	909	330

（续）

企业名称	工业总产值（不变价）（万元）	工业总产值（当年价）（万元）	工业增加值（万元）	从业人员平均人数（人）	固定资产净值年平均余额（万元）	销售收入（万元）
沈阳皮拉密封有限公司	306	306	24	94	1 353	339
盖州水泵厂	305	335	111	419	298	347
陕西省关中水泵厂	284	289	88	165	539	480
上海恒旭泵业制造有限公司	256	310		15	3	318
沈阳滑动轴承厂	222	252	148	64	29	187
邢台水泵厂	220	242	2	120	1 270	240
福建省永泰县永兴制泵有限公司	199	299		125		
陕西省水泵厂	195	229	76	415	206	161
东港市水泵厂	193	197	123	76	29	233
重庆工业泵厂	187	172	92	101	111	163
天津市海河工业泵厂	180	180	4	118	61	248
自贡凉高山水泵厂	170	199	92	102	276	200
北海市水泵厂	168	162	67	131	604	168
北京东方大禹工业泵股份有限公司	167	169	289	111	1 384	109
山东省淄博饮料泵厂	145	113	34	71	217	121
山西阳泉市平坦泵业有限公司	138	166	50	76	271	188
朝阳水泵厂	129	141	54	94	568	147
福建省龙岩水泵厂	119	233	31	382	1 170	280
天津市科海泵业有限公司	107	104		20		150
浙江建德市新安江矿山机械有限公司	106	116	20	75	298	79
武汉市鑫源泵业制造有限公司	105	105	32	30	29	97
承德新路泵业公司(水泵厂)	85	90	32	105	97	80
北京丰台区北方水泵厂	42	63	94	80	349	145
昌图县水泵厂	40	80	24	270		49

2003 年中国通用机械工业协会泵业分会会员单位经济指标

企业名称	工业总产值（不变价）（万元）	工业总产值（当年价）（万元）	工业增加值（万元）	从业人员平均人数（人）	固定资产净值年平均余额（万元）	销售收入（万元）
上海连成(集团)有限公司	46 528	46 528	15 306	2 087	2 715	45 928
上海大隆机器厂	42 776	35 524	11 340	842	3 065	35 190
山东潍坊生建集团	42 509	40 214	9 527	1 314	7 581	34 097
江苏亚太水工机械有限公司	36 045	37 200	12 910	868	3 771	28 717
浙江丰球股份有限公司	35 711	40 125	8 402	560	11 053	37 645
上海东方泵业制造有限公司	31 447	32 929	8 256	1 179	4 644	32 600
大连大耐泵业有限公司	31 266	27 773	6 797	1 194	14 519	27 723
沈阳水泵股份有限公司	27 476	26 920	7 364	2 037	51 350	18 211
广东省佛山水泵厂有限公司	27 108	24 914	7 871	735	4 192	25 212
上海凯士比泵有限公司	26 100	26 746	5 329	862	5 479	25 663
长沙水泵厂有限公司	20 627	20 874	9 294	1 488	15 731	19 096
山东博泵科技股份有限公司	19 507	24 689	7 699	2 133	3 165	22 149
天津泵业机械集团有限公司	17 776	11 405	4 892	1 105	7 139	16 400
山东双轮集团有限公司	15 649	14 696	2 690	1 155	6 263	20 455
浙江大福泵业有限公司	13 522	13 522	3 921	359	2 841	12 293
石家庄泵业集团有限责任公司	12 788	14 977	6 311	2 614	17 486	16 060
浙江新界泵业有限公司	11 576	11 576	2 175	704	2 241	11 159
埃梯梯飞力(沈阳)泵业有限公司	11 205	12 405	2 599	139	3 961	14 386
丹东克隆集团有限公司	10 848	10 848	2 804	572	1 808	9 298
淄博水环真空泵厂有限公司	10 728	9 169	257	323	2 411	7 800

（续）

企 业 名 称	工业总产值		工 业 增加值 （万元）	从业人员 平均人数 （人）	固定资产净值 年平均余额 （万元）	销 售 收 入 （万元）
	（不变价） （万元）	（当年价） （万元）				
广州广一集团有限公司	10 727	11 972	3 671	658	2 951	10 287
山东同泰集团股份有限公司	10 618	10 716	4 899	1 030	3 960	10 560
无锡锡泵制造有限公司	10 604	9 558	2 506	587	5 904	9 705
南京蓝深制泵集团有限公司	9 120	8 008	3 326	360	3 696	10 607
山东亚龙泵业集团总公司	9 006	10 976	273	290	350	998
重庆水泵厂有限责任公司	9 006	7 686	3 230	900	1 092	8 819
安徽三联泵业股份有限公司	8 994	10 392	7 591	467	6 877	5 793
广州市白云泵业制造有限公司	8 675	10 206	1 738	485	1 861	10 251
郑州电力机械厂	7 976	6 853	3 142	533	3 434	7 066
长沙天鹅工业泵有限公司	7 463	7 463	3 916	404	1 086	7 023
海城市三鱼泵业有限公司	7 304	7 650	2 165	1 211	5 445	7 300
浙江嘉利特实业股份有限公司	7 235	7 235	1 399	166	1 462	6 835
南京古尔兹制泵有限公司	7 135	7 372	3 087	280	1 080	6 261
西安泵阀总厂	6 800	5 812	1 773	724	4 398	6 078
上海莲盛泵业制造有限公司	6 742	8 427	3 558	310	1 972	7 585
江苏海狮泵业有限公司	6 326	6 742	1 084	506	1 281	6 621
浙江中泉泵业集团有限公司	5 997	5 082	1 162	224	4 622	5 128
本溪水泵有限责任公司	5 809	4 926	1 765	618	1 300	4 358
上海第一水泵厂	5 460	4 400	1 134	305	3 124	4 512
浙江真空设备集团有限公司	5 286	5 819	3 223	560	10 134	5 821
安徽莱恩电泵有限公司	5 269	5 441	2 603	390	4 742	5 366
杭州大路实业有限公司	5 241	5 241	1 846	341	3 799	4 805
淄博真空设备厂有限公司	5 168	5 243	1 193	510	2 650	5 066
江苏振华泵业制造有限公司	5 029	5 029	1 910	338	336	4 816
唐山市水泵厂	4 837	4 839	1 763	468	1 002	4 604
石首市水泵厂	4 600	4 600	1 380	577	2 865	4 800
杭州斯莱特泵业有限公司	4 321	4 370	1 328	285	1 680	4 807
国营高邮泵厂	4 281	4 281	941	313	1 310	4 237
丹东恒星泵业有限公司	4 229	4 229	1 779	400	2 168	3 663
浙江水泵总厂有限公司	3 745	3 745	1 123	225	513	3 217
大连深蓝泵业有限公司	3 704	4 548	1 111	131	1 434	4 625
广州水泵厂	3 677	3 142	888	218	2 004	3 197
河北恒盛实业股份有限公司	3 628	3 628	1 764	580	1 526	3 618
上海华联泵业有限公司	3 510	3 510	2 244	208	1 521	3 510
沈阳潜水电泵股份有限公司	3 509	3 969	164	453	2 101	2 300
宁夏电机有限责任公司	3 503	3 169	906	741	3 513	2 555
杭州碱泵有限公司	3 131	3 730	934	146	490	3 323
自贡工业泵股份有限公司	3 112	3 158	412	478	2 617	3 047
阳泉市水泵厂	3 002	3 022	1 310	876	7 564	2 558
开平市水泵厂	2 687	2 558	542	198	1 093	970
襄樊五二五泵业有限公司	2 631	2 816	1 293	209	518	3 007
沈阳第二水泵厂	2 523	2 504	691	261	1 128	2 587
宜昌水泵总厂	2 438	2 648	298	300	511	1 359
武安市宏泰机械泵业有限公司	2 370	2 023	910	219	1 719	1 573
烟台东港耐腐蚀泵有限公司	2 308	2 308	531	278	1 543	2 148
南部嘉陵水泵厂	2 265	2 436	852	181	929	3 379
兰州水泵总厂	2 251	2 451	710	497	1 819	2 020
漯河腾龙泵业有限责任公司	2 200	1 930	471	341	1 101	2 105
四川新达泵业股份有限公司	2 190	2 673	935	621	843	2 370
上海深井泵厂	2 130	1 461	357	153	234	2 535
桂林市水泵厂	1 962	1 746	556	376	2 156	1 341
宝鸡水泵厂	1 899	1 591	680	695	1 543	1 246
新疆新标坚固件泵业有限责任公司	1 894	2 231	909	280	1 321	2 223
武汉四方泵业集团有限公司	1 883	1 548	74	2 607	13 076	1 451

(续)

企业名称	工业总产值		工业增加值(万元)	从业人员平均人数(人)	固定资产净值年平均余额(万元)	销售收入(万元)
	(不变价)(万元)	(当年价)(万元)				
山东聊城鲁化集团总公司化工机械厂	1 847	1 550	502	305	1 702	1 461
江西赣州水泵制造有限公司	1 787	1 977	565	169	888	1 802
天津耐酸泵总厂	1 783	1 487	613	333	913	1 885
河南豫通企业(集团)公司新乡水泵厂	1 721	2 307	941	1 014	2 750	1 280
沈阳铸造厂	1 690	2 325	529	436	18 518	2 102
江西省新瑞洪泵业有限公司	1 578	1 670	612	181	272	1 279
阳江市粤华不锈钢泵有限公司	1 449	1 449	300	72	81	1 184
洛阳市水泵厂	1 435	1 690	522	183	753	629
长春贝特制业制造有限公司	1 363	2 142	481	422	1 907	1 746
湘潭泵业集团有限公司花石水泵厂	1 328	1 328				1 328
昆明水泵厂	1 327	1 842	665	363	2 739	1 153
山西黎城波涛泵业有限公司	1 293	1 938	270	322	892	965
浙江江山伟懋制泵有限公司	1 289	1 289	351	144	467	1 355
上海中开泵机制造有限公司	1 280	1 280	49	93	554	1 503
浙江飞旋泵业有限公司	1 250	1 710	662	90	456	1 514
泰州泰东泵业有限公司	1 221	1 221	74	92	255	1 286
沈阳第一水泵厂	1 200	1 307	736	219	246	1 161
博山第二水泵厂有限公司	1 187	1 187	192	207	155	967
北京金龙泉泵业有限公司	1 183	1 215	539	102	235	1 135
昆明电机制造厂	1 178	1 043	113	332	496	1 133
新疆潜水泵厂	1 142	1 166	634	408	727	960
重庆第四水泵厂	1 132	1 318	288	153	433	1 142
靖江亚太泵业有限公司	1 097	1 097	361	157	8	1 029
哈尔滨第二水泵厂	1 050	1 053	407	238	291	908
大连挠叠联轴器厂	1 002	912	552	83	725	907
北京第二水泵厂有限公司	972	1 373	1 048	249	721	1 833
兴城水泵厂	948	991		85	516	1 045
湖北省天门泵业有限公司	942	922	377	318	137	1 166
哈尔滨水泵厂	920	903	－1 017	547	5 255	902
成都飞泉泵业有限公司	874	874	393	180		892
锦州市劲弓泵业有限责任公司	800	1 000	400	100	900	1 000
天津澳森泵业	740	722	158	49	88	805
内蒙古赤峰宇太工业泵制造有限公司	720	690	385	135	29	716
靖江庆功耐腐泵阀制造有限公司	700	650	263	120	33	491
四川三台剑门泵业有限公司	695	545	118	276	617	458
上海申工泵业制造有限公司	688	688		25	125	688
贵州省都匀水泵厂	669	667	243	238	308	510
芜湖水泵制造有限公司	643	658	231	103	29	729
陕西扶龙泵显有限责任公司	597	679	200	350	681	723
肇东水泵厂	593	600	150	178	642	606
湖南省醴陵市水泵厂	584	697	178	256	347	687
新乡泵厂有限责任公司	571	571		118	51	477
河北汉沽农场水泵厂	562	562	198	160	282	686
吴忠仪表泵业有限公司	509	673	155	221	719	665
沈阳皮拉密封有限公司	453	453	149	97	1 248	412
沈阳市第三水泵厂	450	440	147	60	558	302
盖州水泵厂	419	435	266	67	246	468
保定水泵厂	400	450	38	97	867	369
陕西德泉水泵排灌机械有限责任公司	358	383	48	126	330	182
邢台水泵厂	354	385	47	115	1 236	470
广西贺州市八步机械厂	352	418	221	230	1 219	499
福建省永兴制泵有限公司	285	398	207	106	5	290
上海恒旭泵业制造有限公司	280	280		29		280
重庆工业泵厂	256	221	121	100	97	199

（续）

企业名称	工业总产值（不变价）（万元）	工业总产值（当年价）（万元）	工业增加值（万元）	从业人员平均人数（人）	固定资产净值年平均余额（万元）	销售收入（万元）
石家庄石通水泵制造有限公司	250	250		60	18	220
甘肃水泵厂	237	224	22	387	1 508	129
沈阳滑动轴承厂	231	272	26	44	28	184
山东省淄博饮料泵厂	205	165	36	71	176	135
天津市海河工业泵厂	200	200	95	114	200	300
北海市水泵厂	167	158	68	123	581	177
自贡凉高山水泵厂	162	188	110	95	254	203
浙江建德市新安江矿山机械有限公司	143	153	14	68	278	106
天津市科海泵业有限公司	133	133		20		133
承德新路泵业有限公司	115	119	42	90	77	70
武汉市鑫源泵业制造有限公司	110	110		32		98
朝阳高新泵业有限公司	92	104		67	578	129
山西省平坦泵业有限公司	80	96	-63	76	208	213
北京市丰台北方水泵厂	24	42	25	65	338	89
昌图县水泵厂	12	20	7	199		41

2001年中国通用机械工业协会泵业分会会员单位经济效益指标

企业名称	综合指数（%）	总资产贡献率（%）	资金保值增值率（%）	资产负债率（%）	流动资产周转率（次）	成本费用利润率（%）	全员劳动生产率（元/人）	产品销售率（%）
靖江市奔腾机泵阀门厂	292.17	53.50	104.02	62.71	3.27	24.82	45 659.00	95.98
上海华联泵业有限公司	267.12	26.43	327.44	15.22	1.08	26.60	78 333.00	92.31
江苏海狮泵来有限公司	254.67	44.28	123.21	38.35	1.31	26.44	33 009.00	94.26
湘潭县花石水泵厂	214.28	22.35	152.75	70.03	0.80	26.47	36 893.00	85.00
杭州碱泵厂	211.92	27.69	88.44	50.93	1.78	12.92	66 081.00	94.15
长沙工业泵厂	201.79	25.13	227.65	72.33	4.01	6.44	59 850.00	100.00
浙江丰球集团公司	183.37	13.54	110.78	51.33	1.71	8.01	137 536.00	99.12
襄樊五二五泵业有限公司	162.16	12.83	86.91	65.26	1.12	17.64	43 777.00	97.14
上海莲盛水泵厂	160.48	14.79	123.24	55.69	1.99	6.87	95 745.00	98.04
博山水泵厂	151.73	18.39	179.59	53.62	0.89	11.75	34 972.00	101.44
广东省佛山水泵厂有限公司	146.00	13.12	116.54	71.91	1.22	6.35	73 374.00	103.40
丹东克隆集团有限公司	144.69	10.55	109.06	48.97	0.56	13.72	48 926.00	101.10
山东亚龙泵业集团总公司	144.47	13.41	63.47	45.27	3.23	4.90	82 083.00	77.38
兴城水泵厂	144.24	2.72	99.97	60.12	8.28	1.96	18 500.00	114.32
安徽莱恩电泵有限公司	142.88	10.66	101.52	65.91	1.20	9.70	59 694.00	100.00
埃梯梯飞力(沈阳)泵业有限公司	141.90	3.78	106.44	63.11	0.88	5.89	108 367.00	91.70
武安市水泵厂	131.37	11.53	101.71	61.25	1.17	11.63	25 289.00	98.02
广州水泵厂	128.29	9.69	217.28	32.75	1.73	6.90	29 327.00	85.80
安徽三联泵业股份有限公司	121.91	8.38	103.29	47.22	1.37	5.47	62 368.00	99.97
上海大隆机械厂	120.37	4.38	107.19	79.63	0.47	10.08	49 325.00	94.71
南京古尔兹制泵有限公司	119.27	11.98	110.13	47.69	0.88	8.97	29 505.00	99.58
威海市水泵厂	119.27	9.19	101.23	71.30	0.97	6.81	47 322.00	101.34
石家庄水泵厂	118.19	5.27	419.56	64.36	0.46	3.14	21 704.00	103.15
广州白云水泵厂	111.96	12.38	124.84	70.99	1.16	5.38	32 667.00	98.13
山东省潍坊生建集团	111.85	7.49	140.65	78.11	0.75	6.24	43 066.00	103.39
江苏振华泵业制造有限公司	110.30	14.51	122.12	77.71	1.38	3.77	27 402.00	101.78
温岭市水泵厂	109.71	10.41	78.81	62.70	0.99	6.87	40 362.00	97.11
重庆水泵厂	108.96	10.67	70.48	59.38	0.90	6.53	31 297.00	89.27
山东同泰集团股份有限公司	108.21	7.76	131.14	61.00	1.10	3.25	46 166.00	101.43

（续）

企业名称	综合指数（%）	总资产贡献率（%）	资金保值增值率（%）	资产负债率（%）	流动资产周转率（次）	成本费用利润率（%）	全员劳动生产率（元/人）	产品销售率（%）
唐山市水泵厂	104.98	12.96	104.86	46.24	1.26	4.10	25 839.00	100.04
江西省瑞洪泵业有限公司	104.83	3.67	116.89	42.94	1.50	7.14	31 465.00	85.94
上海深井泵厂	101.99	6.13	100.00	80.43	0.69	0.16	71 977.00	72.40
杭州大路实业有限公司	101.26	12.35	83.90	57.90	1.38	1.43	40 462.00	99.58
靖江市庆功耐腐泵阀有限公司	100.94	12.98	100.00	32.30	0.83	5.31	43 099.00	46.85
哈尔滨第二水泵厂	100.12	7.42	108.50	52.21	0.87	7.38	20 037.00	89.62
南京水泵集团股份有限公司	99.97	5.04	120.14	67.79	1.29	1.04	55 963.00	96.73
天津泵业集团有限公司	99.68	4.46	59.41	63.65	0.85	1.75	51 177.00	93.33
浙江山川制泵有限公司	98.38	4.62	15.38	28.11	0.54	12.50	30 357.00	82.46
上海凯士比泵有限公司	97.41	2.92	104.24	56.22	0.85	1.45	54 679.00	98.94
海城市三鱼泵业有限公司	94.36	7.30	116.63	46.87	1.19	6.73	15 483.00	71.91
丹东恒星泵业有限公司	94.02	10.24	103.54	64.12	0.78	2.14	33 220.00	100.00
温州市远东防腐设备厂	91.60	5.93	16.00	34.72	0.80	3.57	37 407.00	100.00
四川三台泵业有限公司	90.69	8.00	214.77	79.51	1.44	0.07	15 700.00	98.01
沈阳第二水泵厂	89.93	7.85	100.85	55.05	1.09	2.84	22 644.00	129.70
浙江中泉泵业集团有限公司	89.64	4.73	101.89	33.91	0.94	4.07	31 860.00	95.60
淄博真空设备厂	89.44	4.78	231.63	69.81	0.87	1.37	19 044.00	104.56
广州第一水泵厂	87.07	6.88	101.90	53.96	1.00	1.75	37 247.00	90.31
河北恒盛实业股份有限公司	86.21	6.65	152.01	60.09	0.64	3.08	16 914.00	98.51
上海第一水泵厂	83.14	5.27	102.75	32.40	1.65	0.30	29 542.00	105.22
内蒙古赤峰宇太工业泵有限公司	82.97	17.38	100.00	59.85	1.13	0.37		93.33
长沙水泵厂	78.69	5.85	91.78	71.94	0.69	0.49	40 503.00	96.10
杭州斯来特泵业有限公司	78.65	4.66	70.32	49.73	0.82	1.61	39 754.00	100.20
浙江真空设备厂	78.48	4.98	100.60	51.95	0.91	1.61	34 631.00	90.01
新乡水泵厂	77.55	3.64	100.00	36.67	0.66	6.12	9 282.00	109.72
成都水泵厂	77.27	6.38	63.26	84.13	1.61	0.49	34 263.00	112.32
芜湖亚太泵业制造有限公司	74.69	1.30	100.10	83.93	2.54	0.03	19 695.00	120.15
沈阳潜水泵厂	74.55	6.37	100.12	66.78	0.53	0.19	33 214.00	96.00
重庆第四水泵厂	74.38	8.53	106.61	83.04	1.29	1.45	12 903.00	90.43
汉沽农场水泵厂	73.85	7.18	100.00	65.90	0.46	3.55	12 597.00	75.91
靖江市亚太泵业有限公司	73.78	7.89	129.38	82.59	0.60	1.52	14 286.00	105.28
西安泵阀总厂	72.63	6.71	101.60	69.03	0.68	0.63	19 176.00	97.18
浙江水泵总厂	68.79	6.82	100.45	48.18	1.28	0.50	18 571.00	93.92
高邮水泵厂	66.36	3.05	101.72	81.83	1.80	0.48	10 961.00	97.61
北京门头沟水泵厂	65.52	4.96	51.84	86.43	0.68	0.39	36 389.00	100.92
郑州电力机械厂	62.80	3.98	80.09	34.40	0.54	0.37	22 839.00	95.29
开平水泵厂	62.27	5.68	100.37	71.49	0.43	0.06	27 612.00	44.87
洪湖市工业泵厂	62.24	7.16	87.26	86.01	0.52	2.52	8 969.00	82.51
无锡市水泵厂	61.23	3.79	90.95	94.08	0.80	0.51	25 000.00	102.98
陕西扶龙泵业有限责任公司	60.89	6.54	116.97	83.34	0.70	0.86	10 029.00	81.42
上海水泵厂	60.57	-0.85	100.27	49.49	0.43	0.28	40 492.00	96.45
沈阳水泵厂	60.49	1.82	100.99	73.98	0.26	-0.01	31 151.00	87.03
江西赣州制泵有限责任公司	59.80	4.38	13.58	88.72	1.08	3.06	17 975.00	100.28
桂林水泵厂	59.20	2.50	100.00	64.17	0.50	0.00	18 856.00	83.34
天津市耐酸泵厂	58.99	3.81	95.21	77.12	0.42	-2.40	26 577.00	101.81
北京第二水泵厂	58.11	2.32	99.30	58.22	0.88	-0.65	21 321.00	67.94
天津市科海泵业有限公司	57.58	6.24	100.00	19.87	1.69	-1.06	929.00	113.46
石首水泵厂	57.41	4.03	122.80	91.23	0.93	0.00	11 440.00	98.93
山东聊城化工机械厂	55.28	1.53	100.79	80.46	0.19	1.55	12 857.00	107.84
博山第二水泵厂	54.32	3.20	96.87	73.99	0.58	0.42	12 523.00	80.48
新达机械集团股份有限公司	53.52	2.31	137.94	49.30	1.00	-2.69	12 923.00	106.85
漯河水泵厂	52.70	3.10	100.57	71.06	0.56	0.61	5 699.00	88.58
黎城水泵厂	52.07	6.84	101.37	82.50	0.47	0.67	7 440.00	65.93
八步水泵厂	50.25	2.96	95.13	65.51	0.32	0.02	10 014.00	90.88

（续）

企业名称	综合指数（%）	总资产贡献率（%）	资金保值增值率（%）	资产负债率（%）	流动资产周转率（次）	成本费用利润率（%）	全员劳动生产率（元/人）	产品销售率（%）
宁夏电机总厂	49.92	3.50	103.54	79.86	0.24	0.10	10 804.00	87.61
肇东市水泵厂	49.64	2.90	99.67	94.66	0.49	0.00	29 775.00	41.10
阳泉市水泵厂	49.38	2.63	100.96	82.85	0.45	0.00	12 363.00	88.55
东港市水泵厂	43.44	4.74	110.33	109.04	0.91	-1.41	18 550.00	83.00
新疆水泵厂	42.34	1.61	3.62	99.07	0.31	2.91	17 966.00	103.85
天津市海河工业泵厂	39.51	1.69	67.58	24.44	0.52	0.46	4 104.00	96.15
洛阳水泵厂	37.19	0.12	100.00	89.73	0.09	0.00	13 702.00	82.75
本溪水泵厂	36.19	2.95	88.01	86.37	0.43	-3.08	9 489.00	100.88
沈阳第一水泵厂	28.36	-3.03	543.29	117.73	0.94	-16.36	21 392.00	103.92
宜昌水泵总厂	25.35	4.63	0.00	111.27	0.65	0.10	9 103.00	78.84
自贡市工业泵厂	24.32	2.34	86.14	75.36	0.39	-6.88	13 740.00	97.46
上海飞流制泵工程有限公司	19.56	0.42	94.96	53.47	0.27	-7.06	4 941.00	121.99
大连耐酸泵厂	18.10	-0.73	114.80	49.26	0.74	-9.24	12 515.00	102.71
沈阳水泵厂昌图分厂	17.89	3.22	100.00	103.69	0.43	-8.54	1 457.00	200.00
都匀水泵厂	16.29	0.38	98.95	58.79	0.45	-7.30	9 209.00	60.34
重庆工业泵厂	10.52	2.13	56.29	89.48	0.54	-8.30	5 283.00	123.64
北海市水泵厂	6.89	-0.40	91.34	64.84	0.85	-11.09	8 887.00	91.03
盖州水泵厂	6.76	2.60	0.00	100.61	0.34	-5.39	13 500.00	100.00
兰州水泵总厂	1.38	0.17	78.40	85.19	0.33	-9.37	10 504.00	80.04
昆明市水泵厂	-1.91	0.71	106.35	68.72	0.63	-13.94	19 712.00	68.03
山西省阳泉市平坦泵业有限公司	-4.41	0.87	100.00	42.06	0.27	-13.07	8 125.00	109.03
黄岩八一通用机械厂	-5.29	2.35	101.51	70.58	0.08	-12.29	3 831.00	113.36
陕西省水泵厂	-5.81	3.05	100.10	155.14	0.17	0.81	1 636.00	91.22
昆明机电制造厂	-7.70	-1.82	39.40	55.12	0.94	-12.12	6 177.00	87.86
沈阳滑动轴承厂	-12.92	-0.07	56.66	86.38	0.29	-14.63	21 765.00	106.33
鹰潭泵业有限公司	-15.91	-2.09	199.47	13.88	0.52	-17.74	26 250.00	100.00
陕西德泉水泵排灌机械有限公司	-16.39	-1.64	85.55	78.22	0.32	-13.16	6 373.00	71.11
石家庄市通用水泵厂	-23.28	-2.90	83.89	76.08	0.26	-15.46	13 400.00	200.96
陕西兴平市水泵厂	-31.55		105.03	140.65	0.28	-8.41	1 723.00	81.24
大连水泵厂	-38.36	-2.41	88.91	58.55	0.18	-20.29	1 824.00	120.82
新乡豫通集团公司	-42.92	-2.03	90.34	64.02	0.27	-20.89	5 131.00	82.46
承德水泵厂	-46.49	-0.28	95.35	77.84	0.11	-23.33	6 909.00	117.95
沈阳皮拉密封有限公司	-46.77	-2.68	101.15	3.94	0.66	-23.72	18 941.00	114.06
自贡凉高山水泵厂	-49.09	-1.28	22.48	88.08	0.39	-21.04	4 228.00	136.59
沈阳铸造厂	-57.66	-1.18	95.55	70.79	0.08	-24.50	1 676.00	91.15
淄博饮料泵厂	-67.39	-0.62	29.94	97.61	0.37	-24.02	2 941.00	97.59
武汉水泵厂	-70.04	-1.37	94.00	53.46	0.12	-28.27	275.00	110.81
烟台市耐腐蚀集团有限公司	-76.38	-4.24	87.45	47.09	0.24	-29.06	9 598.00	88.20
济南水泵厂	-87.24	-7.04	16.00	49.65	0.48	-32.16	15 829.00	63.35
北京丰台区北方水泵厂	-91.87	-4.64	100.00	69.76	0.23	-33.43	3 950.00	111.11
朝阳水泵厂	-101.36	-5.30	319.87	116.48	0.32	-37.65	3 134.00	119.28
甘肃水泵厂	-101.45	-1.87	9.95	99.26	0.18	-34.94	854.00	228.29
宝鸡水泵厂	-114.36	-4.24	25.94	96.65	0.29	-34.61	6 074.00	87.84
龙岩水泵厂	-151.25	-4.01	80.42	66.93	0.12	-47.98	2 101.00	98.46
邢台水泵厂	-155.01	-3.75	0.00	105.08	0.27	-42.45	202.00	89.32
保定水泵厂	-184.11	-4.61	170.86	192.91	0.24	-32.39	6 220.00	58.05
哈尔滨水泵厂	-262.69	-8.14	38.35	88.60	0.20	-69.88	16 284.00	102.33
陕西省关中水泵厂	-312.76	-11.73	100.00	87.30	0.26	-86.76	10 833.00	63.17
北京东方大禹工业泵股份有限公司	-457.16	-8.37	71.55	70.62	0.06	-126.46	5 522.00	135.80
福州市水泵厂	-600.16	-36.17	0.00	123.77	0.41	-143.79	18 438.00	87.23

2002年中国通用机械工业协会泵业分会会员单位经济效益指标

企业名称	综合指数（%）	总资产贡献率（%）	资金保值增值率（%）	资产负债率（%）	流动资产周转率（次）	成本费用利润率（%）	全员劳动生产率（元/人）	产品销售率（%）
上海恒旭泵业制造有限公司	329.79	21.67	555.56	137.78	22.71	1.58		82.58
上海华联泵业有限公司	244.03	21.84	114.30	15.08	1.09	28.13	91 892.00	91.12
长沙天鹅工业泵有限责任公司	241.51	37.89	254.75	44.06	4.32	9.78	58 031.00	97.54
浙江宣达实业集团有限公司	217.57	19.01	103.02	21.92	1.83	15.65	123 966.00	95.10
湖北省天门泵业有限公司	216.07	52.68	106.92	25.78	2.59	4.10	68 978.00	100.68
浙江中泉泵业集团有限公司	215.92	4.05	1 000.39	25.47	0.64	4.69	44 766.00	102.15
杭州碱泵有限公司	211.92	27.69	88.44	50.93	1.54	12.92	66 081.00	94.15
襄樊五二五泵业有限公司	196.00	26.56	174.96	49.86	1.37	14.86	64 950.00	76.38
上海莲盛泵业制造有限公司	178.63	22.72	104.26	55.19	2.08	11.37	70 656.00	99.81
上海连成(集团)有限公司	172.09	15.16	162.36	33.48	1.63	9.02	86 492.00	95.00
江苏海狮泵业有限公司	168.89	25.82	115.27	34.99	1.65	15.16	21 556.00	88.14
博山水泵股份有限公司	161.85	20.73	112.92	62.75	1.02	15.07	35 515.00	96.97
浙江丰球股份有限公司	161.31	11.27	110.94	46.76	1.87	8.21	98 389.00	95.98
广东省佛山水泵厂有限公司	157.66	12.10	121.39	65.82	1.26	7.87	83 345.00	100.22
湘潭泵业集团有限公司花石水泵厂	154.22	11.61	153.26	52.33	2.61	2.68	86 667.00	97.71
上海东方泵业制造有限公司	151.12	11.04	202.56	59.02	1.64	8.04	55 218.00	98.72
浙江台州新宏基泵业有限公司	149.91	22.30	100.00	100.00	3.16	12.75	4 086.00	97.87
四川南部嘉陵水泵厂	148.48	9.87	112.98	12.34	4.67	9.58	28 217.00	93.75
浙江新界泵业有限公司	145.34	13.31	142.92	60.33	1.98	9.03	36 892.00	99.35
安徽莱恩电有限公司	144.12	11.14	93.14	66.91	1.53	9.75	57 872.00	100.00
山东亚龙泵业集团总公司	143.57	8.04	101.89	44.89	3.21	2.48	103 400.00	97.68
埃梯梯飞力(沈阳)泵业有限公司	132.32	0.80	125.97	54.27	0.98	－0.27	148 824.00	98.56
重庆水泵厂	132.03	9.08	227.16	29.47	0.71	9.95	30 442.00	96.64
安徽三联泵业股份有限公司	132.00	10.07	106.99	45.85	1.31	6.63	66 772.00	99.65
江西省瑞洪泵业有限公司	129.12	15.28	100.69	52.26	1.53	7.41	28 667.00	105.34
丹东克隆集团有限公司	128.85	8.65	106.78	55.60	0.52	11.28	41 308.00	107.76
山东潍坊生建集团	126.57	9.89	118.37	80.75	0.99	6.31	58 383.00	100.36
河北恒盛实业股份有限公司	126.38	15.75	101.90	59.80	0.94	9.08	23 948.00	98.51
广州白云泵业制造有限公司	122.90	11.18	289.55	25.43	1.70	3.14	31 201.00	100.43
武安市宏泰机械 泵业有限公司	121.41	10.24	101.47	60.84	1.19	8.89	30 772.00	74.00
山东双轮集团有限公司	120.39	11.51	147.37	58.21	1.10	7.85	24 325.00	85.76
上海大隆机器厂	119.93	3.37	104.70	78.43	0.45	5.83	71 244.00	96.57
广州广一集团有限公司	119.34	10.48	112.06	51.94	1.02	5.74	54 790.00	101.71
浙江飞旋泵业有限公司	117.99	8.93	93.21	68.67	1.14	6.00	63 258.00	97.18
昆明市水泵厂	117.89	6.70	89.28	68.48	0.57	15.46	22 843.00	61.22
广州水泵厂	117.78	6.91	99.40	27.27	1.32	6.25	42 826.00	82.13
大连挠叠联轴器厂	116.26	9.33	105.23	76.12	0.76	11.50	17 313.00	97.05
宜昌水泵总厂	114.50	2.18	569.04	59.65	0.86	0.00	10 400.00	62.38
山东同泰集团股份有限公司	114.02	8.13	119.46	60.48	1.20	4.51	47 117.00	100.36
杭州斯莱特泵业有限公司	111.25	12.75	118.35	44.32	0.92	3.89	42 068.00	106.74
江苏振华泵业制造有限公司	110.99	13.69	102.06	78.38	1.50	2.95	39 115.00	100.94
天津泵业机械集团有限公司(天工)	110.00	4.63	100.52	64.24	0.96	－0.09	60 255.00	99.31
南京古尔兹制泵有限公司	109.33	7.09	103.97	45.91	1.03	4.72	54 388.00	99.87
上海中开泵机制造有限公司	108.48	10.55	104.36	29.92	4.34	3.31		100.00
唐山市水泵厂	105.98	12.77	100.41	45.94	1.30	4.04	29 184.00	99.41
浙江真空设备集团有限公司	104.51	6.35	101.98	52.47	1.02	4.68	51 046.00	93.80
国营高邮泵厂	100.75	9.36	94.75	81.82	2.63	2.61	22 545.00	98.06
上海第一水泵厂	97.87	5.09	100.31	35.01	1.29	0.56	49 967.00	96.63
上海深井泵厂	97.52	7.42	98.86	79.19	1.06	0.00	32 515.00	107.66
辽宁锦州银河泵业制造有限公司	96.57	10.34	100.00	67.66	1.37	7.01	3 191.00	82.02

（续）

企 业 名 称	综合指数(%)	总资产贡献率(%)	资金保值增值率(%)	资产负债率(%)	流动资产周转率(次)	成本费用利润率(%)	全员劳动生产率(元/人)	产品销售率(%)
新疆潜水泵厂	93.62	4.77	104.02	56.07	0.25	9.02	15 557.00	94.55
湖南省醴陵市水泵厂	92.73	11.34	100.00	56.72	1.03	3.15	23 214.00	98.07
无锡锡泵制造有限公司	92.23	4.88	154.96	89.36	1.18	1.67	40 934.00	99.81
靖江亚太泵业有限公司	90.82	11.84	112.66	75.02	0.93	3.69	12 067.00	102.56
新乡泵厂	90.39	8.92	109.20	30.85	0.60	6.80	12 000.00	104.39
浙江水泵总厂有限公司	89.65	8.26	120.92	44.40	1.57	0.85	35 000.00	100.08
丹东恒星泵业有限公司	89.48	9.81	98.67	64.14	0.69	2.48	27 288.00	101.78
上海凯士比泵有限公司	86.44	4.24	73.44	64.84	0.88	1.72	35 493.00	99.47
长春贝特制业制造有限公司	85.48	5.49	100.00	55.44	1.98	1.91	27 685.00	102.72
海城市三鱼泵业有限公司	85.12	5.59	100.36	45.20	1.16	3.72	26 460.00	85.15
阳江市新粤华不锈钢泵有限公司	84.80	10.40	101.33	88.17	1.44	2.65	18 182.00	92.86
郑州电力机械厂	83.68	6.06	106.76	39.98	0.82	0.88	34 100.00	108.57
北京金龙泉泵业公司(门头沟)	82.26	6.37	98.48	83.66	0.85	0.33	44 951.00	104.99
浙江山川制泵有限公司	81.41	5.16	129.29	21.73	0.75	8.16		88.44
杭州振兴工业泵厂	80.64	10.45	111.67	81.46	2.16	0.80		105.85
江苏利工集团有限公司	80.45	5.69	107.75	30.78	0.93	2.42	26 657.00	86.77
湖北省武穴市金环泵业有限责任公司	80.38	5.46	100.00	90.60	1.59	1.87	13 889.00	88.79
淄博真空设备厂有限公司	77.69	5.24	119.95	73.11	0.81	1.60	27 368.00	93.21
北京第二水泵厂有限公司	77.07	4.38	72.48	60.79	1.37	1.16	39 529.00	85.56
江西赣州水泵制造有限公司	76.46	5.96	101.35	88.56	1.11	3.00	24 685.00	87.72
泰州泰东泵业有限公司	76.28	30.73	140.31	197.71	1.53	9.57	51 412.00	106.07
南京兰深制泵集团有限公司	74.93	1.26	89.32	71.48	1.25	-2.02	52 246.00	92.62
石家庄泵业集团有限责任公司	74.89	4.74	104.33	64.00	0.52	2.73	22 377.00	100.22
阳泉市水泵厂	74.83	2.34	252.84	58.05	0.46	0.12	14 248.00	85.37
新疆水泵厂	72.97	3.63	16.00	70.69	0.39	3.14	20 933.00	89.74
西安泵阀总厂	72.07	6.37	100.32	69.21	0.63	0.35	21 717.00	97.96
重庆第四水泵厂	71.07	7.87	103.19	83.92	1.56	0.00	13 551.00	97.90
哈尔滨第二水泵厂	70.99	2.62	106.96	54.11	0.50	3.63	13 085.00	107.55
兴城水泵厂	69.96	2.63	101.37	62.68	0.76	2.10	17 765.00	114.70
本溪水泵厂	68.77	1.74	74.07	55.78	2.40	-3.19	28 756.00	92.26
上海水泵厂	66.52	0.07	100.02	47.52	1.94	0.00	20 708.00	98.43
沈阳第二水泵厂	66.34	4.26	109.80	46.90	0.79	0.99	12 816.00	101.12
桂林市水泵厂	64.62	4.06	99.99	65.79	0.52	0.00	20 751.00	99.16
芜湖水泵制造有限公司	64.44	3.29	75.62	58.36	1.98	-0.95	9 940.00	110.89
成都飞泉泵业有限公司	63.21	5.68	76.66	85.60	0.37	0.78	29 508.00	86.76
博山第二水泵厂有限公司	62.79	4.72	101.82	75.29	0.53	2.43	9 628.00	80.08
广东省开平市水泵厂	62.34	4.70	100.50	71.11	0.38	0.68	27 820.00	40.93
沈阳水泵股份有限公司	60.54	1.55	99.36	72.69	0.21	-0.02	31 837.00	96.00
石首市水泵厂	57.97	5.26	99.40	91.44	0.98	0.00	13 719.00	96.00
都匀水泵厂	57.68	4.39	115.38	53.33	0.45	0.58	8 667.00	85.25
四川三台泵业有限公司	55.41	8.15	3.03	99.43	1.30	0.07	17 859.00	100.54
石家庄通用水泵厂	54.48	0.00	21.38	63.58	1.15	-1.21	28 554.00	65.10
山东省青州水泵厂	53.71	2.65	74.35	62.78	0.43	0.00	21 667.00	82.28
洛阳市水泵厂	53.33	0.21	100.00	89.47	0.22	0.00	40 574.00	86.97
大连耐酸泵厂	53.07	1.67	96.30	49.65	0.99	-4.55	31 507.00	98.54
贺州地区八步水泵厂	52.36	2.78	86.75	72.97	0.31	1.20	9 626.00	96.40
自贡市工业泵厂	51.80	3.37	99.21	75.29	0.39	0.15	9 203.00	95.44
东港市水泵厂	50.97	5.67	111.76	110.13	1.04	-0.86	16 184.00	106.60
山西黎城波涛泵业有限公司	50.45	7.43	115.10	80.78	0.46	0.00	8 774.00	44.85
漯河腾龙泵业有限责任公司	50.20	0.28	100.85	75.66	0.49	0.02	12 735.00	102.14
宁夏电机总厂	49.67	2.88	111.32	78.18	0.27	0.00	11 590.00	80.09
长沙水泵厂有限公司	48.90	0.81	155.62	61.09	0.66	-7.22	39 222.00	89.09
新达机械集团股份有限公司	48.76	1.77	98.22	52.54	0.95	-2.63	16 426.00	102.06
北京丰台区北方水泵厂	48.47	-0.15	97.89	71.53	0.18	-3.22	11 688.00	230.16

（续）

企业名称	综合指数（%）	总资产贡献率（%）	资金保值增值率（%）	资产负债率（%）	流动资产周转率（次）	成本费用利润率（%）	全员劳动生产率（元/人）	产品销售率（%）
天津市海河工业泵厂	43.32	1.14	99.70	22.58	0.64	0.38	339.00	113.89
天津市科海泵业有限公司	40.96	0.00	95.92	51.55	1.81			
盖州水泵厂	37.28	2.24	319.09	102.02	0.23	-6.81	2 637.00	100.00
陕西扶龙泵业有限责任公司	36.05	3.53	129.95	81.25	0.63	-5.06	8 803.00	95.63
浙江建德市新安江矿山机械有限公司	35.64	0.00	94.14	49.59	0.25	0.00	2 667.00	68.10
陕西省关中水泵厂	28.95	4.25	82.36	87.45	0.59	-7.13	5 333.00	165.74
肇东水泵厂	27.54	0.73	94.44	100.30	0.28	0.00	9 326.00	39.43
沈阳第三水泵厂	21.65	2.10	124.56	105.79	0.22	-4.84	11 000.00	101.25
陕西德泉水泵排灌机械有限公司	18.23	2.98	129.48	72.17	0.32	-8.20	9 253.00	57.56
昆明市电机制造厂	13.63	-1.18	82.69	61.23	1.17	-11.74	15 379.00	111.56
河南豫通企业(集团)公司新乡水泵厂	12.15	0.09	95.12	63.56	0.41	-7.75	8 891.00	66.70
兰州水泵总厂	9.71	1.75	85.96	86.45	0.33	-8.61	9 070.00	98.08
山西阳泉市平坦泵业有限公司	3.54	0.06	96.66	42.47	0.30	-10.48	6 539.00	113.25
河北省汉沽农场水泵厂	2.26	0.01	100.00	64.52	0.27	-10.51	6 326.00	85.38
洪湖市工业泵厂	1.00	2.28	64.11	91.11	0.56	-8.62	7 337.00	56.14
沈阳第一水泵厂	-3.58	0.15	175.45	135.23	1.17	-11.26	28 000.00	99.39
陕西兴平市水泵厂	-8.38	1.27	105.37	142.29	0.13	-1.82	1 478.00	73.89
浙江江山伟懋制泵有限公司	-10.71	-0.27	100.00	89.34	0.44	-13.62	11 000.00	89.26
天津市耐酸泵厂	-20.74	-2.12	67.86	83.96	0.36	-18.94	23 385.00	115.62
武汉四方泵业集团有限公司	-29.19	-1.01	90.96	74.23	0.10	-17.42	603.00	112.97
自贡凉高山水泵厂	-29.19	-0.71	68.16	91.85	0.28	-16.97	9 021.00	117.59
沈阳铸造厂	-37.28	-0.99	95.89	71.84	0.09	-20.56	10 267.00	99.27
昌图县水泵厂	-47.67	-4.62	376.67	113.24	0.28	-24.66	874.00	61.25
北海市水泵厂	-51.55	-3.39	85.43	68.53	0.54	-23.98	5 137.00	107.41
吴忠市水泵阀门厂	-55.27	-2.66	93.15	50.10	0.20	-22.68	7 708.00	54.42
烟台东港耐腐蚀泵有限公司	-62.94	-4.24	89.08	50.82	0.27	-25.49	8 779.00	82.43
宝鸡水泵厂	-70.08	0.01	0.00	101.82	0.27	-24.14	12 954.00	75.96
福建省永泰县永兴制泵有限公司	-89.07	-2.11	100.00	0.00		29.31		89.63
重庆工业泵厂	-92.34	-5.21	0.00	134.70	0.65	-21.94	9 059.00	82.56
山东省淄博饮料泵厂	-128.79	-4.32	0.00	106.62	0.31	-36.79	4 789.00	109.73
沈阳滑动轴承厂	-132.66	-6.76	0.00	107.83	0.50	-38.25	23 078.00	83.33
承德新路泵业公司(水泵厂)	-133.97	-3.87	64.02	86.18	0.12	-41.91	3 048.00	103.33
沈阳皮拉密封有限公司	-138.88	-7.04	92.69	4.34	0.43	-42.34	2 500.00	111.11
哈尔滨水泵厂	-141.63	-7.19	13.87	98.36	0.34	-38.60	3 175.00	99.08
陕西省水泵厂	-175.09	2.63	319.78	281.46	0.15	5.96	1 831.00	57.64
福建省龙岩水泵厂	-176.11	-5.47	74.84	75.44	0.11	-53.59	812.00	120.17
邢台水泵厂	-183.35	-6.06	231.28	111.60	0.25	-55.64	142.00	81.40
朝阳水泵厂	-220.68	-9.32	205.97	135.21	0.23	-58.46	5 734.00	107.80
保定水泵厂	-239.32	-5.26	0.00	218.99	0.39	-31.10	5 348.00	85.27
北京东方大禹工业泵股份有限公司	-264.51	-2.55	81.71	75.16	0.03	-75.40	26 045.00	146.75
济南试金集团泵业有限公司	-275.53	-14.61	114.80	36.06	0.55	-76.43	3 308.00	77.98
甘肃水泵厂	-303.29	-7.69	0.00	112.47	0.05	-76.49	11 877.00	95.58

2003年中国通用机械工业协会泵业分会会员单位经济效益指标

企业名称	综合指数（%）	总资产贡献率（%）	资金保值增值率（%）	资产负债率（%）	流动资产周转率（次）	成本费用利润率（%）	全员劳动生产率（元/人）	产品销售率（%）
四川南部嘉陵泵业制造有限公司	291.17	48.81	127.78	7.41	3.12	29.43	47 072.00	96.26
泰州泰东泵业有限公司	284.32	66.65	56.94	117.88	1.84	33.48	8 043.00	98.44
襄樊五二五泵业有限公司	267.37	38.50	161.47	48.13	1.46	26.59	61 866.00	106.78

（续）

企业名称	综合指数（%）	总资产贡献率（%）	资金保值增值率（%）	资产负债率（%）	流动资产周转率（次）	成本费用利润率（%）	全员劳动生产率（元/人）	产品销售率（%）
长沙天鹅工业泵有限公司	259.01	41.16	142.06	45.02	4.41	10.28	96 931.00	96.62
上海华联泵业有限公司	248.43	23.02	101.76	44.52	1.05	24.82	107 885.00	100.00
上海连成(集团)有限公司	242.28	39.45	146.96	42.29	3.66	12.33	73 340.00	98.71
浙江大福泵业有限公司	228.08	28.65	100.00	30.40	3.45	11.28	109 220.00	90.90
南京古尔兹制泵有限公司	227.81	21.53	125.09	43.55	1.40	18.59	110 250.00	100.00
江苏亚太水工机械有限公司	226.00	21.93	123.46	55.49	1.74	10.67	148 733.00	93.62
埃梯梯飞力(沈阳)泵业有限公司	212.55	9.63	112.16	55.10	1.23	10.98	186 978.00	93.43
山东亚龙泵业集团总公司	207.67	60.54	107.46	44.68	3.20	5.90	9 410.00	94.02
杭州碱泵有限公司	204.19	39.70	119.59	45.43	1.90	11.02	64 000.00	89.06
浙江丰球股份有限公司	198.77	11.17	152.54	57.98	1.08	11.14	150 038.00	91.00
湖北省天门泵业有限公司	192.21	62.26	48.38	74.64	3.14	2.12	11 843.00	100.50
广东省佛山水泵厂有限公司	189.71	12.30	146.40	63.12	1.83	8.79	107 088.00	101.20
上海大隆机器厂	181.67	4.64	108.62	67.47	0.98	6.93	134 673.00	99.22
安徽三联泵业股份有限公司	175.60	9.81	203.53	53.64	0.96	3.10	162 542.00	95.67
浙江嘉利特实业股份有限公司	173.23	15.69	156.11	26.05	1.54	10.29	84 247.00	94.47
江苏海狮泵业有限公司	166.03	24.95	113.44	34.61	1.91	14.10	21 423.00	96.74
上海莲盛泵业制造有限公司	165.60	20.46	123.38	53.30	1.27	5.26	114 774.00	90.19
山东博泵科技股份有限公司	164.80	19.37	124.68	59.00	0.93	16.06	36 093.00	96.84
上海东方泵业制造有限公司	157.61	14.35	133.87	47.75	2.17	7.43	70 025.00	99.00
南京蓝深制泵集团有限公司	155.34	9.05	162.56	53.79	1.43	4.06	92 389.00	94.44
丹东克隆集团有限公司	151.88	12.72	113.01	47.50	0.59	14.26	49 028.00	104.81
上海中开泵机制造有限公司	151.66	23.39	118.59	38.37	1.73	12.81	5 215.00	117.34
靖江亚太泵业有限公司	144.39	20.17	137.05	67.46	1.18	10.19	22 994.00	99.00
丹东恒星泵业有限公司	139.45	14.29	166.58	60.56	1.01	7.65	44 475.00	94.59
山东潍坊生建集团	137.04	9.84	119.54	80.74	0.81	7.18	72 503.00	99.03
杭州大路实业有限公司	135.62	12.23	105.80	73.92	1.24	7.97	54 135.00	102.44
大连深蓝泵业有限公司	134.86	8.18	102.52	69.06	1.22	7.30	84 809.00	101.69
安徽莱恩电泵有限公司	132.52	8.44	108.29	63.81	1.48	6.21	66 744.00	100.00
河北恒盛实业股份有限公司	130.18	14.76	106.06	44.65	1.21	9.49	30 414.00	98.48
浙江真空设备集团有限公司	129.94	8.49	102.30	50.37	1.01	8.99	57 561.00	109.21
广州市白云泵业制造有限公司	126.86	12.08	209.57	44.58	1.66	5.03	35 835.00	100.44
江苏振华泵业制造有限公司	126.60	15.40	128.51	76.24	1.60	2.14	56 506.00	99.66
江西省新瑞洪泵业有限公司	123.67	15.16	113.32	38.96	1.65	6.70	33 812.00	85.03
浙江飞旋泵业有限公司	121.96	10.96	100.56	69.02	1.09	5.55	73 533.00	96.74
阳江市粤华不锈钢泵有限公司	120.98	9.39	100.00	88.44	5.92	-3.24	41 667.00	100.00
唐山市水泵厂	120.60	14.96	100.54	52.85	2.16	2.88	37 660.00	100.79
石首市水泵厂	118.95	17.04	275.68	87.12	1.67	0.00	23 917.00	101.52
浙江新界泵业有限公司	117.36	12.86	36.51	62.58	2.06	6.53	30 895.00	96.40
山东同泰集团股份有限公司	116.21	8.59	100.22	60.74	1.32	4.50	47 559.00	120.34
广州水泵厂	113.10	6.89	92.15	26.31	2.23	5.29	40 720.00	87.24
芜湖水泵制造有限公司	112.00	3.25	321.24	35.07	3.06	-0.63	22 398.00	110.79
锦州市劲弓泵业有限责任公司	111.83	10.50	100.00	0.00	5.00	-0.90	40 000.00	100.00
武安市宏泰机械泵业有限公司	110.74	7.95	143.20	46.94	1.08	4.55	41 553.00	74.44
浙江水泵总厂有限公司	110.29	11.26	102.47	50.81	1.80	1.53	49 924.00	85.90
武汉市鑫源泵业制造有限公司	109.90	31.75	100.00			6.67		89.09
上海恒旭泵业制造有限公司	109.17	18.72	94.80	3.07	3.04	4.80		94.64
山东双轮集团有限公司	108.71	10.21	84.84	63.57	1.06	8.01	23 287.00	81.38
浙江中泉泵业集团有限公司	107.24	4.30	116.53	29.68	0.90	4.79	51 875.00	100.91
广州广一集团有限公司	106.46	8.17	104.28	69.92	0.87	3.70	55 790.00	102.71
杭州斯莱特泵业有限公司	105.85	3.39	139.11	35.01	0.70	6.48	46 589.00	108.49
重庆水泵厂有限责任公司	105.15	8.04	104.15	35.77	0.82	5.86	35 889.00	98.78
江西赣州水泵制造有限公司	102.14	6.31	188.08	79.72	1.20	3.83	33 426.00	92.97
上海凯士比泵有限公司	101.27	5.46	122.98	71.71	0.73	2.06	61 820.00	95.95
天津澳森泵业	99.84	11.02	102.86	38.98	1.32	2.54	32 245.00	111.50

（续）

企 业 名 称	综 合 指 数 （%）	总资产 贡献率 （%）	资金保值 增值率 （%）	资 产 负债率 （%）	流动资产 周转率 （次）	成本费用 利润率 （%）	全员劳动 生产率 （元/人）	产 品 销售率 （%）
郑州电力机械厂	99.54	5.40	105.43	48.08	0.86	0.87	58 949.00	91.71
大连大耐泵业有限公司	97.11	4.15	100.39	57.16	1.08	0.46	56 926.00	98.12
北京金龙泉泵业有限公司	96.77	8.56	106.70	82.34	1.26	0.45	52 843.00	103.35
上海第一水泵厂	92.79	8.63	100.93	31.68	1.26	0.68	37 170.00	102.66
新疆新标坚固件泵业有限责任公司	91.23	7.23	104.44	37.68	0.65	5.18	32 468.00	100.31
靖江庆功耐腐泵阀制造有限公司	91.11	12.26	100.32	46.46	0.80	3.47	21 917.00	75.54
博山第二水泵厂有限公司	90.72	4.12	308.47	69.89	0.49	2.38	9 271.00	88.04
国营高邮泵厂	87.73	5.10	102.30	74.17	2.05	0.83	30 064.00	98.97
新疆潜水泵厂	87.35	3.93	103.68	54.68	0.24	8.61	15 537.00	82.42
长沙水泵厂有限公司	86.35	5.30	96.96	60.57	0.84	－1.84	62 460.00	94.68
北京第二水泵厂有限公司	83.98	5.86	102.88	61.34	1.34	1.14	42 088.00	87.62
天津泵业机械集团有限公司	82.05	2.77	96.59	69.60	0.94	－2.98	44 269.00	100.12
上海深井泵厂	81.06	6.76	96.22	77.15	1.07	0.00	23 346.00	115.20
淄博水环真空泵厂有限公司	79.46	8.98	248.25	83.32	1.11	1.60	7 957.00	0.00
无锡锡泵制造有限公司	78.94	3.71	103.09	91.76	0.92	0.78	42 688.00	101.60
湖南省醴陵市水泵厂	78.53	9.08	99.12	56.31	1.01	2.71	6 953.00	98.57
大连挠叠联轴器厂	77.96	13.41	85.44	24.74	1.00	－8.23	66 506.00	99.45
西安泵阀总厂	76.37	6.73	100.06	71.39	0.75	0.59	24 492.00	97.80
本溪水泵有限责任公司	76.16	1.99	100.05	69.45	1.64	0.01	28 565.00	87.54
沈阳水泵股份有限公司	76.03	2.89	159.56	61.22	0.24	0.17	36 153.00	89.50
石家庄泵业集团有限责任公司	75.89	4.87	101.80	65.12	0.50	2.85	24 142.00	101.06
海城市三鱼泵业有限公司	75.71	5.37	99.49	46.78	0.92	2.39	17 878.00	107.83
重庆第四水泵厂	73.96	8.87	100.71	85.02	1.43	0.11	18 817.00	98.03
沈阳第二水泵厂	73.27	5.44	97.78	42.11	0.91	0.68	26 475.00	102.88
陕西扶龙泵显有限责任公司	68.86	4.73	134.58	80.02	0.53	2.15	5 726.00	130.63
浙江江山伟懋制泵有限公司	68.57	5.42	105.06	88.29	0.52	1.27	24 375.00	107.60
淄博真空设备厂有限公司	67.30	5.93	60.40	84.50	0.94	1.73	23 392.00	87.47
湘潭泵业集团有限公司花石水泵厂	66.65	1.43	326.93	23.04	1.42	－3.12		100.00
宜昌水泵总厂	66.28	2.71	77.53	33.52	2.72	0.63	9 933.00	69.55
漯河腾龙泵业有限责任公司	65.51	0.96	131.15	72.67	1.08	0.02	13 818.00	118.13
自贡凉高山水泵厂	62.49	－0.07	343.25	77.44	0.28	－5.12	11 537.00	137.87
哈尔滨第二水泵厂	61.42	3.74	84.97	61.21	0.56	1.28	17 118.00	77.78
烟台东港耐腐蚀泵有限公司	60.81	3.66	89.55	56.02	0.44	0.53	19 101.00	95.32
内蒙古赤峰宇太工业泵制造有限公司	60.50	2.96	93.36	72.81	1.17	－2.06	28 519.00	79.71
兴城水泵厂	57.37	2.25	110.30	59.20	0.81	1.17		104.94
阳泉市水泵厂	56.35	2.87	100.48	58.67	0.46	0.15	14 958.00	86.73
上海申工泵业制造有限公司	56.12	4.17	101.76	13.99	1.01	2.24		100.00
开平市水泵厂	55.31	4.09	99.62	71.66	0.32	－0.41	27 354.00	38.58
沈阳第一水泵厂	55.02	12.32	117.32	137.22	1.17	0.00	33 589.00	86.00
吴忠仪表泵业有限公司	54.27	4.55	100.00	50.54	0.24	0.29	7 014.00	115.60
天津市海河工业泵厂	53.70	1.93	122.55	17.40	1.15	0.00	8 333.00	102.50
桂林市水泵厂	53.64	2.31	99.94	68.20	0.38	0.02	14 793.00	83.16
成都飞泉泵业有限公司	50.77	1.17	70.93	89.23	0.55	0.00	21 833.00	115.56
广西贺州市八步机械厂	50.20	2.61	94.09	69.81	0.28	0.10	9 613.00	104.78
宁夏电机有限责任公司	49.32	3.39	74.39	85.10	0.28	0.26	12 224.00	109.25
河北汉沽农场水泵厂	49.30	4.86	42.59	80.91	0.38	1.72	12 375.00	67.08
洛阳市水泵厂	47.79	0.17	100.06	89.02	0.23	0.10	28 519.00	87.93
北京市丰台北方水泵厂	47.40	1.50	97.60	71.57	0.11	－2.57	3 862.00	211.90
山西黎城波涛泵业有限公司	46.96	6.38	99.72	82.34	0.44	0.00	8 385.00	49.79
新乡泵厂有限责任公司	45.23	11.64	36.18	69.85	1.30	－1.25		0.00
盖州水泵厂	42.51	3.83	61.48	102.65	0.30	－2.96	39 716.00	100.00
山东聊城鲁化集团总公司化工机械厂	41.62	2.77	95.19	83.87	0.38	－3.61	16 459.00	110.58
长春贝特泵业制造有限公司	38.78	2.49	109.75	0.00	0.41		11 398.00	81.51
天津市科海泵业有限公司	36.90	0.00	102.13	54.72	1.25	0.00		0.00

（续）

企业名称	综合指数（%）	总资产贡献率（%）	资金保值增值率（%）	资产负债率（%）	流动资产周转率（次）	成本费用利润率（%）	全员劳动生产率（元/人）	产品销售率（%）
肇东水泵厂	35.88	0.76	100.00	100.27	0.26	0.00	8 427.00	100.83
四川新达泵业股份有限公司	33.71	0.80	80.14	54.54	1.00	-5.41	15 056.00	101.01
自贡工业泵股份有限公司	33.70	1.83	29.52	91.17	0.49	0.00	8 628.00	97.69
石家庄石通水泵制造有限公司	32.17	2.19	88.14	71.89	1.38	-2.95		88.00
兰州水泵总厂	30.11	2.51	85.98	88.76	0.40	-3.74	14 292.00	82.40
沈阳市第三水泵厂	24.45	-0.09	16.00	106.89	0.28	-4.98	24 500.00	97.05
浙江建德市新安江矿山机械有限公司	23.23	-0.10	100.82	49.22	0.32	-3.59	2 059.00	69.13
四川三台剑门泵业有限公司	22.36	0.42	84.46	8.48	0.38	-3.01	4 264.00	97.48
山西省平坦泵业有限公司	21.42	2.39	103.28	41.26	0.31	-9.83	8 289.00	244.79
昆明电机制造厂	18.47	0.28	82.60	65.64	1.26	-9.73	3 404.00	130.01
沈阳潜水电泵股份有限公司	13.98	2.08	93.62	77.75	0.33	-7.82	3 620.00	98.09
贵州省都匀水泵厂	8.12	0.60	109.19	56.36	0.42	-10.46	10 210.00	76.01
邢台水泵厂	2.40	1.83	136.71	115.34	0.49	-8.70	4 122.00	112.99
昆明水泵厂	-3.25	0.15	89.03	70.82	0.62	-12.76	18 311.00	61.40
福建省永兴制泵有限公司	-8.55	-10.82	84.08	43.83	1.39	-11.11	19 528.00	84.42
河南豫通企业(集团)公司新乡水泵厂	-11.20	-0.46	74.03	70.53	0.32	-13.31	9 284.00	90.51
武汉四方泵业集团有限公司	-16.67	-0.92	90.56	75.83	0.17	-13.45	285.00	93.73
天津耐酸泵总厂	-23.34	-2.36	61.20	90.64	0.36	-17.39	18 411.00	128.24
北海市水泵厂	-24.43	-1.73	87.66	71.14	0.63	-17.75	5 528.00	103.80
宝鸡水泵厂	-32.15	-0.77	436.59	107.94	0.24	-28.56	9 780.00	101.19
沈阳铸造厂	-41.51	-1.07	54.92	82.47	0.15	-19.58	12 122.00	96.13
陕西德泉水泵排灌机械有限责任公司	-42.88	0.18	60.60	83.34	0.17	-18.44	3 810.00	55.35
沈阳滑动轴承厂	-51.29	-1.56	150.59	112.55	0.37	-20.47	5 909.00	67.65
沈阳皮拉密封有限公司	-62.72	-4.03	90.05	4.40	0.54	-25.19	15 402.00	90.95
重庆工业泵厂	-63.88	-4.77	16.00	146.38	0.74	-17.08	12 100.00	85.97
山东省淄博饮料泵厂	-100.72	-6.47	433.91	133.17	0.44	-38.11	5 070.00	83.03
承德新路泵业有限公司	-144.34	-3.84	50.38	93.07	0.10	-43.46	4 622.00	97.48
哈尔滨水泵厂	-149.30	-4.38	0.00	119.21	0.22	-35.89	18 596.00	111.41
朝阳高新泵业有限公司	-247.14	-8.67	152.09	156.33	0.26	-59.83	0.00	118.27
保定水泵厂	-250.07	1.69	111.06	234.34	0.46	-34.03	3 928.00	82.22
昌图县水泵厂	-271.43	-16.39	257.96	233.41	0.96	-37.08	352.00	80.00
甘肃水泵厂	-302.03	-6.96	207.33	123.80	0.05	-83.84	568.00	100.45

2001年中国通用机械工业协会风机分会会员单位经济指标

企业名称	工业总产值		工业增加值（万元）	从业人员平均人数（人）	固定资产合计（万元）	产品销售收入（万元）
	（不变价）（万元）	（当年价）（万元）				
浙江上风集团公司	80 886	90 668	18 888	934	25 170	88 898
沈阳鼓风机集团有限公司	49 056	41 977	11 349	2 634	36 567	41 702
陕西鼓风机(集团)有限公司	40 880	37 629	11 954	3 444	24 526	40 986
上海鼓风机厂有限公司	25 811	18 035	4 527	1 304	9 835	18 014
山东省汇丰机械集团总公司	13 250	13 411	4 136	1 144	5 663	12 667
重庆通用工业(集团)有限责任公司	12 533	10 891	2 243	1 791	8 904	10 388
武汉鼓风机厂	8 868	8 464	2 455	962	3 949	7 886
长沙鼓风机厂有限责任公司	7 714	7 688	3 340	914	5 119	8 226
四平鼓风机厂	7 109	6 540	3 100	697	4 038	8 033
常熟市鼓风机厂	6 007	6 794	1 898	435	1 347	6 458
天津市鼓风机总厂	4 801	4 855	2 115	487	3 790	5 122
成都电力机械厂	4 317	5 680	1 200	609	4 986	5 266

（续）

企 业 名 称	工业总产值（不变价）（万元）	工业总产值（当年价）（万元）	工 业 增加值（万元）	从业人员平均人数（人）	固定资产合 计（万元）	产品销售收 入（万元）
山东省德州市玻璃钢制品总厂	4 140	3 538	500	380	634	3 538
湖北省风机厂股份有限公司	4 038	4 158	727	473	1 382	3 497
江苏大通风机股份有限公司	3 908	4 292	1 119	420	1 848	4 394
天津市通风机厂	3 601	3 377	1 823	440	409	3 010
山东省文登风机厂	3 552	3 819	916	350	754	2 469
上海通用风机股份有限公司	3 213	2 746	600	268	991	2 402
济南风机厂	3 000	3 448	970	680	1 041	3 169
沈阳风机厂	2 810	2 510	750	487	2 716	1 706
山东岳尔风机有限公司	2 578	2 205		260	895	1 430
无锡市通风机厂	2 457	2 100	160	130	428	1 795
石家庄市风机厂	2 237	2 234	1 108	245	1 226	2 371
天津环保产业集团有限责任公司	2 141	1 830	796	215	2 250	1 429
无锡中策机电设备有限公司	2 028	2 360	1 200	287	541	2 003
北京风机二厂	2 002	1 855	581	242	1 749	2 003
四川鼓风机有限责任公司	1 917	2 415	926	946	3 246	3 918
宁波风机有限公司	1 849	2 334	941	320	623	2 212
沈阳人民风机厂	1 800	1 639	562	319	825	1 453
新乡市鼓风机厂	1 799	1 975	492	516	2 232	1 496
鞍山风机二厂	1 652	1 412	805	238	414	1 433
宜兴市华兴特种风机厂	1 650	1 410	467	113	586	1 469
吉林市鼓风机厂	1 611	1 873	64	244	1 742	930
青岛风机厂	1 611	1 964	927	407	500	1 685
沈阳川益集团公司	1 600	1 282	447	150		
哈尔滨哈暖环境工程设备有限公司	1 324	1 324	397	170	817	1 204
陕西骊山风机厂	1 278	1 250	354	343	267	1 316
余姚风机总厂	1 270	1 086	295	120	361	1 086
北海鼓风机实业公司	1 188	831	238	228	2 069	753
福建东亚鼓风机股份有限公司	1 103	1 385	603	302	1 051	1451
天津市暖风机总厂	1 065	1 165	387	169	179	1 150
安徽庐江安风风机有限公司	1 055	967	168	180		713
湖北鼓风机有限公司	1 001	1 042	293	110	378	653
临沂市风机厂	957	818	164	143	433	556
新疆风机有限责任公司	925	1 178	321	147	183	1 076
重庆鼓风机厂	925	1 058	329	222	223	1 001
北京当代复合材料有限公司	922	1 072	249	130	414	1 913
宁夏银川风机厂	851	1 135	520	397	1 530	1 044
张家港市英德利空调风机有限公司	837	816	241	76	56	816
鞍山风机厂	784	841	-353	576	1 203	1 419
上海鼓风机厂长征分厂	756	837	220	171	357	743
德州巨龙风机有限公司	750	813	235	188	913	820
内蒙古天福风机有限公司	729	798	218	202	801	658
肇东市风机制造总厂	702	600	178	108	670	550
长沙罗茨鼓风机配件厂	616	527	398	119	380	556
长沙华南风机制造总厂	593	516	172	92	387	493
甘肃省靖远通风机厂	586	624	269	188	202	522
周口鸿基鼓风机有限公司	586	699	132	320	987	768
西安凯瑟通风设备有限公司	582	498	244	75	111	478
武汉市新洲搏力风机制造有限公司	500	520	150	83	163	440
杭州余杭鼓风机厂	491	420	71	114	245	420
南京鼓风机厂股份有限公司	476	432	40	147	19	432
山西鼓风机厂	438	454	105	408	1 220	454
张家口市宣化风机厂	404	346	89	176	557	413
大理通用机械厂	393	478	174	198	355	530
成都风机厂	367	328	30	87	1 451	307

（续）

企业名称	工业总产值（不变价）（万元）	工业总产值（当年价）（万元）	工业增加值（万元）	从业人员平均人数（人）	固定资产合计（万元）	产品销售收入（万元）
沈阳市通风机厂	342	569	161	120	118	545
西安风机厂	326	262	－104	86	358	250
新疆迎宾风机厂	268	280	105	76	86	210
呼和浩特市新超风机有限公司	251	287	46	75	956	224
营口市鼓风机厂	238	203	39	42	278	175
长沙市第二风机厂	204	212	57	231	291	185
佛山市风机厂	204	231	105		551	267
梧州市风机厂	198	283	105	148	289	464
武汉市通风机厂	197	174	43	78	319	152
广州风机厂	167	200	－414	121	310	311
武汉和平风机有限责任公司	122	170	147	43	29	105
南昌鼓风机厂	113	137	0	80	212	96
长沙市湘江风机厂	110	108	－16	66	300	129

2002 年中国通用机械工业协会风机分会会员单位经济指标

企业名称	工业总产值（不变价）（万元）	工业总产值（当年价）（万元）	工业增加值（万元）	从业人员平均人数（人）	固定资产合计（万元）	产品销售收入（万元）
浙江上风实业股份有限公司	85 575	95 084	20 502	934	28 643	86 237
陕西鼓风机(集团)有限公司	70 823	66 532	21 915	3 424	22 670	59 119
沈阳鼓风机(集团)有限公司	63 103	54 033	14 581	2 511	40 833	53 515
重庆通用工业(集团)有限责任公司	40 260	35 010	8 753	5 354	10 971	32 895
上海鼓风机厂有限公司	26 674	19 652	5 524	1 238	11 337	19 512
山东省汇丰机械集团总公司	18 293	18 126	5 446	1 143	5 696	16 880
四平鼓风机厂	13 521	12 197	4 913	708	4 432	12 248
武汉鼓风机厂	8 423	8 116	2 516	755	3 038	7 718
长沙鼓风机厂有限责任公司	8 381	8 422	3 156	906	4 501	8 946
天津市鼓风机总厂	6 579	6 448	3 531	594	4 328	7 178
常熟市鼓风机有限公司	6 102	7 318	2 038	413	2 088	7 216
成都电力机械厂	5 719	6 376	2 911	543	4 835	7 240
湖北省风机厂	5 002	5 057	901	450	1 160	4 010
山东省文登风机厂	4 586	4 796	1 340	350	711	2 770
山东省德州市玻璃钢制品总厂	4 560	3 948	1 150	429	1 860	3 219
江苏大通风机股份有限公司	3 824	4 606	1 523	364	1 772	4 753
吉林市鼓风机厂	3 810	3 759	1 039	411	2 122	3 707
上海通用风机股份有限公司	3 312	3 312	399	280	945	3 065
天津市通风机厂	3 204	2 530	1 073	245	414	2 507
宁波风机有限公司	3 164	3 719	1 247	267	595	3 505
济南风机厂	3 088	3 835	1 390	612	1 061	3 509
陕西骊山风机厂	3 006	2 748	761	350	304	2 601
安徽庐江安风风机有限公司	2 851	2 960	691	180	3 207	2 752
无锡市苏凤通风机有限公司	2 600	2 600	250	140	376	2 173
沈阳风机厂	2 503	2 184	623	447	1 197	1 862
山东岳尔风机有限公司	2 460	2 460	680	256	757	2 049
无锡中策机电设备有限公司	2 240	2 479				
石家庄市风机厂有限责任公司	2 211	2 274	1 197	245	850	1 786
天津环保产业集团有限责任公司	2 170	1 855	727	198	2 280	1 454

（续）

企业名称	工业总产值		工业增加值（万元）	从业人员平均人数（人）	固定资产合计（万元）	产品销售收入（万元）
	（不变价）（万元）	（当年价）（万元）				
四川鼓风机有限责任公司	2 148	2 667	1 024	510	3 114	2 695
青岛风机厂	1 960	2 311	1 114	381	302	2 027
北京风机二厂	1 720	1 654	644	214	1 652	1 727
鞍山风机二厂	1 607	1 607	1 120	193	469	1 708
沈阳人民风机厂	1 419	1 328	498	345	808	1 325
新乡市鼓风机厂	1 304	1 371	694	501	2 072	1 079
宜兴市华兴特种风机厂	1 230	1 051	402	110	557	1 072
张家港市英德利空调风机有限公司	1 118	1 118	284	85	60	1 115
福建东亚鼓风机股份有限公司	1 080	1 316	535	295	988	1 399
西安凯瑟通风设备有限公司	1 049	1 049	673	95	199	1 052
湖北鼓风机有限公司	1 000	1 151	416	110	354	650
内蒙古天福风机有限公司	989	1 128	573	190	612	701
宁夏银川风机厂	989	1 318	610	406	2 288	1 044
重庆鼓风机厂	962	1 096	348	219	195	1 002
天津市暖风机总厂	937	1 030	399	159	549	1 061
哈尔滨哈暖环境工程设备有限公司	904	904	460	150	771	885
沈阳川益集团公司	900	769	268	150	2 000	370
临沂市风机厂	891	891	178	163	404	513
德州巨龙风机有限公司	870	934	327	189	1 127	928
北京当代复合材料有限公司	750	874	466	130	373	1 624
上海鼓风机厂长征分厂	745	827	286	152	308	778
新疆风机有限责任公司	692	865	311	143	171	885
周口鸿基鼓风机有限公司	687	848	196	300	953	580
鞍山风机厂	632	632	－227	260	1 148	917
长沙华南风机制造总厂	610	561	181	106	433	420
佛山市通风风机有限公司	600	607	158	120	119	505
甘肃省靖远通风机厂	557	580	202	178	177	558
北海鼓风机实业公司	544	786	149	202	2 048	662
肇东市风机制造总厂	520	520	178	104	198	400
武汉搏力风机制造有限公司	500	540	150		170	246
南京鼓风机厂股份有限公司	484	461	42	147	19	461
张家口市宣化风机厂	477	481	202	118	472	473
成都风机厂	470	545	295	79	1 431	287
长沙罗茨鼓风机配件厂	429	429	264	97		490
山西盛元鼓风机制造有限责任公司	426	454	206	406	3	700
沈阳市通风机有限责任公司	415	694	64	180	121	676
大理通用机械厂	341	386	71	194	241	337
武汉和平风机有限责任公司	303	329	83	43	193	239
南昌鼓风机厂	267	289	75	73	422	295
营口市鼓风机厂	245	245	41	40	258	175
西安风机厂	241	307		64	348	285
新疆迎宾风机厂	234	245	134	72	92	344
梧州市风机厂	186	259	108	143	278	328
呼和浩特市新超风机有限公司	180	212	32	68	951	247
武汉市通风机厂	147	153	23	40	319	79
长沙市第二风机厂	81	87	40		247	139
广州风机厂	68	94	－1 305	105	263	366
余姚风机总厂		1 059	288		363	1 059

2003 年中国通用机械工业协会风机分会会员单位经济指标

企业名称	工业总产值		工业增加值（万元）	从业人员平均人数（人）	固定资产合计（万元）	产品销售收入（万元）
	（不变价）（万元）	（当年价）（万元）				
陕西鼓风机(集团)有限公司	130 978	126 565	56 205	3 421	29 491	120 862
浙江上风实业股份有限公司	110 079	103 409		934		98 259
沈阳鼓风机(集团)有限公司	86 228	73 768	19 139	2 507	26 418	68 858
重庆通用工业(集团)有限责任公司	41 866	39 997	12 489	4 542	10 688	38 780
上海鼓风机厂有限公司	37 625	31 134	9 650	1 208	12 616	30 033
山东省汇丰机械集团总公司	25 874	25 177	7 500	1 131	7 192	23 855
四平鼓风机厂	19 921	18 112	6 649	650	4 887	17 063
长沙鼓风机厂有限责任公司	12 884	12 631	4 445	893	3 673	11 859
天津市鼓风机总厂	9 235	7 209	2 219	591	3 906	9 142
常熟市鼓风机有限公司	8 635	10 026	2 708	398	2 065	10 018
成都电力机械厂	8 468	9 622	3 740	533	4 622	13 415
上虞市明新风机制造有限公司	8 393	9 104	2 507	323	5 000	8 715
湖北省风机厂	8 008	8 098	1 442	467	1 121	7 587
武汉鼓风机厂	7 812	7 515	2 242	625	3 660	7 106
江苏大通风机股份有限公司	6 860	7 290	1 463	368	1 569	7 065
上海通用风机股份有限公司	6 516	5 569	1 161	258	809	5 310
湘潭平安电气集团有限公司	6 269	7 836	2 358	319	1 653	7 538
云浮市云丰环保设备有限公司	5 500	4 150		76	556	3 853
南海市九州普惠风机有限公司	5 100	5 893	1 634	446	3 126	5 236
江阴市宏达风机有限公司	5 051	7 015	1 699	250	1 387	6 151
南通市恒荣机泵厂	4 383	4 383	1 249	158	801	3 816
上虞市五星风机厂	4 336	3 706	566	80	427	3 706
天津市通风机厂	4 335	3 265	1 305	225	502	3 245
济南风机厂	4 322	4 683	1 703	587	1 065	5 011
宁波风机有限公司	4 200	4 774	1 193	258	496	4 590
安徽安风风机有限公司	4 111	4 210	997	190	3 171	3 928
山东岳尔风机有限公司	3 580	4 900		226		4 730
沈阳铁扇风机制造有限责任公司	3 576	3 177	930	407	1 237	2 780
无锡市苏风通风机有限公司	3 500	2 991	488	145	703	2 840
台山港益电器有限公司	3 493	2 985	235	216	771	2 727
上海德惠特种风机厂	2 900	2 500	847	118	367	1 976
四川鼓风机有限责任公司	2 832	3 357	1 025	588	1 671	3 716
鞍山市风机二厂	2 783	2 379	609	205	455	3 004
浙江大丰风机电器有限公司	2 714	2 319	297	145	777	2 139
广州市新华通风设备厂	2 633	2 180	287	104	2 442	2 287
青岛风机厂	2 609	3 001	610	350	309	2 710
无锡中策机电设备有限公司	2 592	2 929	1 566	225	673	2 943
石家庄市风机厂有限责任公司	2 285	2 350	794	245	922	2 397
天津市通风除尘设备厂	2 210	1 900	758	196	2 293	1 469
临沂市风机厂	1 873	1 601	332	152	395	1 093
福建东亚鼓风机股份有限公司	1 830	2 288	427	279	926	2 288
哈尔滨哈暖环境工程设备有限公司	1 727	1 476	601	137	803	1 058
新乡市鼓风机厂	1 705	1 729	883	486	2 016	1 454
张家港市英德利空调风机有限公司	1 697	1 451	487	100	69	1 448
重庆鼓风机厂	1 630	2 030	559	232	255	1 260
沈阳人民风机厂	1 600	1 426	550	326	815	1 222
余姚风机总厂	1 580	1 350	284	110	360	1 324
沈阳川益集团公司	1 500	1 282	282	150	2 000	387
宁夏银川风机厂	1 461	1 948	745	409	2 426	1 478
北京风机二厂	1 457	1 379	476	199	1 580	1 337

（续）

企 业 名 称	工业总产值		工 业 增加值 （万元）	从业人员 平均人数 （人）	固定资产 合 计 （万元）	产品销售 收 入 （万元）
	（不变价） （万元）	（当年价） （万元）				
无锡耀新通用机械有限公司	1 404	1 200		107	189	1 127
宜兴市华兴特种风机厂	1 316	1 125	424	104	676	1 114
四川望江风机制造有限公司	1 286	1 099	200	94	644	1 099
湖北新流鼓风机有限公司	1 100	1 129	260	100	384	404
营口市鼓风机厂	1 064	910	201	98	244	724
沈阳通风机有限公司	1 034	884	188	180	103	851
内蒙古天福风机有限公司	1 025	1 153		184	566	761
天津市暖风机总厂	1 019	1 097	391	149	573	1 081
长沙华南风机制造总厂	936	800	254	93	423	501
新疆风机有限责任公司	818	1 023	575	132	195	1 041
北京当代复合材料有限公司	817	950	316	130	382	1 524
杭州科星鼓风机有限公司	815	804	201	47	217	718
上海鼓风机厂长征分厂	800	864	270	145	265	728
武汉搏力风机有限公司	800	683	205	85	197	630
吉林市亚星电站辅机有限公司	786	672	268	104	290	672
甘肃省靖远通风机厂	768	801		174		823
张家口市宣化风机厂	742	788		82	536	653
肇东松辽风机厂	676	578	127	100	105	510
佛山市通风风机有限公司	650	688	170	120	170	585
北海鼓风机实业公司	650	936	342	199	2 011	1 119
武汉和平风机有限责任公司	562	480	164	43	233	460
肇东市风机制造总厂	526	450	148	84	230	400
长沙罗茨鼓风机配件厂	460	393	192	98	346	540
原平鼓风机有限责任公司	454	462	131	370	19	846
南京鼓风机厂股份有限公司	412	515	122	145	18	515
西安风机厂	373	448	106	62	326	347
大理通用机械厂	342	398	137	180	303	400
新疆迎宾风机厂	325	340	184	69	90	391
南昌鼓风机厂	302	319	78	53	415	335
广州风机厂	292	321	-247	87	356	549
梧州市风机厂	233	333	124	139	326	314
鞍山风机厂	145	124	-79	468	1 136	269

2001年中国通用机械工业协会风机分会会员单位经济效益指标

序号	企 业 名 称	综合指数 （%）	总资产 贡献率 （%）	资本保值 增值率 （%）	资 产 负债率 （%）	流动资产 周转率 （次）	成本费用 利润率 （%）	全员劳动 生产率 （元/人）	产 品 销售率 （%）
	标准值及权数		10.7×20	120×16	60×12	1.52×15	3.71×14	16 500×10	96×13
1	武汉和平风机有限责任公司	314.02	31.10	125.07	84.98	0.46	53.30	34 116	61.76
2	宁波风机有限公司	281.36	8.46	271.30	59.46	1.02	46.82	29 409	94.56
3	浙江上风集团公司	273.08	19.98	112.01	24.70	1.76	14.69	202 222	99.25
4	鞍山风机二厂	181.22	23.91	145.71	69.91	1.33	18.69	18 950	95.54
5	张家港市英德利空调风机有限公司	178.94	28.00	122.87	26.58	1.67	12.98	31 711	100.00
6	西安凯瑟通风设备有限公司	157.31	23.07	98.73	44.92	1.50	11.00	32 533	95.98
7	德州巨龙风机有限公司	144.99	12.17	105.00	11.50	2.86	12.40	12 500	100.80
8	山东省汇丰机械集团总公司	131.54	10.82	102.40	45.21	1.15	10.42	36 153	96.60
9	余姚风机总厂	125.64	12.98	119.50	41.00	1.65	7.61	24 583	100.00
10	石家庄市风机厂	123.93	11.59	105.96	44.12	0.97	7.50	45 241	80.08
11	青岛风机厂	122.18	9.25	377.95	61.62	1.27	1.09	22 784	92.50

（续）

序号	企业名称	综合指数（%）	总资产贡献率（%）	资本保值增值率（%）	资产负债率（%）	流动资产周转率（次）	成本费用利润率（%）	全员劳动生产率（元/人）	产品销售率（%）
12	宜兴市华兴特种风机厂	120.83	14.95	105.80	59.03	1.71	2.85	41 327	104.18
13	新疆风机有限责任公司	118.21	16.62	95.57	45.22	1.17	6.71	21 837	90.83
14	无锡中策机电设备有限公司	115.20	10.21	106.23	34.84	0.84	6.58	41 812	84.87
15	常熟市鼓风机厂	114.61	11.22	8.72	61.15	2.51	4.34	43 632	97.66
16	上海通用风机股份有限公司	110.46	10.50	105.06	43.80	1.55	6.30	22 388	89.98
17	山东岳尔风机有限公司	106.01	10.97	124.03	70.50	1.09	9.50		99.80
18	沈阳川益集团公司	102.83	3.64		57.60	0.46	12.81	29 800	96.65
19	营口市鼓风机厂	101.65	4.85	361.76	49.86	0.39	2.35	9 286	103.45
20	天津市通风机厂	100.07	11.82	101.64	57.64	1.34	0.43	41 425	92.10
21	哈尔滨哈暖环境工程设备有限公司	99.49	5.84	106.19	63.69	0.48	8.56	23 365	91.00
22	宁夏银川风机厂	97.96	6.53	133.36	56.19	0.73	7.66	13 098	88.10
23	山东省文登风机厂	95.12	8.95	103.27	47.28	0.70	5.00	26 171	81.12
24	天津环保产业集团有限责任公司	94.78	4.09	88.70	22.40	0.99	5.44	37 023	78.10
25	江苏大通风机股份有限公司	92.12	9.88	107.33	76.50	1.35	2.17	26 648	108.03
26	山东省德州市玻璃钢制品总厂	91.73	7.24	99.25	53.36	1.78	3.68	13 158	100.00
27	陕西鼓风机(集团)有限公司	91.13	7.12	110.55	75.84	0.64	4.06	34 710	97.16
28	北京当代复合材料有限公司	89.73	13.01	59.19	84.24	1.51	3.34	19 154	101.03
29	天津市鼓风机总厂	87.02	8.49	102.04	75.77	0.99	0.18	43 435	99.71
30	肇东市风机制造总厂	85.52	5.00	105.66	49.55	1.37	3.58	16 444	96.67
31	天津市暖风机总厂	85.20	9.51	96.95	45.87	1.25	0.79	22 881	98.28
32	四平鼓风机厂	84.44	3.70	100.00	43.10	0.90	1.10	44 476	90.10
33	长沙鼓风机厂有限责任公司	84.30	7.70	100.18	61.92	1.07	1.46	25 299	101.32
34	武汉市新洲搏力风机制造有限公司	83.97	7.35	101.74	63.92	0.55	4.77	18 072	84.61
35	重庆鼓风机厂	83.89	7.76	106.69	62.59	0.84	3.62	14 815	96.03
36	湖北省风机厂有限公司	82.93	9.82	87.93	61.53	1.70	0.23	15 368	106.00
37	北京风机二厂	80.99	5.24	100.36	0.30	0.86	2.16	24 012	107.98
38	沈阳鼓风机厂	80.67	4.92	100.94	70.31	0.68	0.84	43 086	96.88
39	长沙罗茨鼓风机配件厂	78.62	6.66	97.17	29.28	1.16	－2.82	33 420	148.80
40	福建东亚鼓风机股份有限公司	76.67	7.73	100.36	58.23	0.89	0.58	19 954	101.73
41	甘肃省靖远通风机厂	75.22	6.70	113.03	50.13	0.52	2.21	14 309	99.60
42	成都风机厂	73.02	3.68	98.67	39.13	1.73	0.03	16 241	103.05
43	广州风机厂	72.78	3.99	111.85	34.84	0.18	10.82	－34 174	121.93
44	上海鼓风机厂有限公司	71.71	3.81	100.20	68.12	0.59	0.34	34 720	99.80
45	无锡市通风机厂	70.26	11.81	39.29	87.44	1.55	0.85	12 308	97.62
46	沈阳市通风机厂	69.42	7.86	101.47	76.13	0.73	1.72	13 416	90.21
47	济南风机厂	68.08	6.95	96.68	77.57	1.44	0.08	14 264	90.92
48	成都电力机械厂	67.60	5.38	98.22	54.67	0.65	0.33	19 704	94.84
49	安徽省风机厂	67.60	16.81		87.39	1.71	0.07	4 769	91.30
50	长沙华南风机制造总厂	66.81	3.02	110.28	38.54	1.19	－0.41	18 696	95.54
51	临沂市风机厂	62.22	3.66	103.11	44.86	0.35	1.91	11 433	88.90
52	南京鼓风机厂股份有限公司	61.55	1.74	82.83	53.12	3.41	－3.60	2 721	100.00
53	武汉鼓风机厂	60.39	4.93	40.20	77.10	0.71	0.97	25 516	94.60
54	大理通用机械厂	59.39	3.25	102.83	58.39	0.85	－0.23	8 789	109.00
55	新乡市鼓风机厂	57.97	3.29	99.80	60.87	0.77	0.03	9 537	98.18
56	陕西骊山风机厂	52.76	3.60	105.60	81.60	0.50	0.30	10 324	104.20
57	四川鼓风机有限责任公司	49.84	3.69	98.50	68.55	0.83	－1.70	9 789	93.54
58	上海鼓风机厂长征分厂	49.76	7.21	89.60	77.33	0.82	－2.74	12 865	88.53
59	重庆通用工业(集团)有限责任公司	48.24	1.03	100.35	79.28	0.51	0.23	12 496	97.77
60	湖北鼓风机有限公司	43.58	10.50	－133.33	100.70	1.24	0.15	26 636	95.97
61	沈阳人民风机厂	36.41	3.24	93.20	75.62	0.54	－4.33	17 618	80.84
62	北海鼓风机实业公司	34.29	3.07	97.47	61.81	0.40	－6.61	10 438	138.60
63	梧州市风机厂	33.88	2.87	106.31	58.64	0.81	－7.52	7 094	136.04
64	山西鼓风机厂	32.45	0.00	100.00	94.18	0.23	0.00	2 571	100.00
65	内蒙古天福风机有限公司	29.22	2.40	92.12	80.50	0.53	－4.90	10 797	98.37

（续）

序号	企业名称	综合指数（%）	总资产贡献率（%）	资本保值增值率（%）	资产负债率（%）	流动资产周转率（次）	成本费用利润率（%）	全员劳动生产率（元/人）	产品销售率（%）
66	沈阳风机厂	6.15	0.87	-136.94	112.23	0.28	0.63	15 406	88.45
67	周口鸿基鼓风机有限公司	-4.48	-3.40	104.00	79.60	0.62	-11.70	4 138	128.61
68	武汉市通风机厂	-10.10	-0.97	91.33	70.53	0.30	-12.88	5 512	96.00
69	杭州余杭鼓风机厂	-13.42	0.78	-7.11	149.76	0.65	-6.28	6 228	107.14
70	新疆迎宾风机厂	-26.58	-1.10	34.32	78.15	0.36	-15.3	13 803	75.05
71	张家口市宣化风机厂	-42.98	-4.81	75.07	78.46	0.64	-17.29	5 057	39.90
72	佛山市风机厂	-48.15	-3.26	106.67	73.82	0.32	-22.01		116.45
73	长沙市第二风机厂	-60.25	-8.51	100.00	70.92	0.76	-23.11	2 467	87.26
74	南昌鼓风机厂	-97.68	-3.07	96.20	85.65	0.20	-32.7		91.20
75	鞍山风机厂	-135.37	-7.29	-197.60	126.37	0.45	-26.96	-6 128	99.88
76	西安风机厂	-164.92	-2.40	-187.36	123.78	0.90	-37.84	-12 093	95.40
77	呼和浩特市新超风机有限公司	-245.24	-7.50	-350.15	112.50	0.60	-53.40	6 120	81.90
78	吉林市鼓风机厂	-375.11	-11.35	-121.00	114.41	0.20	-91.12	2 606	50.61
79	长沙市湘江风机厂	-715.38	-68.63	-954.05	160.68	0.52	-122.71	-2 378	130.56

2002年中国通用机械工业协会风机分会会员单位经济效益指标

序号	企业名称	综合指数（%）	总资产贡献率（%）	资本保值增值率（%）	资产负债率（%）	流动资产周转率（次）	成本费用利润率（%）	全员劳动生产率（元/人）	产品销售率（%）
	标准值及权数		10.7×20	120×16	60×12	1.52×15	3.71×14	16 500×10	96×13
1	西安凯瑟通风设备有限公司	266.98	38.00	73.00	45.00	3.00	17.00	110 421	100.00
2	德州巨龙风机有限公司	258.28	6.00	123.00	10.45	17.35	6.23	17 302	99.36
3	浙江上风实业股份有限公司	257.46	11.18	108.97	19.00	0.83	14.98	219 507	90.70
4	鞍山风机二厂	209.81	20.15	35.40	59.31	1.22	23.79	58 031	136.20
5	重庆通用工业(集团)有限责任公司	173.65	4.40	702.70	27.60	0.60	7.10	22 903	97.05
6	张家港市英德利空调风机有限公司	173.56	29.30	102.00	27.70	2.20	10.00	33 412	99.70
7	石家庄市风机厂有限责任公司	164.82	11.15	135.00	44.00	4.03	8.80	48 836	84.20
8	广州风机厂	153.53	20.30	141.46	37.60	0.10	32.14	-124 248	278.85
9	山东省汇丰机械集团总公司	147.40	12.97	113.20	44.58	1.40	10.57	47 647	99.58
10	山东岳尔风机有限公司	143.20	7.00	109.00	70.00	1.70	5.00	94 700	100.00
11	陕西鼓风机(集团)有限公司	138.79	11.02	122.79	77.43	0.80	9.50	64 004	92.45
12	山西盛元鼓风机制造有限责任公司	135.26	24.90	33.60	29.80	5.50	0.00	5 064	110.00
13	佛山市通风风机有限公司	132.51	18.67	140.00	59.10	2.73	5.50	13 167	83.20
14	常熟市鼓风机有限公司	126.65	12.88	92.41	72.58	2.34	4.19	49 346	97.60
15	宁波风机有限公司	126.48	13.51	62.08	75.94	1.24	8.59	46 715	94.27
16	天津环保产业集团有限责任公司	126.17	6.00	97.30	23.10	0.94	6.20	77 071	78.30
17	北京当代复合材料有限公司	113.57	20.80	103.00	82.00	0.94	2.82	35 800	103.00
18	甘肃省靖远通风机厂	110.40	0.44	97.00	56.60	5.02	0.02	33 135	110.50
19	吉林市鼓风机厂	108.99	30.00	4.00	74.00	1.23	1.00	25 279	98.60
20	上海通用风机股份有限公司	102.10	11.12	107.90	47.69	1.75	4.34	14 250	93.36
21	陕西骊山风机厂	100.62	10.50	145.60	76.90	0.80	5.90	21 740	83.60
22	天津市通风机厂	98.44	10.00	115.00	54.70	1.10	0.30	43 780	102.60
23	长沙鼓风机有限责任公司	97.72	9.42	104.29	59.65	1.03	2.35	34 834	103.87
24	安徽庐江安风风机有限公司	96.60	7.50	2.54	76.20	1.83	5.60	38 405	93.30
25	宁夏银川风机厂	95.60	3.62	104.07	56.17	0.79	9.50	15 025	75.40
26	成都电力机械厂	95.24	5.67	101.30	63.40	0.86	1.50	53 613	99.81
27	新疆风机有限责任公司	94.70	5.70	108.40	48.00	1.04	6.23	17 622	97.00
28	宜兴市华兴特种风机厂	94.26	9.75	90.30	56.90	1.30	1.90	30 000	102.00

（续）

序号	企业名称	综合指数（%）	总资产贡献率（%）	资本保值增值率（%）	资产负债率（%）	流动资产周转率（次）	成本费用利润率（%）	全员劳动生产率（元/人）	产品销售率（%）
29	沈阳川益集团公司	91.58	3.60		57.00	0.40	10.00	29 800	96.80
30	沈阳风机厂	91.30	0.23	100.00	15.68	4.28	1.00	13 937	81.80
31	青岛风机厂	90.77	9.00	102.00	60.00	1.40	1.30	29 226	88.00
32	上海鼓风机厂长征分厂	88.66	11.97	99.52	77.24	0.87	3.57	18 803	94.04
33	营口市鼓风机厂	88.11	5.49	100.00	51.05	0.49	7.45	10 250	98.60
34	沈阳鼓风机(集团)有限公司	87.82	4.19	83.79	75.50	0.88	0.75	58 068	109.00
35	湖北省风机厂	87.00	8.45	100.00	59.12	1.98	0.27	19 198	101.00
36	江苏大通风机股份有限公司	84.02	8.50	104.30	76.20	1.21	1.33	28 093	96.70
37	哈尔滨哈暖环境工程设备有限公司	83.92	11.30	104.74	84.90	0.33	2.44	30 667	97.90
38	梧州市风机厂	83.60	2.80	92.90	60.20	0.53	7.50	7 552	118.00
39	肇东市风机制造总厂	82.94	8.80	26.80	25.00	2.70	0.70	14 250	96.00
40	北京风机二厂	82.03	4.50	99.60	30.00	0.70	2.40	30 098	104.40
41	山东省文登风机厂	79.79	10.00	101.00	46.00	0.85	4.00		89.73
42	济南风机厂	76.00	7.30	100.25	77.65	1.58	0.08	22 712	93.22
43	天津市鼓风机总厂	75.20	3.25	75.26	78.80	1.11	-2.31	59 449	106.81
44	上海鼓风机厂有限公司	73.88	2.07	100.10	70.31	0.60	0.36	44 619	99.24
45	成都风机厂	73.15	2.08	101.00	40.00	1.14	0.07	37 354	71.19
46	武汉搏力风机制造有限公司	69.92	3.57	97.16	61.89	0.36	-3.28	58 824	88.89
47	福建东亚鼓风机股份有限公司	69.92	5.90	99.30	57.90	0.85	-0.10	18 122	108.21
48	南京鼓风机厂股份有限公司	69.55	2.84	91.40	44.10	3.20	-1.80	2 857	100.00
49	新疆迎宾风机厂	68.30	7.56	68.42	82.48	0.64	0.85	18 639	140.08
50	四平鼓风机厂	65.16	2.30	29.40	72.00	0.90	-4.00	69 384	93.80
51	武汉鼓风机厂	63.30	4.49	65.53	85.54	0.64	0.87	33 323	88.90
52	重庆鼓风机厂	62.79	4.83	101.06	66.65	0.73	0.29	15 868	91.33
53	天津市暖风机总厂	59.35	1.21	105.00	41.30	0.19	0.02	25 063	103.00
54	武汉和平风机有限责任公司	57.87	6.10	30.30	74.90	1.30	0.50	6 488	120.00
55	无锡中策机电设备有限公司	57.62			38.00			53 000	99.70
56	沈阳市通风机厂	56.92	4.90	92.70	79.50	0.89	1.35	3 556	97.60
57	内蒙古天福风机有限公司	56.77	3.40	98.00	80.00	0.55	-0.89	30 152	81.30
58	临沂市风机厂	51.21	3.10	106.00	43.50	0.30	-0.58	10 926	87.80
59	四川鼓风机有限责任公司	50.69	3.00	97.00	65.00	0.64	-2.61	19 273	99.70
60	长沙华南风机制造总厂	49.68	3.96	67.96	55.00	1.06	-2.58	17 075	74.87
61	湖北鼓风机有限公司	47.69	6.00	-11.00	100.80	0.73	0.38	27 300	96.00
62	南昌鼓风机厂	43.81							102.00
63	沈阳人民风机厂	32.02	1.60	92.80	75.40	0.48	-3.90	14 435	77.60
64	北海鼓风机实业公司	31.36	15.00	95.00	63.00	0.35	-11.00	7 391	97.00
65	张家口市宣化风机厂	24.95	3.74	160.60	112.73	0.76	-7.95	15 508	99.46
66	新乡市鼓风机厂	6.86	2.76	96.71	61.74	0.52	-13.03	13 860	95.72
67	鞍山风机厂	3.02	0.00	0.00	140.00	0.00	0.00	0	110.92
68	周口鸿基鼓风机有限公司	-17.90	-4.90	101.00	79.80	0.46	-13.20	6 523	96.40
69	呼和浩特市新超风机有限公司	-29.20	1.80	221.80	129.00	1.30	-21.70	4 706	94.30
70	大理通用机械厂	-111.03	-7.80	-6.70	67.80	0.50	-33.00	2 577	94.60
71	长沙市第二风机厂	-111.65	-13.48	49.78	84.86	0.56	-33.38	1 764	160.50
72	武汉市通风机厂	-136.75	-5.90	76.80	76.90	0.20	-43.30	5 550	112.00
73	西安风机厂	-197.61	-45.00		132.00	0.37	-28.50		

2003年中国通用机械工业协会风机分会会员单位经济效益指标

序号	企业名称	综合指数（%）	总资产贡献率（%）	资本保值增值率（%）	资产负债率（%）	流动资产周转率（次）	成本费用利润率（%）	全员劳动生产率（元/人）	产品销售率（%）
	标准值及权数		10.7×20	120×16	60×12	1.52×15	3.71×14	16 500×10	96×13
1	南通市恒荣机泵厂	266.28	43.72	136.54	38.26	4.56	13.16	79 050	87.06
2	上虞市五星风机厂	261.35	34.17	0.00	42.33	10.48	6.79	70 775	100.00
3	陕西鼓风机(集团)有限公司	258.16	18.93	143.98	82.56	0.87	20.41	164 307	97.17
4	张家港市英德利空调风机有限公司	229.93	43.60	81.90	43.26	2.29	15.87	48 700	99.79
5	吉林市亚星电站辅机有限公司	219.62	31.00	107.00	31.00	4.70	20.00	26	100.00
6	南海市九州普惠风机有限公司	205.04	16.00	12.00	27.00	5.00	22.60	23 400	94.00
7	江阴市宏达风机有限公司	204.20	17.70	323.30	36.43	4.96	3.46	67 956	94.65
8	鞍山市风机二厂	202.81	28.90	166.50	43.30	1.73	17.20	29 707	107.90
9	杭州科星鼓风机有限公司	186.47	19.96	259.80	46.80	5.09	3.79	42 723	89.30
10	山东省汇丰机械集团总公司	174.90	17.04	110.63	44.62	1.80	11.93	66 313	98.38
11	四平鼓风机厂	163.45	12.90	152.60	68.10	1.19	6.10	102 298	93.50
12	无锡市苏凤通风机有限公司	162.40	19.24	250.00	63.85	2.90	5.40	33 655	95.00
13	常熟市鼓风机有限公司	157.33	18.16	95.09	73.56	2.75	5.62	68 040	97.40
14	上海德惠特种风机厂	155.75	16.70	118.90	66.30	2.22	5.95	71 780	79.10
15	武汉和平风机有限责任公司	153.43	18.16	230.60	56.30	1.71	6.30	38 140	95.80
16	长沙鼓风机厂有限责任公司	149.46	17.11	114.97	49.27	1.39	8.99	49 775	91.14
17	浙江大丰风机电器有限公司	144.27	29.21	0.00	22.33	1.95	8.88	20 510	92.20
18	安徽安风风机有限公司	142.81	11.80	125.00	67.30	2.19	6.85	56 472	93.00
19	湘潭平安电气集团有限公司	132.90	11.24	102.50	53.30	1.85	2.57	73 918	99.50
20	四川望江风机制造有限公司	130.76	5.76	0.00	7.81	1.47	2.99	113 299	100.00
21	佛山市通风风机有限公司	130.13	17.22	147.60	51.10	2.51	5.67	14 167	85.03
22	无锡中策机电设备有限公司	129.08	10.03	100.26	40.08	1.19	4.62	69 600	100.50
23	宁波风机有限公司	127.41	13.03	114.36	84.71	1.08	8.35	46 232	96.24
24	哈尔滨哈暖环境工程设备有限公司	124.32	5.86	115.09	84.28	0.36	13.61	43 854	87.26
25	石家庄市风机厂有限责任公司	123.61	12.65	109.20	37.72	1.44	6.50	32 404	111.00
26	新疆风机有限责任公司	120.89	13.85	99.35	45.18	1.08	5.33	43 583	92.86
27	营口市鼓风机厂	119.10	12.21	94.60	54.50	1.39	5.76	40 592	85.70
28	湖北省风机厂	118.79	15.70	104.14	62.95	2.74	1.18	30 867	105.16
29	成都电力机械厂	115.75	8.27	105.40	72.60	1.06	3.34	70 167	91.80
30	宁夏银川风机厂	110.98	5.70	102.40	71.00	0.74	13.20	18 215	72.50
31	天津市通风除尘设备厂	110.88	8.00	98.50	24.90	0.96	7.30	36 819	84.60
32	上海通用风机股份有限公司	108.93	14.21	1.09	46.65	1.51	4.01	45 012	95.35
33	上海鼓风机厂有限公司	102.12	4.59	104.50	72.32	0.82	0.46	79 884	96.43
34	天津市通风机厂	101.62	7.37	92.20	62.40	1.30	0.30	57 987	112.00
35	沈阳鼓风机(集团)有限公司	100.59	5.94	67.70	71.02	1.04	0.80	76 341	90.20
36	肇东松辽风机厂	99.96	12.05	104.30	51.90	1.25	5.18	12 700	88.24
37	宜兴市华兴特种风机厂	96.01	6.86	102.20	60.90	1.47	1.38	40 769	99.00
38	青岛风机厂	92.87	11.80	104.20	58.90	1.57	1.51	17 431	97.20
39	长沙罗茨鼓风机配件厂	92.69	8.94	103.68	34.57	1.24	3.03	19 592	107.90
40	福建东亚鼓风机股份有限公司	91.82	9.80	94.60	62.00	1.46	1.87	23 297	102.70
41	天津市暖风机总厂	87.73	8.23	101.04	34.40	1.79	0.02	26 268	97.60
42	济南风机厂	86.84	8.00	100.51	85.55	2.19	0.08	29 018	108.17
43	武汉搏力风机有限公司	86.15	7.93	104.39	62.20	0.91	2.63	24 235	92.10
44	重庆通用工业(集团)有限责任公司	85.34	4.82	103.31	47.25	0.83	3.40	27 498	95.00
45	江苏大通风机股份有限公司	82.36	6.03	104.20	85.01	1.03	1.44	39 755	96.02
46	长沙华南风机制造总厂	81.31	3.87	102.00	55.43	1.38	1.42	27 312	95.63
47	新疆迎宾风机厂	77.88	8.55	87.75	85.15	0.74	1.78	26 723	114.68
48	上海鼓风机厂长征分厂	77.55	10.40	100.70	80.70	0.70	2.28	18 634	89.30
49	北京当代复合材料有限公司	72.83	7.64	101.66	81.80	0.92	0.59	24 308	99.70

（续）

序号	企业名称	综合指数（%）	总资产贡献率（%）	资本保值增值率（%）	资产负债率（%）	流动资产周转率（次）	成本费用利润率（%）	全员劳动生产率（元/人）	产品销售率（%）
50	天津市鼓风机总厂	71.08	2.25	98.16	81.75	0.93	－1.34	45 783	121.43
51	沈阳铁扇风机制造有限责任公司	70.42	3.60	99.50	64.80	1.17	0.46	22 850	94.00
52	肇东市风机制造总厂	70.35	6.74	0.00	70.30	1.60	2.58	17 619	93.30
53	广州风机厂	69.36	4.20	106.27	42.92	0.15	10.26	－28 276	90.65
54	广州市新华通风设备厂	68.59	2.33	169.40	78.30	1.04	－1.57	27 615	103.83
55	重庆鼓风机厂	63.70	3.32	97.36	68.58	0.85	0.23	28 790	61.87
56	沈阳通风机有限公司	63.35	6.76	102.25	79.66	0.99	1.07	10 456	79.98
57	武汉鼓风机厂	62.75	2.64	79.95	88.82	0.48	1.17	35 878	95.32
58	甘肃省靖远通风机厂	62.19	4.04	112.62	52.20	0.63	0.00	13 344	98.38
59	临沂市风机厂	60.20	1.13	101.50	44.50	0.61	0.00	21 855	98.10
60	台山港益电器有限公司	57.38	5.65	105.01	88.21	0.81	0.62	10 856	91.34
61	新乡市鼓风机厂	52.71	1.39	98.67	61.95	0.70	－1.46	18 171	96.99
62	南昌鼓风机厂	52.43	2.14	0.00	94.50	0.35	5.35	14 717	105.01
63	北京风机二厂	37.27	－0.20	95.90	36.10	0.49	－5.20	23 935	97.00
64	梧州市风机厂	29.69	1.18	116.90	47.90	0.57	－6.40	8 921	96.10
65	北海鼓风机实业公司	26.56	1.82	95.25	64.31	0.59	－7.85	17 171	97.10
66	沈阳人民风机厂	15.66	－0.03	87.90	78.60	0.46	－6.74	15 278	68.00
67	张家口市宣化风机厂	－4.66	－4.78	62.50	87.60	1.12	－12.17	26 137	83.12
68	西安风机厂	－8.37	0.73	－103.50	132.00	1.14	－4.87	17 097	77.01
69	四川鼓风机有限责任公司	－36.78	0.87	－147.80	118.25	0.71	－12.00	17 435	107.00
70	内蒙古天福风机有限公司	－56.77	－8.20	50.68	88.22	0.63	－19.70	3 804	104.00

2001年中国通用机械工业协会阀门分会会员单位经济指标

企业名称	工业总产值（不变价）（万元）	工业总产值（当年价）（万元）	工业销售值（万元）	工业增加值（万元）	从业人员平均人数（人）	固定资产合计（万元）	销售收入（万元）	销售成本（万元）
合　计	254 623	251 980	245 028	71 948	34 793	162 103	243 606	183 925
中核苏阀科技实业股份有限公司	25 564	27 501	26 814	8 294	1 684	14 454	29 905	23 383
天津市大站集团公司	24 960	22 500	18 800	6 010	3 200		18 800	15 279
福建省三明高中压阀门厂	14 677	15 542	15 597	4 242	1 260	15 627	16 037	11 691
天津塘沽瓦特斯阀门有限公司	13 693	14 390	13 309	3 722	699	4 727	13 506	9 924
广东明珠球阀集团股份有限公司	13 000	13 934	13 622	2 883	975	9 193	10 525	7 176
上海耐莱斯·詹姆斯伯雷阀门有限公司	12 598	10 436	10 300	3 155	308	3 091	10 306	7 152
上海良工阀门厂	8 381	7 448	7 514	1 425	688	946	7 512	6 153
浙江五洲阀门有限公司	8 213	7 020	6 686	2 323	270	1 371	6 686	4 987
石家庄三环阀门股份有限公司	7 401	8 132	8 092	3 755	696	2 465	4 164	2 208
天津市阀门公司	7 073	6 045	6 337	1 448	364	2 898	7 329	5 532
开封高压阀门厂	5 939	6 001	5 823	1 320	1 365	4 774	3 377	2 865
西安泵阀总厂	5 857	5 006	4 856	1 652	862	4 460	5 214	3 533
锡山市阀门厂	5 731	3 374	3 050	1 006	410	843	3 075	2 315
上海开维喜阀门有限公司	5 505	6 907	6 890	187	128	690	7 504	6 792
上海气体阀门总厂	5 076	5 351	4 513	1 506	888	5 280	4 019	2 901
安徽省白湖阀门厂	4 733	5 725	5 789	1 546	1 178	2 823	5 935	3 845
自贡高压阀门股份有限公司	4 557	4 225	4 674	1 698	932	4 053	4 388	2 898
山东益都阀门股份有限公司	4 540	4 928	4 769	1 919	1 162	3 725	5 039	4 399
鞍山亨通阀门有限公司	4 362	3 728	3 868	957	184	3 245	3 488	2 950

（续）

企 业 名 称	工业总产值		工 业 销售值	工 业 增加值	从业人员 平均人数 （人）	固定资产 合 计	销 售 收 入	销 售 成 本
	（不变价） （万元）	（当年价） （万元）	（万元）	（万元）		（万元）	（万元）	（万元）
长沙市阀门厂	4 197	3 542	3 436	1 605	345	1 003	3 446	1 819
南通市高中压阀门厂	3 956	4 180	4 441	1 075	422	855	4 192	2 834
天津市渤海阀门厂	3 755	3 209	3 030	959	258	1 488	2 438	1 681
杭州华惠阀门有限公司	3 721	3 642	3 617	1 121	638	686	3 642	2 546
青岛电站阀门厂	3 656	4 190	4 234	965	889	9 908	4 202	3 443
宁波万安集团股份有限公司	2 928	2 657	2 654	291	324	1 513	2 781	2 545
成都乘风阀门有限责任公司	2 873	2 682	3 007	1 404	474	839	3 060	1 647
兰州高压阀门厂	2 748	3 072	2 663	490	789	7 261	3 233	2 840
5719 工厂阀门分厂	2 743	2 345	1 678	1 189	115	807	1 434	1 074
铁岭阀门股份有限公司	2 350	2 329	2 583	－509	1 219	10 278	1 889	2 420
阳泉阀门股份有限公司	2 154	2 183	3 042	1 126	550	793	3 028	2 262
成德市高压阀门管件厂	2 120	2 212	2 183	521	291	869	2 132	1 565
福州阀门总厂	1 902	2 095	1 896	586	372	4 241	1 886	1 660
南通市电站阀门有限公司	1 829	1 604	1 613	515	521	637	1 613	1 163
苏州高中压阀门厂	1 759	2 006	2 179	753	334	271	3 302	2 597
国营海安阀门厂	1 741	1 740	1 366	618	457	446	2 095	1 682
北京市阀门总厂	1 708	1 869	1 907	623	329	1 384	1 907	1 740
山西省汾阳阀门厂	1 705	1 426	1 834	485	750	120	1 860	1 310
扬州双良阀门制造有限公司	1 634	1 761	1 775	690	404	1 241	1 775	1 489
上海阀门二厂	1 607	1 630	1 661	636	157	608	3 687	3 088
黄山高压阀门有限公司	1 604	2 027	1 991	1 121	635	3 181	1 752	1 230
宁波阀门厂	1 495	1 504	1 428	881	142	558	1 445	980
青岛高中压阀门厂	1 491	1 792	1 660	482	525	1 524	1 685	1 205
沈阳第一阀门厂	1 326	1 245	880	450	261	1 341	911	473
武汉阀门水处理机械股份有限公司	1 293	1 394	1 313	63	232	1 404	1 378	872
石家庄市阀门二厂	1 271	1 285	1 416	746	617	3 654	1 672	1 090
天津市新星阀门厂	1 263	1 215	110	172	418	1 023	1 135	1 026
桂林市阀门总厂	1 263	987	885	331	264	727	899	587
武汉市亚美蝶阀厂	997	1 187	1 218	364	152		1 182	714
天津市阀门厂	940	1 080	1 301	506	270	1 217	1 601	1 129
浙江罗浮锅炉附件厂	923	789	823	264	82	454	823	658
泊头市阀门厂	880	880	871	255	115	121	797	549
沈阳第二阀门厂	811	892	783	402	418	387	543	371
长春高中压阀门有限责任公司	808	763	1 004	132	307	2 391	1 004	784
河南鹤壁宝马阀门有限公司	731	1 071	965	299	416	716	587	353
自贡工业阀门制造有限公司	725	819	1 153	306	241	429	965	709
上海市精工阀门厂有限公司	680	735	875	262	271	210	836	641
许昌昌源阀门制造有限公司	649	674	757	359	420	519	782	482
四川广汉阀门厂	501	641	580	215	67	575	570	343
广州市广州阀门厂	365	418	468	－69	503	8 538	474	744
泰州市阀门厂	360	401	484	61	107	360	407	412
四川省邛崃阀门制造有限公司	346	394	568	141	72	260	446	339
赣州赣阀实业有限公司	321	401	312	75	96	107	258	247
贵阳贵标阀门制造有限责任公司	285	360	433	165	131	836	320	258
甘肃省兰州阀门厂	180	207	329	99	442	284	421	264
四川省南充阀门厂	119	184	190	74	53	337	190	175
潍坊化工阀门厂	52	70	111	－399	645	40	111	85

2002年中国通用机械工业协会阀门分会会员单位经济指标

企业名称	工业总产值(不变价)(万元)	工业总产值(当年价)(万元)	工业销售值(万元)	工业增加值(万元)	从业人员平均人数(人)	固定资产合计(万元)	销售收入(万元)	销售成本(万元)
合计	234 913	227 232	220 505	65 831	26 481	126 401	223 321	169 825
天津大站阀门总厂	27 120	23 900	20 430	6 680	3 160		20 430	16 630
福建省三明高中压阀门厂	18 167	18 011	18 028	4 506	1 091	14 646	18 357	13 398
上海NJ阀门有限公司	12 915	10 818	10 873	3 265	306	2 881	10 873	7 703
广东明珠球阀集团股份有限公司	12 024	12 451	12 172	3 686	971	13 597	10 721	7 049
天津塘沽瓦特斯阀门有限公司	11 713	12 219	12 369	515	650	5 622	12 999	10 010
浙江石化阀门有限公司	10 800	10 088	6 935	3 015	183		6 935	5 286
石家庄三环阀门股份有限公司	9 712	10 324	10 053	4 419	878	2 846	5 166	2 765
浙江五洲阀门有限公司	8 790	7 520	7 032	2 490	265	2 332	8 044	5 951
开封高压阀门厂	7 024	6 680	6 484	1 511	1 458	5 385	8 307	7 591
上海良工阀门厂	6 735	5 923	6 677	1 187	631	830	7 318	6 180
自贡高压阀门股份有限公司	5 933	5 668	6 438	1 655	870	4 062	9 732	6 093
上海开维喜阀门有限公司	5 918	7 165	7 207	1 737	118	615	8 403	7 795
西安泵阀总厂	5 883	5 052	4 949	1 720	792	4 356	4 787	3 068
锡山市阀门厂	5 742	3 386	3 251	967	423	837	3 268	2 505
兰州高压阀门厂	5 396	5 357	5 605	558	621	7 587	5 157	4 980
长沙市阀门厂	5 276	4 550	4 711	1 921	344	1 095	4 848	2 715
安徽省白湖阀门厂有限公司	5 173	5 996	6 003	2 020	1 127		6 682	4 525
山东益都阀门股份有限公司	5 047	5 195	5 429	1 923	1 141	3 858	5 513	4 760
河南上蝶阀门股份有限公司	4 953	6 191	5 057	3 590	472		4 448	2 466
青岛电站阀门厂	4 304	4 559	4 659	901	854	9 638	4 888	4 106
鞍山亨通阀门有限公司	4 282	4 354	4 141	1 472	223	2 705	4 331	3 349
南通高中压阀门厂	4 127	4 295	4 311	1 163	418	1 006	3 882	2 936
苏州高中压阀门厂	3 753	3 744	3 555	1 204	324	253	4 182	3 407
北京市阀门总厂有限责任公司	3 673	3 851	3 986	561	99	151	3 986	3 741
杭州华惠阀门有限公司	3 610	3 537	3 534	1 083	471	673	3 481	2 250
5719工厂阀门分厂	3 484	3 030	2 558	2 008	118	807	2 010	1 671
阳泉阀门股份有限公司	3 001	2 903	2 643	1 239	531	725	4 032	3 269
铁岭阀门股份有限公司	2 950	2 698	2 560	582	605	9 763	1 766	2 024
宁波万安阀门有限公司	2 464	2 464	2 490	310	314	1 243	2 420	1 955
海安阀门厂有限公司	2 319	2 315	2 229	655	401	1 499	1 875	1 478
成都乘风阀门有限责任公司	2 075	1 906	2 355	1 062	440	1 049	3 052	1 971
承德市高压阀门管件厂	2 008	2 156	2 118	592	237	815	1 792	1 234
天津市北方阀门控制设备公司	1 970	1 863	2 046	437	100	318	2 046	1 812
山西省汾阳阀门厂	1 805	1 518	1 664	434	722	1 128	1 665	1 294
天津新星阀门厂	1 677	1 513	1 330	229	423	896	1 451	1 215
石家庄市阀门二厂	1 340	1 371	1 373	419	614	3 655	1 512	1 125
福州阀门总厂	1 303	1 369	1 243	474	316	4 180	1 252	1 012
泊头阀门煤气有限公司	1 009	1 009	989	362	117	107	906	713
天津市阀门厂	1 006	1 155	1 197	548	268	1 187	1 312	851
湖北高中压阀门有限责任公司	993	1 022	810	413	320	4 724	810	676
长春高中压阀门有限责任公司	947	862	1 111	-110	247	2 397	1 111	837
桂林市阀门总厂	884	720	778	-64	240	685	814	572
自贡工业阀门制造有限公司	823	905	954	343	224	401	968	759
沈阳第二阀门厂	802	882	774	398	410	239	537	367
武汉亚美蝶阀厂	744	886	842	235	123		945	700
许昌昌源阀门有限公司	639	650	715	348	420	491	734	442
上海精工阀门厂	502	517	706	251	252	181	686	549
鹤壁市宝马阀门有限公司	483	959	900	379	305	704	675	378
甘肃省兰州阀门厂	410	443	526	140	439	2 220	661	308

（续）

企业名称	工业总产值（不变价）（万元）	工业总产值（当年价）（万元）	工业销售值（万元）	工业增加值（万元）	从业人员平均人数（人）	固定资产合计（万元）	销售收入（万元）	销售成本（万元）
贵阳贵标阀门制造有限责任公司	322	400	362	144	115	838	383	294
赣州赣阀阀门有限公司	321	384	321	87	86	225	317	262
泰州市阀门厂	235	282	366	－14	100	349	308	350
四川省邛崃阀门制造有限公司	188	212	453	86	60	267	343	267
四川省南充阀门厂	127	184	205	97	44	336	205	183

2003年中国通用机械工业协会阀门分会会员单位经济指标

企业名称	工业总产值（不变价）（万元）	工业总产值（当年价）（万元）	工业销售值（万元）	工业增加值（万元）	从业人员平均人数（人）	固定资产合计（万元）	销售收入（万元）	销售成本（万元）
合计	460 964	444 957	434 612	127 270	34 840	243 131	429 431	332 038
天津大站集团有限公司	37 600	32 140	32 010	8 600	3 100	9 610	32 010	26 046
良精集团阀门有限公司	30 679	26 221	24 380	4 217	1 080	5 678	24 380	19 463
福建省三明高中压阀门厂	26 599	25 914	25 700	4 799	1 091	14 693	26 022	20 815
温州环球阀门制造有限公司	25 386	25 417	25 106	6 597	650	7 255	25 417	20 619
中核苏阀科技实业股份有限公司	23 403	24 438	24 580	7 820	1 350	13 261	28 884	22 806
石家庄三环阀门股份有限公司	17 336	17 993	17 243	10 372	885	3 169	8 981	5 426
上海耐莱斯·詹姆斯伯雷阀门有限公司	15 883	13 690	13 501	4 933	304	3 031	13 500	9 648
江苏神通阀门有限公司	14 222	15 803	15 506	4 740	412	1 829	12 888	8 628
广东明珠集团股份有限公司	13 714	14 345	13 904	4 652	818	15 671	16 366	11 337
湖北洪城通用机械股份有限公司	13 082	11 181	10 511	3 943	822	27 944	9 658	7 213
浙江保一阀门集团有限公司	12 000	12 000	10 360	2 520	284	1 892	10 360	8 028
浙江石化阀门有限公司	10 966	10 154	7 854	3 788	175	1 799	7 314	5 578
伯特利阀门集团有限公司	10 887	10 887	10 957	2 180	754	15 139	10 957	9 054
大连大高阀门有限公司	10 342	9 554	7 894	3 925	633	3 492	8 459	6 832
浙江五洲阀门有限公司	8 820	8 040	7 530	2 854	267	3 240	8 832	6 530
锡山市阀门厂	7 899	4 886	4 943	1 204	412	733	4 298	3 459
开封高压阀门厂	7 806	7 650	7 517	1 321	1 466	5 022	7 193	6 573
铁岭阀门股份有限公司	7 122	6 429	6 994	2 453	410	9 404	2 062	1 914
北京市阀门总厂有限公司	7 003	7 082	7 024	546	94	140	7 024	6 747
西安泵阀总厂	6 800	5 812	5 684	1 773	730	4 490	6 078	3 902
鞍山亨通阀门有限公司	6 528	6 561	6 433	1 367	310	2 552	6 318	4 757
上海开维喜阀门有限公司	6 182	7 422	7 431	1 565	113	574	8 093	7 579
安徽省白湖阀门厂有限责任公司	6 180	7 038	7 176	2 137	1 200	2 650	7 432	5 066
青岛电站阀门有限公司	6 175	6 414	6 438	2 010	789	3 501	7 090	6 377
江苏花山阀门有限公司	5 945	5 146	5 225	1 324	1 370	1 138	5 225	3 979
山东益都阀门有限公司	5 635	5 926	6 216	1 958	1 114	3 840	6 227	5 286
上海气体阀门总厂	5 598	6 173	5 483	1 617	510	3 173	5 116	3 856
苏州高中压阀门厂	5 575	5 195	5 495	1 434	293	225	6 321	5 473
长沙市阀门厂	5 402	4 614	4 854	1 863	338	1 123	4 858	2 762
连云港远洋流体装卸设备有限公司	5 323	5 323	4 562	626	202	847	4 718	3 599
上海浦东汉威阀门有限公司	5 071	5 071	4 817	1 021	143	2 490	4 817	3 681
浙江正华阀门厂	5 008	5 008	3 909	1 002	415	426	3 909	3 512
自贡高压阀门股份有限公司	4 923	4 621	4 509	1 150	815	6 775	5 105	2 836
杭州华惠阀门有限公司	4 321	4 443	4 127	1 829	414	1 688	4 113	2 356
泊头市阀门煤气化工有限责任公司	4 289	4 289	4 203	1 244	145	248	3 116	2 604
阳泉阀门股份有限公司	4 273	4 042	4 330	1 314	525	6 510	6 172	4 885
兰州高压阀门厂	3 972	3 666	3 954	519	588	5 952	3 362	3 126
承德市高压阀门管件厂	3 850	4 097	3 811	908	313	962	3 910	3 126

（续）

企业名称	工业总产值（不变价）（万元）	工业总产值（当年价）（万元）	工业销售值（万元）	工业增加值（万元）	从业人员平均人数（人）	固定资产合计（万元）	销售收入（万元）	销售成本（万元）
吴江市东吴机械有限责任公司	3 344	2 858	3 355	972	218	979	2 986	1 775
5719工厂阀门分厂	3 278	2 623	2 274	1 677	114	821	1 911	1 605
成都乘风阀门有限责任公司	3 102	3 241	3 643	1 157	435	1 484	3 743	2 399
浙江远东高中压阀门厂	3 045	3 804	3 796	1 503	119	835	3 796	2 750
南通市电站阀门有限公司	2 724	2 328	2 636	602	425	546	2 636	1 726
浙江天胜阀门制造有限公司	2 562	2 800	2 932	1 405	97	580	2 489	1 744
沈阳盛世高中压阀门有限公司	2 553	2 574	4 063	－120	751	9 574	3 808	2 022
浙江高中压阀门厂	2 448	2 493	2 458	1 356	293	2 489	2 197	1 468
蓬莱金创精铸阀业有限公司	2 225	2 023	2 064	680	355	3 644	2 504	2 180
辽宁良工阀门厂	2 172	2 522	2 532	714	175	681	2 532	2 216
天津市北方阀门控制设备公司	2 120	1 812	1 835	408	100	303	1 835	1 510
上海阀门二厂	2 000	2 161	2 063	746	140	582	2 985	2 400
安徽省屯溪高压阀门厂	1 919	2 261	2 197	1 190	505	2 337	1 887	1 415
江苏江恒阀业有限公司	1 826	1 808	1 684	378	113	703	1 684	1 148
天津新星阀门厂	1 694	2 044	1 794	568	432	777	1 642	1 399
山西省汾阳阀门厂	1 676	1 415	1 724	371	716	1 222	1 724	1 383
浙江方圆阀门制造有限公司	1 664	1 664	1 691	418	149	574	1 708	1 503
甘肃省兰州阀门厂	1 582	1 728	1 580	455	449	2 139	2 288	1 856
福州阀门总厂	1 570	1 733	1 547	608	273	4 184	1 752	1 356
泉州市东南泵阀制造有限公司	1 394	1 352	1 196	473	105	153	1 196	1 033
国营燎原仪器厂信实公司	1 325	1 133	1 121	211	180	164	1 185	964
湖北高中压阀门有限责任公司	1 318	1 318	1 285	444	320	2 411	1 285	986
河北省蝶飞阀门有限公司	1 185	1 083	1 115	252	230	677	1 153	785
天津市阀门厂	1 147	1 246	1 678	644	254	1 098	1 666	1 135
石家庄市阀门二厂	1 031	1 038	967	200	401	3 582	1 256	933
桂林市阀门总厂	1 017	829	934	219	205	645	934	585
沈阳第二阀门厂	890	980	790	249	284	427	501	382
自贡工业阀门制造有限公司	802	892	910	325	216	371	1 040	825
武汉阀门水处理机械股份有限公司	751	789	977	－40	239	1 194	1 530	1 133
长春高中压阀门有限责任公司	728	667	434	－2	247	1 209	434	420
四川省邛崃阀门制造有限公司	705	785	860	258	60	246	538	414
泉州市凯达化工阀门有限公司	647	553	529	32	32	191	529	456
四川广汉阀门厂	645	1 096	989	73	59	710	989	786
温州市金星阀门厂	581	581	557	128	102	208	558	463
鹤壁市腾飞阀门制造厂	503	963	910	305	315	705	654	411
赣州赣阀阀门有限公司	452	504	433	155	85	225	422	353
昆明市环保阀门有限公司	300	300	519	121	166	328	503	290
哈尔滨阀门总厂	139	128	131	－73	100	1 627	131	124
四川省南充阀门厂	100	144	239	87	47	341	239	229

2001年中国通用机械工业协会阀门分会会员单位经济效益指标

企业名称	工业经济效益综合指数		总资产贡献率（%）	资本保值增值率（%）	资产负债率（%）	流动资产周转率（次）	成本费用利润率（%）	全员劳动生产率（元/人）	产品销售率（%）
	指数	序号							
行业平均值	77.5		4.90	113.8	64.5	0.7	2.9	17 860	97.2
广东明珠球阀集团股份有限公司	281.0	1	8.5	14.0	49.8	0.2	50.1	23 578	97.7
浙江五洲阀门有限公司	275.8	2	49.0	120.0	38.2	4.8	11.6	86 023	95.2
长沙市阀门厂	167.9	3	21.2	112.3	60.2	1.2	13.1	44 235	97.0
5719工厂阀门分厂	163.8	4	13.8	236.0	82.9	0.8	5.6	103 375	71.6

（续）

企业名称	工业经济效益综合指数		总资产贡献率（%）	资本保值增值率（%）	资产负债率（%）	流动资产周转率（次）	成本费用利润率（%）	全员劳动生产率（元/人）	产品销售率（%）
	指数	序号							
上海耐莱斯·詹姆斯伯雷阀门有限公司	163.2	5	11.0	105.0	59.0	1.3	7.0	105 074	98.7
成都乘风阀门有限责任公司	158.1	6	12.2	182.8	52.8	0.7	16.0	27 115	112.1
石家庄市三环阀门股份有限公司	153.4	7	95.0	74.8	34.6	1.1	17.4	41 967	99.5
浙江罗浮锅炉附件厂	151.7	8	15.3	106.5	28.2	1.6	12.6	32 158	104.3
鞍山亨通阀门有限公司	145.0	9	15.3	210.5	25.6	1.4	6.3	52 011	103.8
宁波阀门厂	140.8	10	15.5	119.9	81.1	1.8	6.8	52 701	94.9
四川广汉阀门厂	134.2	11	13.4	208.0	43.0	1.7	7.3	21 437	90.5
自贡高压阀门股份有限公司	121.1	12	5.5	109.1	61.5	0.3	15.0	16 869	110.6
泊头市阀门厂	117.8	13	23.4	108.2	58.0	1.6	2.1	18 947	99.0
天津市渤海阀门厂	114.9	14	13.2	100.0	80.3	1.1	6.6	37 174	94.4
福建省三明高中压阀门厂	113.2	15	8.1	106.0	65.9	0.6	10.0	27 172	100.3
锡山市阀门厂	109.6	16	11.1	105.0	61.9	0.9	5.5	35 622	90.4
天津市大站集团公司	109.2	17	8.8	95.0	21.3	1.0	11.6	17 807	84.0
中核苏州阀门股份有限公司	90.0	18	4.1	103.7	43.2	0.8	3.1	39 131	87.5
天津塘沽瓦特斯阀门有限公司	88.4	19	6.2	99.1	28.0	1.0	2.5	43 133	92.5
天津市阀门公司	85.2	20	5.7	134.3	72.1	1.0		39 786	104.8
武汉市亚美蝶阀厂	84.4	21	8.0	192.5	24.4	1.1	1.0	17 192	102.6
安徽省白湖阀门厂	81.3	22	8.3	102.6	70.8	0.9	3.6	9 273	101.1
上海阀门二厂	75.9	23	6.0	101.0	93.0	1.4	0.2	34 153	102.0
自贡工业阀门制造有限公司	75.6	24	8.4	100.3	55.1	1.0	0.2	9 600	140.6
国营海安阀门厂	74.8	25	5.9	105.0	64.8	0.7	3.9	11 565	78.5
许昌昌源阀门制造有限公司	74.1	26	9.5	100.5	55.8	1.1	0.4	703	112.0
承德市高压阀门管件厂	73.2	27	9.7	101.8	74.5	1.1	0.2	14 675	98.7
阳泉阀门股份有限公司	72.8	28	6.7	100.1	69.7	0.7	0.1	17 256	139.4
杭州华惠阀门有限公司	71.2	29	8.8	106.1	75.7	0.7	1.0	15 348	99.3
南通高中压阀门厂	71.0	30	8.4	79.1	84.7	1.3	1.0	20 606	106.3
西安泵阀总厂	69.1	31	6.7	101.6	69.0	0.7	0.6	19 166	97.2
天津市阀门厂	66.3	32	5.1	99.0	76.0	1.2	−0.1	13 930	120.5
扬州双良阀门制造有限公司	64.4	33	4.0	119.5	91.2	1.6	0.2	13 531	100.8
山东益都阀门股份有限公司	64.3	34	4.0	101.2	70.1	0.9	1.3	12 983	96.8
苏州高中压阀门厂	61.5	35	4.8	100.1	75.2	0.7		16 906	108.6
南通市电站阀门有限公司	61.0	36	8.6	65.5	84.1	1.1	0.3	9 637	98.2
黄山高压阀门有限公司	60.2	37	4.1	99.7	53.8	0.6	0.2	11 940	92.6
青岛高中压阀门厂	57.0	38	2.9	99.1	49.0	1.0		6 525	90.5
福州阀门总厂	56.3	39	3.0	91.1	55.2	0.8		12 213	99.8
上海开维喜阀门有限公司	53.3	40	1.8	106.0	93.5	1.3	0.4	9 926	128.6
山西省汾阳阀门厂	52.1	41	3.2	111.5	90.5	0.4	0.4	6 604	131.6
长春高中压阀门有限责任公司	51.2	42	0.5	100.1	63.3	0.5	0.2	3 903	144.1
四川省邛崃阀门制造有限公司	49.5	43	1.2	108.3	44.4	0.9	−3.6	15 016	111.9
广州市广州阀门厂	48.2	44	54.0	100.1	72.1	0.1	0.1	−1 025	102.0
北京市阀门总厂	45.8	45	1.6	37.4	66.3	0.3	0.7	14 102	102.0
青岛电站阀门厂	45.6	46	1.2	99.2	70.7	0.3		8 094	101.1
天津市新星阀门厂	41.4	47	1.4	110.0	80.3	0.3	0.2	3 662	90.7
沈阳第二阀门厂	31.9	48	4.2	102.2	59.8	0.5	−6.0	8 023	87.8
上海气体阀门总厂	24.1	49	−0.3	118.8	79.9	0.8	−7.1	13 750	84.3
河南鹤壁宝马阀门有限公司	19.5	50	1.2	100.0	124.4	0.3	0.4	4 193	90.1
桂林市阀门总厂	16.5	51	2.6	81.6	80.6	0.7	−9.0	13 723	89.7
宁波万安集团股份有限公司	14.8	52	−0.8	95.7	57.6	0.5	−8.5	8 468	99.9
上海良工阀门厂	1.5	53	−1.5	20.3	98.5	0.8	−8.5	19 925	100.9
开封高压阀门厂	−25.9	54	−1.0	86.3	135.9	0.4	−12.5	8 180	97.2
赣州赣阀实业有限公司	−33.9	55	−3.1	182.7	102.9	0.3	−18.3	5 371	77.8
兰州高压阀门厂	−34.4	56	−2.1	34.1	96.1	0.4	−14.5	4 749	86.7
甘肃省兰州阀门厂	−45.4	57	3.6	−739.6	114.6	0.5	6.6	1 669	158.8
沈阳第一阀门厂	−46.2	58	−2.9	81.5	77.9	0.3	−21.3	15 691	70.7

（续）

企业名称	工业经济效益综合指数		总资产贡献率	资本保值增值率	资产负债率	流动资产周转率	成本费用利润率	全员劳动生产率	产品销售率
	指数	序号	（%）	（%）	（%）	（次）	（%）	（元/人）	（%）
上海市精工阀门厂有限公司	-49.5	59	-8.9	57.1	75.6	0.8	-20.2	7 645	119.0
四川省南充阀门厂	-70.2	60	-2.6	319.7	87.8	0.5	-21.0	7 735	103.3
石家庄市阀门二厂	-83.3	61	0.7	-228.6	111.4	0.6	-20.6	10 218	110.2
武汉阀门水处理机械股份有限公司	-84.9	62	-6.1	47.4	90.3	0.4	-27.1	2 162	94.2
泰州市阀门厂	-93.5	63	-5.5	-71.6	111.3	0.3	-24.8	4 374	120.7
贵阳贵标阀门制造有限责任公司	-115.7	64	-3.3	-297.0	103.5	0.2	-24.2	8 528	120.0
铁岭阀门股份有限公司	-209.2	65	-9.1	29.0	94.3	0.2	-56.6	-3 592	110.9
潍坊化工阀门厂	-352.0	66	-10.0	46.9	174.5	0.1	-89.2	-3 888	158.1

2002年中国通用机械工业协会阀门分会会员单位经济效益指标

企业名称	工业经济效益综合指数		总资产贡献率	资本保值增值率	资产负债率	流动资产周转率	成本费用利润率	全员劳动生产率	产品销售率
	指数	序号	（%）	（%）	（%）	（次）	（%）	（元/人）	（%）
行业平均值	84.4		4.9	105.2	65.2	0.7	4.5	21 966	97.0
广东明珠球阀集团股份有限公司	259.0	1	5.2	108.8	45.6	0.2	50.0	31 336	97.7
浙江五洲阀门有限公司	251.6	2	38.1	145.9	43.4	3.3	12.4	93 962	93.5
5719工厂阀门分厂	213.9	3	27.3	136.6	74.0	1.6	2.2	167 236	84.4
浙江石化阀门有限公司	207.8	4	15.4	119.4	60.5	2.1	7.9	150 754	68.8
上海耐莱斯·詹姆斯伯雷阀门有限公司	169.0	5	12.4	103.5	54.2	1.3	7.9	108 870	100.5
自贡高压阀门股份有限公司	161.0	6	11.1	90.8	74.2	0.6	23.5	17 019	113.6
长沙市阀门厂	152.8	7	23.8	116.4	61.5	1.3	14.0	55 345	103.5
鞍山亨通阀门有限公司	147.8	8	12.3	105.0	35.2	1.6	11.0	55 511	95.0
石家庄市三环阀门股份有限公司	146.7	9	12.5	100.6	34.5	1.2	14.3	40 467	97.4
河南上蝶阀门有限公司	144.3	10	11.1	109.4	38.0	0.6	14.0	52 005	81.7
天津市北方阀门控制设备公司	132.0	11	16.1	103.0	42.4	1.7	4.4	43 700	121.6
泊头市阀门煤气化工设备制造有限责任公司	126.5	12	20.9	103.3	55.9	2.4	2.1	26 445	110.0
天津市大站集团公司	114.7	13	9.3	106.5	20.0	1.0	12.0	20 502	85.2
成都乘风阀门有限责任公司	113.7	14	7.7	98.0	56.0	0.9	9.5	22 456	123.5
福建省三明高中压阀门厂	113.2	15	5.9	126.2	64.4	0.5	9.8	35 602	100.1
锡山市阀门厂	109.4	16	11.1	104.0	61.1	0.9	5.6	33 134	96.0
上海开维喜阀门有限公司	108.1	17	1.6	99.1	93.6	1.3	0.3	103 883	100.6
安徽省白湖阀门厂有限公司	83.6	18	9.2	112.5	68.2	0.9	3.3	11 266	100.1
南通高中压阀门厂	81.8	19	3.8	202.8	69.1	1.1	-0.1	22 850	100.4
杭州华惠阀门有限公司	80.9	20	8.0	107.1	73.0	0.7	2.9	20 056	99.9
许昌昌源阀门制造有限公司	71.8	21	9.6	100.0	56.0	1.0	0.0	6 967	110.0
苏州高中压阀门厂	70.7	22	4.9	100.1	76.4	0.9	0.0	31 839	94.9
阳泉阀门股份有限公司	70.1	23	6.1	100.1	69.8	1.0	0.1	20 615	91.1
甘肃省兰州阀门厂	68.8	24	1.5	281.5	95.1	0.8	0.4	2 526	118.8
自贡工业阀门制造有限公司	68.6	25	6.3	101.1	59.0	0.9	0.3	11 896	105.2
西安泵阀总厂	68.5	26	6.4	100.3	69.2	0.6	0.4	21 615	98.0
国营海安阀门厂	67.2	27	3.8	109.0	54.0	0.6	1.7	13 985	96.0
承德市高压阀门管件厂	64.8	28	8.5	60.2	81.6	0.9	0.3	19 867	98.3
天津新星阀门厂	64.5	29	1.5	205.1	60.8	0.5	0.6	5 124	87.9
山东益都阀门股份有限公司	64.1	30	2.6	101.2	69.0	0.9	1.3	13 994	104.5
武汉市亚美蝶阀厂	61.2	31	4.8	100.3	24.0	0.9	1.2	13 701	95.1
宁波万安集团股份有限公司	57.3	32	2.9	100.6	53.8	0.4	1.0	8 439	101.0
福州阀门总厂	55.9	33	2.1	105.7	51.5	0.6	0.1	12 215	90.2
长春高中压阀门有限责任公司	48.1	34	0.6	100.4	66.8	5.0	1.0	-4 182	128.9
山西省汾阳阀门厂	48.0	35	3.1	113.5	90.2	0.3	0.3	6 104	109.6

(续)

企业名称	工业经济效益综合指数		总资产贡献率(%)	资本保值增值率(%)	资产负债率(%)	流动资产周转率(次)	成本费用利润率(%)	全员劳动生产率(元/人)	产品销售率(%)
	指数	序号							
四川省邛崃阀门制造有限公司	38.3	36	0.3	149.8	13.8	0.6	-7.0	10 907	213.6
天津市阀门厂	36.9	37	2.3	88.5	78.1	1.0	-5.0	15 222	103.6
天津塘沽瓦特斯阀门有限公司	32.9	38	-1.2	95.4	39.5	1.0	-1.7	7 922	101.2
赣州赣阀实业有限公司	29.6	39	3.3	70.5	103.2	0.4	-1.9	7 202	83.6
四川省南充阀门厂	29.4	40	-0.1	134.2	83.5	0.5	-4.0	12 986	111.1
北京市阀门总厂有限责任公司	24.3	41	-15.9	24.7	92.4	0.7	-2.3	33 618	103.5
河南鹤壁宝马阀门有限公司	20.3	42	1.3	100.6	127.7	0.4	0.6	5 349	94.0
开封高压阀门厂	13.1	43	-0.8	94.3	134.9	0.9	-4.0	9 314	97.1
沈阳第二阀门厂	6.4	44	-1.7	69.5	82.0	0.4	-8.8	7 544	83.3
兰州高压阀门厂	-0.3	45	-1.5	38.7	98.4	0.6	-7.4	7 738	104.6
湖北高中压阀门有限责任公司	-7.4	46	-1.1	72.5	108.1	0.8	-10.0	10 718	79.3
上海良工阀门厂	-12.6	47	-1.5	-3.4	105.4	0.7	-6.9	18 282	112.7
青岛电站阀门厂	-17.3	48	-2.1	88.4	75.3	0.3	-14.4	8 511	102.2
贵阳贵标阀门制造有限责任公司	-19.0	49	-0.4	40.2	105.5	0.2	-10.7	8 598	90.4
上海市精工阀门厂有限公司	-48.2	50	-7.1	40.0	88.6	0.8	-20.0	8 266	136.6
桂林市阀门总厂	-48.2	51	-1.4	62.2	87.0	0.7	-16.0	-2 805	108.1
泰州市阀门厂	-80.8	52	-3.4	-60.0	117.0	0.2	-21.3	-997	129.8
石家庄市阀门二厂	-87.6	53	-2.4	-4.1	125.5	0.6	-25.9	5 703	100.2
铁岭阀门股份有限公司	-201.3	54	-7.3	-91.2	105.5	0.3	-51.4	8 991	94.9

2003年中国通用机械工业协会阀门分会会员单位经济效益指标

企业名称	工业经济效益综合指数		总资产贡献率(%)	资本保值增值率(%)	资产负债率(%)	流动资产周转率(次)	成本费用利润率(%)	全员劳动生产率(元/人)	产品销售率(%)
	指数	序号							
平均值	102.8		7.0	104.1	62.7	0.99	5.10	36 186	97.6
浙江天胜阀门制造有限公司	293.7	1	29.3	160.0	37.0	1.8	22.9	144 845	104.7
浙江远东高中压阀门厂	263.9	2	28.8	123.8	37.1	3.8	14.3	126 328	99.8
浙江石化阀门有限公司	251.7	3	13.0	147.9	51.8	2.1	8.8	216 457	77.3
浙江五洲阀门有限公司	238.8	4	30.9	126.8	39.6	2.8	12.5	106 891	93.7
温州环球阀门制造有限公司	217.6	5	20.4	107.1	46.4	3.0	12.9	101 492	98.8
石家庄三环阀门股份有限公司	217.5	6	20.2	116.3	27.5	1.9	18.2	96 510	95.8
上海耐莱斯·詹姆斯伯雷阀门有限公司	216.1	7	15.2	116.0	58.0	1.4	9.2	162 270	98.6
大连大高阀门有限公司	216.0	8	6.3	881.5	59.3	1.6	2.6	62 006	82.6
泉州市东南泵阀制造有限公司	213.9	9	35.6	127.0	4.5	4.5	9.2	45 048	88.5
吴江市东吴机械有限责任公司	212.0	10	27.3	157.6	52.5	1.6	18.4	44 587	117.4
广东明珠集团股份有限公司	211.6	11	6.1	103.0	48.0	0.2	33.0	56 870	96.9
江苏神通阀门有限公司	196.7	12	22.2	110.0	42.0	2.3	7.0	115 048	98.1
良精集团阀门有限公司	191.6	13	26.9	120.0	28.6	4.4	8.9	39 046	93.0
5719工厂阀门分厂	185.5	14	24.4	70.2	75.2	1.7	1.5	147 088	86.7
上海浦东汉威阀门有限公司	179.0	15	12.9	103.0	50.0	2.2	13.6	71 399	95.0
浙江保一阀门集团有限公司	178.5	16	17.8	109.8	33.0	3.2	5.7	88 732	86.3
温州市金星阀门厂	153.4	17	19.2	114.6	21.0	2.3	12.5	12 549	95.9
泊头市阀门煤气化工有限责任公司	152.0	18	12.0	124.0	85.0	3.5	1.7	85 793	98.0
伯特利阀门集团有限公司	144.6	19	16.4	102.5	23.8	2.2	9.4	28 912	100.6
长沙市阀门厂	142.5	20	21.2	110.0	59.0	1.3	12.2	5 512	105.0
连云港远洋流体装卸设备有限公司	135.5	21	16.1	103	73	1.3	10.7	30 990	86.0
江苏花山阀门有限公司	132.1	22	22.3	138.7	88.9	1.9	7.6	9 663	101.5
天津市北方阀门控制设备公司	124.7	23	12.8	100.0	48.0	1.5	6.0	40 800	101.3
上海开维喜阀门有限公司	124.6	24	0.3	101.0	94.2	1.1	0.1	138 487	100.0

（续）

企业名称	工业经济效益综合指数		总资产贡献率	资本保值增值率	资产负债率	流动资产周转率	成本费用利润率	全员劳动生产率	产品销售率
	指数	序号	（%）	（%）	（%）	（次）	（%）	（元/人）	（%）
浙江正华阀门厂	124.5	25	25.5	104.0	61.0	1.5	3.0	24 134	78.0
杭州华惠阀门有限公司	123.5	26	10.9	106.0	71.4	0.8	8.8	44 171	92.9
泉州市凯达化工阀门有限公司	115.3	27	15.1	103.0	14.0	2.2	5.5	10 000	95.7
天津大站集团有限公司	114.7	28	10.7	100.2	21.4	1.6	8.2	27 742	99.6
锡山市阀门厂	113.9	29	15.6	88.9	65.7	1.1	5.4	29 223	101.2
江苏江恒阀业有限公司	113.6	30	11.5	100.4	39.0	1.9	4.1	33 451	93.0
浙江方圆阀门制造有限公司	113.6	31	11.5	104.5	30.2	2.4	3.1	28 054	101.6
承德市高压阀门管件厂	113.5	32	16.5	113.7	78.7	2.1	2.7	28 994	93.0
成都乘风阀门有限责任公司	111.4	33	7.2	142.6	55.7	0.8	7.8	26 605	112.4
湖北洪城通用机械股份有限公司	109.0	34	2.8	101.6	28.1	0.4	10.5	47 968	94.0
鞍山亨通阀门有限公司	108.4	35	8.4	103.7	29.7	1.4	5.1	44 084	98.1
辽宁良工阀门厂	99.6	36	16.2	101.0	63.0	2.3	0.1	40 800	100.4
浙江高中压阀门厂	99.2	37	7.4	103.7	67.0	0.9	3.1	46 280	98.6
福建省三明高中压阀门厂	98.6	38	4.7	104.4	70.0	0.5	5.8	43 984	99.2
安徽省白湖阀门厂有限责任公司	96.5	39	9.6	161.2	55.6	0.9	3.3	17 808	102.0
四川广汉阀门厂	89.1	40	7.6	105.5	49.4	1.5	3.8	12 373	90.2
国营燎原仪器厂信实公司	87.3	41	13.8	99.6	61.2	1.6	－0.1	11 700	99.0
河北省蝶飞阀门有限公司	87.2	42	7.9	100.1	69.3	0.8	5.3	10 957	102.9
中核苏阀科技实业股份有限公司	84.5	43	2.4	98.8	44.7	0.8	－0.4	57 926	100.6
南通市电站阀门有限公司	84.5	44	18.3	44.8	87.0	1.6	0.3	14 165	113.2
苏州高中压阀门厂	84.4	45	5.3	100.1	80.2	1.1	0.1	48 925	105.8
阳泉阀门股份有限公司	84.0	46	8.2	100.3	69.9	1.5	0.1	25 021	107.1
上海阀门二厂	82.0	47	6.0	97.0	92.0	1.0	0.1	53 286	95.0
天津市阀门厂	81.7	48	7.8	100.4	78.3	1.3	0.2	25 370	134.7
甘肃省兰州阀门厂	81.1	49	3.9	138.8	95.3	2.6	0.9	10 122	91.5
北京市阀门总厂有限公司	74.1	50	1.0	87.3	94.2	0.9	0.4	58 085	99.2
西安泵阀总厂	72.0	51	6.7	100.1	71.3	0.8	0.6	24 290	98.0
山东益都阀门有限公司	70.0	52	4.3	99.9	67.7	1.2	0.6	17 576	104.9
自贡工业阀门制造有限公司	69.9	53	6.0	100.3	57.4	0.9	0.4	15 023	102.0
安徽省屯溪高压阀门厂	69.4	54	5.2	98.8	53.6	0.6	0.3	23 564	97.2
天津新星阀门厂	68.2	55	4.2	98.2	61.1	0.6	2.6	13 139	87.8
蓬莱金创精铸阀业有限公司	65.6	56	3.2	100.1	56.1	0.6	1.0	19 141	102.0
赣州赣阀阀门有限公司	65.5	57	2.8	167.8	101.0	0.7	2.3	18 271	86.3
四川省邛崃阀门制造有限公司	64.5	58	1.1	100.4	21.5	1.0	－1.6	43 050	109.6
昆明市环保阀门有限公司	64.0	59	2.8	100.0	36.1	0.9	0.4	7 277	172.9
桂林市阀门总厂	63.6	60	7.1	117.1	84.5	0.8	－0.4	10 693	112.7
自贡高压阀门股份有限公司	58.9	61	3.2	104.1	77.5	0.3	2.0	14 110	97.6
武汉阀门水处理机械股份有限公司	57.4	62	－0.9	－76.6	103.0	0.4	－17.0	－1 657	123.8
青岛电站阀门有限公司	57.2	63	3.3	35.3	77.7	1.0	0.1	25 475	100.4
鹤壁市腾飞阀门制造厂	55.0	64	2.4	197.8	101.0	0.4	0.5	9 682	94.0
上海气体阀门总厂	53.4	65	0.6	139.4	66.3	0.8	－4.4	31 704	88.8
湖北高中压阀门有限责任公司	50.0	66	2.0	0.0	110.0	1.2	4.2	13 875	97.5
山西省汾阳阀门厂	47.8	67	2.8	107.7	90.2	0.3	0.3	518	121.9
长春高中压阀门有限责任公司	41.2	68	0.5	100.5	43.5	0.2	1.1	－85	65.1
福州阀门总厂	41.1	69	0.5	70.9	65.2	0.9	－4.0	22 278	89.3
沈阳第二阀门厂	28.2	70	0.1	192.0	73.8	1.1	9.1	8 767	80.6
四川省南充阀门厂	24.9	71	－1.3	117.6	80.2	0.6	－9.5	18 553	165.5
开封高压阀门厂	－2.2	72	－0.4	0.0	134.9	0.7	－4.4	9 011	98.3
沈阳盛世高中压阀门有限公司	－9.7	73	－3.3	84.8	58.0	1.1	－15.4	－1 598	157.8
兰州高压阀门厂	－47.9	74	－3.3	0.0	155.6	0.6	－13.5	8 828	107.9
石家庄市阀门二厂	－132.9	75	－5.1	0.0	135.7	0.4	－35.1	4 985	93.2
铁岭阀门股份有限公司	－134.0	76	－5.4	－72.6	113.0	0.4	－43.0	5 982	108.8
哈尔滨阀门总厂	－198.0	77	－3.8	0.0	183.7	0.3	－47.2	－7 330	102.0

2001年中国通用机械工业协会压缩机分会会员单位经济指标

企业名称	工业总产值		销售收入（万元）	利润总额（万元）	工业增加值（万元）	从业人员平均人数（人）	固定资产合计（万元）
	（不变价）（万元）	（当年价）（万元）					
上海压缩机有限公司	45 389	38 159	40 278	－1 793	7 722	2 166	9 530
上海大隆机器厂	40 117	35 002	33 475	3 287	8 502	1 689	8 904
柳州空压机集团有限责任公司	28 054	24 607	28 000	－1 635	5 966	3 990	31 271
浙江开山股份有限公司	24 806	14 736	13 844	465	3 876	402	5 101
无锡压缩机股份有限公司	23 585	21 757	22 151	2 019	4 892	831	7 782
沈阳气体压缩机股份有限公司	23 190	19 886	17 500	－2	5 501	3 120	26 751
山东潍坊生建集团	21 887	22 318	22 650	1 302	5 521	1 282	6 911
南京压缩机股份有限公司	13 992	14 003	13 652	489	4 997	1 103	5 046
江苏大力集团股份有限公司	10 074	8 389	9 560	88	2 505	826	3 775
四川华西通用机器公司	8 510	8 013	8 500	300	881	1 143	6 586
重庆气体压缩机有限公司	7 281	6 716	6 024	100	2 193	753	3 354
宁波欣达螺杆压缩机有限公司	6 405	5 476	4 705	18	998	160	2 399
南京华冠压缩机股份有限公司	5 984	5 682	7 956	－310	225	398	4 649
江西气体压缩机有限公司	5 673	6 650	6 721	43	2 009	1 034	1 889
沈阳空气压缩机制造厂	5 444	4 979	5 928	－2	980	755	8 533
北京第一通用机械厂	5 211	5 073	6 560	73	655	1 132	6 531
蚌埠压缩机总厂	5 029	5 305	3 891	－140	1 351	781	1 920
浙江衢州煤矿机械总厂	4 286	3 977	3 808	16	923	1 017	4 241
上海东方压缩机厂	3 859	2 862	3 273	0	619	232	763
柳州市微型空压机厂	3 080	1 928	1 728	－86	180	371	1 635
济南压缩机厂有限公司	2 863	2 913	2 981	108	852	438	606
中国人民解放军第4812厂	2 725	2 749	2 547	30	976	1 089	3 876
江阴市压缩机厂	2 376	2 477	2 249	86	712	201	382
烟台蓝星压缩机有限责任公司	2 097	1 802	278	0	690	346	696
鞍山无油空压机有限公司	2 000	1 905	689	－402	642	217	747
上海博莱特压缩机有限公司	1 819	1 359	1 182	85	179	60	39
广州空气压缩机厂	1 542	1 645	1 674	－52	890	321	707
国营常熟机械总厂	1 493	1 435	1 300	－374	585	335	1 926
自贡山川气体压缩机有限公司	1 427	1 654	1 600	35	616	462	907
无锡市第二压缩机厂	1 323	1 277	1 719	6	405	283	219
扬州成功机械有限公司	1 315	1 174	1 112	－7	400	302	282
山西省太原气体压缩机厂	1 263	1 382	1 360	－295	713	879	1 270
余姚捷华压缩机有限公司	1 235	1 519	1 336	93	582	144	941
江苏劲风压缩机制造有限公司	1 200	1 104	1 052	15	220	201	261
湖南省湘潭压缩机有限公司	1 117	1 128	610	－239	518	643	2 302
南通苏通轻工机械有限公司	1 113	1 262	1 287	25	476	359	
湖南省常德通用压缩机有限公司	1 055	1 155	845	0	358	424	1 077
西安压缩机厂	1 053	1 200	1 730	－496	356	502	521
马鞍山正棱压缩机有限公司	1 045	611	589	4	41	203	1 264
中国铁道部建筑总公司徐州机械总厂	967	830	1 458	－651	－406	1 015	4 612
佛山市珊瑚压缩机有限公司	922	945	1 009	22	322	130	228
福建压缩机总厂	913	895	861	－72	415	346	771
山西省平陆阀片厂	911	337	341	0	162	142	341
慈溪市超超空压机配件有限公司	908	920	892	42	323	136	121
北京金环压缩机有限公司	865	898	1 059	130	83	294	607
余姚市大隆空压机配件有限公司	772	660	614	25	335	105	280
石家庄市三原压缩机厂	768	776	539	－48	250	156	129
宁波天元压缩机有限公司	752	851	891	68	396	147	1 161
贵州省都匀空压机厂	700	701	490	－39	233	253	342
重庆庆兰压缩机配件厂	656	852	720	237	473	289	89

（续）

企业名称	工业总产值（不变价）（万元）	工业总产值（当年价）（万元）	销售收入（万元）	利润总额（万元）	工业增加值（万元）	从业人员平均人数（人）	固定资产合计（万元）
湖北压缩机有限公司	638	709	483	-237	261	734	2 766
泰州市晨阳压缩机有限公司	632	658	635	61	186	102	187
天津市气体压缩机厂	626	656	708	-53	144	190	493
河北省吴桥空压机有限责任公司	566	695	633	3	191	355	87
大连空气压缩机厂	442	431	627	-140	213	195	295
宁波镇海机械制造有限公司	408	353	340	-23	111	50	8
开封市空气压缩机厂	375	397	343	-217	159	278	346
河北省定兴气体压缩机厂	298	358	339	-175	102	238	1 568
湖南益阳空气压缩机厂	296	282	308	-687	4	120	830
青岛空气压缩机厂	271	257	206	-42	63	193	179
武汉气体压缩机厂	269	279	287	-53	114	88	208
沈阳市东陵空压机有限公司	190	200	20	-106	21	128	257
吉林省延边昌源通用机械有限公司	185	243	239	-2	180	105	420
江西南翔空压机有限公司	185	185	175	3	67	32	42
徐州空压机厂	173	142	120	-38	12	147	70
自贡汇东空压机有限公司	150	128	124	-3	48	35	6
重庆小型压缩机厂	141	180	234	5	71	71	144
长治市通用机械有限公司	110	99	30	0	20	68	439
长春空气压缩机厂	109	114	177	-236	-183	168	1 718
沈阳兴华机械厂	95	90	86	-49	29	46	111
济南空压机厂	88	108	214	-44	100	120	59
武汉市空气压缩厂	62	61	124	-169	25	90	375
北京华德通用机械附件厂	61	67	90	-223	-19	138	325
重庆华中压缩机厂	55	55	55	-20	38	40	6
垣曲县空压机厂	0	0	30	-48	0	128	63

2002年中国通用机械工业协会压缩机分会会员单位经济指标

企业名称	工业总产值（不变价）（万元）	工业总产值（当年价）（万元）	销售收入（万元）	利润总额（万元）	工业增加值（万元）	从业人员平均人数（人）	固定资产合计（万元）
上海压缩机有限公司	45 156	37 301	37 738	7 061	14 443	1 606	7 261
上海大隆机器厂	40 592	33 905	33 662	1 920	11 236	1 568	8 655
山东潍坊生建集团	30 818	29 190	31 129	1 815	7 508	1 286	7 312
浙江开山股份有限公司	30 097	25 724	24 868	701	6 092	1 655	6 193
沈阳气体压缩机股份有限公司	23 530	20 686	18 344	-4	5 610	1 688	26 165
无锡压缩机股份有限公司	22 391	20 278	20 719	2 214	5 522	807	7 443
南京压缩机股份有限公司	18 634	17 003	17 091	677	4 667	1 074	4 569
四川华西通用机器公司	15 120	14 230	14 129	724	15 836	871	5 865
杭州嘉美净化设备有限公司	9 333	9 333	4 650	167	5 288	84	709
江苏大力集团股份有限公司	9 028	7 709	8 000	78	2 302	763	3 560
宁波欣达螺杆压缩机有限公司	8 513	7 277	6 342	50	1 055	274	2 694
南京华冠压缩机股份有限公司	8 377	7 013	8 317	-273	320	552	4 642
苏州制氧机有限责任公司	8 275	7 073	7 193	170	1 891	407	2 482
柳州压缩机总厂	8 252	7 804	7 354	-2 294	1 540	1 947	20 733
柳州第二空气压缩机总厂	6 881	6 160	8 632	-397	-88	1 699	8 385
重庆气体压缩机厂有限责任公司	6 725	6 172	5 014	116	1 512	725	2 995
沈阳空气压缩机制造厂	6 535	6 032	6 103	-1 326	1 540	764	8 216
江西气体压缩机有限公司	6 225	7 211	7 364	26	2 576	978	1 646
北京京城环保产业发展有限责任公司	5 699	4 938	5 517	-32	1 685	437	372

（续）

企业名称	工业总产值		销售收入（万元）	利润总额（万元）	工业增加值（万元）	从业人员平均人数（人）	固定资产合计（万元）
	（不变价）（万元）	（当年价）（万元）					
浙江衢州煤矿机械厂	5 095	5 002	5 124	118	515	936	3 236
安瑞科(蚌埠)压缩机有限公司	4 448	5 320	3 958	-194	3 553	571	1 337
江阴市压缩机厂	3 404	3 236	3 365	89	982	188	458
济南压缩机厂有限公司	3 308	3 333	3 483	154	1 140	429	285
上海博莱特压缩机有限公司	3 276	2 800	2 221	264	974	65	28
上海东方压缩机厂	3 251	2 421	2 452	0	852	226	648
中国人民解放军第4812厂	2 842	2 853	2 863	22	1 039	859	4 243
宁波星箭航天机械厂	2 700	2 700	2 622	194	832	140	179
柳州市微型空压机厂	2 074	1 875	1 710	-169	257	327	1 642
烟台蓝星压缩机有限责任公司	1 820	1 608	370	1	1 700	299	780
中国铁道部建筑总公司徐州机械总厂	1 611	1 380	2 439	-1 692	-769	562	4 732
慈溪市超超空压机配件有限公司	1 593	1 362	1 320	63	337	150	240
无锡力源压缩机有限公司	1 446	1 176	1 770	8	455	261	342
余姚捷华压缩机有限公司	1 443	1 892	1 819	203	847	127	898
湘潭压缩机有限公司	1 425	1 538	1 432	-13	777	569	2 258
山西省太原气体压缩机厂	1 304	1 427	1 446	-125	582	763	1 451
西安压缩机厂	1 232	1 472	1 829	-273	476	441	499
自贡山川气体压缩机有限责任公司	1 224	1 541	1 390	41	656	396	952
江苏劲风压缩机制造有限公司	1 200	1 280	1 282	21	268	172	229
余姚市大隆空压机配件有限公司	1 172	1 002	807	41	647	115	162
扬州成功机械有限公司	1 078	1 070	809	-26	365	288	297
福建压缩机总厂	921	885	861	-59	309	309	714
无锡五洋压缩机有限公司	917	1 237	1 347	123	303	51	115
鞍山无油空压机有限公司	847	782	224	-430	253	175	747
河北省吴桥空压机有限责任公司	761	812	667	3	346	335	80
马鞍山正棱压缩机有限公司	760	397	435	-47	20	176	1 173
广州空气压缩机厂	758	804	895	-350	367	291	666
佛山市珊瑚压缩机有限公司	736	754	1 003	3	176	120	16
北京金环压缩机厂	695	722	1 133	83	207	266	383
天津市气体压缩机厂	688	737	691	-1	232	126	480
石家庄市三原压缩机厂	566	564	441	-26	258	158	88
贵州省都匀空压机厂	550	549	528	3	208	240	324
泰州市晨阳压缩机有限公司	543	586	543	63	156	102	102
宁波天元压缩机有限公司	519	665	789	-260	136	158	1 317
开封市空气压缩机厂	395	410	244	-193	128	198	308
山西省平陆阀片厂	393	339	323	0	166	157	315
延边昌源通用机械有限责任公司	361	475	247	-6	271	104	442
湖南益阳空气压缩机厂	351	383	320	-16	20	90	810
武汉气体压缩机厂	306	318	285	-51	366	83	200
宁波镇海机械制造有限公司	260	222	263	-16	52	33	12
上海崇江仪表电器有限公司	235	201	143	-15	204		
江西南翔空压机有限公司	195	195	198	4	58	32	41
徐州空压机厂	148	118	111	-32	9	134	67
长治市通用机械有限公司	138	121	78	0	42	70	446
重庆小型压缩机厂	133	161	292	8	41	72	133
长春空气压缩机厂	106	115	121	-196	-130	92	1 623
济南空压机厂	93	121	157	-34	87	112	60
沈阳市东陵空压机有限公司	21	23	9	-118	0	115	237

2003年中国通用机械工业协会压缩机分会会员单位经济指标

企业名称	工业总产值		销售收入（万元）	利润总额（万元）	工业增加值（万元）	从业人员平均人数（人）	固定资产合计（万元）
	（不变价）（万元）	（当年价）（万元）					
上海压缩机有限公司	72 045	60 190	60 227	10 932	14 432	1 421	8 114
浙江开山股份有限公司	49 225	35 161	35 049	640	4 925	1 927	6 290
上海大隆机器厂	42 776	35 525	35 190	2 289	11 341	842	4 379
山东潍坊生建集团	42 509	40 214	34 097	2 213	9 527	1 314	7 581
沈阳气体压缩机股份有限公司	30 000	26 069	21 722	20	6 501	1 236	23 459
无锡压缩机股份有限公司	28 236	23 815	25 262	1 028	6 409	774	8 556
南京压缩机股份有限公司	26 036	24 039	23 492	886	5 501	985	4 330
四川华西通用机器公司	18 650	16 056	14 113	289	2 469	1 366	16 135
宁波欣达螺杆压缩机有限公司	14 430	12 332	12 004	536	2 315	299	2 946
杭州嘉美净化设备有限公司	12 148	12 148	5 175	282	7 742	90	830
柳州柳二空机械股份有限公司	11 359	9 736	12 026	－3 284	2 129	1 096	5 031
柳州压缩机总厂	10 597	9 793	9 998	－1 681	1 922	1 592	19 656
北京京城环保产业发展有限责任公司	9 676	8 133	8 358	393	2 922	286	1 035
江苏超力机械有限公司	9 150	6 705	7 008	367	2 068	582	3 769
江西气体压缩机有限公司	8 291	10 034	10 210	32	2 656	947	1 369
重庆气体压缩机厂有限责任公司	8 158	7 687	6 570	156	1 962	691	1 711
安瑞科（蚌埠）压缩机有限公司	8 123	9 609	7 692	1 161	3 219	606	2 077
南京华冠压缩机股份有限公司	7 449	7 260	8 820	137	868	326	4 125
浙江衢州煤矿机械总厂	6 597	6 165	5 254	9	2 415	623	440
上海博莱特压缩机有限公司	5 052	4 318	4 059	389	1 064	80	137
沈阳空气压缩机制造厂	5 050	4 462	5 604	－298	1 168	710	11 220
济南压缩机厂有限公司	4 279	4 310	4 650	325	1 328	445	255
江阴市压缩机厂	3 721	3 511	3 540	102	906	200	1 408
浙江乐雁压缩机有限公司	3 013	3 575	3 488	260	991	207	1 245
宁波星箭航天机械厂	2 750	2 750	2 600	166	787	150	834
鞍山无油空压机有限公司	2 530	2 600	2 436	32	1 012	165	575
铁道部建筑总公司徐州机械总厂	2 153	1 840	2 093	－1 507	－102	588	4 878
烟台蓝星压缩机有限公司	2 008	1 998	378	1	726	289	709
自贡山川气体压缩机有限公司	2 001	2 280	1 810	55	577	362	2 193
慈溪市超超空压机配件有限公司	1 957	1 673	1 664	114	481	160	247
湖南湘潭压缩机有限公司	1 912	2 124	1 800	12	1 008	619	2 406
柳州金象机器制造有限公司	1 880	1 725	1 334	－65	194	184	1 026
余姚捷华压缩机有限公司	1 816	2 382	2 198	274	960	122	2 522
无锡力源压缩机有限公司	1 677	1 371	1 893	8	557	159	300
扬州成功机械有限公司	1 557	1 440	1 355	18	488	282	367
上海东方压缩机厂	1 500	1 147	1 570	－495	－635	222	592
江苏劲风压缩机制造有限公司	1 500	1 280	1 200	106	445	153	137
上海五压机械有限公司	1 300	1 240	1 240	21	268	88	306
无锡市五洋压缩机有限公司	1 286	1 714	1 977	103	310	72	685
河北吴桥空压机有限公司	1 178	1 150	1 237	4	283	308	104
余姚大隆空压机配件有限公司	1 148	981	913	38	505	130	172
山西太原气体压缩机厂	1 120	1 172	1 133	－223	512	724	1 427
西安压缩机厂	1 100	1 391	1 567	－236	525	418	563
重庆庆兰压缩机配件厂	963	1 252	718	231	670	248	1 237
马鞍山正棱压缩机有限公司	921	537	288	－50	11	156	1 950
湖南常德通用压缩机有限公司	894	968	772	－6	178	213	481
福建压缩机总厂	866	830	822	－37	325	247	664
天津市气体压缩机厂	806	833	704	－21	217	122	465
泰州市晨阳压缩机有限公司	787	808	785	115	203	102	86
宁波天元压缩机有限公司	735	628	639	2	181	73	490

（续）

企业名称	工业总产值（不变价）（万元）	工业总产值（当年价）（万元）	销售收入（万元）	利润总额（万元）	工业增加值（万元）	从业人员平均人数（人）	固定资产合计（万元）
佛山市珊瑚压缩机有限公司	733	772	1 009	5	73	104	189
贵州都匀空压机厂	669	667	510	－55	243	238	424
石家庄市三原压缩机厂	527	537	397	－61	128	152	57
山西省平陆县阀门厂	509	402	378	0	204	142	413
北京金环压缩机有限公司	487	493	534	15	157	217	827
吉林延边昌源通用机械有限公司	425	559	303	－3	378	104	339
武汉气体压缩机厂	397	409	340	－29	136	106	225
扬州云环压缩机部件有限公司	374	382	371	10	122	72	114
湖南益阳空压机厂	348	349	353	－12	8	80	819
开封市空气压缩机厂	298	307	188	－63	158	198	292
宁波镇海机械制造有限公司	243	208	289	－21	79	38	19
长春空气压缩机厂	178	184	163	－210	－15	96	1 538
自贡汇东空压机有限公司	120	120	113	1	15	30	3
长治市通用机械有限公司	95	81	29	7	0	58	667
济南空压机厂	90	111	147	－20	72	85	76
沈阳市东陵空压机有限公司	41	40	2	－127	－5	103	217
上海崇江仪表电器有限公司		159	159	3	61		

2001年中国通用机械工业协会压缩机分会会员单位经济效益指标

序号	企业名称	工业经济效益综合指数（%）	总资产贡献率（%）	资本保值增值率（%）	资产负债率（%）	流动资产周转率（次）	成本费用利润率（%）	全员劳动生产率（元/人）	产品销售率（%）
一	生产大中小型压缩机企业								
1	无锡压缩机股份有限公司	144.7	10.6	91.4	56.0	1.2	10.4	58 869	101.2
2	浙江开山股份有限公司	137.2	6.5	111.1	58.0	1.3	3.5	96 148	95.6
3	余姚捷华压缩机有限公司	115.7	7.9	111.0	45.3	0.9	7.2	40 417	96.2
4	上海大隆机器厂	115.5	4.5	110.0	79.1	0.5	10.1	50 337	94.7
5	宁波欣达螺杆压缩机有限公司	114.1	6.6	99.4	47.2	2.6	0.4	62 375	85.5
6	济南压缩机厂有限公司	113.1	16.5	106.4	71.6	2.0	3.8	19 452	102.3
7	山东潍坊生建集团	110.1	7.3	140.6	77.5	0.7	6.2	43 066	103.4
8	北京金环压缩机厂	107.3	12.6	114.6	49.3	0.8	8.3	2 823	116.9
9	南京压缩机股份有限公司	106.9	8.0	101.0	61.3	1.1	4.2	45 304	97.5
10	重庆气体压缩机厂	97.9	4.8	232.9	55.2	1.0	1.8	29 124	88.7
11	自贡山川气体压缩机有限责任公司	75.0	10.4	104.1	110.2	1.2	2.3	13 333	99.9
12	无锡市第二压缩机厂	74.6	4.8	134.7	60.2	0.8	0.4	14 311	130.2
13	江西气体压缩机有限公司	72.8	7.1	100.5	75.0	1.1	0.6	19 429	101.3
14	上海东方压缩机厂	66.0	5.7	100.0	91.0	0.8	0.0	26 681	114.1
15	河北省吴桥空压机有限责任公司	64.9	6.1	100.0	49.9	1.0	0.5	5 380	96.4
16	沈阳气体压缩机股份有限公司	62.3	4.3	111.5	75.4	0.3	0.0	25 948	97.5
17	四川华西通用机器公司	59.8	2.4	105.6	85.9	0.5	3.7	7 708	102.2
18	湖南常德通用压缩机有限公司	58.8	1.8	100.0	51.8	1.1	0.0	8 443	101.3
19	吉林延边昌源通用机械有限公司	58.4	4.0	99.4	57.5	0.5	－0.8	17 143	97.5
20	北京第一通用机械厂	56.2	4.1	115.5	90.5	0.4	1.0	5 786	140.5
21	上海压缩机有限公司	56.1	1.8	81.6	66.2	1.1	－3.9	35 651	104.6
22	浙江衢州煤矿机械总厂	51.4	1.3	100.3	64.0	0.4	0.4	9 076	101.0
23	沈阳空气压缩机制造厂	51.3	2.0	99.7	70.0	0.4	0.0	12 980	101.6
24	马鞍山正棱压缩机有限责任公司	40.1	1.6	93.1	73.8	0.2	0.7	2 020	83.3
25	柳州空压机集团有限责任公司	32.4	1.0	96.0	65.7	0.5	－5.4	14 952	105.9
26	蚌埠压缩机总厂	27.9	1.1	85.3	95.0	0.3	－3.5	17 298	93.7

（续）

序号	企业名称	工业经济效益综合指数（%）	总资产贡献率（%）	资本保值增值率（%）	资产负债率（%）	流动资产周转率（次）	成本费用利润率（%）	全员劳动生产率（元/人）	产品销售率（%）
27	天津市气体压缩机厂	8.9	-0.9	70.2	93.0	0.6	-6.2	7 579	89.6
28	大连空气压缩机厂	-25.4	-1.5	79.0	63.8	0.6	-18.2	10 923	91.4
29	西安压缩机厂	-32.3	-4.1	118.4	55.4	0.8	-21.2	7 092	115.8
30	山西太原气体压缩机厂	-37.8	-1.8	0.0	114.5	0.7	-15.8	8 111	98.1
31	武汉气体压缩机厂	-40.4	-2.7	0.0	128.4	0.4	-14.0	12 955	102.9
32	中国铁道建筑总公司徐州机械总厂	-83.7	-3.4	79.0	66.6	0.2	-30.2	-4 000	121.6
33	湖南湘潭压缩机有限公司	-86.5	-4.4	86.7	54.4	0.4	-31.2	8 056	51.2
34	湖北压缩机有限公司	-92.0	-3.0	82.3	81.4	0.2	-31.9	3 556	98.3
35	沈阳市兴华机械厂	-111.1	-5.7	105.3	54.5	0.2	-38.6	6 304	98.9
36	长春市空气压缩机厂	-214.5	-2.9	0.0	119.7	0.1	-57.7	-10 893	108.8
37	湖南益阳空气压缩机厂	-694.9	-23.5	98.7	71.6	0.2	-183.2	333	119.9
二	生产微型压缩机企业								
1	重庆庆兰压缩机配件厂	210.7	16.7	100.0	85.8	0.8	34.6	16 367	102.6
2	南通苏通轻工机械制造有限公司	142.5	33.0	102.1	67.4	2.8	2.0	13 259	102.4
3	泰州市晨阳压缩机有限公司	115.3	9.7	116.9	62.6	0.6	10.7	18 235	96.5
4	余姚市大隆空压机配件有限公司	114.9	15.9	149.0	88.2	1.4	4.3	31 905	91.1
5	上海博莱特压缩机有限公司	112.6	10.2	111.6	54.4	0.9	7.5	29 833	87.0
6	江阴市压缩机厂	111.6	15.3	102.5	95.3	1.9	4.0	35 423	90.8
7	慈溪市超超空压机配件有限公司	106.3	10.3	109.3	57.3	1.4	5.1	23 750	96.7
8	佛山市珊瑚压缩机有限公司	94.2	11.5	102.5	58.3	1.0	2.2	24 769	104.8
9	江西南翔空压机有限公司	90.6	6.7	106.0	43.3	2.0	1.8	20 938	94.6
10	宁波天元压缩机有限公司	85.4	3.2	40.6	68.8	0.6	7.4	26 939	104.8
11	扬州成功机械有限公司	76.5	13.7	90.7	92.4	1.8	-0.6	13 245	97.4
12	江苏大力集团股份有限公司	72.9	5.9	61.4	88.2	1.5	0.9	30 327	100.5
13	重庆小型压缩机厂	72.4	4.5	100.7	45.9	0.6	2.0	10 000	144.4
14	江苏劲风压缩机制造有限公司	70.6	6.6	103.1	66.0	1.0	1.5	10 945	94.9
15	广州市空气压缩机厂	69.8	9.6	90.7	74.5	1.4	-3.0	27 726	96.5
16	中国人民解放军第四八一三工厂	58.7	2.2	100.8	48.1	0.7	1.2	8 962	94.0
17	烟台蓝星压缩机有限责任公司	57.0	7.3	100.0	90.3	0.2	0.0	19 942	98.6
18	自贡汇东空压机有限公司	50.0	3.1	96.6	55.4	0.5	-1.9	13 714	96.9
19	山西平陆阀片厂	48.3	1.7	124.6	78.8	0.2	0.0	11 408	101.2
20	宁波镇海机械制造公司	43.4	2.5	133.3	83.9	0.5	-4.3	22 200	96.3
21	南京华冠压缩机有限公司	42.3	1.1	105.6	42.7	0.9	-3.7	5 653	117.9
22	长治市通用机械有限公司	38.5	0.1	21.2	96.2	1.9	0.0	2 941	103.0
23	石家庄市三原压缩机厂	28.9	0.4	0.0	116.8	3.5	-8.2	16 026	113.0
24	贵州都匀空压机厂	16.5	0.4	98.8	58.8	0.4	-7.3	9 209	60.3
25	福建压缩机总厂	7.2	4.7	0.0	100.0	0.6	-7.6	11 994	101.1
26	柳州市微型空压机厂	-2.7	0.8	0.0	116.2	0.4	-4.7	4 852	85.3
27	济南空压机厂	-33.6	-1.4	92.8	72.1	0.6	-17.1	8 333	12.0
28	青岛空气压缩机厂	-34.3	-1.3	88.9	86.4	0.1	-16.4	3 264	81.3
29	常熟机械总厂	-42.9	-3.7	80.1	73.4	0.4	-21.5	17 463	87.2
30	徐州空压机厂	-76.5	-5.5	45.8	94.2	0.2	-23.9	816	97.9
31	重庆华西压缩机厂	-80.4	-13.3	0.0	287.6	1.5	-23.8	9 500	100.0
32	鞍山无油空压机有限公司	-110.1	-6.5	0.0	123.4	0.6	-36.1	29 585	104.1
33	开封市空气压缩机厂	-117.8	-11.7	88.6	22.0	0.6	-38.1	5 719	110.3
34	河北定兴气体压缩机厂	-146.6	-7.3	87.7	48.3	0.5	-46.8	4 286	94.7
35	武汉市空气压缩机厂	-157.7	-11.0	67.0	25.2	0.1	-48.8	2 778	159.0
36	沈阳市东陵空压机有限公司	-292.3	-2.5	18.0	97.4	0.0	-80.9	1 641	98.0
37	北京华德通用机械附件厂	-315.2	-25.7	0.0	190.7	0.2	-75.9	-1 377	134.3
38	垣曲县空压机厂	-333.2	-7.3	0.0	92.0	0.1	-85.6	0	0.0

2002年中国通用机械工业协会压缩机分会会员单位经济效益指标

序号	企业名称	工业经济效益综合指数（%）	总资产贡献率（%）	资本保值增值率（%）	资产负债率（%）	流动资产周转率（次）	成本费用利润率（%）	全员劳动生产率（元/人）	产品销售率（%）
一	生产大中小型压缩机企业								
1	上海压缩机有限公司	212.2	16.4	113.1	58.7	1.3	19.6	89 932	98.1
2	余姚捷华压缩机有限公司	169.4	15.7	115.4	35.7	1.2	12.4	66 693	99.2
3	无锡压缩机股份有限公司	157.6	10.9	112.7	53.5	1.0	11.9	68 426	99.8
4	江阴市压缩机厂	153.5	25.7	102.2	81.3	3.0	2.7	52 234	104.0
5	济南压缩机厂有限公司	127.3	22.0	71.9	75.7	2.2	4.7	26 573	104.7
6	山东潍坊生建集团	123.3	10.3	118.4	80.8	1.0	6.3	58 383	100.4
7	南京压缩机股份有限公司	113.9	10.1	110.7	59.7	1.3	4.1	43 454	103.5
8	上海大隆机器厂	110.2	3.6	104.7	78.4	0.5	5.8	71 658	96.6
9	浙江开山股份有限公司	102.2	7.2	103.5	61.0	1.7	2.9	36 810	99.1
10	北京金环压缩机厂	96.6	12.5	49.0	59.2	1.0	5.1	8 214	155.7
11	宁波欣达螺杆压缩机有限公司	96.1	3.8	97.7	61.0	2.7	0.8	38 504	85.5
12	重庆气体压缩机厂	95.7	4.4	263.5	47.9	0.8	2.4	20 855	81.2
13	苏州制氧机有限责任公司	89.9	6.9	49.8	79.6	1.4	2.4	46 462	99.8
14	自贡山川气体压缩机有限责任公司	87.8	8.8	101.8	31.5	1.1	3.0	16 566	97.5
15	江西气体压缩机有限公司	83.7	6.4	129.6	68.6	1.1	0.4	26 339	104.9
16	四川华西通用机器公司	82.9	6.1	107.0	84.7	0.7	6.2	21 079	66.8
17	北京京城环保产业发展有限责任公司(北一通)	77.5	9.7	35.0	90.3	1.6	−0.6	38 558	108.0
18	安瑞科(蚌埠)压缩机有限公司	74.8	3.8	127.5	62.6	0.4	−4.6	62 224	109.6
19	无锡力源压缩机有限公司(第二压)	73.5	4.5	102.2	62.2	0.8	0.5	17 433	146.1
20	河北吴桥空压机有限责任公司	69.7	7.5	75.4	51.7	1.2	0.4	10 328	85.0
21	上海东方压缩机厂	69.5	5.7	100.0	90.4	0.6	0.0	37 699	100.9
22	浙江衢州煤矿机械总厂	62.4	8.2	55.7	76.2	0.6	1.8	5 502	119.0
23	湖南湘潭压缩机有限公司	59.8	5.1	88.9	60.9	0.9	−0.9	13 656	93.1
24	沈阳气体压缩机股份有限公司	58.7	2.1	95.1	80.1	0.3	0.0	33 235	97.0
25	延边昌源通用机械有限责任公司	43.6	1.9	98.3	68.5	0.4	−2.4	26 058	48.2
26	天津市气体压缩机厂	43.3	1.8	99.2	94.3	0.4	−0.1	18 413	43.3
27	柳州第二空气压缩机总厂	32.8	0.6	106.8	71.7	0.5	−3.2	−518	122.2
28	湖南益阳空气压缩机厂	19.2	0.8	95.8	74.7	0.2	−5.1	2 222	98.7
29	西安压缩机厂	7.8	−1.1	90.8	58.7	0.9	−12.3	10 794	122.2
30	马鞍山正棱压缩机有限责任公司	0.9	0.9	88.1	77.6	0.1	−9.8	1 136	116.1
31	山西省太原气体压缩机厂	0.3	1.1	0.0	115.8	0.7	−7.1	7 628	100.8
32	武汉气体压缩机厂	−10.4	0.2	0.0	131.8	0.4	−14.2	44 096	89.6
33	沈阳空气压缩机制造厂	−23.4	−2.2	82.9	76.3	0.4	−18.2	20 104	110.1
34	柳州压缩机总厂	−49.0	−1.6	96.3	66.1	0.2	−23.4	7 910	94.7
35	中国铁道建筑总公司徐州机械总厂	−163.2	−17.5	61.2	75.4	0.7	−41.7	13 665	95.6
36	长春市空气压缩机厂	−227.9	−2.1	0.0	124.8	0.0	−60.9	−14 130	102.6
二	生产微型压缩机企业								
1	杭州嘉美净化设备有限公司	492.4	16.2	180.5	71.4	2.7	3.7	629 524	49.8
2	宁波星箭航天机械厂	271.4	62.6	126.1	52.5	4.7	8.1	59 429	97.1
3	上海博莱特压缩机有限公司	267.5	38.8	138.2	59.8	1.4	12.9	149 846	79.3
4	无锡市五洋压缩机有限公司	194.2	27.2	136.4	47.4	2.5	10.0	59 412	108.9
5	余姚市大隆空压机配件有限公司	162.0	23.8	193.4	76.3	1.7	5.4	56 261	96.0
6	泰州市晨阳压缩机有限公司	121.8	9.5	114.9	61.6	0.4	13.5	15 294	92.7
7	慈溪市超超空压机配件有限公司	108.9	9.7	125.2	51.6	1.5	5.4	22 467	96.8
8	宁波镇海机械制造有限公司	96.1	3.8	97.7	61.0	2.7	0.8	38 504	85.5
9	江西南翔空压机有限公司	92.5	7.2	107.5	39.2	2.0	2.1	18 125	101.5
10	重庆小型压缩机厂	84.4	10.9	103.5	37.6	0.8	2.5	5 694	133.5
11	江苏大力集团股份有限公司	83.2	1.2	177.8	75.6	1.5	1.0	30 170	98.5

（续）

序号	企业名称	工业经济效益综合指数（%）	总资产贡献率（%）	资本保值增值率（%）	资产负债率（%）	流动资产周转率（次）	成本费用利润率（%）	全员劳动生产率（元/人）	产品销售率（%）
12	佛山市珊瑚压缩机有限公司	81.4	10.0	99.4	49.4	1.3	0.3	14 667	104.9
13	江苏劲风压缩机制造有限公司	81.1	7.4	144.3	63.6	1.0	1.7	15 581	85.9
14	烟台蓝星压缩机有限责任公司	80.9	4.6	120.4	88.8	0.2	0.3	56 856	112.1
15	中国人民解放军第四八一二工厂	62.0	2.9	100.5	51.9	0.8	0.8	12 095	96.5
16	贵州省都匀空压机厂	55.3	3.3	102.0	58.8	0.5	0.6	8 667	85.2
17	扬州成功机械有限公司	45.9	6.2	61.8	94.9	1.5	-3.2	12 674	106.2
18	山西省平陆阀片厂	44.5	1.8	100.0	77.0	0.2	0.0	10 573	95.3
19	南京华冠压缩机有限公司	39.8	0.6	93.0	43.9	0.9	-3.1	5 797	100.7
20	长治市通用机械有限公司	33.5	0.4	100.0	96.1	0.1	0.0	6 000	102.5
21	石家庄市三原压缩机厂	11.5	0.8	0.0	117.3	1.1	-5.6	16 329	98.6
22	上海崇江仪表电器有限公司	-13.6	0.0	0.0	82.1	0.0	-9.6	0.0	127.9
23	柳州市微型空压机厂	-14.3	0.0	0.0	112.7	0.4	-9.3	7 859	90.7
24	济南空压机厂	-39.8	-6.5	78.4	77.4	0.4	-17.5	7 768	90.1
25	福建压缩机总厂	-49.2	4.6	0.0	102.6	0.7	-22.2	10 000	97.4
26	宁波天元压缩机有限公司	-59.5	-3.5	77.5	83.8	0.3	-24.4	8 608	118.6
27	徐州空压机厂	-74.3	-5.5	24.2	98.5	0.2	-22.2	672	97.5
28	广州市空气压缩机厂	-89.2	-11.7	30.9	89.5	0.9	-28.3	12 612	113.3
29	开封市空气压缩机厂	-138.3	-12.4	83.5	26.8	0.6	-42.5	6 465	91.5
30	鞍山无油空压机有限公司	-246.0	-10.0	0.0	121.9	0.2	-66.7	14 457	98.0
31	沈阳东陵空压机有限公司	-341.8	-3.5	0.0	103.6	0.0	-90.8	0.0	52.2

2003年中国通用机械工业协会压缩机分会会员单位经济效益指标

序号	企业名称	工业经济效益综合指数（%）	总资产贡献率（%）	资本保值增值率（%）	资产负债率（%）	流动资产周转率（次）	成本费用利润率（%）	全员劳动生产率（元/人）	产品销售率（%）
一	生产大中小型压缩机企业								
1	北京京城环保产业发展有限责任公司(北一通)	325.0	8.4	1 453.7	30.9	1.1	4.8	102 168	90.6
2	上海压缩机有限公司	236.0	24.7	116.0	59.6	1.7	18.8	101 562	99.1
3	余姚捷华压缩机有限公司	190.8	17.4	100.1	39.6	1.3	14.1	78 689	95.7
4	济南压缩机厂有限公司	179.0	36.1	127.9	73.7	2.6	7.5	29 843	106.9
5	安瑞科(蚌埠)压缩机有限公司	170.9	13.4	127.9	63.5	0.8	17.2	53 119	95.3
6	上海大隆机器厂	170.7	8.4	108.6	67.5	1.0	6.9	134 691	99.2
7	宁波欣达螺杆压缩机有限公司	158.5	15.4	114.0	67.8	2.8	4.7	77 425	95.8
8	江阴市压缩机厂	149.6	21.8	113.7	79.5	3.6	0.0	45 300	100.8
9	山东潍坊生建集团	132.3	9.8	119.5	80.7	0.8	7.2	72 504	99.0
10	无锡压缩机股份有限公司	126.3	6.3	102.2	63.7	1.0	4.3	82 804	99.6
11	南京压缩机股份有限公司	121.4	10.2	102.5	58.0	1.5	3.9	55 848	98.1
12	无锡力源压缩机股份有限公司	101.2	9.8	97.7	29.7	1.6	0.5	35 031	137.7
13	自贡山川气体压缩机有限责任公司	95.3	7.9	102.3	27.6	2.0	3.2	15 939	99.5
14	河北昊桥空压机有限责任公司	94.3	10.2	126.2	49.2	2.5	0.3	9 188	107.6
15	浙江开山股份有限公司	90.2	6.6	111.7	61.7	1.5	1.0	36 810	95.6
16	沈阳气体压缩机股份有限公司	84.5	4.1	142.9	68.2	0.3	0.1	52 597	97.3
17	重庆气体压缩机厂有限责任公司	93.0	4.1	10.9	49.0	1.0	2.4	28 394	99.0
18	江西气体压缩机有限公司	81.6	7.2	106.2	70.1	1.3	0.3	28 046	99.8
19	湖南湘潭压缩机有限公司	65.1	4.3	86.3	66.3	1.1	0.7	16 284	89.8
20	浙江衢州煤矿机械总厂	63.9	5.4	18.9	90.8	1.2	0.2	38 764	91.0

（续）

序号	企业名称	工业经济效益综合指数（%）	总资产贡献率（%）	资本保值增值率（%）	资产负债率（%）	流动资产周转率（次）	成本费用利润率（%）	全员劳动生产率（元/人）	产品销售率（%）
21	沈阳空气压缩机制造厂	61.4	12.4	95.3	78.1	0.4	－2.0	16 451	94.9
22	北京金环压缩机厂	58.9	5.2	68.3	79.1	0.8	1.7	7 235	109.9
23	吉林延边昌源通用机械有限公司	58.6	3.8	99.1	68.4	0.4	－1.2	36 346	52.6
24	四川华西通用机器公司	57.7	3.2	74.5	84.9	0.7	1.9	18 075	92.0
25	天津市气体压缩机厂	32.6	1.1	83.1	95.2	0.4	－2.5	17 787	92.2
26	湖南常德通用压缩机有限公司	30.7	0.7	52.5	92.9	0.4	－0.8	8 357	100.9
27	湖南益阳空气压缩机厂	25.4	0.3	100.0	74.8	0.2	－3.4	1 000	101.1
28	西安压缩机厂	5.7	－0.5	90.9	64.5	0.9	－12.1	12 560	98.3
29	武汉气体压缩机厂	－5.0	－0.9	0.0	132.9	0.5	－7.1	12 830	83.1
30	柳州压缩机总厂	－6.1	－0.7	93.1	65.2	0.3	－13.6	12 073	100.8
31	马鞍山正陵压缩机有限公司	－11.8	1.5	84.5	81.4	0.1	－11.3	705	72.3
32	山西太原气体压缩机厂	－44.0	－2.7	0.0	120.3	0.6	－16.5	7 072	96.5
33	柳州柳二空机械股份有限公司	－50.4	－5.6	77.3	76.9	0.5	－23.2	19 425	96.7
34	上海东方压缩机厂	－97.2	－6.7	0.0	101.7	0.4	－23.8	－28 604	137.7
35	中国铁道建筑总公司徐州机械总厂	－154.3	－14.6	69.4	84.1	0.4	－41.7	－1 735	97.4
36	长春市空气压缩机厂	－207.5	－3.2	0.0	128.1	0.1	－56.8	－1 536	96.7
二	生产微型压缩机企业								
1	杭州嘉美净化设备有限公司	722.3	64.8	127.2	68.2	2.6	5.8	86 022	42.3
2	重庆庆兰压缩机配件厂	272.8	23.3	214.4	66.2	2.9	36.1	27 016	68.5
3	上海博莱特压缩机有限公司	215.1	21.1	114.7	54.3	1.5	10.1	133 000	94.8
4	宁波星箭航天机械厂	186.8	24.0	197.4	56.5	3.2	6.9	52 467	94.5
5	泰州市晨阳压缩机有限公司	154.6	15.1	120.0	58.6	0.6	17.9	19 902	97.2
6	江苏超力机械有限公司	152.5	9.5	318.2	37.6	2.4	5.5	35 533	104.8
7	无锡市五洋压缩机有限公司	139.8	16.3	113.0	68.8	2.5	5.5	43 056	97.0
8	余姚市大隆空压机配件有限公司	135.1	22.8	112.9	76.1	1.8	4.4	38 846	88.1
9	慈溪市超超空压机配件有限公司	132.0	12.8	122.5	51.6	1.7	7.7	30 063	98.5
10	江苏劲风压缩机制造有限公司	126.4	13.7	106.6	64.4	0.9	9.8	29 085	93.8
11	扬州成功机械有限公司	114.9	19.3	166.7	92.5	2.5	1.4	17 305	104.7
12	扬州云环压缩机部件有限公司	104.3	15.7	141.5	68.6	1.3	2.8	16 944	97.1
13	浙江乐雁压缩机有限公司	97.6	16.4	216.1	38.3	2.3	8.1	47 874	97.6
14	佛山市珊瑚压缩机有限公司	93.8	19.7	100.6	42.7	1.2	0.4	7 019	103.8
15	鞍山无油空压机有限公司	89.3	6.0	0.0	152.3	2.4	1.4	61 333	86.5
16	上海五压机械有限公司	82.2	5.4	110.8	86.7	1.5	1.7	30 455	100.0
17	南京华冠压缩机械有限公司	77.4	3.1	99.8	42.7	1.0	1.6	26 626	107.2
18	长治市通用机械有限公司	68.4	0.2	89.7	100.0	0.0	13.5		35.8
19	上海崇江仪表电器有限公司	58.2	5.1	111.4	81.8	0.7	1.9		100.0
20	宁波天元压缩机有限公司	56.1	2.6	99.8	78.3	0.2	0.3	24 795	101.0
21	山西平陆伐片厂	46.5	1.7	100.0	77.4	0.2	0.0	14 366	94.0
22	自贡汇东空压机有限公司	43.0	2.6	0.0	44.3	0.9	0.6	5 000	100.0
23	烟台蓝星压缩机有限公司	42.6	1.1	64.8	175.9	0.2	0.3	25 121	98.9
24	宁波镇海机械制造有限公司	26.9	－1.0	68.4	86.7	0.8	－6.2	20 789	138.9
25	福建压缩机总厂	22.2	6.5	0.0	104.6	0.7	－4.3	13 158	96.5
26	贵州都匀宽压机厂	8.8	0.6	108.9	56.4	0.4	－10.5	10 210	76.0
27	柳州市金象机器制造有限公司	4.5	0.6	0.0	121.3	0.4	－4.7	10 543	83.7
28	济南空压机厂	－17.7	－5.2	74.7	83.7	0.4	－12.0	8 471	99.1
29	石家庄市三原压缩机厂	－32.2	－5.2	0.0	132.3	0.7	－13.3	8 421	89.2
30	开封市空气压缩机厂	－61.3	－3.6	94.1	100.0	0.6	－23.7	7 980	85.3
31	沈阳东陵空压机有限公司	－372.0	－4.2	0.0	109.3	0.0	－100.0	－485	100.0

2001 年中国通用机械工业协会真空设备分会会员单位经济指标

企业名称	工业总产值（不变价）（万元）	工业增加值（万元）	产品销售收入（万元）	产品销售成本（万元）	从业人员平均人数（人）	资产总计（万元）
广东佛山水泵厂有限公司	14 571	5 211	14 617	10 286	733	17 200
成都仪器厂	9 500	5 700	11 424	6 029	780	9 100
国投南光有限公司	8 873	3 633	7 549	5 762	1 487	32 780
北京北仪创新真空技术有限责任公司	5 914	1 738	6 807	6 154	623	9 011
浙江真空设备集团有限公司	4 359	2 206	4 201	2 205	618	16 064
兰州真空设备有限责任公司	4 245	1 136	3 516	2 375	664	13 198
广东真空设备厂股份有限公司	3 931	945	3 028	1 904	313	11 941
淄博真空设备厂有限公司	3 899	1 036	4 024	2 840	543	8 102
杭州真空设备厂	3 610	603	4 743	3 991	475	9 412
上海真空泵厂	3 007	701	2 353	1 708	328	4 873
上海曙光机械制造厂	2 933	819	2 481	1 908	182	5 425
北京中科科仪技术发展有限责任公司	2 643	1 748	5 178	1 423	430	13 825
沈阳真空泵厂	2 630	270	3 125	2 314	213	2 375
山东博山真空泵厂	2 160		1 869	1 400	260	2 136
沈阳真空技术研究所	1 858		1 810	1 599	205	5 524
沈阳中科仪技术发展有限责任公司	1 810		1 300		311	
宁波爱发科真空技术有限公司	1 758	554	1 701	1 092	52	4 073
衡阳市真空机电设备有限公司	1 686		1 686	1 554	1 164	1 588
上海阀门二厂	1 607	636	3 687	3 088	157	4 315
沈阳恒星实业有限公司	1 463	652	1 473	1 207	289	7 100
中国贵航集团贵阳黔江机械厂	1 409	372	1 635	1 078	902	
沈阳市真空机械三厂	1 317	636	1 315	1 157	187	1 729
南京真空泵厂	799	583	862	568	185	2 498
临海市精工真空设备厂	750		450		67	750
玉环真空泵厂	563		558	424	55	513
深圳亨达莱真空技术工程公司	540	220	513	400	38	
锦州真空设备制造总厂	539	74	366	257	115	299
辽阳北方真空设备厂	500	445	89	109	94	
台州市佳力真空设备有限公司	467	133	346	301	45	665
黄岩医疗器械厂	451	226	311	192	78	
温岭真空泵厂	450		450	350	81	450
沈阳市三环真空技术研究所	413	183	330	273	114	369
成都正华电子仪器厂	406		491	398	25	
海门市轻工机械四厂	400					650
沈阳蓝菱真空设备制造公司	400	51	345	253	44	556
浙江台州环球真空设备厂	341	93	442	364	78	994
自贡市大通真空设备制造有限公司	334	97	200	127	178	747
辽阳射流真空设备厂	233	163	225	194	120	
黄岩市求精真空泵厂	181	63	216	169	38	447
成都瑞普电子仪器公司	160		155	10	15	
承德达优真空工程有限公司	93	32	60	37	221	
抚顺真空设备厂有限公司	28	-29	78	69	248	575
北票凯迪真空设备厂		107	86	73	22	80

2002 年中国通用机械工业协会真空设备分会会员单位经济指标

企业名称	工业总产值（不变价）（万元）	工业增加值（万元）	产品销售收入（万元）	产品销售成本（万元）	从业人数平均人数（人）	资产总计（万元）
广东佛山水泵厂有限公司	19 317	5 959	18 841	13 253	731	19 925
长沙鼓风机厂有限责任公司	8 381	3 156	8 950	6 217	901	13 957
国投南光有限公司	6 782	2 878	7 307	5 569	1 237	32 072
北京中科科仪技术发展有限责任公司	5 580	3 801	8 040	5 191	416	15 068
兰州真空设备有限责任公司	5 007	1 377	4 321	3 195	660	14 120
浙江真空设备集团有限公司	4 855	3 027	4 669	2 530	586	16 561
广东真空设备厂股份有限公司	4 564	988	3 649	2 470	296	11 920
淄博真空设备厂有限公司	4 202	1 456	4 177	2 983	523	8 563
北京北仪创新真空技术有限责任公司	4 182	2 101	4 568	3 680	522	12 918
上海曙光机械制造厂	3 201	698	3 019	2 310	160	5 338
山东博山真空泵厂	2 800		2 010	1 366	210	3 290
沈阳真空技术研究所	2 609		2 357	2 132	233	1 899
上海真空泵厂	2 200	438	1 847	1 290	353	4 584
衡阳市真空机电设备有限公司	2 100	70	2 100	1 898	140	1 854
上海凯尼真空设备有限公司	1 804	474	1 293	932	92	3 842
上海阀门二厂	1 800	619	3 351	2 777	152	3 830
中国贵航集团贵阳黔江机械厂	1 645	522	2 207	1 576	1 316	9 194
沈阳市真空机械三厂	1 624	635	1 697	1 496	201	1 987
瑞安市华丰泵业有限公司	1 542		1 515	1 287	170	6 531
南京真空泵厂	1 180	870	1 210	759	194	2 680
台州市佳力真空设备有限公司	1 142	359	1 046	924	81	671
沈阳恒星实业有限公司	1 140	0	1 337	802	300	5 706
沈阳蓝菱真空设备制造公司	1 128	145	986	738	50	1 559
沈阳真空泵厂	796	78	310	231	77	467
临海市精工真空设备厂	774	85	578	506	60	790
玉环真空泵厂	608		592	451	58	585
上海汇翌贸易有限公司	564	145	482	450	15	132
浙江台州环球真空设备厂	453	131	527	405	78	1 125
海门市轻工机械四厂	450				68	510
成都正华电子仪器厂	446		506	407	25	
锦州真空设备制造总厂	417	189	229	207	79	442
自贡市大通真空设备制造有限公司	384	81	152	71	219	799
温岭真空泵厂	380	150	302	269	51	289
黄岩市求精真空泵厂	277	102	313	258	38	476
北京市四方特种油品厂	260	56	215	166	32	253
沈阳市三环真空技术研究所	237	94	237	208	90	331
上海惠丰化工研究所	218		198	102	6	71
成都瑞普电子仪器公司	200	60	200	50	20	120
温岭市超越真空泵业有限公司	45		37	29	10	
北票凯迪真空设备厂	30		25	12	16	
杭州真空设备有限公司	27		27	23	12	175
抚顺真空设备厂有限公司	20	－35	10	6	78	608

2003年中国通用机械工业协会真空设备分会会员单位经济指标

企业名称	工业总产值（不变价）（万元）	工业增加值（万元）	产品销售收入（万元）	产品销售成本（万元）	从业人数平均人数（人）	资产总计（万元）
广东佛山水泵厂有限公司	27 108	7 871	25 212	18 379	754	25 822
长沙鼓风机厂有限责任公司	12 884	4 445	11 859	7 129	894	12 761
淄博水环真空泵厂有限公司	10 728	257	7 800	5 851	323	11 041
国投南光有限公司	6 816	2 602	7 513	5 753	1 224	31 366
兰州真空设备有限责任公司	5 701	1 764	5 020	3 716	647	15 489
北京中科科仪技术发展有限责任公司	5 652	4 056	5 379	3 342	417	16 288
广东真空设备厂股份有限公司	5 478	963	3 666	2 554	291	11 564
浙江真空设备集团有限公司	5 286	3 223	5 821	3 154	551	16 222
淄博真空设备厂有限公司	5 168	1 193	5 192	3 790	492	8 974
宁波爱发科真空技术有限公司	3 816	1 399	3 576	2 186	322	10 353
上海曙光机械制造厂	3 708	818	3 308	2 274	114	5 327
沈阳市真龙真空设备厂	3 300	825	3 100	2 170	130	2 176
北京北仪创新真空技术有限责任公司	2 928	1 356	3 629	3 000	516	29 021
上海凯尼真空设备有限公司	2 586	862	1 850	1 274	97	3 888
衡阳市真空机电设备有限公司	2 467	310	2 467	2 250	140	2 351
上海真空泵厂	2 381	466	1 894	1 253	316	4 926
山东博山真空泵厂	2 100		2 895	2 079	260	3 938
上海阀门二厂	2 000	746	2 985	2 401	140	3 721
中国贵航集团贵阳黔江机械厂	1 810	580	2 502	1 650	1 320	10 113
沈阳真空技术研究所	1 661	985	1 762	1 711	192	2 796
台州市佳力真空设备有限公司	1 367	465	1 145	1 030	82	718
沈阳恒星实业有限公司	1 359	470	1 193	736	224	5 362
南京真空泵厂	1 298	940	1 330	762	183	2 769
沈阳市真空机械三厂	1 206	413	1 251	1 062	194	1 545
沈阳蓝菱真空设备制造公司	1 128	159	1 003	810	50	365
上海惠丰石油化工有限公司	1 080		882	688	40	684
玉环真空泵厂	670		610	502	60	650
上海汇塑贸易有限公司	610	155	54	51	20	
沈阳真空泵厂	610	83	330	247	76	
自贡市大通真空设备制造有限公司	581	231	313	312	98	555
海门市轻工机械四厂	500				68	
成都正华电子仪器厂	500		601	409	28	
黄岩市求精真空泵厂	499	168	555	460	38	571
浙江台州环球真空设备厂	450	127	521	423	78	1 160
临海市精工真空设备厂	360		436	347	58	896
温岭真空泵厂	305	60	280	246	38	296
北京市四方特种油品厂	252	76	226	187	33	250
沈阳市三环真空技术研究所	217		217	174	71	311
温岭市超越真空泵业有限公司	52		38	30	13	115
北票凯迪真空设备厂	50		28	14	18	
抚顺真空设备厂有限公司	25	－30	13	7	70	670

2001年中国通用机械工业协会真空设备分会会员单位经济效益指标

企业名称	综合指数(%)	总资产贡献率(%)	资本保值增值率(%)	资产负债率(%)	流动资产周转率(次)	成本费用利润率(%)	产品销售率(%)	全员劳动生产率(元/人)
北京中科科仪技术发展有限责任公司	200.26	7.09		35.30	0.87	26.45	342.11	41 619
宁波爱发科真空技术有限公司	188.32	8.11	102.69	9.89	2.91	12.76	97.20	111 307
广东佛山水泵厂有限公司	138.01	13.11	86.22	71.91	1.22	6.36	100.02	69 837
锦州真空设备制造总厂	54.45	-1.00	222.92	64.21	2.13	-6.43	92.21	9 691
沈阳蓝菱真空设备制造公司	88.73	7.41	0.00	62.23	0.94	6.30	86.25	30 364
浙江真空设备集团有限公司	78.50	4.98	100.59	51.95	0.91	1.61	90.01	29 914
台州市佳力真空设备有限公司	90.61	5.49	103.46	58.89	1.02	3.67	81.74	32 644
杭州真空设备厂	192.42	18.68	199.76	58.59	1.02	23.36	103.51	11 376
沈阳市真空机械三厂	101.59	12.09	104.13	70.85	1.44	2.65	96.09	28 978
黄岩市求精真空泵厂	153.36	13.34	103.95	85.83	0.52	21.54	102.09	13 595
浙江台州环球真空设备厂	132.28	8.45	136.57	40.64	1.11	16.01	88.76	10 973
北京北仪创新真空技术有限责任公司	87.94	8.22	106.44	69.90	0.67	3.63	99.00	23 342
沈阳真空技术研究所	73.40	3.58	97.09	72.81	0.45	0.93	97.42	37 535
上海阀门二厂	78.98	5.00	100.69	93.56	1.43	0.28	101.90	39 945
衡阳市真空机电设备有限公司	66.25	3.17	181.82	15.62	1.27	0.17	100.00	10 318
上海曙光机械制造厂	77.90	2.96	100.00	87.64	1.03	0.00	97.10	49 999
南京真空泵厂	62.86	4.46	100.11	18.16	1.07	0.67	85.26	21 282
广东真空设备厂股份有限公司	66.43	0.51	100.16	72.82	0.62	2.26	82.67	27 042
自贡市大通真空设备制造有限公司	47.23	2.06	125.66	38.48	0.73	0.10	59.56	5 398
兰州真空设备有限责任公司	62.59	3.36	100.56	80.20	0.53	1.09	103.86	19 053
淄博真空设备厂有限公司	88.50	4.99	223.20	70.90	0.87	1.37	104.56	18 430
沈阳市三环真空技术研究所	59.91	10.84	95.31	28.46	1.08	-2.70	81.60	16 053
国投南光有限公司	26.60	-0.35	131.73	76.72	0.64	-7.57	99.12	18 742
沈阳恒星实业有限公司	-47.94	-1.96	0.00	101.10	0.26	-18.78	89.73	20 515
上海真空泵厂	-7.28	-1.13	63.16	85.91	0.63	-14.39	98.81	25 503

2002年中国通用机械工业协会真空设备分会会员单位经济效益指标

企业名称	综合指数(%)	总资产贡献率(%)	资本保值增值率(%)	资产负债率(%)	流动资产周转率(次)	成本费用利润率(%)	产品销售率(%)	全员劳动生产率(元/人)
北京中科科仪技术发展有限责任公司	228.27	15.50	111.00	34.50	0.94	26.30	105.40	90 500
广东佛山水泵厂有限公司	156.25	11.58	120.20	65.80	1.26	7.87	100.20	85 642
锦州真空设备制造总厂	-130.54	-23.76	0.00	107.92	0.84	-36.70	54.92	67 500
沈阳蓝菱真空设备制造公司	109.62	5.72	268.10	63.90	0.78	3.80	87.40	29 000
浙江真空设备集团有限公司	104.28	6.25	101.98	52.47	1.02	4.67	93.80	46 389
台州市佳力真空设备有限公司	132.41	14.60	103.90	48.30	2.86	3.20	95.60	46 801
沈阳市真空机械三厂	110.90	12.03	109.70	72.17	1.25	5.35	96.40	30 648
黄岩市求精真空泵厂	76.35	5.86	102.22	86.40	0.67	2.07	109.95	27 541
浙江台州环球真空设备厂	131.20	9.50	101.30	46.10	0.93	16.20	91.50	13 209
北京北仪创新真空技术有限责任公司	123.60	6.40	274.50	42.40	0.90	6.20	99.10	34 425
沈阳真空技术研究所	90.50	3.58	97.09	72.81	0.45	0.93	97.42	65 687
上海阀门二厂	78.03	5.00	114.00	91.70	1.02	0.40	103.60	39 654
衡阳市真空机电设备有限公司	78.53	4.47	126.10	8.90	3.20	0.91	100.00	5 000
上海曙光机械制造厂	82.34	4.52	98.75	87.60	1.04	0.00	108.30	49 416
南京真空泵厂	76.82	3.81	100.40	22.20	1.27	1.52	92.10	34 865

（续）

企业名称	综合指数（%）	总资产贡献率（%）	资本保值增值率（%）	资产负债率（%）	流动资产周转率（次）	成本费用利润率（%）	产品销售率（%）	全员劳动生产率（元/人）
广东真空设备厂股份有限公司	67.44	4.21	101.08	72.50	0.70	0.41	78.65	28 440
自贡市大通真空设备制造有限公司	14.48	0.13	59.84	72.47	0.34	－3.73	38.10	3 570
兰州真空设备有限责任公司	78.10	4.60	128.90	76.33	0.63	2.38	101.21	23 698
淄博真空设备厂有限公司	77.38	5.10	119.95	73.11	0.81	1.60	93.45	25 443
沈阳市三环真空技术研究所	－13.33	－3.02	84.03	33.23	0.83	－14.20	100.00	10 444
国投南光有限公司	－36.66	－2.64	57.60	86.30	0.43	－19.30	87.30	19 178
沈阳恒星实业有限公司	－30.61	－0.16	0.00	107.20	0.28	－12.34	104.80	4 750
上海真空泵厂	－11.76	－0.19	56.00	91.60	0.56	－14.20	109.90	16 048
北京市四方特种油品厂	115.58	13.10	113.70	54.20	0.98	8.70	88.50	17 500
中国贵航集团贵阳黔江机械厂	－25.36	0.47	0.00	119.50	0.73	－10.10	107.00	3 514
温岭市真空泵厂	100.37	10.73	111.40	25.30	2.10	4.18	76.50	22 353
临海市精工真空设备厂	90.95	12.07	16.00	63.30	1.58	5.19	74.70	15 446
上海凯尼真空设备有限公司	40.10	－0.67	93.80	7.20	0.97	－7.09	96.30	70 577

2003年中国通用机械工业协会真空设备分会会员单位经济效益指标

企业名称	综合指数（%）	总资产贡献率（%）	资本保值增值率（%）	资产负债率（%）	流动资产周转率（次）	成本费用利润率（%）	产品销售率（%）	全员劳动生产率（元/人）
北京中科科仪技术发展有限责任公司	261.30	13.67	105.33	36.16	0.55	36.42	83.85	99 412
广东佛山水泵厂有限公司	181.30	10.90	146.39	63.12	1.83	8.79	101.20	107 088
浙江真空设备集团有限公司	133.40	8.57	102.95	50.37	1.01	8.99	109.20	57 561
台州市佳力真空设备有限公司	132.64	14.00	81.85	49.05	2.94	2.55	94.60	56 672
沈阳真空技术研究所	85.93	3.22	162.79	89.99	1.22	1.03	98.20	40 377
沈阳市真空机械三厂	119.48	13.01	106.70	61.81	1.40	7.70	98.23	21 287
黄岩市求精真空泵厂	117.24	11.61	101.08	88.57	1.07	6.75	104.93	44 211
浙江台州环球真空设备厂	104.72	7.67	101.98	46.72		11.79	91.40	17 436
北京北仪创新真空技术有限责任公司	93.68	1.40	218.00	44.10	0.79	3.95	108.70	25 878
上海阀门二厂	84.20	6.21	97.06	91.75	1.03	0.12	95.47	53 264
衡阳市真空机电设备有限公司	84.00	3.53	100.40	27.86	2.40	0.49	100.00	31 959
上海曙光机械制造厂	83.92	5.10	100.10	87.57	1.05	0.01	102.00	51 785
南京真空泵厂	79.70	4.06	90.90	31.56	0.74	1.65	75.14	49 453
广东真空设备厂股份有限公司	78.65	4.94	107.96	71.32	0.70	0.40	92.71	32 765
自贡市大通真空设备制造有限公司	72.76	8.10	136.99	45.95	0.91	0.19	54.53	21 589
兰州真空设备有限责任公司	71.30	3.44	102.13	77.96	0.64	1.63	101.93	27 015
淄博真空设备厂有限公司	67.50	5.80	60.40	84.50	0.96	1.73	87.47	23 392
沈阳市三环真空技术研究所	49.02	7.07	95.93	31.83	0.80	－3.60	100.00	14 506
国投南光有限公司	18.40	－1.33	183.30	74.32	0.64	－11.34	96.27	19 923
沈阳恒星实业有限公司	－8.21	0.90	0.00	107.24	0.25	－9.29	108.25	19 831
上海真空泵厂	－9.40	0.35	33.41	97.39	0.60	－11.54	97.16	14 251
温岭市真空泵厂	105.80	10.81	105.71	24.26	1.87	6.92	91.50	15 790
上海凯尼真空设备有限公司	131.40	6.34	97.44	10.65	1.09	6.90	93.37	90 716
长沙鼓风机厂有限责任公司	149.13	17.29	114.96	49.27	1.39	9.38	91.13	49 775
淄博水环真空泵厂有限公司	78.60	8.98	248.25	83.32	1.11	1.60		7 957
宁波爱发科真空技术有限公司	210.72	11.62	168.92	9.56	0.69	36.23	98.43	12 718
北京市四方特种油品厂	139.50	17.10	114.48	46.73	1.29	11.48	95.76	22 970
山东博山真空泵厂	75.60	7.95	108.84	28.85	1.20	4.69	80.43	

2001年中国通用机械工业协会干燥设备分会会员单位经济指标

企业名称	工业总产值（当年价）（万元）	工业增加值（万元）	从业人数平均人数（人）	销售收入（万元）	销售成本（万元）	年末资产总计（万元）
铁岭精工机械股份有限公司	8 330	1 749	898	6 800	4 810	23 254
江苏范群干燥设备厂	8 000	2 800	250	3 645	2 033	1 520
浙江真空设备集团有限公司	5 047	2 206	618	4 201	2 205	16 064
淄博真空设备厂有限公司	4 033	1 036	543	4 024	2 840	8 102
东台市食品机械厂	3 100	892	150	3 072	2 351	1 385
山东天力干燥设备有限公司	2 980	610	133	2 763	2 175	2 725
常州市一步干燥设备厂	2 362	641	132	2 588	1 759	1 113
辽宁立达实业集团有限公司	2 001	320	186	2 192	1 465	4 942
上海医用分析仪器厂	1 721		223	1 715	1 316	6 045
江苏星轮高速机电设备制造公司	1 569	983	165	1 342	781	1 645
常州市振兴干燥设备厂	1 565	453	87	1 252	915	842
成都望江干燥器厂	1 460	99	180	1 394	1 116	1 073
哈尔滨东宇农业工程机械有限公司	1 207	318	75	1 259	983	1 369
重庆广厦干燥设备工程公司	1 205	305	78	1 205	893	1 798
解放军3419工厂	1 202	－228	660	1 616	1 067	4 708
四川夹江燎原机械制造公司	651	139	139	308	259	1 300
杭州钱江干燥设备有限公司	625	279	89	596	385	782
常州市明星干燥设备厂	560	12	60	560	448	477
福州三发发干燥设备有限公司	445	329	67	205	169	3 431
连云港鑫森机械制造有限公司	156	56	124	126	97	830

2002年中国通用机械工业协会干燥设备分会会员单位经济指标

企业名称	工业总产值（当年价）（万元）	工业增加值（万元）	从业人数平均人数（人）	销售收入（万元）	销售成本（万元）	年末资产总计（万元）
昆明重工集团股份有限公司	14 590	1 438	1 585	14 256	11 669	26 920
江苏范群干燥设备厂	9 800	3 430	318	7 147	1 089	4 617
上海远东制药机械总厂	8 173	1 790	536	6 885	5 648	17 493
东台市食品机械厂	6 800	2 128	148	6 476	5 282	1 920
铁岭精工机械股份有限公司	5 529	933	829	4 130	2 070	21 747
浙江真空设备集团有限公司	5 342	3 027	586	4 669	2 530	16 561
淄博真空设备厂有限公司	4 502	1 249	523	4 177	2 983	8 563
无锡林洲干燥设备厂	4 500	936	185	4 300	3 647	2 060
常州市一步干燥设备厂	3 615	805	136	3 368	2 261	1 542
辽宁立达实业集团有限公司	2 289	389	210	2 166	1 529	4 642
常州市振兴干燥设备厂	1 885	518	95	1 525	1 048	1 036
成都望江干燥器厂	1 870	99	200	1 780	1 462	1 200
浙江尔乐干燥设备厂	1 800	560	156	1 339	1 168	1 873
江苏星轮高速机电设备制造公司	1 678	1 251	165	1 434	932	1 865
重庆广厦干燥设备工程公司	1 430	399	86	1 430	1 061	1 975
哈尔滨东宇农业工程机械有限公司	1 301	347	76	1 298	1 087	1 123
解放军3419工厂	1 228	－235	630	1 529	1 030	4 712
常州市统一干燥设备厂	1 125	354	75	898	626	894
杭州钱江干燥设备有限公司	730	210	62	661	504	780
三门峡瑞泰化工装备技术有限公司	596	110	79	243		200
常州市明星干燥设备厂	530	12	60	433	387	756
大连干燥设备厂	240	60	30	220	155	220

2003 年中国通用机械工业协会干燥设备分会会员单位经济指标

企业名称	工业总产值（当年价）（万元）	工业增加值（万元）	销售收入（万元）	销售成本（万元）	从业人数平均人数（人）	年末资产总计（万元）
天华化工机械及自动控制研究设计院	20 000	3 280	11 280	8 720	901	2 344
江苏范群干燥设备厂	15 890	2 986	15 242	11 415	800	3 101
上海远东制药机械总厂	8 197	1 649	7 664	6 446	484	47 468
东台市食品机械厂	6 500	1 284	6 070	5 051	150	431
无锡林洲干燥设备厂	5 500	1 045	5 006	4 143	135	670
淄博真空设备厂有限公司	5 243	1 193	5 192	3 790	492	2 615
铁岭精工机械股份有限公司	5 031	1 250	6 238	4 171	752	5 561
常州市一步干燥设备厂	4 836	1 086	4 576	3 411	150	580
江苏省无锡市昂益达干燥设备厂	4 500	1 050	4 080	3 260	160	
辽宁立达实业集团有限公司	4 164	926	3 621	2 640	385	729
溧阳正昌干燥设备有限公司	3 960	1 020	3 450	2 387	128	956
石家庄工大化工设备有限公司	2 759	393	2 472	2 135	212	731
常州市振兴干燥设备厂	2 010	722	1 626	1 085	92	563
浙江尔乐干燥设备厂	1 850	585	1 425	1 220	142	950
太仓天婷工业搪瓷有限公司	1 830	114	1 465	1 315	106	
成都望江干燥器厂	1 630	150	1 554	1 519	150	279
哈尔滨东宇农业工程机械有限公司	1 357	358	1 351	1 161	78	291
青海 3419 干燥设备有限公司	1 279	382	1 279	70	160	1 010
常州市明星干燥设备厂	1 080	550	580	435	180	432
杭州钱江干燥设备有限公司	747	230	682	514	63	159
常州市统一干燥设备有限公司	420	170	341	311	80	

2001 年中国通用机械工业协会干燥设备分会会员单位经济效益指标

企业名称	工业经济效益综合指数	总资产贡献率（%）	资本保值增值率（%）	资产负债率（%）	流动资产周转率（次）	成本费用利润率（%）	全员劳动生产率（元/人）	产品销售率（%）
东台市食品机械厂	285.28	45.56	172.36	48.23	5.07	17.66	60 270.27	99.10
常州市振兴干燥设备厂	197.76	28.17	110.99	33.63	2.77	13.88	53 294.12	80.00
江苏范群干燥设备厂	186.42	22.45	100.00	51.32	2.05	5.43	112 000.00	85.00
哈尔滨东宇农业工程机械有限公司	172.27	32.30	112.80	30.46	1.43	10.16	38 313.25	104.31
辽宁立达实业集团有限公司	172.13	9.28	148.35	5.44	0.55	27.38	18 934.91	94.95
杭州钱江干燥设备有限公司	134.88	11.55	106.17	67.01	1.04	11.20	32 068.97	95.36
常州市一步干燥设备厂	127.82	3.98	117.19	34.59	3.66	4.38	48 560.61	109.57
常州市明星干燥设备厂	120.86	29.22	116.84	91.61	1.23	1.86	2 000.00	83.21
重庆广厦干燥设备工程公司	117.73	9.42	117.95	87.21	0.80	5.55	39 102.56	100.00
江苏星轮高速机电设备制造公司	108.05	1.94	102.78	48.39	1.17	5.45	60 306.75	85.53
山东天力干燥设备有限公司	107.67	1.82	101.06	27.54	3.54	1.62	50 833.33	92.79
解放军 3419 工厂	96.28	25.07	100.04	49.30	0.90	0.06	－3 768.60	134.44
成都望江干燥器厂	86.40	5.57	101.79	63.00	2.00	3.26	6 600.00	95.48
上海医用分析仪器厂	79.99	15.48	36.56	115.35	0.55	0.23		116.63
浙江真空设备集团有限公司	79.20	3.42	100.59	51.95	0.91	1.61	34 634.22	90.01
淄博真空设备厂有限公司	84.32		223.20	70.90	0.87	1.37	19 044.12	104.56
四川夹江燎原机械制造公司	70.32	10.01	100.00	89.23	0.34		9 858.16	76.96
福州三发发干燥设备有限公司	60.33	0.07	100.03	14.00	0.20	0.45	47 608.70	79.78
铁岭精工机械股份有限公司	57.90	5.49	83.80	66.89	0.39	－1.90	19 159.91	102.38
连云港鑫森机械制造有限公司	25.54	0.24	41.15	46.08	0.32	－1.78	4 117.65	79.49

2002 年中国通用机械工业协会干燥设备分会会员单位经济效益指标

企业名称	工业经济效益综合指数	总资产贡献率（%）	资本保值增值率（%）	资产负债率（%）	流动资产周转率（次）	成本费用利润率（%）	全员劳动生产率（元/人）	产品销售率（%）
三门峡瑞泰化工装备技术有限公司	672.52	54.15	100.00	12.00	4.84	128.50	13 924.05	100.00
江苏范群干燥设备厂	476.22	72.68	100.00	30.50	2.72	56.13	112 000.00	100.00
东台市食品机械厂	320.90	64.08	145.17	57.22	4.82	5.30	146 724.14	95.59
常州市振兴干燥设备厂	220.35	39.32	123.28	33.51	2.67	13.67	56 304.35	80.90
无锡林洲干燥设备厂	195.92	29.11	103.93	55.10	4.03	8.72	49 787.23	95.56
常州市一步干燥设备厂	191.65	31.64	107.35	34.37	3.83	6.35	59 629.63	93.17
常州市统一干燥设备厂	187.47	21.67	123.08	42.73	1.82	16.73	48 493.15	79.82
辽宁立达实业集团有限公司	175.17	13.08	90.73	8.66	0.57	27.43	23 154.76	94.63
星轮高速机电设备制造公司	156.11	25.98	83.51	61.98	1.21	3.51	76 748.47	85.46
大连干燥设备厂	151.51	20.98	113.33	22.73	2.32	11.79	19 866.67	91.67
杭州钱江干燥设备有限公司	129.06	9.80	116.82	74.62	1.13	9.40	33 870.97	90.55
重庆广厦干燥设备工程公司	121.95	9.54	116.52	86.43	0.85	6.36	40 303.03	100.00
哈尔滨东宇农业工程机械有限公司	118.04	10.19	100.84	14.51	1.39	7.82	41 309.52	99.77
浙江真空设备集团有限公司	108.11	6.34	101.98	52.47	1.02	4.67	51 042.16	93.80
成都望江干燥器厂	104.13	9.50	103.07	50.83	2.62	4.96	6 827.59	95.19
浙江尔乐干燥设备厂	102.74	6.50	153.25	73.52	0.78	3.63	38 356.16	74.39
常州市明星干燥设备厂	97.19	22.38	116.84	80.69	0.95	0.10	2 000.00	87.92
淄博真空设备厂有限公司	82.22	5.24	119.95	73.11	0.81	1.60	23 477.44	93.82
上海远东制药机械总厂	76.51	3.21	101.97	65.33	0.70	1.24	33 086.88	84.24
铁岭精工机械股份有限公司	61.35	2.97	87.81	68.91	0.27	2.20	10 962.40	88.26
昆明重工集团股份有限公司	53.28	2.49	99.74	81.13	0.66	－1.30	8 822.09	84.35
解放军 3419 工厂	53.07	3.58	100.07	49.31	0.85	0.10	－5 875.00	124.51

2003 年中国通用机械工业协会干燥设备分会会员单位经济效益指标

企业名称	工业经济效益综合指数	总资产贡献率（%）	资本保值增值率（%）	资产负债率（%）	流动资产周转率（次）	成本费用利润率（%）	全员劳动生产率（元/人）	产品销售率（%）
青海 3419 干燥设备有限公司	397.27	12.56	104.50	60.95	0.90	82.12	23 875.00	100.00
上海远东制药机械总厂	275.23	22.54	76.05	683.40	0.08	13.73	31 469.47	101.22
常州市一步干燥设备厂	251.11	43.23	121.67	55.15	4.69	10.25	72 400.00	98.22
江苏范群干燥设备厂	249.84	51.00	110.39	32.2	14.25	14.56	37 325.00	95.92
常州市振兴干燥设备厂	235.92	29.54	158.19	26.04	2.56	18.10	81 123.60	80.90
无锡林洲干燥设备厂	229.23	34.54	110.32	71.36	4.47	8.36	77 407.41	91.02
东台市食品机械厂	218.32	39.79	113.43	32.17	4.12	4.14	86 756.76	93.38
溧阳正昌干燥设备有限公司	205.55	18.54	129.14	100.00	2.13	13.73	79 687.50	87.12
辽宁立达实业集团有限公司	188.78	17.75	95.52	41.93	0.89	24.77	32 491.23	86.96
江苏省无锡市昂益达干燥设备厂	185.78	27.76	112.72	46.87	2.43	8.17	68 627.45	90.67
石家庄工大化工设备有限公司	167.52	2.78	832.05	32.21	1.31	1.48	19 848.48	100.00
天华化工机械及自动控制研究设计院	129.42	8.54	134.18	78.37	0.89	10.83	36 444.44	56.40
杭州钱江干燥设备有限公司	127.74	9.57	138.89	65.97	1.09	8.49	36 507.94	91.30
哈尔滨东宇农业工程机械有限公司	123.10	10.15	105.83	12.56	1.62	7.66	46 493.51	99.56
常州市明星干燥设备厂	120.51	2.97	100.00	44.06	2.83	0.02	94 827.59	50.93
太仓天婷工业搪瓷有限公司	109.42	10.62	150.00	89.55	2.33	2.86	10 363.64	80.05
浙江尔乐干燥设备厂	95.15	4.93	100.00	80.55	0.57	3.71	37 025.32	100.00
常州市统一干燥设备有限公司	90.64	3.79	107.46	77.81	1.05	1.87	40 476.19	81.19
淄博真空设备厂有限公司	78.84	5.93	60.40	84.50	0.96	1.73	23 392.16	87.47
成都望江干燥器厂	77.69	3.28	101.59	55.95	2.53	0.52	10 000.00	95.34
铁岭精工机械股份有限公司	68.37	1.58	88.38	75.00	0.39	1.72	16 070.69	128.72

2001 年中国通用机械工业协会减变速机分会会员单位经济指标

企业名称	工业总产值（不变价）（万元）	工业增加值（万元）	产品销售收入（万元）	产品销售成本（万元）	从业人数平均人数（人）	资产总计（万元）
江苏省泰兴减速机厂(集团)	29 943	8 068	28 834	18 184	1 892	29 943
泰州市琼花传动机械总厂	29 843	3 681	28 840	25 920	1 189	13 574
江苏泰隆机械集团公司	18 198	4 920	17 581	11 763	1 208	17 716
天津市减速机总厂	10 028	4 420	13 237	9 515	1 412	22 271
广东星光机电有限公司	9 796	2 828	6 612	5 705	889	33 421
广东江门电机股份有限公司	8 089	2 121	7 448	6 046	772	8 140
武进市牛塘特种轴承厂	5 710	1 199	5 569	5 295	550	5 135
浙江通力变速机械有限公司	3 398	1 452	3 231	2 514	213	2 361
宁波人和机械轴承有限公司	4 146	916	3 458	3 173	298	2 036
温州市江南减速机厂	3 015	698	2 728	1 750	90	2 343
温州三联集团有限公司	2 597	521	2 569	2 199	206	7 797
上海减速机械厂	2 461	759	2 282	1 670	383	8 645
常州减速机总厂	2 060	680	1 290	942	241	3 663
宁波市摆线减速机厂	1 490	495	1 413	1 034	142	1 897
无锡中策太湖化工机械有限公司	1 266	484	1 215	1 099	174	2 561
无锡市明友机电工业有限公司	1 150	393	981		156	1 580
浙江博能传动有限公司	1 093	265	1 085	948	125	1 261
上海浦南传动机械有限公司	1 192	204	961	844	173	1 933
张家港市第二纺织机械有限公司	784	555	725	547	110	657
河北北方减速机有限公司	750	201	820	514	168	2 255
秦川机床集团有限公司	720		708		82	
温州市青峰机械有限公司	692		692	519	50	726
永嘉县华东变速机厂	667	200	691	575	38	432
永嘉县减速机厂	515	251	573	441	56	1 824
西安减速机厂	538	189	667	522	307	4 688
浙江东方传动机械有限公司	663	84	647	555	32	963
台州市行星变速机械厂	616	161	639	524	96	397
山东省淄博市博山奥博机械厂	725		622	542	66	482
永嘉县飞龙减速机厂	566	179	590	487	37	397
浙江变速电机有限公司	567	91	540	405	24	1 102
兰州减速机厂	486	164	457	367	260	1 740
永嘉县微型减速器厂	376	109	376	300	32	555
温岭市变速器厂	270	103	312	253	48	512
永嘉县大力精密机械有限公司	330		296	264	35	359
永嘉县展拓机械有限公司	273		373		35	378
温州市变速机械厂	266		262	177	93	754
沈阳协同减速机制造有限公司	280		270	228	108	99
沈阳化工设备厂	222	51	220	313	305	6 102
永嘉县变速机厂	252	73	252	196	28	405
宁波市浙东变速器厂	212		290		64	
福州市摆线针轮减速机厂	169	64	224	201	145	555
黑龙江省洪武实业有限公司	165	26	93	79	59	2 023
景德镇市减速机厂	99	39	110	110	147	964
永嘉县减速机二厂	134	40	134	108	24	396
宁波宁星减速机有限公司	127	－12	109	75	21	762
苏州优耐特机械制造有限公司	743		733	584	98	1 194

2002年中国通用机械工业协会减变速机分会会员单位经济指标

企业名称	工业总产值（不变价）（万元）	工业增加值（万元）	产品销售收入（万元）	产品销售成本（万元）	从业人数平均人数（人）	资产总计（万元）
江苏省泰兴减速机厂（集团）	35 383	8 138	37 702	19 701	1 896	24 865
泰州市琼花传动机械总厂	35 427	4 024	34 236	21 408	1 189	13 847
江苏泰隆机械集团公司	26 812	6 755	23 783	16 423	2 208	19 976
天津市减速机总厂	11 031	4 376	13 423	9 405	1 374	18 426
广东星光机电有限公司	11 113	4 950	6 450	5 415	594	34 034
广东江门电机股份有限公司	8 832	1 965	7 747	5 959	680	7 806
武进市牛塘特种轴承厂	7 900	1 508	6 284	5 296	600	8 789
浙江通力变速机械有限公司	2 830	906	2 877	2 281	139	2 319
宁波人和机械轴承有限公司	4 854	762	3 482	3 155	302	2 034
温州市江南减速机厂	3 048	406	2 739	1 745	110	2 253
温州三联集团有限公司	2 119	517	2 119	1 771	190	8 209
上海减速机械厂	2 048	983	2 041	1 450	290	8 540
常州减速机总厂	5 178	986	5 010	3 998	296	3 163
宁波市摆线减速机厂	2 097	602	1 787	1 278	154	2 062
无锡中策太湖化工机械有限公司	1 729	578	1 762	1 502	158	3 134
无锡市明友机电工业有限公司	1 528	475	1 481	1 223	156	1 511
浙江博能传动有限公司	2 056	578	2 056	1 671	139	2 361
上海浦南传动机械有限公司	1 208	1 208	871	713	157	2 069
张家港市第二纺织机械有限公司	1 088	573	994	799	134	538
河北北方减速机有限公司	940	300	823	645	150	2 300
淄博博机集团总公司	4 725	1 230	4 832	3 923	613	4 860
温州市青峰机械有限公司	688		647	473	50	897
永嘉县华东变速机厂	713	205	703	582	43	619
永嘉县减速机厂	505	136	541	417	55	1 701
西安减速机厂	512	166	603	459	262	4 687
浙江东方传动机械有限公司	463	58	446	384	38	753
浙江午马变速机械有限公司	1 735		1 621	1 431	134	1 099
山东省淄博市博山奥博机械厂	966	130	844	757	68	696
永嘉县飞龙减速机厂	634	183	590	487	39	568
浙江变速电机有限公司	1 505	183	1 496	1 125	48	1 013
兰州减速机厂	495	166	457	367	90	1 708
永嘉县微型减速器厂	492	125	492	407	32	720
温岭市变速器厂	286	122	321	271	47	485
宁波中意液压马达有限公司	2 957	1 214	3 048	2 221	159	3 107
永嘉县展拓机械有限公司	796		529		39	
温州市变速机械厂	245	194	206	146	84	837
沈阳协同减速机制造有限公司	180		270	228	40	186
福州市摆线针轮减速机厂	172	64	179	164	132	547
黑龙江省洪武实业有限公司	275	25	281	225	110	2 055
永嘉县减速机二厂	143	40	143	119	18	409
台州市行星变速机械厂	2 024		1 639	1 148	75	1 975
苏州优耐特机械制造有限公司	991		1 043	842	105	1 513

2003 年中国通用机械工业协会减变速机分会会员单位经济指标

企业名称	工业总产值（不变价）（万元）	工业增加值（万元）	产品销售收入（万元）	产品销售成本（万元）	从业人数平均人数（人）	资产总计（万元）
泰星减速机股份有限公司	53 862	20 468	52 993	31 879	2 012	40 532
泰州市琼花传动机械总厂	39 521	5 103	37 722	34 612	1 189	14 573
江苏泰隆机械集团公司	43 682	10 011	40 000	26 538	2 108	40 089
天津减速机股份有限公司	12 134	5 603	14 388	10 021	1 280	17 799
佛山市星光传动机械有限公司	4 198	702	30 151	2 428	185	4 031
广东江门电机股份有限公司	9 235	2 098	8 182	6 753	599	8 308
武进市牛塘特种轴承厂	8 000	1 685	7 662	7 043	650	13 263
浙江通力变速机械有限公司	4 751	1 330	4 591	3 659	185	1 748
宁波人和机械轴承有限公司	6 779	1 345	4 416	3 950	301	3 304
浙江江南减速机有限公司	3 075	886	2 777	1 988	132	767
温州三联集团有限公司	2 955	721	2 928	2 529	205	8 769
上海减速机械厂有限公司	1 886	527	2 042	1 407	218	12 829
常州减速机总厂	5 658	1 010	5 658	4 484	307	6 000
宁波市摆线减速机厂	2 350	697	1 924	1 421	156	1 940
无锡金辉减速机制造有限公司	2 090	796	1 989	1 803	114	789
无锡市明友机电工业有限公司	1 913	471	1 886	1 521	187	1 393
浙江博能传动有限公司	2 056	578	2 056	1 671	180	2 361
上海浦南传动机械有限公司	1 332	129	1 130	964	137	2 215
张家港市第二纺织机械有限公司	1 450	629	1 241	982	144	707
河北北方减速机有限公司	600	48	1 255	1 062	147	2 152
苏州优耐特机械制造有限公司	1 324	331	1 322	1 043	108	1 181
永嘉县减速机厂	485	94	530	408	42	2 144
西安减速机厂	520	161	628	491	220	4 678
浙江东方传动机械有限公司	436	42	425	371	42	731
台州市行星变速机械厂	1 400	583	1 446	1 217	103	572
淄博市博山奥博机械有限公司	1 043		923	812	70	980
永嘉县飞龙减速机厂	365		312	261	58	870
浙江变速电机有限公司	1 150	329	1 139	891	74	1 176
兰州减速机厂	441	161	488	394	380	1 978
永嘉县微型减速器厂	494	157	645	560	51	1 037
温州市变速机械厂	202	102			82	659
沈阳协同减速机制造有限公司	236		236	196	35	147
宁波中意液压马达有限公司	4 055	1 626	4 026	2 764	173	4 222
永嘉县变速机厂	294	81	294	256	28	342
福州市摆线针轮减速机厂	315	110	370	336	116	557
黑龙江省洪武实业有限公司	260		240	195	54	2 076
浙江午马变速机械有限公司	2 126	331	1 985	1 729	134	1 434
永嘉县减速机二厂	166	44	166	143	18	407
台州市通宇变速机械有限公司	988		988	897		427
淄博博机集团总公司	6 722	2 239	6 922	4 959	693	7 024

2001 年中国通用机械工业协会减变速机分会会员单位经济效益指标

企业名称	工业经济效益综合指数	总资产贡献率(%)	资本保值增值率(%)	资产负债率(%)	流动资产周转率(次)	成本费用利润率(%)	全员劳动生产率(元/人)	生产销售率(%)
黑龙江省洪武实业有限公司	325.57	1.84	2 400.97	75.43	0.11	-4.90	4 037.80	56.74
武进市牛塘特种轴承厂	245.41	7.97	1 400.43	95.42	1.48	0.15	21 800.00	97.53
温州市江南减速机厂	212.79	57.93	109.17	60.39	1.72	0.47	77 555.56	90.48
永嘉县华东变速机厂	187.54	27.07	101.64	24.14	2.99	12.04	49 952.91	98.57
永嘉县飞龙减速机厂	173.88	22.39	126.09	37.52	1.99	12.15	47 484.29	99.33
宁波市摆线减速机厂	156.51	17.27	114.33	54.88	0.91	14.94	34 447.25	89.16
泰州市琼花传动机械总厂	144.94	16.97	113.26	56.41	3.72	4.88	30 957.95	95.65
广东星光机电有限公司	144.00	22.80	96.96	70.82	4.21	-4.65	38 395.95	98.20
永嘉县减速机厂	142.78	5.21	80.72	88.00	4.25	11.43	33 657.59	85.11
江苏省泰兴减速机厂(集团)	141.98	19.19	104.00	53.14	2.22	5.42	43 235.26	96.30
浙江通力变速机械有限公司	139.37	16.93	107.53	42.57	2.32	2.61	62 769.66	104.13
台州市行星变速机械厂	133.83	11.81	113.63	56.76	3.05	8.21	16 718.75	103.74
江苏泰隆机械集团公司	131.14	15.80	104.58	65.95	2.08	4.15	44 404.33	98.50
浙江博能传动有限公司	118.33	10.07	173.13	41.24	2.78	3.07	25 980.39	99.27
宁波人和机械轴承有限公司	108.90	9.09	102.90	68.61	2.60	1.68	36 989.01	95.99
浙江东方传动机械有限公司	103.48	7.72	110.12	33.33	1.65	5.88	26 409.33	98.18
张家港市第二纺织机械有限公司	103.03	15.33	114.74	84.63	1.29	1.80	37 905.06	74.50
永嘉县微型减速器厂	97.09	7.39	102.16	31.71	1.01	5.08	34 062.50	100.00
永嘉县变速机厂	96.18	7.56	102.50	39.01	1.06	5.53	25 928.57	100.00
永嘉县减速机二厂	93.01	6.27	102.76	53.03	0.83	6.45	18 000.00	100.00
温州三联集团有限公司	80.58	4.24	100.85	29.74	0.90	4.19	25 154.62	98.26
温岭市变速器厂	78.62	7.52	99.93	33.05	0.75	3.74	17 539.97	92.25
广东江门电机股份有限公司	77.59	6.85	110.45	44.68	1.20	0.21	25 551.73	95.97
天津市减速机总厂	72.54	5.99	99.43	51.17	1.04	-0.22	24 994.52	98.00
无锡中策太湖化工机械有限公司	66.60	3.36	98.55	47.01	0.81	-0.02	27 821.84	96.05
上海浦南传动机械有限公司	56.93	4.35	100.19	72.32	0.50	0.00	12 693.30	94.60
河北北方减速机有限公司	56.37	4.31	103.08	76.27	0.52	0.18	12 500.00	89.60
上海减速机械厂	53.97	-0.85	91.99	49.11	0.71	-14.84	20 663.85	102.97
常州减速机总厂	50.79	2.65	66.82	24.73	0.38	0.23	28 215.77	75.73
福州市摆线针轮减速机厂	40.17	3.81	100.40	36.38	0.79	-3.38	3 700.12	111.44
宁波宁星减速机有限公司	36.64	2.39	82.21	82.41	0.19	0.00	-3 594.34	100.00
沈阳化工设备厂	35.93	0.08	100.00	72.47	0.08	0.00	1 204.98	80.84
兰州减速机厂	34.20	2.31	97.31	59.24	0.47	-3.58	5 454.02	82.82
西安减速机厂	-7.05	-0.01	94.99	51.31	0.92	-14.67	4 616.70	99.85
景德镇市减速机厂	-260.89	-11.54	-145.35	114.77	0.14	-69.57	1 855.31	90.28
沈阳协同减速机制造有限公司		50.15	149.66	55.56		9.39		96.43
温州市青峰机械有限公司		17.76	134.20	32.92	1.81	20.67		100.00
永嘉县大力精密机械有限公司		9.01	103.74	69.08		4.89		91.93
浙江变速电机有限公司		7.90	121.89	38.11		6.84	37 066.81	93.10
无锡市明友机电工业有限公司		5.83	209.58	92.28	1.11		25 160.26	84.26
温州市变速机械厂		2.51	82.14	22.28	0.46	-3.46		91.61
秦川机床集团有限公司								98.33
山东省淄博市博山奥博机械厂			216.49	56.43		1.47		92.40
永嘉县展拓机械有限公司								96.96
宁波市浙东变速器厂								114.17
苏州优耐特机械制造有限公司				96.61	3.32			92.95

2002年中国通用机械工业协会减变速机分会会员单位经济效益指标

企业名称	工业经济效益综合指数	总资产贡献率（%）	资本保值增值率（%）	资产负债率（%）	流动资产周转率（次）	成本费用利润率（%）	全员劳动生产率（元/人）	生产销售率（%）
宁波中意液压马达有限公司	199.08	16.07	100.00	47.41	1.73	18.10	76 352.20	107.64
浙江变速电机有限公司	197.89	1.01	107.71	25.57	8.60	12.05	54 000.00	99.40
永嘉县华东变速机厂	165.73	14.31	154.97	17.88	3.09	11.13	48 769.20	93.73
常州减速机总厂	165.39	12.63	115.55	22.95	2.49	7.04	33 767.12	96.76
温州市江南减速机厂	159.50	13.24	109.17	60.39	1.72	8.51	77 555.56	90.48
永嘉县飞龙减速机厂	155.87	14.21	162.90	28.91	1.79	11.64	45 307.14	94.22
泰州市琼花传动机械总厂	149.00	12.35	105.33	54.28	5.17	4.37	33 841.00	96.01
宁波市摆线减速机厂	142.54	11.62	121.80	52.72	1.13	12.37	40 133.33	85.22
浙江博能传动有限公司	139.90	6.97	160.05	49.77	4.10	4.34	41 582.73	100.00
浙江通力变速机械有限公司	133.71	11.45	116.65	36.57	2.42	5.72	49 987.43	98.16
永嘉县减速机厂	132.31	3.79	81.54	89.51	4.35	11.31	20 701.10	85.02
江苏省泰兴减速机厂(集团)	126.63	8.66	106.65	56.50	2.45	5.31	43 058.73	97.23
淄博博机集团总公司	122.60	14.17	100.00	45.66	1.60	12.29	18 718.33	1.02
江苏泰隆机械集团公司	112.57	7.80	107.33	67.59	2.31	3.87	32 046.49	98.50
宁波人和机械轴承有限公司	103.67	6.90	111.21	65.07	2.32	2.63	32 394.00	89.67
永嘉县微型减速器厂	99.09	4.28	103.17	45.83	1.14	5.21	39 125.00	100.00
张家港市第二纺织机械有限公司	94.93	7.87	104.59	78.81	1.85	1.84	35 953.77	80.68
无锡中策太湖化工机械有限公司	86.74	2.55	106.28	53.99	0.90	3.22	36 582.28	101.91
广东星光机电有限公司	82.09	1.15	67.40	80.69	0.38	-0.51	79 884.96	95.32
永嘉县减速机二厂	80.98	3.08	100.00	54.52	0.88	3.87	23 352.94	100.00
浙江东方传动机械有限公司	77.85	2.86	102.11	22.71	1.13	5.33	16 571.43	96.33
温州三联集团有限公司	77.78	1.93	99.86	33.36	0.85	4.18	27 210.50	100.00
山东省淄博市博山奥博机械厂	76.44	2.24	102.68	39.51	1.76	1.44	22 743.41	103.94
温岭市变速器厂	70.36	2.93	101.75	28.17	0.77	3.83	19 614.12	86.76
广东江门电机股份有限公司	69.29	2.11	100.56	41.99	1.27	0.40	28 151.86	91.86
天津市减速机厂	65.74	2.57	55.03	67.52	1.17	0.63	26 066.83	95.29
武进市牛塘特种轴承厂	58.92	2.91	107.64	96.56	1.03	0.35	25 133.33	79.56
无锡市明友机电工业有限公司	53.04	-0.19	65.87	97.82	1.71	-1.20	30 429.49	96.92
上海浦南传动机械有限公司	51.95	1.65	100.18	74.09	0.50	0.12	14 995.96	84.51
河北北方减速机有限公司	50.38	0.53	100.00	76.74	0.47	0.29	19 354.84	71.49
上海减速机械厂	30.14	-0.45	95.63	50.73	0.76	-80.90	29 413.43	98.07
福州市摆线针轮减速机厂	29.60	0.02	97.76	36.83	0.99	-3.69	3 796.77	81.36
温州市变速机械厂	2.73	-3.56	125.00	16.37	0.38	-10.39	22 298.85	84.08
兰州减速机厂	1.44	-2.31	89.28	62.92	0.61	-11.44	9 960.46	98.20
永嘉县展拓机械有限公司	0.00							66.46
沈阳协同减速机制造有限公司	0.00	19.65	113.64	73.11	1.23	16.37		83.33
黑龙江省洪武实业有限公司	0.00	0.98	96.98	76.55	0.32	1.89	2 208.40	99.29
温州市青峰机械有限公司	0.00	18.98	129.81	39.14	1.64	29.96		94.04
浙江午马变速机械有限公司	0.00	6.61	105.94	48.04	2.95	3.07		93.43
西安减速机厂	-14.83	-1.22	94.70	53.88	0.82	-16.14	6 264.84	96.51
台州市行星变速机械厂		13.37	112.46	57.76	3.39	5.19		104.88
苏州优耐特机械制造有限公司		1.00	270.12	92.70	3.68	0.88		96.63

2003年中国通用机械工业协会减变速机分会会员单位经济效益指标

企业名称	工业经济效益综合指数	总资产贡献率（%）	资本保值增值率（%）	资产负债率（%）	流动资产周转率（次）	成本费用利润率（%）	全员劳动生产率（元/人）	生产销售率（%）
常州市牛塘特种轴承厂	254.20	4.22	1 477.44	66.43	0.74	0.57	25 923.08	95.78
宁波中意液压马达有限公司	245.52	26.22	139.66	45.95	1.40	22.53	93 988.44	95.24
泰星减速机股份有限公司	237.72	26.93	127.83	56.43	3.26	13.69	102 031.90	98.39
上海永宏减速机械制造有限公司	219.38	31.07	135.34	70.43	2.41	17.02	54 800.00	92.27
台州市行星变速机械厂	207.06	35.14	129.31	56.32	4.29	5.88	56 592.23	103.29
温州市青峰机械有限公司	204.18	22.84	134.73	40.23	2.51	25.92		94.98
浙江通力减速机有限公司	202.96	26.09	84.23	29.12	5.59	4.75	83 415.25	100.00
泰州市琼花传动机械总厂	188.48	19.72	113.06	51.65	7.07	4.68	42 920.10	94.72
温州三联集团有限公司	182.07	4.50	100.56	37.26	9.90	5.40	35 170.73	99.05
永嘉县减速机厂	180.41	4.22	399.72	72.96	4.37	11.12	19 651.95	91.09
无锡金辉减速机制造有限公司	171.56	21.41	192.24	64.48	3.24	1.93	69 859.65	95.17
宁波市摆线减速机厂	167.40	20.72	107.02	74.07	1.38	13.67	45 259.74	89.53
淄博博机集团总公司	161.26	23.25	122.43	24.30	1.73	12.86	29 089.17	99.06
台州市通宇变速机械有限公司	160.67	12.27	104.05	47.03	8.33	4.97		100.00
沈阳协同减速机制造有限公司	160.41	29.25	116.00	60.54	2.41	11.00		96.19
江苏泰隆机械集团公司	157.95	11.43	235.65	61.94	3.92	2.65	50 810.72	98.02
浙江江南减速机有限公司	157.75	16.98	119.12	46.18	1.81	7.91	67 633.59	90.31
浙江博能传动有限公司	149.61	10.46	183.88	49.77	4.10	4.34	41 582.73	100.00
常州减速机总厂	147.70	15.67	118.18	52.00	1.48	11.64	33 443.71	99.19
宁波人和机械轴承有限公司	143.82	14.43	122.08	73.74	2.51	4.49	60 339.67	92.86
浙江变速电机有限公司	138.47	23.63	77.83	18.66	1.27	7.22	44 459.46	99.04
佛山市星光传动机械有限公司	122.84	8.90	165.58	93.29	1.55	5.96	42 605.68	128.25
张家港市第二纺织机械有限公司	118.10	16.97	103.51	83.31	2.29	1.32	43 680.56	85.59
苏州优耐特机械制造有限公司	113.16	8.49	189.95	82.41	2.93	0.98	30 601.85	99.85
浙江午马变速机械有限公司	112.72	12.06	108.06	56.90	2.47	3.29	24 701.49	93.37
温州市双联机械有限公司	107.15	6.19	222.82	16.20	1.59	3.93	30 705.88	100.00
无锡市明友机电工业有限公司	98.13	12.56	148.48	96.48	2.25	0.91	25 187.17	90.43
永嘉县变速机厂	92.96	9.97		40.23	1.74	4.80	28 821.43	100.00
永嘉县减速机二厂	89.04	5.70	101.08	53.81	0.97	4.03	26 058.82	100.00
广东江门电机股份有限公司	80.03	5.31	96.90	47.18	1.34	0.17	36 005.01	88.94
浙江东方传动机械有限公司	78.74	5.75	104.12	17.12	1.42	4.44	10 671.33	99.07
浙江飞龙传动有限公司	73.72	3.29	149.06	30.75	0.49	6.67		85.48
福州市摆线针轮减速机厂	72.50	7.33	100.06	37.87	2.03	0.00	7 819.55	96.86
淄博市博山奥博机械有限公司	61.23	3.34	166.75	28.37	0.94	1.54		88.49
上海浦南传动机械有限公司	53.16	2.53	100.00	75.89	0.59	0.18	9 999.42	99.30
河北北方减速机有限公司	48.67	5.45	59.07	85.27	0.61	0.02	3 265.31	120.00
黑龙江省萝北减速机厂	21.92	0.29	99.59	76.88	0.27	－4. 35		96.00
上海市减速机械厂有限公司	17.38	－0.26	209.44	31.31	0.37	－12.15	20 408.03	100.00
兰州减速机厂	16.36	0.26	92.18	70.50	0.54	－8.66	3 378.40	136.28
温州市变速机械厂	2.44	－1.10	123.67	16.12	0.45	－10.66	11 082.19	102.23
天津减速机股份有限公司	0.00	9.10	99.95	65.91	1.26	1.00	34 761.79	95.10
西安减速机厂	－35.23	－1.52	92.61	57.21	0.80	－21.33	5 371.74	97.24

2001 年中国通用机械工业协会分离机械分会会员单位经济指标

企业名称	工业总产值		工业增加值（万元）	产品销售收入（万元）	产品销售成本（万元）	从业人数平均人数（人）
	不变价（万元）	当年价（万元）				
重庆江北机械厂	8 005	7 021	2 753	6 740	4 809	1 290
金华铁路机械厂	1 142	870	169	980	741	135
上海化工机械厂	3 827	4 015	366	3 978	3 168	560
无锡通用机械厂有限公司	6 821	6 037	1 670	6 130	4 312	485
辽阳制药机械股份有限公司	2 706	3 005	659	2 846	2 578	850
石家庄新生机械厂	1 386	1 295	250	1 351	1 020	2 173
青海农牧机械制造有限公司	700	1 000	300	847	675	180
浙江轻机实业有限公司	2 213	2 606	1 458	2 504	1 301	358
南京绿洲机器厂	32 895	40 839	7 250	19 550	14 626	2 502
杭州化工机械厂	3 384	3 433	1 415	2 957	2 271	455
上海远东制药机械总厂	10 052	7 597	3 694	5 962	5 007	536
广东汕头离心机厂	92	83	25	92	86	41
杭州防腐设备有限公司	2 012	1 982	902	2 000	1 607	142
蚌埠轻工制药机械厂	1 394	1 163	419	1 258	921	213
靖江赛德力制药机械有限公司		2 636	740	2 085	1 444	194
安庆船用柴油机厂	3 618	4 055	1 427	5 028	3 650	956
吉化集团公司机械厂	14 392	13 419	4 359	16 826	13 431	1 699
湘潭离心机制造有限公司	2 220	2 288	660	1 688	1 209	464
浙江建华集团压滤机有限公司	3 901	3 901	945	3 422	2 863	261
张家港沪江离心机制造有限公司	1 800	1 620	475	1 288	100	100
杭州初阳压滤机实业有限公司	1 247	1 247	369	1 212	969	156
连云港市化工机械厂	809	83	286	750	509	227
自贡滤油机厂	909	1 350	340	1 373	737	146

2002 年中国通用机械工业协会分离机械分会会员单位经济指标

企业名称	工业总产值		工业增加值（万元）	产品销售收入（万元）	产品销售成本（万元）	从业人数平均人数（人）
	不变价（万元）	当年价（万元）				
重庆江北机械厂	8 234	7 443	2 432	7 216	4 973	1 071
金华铁路机械厂	946	729	258	351	538	135
上海化工机械厂	2 677	2 948	631	2 477	2 113	347
辽阳制药机械股份有限公司	4 977	5 639	1 479	1 721	3 135	565
石家庄新生机械厂	1 132	1 032	－503	1 206	877	1 718
青海农牧机械制造有限公司	740	940	208	463	672	227
浙江轻机实业有限公司	2 470	2 647	1 231	2 562	1 358	339
南京绿洲机器厂	33 773	41 615	7 743	6 041	16 044	1 816
杭州化工机械厂	4 097	3 471	978	1 101	2 589	435
上海远东制药机械总厂	11 028	5 173	81	649	5 648	505
广东汕头离心机厂	122	112	44	96	88	40
杭州防腐设备有限公司		2 503	650	2 018	1 838	124
蚌埠轻工制药机械厂	1 607	1 384	533	1 288	907	207
靖江赛德力制药机械有限公司		2 723	953	2 400	1 846	194
安庆船用柴油机厂	2 053	2 054	580	2 184	1 534	811
杭州初阳压滤机实业有限公司	4 386	5 206	1 179	424	1 676	420
连云港德邦化工机械公司	1 309	1 309	393	1 249	1 000	138

（续）

企业名称	工业总产值 不变价（万元）	工业总产值 当年价（万元）	工业增加值（万元）	产品销售收入（万元）	产品销售成本（万元）	从业人数平均人数（人）
湘潭离心机制造有限公司	1 039	1 096	287	375	770	205
浙江建华压滤机有限公司	3 925	3 925	960	3 840	3 182	220
杭州兴源过滤机有限公司	7 782	7 205	873	7 369	5 599	334

2003年中国通用机械工业协会分离机械分会会员单位经济指标

企业名称	工业总产值 不变价（万元）	工业总产值 当年价（万元）	工业增加值（万元）	产品销售收入（万元）	产品销售成本（万元）	从业人数平均人数（人）
重庆江北机械有限责任公司	9 589	9 255	2 603	9 000	6 532	958
南京绿洲机器厂	39 504	49 008	8 182	25 057	19 161	1 964
石家庄新生机械厂	1 499	1 327	271	1 578	1 320	881
湘潭离心机有限公司	3 102	3 102	740	1 848	1 300	395
上海化工机械厂	3 603	3 884	1 173	4 093	3 065	328
浙江轻机实业有限公司	2 822	2 979	1 412	2 970	1 562	317
辽阳制药机械股份有限公司	4 985	5 351	1 362	5 174	3 702	432
杭州化工机械厂	3 095	2 643	338	3 757	3 317	416
苏州优耐特机械制造有限公司	1 724	1 324	—	1 322	1 043	113
中国核工业总公司七二〇厂	8 580	7 373	1 615	8 065	6 903	921
青海农牧机械制造有限公司	400	620	230	525	389	160
吉林市华工机械制造公司	1 685	1 685	707	1 799	1 439	189
蚌埠轻化药机有限责任公司	1 760	1 534	655	1 400	1 064	191
杭州防腐设备有限公司	—	2 949	1 240	2 860	2 322	104
上海远东制药机械总厂	11 576	8 197	4 015	7 664	6 447	486
张家港牡丹离心机制造有限公司	—	2 616	837	2 779	1 977	180
靖江市赛德力制药机械制造有限公司	—	3 559	1 246	3 899	2 896	214
上海航发机械有限公司	2 787	2 608	1 144	2 071	1 505	130
自贡川滤设备制造有限公司	1 040	1 608	337	1 690	1 020	144
杭州初阳压滤机实业有限公司	1 610	1 610	483	1 269	1 015	130
浙江青田特种设备制造有限责任公司	—	2 644	716	2 419	1 776	105
汕头市离心机厂	112	105	44	92	88	38

2001年中国通用机械工业协会分离机械分会会员单位经济效益指标

序号	企业名称	经济效益综合指数（%）	资本保值增值率（%）	资产负债率（%）	全员劳动生产率（元/人）	产品销售率（%）
1	重庆江北机械厂	66.59	109.06	93.20	22 055	93.78
2	高邮市通用过滤机厂	133.50	103.93	64.36	45 027	78.24
3	上海化工机械厂	41.33	97.36	61.11	11 747	87.96
4	无锡通用机械厂有限公司	84.83	103.90	91.34	29 375	100.53
5	辽阳制药机械股份有限公司	44.79	99.99	82.81	2 391	69.99
6	石家庄新生机械厂	66.44	109.18	87.66	851	81.39
7	上海石化机械制造有限公司	49.60	93.42	68.21	38 394	101.95
8	浙江轻机实业有限公司	130.33	07.03	53.86	34 963	93.38
9	南京绿洲机器厂	75.85	111.70	73.53	28 571	95.73
10	杭州化工机械厂	57.22	102.79	88.66	18 737	91.70
11	上海远东制药机械总厂	100.88	100.10	74.99	87 624	85.41

（续）

序号	企　业　名　称	经济效益综合指数（%）	资本保值增值率（%）	资产负债率（%）	全员劳动生产率（元/人）	产品销售率（%）
12	广东汕头离心机厂		85.40	92.44	8 163	118.71
13	杭州防腐设备有限公司	99.68	100.76	63.91	48 696	94.09
14	蚌埠轻工制药机械厂	73.79	99.61	40.93	12 674	99.94
15	靖江赛德力制药机械有限公司	82.96	100.50	86.49	40 113	79.14
16	吉化集团公司机械厂	53.31	125.33	88.47	19 979	75.15
17	湘潭离心机制造有限公司		-46.43	102.73	14 232	105.30
18	浙江建华集团压滤机有限公司	83.77	99.00	65.61	30 438	101.92
19	安庆船用柴油机厂	39.68	127.00	74.37	16 256	107.86
20	杭州初阳压滤机实业有限公司	87.84	107.78	78.65	15 966	98.74
21	连云港市化工机械厂	41.37	28.68	108.40	11 513	100.48

2002 年中国通用机械工业协会分离机械分会会员单位经济效益指标

序号	企　业　名　称	经济效益综合指数（%）	资本保值增值率（%）	资产负债率（%）	全员劳动生产率（元/人）	产品销售率（%）
1	重庆江北机械厂	242.27	1 326.29	54.18	20 019	97.45
2	金华铁路机械厂	84.33	102.25	57.57	19 104	93.64
3	上海化工机械厂	59.9	99.85	65.06	16 213	93.33
4	辽阳制药机械股份有限公司	49.74	100.51	83.85	24 286	86.33
5	石家庄新生机械厂		96.57	84.90	-2 348	94.75
6	青海农牧机械制造有限公司	41.57	95.08	88.37	9 585	92.87
7	浙江轻机实业有限公司	144.94	109.97	52.47	35 066	96.74
8	南京绿洲机器厂	83.25	105.00	74.97	37 606	102.18
9	杭州化工机械厂	57.96	103.96	83.70	21 884	112.11
10	上海远东制药机械总厂	116.69	153.51	65.33	84 996	91.61
11	广东汕头离心机厂	10.79	91.59	86.63	11 025	108.99
12	杭州防腐设备有限公司	109.34	101.55	67.11	49 985	91.23
13	蚌埠轻工制药机械厂	80.18	98.51	41.30	25 275	93.82
14	靖江赛德力制药机械有限公司	133.68	173.97	78.82	49 124	101.08
15	安庆船用柴油机厂	75.64	117.70	36.40	13 615	99.26
16	杭州初阳压滤机实业有限公司	51.80	96.72	83.69	13 890	101.47
17	连云港德邦化工机械公司	80.92	100.19	76.73	27 469	95.42
18	湘潭离心机制造有限公司	12.39	-24.16	98.70	13 161	100.94
19	浙江建华压滤机有限公司	84.46	101.54	72.07	38 260	97.23
20	杭州兴源过滤机有限公司	91.43	122.73	76.65	26 210	107.15

2003 年中国通用机械工业协会分离机械分会会员单位经济效益指标

序号	企　业　名　称	经济效益综合指数（%）	资本保值增值率（%）	资产负债率（%）	全员劳动生产率（元/人）	产品销售率（%）
1	重庆江北机械有限责任公司	77.91	103.29	58.25	23 058	98.07
2	南京绿洲机器厂		104.32	77.97	41 074	91.08
3	石家庄新生机械厂	-27.6	80.20	87.20	2 372	96.90
4	湘潭离心机有限公司	70.59	124.00	35.14	18 508	100.03
5	上海化工机械厂	82.94	102.00	67.20	34 899	100.30
6	浙江轻机实业有限公司	173.46	104.78	55.28	43 190	99.67
7	辽阳制药机械股份有限公司	53.65	100.03	84.98	27 024	92.70
8	杭州化工机械厂	53.42	90.46	84.06	27 024	92.70

（续）

序号	企 业 名 称	经济效益综合指数（%）	资本保值增值率（%）	资产负债率（%）	全员劳动生产率（元/人）	产品销售率（%）
9	苏州优耐特机械制造有限公司		190.01	82.41	38 163	94.97
10	中国核工业总公司七二〇厂		-40.64	106.03	17 535	100.00
11	青海农牧机械制造有限公司		97.85	90.05	13 939	84.69
12	吉林市华工机械制造公司		137.60	62.60	36 622	106.70
13	蚌埠轻化药机有限责任公司		45.38	63.14	33 075	91.23
14	杭州防腐设备有限公司		101.18	61.28	119 192	104.14
15	上海远东制药机械总厂		104.09	68.37	76 622	101.20
16	张家港牡丹离心机制造有限公司		135.80	53.70	46 500	106.20
17	靖江市赛德力制药机械制造有限公司		108.64	74.08	58 224	94.09
18	上海航发机械有限公司	165.82	99.75	14.58	81 729	79.07
19	自贡川滤设备制造有限公司		100.88	65.48	24 043	100.00
20	杭州初阳压滤机实业有限公司		100.53	67.29	37 146	78.82
21	浙江青田特种设备制造有限责任公司		119.03	29.62	68 180	91.49
22	汕头市离心机厂		664	10.50	11 811	100.19

2001 年中国通用机械工业协会气体分离设备分会会员单位经济指标

企 业 名 称	工业总产值		工 业 增加值（万元）	产 品 销售收入（万元）	产 品 销售成本（万元）	从业人数平均人数（人）	年末资产总 计（万元）
	（不变价）（万元）	（当年价）（万元）					
开封空分集团有限公司	20 588	18 033	6 150	20 259	14 497	3 472	55 729
四川空分设备(集团)有限责任公司	20 470	17 096	3 027	11 935	9 493	2 215	38 880
江西制氧机厂	6 148	5 600	1 624	4 209	3 603	762	21 055
自贡市机械一厂	937	1 018	156	1 057	765	644	8 078
苏州制机有限责任公司	7 104	7 104	1 690	7 067	5 663	597	11 451
邯郸制氧机厂	1 543	183	243	1 833	1 565	2 087	16 023
杭州制氧机集团有限公司	89 829	76 384	18 140	88 834	72 045	4 048	168 722
哈尔滨制氧机厂	2 046	1 751	-559	1 791	2 804	1 119	19 115
杭州川空通用设备有限公司	2 187	2 187	448	2 263	1 754	112	2 558
液空(杭州)有限公司	9 452	9 452	3 048	13 388	7 951	142	35 891
苏州竞立制氢设备有限公司	1 660	1 660	287	1 147	939	94	3 080
北大先锋科技有限公司	1 344	1 344	199	525	357	101	1 650

2002 年中国通用机械工业协会气体分离设备分会会员单位经济指标

企 业 名 称	工业总产值		工 业 增加值（万元）	产 品 销售收入（万元）	产 品 销售成本（万元）	从业人数平均人数（人）	年末资产总 计（万元）
	（不变价）（万元）	（当年价）（万元）					
开封空分集团有限公司	25 648	22 233	7 382	25 778	20 237	2 739	61 473
四川空分设备(集团)有限责任公司	40 319	34 480	9 948	36 378	28 921	2 365	58 854
江西制氧机厂	7 066	6 250	1 592	4 899	4 283	662	22 749
自贡市机械一厂	968	1 079	201	1 048	857	744	7 699
苏州制机有限责任公司	7 073	7 073	1 991	7 193	5 927	374	10 941
邯郸制氧机厂	2 270	2 556	528	2 197	1 851	1 996	15 939
杭州制氧机集团有限公司	106 873	90 624	26 057	105 611	86 134	3 830	135 623
哈尔滨制氧机厂	1 356	1 160	0	816	952	1 074	18 946
杭州川空通用设备有限公司	2 812	2 812	810	2 810	2 046	127	3 202
液空(杭州)有限公司	18 945	18 945	5 873	18 261	12 797	156	29 560

（续）

企业名称	工业总产值 (不变价) (万元)	工业总产值 (当年价) (万元)	工业增加值 (万元)	产品销售收入 (万元)	产品销售成本 (万元)	从业人数平均人数 (人)	年末资产总计 (万元)
苏州竞立制氢设备有限公司	3 163	3 163	1 190	2 703	2 255	88	3 318
北大先锋科技有限公司	1 861	1 861	268	798	541	85	3 165

2003 年中国通用机械工业协会气体分离设备分会会员单位经济指标

企业名称	工业总产值 (不变价) (万元)	工业总产值 (当年价) (万元)	工业增加值 (万元)	产品销售收入 (万元)	产品销售成本 (万元)	从业人数平均人数 (人)	年末资产总计 (万元)
开封空分集团有限公司	46 330	40 121	11 638	50 056	43 164	2 746	95 000
四川空分设备(集团)有限责任公司	69 742	58 893	22 965	79 525	62 052	2 342	76 970
江西制氧机厂	9 982	9 095	2 406	9 236	8 016	535	24 943
苏州制氧机有限责任公司	9 961	9 961	2 428	11 577	10 077	376	13 536
邯郸制氧机厂	3 903	4 050	1 663	3 459	2 628	1 864	18 766
杭州制氧机集团有限公司	184 504	157 325	46 159	189 546	142 601	3 674	185 839
哈尔滨制氧机厂	3 669	3 135	461	1 707	16 830	1 002	20 604
杭州川空通用设备有限公司	4 168	4 168	1 123	4 266	3 185	138	4 493
液空(杭州)有限公司	33 479	33 479	14 707	29 731	22 679	180	45 985
大连林德工艺装置有限公司	6 587	6 587	1 852	6 728	7 157	173	14 639

2001 年中国通用机械工业协会气体分离设备分会会员单位经济效益指标

企业名称	综合效益指数 (%)	总资产贡献率 (%)	资产负债率 (%)	流动资产周转率 (次)	成本费用利润率 (%)	产品销售率 (%)	全员劳动生产率 (元/人)
开封空分集团有限公司	71.69	4.41	66.53	0.57	2.52	97.10	17 627
四川空分设备(集团)有限责任公司	67.63	3.77	78.22	0.49	1.39	103.69	13 592
江西制氧机厂	48.07	0.70	86.64	0.32	0.00	97.66	20 049
自贡市机械一厂	-36.00	-1.36	90.99	0.30	-17.93	78.99	2 324
苏州制氧机有限责任公司	78.18	4.57	60.06	1.08	0.79	94.16	28 308
邯郸制氧机厂	-112.49	-3.53	92.71	0.24	-34.80	97.13	1 133
杭州制氧机集团有限公司	117.05	5.13	50.02	0.79	4.82	101.26	44 330
哈尔滨制氧机厂	-215.83	-10.85	89.13	0.17	-59.09	137.94	0
杭州川空通用设备有限公司	92.83	10.89	70.87	1.57	3.71	103.11	40 000
液空(杭州)有限公司	253.62	7.02	56.66	0.50	16.92	100.00	217 693
苏州竞立制氢设备有限公司		1.40	100.08	0.37	-2.39	80.86	34 602
北大先锋科技有限公司	20.33	0.96	42.19	0.40	-4.09	26.61	19 733

2002 年中国通用机械工业协会气体分离设备分会会员单位经济效益指标

企业名称	综合效益指数 (%)	总资产贡献率 (%)	资产负债率 (%)	流动资产周转率 (次)	成本费用利润率 (%)	产品销售率 (%)	全员劳动生产率 (元/人)
开封空分集团有限公司	65.22	3.43	69.58	0.57	0.04	99.18	26 814
四川空分设备(集团)有限责任公司	100.51	6.67	75.71	0.99	4.10	104.44	42 063

（续）

企 业 名 称	综合效益指 数（%）	总资产贡献率（%）	资 产负债率（%）	流动资产周转率（次）	成本费用利润率（%）	产 品销售率（%）	全员劳动生产率（元/人）
江西制氧机厂	49.23	0.55	87.55	0.32	0.00	97.14	22 906
自贡市机械一厂	-140.79	-7.34	99.45	0.33	-38.11	75.53	2 706
苏州制氧机有限责任公司	90.06	6.32	77.64	1.24	2.44	99.77	38 660
邯郸制氧机厂	-116.63	-3.02	100.17	0.28	-34.23	98.75	2 583
杭州制氧机集团有限公司	145.86	10.69	62.93	1.47	7.99	102.82	67 332
哈尔滨制氧机厂	-210.59	-4.48	95.92	0.07	-59.25	100.00	0
杭州川空通用设备有限公司	177.84	19.63	70.30	1.53	12.97	86.42	63 780
液空（杭州）有限公司	439.80	22.26	42.04	0.88	30.15	100.00	391 533
苏州竞立制氢设备有限公司	82.92	4.63	99.84	1.34	0.29	85.47	127 957
北大先锋科技有限公司	19.92	-0.34	72.01	0.41	-8.04	42.87	32 732

2003年中国通用机械工业协会气体分离设备分会会员单位经济效益指标

企 业 名 称	综合效益指 数（%）	总资产贡献率（%）	资 产负债率（%）	流动资产周转率（次）	成本费用利润率（%）	产 品销售率（%）	全员劳动生产率（元/人）
开封空分集团有限公司	64.45	2.50	88.70	0.76	0.21	102.34	42 335
四川空分设备（集团）有限责任公司	227.50	21.13	68.14	1.40	16.78	124.97	99 631
江西制氧机厂	62.30	1.47	88.74	0.52	0.00	97.70	39 128
苏州制氧机有限责任公司	121.14	8.31	81.61	1.64	3.44	116.22	64 747
邯郸制氧机厂	-472.70	-0.74	104.79	0.35	-19.48	99.75	8 522
杭州制氧机集团有限公司	256.24	24.90	63.32	1.60	19.83	101.08	124 216
哈尔滨制氧机厂	-161.53	-3.96	102.02	0.14	-41.86	52.31	4 424
杭州川空通用设备有限公司	132.80	17.71	66.04	1.51	10.29	99.59	
液空（杭州）有限公司	676.20	16.72	63.36	1.43	16.36	100.00	875 417
大连林德工艺装置有限公司	24.14	-26.68	23.69	0.76	-11.05	102.14	115 750

第IX部分

大事记

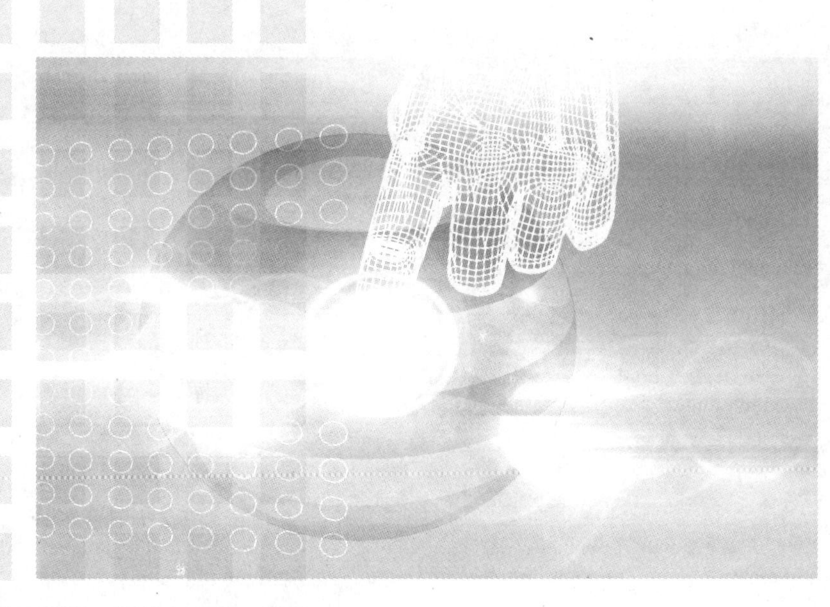

大事记

回顾历史片段

记录发展轨迹

2001～2003 年中国通用机械工业大事记

2001 年

1月

8日 开封空分集团有限公司研制成功为1 000m²/h内压缩流程空分设备配套的6股流5.4MPa,规格为5.6m×0.75m×0.92m的高压铝制板翅式换热器。

11日 无锡市通用机械厂出席APEC中国企业联席会议2001年年会并领取成员证书。

11～12日 风机分会在沈阳召开了第八批新会员会议。会议由秘书长徐常武同志主持,副秘书长郭绍华同志介绍了风机行业发展概况;布置了2000年度行业统计报表工作,并提出了要求;石雪松同志介绍了中国风机网的情况,并进行了演示。会议代表参观了沈阳鼓风机厂。

15日 开封空分集团有限公司"多股流高压绕管式换热器"研制项目获国家科技部、国家财政部、国家计委、国家经贸委联合颁发的"九五"国家重大科技攻关(重大技术装备)优秀科技成果奖和证书。

16日 邯郸制氧机厂与中国科学院山西煤炭化学研究所共同研制的250m³/h甲醇裂解重整制氢设备研制成功。

2月

8日 邯郸制氧机厂新一届领导班子就任,杨中维任厂长,杨洪斌任书记兼副厂长,胡清树任副书记,张玉广任副厂长,杨国民任总工程师。

23日 国家经贸委资源司调研组在省、市经委等有关部门领导陪同下来无锡市通用机械厂考察。

24日 重庆江北机械有限责任公司承担的国家级重点技术创新项目,城市污水处理关键设备:"卧螺式离心机脱水机与污泥浓缩机一体化装置"在深圳市通过了由国家经贸委委托建设部、国家机械工业局主持的技术鉴定验收。

3月

14日 浙江省副省长叶荣宝、杭州市副市长丁德明等领导视察杭州制氧机集团有限公司。

16～18日 泵业分会秘书处在桂林市召开工作会议。会议传达了中国通用机械工业协会第三届理事会第三次会议精神,研究讨论"2001年中国国际流体机械展览会"及召开泵业分会四届四次理事会议有关事宜。

16～21日 泵业分会会员企业在桂林市召开2000年统计年报汇总工作会议。会议由泵业分会秘书长李玉坤主持。6大分部主任单位及部分骨干重点企业的统计员、单位领导计17个单位29人出席了会议。

会议传达了中国通用机械工业协会关于"通用机械行业统计信息工作评比条例";表彰了2000年泵行业统计信息工作先进单位和先进统计工作者;汇总了会员单位经济效益综合指数排序表,会员单位概况表及11种会员企业相关经济信息指标。

18～23日 风机分会在贵阳市召开了统计信息网协调组会议。到会10个单位12名同志,分会副秘书长郭绍华、办公室主任石雪松、统计工作负责人来旭等3名同志参加并主持了会议。会议传达了中通协2000年12月厦门统计工作会议精神,对风协2000年统计工作进行了小结,布置了协调组会议的工作任务,完成了2000年统计年鉴汇编,中通协会员单位(企业)概况汇编、企业经济效益综合指数及主要经济指标排序,"九五"期间(1996～2000年)统计汇编(第五集)的编审工作。

19日 四川空分设备(集团)有限责任公司荣获首届"四川企业集团综合实力100强企业"称号。

27日 开封空分集团有限公司被河南省机械行业管理办公室评为"河南省机械工业安全生产工作先进单位"之一。

杭州制氧机集团有限公司被杭州市政府批准,确定为国有资产授权经营企业。

余杭市政府授予杭州川空通用设备有限公司"重合同、守信用"单位的称号。

无锡市通用机械厂召开十五届六次职工代表大会,会议全票(75票)通过关于改制设立为有限责任公司的决议。

3月 由中国通用机械工业协会干燥设备分会的骨干企业主要领导组成的代表团赴日本进行考察访问。期间,与日本的粉体协会以及同行进行了技术交流,参观学习了先进的生产方法和管理方式,并相约今后保持联系。

4月

1日 根据风机分会第四届理事会第二次会议决议,对不履行会员义务,连续3年不交纳会费的13个单位给予除名,其中有:沈阳冷暖风机厂、锦州市风机厂、北京鼓风机厂、西安市阳普工业锅炉厂、保定风机厂、上海长风鼓风机厂、浙江浦江鼓风机有限公司、济南市第二风机厂、武汉市消声器厂、宜昌市人和风机衬套有限公司、重庆江北风机厂、重庆渝州风机厂、贵州鼓风机总厂。对山东电力设备厂因产品结构变化，自愿提出退会，一并于2001年4月1日起取消以上14个单位的风机分会会员会籍。

3日 开封空分集团有限公司聚氨酯发泡F141B替代F11技术改造项目通过联合国开发计划署(NUDP)专家验收，并获得多边基金的资金资助。

7日 开封空分集团有限公司顺利通过ASME换证联检。

11~14日 由气体分离设备分会主办的“空分设备安全技术交流会”在杭州召开，会议汇聚了法国液化空气公司、德国林德公司、美国APCI公司、美国普莱克斯公司等国外制造公司和英国BOC、德国MG公司在国内的合资企业的专家，空分设备在冶金、有色冶炼、化工、石油、化肥、煤气化等领域的81个主要用户，国内空分设备主要成套制造厂商、设计研究院、外企驻中国代表等127个单位、232名代表参加了会议。在杭州的50多名工程技术人员也参加了会议。这是气体分离设备行业协会成立12年来参会人数最多、用户代表最多的一次会议，也是协会规模最大的一次国际交流会。

11日 无锡市通用机械厂召开了有限公司第一次股东大会，依法选举产生第一届董事会、监事会及其经理层成员。顾红兵任董事长、总经理，高远、杨汉文、华圣同任副总经理，黄庆华任总经理助理，葛颂平任监事会主席。通用厂现代企业制度按照企业自身发展的必然要求和规范的法人结构逐步运行推进。

15日 开封空分集团有限公司为渭河化肥厂40 000m³/h空分设备配套的6股流3.7MPa，规格为4.6m×1.22m×1.26m主换热器制造成功，并投入使用。

17~19日 干燥设备分会二届六次理事扩大会议召开，分会的理事及特邀的会员单位出席了会议。会议回顾了协会二届理事会工作；讨论提交第三届会员大会的协会文件；讨论确定第三届理事会机构设置及各机构成员候选单位名单；讨论提出本协会技术委员会、财务价格委员会、标准化委员会成员建议名单；协会具体工作审议及落实；对继续开展全行业基本调查工作的安排。

21日 中国通用机械阀门分会秘书处在温州永嘉县召开“欧共体压力装备指令(PED)研讨会”，介绍欧盟指令对阀门厂家的影响，介绍CE认证的程序和方法。

28日 开封空分集团有限公司为宁夏石化公司从国外引进的2 800m³/h空分设备修复和改造精馏塔系统获得成功。

5月

8日 苏州制氧机有限责任公司成立30周年厂庆活动。

10~14日 压缩机分会在青海省西宁市召开了四届二次理事会。会议有24个理事单位的代表39人参加了会议。

中国通用机械工业协会张雨豹秘书长通报了国家有关机械工业改革的情况，特别是国家机械局撤消后组建联合会的情况，肯定了压缩机分会的工作，并对分会以后的发展提出了希望。

17日 开封空分集团有限公司GB/T 9001—1994质量体系通过中国机械工业质量体系认证中心的年审工作。

27日 开封空分集团有限公司的“KF—CIMS应用示范工程”顺利通过河南省科技厅组织的鉴定，达到国内领先水平。

苏州制氧机有限责任公司研制的新型氦气体轴承透平膨胀机被国家经贸委评为2001年度国家重点新产品之一。

余杭市川空通用设备有限公司更名为“杭州川空通用设备有限公司”，并取公司字号“杭通”。

5月 中国机械装备(集团)公司任命李孟春为沈阳真空技术研究所所长。

6月

5日 无锡市通用机械厂有限公司工商登记完毕，正式挂牌。

无锡市通用机械厂有限公司获得由中国质量检验协会颁发的“质量兴企·争创名牌”示范企业证书。

11~14日 “小型空分设备技术交流会”在苏州召开。这是协会首次举办的小型空分设备专题技术交流，来自小型空分设备的制造单位、大专院校、小空分用户和配套单位共93个单位134名代表参加了会议。

16~18日 由气体分离设备分会制氢技术信息网和中国动力工程学会气体专业委员会联合主办的“制氢技术交流会”在上海召开，来自电子、冶金、建材、船舶、气体等行业31个单位44名代表参加了会议。

16~19日 压缩机分会在山东威海市召开了统计、信息网会议。统计信息网6个正、副组长单位和重点、骨干企业的代表21人参加会议。

会上传达了中国机械工业联合会“关于做好机械工业行业协会统计工作的通知”、国家经贸委“关于地方改革中保留和改进统计信息网工作职能的通知”，并传达了中国通用机械工业协会2000年厦门统计会议的精神及统计信息工作评比条例。

17~20日 泵业分会在北京市召开第四届第四次理事会议。中国通用机械工业协会理事长隋永滨、国家发改委处长黄鹂、中央企业工委监事会处长宋绍曾、中国通用机械工业协会秘书长张雨豹、泵业分会第四届理事会理事长、副理事长、理事、秘书长、副秘书长总计49人出席了会议。会议由副理事长周代荣(石家庄泵业集团有限责任公司董事长)、理事长郑平(沈阳水泵股份有限公司董事长)、副理事长庄水成(长沙水泵厂有限公司副董事长)分别主持。

会议审议并通过了泵业分会理事长郑平所做的泵业分会四届四次理事会议工作报告；通过了泵行业骨干重点企业认定工作方案；一致同意发展中国通用机械工程公司、江苏亚太水工机械集团公司和温州远东防腐设备厂为泵业分会会员，取消了破产企业北京水泵厂和被兼并企业山西运城水泵制造公司的会员单位资格，并决定对长期不参加泵行业活动，不尽会员义务,3年以上不缴纳会费的会员单位予以取消会员资格;会议决定各理事单位要参加“2001中国国际流体机械展览会”,以实际行动为展览会成功举办做出贡献。会议还对2002年召开泵业分会第五届会员大会做了具体安排。

24~27日 压缩机分会华东一组厂长经理工作会在浙江省慈溪市召开,有13个单位26人出席会议。印尼SDP公司和中国台湾五鑫公司的企业负责人前来祝贺。浙江大学沈庆根教授从技术角度在会议上作了压缩机行业状况及产品质量应从设计、制造、管理等方面提高的报告,给与会者很大启发。会后,代表们参观了慈溪超超压缩机配件有限公司。

25日 四川空分设备(集团)有限责任公司荣获“2000年四川省质量管理先进企业”称号。

29日 江西制氧机厂自行研制开发的沥青集装箱通过项目鉴定,并已形成批量生产。实现了沥青运输的铁路、公路、水路联运,可使沥青的运输及使用过程中节能40%,缩短加热时间50%,避免了环境污染。

6月 浙江真空设备集团有限公司被台州市政府认定为市级真空技术开发中心。

7月

3日 四川空分设备(集团)有限责任公司荣获“2000年度四川重合同守信用企业”称号。

6日 由中国环境保护公司与开封空分集团有限公司双方合资成立的“开封中环环保工程公司”揭牌,并正式运营。引进美国克鲁格公司具有国际领先水平的污水富氧曝气处理技术,获商标许可权。

16日 设在开封空分集团有限公司的“河南气体深冷分离工培训中心”揭牌,并开始正式招生。这是我国第一家深冷高级工技术培训机构。

22~24日 泵业分会在温州召开专业技术交流会。交流会以我国泵行业技术进步,产品质量升级为切入点,主要交流了7项课题:2000型《泵系列水力设计与绘图软件—PCAD》水力设计软件及特殊要求的泵CAD软件开发,非硫化新型在线无泄漏密封剂料,聚醚砜树脂在泵件制造中替代各种钢材的应用技术,入世后我国泵类产品在国内外市场占有率及各方面影响,泵类新产品的开发和改造提高,石化流程系统中用泵,环保污水处理用泵,水处理行业用泵等。

26日 重庆江北机械有限责任公司承担的又一国家重大国产化创新项目——钻井废水处理成套设备通过市经委、市财政局的可行性评审。

28日 重庆江北机械有限责任公司开发的新产品立式螺旋卸料离心机试制成功。

29日 邯郸制氧机厂与北大先锋科技有限公司合作生产的1 400m^3/h VPSA制氧设备启运出厂。

7月 中通协发文,组织开展机械工业企业管理基础工作规范化达标活动和机械工业企业管理进步示范工程活动,阀门分秘书处已将中通协的通知全文刊登在《阀协通讯》2001年第三期上,发给各会员单位。

8月

3日 阀门分会会员厂——中核苏州阀门股份有限公司取得欧共体“CE”认证证书。这是我国阀门行业的第一张欧共体市场入场券。

7日 牡丹离心机制造公司与中国人民保险公司签约产品责任保险协议书。

8~10日 压缩机分会华东二组厂长经理工作会在江苏省大丰市召开,有12个企业25名代表参加了会议。大丰市副市长施华到会并讲话。

13日 开封空分集团有限公司首套出口西欧的KDON—350Y/1350Y型空分设备通过外方技术考核和验收。

14~18日 压缩机分会技术委员会在江苏省无锡市召开。有技术委员会委员13名、顾问委员会5名及其他代表共27名参加了会议。分会理事长金光根到会并致欢迎词。

会议通过了技术委员会年会工作总结及工作计划,并围绕当前技术管理和产品质量进行了讨论交流。沈气公司以“把握新机遇、稳步求发展、再上新台阶”;柳压公司以“按ISO9001标准建立质量管理体系,不断持续改进,实现顾客满意”;无锡压缩机股份有限公司以开展“三上一创活动”为题向代表作经验交流。还邀请合资企业亚洲寿力公司、独资企业贺尔碧格(上海)有限公司的代表,就他们如何进行质量管理做了介绍。

会上,西安交通大学冯全科教授提出压缩机行业要特别注重拥有自己的知识产权,发展除压缩机以外的新产品。对此,高校和企业合作是一条有效途径。

15~18日 由西安交通大学主办、IRC(国际制冷学会)、CAR(中国制冷学会)、中国通用机械工业协会压缩机分会主办,无锡压缩机股份有限公司和江南大学协办的第三届国际压缩机技术会议在江苏省无锡市召开。

参加会议的代表共有192名,其中国内科研院所及压缩机行业的企业代表144名,国外专家、学者48名。有来自美国普渡大学、艾里尔压缩机公司、德莱赛兰压缩机有限公司、日本三菱公司、静岗大学、田边气力机械公司、韩国仁川大学、印度泰康压缩机公司技术发展中心、新加坡南洋理工大学、俄罗斯巴姆曼技术大学、德国欧椰根—纽伦堡大学、荷兰台尔福脱大学、美国史特劳斯克莱特大学、瑞典SRM公司等专家、技术负责人或学者。大会共收集论文76篇,有50多位论文作者在会上用英文进行宣讲。本届会议代表人数最多、征集论文最多、外国专家、学者最多。会后,出版了一本英文版论文集,为压缩机行业的广大设计制造者了解新技术的动态提供了丰富的资料,产生极其深远的影响。

15日 风机分会编制完成了“风机行业统计汇编(第五集)”,汇编全面反映了风机行业“九五”期间的发展状况,对风协86个会员单位1996–2000年的各项经济技术指标完成情况进行了全面汇总。

17日 中国空分设备公司经国家经济贸易委员会2001年第10号公告批准,被授予技术改造项目设备招标代理机构的乙级(预备)资格。

四川空分设备(集团)有限责任公司ZW—2.43/2—250型天然气压缩机通过四川省科学技术委员会鉴定。

21～23日 在青岛召开了风机分会统计信息网第五次会议。全面总结了统计信息网成立以来的工作;重新修订了《统计信息网组织工作条例》、《统计信息网工作评比条例》;选举了新一届统计信息网协调组成员。为进一步提高风机行业统计报表质量,由沈鼓董瑾、上鼓李祥龄、风协石雪松等同志讲解了统计工作基础理论、各项指标的计算方法和产品产量的填报办法;会议表彰了19名行业优秀统计工作者和统计工作积极分子;有4个单位进行了统计工作经验交流。

22日 阀门分会会员厂——湖北洪城通用机械股份有限公司股票上市交易。

8月 无锡市通用机械厂有限公司生产的DNY型带式浓缩压滤机获江苏省科技厅颁发的"江苏省高新技术产品"称号,同年八月获江苏省计经委颁发的"江苏省优秀新产品(金牛奖)"。

江苏新宏大(集团)公司转盘真空过滤机获江苏省高新技术产品认定证书。

8月 按中通协关于组织"中国机械工业科学技术奖"的申报工作精神,阀门分会秘书处通知15个会员厂家申报,有4个厂家申报了"科学技术奖"。

8月 按中通协通知精神,阀门分会秘书处编辑了《中国通用机械工业年鉴》中的阀门行业十年(1991～2000)发展变化的资料(全部资料近33万字)。

9月

4日 无锡市通用机械厂有限公司生产的DNYN型带式脱水-浓缩一体机通过国家经贸委"城市污水处理关键设备技术开发项目"鉴定验收会专家小组的鉴定验收。

5～7日 泵业分会在山西省阳泉市召开第二十三届生产管理研讨会。会议研讨了泵行业生产管理工作的发展与进步;探讨了各会员企业产品结构调整及经销对路产品的生产管理模式;交流了压缩产品生产制造周期的新思路及取得的经验,重点探讨了泵行业生产管理如何适应市场经济以及建立现代化企业制度生产管理方面的新内容、新思路、新举措。

5日 由气体分离设备分会主办的"低温液体贮运设备技术交流会"在广州举行。来自低温液体贮存运输设备的制造企业、科研单位、大专院校和用户共30个单位56名代表参加了会议。

11日 中国通用机械阀门分会在鞍山召开"九五"年鉴编委会会议,审核、修改企业统计资料,进行了"九五"年鉴汇编工作。

19～22日 2001年中国国际流体机械展览会在上海国际展览中心举办。展出内容有:泵、风机、压缩机、阀门产品的技术以及配套产品。

展览会由中国通用机械工业协会、中国机械设备进出口总公司、香港工商业展览有限公司共同主办,展览会得到了国家建设部城市建设公司、中国石化物资装备公司、中国化工装备总公司、中国石油物资装备总公司、中国电能成套设备有限公司、中国冶金设备总公司、中煤设备成套总公司等部门支持。

这次展览宣传和展示我国流体机械产品的水平和成就,加强国内外交流与合作,贸易洽谈,开拓市场,增进友谊,促进了技术与经贸发展。

24日 杭州制氧机集团有限公司与上海宝山钢铁集团有限公司签订"3万级"大型空分设备合同生效,至此,杭氧成功进入"3万级"以上大型空分设备的制造领域,结束了我国"3万级"空分设备依赖进口的历史,为企业参与国际性竞争打开了通道,在我国空分设备制造史上具有里程碑意义。

28日 四川空分设备(集团)有限责任公司改制成非国有的、资产构成多元化的新的四川空分设备(集团)有限责任公司正式成立。

北大先锋科技有限公司PU—8型制氧分子筛被国家科技部认定为"2001年国家重点新产品计划项目"之一。

经杭州市经委和杭氧资产经营有限公司党委研究决定,杭州制氧机集团有限公司组建了新一届党政领导班子,许虎忠同志任公司董事长、总经理,陈百河同志任党委书记。

9月 淄博真空设备厂有限公司被国家科学技术部授予"全国CAD应用工程示范企业"称号。

10月

10日 自贡市机械一厂研制生产的BNY—20/350型变压吸附制氮车荣获军队科技进步一等奖证书。

15日 邯郸制氧机厂第一次独立投标的KDN—600/50Y型高纯氮设备在邢台中标。

中国企业联合会、中国企业家协会于2001年10月公布第六批中国企业新纪录,空分设备行业有4个企业获此殊荣,分别为:①中国空分设备公司1999年在两套6 000m³/h空分设备改造中分别利用填料加筛板的组合上塔并在切换式可逆换热器流程上实现了全精馏制氩技术,在石头蓄冷器切换流程上采用了增压膨胀技术,为国内首创。②北京北大先锋科技有限公司生产的新型高效制氧分子筛PU—8在常压、25℃下的氮气吸附量为22～23mL/g,氮氧分离系数为8～9,分别是常规制氧分子筛的2～3倍,用于变压吸附空分制氧时,产品氧收率为66%～68%,单位制氧电耗<0.35kWh,其性能指标为国内同类产品最好。③江西制氧机厂1999年生产的GX201F—20/2型液氨罐式集装箱为国内首批出口的罐式集装箱。1998年生产的GX201G—22/4型戊烷罐式集装箱实现国内石化产品罐式集装箱铁路运输零的突破。④杭州制氧机集团有限公司2000年完成工业总产值43 996.8万元,实现利税1 174.5万元,出口创汇239.2万美元,居气体分离设备行业之首。

杭州制氧机集团有限公司采用规整填料和全精馏制氩技术的新一代空分成套设备,获"浙江省科技进步一等奖"证书。

江西制氧机厂研制成功的塑料粉碎机国内首次出口加拿大。

开封空分集团有限公司被中国机械工业联合会评为“2001年度工业统计工作先进集体”之一。

16~19日 在北京国际会议中心，真空设备分会召开了第六届国际真空设备、仪器与应用新产品展示会，共有来自美国、法国、日本和意大利等20多个国际著名真空厂商和国内生产真空产品的企业90多家厂商参展。

16日 无锡市通用机械厂有限公司被中国环境保护产业协会评定为第二届常务理事单位，董事长顾红兵被推荐为常务理事。

17日 真空设备分会在北京会议中心召开了四届二次理事会，推选李孟春同志出任协会理事长。

21~25日 第十八届压缩机生产网年会在湖南省张家界市召开。有14个单位主管生产的副总经理、副厂长、生产处长及其他代表32人出席了会议。

代表们对压缩机行业生产如何适应“入关”，如何与国际接轨，并以书面材料“适应市场要求，强化生产管理”；“开拓视野，创造合作新局面”；“提高产品质量，稳步开发市场”；“技术创新是企业发展的硬道理”；“加速新产品开发，满足市场需求，增加企业竞争力”；“降低生产成本，加强资金管理，提高经济效益”进行了广泛的交流和进一步探讨。

22~24日 风机分会在浙江上虞召开了提高产品表面质量专题现场技术交流会。会议由分会秘书长徐常武同志主持，到会71个单位118名代表。会议对如何采取风机叶轮耐磨及防腐工艺与表面控制、影响焊缝外观质量的缺陷及防止措施、采用喷砂处理与锤纹面漆的方法、喷涂工艺的应用、锻铝叶片的加工控制、机壳的表面涂装等12个专题做了介绍。与风机生产配套的8个企业介绍了动平衡机、数控技术、仪器仪表、磁力油封及旋压设备等在风机工业中的应用情况。浙江上风集团公司介绍了“抓科技投入、促进企业发展”的经验。会议受到了与会者的欢迎，收到了较好效果。与会代表参观了浙江上风集团公司和浙江卧龙集团，对上风集团的生产现场及其产品给予了高度评价。

27~29日 泵业分会在淄博市召开秘书处工作会议。会议对泵业分会《章程》、《组织工作条例》、《经费管理办法》等部分条款和内容的修改做了具体分工，并研究讨论了泵业分会第四届理事会工作报告内容，确定了第五届会员大会召开的具体时间和地点。

10月 江苏新宏大(集团)公司获江苏省高新技术企业认定证书。

11月

6日 北大先锋科技有限公司提供给新乡中联总公司的ZO—1000型VPSA制氧设备初步调试成功，采用PU—8型分子筛的两塔变压吸附制氧工艺可行性在大型工业装置上得到验证。

10日 阀门分会在海南省海口市召开第四届第三次理事会，总结2001年工作，制订2002年计划；理事单位厂家交流了企业改革、股票上市、CE认证等方面的经验，探讨了阀门发展趋势和面对入世对阀门行业的挑战与机遇；审查同意西安泵阀总厂和广东明珠球阀集团股份有限公司为理事单位；审查批准17家阀门厂加入阀门分会；审查了八个会员厂家3年以上不交会费及1个会员厂家破产自动退会的事宜。

12日 四川空分设备(集团)有限责任公司为新疆塔里木油田提供的处理气量为40万m^3/d的新型透平膨胀机组试车成功。

16~28日 风机分会在桂林召开了第四届理事会第三次会议。理事长苏永强同志总结了风协2001年工作，提出了2002年工作要点。会议传达了上级有关部门关于协会统计职能、企业管理“十五”规划、科技成果奖细则、风机行业“十五”发展规划等文件精神。介绍了中国风机网的运行情况，讨论了关于开展行业价格自律工作、合同付款管理规定、吸收新会员和部分会员除名问题，研究了召开第五届会员大会的有关问题。会议认为，当前我国已加入世贸组织，国际国内竞争将会更加激烈，为维护会员单位的合法权益，提高会员单位的技术水平、管理水平和竞争能力，应及时与政府部门沟通，进一步加强协会职能，使协会工作逐步步入规范的法制轨道。会议对当前和2002年的工作做出了有关决议。

29日 四川空分设备(集团)有限责任公司、简阳川空锻造有限公司、简阳川空铸造有限公司完成分立式改制，正式挂牌成立。

开封空分集团有限公司荣获中国技术监督情报协会“质量过硬放心品牌”荣誉证书。

杭州杭氧资产经营有限公司成立，杭州市政府对杭氧资产经营有限公司进行授权经营，杭州制氧机集团有限公司与各有限公司由行政上下级关系改变为母子公司型资产纽带关系，至此，以资产为纽带的企业集团构架形成。根据空分设备成套性强的特点，在集团总部的统一协调下，基本上解决了生产协调、价格协调、资金协调问题，基本上理顺了集团公司内部的管理体系和关联关系。逐步走上了按合同协议操作的市场化运作道路，各有限公司独立作战、独立解决问题的能力有了较大提高。

杭州制氧机集团有限公司采用规整填料和全精馏制氩技术的新一代空分成套设备，获“中国机械工业科学技术进步一等奖”。

11月 无锡市通用机械厂有限公司生产的BG型周边传动刮泥机获中国机械工业联合会、中国机械工程学会颁发的“机械工业科学技术奖(三等奖)”。

11月 阀门分会在昆明召开第二次“九五”年鉴编委会会议，进行企业调查表汇编的终审定稿。

12月

5日 邯郸制氧机厂第一套KDON—150/550型空分设备一次试车成功，氧气产量153m^3/h，氧气纯度99.5%；氮气产量522m^3/h，氮气

99.999%。

10日 阀门分会在湖南长沙召开财务价格工作委员会会议，商讨制定2002年阀门行业产品市场参考价格。

15日 北大先锋科技有限公司提供给衡阳华菱钢管公司的ZO—1300型VPSA制氧设备投入使用。

18日 由开封空分集团有限公司承建的南阳第二制药厂污水综合治理工程通过验收，标志着该公司在高浓度、难降解制药废水处理技术方面达到国内领先水平。

19日 中国空分设备公司通过深圳质量认证中心的ISO9001质量体系认证。

26日 北大先锋科技有限公司提供给新乡中联总公司的ZO—1000型VPSA制氧设备开车成功。

26日 中国空分设备公司经国家对外贸易经济合作部批准（外经贸合函[2001]275号）开展对外经济合作业务，经营范围如下：承包境外机电工程和境内国际招标工程；上述境外工程所需的设备、材料出口；对外派遣实施上述境外工程所需的劳务人员。

29日 四川空分设备（集团）有限责任公司制造的ZCD—150/14—1型低温绝热气瓶型式试验通过国家气瓶委员会技术评定。

杭州制氧机集团有限公司完成了ISO9001:1994～ISO9001:2000的升级工作和军工体系的定期审核工作。其环保公司作为首家子公司通过了ISO9001质量体系的验收认证工作。“西湖牌”空分设备产品再次获得浙江省名牌产品称号。

12月 南京绿洲机器厂被江苏省人民政府命名为省级“重合同、守信用企业”。

2002年

1月

8日 《中国机电日报》公布了2001年中国通用机械行业十大新闻，其中第九大新闻是阀门分会在2001年4月召开“欧共体压力装备（PED）研讨会”及其2001年8月中核苏阀获得“CE”认证。

《中国机电日报》公布了2001年石化通用机械行业获得中国机械工业科学技术奖名单，天津塘沽瓦特斯阀门有限公司的“DB型偏心法兰蝶阀”获三等奖。

21日 韩国大成酸素株式会社高层领导到四川空分设备（集团）有限责任公司参观访问。

24日 经北京市工商局注册批准，北京仪器厂更名为北京北仪创新真空技术有限责任公司。

28日 四川空分设备（集团）有限责任公司成套、设计、制造、安装提供给济南钢铁集团石横特殊钢厂的3 200m^3/h空分设备一次开车成功。

国家质量监督检验检疫总局受理杭州川空通用设备有限公司CR2低温液体槽车和罐式集装箱的试制申请，已试制槽车5辆，罐式集装箱1辆。同时还受理了该公司GC1级压力管道安装申请。

1月 由哈尔滨东宇农业工程机械有限公司承办，在哈尔滨举行了第八届全国干燥技术交流会。发表了80多篇论文，并汇编成集。

2月

1日 开封空分集团有限公司青工张大庆独立发现一颗新慧星，被国际天文学会命名为“池谷—张”慧星。

2日 河北省委副书记、纪委书记张毅，河北省委常委、统战部长陈秀芳在邯郸市委书记董强、市长宋恩华、副市长宋春婴的陪同下到邯郸制氧机厂视察。

28日 苏州制氧机有限责任公司与西安交通大学联合研制的航天器试验用高性能氦制冷螺杆压缩机组与透平膨胀机荣获中国高校科学技术奖励委员会颁发的二等奖荣誉证书。

2月 淄博真空设备厂有限公司获中华人民共和国进出口企业资格证书和自营进出口权。

3月

1日 苏州制氧机有限责任公司荣获苏州市“重合同、守信用”企业称号。

1日 根据风机分会第四届理事会第三次会议要求，对枣庄市通用机械厂多年来不履行会员义务，不参加行业活动，不按时交纳会费；另由于四川省川北风机有限责任公司被上市公司收购等原因，一并予以除名，取消其会籍。

12日 浙江省委常委、杭州市委书记王国平，副市长丁德明等率市有关部门负责人调研考察杭州制氧机集团有限公司，指出要努力把公司做大做强。

20～24日 风机分会在兰州市召开了统计信息网协调组会议。到会10个单位15名同志，会议由分会副秘书长郭绍华同志主持，传达了中通协2001年通用机械行业统计信息和通协秘书长联席会议精神及有关要求，对风协2001年统计工作进行了总结，并对2002年工作提出了要求。

会议期间就行业当前统计工作进行了座谈，对今后的统计工作提出了建议和意见。会议还完成了2000年统计年鉴汇编、产品产量明细汇编，完成了中通协会员单位（企业）概况汇编、企业经济效益综合指数及主要经济指标排序，“九五”期间（1996～2000年）统计汇编（第五集）的编审工作。

23～24日 北大先锋科技有限公司新型高效制氧吸附剂及大型变压吸附空分制氧设备通过专家评审。新型高效制氧吸附剂PU－8在制备工艺的关键技术以及组分调变方面具有独创性，氮吸附容量和氮氧分离选择性远远高于国产的其他吸附剂，性能指标达到国际同类产品的先进水平，并在大型制氧装置的应用中得到证实。ZO—1000型大型VPSA制氧设备性能指标达到设计要求，明显高于国产的同类装置，使我国大型变压吸附制氧技术接近国际先进水平，具有投资少、能耗低、氧气生产成本低等优点，有广泛的应用前景。

30日 杭州制氧机集团有限公司顺利完成“债转股”工作，成立了由杭州杭氧资产经营有限公司和中国华融资产管理公司共同投资的有限公司。

资本结构比例为杭州杭氧资产经营有限公司58.33%;中国华融资产管理公司41.67%。至此,杭氧集团公司的总体改制初步完成。

3月 周敏同志出任上海真空泵厂厂长。

潘铁宝同志出任上海阀门二厂厂长。

3月 泵业分会原理事长因工作调动,不再担任理事长职务。泵业分会理事长由现任沈阳水泵厂(沈阳水泵股份有限公司)厂长(董事长)姜永奇担任,并担任中国通用机械工业协会常务理事、副理事长职务。

3月 江苏新宏大(集团)公司与英国"BEGG, COUSLAND"公司签订了技术合作协议,引进了国际先进的生产技术生产环保产品"非湿性纤维除雾器"。

4月

1日 国家经贸委副主任谢旭人、浙江省经贸委主任孙忠焕、副主任沈陇声等一行10人到杭州制氧机集团有限公司考察调研。

6日 四川空分设备(集团)有限责任公司试制成功188D800、188D1000四连杆低压切换蝶阀。

11日 法国罗地亚公司项目总监布米诺先生一行4人在重庆江北机械有限责任公司进行了两天的选型试验获得成功,为罗地亚(无锡)制药有限公司签订购买了2台虹吸刮刀离心机的合同。

13~18日 在辽宁大连市召开泵协会员2001年统计年报汇总工作会议。会议由泵业分会秘书长李玉坤主持。23个会员单位的代表计27人出席了会议。会议传达了国家经贸委、国家统计局、中国机械工业联合会关于做好机械工业统计工作的若干通知;表彰了2001年泵行业企业统计信息工作先进集体(12个单位)和先进统计工作者;汇总了各种统计数据和有关报表。

25日 开封空分集团安装工程有限公司成立。该公司为开封空分集团的全资子公司,具有法人资格,实行独立核算、自主经营、自负盈亏。

杭州制氧机集团有限公司提供给陕西秦晋煤气化工程的2 000m^3/h空分设备通过性能考核。

杭州制氧机集团有限公司为北京燕山石化总公司设计改造的国内第一套扩量工程70万t/a大型乙烯冷箱通过验收,各项指标达到或超过设计要求,标志着我国乙烯冷箱国产化获得成功。

林德工艺装置有限公司杭州工程与销售中心正式挂牌成立。

4月 江苏新宏大(集团)公司成为中国石油和化学工业协会团体会员单位。

5月

21~27日 压缩机分会四届三次理事会在广西壮族自治区北海市召开。有24个理事单位的39名代表,中通协温顺如副秘书长出席了会议并宣读了中国通用机械工业协会对压缩机分会理事长苏国富的任命决定。会上秘书长王兴亚传达了通协在海口召开的四届会员代表大会精神。

21日 阀门分会在深圳召开第四届第四次理事会审查第八次会员大会的议事日程安排;审查批准8个企业加入协会。

22~24日 在深圳召开中国通用机械阀门行业协会第八次会员大会。中国通用机械工业协会副理事长、秘书长张雨豹同志参加大会并传达了中国通用机械工业协会第四届会员代表大会的精神;阀门分会理事会总结2000~2001年阀门行业协会工作;报告分会2002年工作计划;有五个会员单位介绍了企业改革和经营管理方面的先进经验;合肥通用机械研究所介绍了阀门产品安全注册问题;沈阳阀门研究所介绍了传播科技信息的情况;法国国家商检局种大鸣检验师介绍了"CE"认证和压力装备指令的情况。分会秘书处颁发了新的会员证(按协会章程每四年换发一次)。

22~26日 气体分离设备分会主办的变压吸附设备技术交流会在张家界市召开。来自变压吸附设备的制造企业、科研院所、大专院校、外资企业和用户单位以及吸附剂、分析仪的配套厂商共54个单位、70名代表参加了会议。会议收到论文31篇,大会交流论文10篇。代表们主要就变压吸附分离(PSA)技术的研究发展与趋势、变压吸附设备的新技术、新产品、新工艺和科研成果、氮气纯化技术、新型吸附剂的研制、变压吸附设备的运行等内容进行了交流。

23日 由重庆通用工业有限责任公司、江北机械厂、水泵厂、气体压缩机厂债转股转制组建的重庆通用工业(集团)有限责任公司正式成立,作为全资子公司的重庆江北机械有限责任公司等被同时授牌。

25日 开封中环环保工程有限公司抗生素生产污水综合治理技术通过河南省经贸委鉴定,居国内先进水平。

28日 苏州制氧机有限责任公司改制成立,标志着苏氧从原来的国有企业正式改制组建成经营层控股、骨干参股、职工持股的民营股份制企业,张风华任公司董事长。

28日 无锡市通用机械厂有限公司获得由中国质量检验协会颁发的"全国行业质量示范企业"、"全国行业质量、服务诚信示范企业"证书。

29日 开封空分集团有限公司GB/T19001质量体系通过年度审核。

31日 开封空分集团有限公司召开"2002年质量工作暨奖励先进大会"。

苏州制氧机有限责任公司荣获2000~2001年度苏州市文明单位称号。

6月

19~22日 压缩机分会统计信息网工作年会在江苏省无锡市召开。

会议总结了上年工作,对完成2001年统计年报、半年报表等行业统计资料和重点企业信息反馈,并定期召开了地区组长厂扩大工作会,完成通协统计资料上报及统计分析工作进行总结和表彰。

20日 无锡通用机械厂有限公司有限公司获得由中国环境保护畜产业

协会水污染治理委员会颁发的“西神牌钢丝绳式格概除污机、带式浓缩压滤机推荐证书”。

21日 开封空分集团有限公司出口葡萄牙的KDON—350Y/1350Y型空分设备、出口印尼的KDON—1800/3600型空分设备均荣获“河南省机械工业科学技术进步一等奖”。

杭州制氧机集团有限公司为山西天脊煤化工集团有限公司设计制造的合成氨生产装置用液氮洗冷箱内板式换热器顺利交付用户使用。

6月 江苏新宏大(集团)公司成为中国特钢企业协会不锈钢分会会员单位。

7月

5~9日 压缩机分会财务价格委员会2002年(扩大)会议在四川省成都市召开,有17个委员单位的27名代表参加了会议。

会议以行业价格自律、最低限价为专题,听取了压缩机成本统计报告,并就动力用压缩机最低价格进行了广泛研讨。

6日 邯郸制氧机厂设计制造的第一套KDON—350/700型空分设备在扬州开车成功,正式投入生产。

8日 邯郸制氧机厂设计制造的第二套KDN—600/50Y型制氮设备在邢台开车成功,正式交付用户使用。

8~10日 开封空分集团有限公司提供给湖北鄂城钢铁集团有限公司的10 000m^3/h内压缩流程空分设备继3月27日顺利出氧之后,双方对设备进行了技术考核,氧气产量达10 200m^3/h,纯度99.9%,氧气出装置压力2.5MPa,液氧产量800m^3/h;氮气产量10 000m^3/h,纯度为99.999%;氩所产量150m^3/h;液氩产量240m^3/h;氩气出装置压力3.0MPa,氩产品纯度$O_2<2\times10^{-6}$,$N_2<3\times10^{-6}$。具有结构紧、效率高、运行平衡等特点,受到用户的好评。

9日 邯郸市委书记董强,市委常委、秘书长扬慧,副市长宋春婴,经贸委主任檀三群等一行领导到邯郸制氧机厂调研。

10日 邯郸制氧机厂设计制造的第一套KDON—600/1200型空分设备一次试车成功,氧气产量达623m^3/h,氧气纯度99.8%。

16日 开封空分集团有限公司40 000m^3/h大型空分设备国产化技术改造项目由国家经贸委批准实施。项目改造的主要内容是:新增大型、关键生产设备;新建75吨级30m跨重型厂房3 240m^2;新建和改造相关的生产设施和试验设施;改造计算机中心和引进关键技术软件。改造后,企业将具备成套设计制造40 000m^3/h等级空分设备的能力,产品技术水平达到20世纪90年代初的国际水平,形成年产7.62万m^3/h空分设备的生产规模。

17日 国务院信息化工作调研组一行到开封空分集团有限公司调研。

20日 德国克劳斯·玛菲公司驻北京代表处首席代表克瑞斯·马丁先生来渝与重庆江北机械有限责任公司有关领导进行了会谈,双方表示了今后加强交流与合作的愿望。

22日 四川空分设备(集团)有限责任公司出口土耳其伊斯坦布尔钢铁公司的10 000m^3/h空分设备正式签约,标志着我国大型空分设备首次走向欧洲市场。

四川空分设备(集团)有限责任公司荣获“2001年度省级重合同守信用企业”称号。

8月

1日 无锡市通用机械厂有限公司获得由国家环境保护总局颁发的《环境保护设施运营资质证书》。

9日 日本爱特沃株式会社高层领导到四川空分设备(集团)有限责任公司访问。

10~11日 杭州制氧机集团有限公司提供给云南铜业公司16 000m^3/h内压缩流程空分设备通过24h考核,各项指标达到设计要求。氧气和液氧产量(标)为16 000m^3/h,氧气纯度99.4%,出冷箱压力为0.33MPa;氮气产量10 086m^3/h,纯度10×10^{-6} O_2;纯液氩(标准,折合气态)505m^3/h,纯度99.999%Ar。用户认为该套空分设备性能优良,内压缩流程组织和计算参数合理,设备配置优良。

10~14日 由气体分离设备行业协会主办的“空分设备设计运行技术交流会”在安徽省黄山召开。来自国内外空分设备的设计制造厂商、大中型空分设备的用户、空分设备的配套单位、设计研究院所、大专院校、国外公司驻中国办事处的代表共122个单位、190名代表参加了会议。会议收到论文65篇,大会交流25篇,主要就空分设备的新技术、新产品及发展趋势、空分设备的技术改造、空分设备的安全稳定运行与事故处理、工业气体的应用、以及配套用的保温材料、仪表仪器等产品技术进行了交流。

10日 重庆江北机械有限责任公司研制的LWY520X1924—N压榨式卧螺离心机被国家经贸委列入2002年国家重点新产品试产项目计划。另外,重庆江北机械有限责任公司承担的“大型火电厂烟气脱流用脱水单元设备研制项目”(大规格虹吸刮刀卸料离心机),同期被国家经贸委列入2002年国家技术创新计划。

11日 “中国通用机械气体分离设备行业协会用户技术服务网成立大会”暨首次全网大会在安徽省黄山举行。

11日 杭氧液空有限公司更名为液化空气(杭州)有限公司。

15日 四川省委常委、省经委书记沈国俊一行到四川空分设备(集团)有限责任公司视察。

28日 国家经贸委批准了中国空分设备公司重点技术创新项目计划——制革综合废水达标排放处理技术立项建议书,项目总投资726万元。

四川空分设备(集团)有限责任公司提供给新疆八一钢铁(集团)有限责任公司的KDONAr—6000/6000/200型空分设备开车成功,各项指标均达到设计要求。

杭州制氧机集团有限公司为上海金山石化公司设计制造的70万t/a乙烯改扩建工程提供的乙烯冷箱一次开车成功。

苏州制氧机有限责任公司荣获“2000~2001年度国税A级信誉纳税

人”证书奖牌。

9月

12～15日 干燥设备分会召开了第三届会员代表大会，会议的主要议程有：总结分会二届理事会过去几年的工作；换届选举产生了分会第三届理事会，顺利实现了新老交接；研究分会的重点工作；研讨协会及行业今后的发展方向；交流各会员单位生产、经营的经验。

13～16日 压缩机分会华东一组厂长（经理）工作会在山西省太原市召开。有14个单位19名领导和特邀山西省太原气体压缩机厂、山西省太原第二气体压缩机厂代表参加了会议。

14～15日 压缩机分会华东二组厂长（经理）工作会在江苏省南京市召开，有17个会员单位的25名代表出席了会议。

15～18日 压缩机分会技术委员会（扩大）年会在辽宁省沈阳市召开。参加会议的有28个单位的技术委员会委员，顾问委员及部分特邀代表共36名。

会议由压协秘书长、技术委员会副主任王兴亚传达了压协2002年理事会精神，分析了上半年压缩机行业的生产经营形势、总体发展、技术综合经济运行情况。会议一致通过了技术委员会主任委员蒋尚鸿做的技术委员会工作总结、副主任委员吴丰做的2002年度工作计划报告。

16日 开封空分集团有限公司与山东华鲁恒升化工股份有限公司签订40 000m^3/h空分设备供货合同，采用分子筛净化、增压透平膨胀机、全填料精馏及液氧内压缩工艺流程。揭开了“4万级”大型空分设备国产化的序幕。

18～22日 泵业分会在浙江省温州市召开第五届会员大会。会议分别由副理事长，长沙水泵厂有限公司董事长凌跃农、武汉四方泵业集团有限公司董事长白瑞、兰州水泵厂厂长吴亚非、大连大耐泵业有限公司董事长乔廷安等主持。中国机械工业联合会专务委员、中国通用机械工业协会理事长隋永滨，温州市副市长吴敏一等领导和同志出席了会议。

会议审议并通过了理事长所做的《中国通用机械泵行业协会第四届理事会工作报告》；审议并通过了泵业分会《章程》、《组织工作条例》、《经费管理办法》、《经费缴纳方法》4个基本文件；选举并产生了泵业分会第五届理事会；重新认定了泵行业骨干重点企业33个；会议同意吸收大连挠叠联轴器厂、上海中开泵机制造有限公司为泵业分会会员，同时对邵阳水泵厂、营口耐酸泵厂、徐州水泵厂、常州水泵厂、沧州市工业泵厂、获鹿县水泵厂、巴彦淖尔盟水泵厂等7个会员予以除名；会议对“2003第二届中国国际流体机械展览会”的招展工作进行热烈的讨论，力争以一流的技术，一流的服务，一流的产品展示泵行业的整体发展水平和风格。会议代表还对“温州模式”经济进行考查。

18日 开封空分集团有限公司提供给青岛钢铁控股集团有限公司的10 000m^3/h空分设备通过考核。

23日 重庆江北机械有限责任公司承担的2002年重庆市技术创新项目“PVC专用分离设备——D5MC离心机”鉴定暨用户座谈会在新疆乌鲁木齐市举行，重庆市经委主持召开鉴定会。到会代表在新疆中泰化学股份有限公司生产现场观看了该机运行情况，给予了较高的评价，顺利通过了市级鉴定。

27日 杭州制氧机集团有限公司顾晓萍被中国机械工业联合会评为2002年度机械工业统计工作先进工作者。

四川空分设备（集团）有限责任公司生产的川牌低温液体贮槽及贮运设备系列和川牌大中型空分设备荣获“四川省人民政府第五届四川名牌产品”称号。

杭州制氧机集团有限公司被杭州市政府列为科技创新重点企业之一。

全国机械工业系统企业动态效绩评价绩优企业名单公布，气体分离设备行业中杭州制氧机集团有限公司、开封空分集团有限公司和四川空分设备（集团）有限责任公司榜上有名。其中，杭氧、开空分别位于机械工业系统产品销售收入排名前500名的第120名和第489名；杭氧、开空、川空分别位于石化通用机械工业行业前100位的第5名（88 833.9万元）、第33名（20 258.9万元）和第60名（11 935.1万元）。

9月 浙江真空设备集团有限公司被认定为省科技进步优秀企业和被台州市评为首批免检企业。

9月 真空设备分会组织的中国真空工业访日代表团访问日本，受到日本真空界的热情招待和欢迎。代表团参观了日本国际真空展和8家真空知名企业。

9月 牡丹离心机制造公司通过GB/T19001—ISO9001：2000，CCMS/CO3—2002，换版认证工作。

10月

18日 北大先锋科技有限公司与西林钢铁集团阿城钢铁有限公司签订3 000m^3/h VPSA制富氧设备的设计、制造、安装、调试合同。

22日 全国人大中央巡视组一行到开封空分集团有限公司视察。

24～27日 风机分会在湖北省宜昌市召开了第五届会员大会。出席会议正式代表123人。中国机械工业联合会专务委员、中国通用机械工业协会理事长隋永滨同志，秘书长张雨豹同志，国家经贸委投资与计划司黄鹂处长亲自到会，并分别做了重要讲话。武汉高科国有控股集团有限公司总裁万力同志也到会讲了话。

大会由分会副理事长陕西鼓风机（集团）有限公司董事长印建安同志主持，副理事长武汉鼓风机厂厂长余德保同志致开幕词；理事长沈阳鼓风机厂厂长苏永强同志代表第四届理事会做了题为“加强协会组织的自身建设，推动行业整体水平的快速提高和发展”的报告；风协财务审查小组组长、副理事长沈阳风机厂厂长刘万军同志做了1999年8月至2002年7月期间的财务收支审查报告；经民主选举，产生了由22个单位23名同志组成的风协第五届理事会；讨论通过了风协《章程》、《组织工作条例》、《经费管理办法》（修改草案）；讨论制定了风协今后三年工作要点和2003年工作计划；浙江上风实业股份有限公司徐鑫祥总经理介绍了国外中小企业通风机发展情况；有8个单位进行了书面经验交流。

24日 国家电子信息产业部电子信息推广司一行到开封空分集团有限公司调研。

10月30日~11月2日 开封空分集团有限公司自行设计、制造、安装的青岛公司10 000m^3/h内压缩空分设备，通过专家评议，在工艺流程组织、热力及精馏计算、单体设备设计、全精馏制氩、氧氩产品提取率、能耗等指标达到或接近国际内压缩流程的先进水平，为大型内压缩空分设备的国产化打下了坚实的基础。

北京北大先锋科技有限公司新型制氧吸附剂及变压吸附空分制氧设备获科技部、财政部2002年度第四批科技型中小企业技术创新基金。

江西制氧机厂研制成功的塑料粉碎机首次出口加拿大。

10月 风机分会编制完成了1998~2001年《风机行业年鉴》。

11月

5日 四川空分设备(集团)有限责任公司通过ASME换证联检。

8日 液化空气(杭州)有限公司与全球法国液化空气集团30 800名员工同时举行庆典活动，庆祝法国液化空气集团公司成立一百周年。法国液化空气集团公司成立于1902年11月8日，是一家大型跨国集团公司，是许多国家工业和医用气体及相关服务的提供商，在超过65个国家设有130多家子公司。液化空气(杭州)有限公司成立于1995年，是法国液空集团公司投资1.3亿元人民币与杭州杭氧资产经营公司的合资企业，是法液空亚洲地区工程制造中心，主要为亚太地区提供大型空分设备。

14日 美国APCI公司副总裁考恩特伊先生到开封空分集团有限公司考察。

20~22日 压缩机分会中南、华西地区组联合厂长(经理)工作会在重庆市召开，有13个单位的14名代表到会。

20日 河南省委副书记、省长李克强和开封市领导孙泉砀、刘长春、齐新安等一行到开封空分集团有限公司考察。

21~24日 压缩机分会东北、华北地区组联合厂长(经理)工作会在山东省威海市召开，有12个单位17名代表参加了会议。

22日 上海亚联瑞兴气体技术有限公司出口韩国BOCK的1 500m^3/hPSA提取高纯氢装置顺利通过验收。

24日 中国通用机械阀门分会在广西北海市召开第四届理事会第五次会议。学习贯彻党的十六大精神，总结2002年阀门行业协会工作；安排2003年阀门行业协会工作；讨论增补理事单位问题；审查同意14个企业申请入会的要求；审查8个会员单位不交会费按自动退会处理的问题；并交流了企业改革发展的情况。

29日 开封空分集团有限公司工业废水和城市污水富氧曝气成套设备国产化项目通过国家发展与计划委员会的验收。

苏州制氧机有限责任公司研制的新型氦气体轴承透平膨胀机荣获“江苏省科技进步三等奖”证书。

气体分离设备分会赵小莹、杭州制氧机集团有限公司顾晓苹、开封空分集团有限公司蒋纯超、邯郸制氧机厂霍保华被中国通用机械工业协会评为“2002年度统计信息先进工作者”。

11月 江苏新宏大(集团)公司经英国SGS公司认证，顺利通过了换版后的ISO9001:2000质量体系认证。

12月

5日 四川空分设备(集团)有限责任公司独立设计、成套、制造、安装的唐山钢铁股份有限公司的20 000m^3/h空分设备一次开车成功，各项指标均达到或超过合同值。

10日 阀门分会在浙江省温州市召开财务价格工作委员会会议，商讨、制定2003年阀门行业产品市场参考价的问题。

12日 四川空分设备(集团)有限责任公司ISO9001:2000质量管理体系通过换证。

18日 按照“强化提升主体产业，扩大搞活辅助产业”的战略目标，经过多方努力和精心筹备，杭州杭氧股份有限公司正式成立。

杭州川空通用设备有限公司第一台KDON—170/400型低压流程空分设备一次开车成功，电耗降至0.69kWh/m^3 O_2。

杭氧环保工程公司开发的SBR和三沟式氧化沟工艺的城市污水处理成套设备获“中国机械工业科学技术进步三等奖”证书。

由杭州制氧机集团有限公司自行设计、成套、制造的国内最大空分设备——上海宝山钢铁公司30 000m^3/h空分设备于2002年12月14日一次开车成功，12月16日顺利出氩，并于2002年12月30日通过了性能考核。氧产量30 500m^3/h，氮产量40 000m^3/h，氩产量达1 050m^3/h，氧、氮、氩产品的产量和纯度都达到或超过了设计指标。该设备采用了分子筛增压流程、规整填料塔技术和全精馏制氩技术。

杭州制氧机集团有限公司被浙江省政府确定为“五个一批”重点骨干优秀企业之一，并进行通报表彰。

四川天一科技股份有限公司供气中心在武汉“中国光谷”建成投产。

12月18日 无锡市通用机械厂有限公司获得无锡市高新技术企业认定证书。

12月 南京绿洲机器厂成为瑞典麦基嘉吊机公司船用起重机、挪威蒂姆泰克公司船用焚烧炉生产基地。

2003年

1月

5日 杭州杭氧股份有限公司日处理5万吨级的城市污水处理成套设备获“杭州市科学技术进步二等奖”证书。

杭州制氧机集团有限公司“大型空分装置国产化研制”和“60~80万t/a乙烯冷箱研制”被列入“十五”国家重大技术装备研制项目。

8日 四川空分设备有限责任公司空高层领导到韩国访问考察。26日俄罗斯深冷机械公司代表团到川空访问。

29日 川空集团四川空分低温工程安装有限公司成立。

杭氧“新型高效冷凝蒸发器及相关技术”通过国家鉴定，并获“中国机械工业科学技术进步二等奖”证书。

2月

20日 河南省省长李成玉到开空作国有企业改革工作调研。开空改制程序下半年启动，并探索适合本企业的改制道路。

20日 日本离心机制造公司之一的田边株式会社社长田边浩康先生及销售经理石上大助先生一行来公司参观访问，双方就开发新型三足式离心机及市场达成初识，客人参观重庆江北机械有限责任公司后留下了良好的印象。

21日 中国空分公司获国家环保总局批准的“环境工程专项设计乙级证书”。

25日 重庆江北机械有限责任公司召开整合型管理体系贯标认证动员大会，正式启动ISO9001:2000/ISO14001/OHSAS18001三大标准体系（即质量管理体系、环境管理体系、职业健康安全体系）三证合一的一体化认证工作。成立了以总经理为首的有关部门参加的相应的领导机构，力争在2003年11月取得第三方认证。

28日 根据企业自愿申请，由地区组长厂和风机分会秘书处考察推荐，经风机分会理事会审查，批准陕西韩城矿山风机厂、上海德惠特种风机厂、南通金通灵风机有限公司、无锡耀新通用机械有限公司、江阴市宏达风机有限公司、浙江大丰风机电器有限公司、湘潭平安电气集团有限公司、湖南省湘潭风动机械厂、贵州省鼓风机厂、广州市新华通风设备厂、广东正野电器有限公司、南海市九州普惠风机有限公司等12个单位为风协第九批新会员。

28日 重庆江北机械有限责任公司为法国罗地亚（无锡）制药有限公司生产的、严格按照并完全符合GMP标准要求的GKH1250—W型虹吸刮刀卸料离心机现场审验，出厂交付使用。

30日 开空开封空分集团有限公司获国家级“守合同、重信用”企业称号。

3月

6日 开空开封空分集团有限公司召开第二次科技大会，对1995年以来重大科技成果进行奖励。

7日 中国空分公司经国家经贸委批准，获工商领域固定资产投资、咨询机构（丙级）资质证书。

18～22日 泵业分会在上海市召开2002年统计资料汇总工作会议。会议由泵业分会秘书长李玉坤主持。18个会员企业的21名代表出席了会议。

会议强调了行业统计信息工作的重要性，指出了当前统计信息工作中存在的问题，并提出了解决意见和办法。会议表彰了2002年会员企业统计工作先进集体和先进个人；汇总了各种统计数据和有关报表。

19～24日 风机分会在湖南省张家界召开了统计信息网协调组会议。到会13个单位22名同志，会议由分会副秘书长郭绍华同志主持，传达了中通协2002年通用机械行业统计信息工作会议和2003年中通协秘书长联席会议精神及有关要求，对风协2002年统计工作进行了总结，制订了2003年统计工作计划并提出了要求。

会议对风机行业当前统计工作的有关问题进行了讨论和研究。决定从2003年开始，对企业产量明细增加产品市场分布领域的填报工作。会议还完成了2002年统计年鉴汇编、产品产量明细汇编，完成了中通协会员（企业）单位概况汇编、企业经济效益综合指数及主要经济指标排序等。

30日 杭州制氧机有限公司被授予“浙江省诚信示范企业”、杭州市“重合同守信用”单位称号。

3月 压缩机分会在上海市组织召开了部分会员单位参加石化、化肥用压缩机价格商讨会。会上中通协隋永滨理事长作了重要指示，并就部分产品价格达成了协议。

4月

3日 全国机械工业百名优秀企业家表彰大会在人民大会堂举行，经泵业分会推荐的山东博泵科技股份有限公司董事长孙龙平、浙江丰球集团有限公司董事长何智慧获得“全国机械工业百名优秀企业家”称号。

9～11日 干燥设备分会召开了三届二次理事会会议。参加这次会议的有分会的理事长、副理事长、秘书长、副秘书长和常务理事单位，中国科学院南京林科院的领导和知名教授出席会议并做了发言，参加会议的还有相关的新闻媒体和编辑部的同志。会议传达了中通协温州会议精神，总结了前段时间的工作，布置了下半年工作，会员间进行了交流。

26日 由于基础管理工作成绩突出，重庆江北机械有限责任公司被中国机械工业联合会评为“机械工业企业管理基础工作规范化达标企业”。

4月 江苏新宏大（集团）公司成为中国通用机械工业协会分离机械分会会员单位。

5月

开封空分集团有限公司设计、制造的内压缩流程柳钢16 000m^3/h空分设备，和宣钢15 000m^3/h空分设备相继投入运行，标志该公司内压缩流程新工艺、新技术日趋成熟。

亚洲最大的ZH—2060大型真空焊接炉设备在杭州制氧机集团有限公司正式投入使用。

31日 川空取得压力管道设计资格证书。

6月

3～6日 风机分会在沈阳召开了第九批新会员会议。会议有11个新会员单位及各地区组长厂负责行业工作的领导和综合统计人员共计34名代表参加。

分会秘书长尤泽民同志主持了会议。中国通用机械工业协会秘书长张雨豹同志到会并讲话。沈阳市委常委、铁西新区区长谷春立同志，沈阳机电装备工业集团副总经理刘鹤群同志参加了会议，介绍了沈阳老工业基地的发展、改造及沈阳机电装备制造业的发展与规划。风协理事长苏永强同志对行业工作及新会员提出了希望和要求，并向新会员颁发了会员证书。副秘书长郭绍华同志介绍了风机行业发展情况及风协的主要任务。来旭同志介绍了行业统计工作及报表的有关要求。石雪松同志介绍了中国风机网的有关工作。

会议期间全体代表参观了沈阳第二届中国国际装备制造业博览会，参观了沈阳鼓风机（集团）有限公司、沈阳铁扇风机制造有限责任公司和沈阳人民风机厂等单位。中国机械工业联合会专务委员、中国通用机械工业协会理事长隋永滨同志，秘书长张雨豹同志，国家发改委工业司黄骊处长在新会员会议期间视察了风协秘书处的工作，并给予了肯定和鼓励。会议还得到了沈阳市政府的大力支持和帮助。

5日 苏州制氧机有限公司与苏州市金宏气体有限公司组建苏州工业园区金宏气体有限公司，标志公司开始进入气体制造领域。

9日 四川空分设备有限责任公司、四川空分实用气体有限公司与新疆广汇实业投资（集团）有限公司签订关于合资组建“新疆广汇川空阀门有限责任公司”的协议。

10日 重庆江北机械有限责任公司被重庆市技术质量监督局、市经委等评为“2002年度重庆市质量效益型企业”，同时还被评为2002年度“质量兴渝挖金山工程”先进集体。

15日 苏州制氧机有限公司自行设计制造的KDON1000/1100m^3/h型空分设备在嘉兴钢厂投运，标志苏氧开始迈入大中型空分设备制造厂商行列。

18日 无锡市通用机械厂有限公司获江苏省环保产业骨干企业证书。

21日 四川空分继5月份签订1套25 000m^3/h空分设备后，又与陕西神木化学工业有限公司签订1套28 000m^3/h空分设备，这是该公司签订的最大规格空分设备。

6月 浙江真空设备集团有限公司技术中心被省经贸委省科委认定为省级企业技术中心和浙江省真空技术高新技术研究开发中心。

6月 上海真空泵厂由上海通用阀门真空设备有限公司划归上海电气企业发展有限公司。

6月 牡丹牌离心机被苏州市工商局评为苏州市知名商标。

南京绿洲机器厂被国家海关总署批准，成为南京市第十家保税工厂。

7月

3日 四川空分设备有限责任公司获省级“守合同重信用”企业称号。

10日 无锡市通用机械厂有限公司生产的DNY带式浓缩压滤机、中心传动刮吸泥机、周边传动刮吸泥机获无锡市经贸委产品认定证书。

18日 四川空分设备有限责任公司低温液体运输车（半挂车）产品通过国家3C认证。

25~28日 气体分离行业协会在天津召开制氢技术交流会，会议收到25篇论文，交流了经验，分析了中国氢能现状和发展趋势。

杭氧成功开发安阳永兴“一万五”空分设备配套双轴空透和成都侨源“一万”中压循环双轴氮透新技术，并获成功。

29~8月4日 压缩机分会在广东省深圳市召开了四届四次理事会。有28家理事单位的50名代表参加了会议。

会议通过了上年度的工作总结和本年度的工作目标；通过了缴纳会费的修改办法；批准6家新会员入会申请；批准了10家企业由于转产和不履行义务提出的退会申请。

8月

4日 开封空分集团有限公司与西安交大联办的工程硕士班开学，该班为动力工程专业，34名学员入学。经3年学习，由西安交大学位评定委员会审核并被授予工程硕士专业学位。这将为企业培养一批高级工程技术人才。

8日 四川空分设备有限责任公司与江苏溧阳市中南冶炼厂、昌兴钢铁有限公司合资组建新钢川空气体有限公司，标志川空开始向气体经营延伸。

26日 行业财务管理工作研讨会第七次会议在九江召开，重点研讨在新形势下加强财务管理、降低财务费用等问题。

8月 干燥设备分会编辑出版了《WTO与中国干燥》，介绍了国内的干燥现状，讨论了加入WTO后的发展方向等。

8月 王卫君同志任上海真空泵厂党委书记。

9月

5~7日 泵业分会在辽宁省沈阳市召开五届二次理事会。会议分别由理事长、沈阳水泵股份有限公司董事长、总经理张乐群，副理事长、长沙水泵厂有限公司董事长凌跃农、大连大耐泵业有限公司董事长乔廷安、上海水泵厂厂长莫培德主持。中国机械工业联合会专务委员、重大办主任、中国通用机械工业协会理事长隋永滨；国家发展与改革委员会处长黄鹂；中国通用机械工业协会秘书长张雨豹等领导出席了会议。

会议审议并通过了理事长张乐群所做的泵业分会五届二次理事会工作报告；会议同意吸收淄博华成泵业有限公司、沈阳北方水泵厂、广州番禺宏拓机械铸造有限公司、常州东申水泵厂等4家企业为泵业分会会员单位，撤消兰州水泵厂西北地区分部主任单位，撤消长期不参加行业活动的沈阳潜水电泵股份有限公司理事单位；经理事长提名，会议同意宝鸡水泵厂为西北地区分部主任单位，丹东恒星泵业有限公司为理事单位。根据中国通用机械工业协会第四届常务理事会第二次会议关于大力发展会员的决议，会议决定，凡是符合泵业分会《章程》入会条件者（无论国有、集体、个体、私营、合资、外资企业），只要提出入会申请，均可加入协会。会议决定全力做好“2004 中国国际流体机械展览会”等各项招展工作，确保泵业分会展出摊位指标的全部完成。

9日　中国空分设备公司与邯郸钢铁集团签订 1 套35 000m^3/h空分装置的技术、设备成套及服务合同，这是该公司成套的最大规格的内压缩流程空分设备合同。2003 年共签订 4 套“3 万级”空分设备成套合同。

12日　川空被评为“2003 年四川普通机械制造工业企业最大规模 10 强”企业之一。

16～19日　压缩机分会统计信息网工作会在陕西省西安市召开。会上传达了中通协统计工作会议纪要及关于开展做好 2003 年生产企业单位年度统计综合分析工作的通知。要求各组长厂提高统计上报率，加强统计分析，发挥统计数据的作用，使之更加及时地反应行业经济运行状况。代表们表示：贯彻中通协的要求，将统计工作做好。虽然企业面临转制，机构重组，人员变换，但统计工作不能丢，只能加强与巩固，为行业和企业的振兴，发挥统计信息的作用。

18日　阀门分会在海南省海口市举办统计工作会议及统计人员培训班。

20日　压缩机分会华东一组厂长（经理）工作会在浙江省舟山市召开。会上传达了深圳“压协”四届四次理事会精神。副理事长周惠民向浙江省乐清市乐雁压缩机有限公司、浙江乐清市威雷特电气有限公司颁发了会员证书。

22日　气体分离行业第十次生产管理研讨会在成都召开，会议结合行业情况，探讨如何按合同期交货，改进生产管理等问题。

杭氧 KDO—80Y/65 型方舱式制氧设备通过空军装备和专家设计评审。

9月　上海阀门二厂再次被评为合同信用 A 级企业，并由上海市工商管理局向社会公布。至此连续 14 年获此殊荣。

10月

18日　阀门分会在四川省梓潼县七曲山召开第四届理事会第六次会议。

1．商定 2004 年阀门行业协会换届改选工作的有关内容（修订“章程”等文件，商定第五届理事会候选单位等）；

2．总结 2003 年工作和商定 2004 年工作计划；

3．审批发展新会员；决定取消五家会员单位的会籍。

20日　无锡市通用机械厂有限公司获中国环保产业骨干企业证书。

22日　开空中环环保工程有限公司与美国克鲁格公司签订了“污水处理工艺及成套设备”科技合作协议，该项目被列入“河南省国际合作重大项目”。

26日　气体分离设备分会召开“五届一次会员大会”。大会对第四届协会工作作了总结，选举产生五届理事会。五届一次理事会选举产生理事长单位和副理事长单位，及理事长、副理事长。四川空分设备（集团）有限责任公司董事长单金铭任五届理事会理事长。

27日　中国空分设备制造业诞生五十年庆祝大会在杭州召开，200 多名代表共叙 50 年空分设备行业取得的成就，共商振兴空分设备行业大计。同时召开 2003 年空分技术交流会，展示行业技术发展成果。

29～11月2日　压缩机分会技术委员会扩大会议在上海市召开。参加会议的有技术委员会委员、主任委员、及各企业的厂长、经理、总工程师、西安交通大学郁永章教授、孙嗣莹教授等共 38 人。会上，郁教授做了“压缩机国内外科技发展动态”的报告，技术委员会副主任高其烈介绍了“国际 CNG 压缩机技术的新进展”。沈阳气体压缩股份有限公司、上海压缩机有限公司、无锡压缩机股份有限公司、贺尔碧格（上海）有限公司等也分别介绍了产品研制的成果和经验。

10月　为了积极促进干燥行业的发展，干燥设备分会在杭州市召开了第九届全国干燥技术交流会。包括国内著名干燥专家在内共 136 人参加了会议，进行了多项技术讲座，发布包括基础及模型模拟、农产品及食品干燥、喷雾、冷冻、微波、热泵干燥、纳米干燥等当前世界比较先进的干燥技术以及控制技术等方面的论文 87 篇，代表了干燥技术与装备最新的研究成果和实际应用案例，提出了有关技术难点的处理办法，达到了推广新技术，促进企业交流的目的。

11月

7日　苏氧被江苏省人民政府评为“重合同、守信用”企业之一。

8日　开空获“河南省高新技术企业”称号。

9日　开空通过国家质检总局压力管道设计、制造许可证（C类）。

苏氧通过压力容器设计换证、增项审查认证。

杭氧 DSB—3750 倒伞型表面曝气机通过省级鉴定，并获“杭州市优秀新产品新技术三等奖”证书。

开空出口葡萄牙的 KDON—350Y/1350Y 型空分设备获“河南省优秀新产品一等奖”。抗生素制药废水处理工艺项目获“河南省优秀新工艺二等奖”。

23～26日　风机分会在拉萨市召开了第五届理事会第二次会议。有 24 名理事及代表参加了会议，中国通用机械工业协会隋永滨理事长、张雨豹秘书长、国家发改委黄鹂处长到会，并分别做了重要讲话。

会议由风协副理事长上海鼓风机厂有限公司董事长朱元昊同志主持，秘书长尤泽民同志做了风协 2003 年度工作总结，提出了 2004 年工作要点；秘书处汇报了第二届中国国际流体机械展览会招展工作落实情况、会费收缴情况；会议讨论了吸收新会员和部分会员除名问题；研究了召开第五届二次会员大会的有关事宜。最后由风协副理事长沈阳鼓风机（集团）有限公司副总经理王学军同志做了会议总结，并对行业有关工作提出了具体要求。

23日　根据企业申请，由地区组

长厂和风机分会秘书处考察推荐，经分会理事会审查，批准吉林市亚星电站辅机有限公司、肇东松辽风机厂、上海应达风机有限公司、南通市恒荣机泵厂、上虞市明新风机制造有限公司、上虞市五星风机厂、浙江兴益风机电器有限公司、湖北双剑鼓风机制造有限公司、长沙市湘桥风机厂、长沙长风罗茨鼓风机厂、四川望江风机制造有限公司、台山港益电器有限公司、云浮市云丰环保设备有限公司等13个单位为风协第十批新会员。

对不能积极参加行业活动，不履行会员义务，连续三年欠交会费的文登市风机厂、周口鸿基鼓风机有限公司等2个单位予以除名。

30～12月6日 压缩机分会召开了联络员工作会议，共有17家单位的18名代表参加了会议。会上就协会章程、组织工作条例、会费管理办法的初步修改意见进行了磋商，并就2004年压协全体会员大会及换届选举事宜进行了讨论。

11月 牡丹牌离心机被苏州市质量技术监督局评为苏州市质量信得过产品。

12月

1日 按中国通用机械工业协会通知：阀门行业协会正式改名为中国通用机械工业协会阀门分会（使用新印章和新财务章）。

8日 开空通过国家质检总局组织的压力容器设计资格换证。13日通过ISO9001—2000质量管理体系认证。

开空出口到土耳其的5 000m^3/h空分设备一次开车成功，这是目前我国空分设备行业出口到欧洲最大空分设备投运。

开空自行设计、制造的用于“4万级”空分设备的透平膨胀机在厂内通过单机试车。这对于提高“4万级”以上空分设备国产化率将起到重要作用。

杭州制氧机集团有限公司北台“5万级”空分设备改造的设计制造完成，实现了我国自行成套特大型空分设备的新跨越。

杭州制氧机集团有限公司“九五”重点攻关项目乙烯冷箱通过国家鉴定，主要技术指标达到当今国际先进水平。

杭州制氧机集团有限公司北台“二万五”氧透试车成功。

杭州制氧机集团有限公司2003年被评为“中国机械500强”和“浙江机械百强企业”之一。

开封空分设备有限公司“4万级”大型空分设备国产化国债技改项目基本完成，大大增强了开空新产品开发和大型空分设备设计、制造能力。

川空改制进一步深化，“川空通机公司”、“简阳川空化机有限公司”、“简阳市川空人民医院”、“四川空分工业园”相继成立，进一步明晰产权、完善法人治理结构、规范公司制，增强了企业活力。四川空分设备有限公司被评为“2003年四川企业集团综合实力50强企业”之一。

16～19日 干燥设备分分会召开了三届三次理事会会议。参加这次会议的有协会副理事长、秘书长、副秘书长和常务理事等。会议总结了协会2003年工作；通过了新会员入会

8日 阀门分会在浙江省桐庐召开财务价格工作委员会会议。

21～23日 风机分会在沈阳召开了第十批新会员会议。会议有12个新会员单位及各地区组长厂负责行业工作的领导计28名代表参加。

分会秘书长尤泽民同志主持了会议。分会副理事长、沈阳鼓风机（集团）有限公司副总经理王学军同志参加会议，对行业工作及新会员提出了希望和要求，并向新会员颁发了会员证书。会议介绍了风机行业发展情况及风协的主要任务，行业统计工作及报表的有关要求，以及中国风机网的有关工作。

会议期间代表们进行了座谈，一致表示一定在协会组织的大家庭中尽各自所能，同时，也提出希望协会能对会员单位颁发“认可证书”的强烈愿望。

会议还组织代表参观了沈阳鼓风机（集团）有限公司、沈阳铁扇风机制造有限责任公司和沈阳人民风机厂等单位。

12月 干燥设备分会开始了新一届标委会的筹建工作。

干燥设备分会完成了《中国干燥设备产品（企业）大全》组稿工作。

12月 淄博水环真空泵厂有限公司投资兴建6.7万m^2工业园区。

第X部分

附录

附　录

中国通用机械工业协会及各个分会介绍

通用机械制造业国内主要用户领域拟在建项目(摘编)

塑行业品牌　　创多赢商机

中国通用机械工业协会及各个分会介绍

中国通用机械工业协会

理 事 长：隋永滨

副理事长：中国通用机械工业协会专职副理事长　张雨豹

沈阳鼓风机股份有限公司　苏永强

沈阳气体压缩机股份有限公司　苏国富

河南开封高压阀门有限公司　房四平

沈阳水泵股份有限公司　张乐群

四川空分设备(集团)有限责任公司　单金铭

沈阳真空技术研究所　李孟春

重庆江北机械有限责任公司　钟庆昭

天津减速机股份有限公司　李　红

铁岭精工机械有限公司　迟庆余

合肥通用机械研究所　樊高定

中国通用机械工程总公司　黄　劲

中国联合工程公司　周子范

中国空分设备公司　徐伟民

秘书长(兼)：张雨豹

副秘书长：温顺如　宋银立

地　　址：北京市西城区月坛南街26号

邮　　编：100825

电　　话：(010)68596566、68536533、68539270

传　　真：(010)68539270

中国通用机械工业协会(简称中通协，英文名称 China General Machinery Industry Association，英文缩写 CGMA)是于1989年4月经中华人民共和国民政部及有关部门批准，并注册登记成立的全国性社会团体，具有社会团体法人资格。

中通协是以泵、风机、压缩机、阀门、气体分离及液化设备、真空获得及应用设备、过滤及分离机械、减变速机、干燥设备等通用机械行业和相关配套行业的生产企业为主，以及有关科研设计院年、工程和贸易公司、资产运营管理公司、社会团体和大专院校等自愿参加组成的大型工业行业组织。

中通协的宗旨是：遵守和贯彻执行国家的法律法规及方针政策；发挥行业、企业及政府间的“桥梁”与“纽带”作用，以推动通用机械工业的发展为己任，为政府、会员服务；反映会员的意见、愿望和要求，维护行业和会员的合法权益。

中通协的任务：

(1)对通用机械行业的改革和发展情况进行调查研究，为政府部门制定行业改革方案、发展规划、产业政策、技术政策、法律法规等重大决策提供预案和建议；

(2)对与通用机械行业发展有关的技术、经济政策和法规、规章的运行进行跟踪研究，及时向政府反映行业意见，提出需要完善的建议；

(3)组织交流、研讨企业改革与管理经验，推广企业改革与管理的创新成果。开展诊断咨询服务，指导企业探索深化改革、完善管理的新思路、新途径、新方法，促进企业建立现代企业制度，不断提高企业的市场竞争能力；

(4)受委托对行业内重大投资、改造、开发项目的先进性、经济性、可行性等开展前期调研、论证等工作，并提供建议。受委托组织对项目的鉴定、验收。为用户的采购、项目招标提供推荐意见；

(5)开展行业统计信息和综合分析工作，对行业及企业的技术经济指标与变化态势进行分析、研究和交流。采取各种形式及时、广泛了解掌握国内外通用机械市场动态、技术发展和技术装备情况，并进行预测预报，从而为政府和企业决策提供信息服务；

(6)举办本行业的国际、国内展览会，组织出国参展和参观国外展览会，为行业企业开拓国内外市场创造条件；

(7)组织行业技术交流、研讨活动，大力推广新产品、新技术、新工艺、新材料等，为推动行业和企业的技术进步服务。受委托进行新产品、新技术和科研成果的鉴定、验收；

(8)组织开展各种形式的国际技术经济交流活动、出国考察，促进国内外的广泛交流与合作；

(9)为行业企业的发展，开展人才、技术、职业等培训工作，开展咨询服务和技术服务工作；

(10)编辑出版会刊、年鉴及其他专业、专辑资料，为政府和行业企业提供信息服务；

(11)协助有关部门组织制定、修订行业技术、质量、经济和管理等各类标准，并组织推进标准的贯彻实施。宣传先进标准，推进企业的标准认证工作；

(12)协助政府部门做好行业质量工作。收集和反馈行业产品质量信息，为企业改进产品质量提供诊断、咨询及技术服务。在政府部门的指导下开展行检、行评，向国内外用户推荐行业的优质产品；

(13)参与生产许可证的发放和质量认证工作，跟踪检查发证企业的生产条件、质量控制状况，对存在问题的企业提出整改建议，为有关部门的复查、换证提供依据；

(14)根据行业特点，制定本行业的“行规行约”，建立行业自律性机制，规范行业自我管理行为，促进企业公平竞争；

(15)沟通信息、协调关系，推动企业优化资本结构、合理调整产品结构，促进行业结构的合理调整；

(16)组织开展反倾销、反补贴和保障措施工作，保护和保障行业、企业的发展；

(17)组织、参与行业产品市场的建设；

(18)承担受委托的其他工作。

中国通用机械工业协会泵业分会

分会理事长：沈阳水泵股份有限公司　张乐群

副理事长：上海水泵厂　莫培德

无锡市锡泵制造有限公司　何宝荣

合肥通用机械研究所　许　强

石家庄泵业集团有限责任公司　郭庆白

长沙水泵厂有限公司　凌跃农

中国农机院节水灌溉中心　兰才有

大连耐酸泵业有限公司　乔廷安

沈阳水泵研究所　卢　东

兰州水泵总厂　吴亚非

重庆水泵厂有限责任公司　陈　晴

武汉四方泵业集团有限公司　白　瑞

天津泵业机械集团有限公司　杨　光

秘书长：李玉坤

地　　址：辽宁省沈阳市铁西区重工街熊家岗路28号

邮　　编：110026

电　　话：(024)25820204、25546541、25546541

传　　真：(024)25820204

中国通用机械工业协会泵业分会是由国内泵行业的企事业单位自愿组成的。在中国通用机械工业协会领导下，以协调同行业关系，维护会员共同利益、贯彻执行国家的法律、法规和有关政策，协助政府进行行业管理、促进行业发展的跨地区、跨部门的全国性行业组织和社会技术经济团体，是政府与企业之间密切联系的纽带和桥梁，是政府对行业管理的助手。

泵业分会于1988年9月10日成立，在理事会领导下的常设办事机构是秘书处，秘书处设在沈阳。秘书处下设综合办公室、技术质量办公室、企业管理办公室、《泵业动态》编辑部。同时还设有农业泵工作委员会(北京)、中泵泵产品成套销售总公司(北京)，及东北(大连)、华北(石家庄)、华东(上海)、中南(长沙)、西南(重庆)、西北(兰州)6个分部。

泵业分会共有240个会员单位，其中企业会员单位有218个，包括了全国泵行业的精华——国家骨干、重点企业34家。科研院所和大专院校有22个，汇集了全国科研、教学、技术的全部力量和优势。并设有国家工业泵质量检验中心和国家农机具质量监督检验中心。行业协会的广大会员单位拥有各类高、精、尖生产设备，完善的测试、计量、理化手段，强大的科研、设计、工艺、技术队伍，具有承担各种大型技术密集型成套产品的科研、设计、制造能力。每年开发新产品400多种，产品出口世界40多个国家和地区。

全体会员企业拥有固定资产原值70.2亿元。各种设备3.8万台，工程技术人员15 000多人，其中高级工程技术人员约占25%。在材料运用方面，具有对129种金属材料的运用技术。其中包括对40多种耐腐蚀金属材料的冶炼、铸造、加工、检验技术。在金属冶炼方面，拥有精炼炉VOD、AOD、AODC和真空感应炉，在钢铁成分分析方面，有直读光谱仪、X光荧光光谱仪、红外碳硫分析仪。在材料性能试验方面有电子拉伸试验机。在计算机应用方面，开展了CAPP、CAD、CAM、FEA、CAT、FAX等项工作。在机械加工方面采用了加工中心及数控设备。在泵产品试验方面拥有最大的试验场，其起重设备75t；电机功率为6 300kW；水池容量为5 600m^3，可测流量为75 000m^3/h，测试台精度为B级。可以承担大型技术密集型成套产品的科研、设计与制造任务。可以为火电站、核电站、合成氨、尿素、乙烯、炼油装置、长输油管线、环保城市污水处理等重大工程项目提供全套用泵。

中国通用机械泵行业协会是我国泵制造业科学研究、设计制造、人员培训、质量管理、经营管理、标准化工作等方面活动的唯一的行业组织。

中国通用机械工业协会风机分会

分会理事长：沈阳鼓风机厂　苏永强

副理事长：上海鼓风机厂有限公司　戚　杰

陕西鼓风机(集团)有限公司　印建安

武汉鼓风机厂　余德保

重庆通用工业(集团)有限责任公司　傅正全

沈阳风机厂　刘万军

秘书长：尤泽民

副秘书长：郭绍华

地　　址：沈阳市铁西区云峰北街36号

邮　　编：110021

电　　话：(024)25801590、25801591、25870570

传　　真：(024)25870570

网　　址：// www.chinafan.org
E－mail：fjxh@263.net

中国通用机械风机行业协会是经原机械工业部批准，民政部备案的跨地区、跨部门的行业组织和社会经济团体，是政府与企业之间密切联系的桥梁和纽带，是政府管理行业的助手，是中国通用机械工业协会九个专业协会之一。

风机协会于1988年11月正式成立，现有会员单位111个，其中企业会员102个，大学4个，研究院所4个，联营公司1个；拥有员工30 135人，工程技术人员3 732人；全年产品产量达21.8万台，工业总产值达64.4亿元。

风机行业担负着为石油、化工、煤炭、冶金、电力、矿山、地铁、隧道、纺织、环保、科研等各个领域及国家重点工程提供风机的任务。生产的产品品种有离心压缩机、轴流压缩机、离心鼓风机、罗茨鼓风机、叶氏鼓风机、离心通风机、轴流通风机七大类及部分特殊用途风机。品种规格达230多个系列4 500多个规格，基本上可以满足我国重大装备配套的需要。年产30万t合成氨装置配套的空气压缩机、氨冷冻压缩机、天然气压缩机；年产52万t尿素装置配套的二氧化碳压缩机；年产70万t乙烯装置配套的裂解气压缩机、丙烯压缩机；年产500万t炼油装置配套的富气压缩机；48 000m^3/h空分装置配套的空气压缩机，年产60～80万t炼油催化裂化装置配套轴流压缩机，3 200m^3高炉用轴流压缩机，300～600MW电站轴流风机等都达到了当代国际先进水平。产品出口世界30多个国家和地区。

多年来，风机协会已有20多个企业分别从美国、日本、意大利、瑞士、德国、丹麦、英国等国家引进各类风机的制造技术、先进的设计方法及大型计算机、试验测试技术，以及大型精密加工中心等，添补了国内空白。经过引进技术的不断消化、吸收和改造，产品国产化水平有了长足发展和提惯。

随着我国经济体制改革的不断深化，协会的职能正在进一步增强，风机协会将根据风机行业的特点，努力建设成为全行业技术、生产与管理经验交流中心，经济技术情报信息中心，技术经济咨询中心，企业经营管理指导中心和专业人才培训基地，在为政府和企业"双向"服务中做出应有的贡献。

中国通用机械工业协会阀门分会

分会名誉理事长：袁茂臻
理事长：开封高压阀门厂　贺　领
副理事长：北京市阀门总厂有限责任公司　舒长国
大连大高阀门有限公司　于传奇
机械工业合肥通用机械研究所　黄明亚
兰州高压阀门厂　方立新
上海阀门厂　陈庆海
山东益都阀门厂　唐振方
铁岭阀门股份有限公司　恒　利
天津塘沽瓦特斯阀门有限公司　张庆福
中核苏州阀门股份有限公司　张宗列
自贡高压阀门股份有限公司　朱拓西
秘书长：康家桥
副秘书长：郭　雷
地　　址：北京市崇文区天坛东路76号
邮　　编：100061
电　　话：(010)67119580
传　　真：(010)67119580
网　　址：//www.cgmia.org.cn
E－mail：cgmvia@cgmia.org.cn

中国通用机械工业协会阀门分会于1988年6月成立，是中国通用机械工业协会的分支机构，是以从事阀门生产经营为主体，包括有关科研院所、大专院校等企事业单位，在自愿参加的原则下，组织的跨地区、跨部门的全国性行业组织。阀门分会现有会员单位196个，其中：阀门制造厂184个、科研院所5个、经营性公司2个、学会1个、大学1个、省市阀门协会3个。阀门分会会员单位现有职工7万余人，其中工程技术人员6 000余人。固定资产原值70亿元人民币，年工业总产值76亿元人民币，年阀门产量35万吨，年销售收入75亿元人民币，年出口总额9亿元人民币。

中国通用机械工业协会阀门分会所属的会员单位，是全国阀门生产、科研的主要企事业单位。在阀门分会的会员单位厂家中有厂办研究所7个，技术力量雄厚，产品测试手段齐全。会员厂目前已能生产阀门12大类(闸阀、蝶阀、截止阀、节流阀、隔膜阀、球阀、旋塞阀、止回阀、安全阀、减压阀、疏水阀、其他阀类)，近4 000个型号，20 000多个规格的产品，基本能够适应国民经济的需要，并不断开拓国际市场。产品远销5大洲40多个国家。

中国通用机械工业协会阀门分会是政府部门与企业之间的桥梁和纽带，是政府进行行业管理的参谋和助手。阀门分会的常设办事机构为秘书处，秘书处下设综合办公室、企业管理部、技术发展部。为了发挥分会的特点，充分体现协力、协商、协同、协助的办事原则，阀门分会聘请热心于本行业发展的专家、学者和专职工作人员，组建了企业管理工作委员会、财务价格工作委员会、技术发展工作委员会等专业委员会，从而形成了一个能发挥重要职能的健全组织。

中国通用机械工业协会压缩机分会

分会理事长：沈阳气体压缩机股份有限公司　苏国富

常务副理事长：北京京城环保产业发展有限责任公司　崔程久

副理事长：长春空气压缩机厂　李金城

鞍山无油空压机有限公司　郝　钢

中国通用机械工程总公司　叶廷玺

上海压缩机有限公司　周惠民

上海东方压缩机厂　顾　龙

无锡压缩机股份有限公司　李国良

中国铁道部建筑总公司徐州机械总厂　白毅平

中国人民解放军第四八一二工厂　姚干银

合肥通用机械研究院　谭跃进

南京压缩机股份有限公司　李培生

柳州柳二空机械股份有限公司　吴　扬

柳州压缩机总厂　刘声付

广州空气压缩机厂　何志坚

重庆气体压缩机厂有限责任公司　吴重江

四川华西通用机器公司　罗解忠

秘书长：高其烈

副秘书长：常东晨　黄伟英

地　　址：北京市西城区月坛南街 26 号院 1 号楼 2013 室

邮　　编：100825

电　　话：(010)68537020

传　　真：(010)68536530

中国通用机械工业协会压缩机分会由压缩机行业主机厂、零部件厂、关联装备及有关科研、教学等企业、事业单位组成。企业性质有：国家大中型企业、民营、合资、独资、股份制等类型。现有 114 个会员单位。

随着我国改革开放的深入，压缩机行业经过“七五、八五、九五、十五”发展规划的实施，通过技术引进、合资合作、消化吸收以及自主开发，已具备了生产各种类型直至高科技、世界级水准大型及特种压缩机的能力，为压缩机行业科技、经济整体快速发展奠定了基础。行业生产发展增势强劲，经济运行质量显著提高，不仅满足了国民经济各部门发展的需求，而且还不断地出口欧美、日韩、南非以及东南亚等国家和地区。

压缩机分会作为政府与企业间的桥梁和纽带，本着双向服务的原则既是政府部门进行行业管理的助手，又着力为企业导向、指导研发并维护各会员单位合法权益，提高企业素质，增强企业活力和市场的应变能力。在为各类客户提供客观公正的优质咨询服务方面，压缩机分会拥有周全、强力的能量。

压缩机分会将进一步转变思想观念，丰富行会理论，决心锐意改革，努力打造我国压缩机制造业科技、经贸日趋兴盛，活跃于全球经济圈的崭新局面！

中国通用机械工业协会真空设备分会

分会理事长：沈阳真空技术研究所　李孟春

副理事长：浙江真空设备集团有限公司　王西龙

上海曙光机械制造厂　孙　凯

广东真空设备厂股份有限公司　冯其元

沈阳真空技术研究所　李春影

兰州真空设备有限责任公司　尚心德

淄博真空设备厂有限公司　黄　毅

北京创新真空技术有限责任公司　陶　梦

国投南光有限公司　靳　毅

上海真空泵厂　周　敏

秘书长：李春影

副秘书长：孙　京

地　　址：沈阳市沈河区万柳塘路 2 号

邮　　编：110042

电　　话(传真)：(024)24121929

中国通用机械工业协会真空设备分会是从事真空设备的生产、科研、教学、经营等单位，按照自愿参加，平等互利的原则，协商组织起来的跨地区、跨部门的全国性的行业组织和社会经济团体。

行业协会是政府与企业之间密切联系的纽带和桥梁，是政府管理行业的助手。真空设备分会一方面协助政府加强行业管理，反映行业的共同愿望和要求，维护行业的共同利益，协调企业间的经营活动；另一方面为企业服务，及时提供经济政策信息和科技动态信息，帮助企业开拓市场，不断增强企业对外经贸活动的能力，帮助企业解决单个企业无力解决的经营难题。

真空设备分会会员单位已从 1988 年成立时的 20 个发展到今天的 80 个，会员单位分布在全国各地。目前全国生产真空设备的骨干、重点企业都是真空协会的会员单位，此外，协会还拥有一批科研院所和大专院校会员单位。

真空设备分会的主要工作职能有：调查研究行业发展目标和方向，提出意见和建议；行业经济指标报表的布置、收集、整理、分析和上报；国内和国际经济和技术交流活动；

行业信息的收集、发布，出版内部刊物和行业年鉴；举办展览会、展销会；参加标准的制修订；对行业内重大投资、改造项目开发进行前期论证，并参与项目责任监督；在国内和国际活动中，协调、组织会员单位维护行业的共同利益；建立本行业产业损害预警机制和进出口磋商机制，组织开展反倾销、反补贴和保障措施工作。

根据协会章程和工作安排，分会定期召开全体会员大会、理事会及秘书处工作会议。

真空设备分会内部刊物《真空通讯》全年6期。它及时报道国内外真空技术动态、新产品新技术、市场预测、生产经营等方面的信息及行业活动情况。免费赠与会员单位和有关用户。《真空设备行业年鉴》是分会秘书处每年根据会员单位的统计年报和整个行业经济生产状况以及取得的成就而编辑出版，并赠与有关单位。

中国通用机械工业协会真空设备分会热忱欢迎从事真空产品及其附件生产，且产品质量符合国家有关标准的生产单位、经营单位以及从事真空技术研究的科研单位加入协会。

中国通用机械工业协会干燥设备分会

分会理事长：辽宁国能集团铁岭精工机械有限公司　迟庆余

副理事长：常州一步干燥设备厂　查国才

上海远东制药机械总厂　陈沪生

上海医用分析仪器厂　钱家鹏

哈尔滨东宇农业工程机械有限公司　姜永维

锡山市林洲干燥设备厂　周才君

山东淄博真空设备厂有限公司　黄　毅

解放军3419干燥设备公司　苗华海

三门峡瑞泰化工装备技术公司　许建庄

江苏东台市食品机械厂　何贤用

秘书长：周德仁

地　址：辽宁省铁岭市汇工街98号

邮　编：112002

电　话：(0410)4001511

传　真：(0410)4563960

中国通用机械工业协会干燥设备分会成立于1993年12月，协会秘书处座落在风景秀丽的辽宁省铁岭市，有84个会员单位，其中企业75个，科研单位9个，生产的产品品种达2 000多种规格型号，总销售产值达10亿元人民币，从业人数达45 000人，其中工程技术人员有6 000人左右。干燥行业是一个新兴的行业，有着广阔的发展前景。协会的服务宗旨是：为国内外提供最新的干燥装备，质量领先，信誉第一，真诚合作，共创美好未来。

分会的主要骨干企业有：铁岭精工机械股份有限公司、上海远东制药机械总厂、常州一步干燥设备厂、哈尔滨东宇农业工程机械有限公司、三门峡化工机械厂、锡山市林州干燥设备厂、淄博真空设备厂有限公司、昆重冶金建化集团公司、上海医用分析仪器厂、浙江龙泉双益有限公司、四川望江干燥设备厂、江苏星轮高速机电设备制造公司、太仓天婷工业搪瓷有限公司、山东天力干燥设备有限公司、解放军3419工厂、杭州钱江干燥设备有限公司、东台食品机械厂、三门峡瑞泰化工装备技术公司、江苏自立化工设备有限公司、大连干燥设备厂、沈阳龙华干燥设备有限公司、浙江尔乐干燥设备厂、四川农机研究设计院、锡山市昂益达干燥设备厂、江苏范群干燥设备厂等。

干燥行业生产的主要产品有谷物烘干机、种子干燥机、振动流化床干燥机、旋转、闪蒸干燥机、双锥干燥机、气流干燥机、离心(压力)喷雾干燥机、真空冷冻干燥机、真空振动干燥机、沸腾干燥机、造粒机、真空刮膜转鼓蒸发器、管束式干燥机、回转筒干燥机、带式干燥机等。产品主要适用于化工、制药、轻工以及食品、粮食、种子、饮料、矿渣、酒糟、火柴、复合肥、茶叶、木材、香菇等行业的干燥和冷却作业。能满足不同产量、不同水分含量、不同粒度、不同质量的技术要求。分会成员单位为国民经济发展提供了大量的干燥设备，在节约能源、减少污染、提高效率、技术改造和设备更新等方面做出了积极的贡献。

干燥设备行业协会秘书处下设联销服务机构——干燥行业协会联销中心，广泛地为国民经济各个领域提供各种优质、高效的干燥装备和工程咨询服务。

中国通用机械工业协会减变速机分会

分会理事长：天津减速机股份有限公司总经理　李　红

副理事长：天津市石化通用机械研究所　刘雅生

上海市减速机械厂有限公司　朱荣良

温州市变速机械厂　余心强

秘书长：王远征

地　址：天津市河东区程林庄路8号

邮　编：300160

电　话：(022)24325185

传　真：(022)24328568

中国通用机械工业协会减变速机分会始建于1988年8月，在中国通用机械工业协会的领导和管理下，以生产各类减变速机和配套产品的企业、有关科研设计院所、大专院校等单位自愿参加的全国性行业组织。是非赢利性的社会团体组织。

本协会的宗旨是：遵守中华人民共和国宪法、法律、法规；遵守国家各项方针、政策；遵守社会道德风尚。发挥行业、企业及政府间的“桥梁”和“纽带”作用，为会员单位的改革与发展提供各项服务；反映行业及会员单位的合理要求和意见，协助政府做好行业工作，承担政府部门委托的管理工作；规范行业行为；维护行业及会员单位的合法权益。促进我国减变速机行业的发展，更好地满足国民经济的发展需要。

中国通用机械工业协会减变速机分会现有会员单位61个，其中生产企业58个。全年从业人员平均人数13 029人，其中工程技术人员1 549人，拥有固定资产73 545万元，主要生产设备拥有4 523台。具有当代世界先进水平的柔性加工制造系统，进口加工中心、数控机床、齿轮检测仪器等一批高、精、尖的设备已在企业中大量采用，从而使减变速机的制造工艺、产品质量达到了国际先进水平。

减变速机产品广泛地应用在机械、化工、石油、冶金、国防、轻工、纺织、食品、制药、环保、起重运输、通讯等各领域。

行业已形成生产各类形式的摆线针轮减速机、机械无级变速器、蜗轮蜗杆减速机、行星齿轮减速机、圆柱齿轮减速机、硬齿面减速机、斜齿轮减速机、电动滚筒等系列产品。为满足各类传动机构中的减速机构的要求，特为广大用户提供所需的特殊或非标的各类形式的减变速机械产品。

秘书处是协会常设办事机构，下设三个部：技术部、管理部、信息部。

中国通用机械工业协会分离机械分会

分会理事长：重庆江北机械有限现责任公司　钟庆昭
副理事长：广州重型企业集团公司　许扬先
南京绿洲机器厂　王忠伟
合肥通用机械研究所　赵　扬
湖南湘潭离心机有限公司　李继良
石家庄新生机械厂　梁为民
上海化工机械厂　姚　栋
秘书长：席莹本
副秘书长：贺昌云
地　址：合肥市长江西路888号
邮　编：230031
电　话：(0551)5312800－2509、－2314、5315942
传　真：(0551)5315942

中国通用机械工业协会分离机械分会系中国通用机械工业协会的一个专业分会。分会成立于1988年11月，有68个会员单位，其中企业51个，科研、大专院校单位6个，用户1个，会员单位涵盖生产与经营、科研与设计、工程与贸易、教学与科研、社会团体等各类企事业单位。共有职工近十万人，生产的品种达1 500多种规格型号，其中28个骨干企业2000年销售产值达14亿元，分离机械行业是一个新兴的行业，有着广阔的发展前景。改革开放以来，我国的分离机械技术及装备发展十分迅速，从根本上扭转了我国分离机械行业落后的局面，目前从事分离机械技术的科研单位和大专院校有十几个，专家几十名。目前我国的分离机械设备门类齐全，除少数大型设备仍需进口外，基本上满足了国内市场的需求，其中许多分离设备已接近和达到国际20世纪90年代技术水平。

分离机械分会的主要骨干企业有：重庆江北机械有限责任公司、南京绿洲机器厂、广州重型企业集团公司、湖南湘潭离心机有限公司、石家庄新生机械厂、上海化工机械厂、辽阳制药机械股份有限公司、吉化集团公司机械厂、浙江轻工机械有限公司、杭州防腐设备有限公司、杭州兴源过滤机有限公司、无锡通用机械有限责任公司、苏州优耐特机械制造有限公司、杭州化工机械厂、上海远东制药机械公司、核工业总公司南昌七二〇厂、青海农牧机械制造有限公司、吉林华工机械制造有限公司、金华铁路机械厂、蚌埠轻化制药机械有限公司、杭州建华集团压滤机有限公司等。主要科研院所有：合肥通用机械研究院、上海离心机械研究所、江苏省化工机械研究所等。主要大专院校有：浙江大学、天津大学、四川大学、北京石油大学、华东理工大学、沈阳化工大学、大连大学等。

分离机械行业生产的重点产品有：三足式离心机、上悬式离心机、活塞推料离心机、离心卸料离心机、刮刀卸料离心机、振动卸料离心机、螺旋卸料过滤离心机、螺旋卸料沉降离心机、螺旋卸料沉降过滤离心机、翻袋卸料离心机、管式分离机、碟式分离机、室式分离机、厢式压滤机、板框压滤机、转鼓真空过滤机、转盘真空过滤机、翻盘真空过滤机、圆盘真空过滤机、带式真空过滤机、纸板硅藻土过滤机、圆盘加压过滤机、带式压榨过滤机、浓缩脱水带式压榨过滤机、旋叶压滤机、加压叶滤机、筒式加压过滤机、分隔式转鼓加压过滤机、真空滤油机、自动滤水器等，行业设备主要适用于：化工、制药、轻工、石油、冶金、煤炭、染料、食品、酿造、造纸和环保部门。

本行业的服务宗旨是：为国内提供技术先进的分离设备，质量第一，信誉第一，真诚合作，共创美好未来，为祖国的经济建设服务，为发展石化工业、环保工业、食品工业等贡献我们的力量。全体会员单位愿广交各界朋友，竭诚为广大用户服务，欢迎同行企业加盟行业协会。

中国通用机械工业协会气体分离设备分会

分会理事长：四川空分设备(集团)有限责任公司　单金铭

副理事长：中国空分设备公司　徐伟民

杭州制氧机集团有限公司　毛绍融

开封空分集团有限公司　曾建晟

液化空气(杭州)有限公司　邵　勇

林德工艺装置有限公司　史振春

气体分离设备行业协会　朱燧炎

秘书长：廖　彬

副秘书长：王令卿

地　　址：北京西城区月坛南街26号

邮　　编：1000825

电　　话：(010)68539198

传　　真：(0571)68539198

网　　址：//www.cngspa.com

E-mail：info@cngspa.com

中国通用机械工业协会气体分离设备分会成立于1989年4月，是由全国从事气体分离及液化设备的科研、设计、制造的企事业单位，依法自愿组织起来的，不以赢利为目的的行业性社会经济团体，受国家有关部门的指导。

本分会是社会中介组织和自律性行业管理组织，以协调同行业关系，维护成员共同利益，贯彻执行国家的法律、法规和有关政策，协助政府进行行业管理，为企业和政府服务，促进行业共同发展为宗旨。行业协会在政府和企事业单位之间起着桥梁和纽带作用，沟通本行业与其他有关行业和单位的联系，加强合作、相互促进、共同发展。分会的办事机构为秘书处，在理事会的领导下负责日常工作。秘书处下设综合信息、技术发展、企业管理三个部、开展各项活动。此外，协会还设立了各种专业委员会和管理委员会，开展专题性的各项活动。

协会任务和服务范围

(1)研究行业发展的方向和目标，为政府部门制定行业发展规划、技术发展政策、结构调整等进行前期研究，并提供建议。

(2)对本行业发展的有关技术经济政策和法规制定提出建议；组织订立行规、行约，维护会员单位的合法权益，向政府部门反映行业共同愿望和要求。

(3)组织起草、修订本行业的国家标准、推荐性标准、行业标准，并推行标准的贯彻实施。(4)协助政府搞好本行业的质量管理工作，对企业产品质量，现场运转的空分设备质量进行诊断和咨询，服务用户。

(5)组织本行业技术和经济信息网络，进行交流、人才培训、专题调研。提供综合技术经济信息和有关资料，推动行业技术进步和企业现代化管理，为提高企业经济效益服务。

(6)及时了解市场动态，进行市场预测，组织举办行业展览，为企业开拓市场，沟通供需渠道，提供服务。

(7)开展本行业价格情况的调查研究和协调工作，为政府部门提供政策调整的建议。

(8)为建设项目、技术改造项目、技术引进项目等进行可行性研究和报告等。

(9)接受委托进行科研成果、新产品评议、鉴定的评审工作。

(10)承办政府部门、企事业单位委托的其他服务。

通用机械制造业国内主要用户领域拟在建项目(摘编)

项目名称	单位名称	地址	邮编	电话
化工类				
年产10万t聚乙烯装置项目	天津化工厂	天津汉沽区	300480	(022)67992782
年产2万t高纯液态环氧树脂项目	天津化工厂	天津汉沽区天津化工厂	300480	(022)67992782
化纤仿真织物建设项目	承德帝贤针纺股份有限公司	河北省承德市承德县下板城镇	067400	(0314)3011577
年产1.5万t聚偏氯乙烯树脂项目	唐山三友集团冀东化工公司	河北省唐山市南堡开发区	063305	(0315)8517127
年产100万t焦化项目	山西五麟焦化有限公司	山西省太原市桃园北路5号	030002	(0351)7687047
年产3万t氯丁橡胶异地技改项目(中亚合资)	山西合成橡胶集团有限责任公司	山西省大同市城区拥军北路1号	037005	(0352)2892078
9万t/a醋酸乙烯项目	乌海市兴达公司	内蒙古乌海市乌达区化工路泰达西侧	016040	(0473)3032418
年产15万t甲醇项目	亿利集团公司	内蒙古鄂尔多斯市西街30号亿利集团	172000	(0477)8337211
年产万t赖氨酸项目	昌图县经贸委	辽宁省昌图县经贸委	112500	(0410)5823245
年产4万t差别化腈纶纤维工程	吉林化纤集团吉林奇峰化纤有限公司	吉林省吉林市九站街516－1号	132115	(0432)3502795
2万t聚甲醛项目	黑龙江省大庆油田甲醇厂	黑龙江省大庆市让区马鞍山	163453	(0459)5696800
QTA配套改造项目	黑龙江龙涤股份有限公司	黑龙江省阿城市	150316	(0451)3716303
35万t/a对二甲苯及80万t PTA项目	中国石油天然气股份有限公司	北京市东城区安德路16号州际大厦	100011	(010)84886071
11万t/a丙烯酸及酯项目	沈阳兰万灵化工有限公司	辽宁省沈阳市沈大路888号	110141	(024)25834176
年产10万t甲苯二异氰酸酯(TDI)项目	锦化化工(集团)有限责任公司	辽宁省葫芦岛市连山区化工街	125001	(0429)2709096
年产40万t PVC工程	锦化化工(集团)有限责任公司	辽宁省葫芦岛市连山区化工街	125001	(0429)2709096
聚碳酸酯项目	拜耳(上海)聚合物有限公司	上海市淮海中路1329号云海大厦18楼	200031	(021)64456861
扩建年产1.2万t涤纶工业长丝项目	上海石油化工股份有限公司	上海市金山卫金一路1051号	200540	(021)57941941
30万t/aABS装置项目	中石化集团股份有限公司上海高桥石化公司	上海市浦东大道3000号	201208	(021)58711001
年产2万t乙醇胺项目	南京化学工业园有限公司	江苏省南京市3209信箱化工园投资部	210062	(025)8745797
甲基丙烯酸甲酯(MMA)项目	南京化学工业园	江苏省南京市3209信箱	210061	(025)8847654
年产10万t PET瓶级树脂项目	南京化学工业园有限公司	江苏省南京市3209信箱	210061	(025)8849082
年产10万t聚碳酸酯(PC)项目	南京化学工业园有限公司	江苏省南京市3209信箱	210061	(025)8849082
年产3万t聚对苯二甲酸丙二醇酯(PTT)项目	南京化学工业园有限公司	江苏省南京市3209信箱	210061	(025)8849082
年产105万t精对苯二甲酸(PTA)装置改造工程	杨子石油化工股份有限公司	江苏省南京市六合区新华路777号	210048	(025)7784401
醋酸长丝项目	江苏东升艾克科技股份有限公司	江苏省如东县掘港镇掘兵路122号	226400	(0513)4515365

（续）

项目名称	单位名称	地址	邮编	电话
年产10万t苯胺项目	中国石化集团南京化学工业有限公司	江苏省南京市大厂区葛关路361号	210048	(025)7792485
4万t/a甲酮装置项目	江苏泰州石油化工总厂	江苏省泰州市江洲北路36号	225300	(0523)6558888
炼油乙烯一体化项目	福建炼油化工有限公司	福建省泉州市泉港区	362117	(0595)7789145
30万t/a聚氯乙烯项目	福建湄州湾氯碱工业公司(福州二化集团有限公司)	福建省福州市连江路	350011	(0591)7336279
45万t/aPVC合资项目	福建石油化工集团有限责任公司	福建省福州市东街33号武夷中心11层	350011	(0591)7522128
年产53万t精对苯二甲酸装置项目	万杰集团公司	山东省淄博市山区西过境路中段万杰集团公司	255213	(0533)4652719
低温常压液化石油气码头项目	青岛太和油气储运有限公司	山东省青岛胶南市经济技术开发区管委转	266400	(0532)5161316
年产53万t精对苯二甲酸装置项目	万杰集团公司	山东省淄博市山区西过境路中段万杰集团公司	255213	(0533)4652719
合成树脂产品结构调整技术改造项目	中国石化股份有限公司齐鲁分公司	山东省淄博市临淄区	255408	(0533)7586867
聚酯电容薄膜项目	江苏南天集团股份有限公司	江苏省如皋市	226511	(0513)8571223－2103
1万t/a季戊四醇项目	安徽省阜阳化工总厂	安徽省阜阳市阜康路1号	236023	(0558)2326615
尼龙66盐技改项目	尼龙66盐有限责任公司	河南省平顶山市建设路东段经济开发区	467000	(0375)3989582
加工中东含硫原油及清洁燃料配套改造工程	中国石油化工股份有限公司广州分公司	广东省广州市黄埔区石化路239号	510725	(020)82121283
年产10万t聚氯乙烯(PVC)项目	泸天化(集团)有限责任公司	四川省泸州市纳溪区	646300	(0830)4122501
3亿m^3/a天然气利用项目	甘肃庆化(集团)有限责任公司	甘肃省庆阳县三十里铺镇	745115	(0934)3266398
乌鲁木齐—兰州成品油管道工程	新疆新捷股份有限公司	新疆乌鲁木齐高新开发区钻石城36号	830011	(0991)3845600
年产45万t/a乙烯工程	新疆新捷股份有限公司	新疆乌鲁木齐高新开发区钻石城36号	830011	(0991)3845600
60万t/a乙烯工程	中国石油天然气股份有限公司	北京市东城区安德路16洲际大厦	100011	(010)84886071
醋酐及醋酸纤维项目	西北石油局新疆新星实业集团公司	新疆乌鲁木齐市北京北路2号	830011	(0991)6649904
年产60万t乙烯工程	阿克苏地区行署油区工作管理委员会	新疆阿克苏地区行署油区工作管理委员会	843000	(0997)2122966
煤化工一期工程(更新)	邯郸煤化工总公司	河北省邯郸市中华北大街98号	056004	(0310)3031520
焦化煤气厂项目	阳泉市太行工贸总公司	山西省阳泉市德胜东街31号	045000	(0353)2032339
年产40万t焦炭工程	山西省屯留县洗煤焦化厂	山西省屯留县河神庙乡西故县村	046105	(0355)7678224
合成氨原料(油改)煤工程	内蒙古天野化工(集团)有限责任公司	内蒙古呼和浩特市内蒙古天野化工(集团)有限责任公司	010070	(0471)5600038
胜利煤田褐煤液化项目	锡盟乌兰图嘎煤炭有限责任公司	内蒙古锡盟乌兰图嘎煤炭有限责任公司	026000	(0479)8802128
天然气输配工程	包头市燃气总公司	内蒙古包头市昆区少先路16号	014010	(0472)5117523
包头市天然气输配项目	包头市燃气总公司	内蒙古包头市昆区少先路16号	014010	(0472)5117523
年产13 700t四氢呋喃均聚醚项目	山西省高平化工有限公司	山西省高平市火车站北	048400	(0356)5242402
草原绿色丰产素(腐植酸化肥)项目	内蒙古计委信息处	内蒙古呼和浩特市清华大街58号	010020	(0471)6915134
合成氨原料(油改)气工程	内蒙古天野化工(集团)有限责任公司	内蒙古呼和浩特市内蒙古天野化工(集团)有限责任公司	010070	(0471)5600038
天然气开发利用项目	包头明天科技股份有限公司	内蒙古包头市明天科技股份有限公司	014010	(0472)2127796

（续）

项目名称	单位名称	地址	邮编	电话
高效清洁煤及液体燃料	扎赉诺尔煤业公司	扎赉诺尔矿区育林街17号	021412	(0470)6262050
煤炭地下气化及化工	扎赉诺尔煤业公司	扎赉诺尔矿区育林街17号	021412	(0470)6262050
年产10万t燃料酒精项目	昌图县经贸委	辽宁省昌图县经贸委	112500	(0410)5823245
依兰煤炭直接液化项目	哈尔滨燃气化工总公司	黑龙江省哈尔滨市道里区河润街136号	150076	(0451)4609081
东荣煤炭液化项目	史学燃气化工总公司	黑龙江省哈尔滨市道里区河润街136号	150076	(0451)4609081
2万t/a聚甲醛工程项目	上海溶剂厂(或与开发区管理公司建立的合资公司)	上海市南码头路200号	200125	(021)58701452
年产4.5万t聚甲醛项目	南京化学工业园	江苏省南京市3209信箱	210061	(025)8849082
杭州市天然气利用工程项目	杭州市政公用局	杭州新华路58号	310003	(0571)88841275
天然气利用工程	杭州市燃气(集团)有限公司	浙江省杭州市天目山路30号	310007	(0571)88828788－7001
年产3.5万t新工艺炭黑项目	福建省仙游炭黑有限公司	福建省仙游县八二五大街5号	351200	(0594)8393715
年产20万t醋酸和新型气化炉及配套工程	兖矿集团有限公司	山东省邹城市矿建西路439号	273500	(0537)5368338
2万t/a赖氨酸项目	山东金沂蒙集团有限公司	山东省临沭县兴大西街99号	276700	(0539)6213888
绍兴市区、绍兴县天然气利用工程项目	浙江绍兴市燃气总公司	浙江绍兴市区西欢河沿28号	312000	(0575)5128541
河南天然气利用工程	焦作中燃城市燃气发展有限公司	河南省焦作市解放东路219号	454002	(0391)3901177
洞庭煤气化项目	岳阳中石化壳牌煤气化有限公司	湖南省岳阳七里山	414003	(0730)8536199
忠县——武汉输气管道工程	忠武输气管道建设项目经理部	河北省廊坊市	065000	(0316)2170839
年产40万t甲醇、10万t二甲醚项目	泸天化(集团)有限责任公司	四川省泸州区纳溪	646300	(0830)4122215
年产60万t S—NPK复合项目	贵州开磷集团	贵州省贵州息烽重钙厂	551109	(0851)7714003
年产2万t聚甲醛(POM)/甲醛项目	泸天化(集团)有限责任公司	四川省泸州区纳溪	646300	(0830)4122501
60万t甲醇工程	西安榆天化工有限责任公司	陕西省榆林市上郡南路	719000	(0912)3385644－2171
榆林15万t醋酸工程	陕西榆林地区开发区	陕西省榆林市上郡南路	719000	(0912)3898901
年产30万t合成氨、52万t尿素项目	阿克苏华锦化肥有限责任公司	新疆阿克苏地区行署油区工作管理委员会	843000	(0997)2122966
20万t/a二甲醚项目	榆林市能源基地办	陕西省榆林市政府	719000	(0912)3898901
年产4万t TDI扩建工程	甘肃银光化学工业公司	甘肃省白银市银光化学工业公司	730900	(0943)8300888
1 000t/a多晶硅项目	唐山三友集团冀东化工公司	河北省唐山市开平区东环路139号	063000	(0315)3361968－66207
25万t/a硫酸钾项目	福25万t/a硫酸钾项目徘徊处	福建省福鼎市人民政府	355200	(0593)7852491
富宝氟化工生产项目	福建省顺昌富宝实业有限公司	福建省顺昌县埔上镇	353205	(0599)7513796
磷矿肥结合工程	湖北宜昌磷化工业集团公司	湖北省宜昌市沿江大道114号	443000	(0717)6224012
日产1 500t合成氨工程	云南沾化有限责任公司	云南省曲靖市沾益县花山镇	655338	(0874)3065088
年产10万t杨木浆工程	铁岭市万金机电设备有限公司	辽宁省铁岭市银州区红旗街十委	112000	(0410)2804309
年产10万t轻涂纸项目	沈阳化工开原纸业有限公司	辽宁省开原市铁西街47号	112300	(0410)3713923
有机硅单体及下游产品项目	芜湖海螺集团	安徽省芜湖海螺集团	241000	(0553)3119038
生态造纸示范园项目	滨州绿家园有限公司	山东省沾化县城富城路331号	256800	(0543)7313919
林、浆、纸一体化项目	山东泉林纸业有限责任公司	山东省高唐县城北	252800	(0635)3961516
年产10万t防水抗碱标签纸项目	青州瑞化科技造纸有限公司	山东省青州市青州北路2119号	262500	(0536)3284094

（续）

项目名称	单位名称	地址	邮编	电话
年产10万t废纸脱墨制浆及废水处理工程	河南银鸽实业投资股份有限公司	河南省漯河市人民东路95号	462000	(0395)2355300
20万t/a涂布白卡纸项目	岳阳纸业集团	湖南省岳阳市城陵矶	414002	(0730)8561295
赖氨酸项目	昌图县粮食局	辽宁省铁岭市昌图县	112500	(0410)5816495
年产3.5万t EP系列生态医用卫生材料建	河南飘安高科股份有限公司	河南省长垣县飘安工业园	453400	(0373)8702222
1万t/a对氨基苯酚工程	湖南株化城信有限责任公司	湖南省株洲市石峰区清水塘	412004	(0733)2380923
2 000t/d新型干法回转窑熟料生产线	泽州县物资局	山西省晋城市泽州东街	048000	(0356)2022005
3万t/a氯化法金红石型钛白粉工程	湖南永利化工股份公司	湖南省株洲市石峰区清水塘	412004	(0733)2381116
5万t/a PVC化学建材扩建工程	湖南株化城信有限责任公司	湖南省株洲市石峰区清水塘	412004	(0733)2380923
日产4 000t熟料新型干法回转窑生产线扩	湖南潇湘集团	湖南省永州市祁阳县黎家坪镇南正南路330号	426181	(0746)3815467
日产2 000t熟料新型干法水泥生产线项目	贵阳水泥有限责任公司	贵州省贵阳市白云区白云北路	550014	(0851)4830500
日产1 000t新型干法水泥项目	平凉市水泥厂	甘肃省平凉市太统南路23号	744000	(0933)8714481
电站类				
惠安核电站项目	福建省核电站办公室	福建省福州市五四路268号	350003	(0591)7805355
板桥峪抽水蓄能电站项目	北京勘测设计研究院	北京市朝阳区定福庄西街1号	100024	(010)65765533
丰宁二、三级水电站项目	北京大唐发电公司	北京市宣武区广安门华北局大楼	100001	(010)63587079
桃花寺抽水蓄能电站项目	北京大唐发电股份有限公司	北京市广安门内大街482号	100053	(010)83582101
西湾水电站项目	隆生县水务局	河北省隆化县水务局	068150	(0314)7063635
黎河Ⅵ—Ⅶ级水电站项目	遵化市水电发展有限公司	河北省遵化市海都南道9号	064200	(0315)6613957
张河湾抽水蓄能电站项目(亚行贷款项目)	河北张河湾蓄能发电有限责任公司	河北省石家庄市富强大街34号	050034	(0311)7933709
山西省盂县滹沱河梯级水电站五级开发	盂县小水电开发公司	山西省阳泉市盂县水利局	045100	(0353)8083976
姚家山水电站项目	新宾县水利局	辽宁省新宾县水利局	113200	(0413)5022301
鸭绿江三级电站项目	三源水电有限责任公司	吉林省长白朝鲜族自治县长白镇三源水电有限责任公司	134400	(0439)8228091－8301
西沟抽水蓄能电站项目	黑河市计委	黑龙江省黑河市文化街222号	164300	(0456)8224034
乌宋岗(二)水电站项目	库尔滨流域水电公司	黑龙江省逊克县库尔滨流域水电公司	164400	(0456)4498160
乌宋岗(三)水电站项目	库尔滨流域水电公司	黑龙江省逊克县库尔滨流域水电公司	164400	(0456)4498160
海浪河开化混合式抽水蓄能电站项目	牡丹江市林海供水有限公司	黑龙江省海林市海林镇林海路65号	157100	(0453)7228474
抽水蓄能站项目	江苏抽水蓄能发电有限公司	江苏省无锡市宜兴陶都路宜兴供电局	214206	(0510)7988098
孟溪水库电站工程	仙居县水利水电局	浙江省仙居县水利水电局	317300	(0576)7773761
琅琊山抽水蓄能电站项目	安徽琅琊山抽水蓄能有限责任公司	安徽省滁州市明光路200号	239000	(0550)3040518
金寨县流波电站项目	金寨县地方电力(集团)公司	安徽省金寨县地方电力(集团)公司	237300	(0564)7062316
寿宁牛头山水电站项目	寿宁牛头山水电站前期工作领导小组	福建省寿宁县梦阳镇北山巷1号	155500	(0593)5522131

(续)

项 目 名 称	单 位 名 称	地 址	邮 编	电 话
仙游抽水蓄能电站项目	福建省抽水蓄能水电站工程筹备处	福建省福州市五四北路268号	350003	(0591)7024126
黄潭电站项目	福建省将乐恒升水电股份有限公司	福建省将乐县三华南路	353300	(0598)2265365
街面水电站项目	福建省尤溪流域水电开发责任有限公司	福建省水利水电勘测设计研究院	350000	(0591)7583169
洪口水电站项目	宁德市蕉城区洪口水电站筹建处	福建省宁德市建业大厦四层	352100	(0593)2870622
洪屏抽水蓄能电站项目	江西省电力公司	江西省南昌永外正街266号	330006	(0791)8641182
繁昌响水涧抽水蓄能电站项目	芜湖市计委	安徽省芜湖市计委	241000	(0553)3119490
农村水电开发项目	河南九龙水电集团有限公司	河南省郑州市丰产路98号	450008	(0371)5724539
雅口水利枢纽工程	宜城市人民政府	湖北省宜城市人民政府	441400	(0710)4212098
巴东县麻线坪水库电站项目	湖北省巴东县电力公司	湖北省巴东县信陵镇董家梁子	444300	(0718)4222469
北山抽水蓄能电站项目	钟祥市北山抽水蓄能电站筹建办公室	湖北省钟祥市郢中镇石城大道东路2号(市政府院内)	431900	(0724)4238431
江坪河水电站项目	湖北省娄水开发公司	湖北省鹤峰县水利局	445800	(0718)5282293
白莲河抽水蓄能电站项目	湖北省电力公司	湖北省武汉市武昌区徐东路175号	430077	(027)86766711
桃源县会人溪水电站项目	湖南省桃源县水利水电局	湖南省桃源县漳江镇黄花西路006号	415700	(0736)6622356
湘江航运开发株洲航电枢纽项目	湖南湘江航运建设开发有限公司	湖南省长江市五一西路286号湘航大厦6楼	410005	(0731)2252233
茶林河水电站项目	湖南张家界茶林河电力有限责任公司	湖南省长沙南亚工贸公司	427200	(0731)5518461
风滩水电厂扩建工程	湖南省风滩水力发电站	湖南省沅陵风滩	419621	(0745)4492241
大院电站项目	湖南省炎陵县浙湘水电开发有限公司	湖南省炎陵县水利水电局	412500	(0733)6225040
小水电代燃料生态工程	安化县发展计划物价局	湖南省安化县	413500	(0737)7223517
杉木塘电站项目	湖南省新晃县水务局	湖南省新晃县水利局	419200	(0745)6222169
杉木塘水电站建设项目	新晃侗族自治县水利局	湖南省新晃县县城镇解放路	419200	(0745)6265867
俐俩水利枢纽工程	平南县水利局	广西平南县	537100	(0775)7822197
鉴河水库项目	德保县水利局	广西德保县水利局	533700	(0776)3828605
金鸡滩水利枢纽工程	隆安县金鸡滩水利电力开发有限公司	广西隆安县城厢镇民安街53号	530022	(0771)6526607
平班水电站(西电东送)项目	广西电力有限公司	广西南宁市民主路6号	530023	(0771)5623414
九盘河水利水电枢纽工程	亚克林业(集团)有限公司	重庆市奉节县永安镇县政路4号	404600	(023)63888858
乌江水利枢纽工程	重庆市彭水县发展计划委员会	重庆市彭水县发展计划委员会	409600	(023)78442808
白龙江紫兰坝水电站项目	紫兰坝水电开发有限责任公司	四川省紫兰坝水电开发有限责任公司	628003	(0839)8522895
鸭咀河流域电力开发项目	木里县发展计划局	四川省凉山州木里县发展计划局	615800	(0834)6522246
吴家街电航工程	四川省蓬溪县供水公司	四川省蓬溪县经济区映月街	629100	(0825)5435139
官帽舟水电站项目	乐山马边官帽舟电站建设筹备组	四川省马边彝族自治县	614600	(0833)4514396
小龙门电航枢纽工程	南充市小龙风仪电航工程建设领导小组办公室	四川省南充市铁荣路5号	637000	(0817)2181776
白水河电站项目	四川省石棉县开源电力有限公司	四川省雅安市石棉县新棉镇电力路31号	625400	(0835)8861218

（续）

项目名称	单位名称	地址	邮编	电话
风仪场电航枢纽项目	南充市小龙风仪电航工程建设领导小组办公室	四川省南充市铁荣路5号	637000	(0817)2181776
锦屏二级水电站工程	二滩水电开发有限责任公司	四川省成都市双林路98号	610021	(028)2907333
瀑布沟水电站工程	国电大渡河流域水电开发有限公司	四川省成都市红星路四段东升街89号蜀源大厦10层	610016	(028)6726999
锦屏一级水电站项目	二滩水电开发有限责任公司	四川省成都市双林路98号	610021	(028)2907333
舟坝水电站项目	四川国投马边河水电有限责任公司	四川省沐川县黄丹镇	614505	(0833)4677350
金银台航电枢纽项目	嘉陵江金银台航电开发公司	四川省阆中市新村路42号	637400	(0817)6268288
嘉陵江桐子壕航电枢纽工程	嘉陵江桐子壕航电开发公司	四川省广安市武胜县中心镇	638400	(0826)6310809
松林河一级水电站项目	四川省石棉矿	四川省石棉县	625400	(0835)8862129
下石龙电站项目	广南县电力有限责任公司	云南省广南县莲城南路111号	663300	(0876)5154788
糯扎渡电站项目	云南澜沧江水电开发有限公司	云南省昆明市拓东路15号澜沧江大厦2001室	650011	(0871)3125858
景洪电站项目	云南景洪水电项目建设管理处	云南省昆明市拓东路49号电力大厦	650011	(0871)3011838
槟榔江流域梯级电站项目(西电东送)	云南保山电力股份有限公司	云南省保山市隆阳区正阳北路208号	678000	(0875)2207369
槟榔江流域水电开发一期工程(西电东送)	滕冲县发展计划局	云南省滕冲县人民政府四楼	679100	(0875)5181119
桐梓河园满贯水电站项目	仁怀市水利开发有限责任公司	贵州省仁怀市水利电力局	564500	(0852)2229097
赤水河茅台水电站项目	仁怀市水利开发有限责任公司	贵州省仁怀市水利电力局	564500	(0852)2229097
鱼塘水电站项目	道真自治县水利电力局	贵州省道真县玉溪镇文化二支路	563300	(0852)5821018
赤水河五马河口水电站项目	仁怀市水电局	贵州省仁怀市水电局	564500	(0852)2223217
构皮滩水电站项目	贵州乌江水电开发有限责任公司	贵州省贵阳市新华路9号乌江大厦	550002	(0851)5784399
三板溪水电站项目	湖南五陵水电开发有限责任公司	湖南省长沙市芙蓉南路308号	410007	(0731)5388557
沙沱水电站项目	贵州乌江水电开发有限责任公司	贵州省贵阳市新华路9号	550002	(0851)5784555
思林水电站项目	贵州乌江水电开发有限责任公司	贵州省贵阳市新华路9号	550002	(0851)5784555
重安江三十三浪电站项目	黄平县水利局	贵州省黄平县水利局	556100	(0855)2432014
双河口水电站项目	罗甸县双河口水电站	贵州省黔南州政协(都匀市)	558000	(0854)8223547
雪卡水电站项目	西藏自治区电力公司	西藏拉萨林廓北路19号	850000	(0891)6336971
狮泉河水电站项目	西藏自治电力公司	西藏拉萨林廓北路19号	850000	(0891)6336971
直孔水电站项目	西藏自治电力公司	西藏拉萨林廓北路19号	850000	(0891)6336971
喜河水电站工程	陕西汉江投资开发有限公司	陕西省西安西一路53号军展大厦7楼	710004	(029)7408401
汉江甸阳水电站项目	旬阳县重点项目建设办公室	陕西省旬阳县政府办公楼东四楼	725700	(0915)7202524
汉江水电站工程	陕西汉江投资开发有限公司	陕西省西安西一路军展大厦七楼	710004	(029)7408401
汉坪咀水电站项目	甘肃南部开发水电有限公司	甘肃省文县碧口镇碧口街448号	746412	(0939)5582838
黄河小三峡水电站项目	小三峡水电开发有限责任公司	甘肃省兰州市敦煌路157号	730050	(0931)2952163
巴藏陈宜咀电站建设项目	甘肃省舟曲县水电局	甘肃省舟曲县水电局	446300	(0941)5122152

（续）

项 目 名 称	单 位 名 称	地 址	邮 编	电 话
椒园坝水电站项目	武都县民族水资源开发有限公司	甘肃省武都县南桥路243号	746000	(0939)8213550
汉王水电站项目	陇南凯宏实业有限责任公司	甘肃省武都县城关南桥路05—68号	746000	(0939)8232658
讨赖河冰沟一级水电站项目	三元水电开发有限公司	甘肃省酒泉市东环南路16号	735000	(0937)2613015
白水江汉坪咀水电站项目	甘肃南部水电开发有限公司	甘肃省文县碧口镇碧江街448号	746412	(0939)5582838
安果尔水电站项目	合作市水务水电局	甘肃省甘南州合作市水务局	747000	(0941)8210552
多松多水电站项目	甘南州计委	甘肃省甘南州计委	747000	(0941)8213694
黄河首曲电站项目	玛曲县水务水电局	甘肃省玛曲县水务水电局	747300	(0941)6121600
曲河电站建设项目	玛曲县水务水电局	甘肃省玛曲县水务水电局	747300	(0941)6121600
泽曲河下游水电开发项目	河南县人民政府	青海省河南县人民政府	811500	(0973)762592
拉西瓦水电站工程	黄河上游水电开发有限责任公司	青海省西宁市海西路7号	810003	(0971)6174835
汉江蜀河水电站项目	旬阳县重点项目建设办公室	陕西省旬阳县人民政府办公楼东四楼	725700	(0915)7202524
党河水峡口电站项目	肃北县水电局	甘肃省肃北县党城湾镇南街67号	736300	(0937)8122418
王曲电厂工程项目	山西鲁晋王曲发电有限责任公司	北京丰台区南三环玉泉营草桥玫瑰花园小区12号楼	100744	(010)63567754
张家港燃气——蒸汽联合循环发电工程	北京三吉利能源股份有限公司	北京海淀区首体南路20号国兴家园4号楼	100044	(010)88354353
大港发电厂一期燃油锅炉技术改造工程	天津大港华实发电有限责任公司	天津市大港发电厂	300272	(022)25904052
遵化电厂二期项目	遵化电厂二期工程筹建处	河北遵化市西二环路	064200	(0315)6688174
华能上安电厂三期扩建工程	华能国际电力股份公司石家庄分公司	河北井泾县33号信箱	050310	(0311)2032113
西柏坡发电厂三期扩建工程	河北西柏坡发电有限责任公司	河北省平山县101号信箱	050400	(0311)7766014
衡水电厂二期扩建工程	河北衡丰发电有限责任公司	河北省衡水市人民西路669号	053000	(0318)2192023
新建王滩发电厂项目	河北大唐王滩发电厂筹建处	河北省唐山市陡河发电厂	063028	(0315)2523319
山西古交发电厂新建工程	山西恩华能源有限责任公司	山西太原市西铭路24号	030053	(0351)6217835
2×1.2MW煤矸石发电机组技改工程	山西省煤炭运销总公司吕梁分公司柳林县公司	山西省柳林县卸林镇三道堰	033300	(0358)4022175
扩建2×300MW机组项目	福建闽能邵武发电有限公司	福建省邵武市药村	354000	(0599)6526712
铝电联产项目	山西吉州铝电实业有限公司	山西省临汾市解放西路71号一栋一单元401室	041000	(0357)2683019
漳泽发电厂三期扩建工程(西电东送)	山西漳山发电有限责任公司	山西省长治市北郊漳电路19号	046021	(0355)5058088
二期扩建2×50MW机组项目	原平泰跃电力发展有限公司	山西省原平市建设街电力建设公司电厂筹建处	034100	(0350)8223940
煤矸石综合利用项目	汇丰硅电有限责任公司	内蒙古乌海市乌古区	016040	(0473)4022184
新建2×200MW机组项目	乌海市海南区外经贸局	内蒙古乌海市海南区外经贸局	016030	(0473)4022166
改扩建2×300MW机组工程	广西合山发电有限公司	广西合山市电北路1号	546501	(0772)3973006
煤、电、铝联合工程项目	神华集团乌达矿务局	内蒙古乌海市乌达区	016040	(0473)3112027
达电三期工程项目	内蒙古蒙达发电有限公司	内蒙古伊克昭盟达拉特旗树林召镇	014300	(0477)5182886
海勃湾电厂二期扩建工程	内蒙古海勃湾电力股份公司	内蒙古乌海市海南区	016000	(0473)4332908
新建煤矸石电厂项目	神华集团准格尔能源有限责任公司	内蒙古呼和浩特市薛家湾准格尔能源有限责任公司	010300	(0477)4318000
矸电三期工程	神华集团乌达矿务局	内蒙古乌海市乌达区	016040	(0473)33112027

（续）

项目名称	单位名称	地址	邮编	电话
伊敏煤电二期工程	伊敏华能东电煤电有限责任公司	内蒙古呼伦贝尔盟鄂温克旗伊敏镇	021134	(0470)8791708
霍林河矿区坑口电厂项目	霍林河煤业集团有限责任公司	内蒙古自治区霍林郭勒市	029200	(0475)7952984
第一发电厂中央电站改造项目	鞍钢集团公司	辽宁省鞍山市铁西区	114021	(0412)6723090
庄河新建电厂项目	朝阳发电厂	辽宁省朝阳市龙城区马山街	122008	(0421)3813401-2224
以大代小火电机组改建工程	谏壁发电厂	江苏省镇江市谏壁发电厂	212006	(0511)5352023
玉环发电厂一期工程(863计划)	华能国际电力股份公司浙江分公司	浙江华能国际电力股份公司浙江分公司	317600	(0576)7250395
电厂二期工程	淮北国安电力有限公司	安徽省淮北市烈山区宋疃国安电力公司	235000	(0561)4616790
电铝联合项目	淮北市计委	安徽省淮北市淮海路	235000	(0561)3023106
淮南矿业集团公司坑口电厂项目	淮南矿业集团	安徽省淮南市洞山	232001	(0554)7624636
新区煤矸石电厂项目	淮南矿业集团	安徽省淮南市淮南矿业集团规划部	232001	(0554)7624217
发电厂8#机组扩建工程	淮北发电厂	安徽省淮北市淮海路8号	235000	(0561)3263158
芜湖电厂五期工程	芜湖发电厂	安徽省芜湖发电厂	241009	(0553)5202222
铜陵电厂五期扩建项目	安徽铜陵发电厂	安徽省铜陵市南郊铜陵发电厂	244012	(0562)3822010
闽北火电厂项目	南平市发展计划委员会	福建省南平市人民路108号	353000	(0599)8842649
扩建600MW发电机组项目	江西贵溪发电厂	江西省贵溪市东门外	335400	(0701)3771259
奋进矸石电厂项目	洛阳宇大能源开发公司	河南省洛阳市涧西区九都西路副1号	471003	(0379)4327134
蓝光环保电厂项目	河南兰光环保发电有限公司	河南省郑州市农业东路31号莫特大厦	450000	(0371)5713590
2×125MW煤矸石综合利用电厂项目	郑州煤炭工业(集团)有限责任公司	河南省新密市郑州煤炭工业(集团)有限责任公司	457371	(0371)9782700
2×135MW环保型综合利用机组项目	河南豫联能源集团有限责任公司	河南省巩义市新华南路31号	451200	(0371)4382118
平煤集团坑口电厂二期工程	平煤集团坑口电厂	河南省平顶山市新华区青石山坑口电厂	467044	(0375)2739306
超化IGCC电厂项目	郑州煤炭工业(集团)有限责任公司	河南省新密市郑州煤炭工业(集团)有限责任公司	452371	(0371)9782700
首阳山电厂三期扩建项目	洛阳首阳山电厂	河南省偃师城关镇洛阳首阳山电厂	471900	(0379)7702980
电厂二期工程2×600MW发电机组项目	南阳市鸭河口发电有限责任公司	河南省南阳市鸭河口发电有限责任公司	473000	(0377)6622216
电厂一期工程	国投北部湾发电有限公司	广西北海市长青路荔珠阁	536000	(0779)3079098
2×300MW火力发电厂项目	广西桂林兴安火电厂	广西桂林兴安县兴安火电厂	541300	(0773)6222247
海南八所电厂项目	八所电厂有限公司	海南省海口市滨海西路88号057信箱	570311	(0898)25521488
1×200MW机组烟气脱硫工程	重庆九龙电力股份有限公司	重庆市九龙区渝州路37号	400041	(023)68637303
2×50MW劣质煤坑口电厂项目	广旺能源发展(集团)有限责任公司	四川省旺苍县	628200	(0839)4028039
开远电厂项目	云南电力集团公司	云南省昆明市拓东路49号	650011	(0871)3012130
曲靖电厂二期工程	曲靖发电有限责任公司	云南省昆明市拓东路49号	650011	(0871)3012130
纳雍县4×300MW火电厂项目	中共纳雍县委纳雍县人民政府	贵州省纳雍县雍熙镇	553300	(0857)3521710
桐梓火电厂项目	贵州省桐梓县计划局	贵州省桐梓县计划局	563200	(0852)6652589

（续）

项 目 名 称	单 位 名 称	地 址	邮 编	电 话
鸭溪 4×300MW 电厂建设项目	贵州省电力公司	贵州省贵阳市滨河路 17 号	550002	(0851)5593157
滇东 AT 项目	云南省电力集团公司	云南省昆明市拓东路 49 号	650011	(0871)3012130
热电厂技术工程	陕西省户县发电有限公司	陕西省户县余下镇	710302	(029)4917148
新建神木电厂项目	陕西煤电化基地开发工程筹建处	陕西省西安市西二路 23 号万景商务中心	710004	(029)7543431
连城电厂二期工程	大唐连城发电有限责任公司	甘肃省兰州市 117 桥镇	730332	(0931)6909216
燃气电厂建设(一期)项目	兰州亚美燃气电厂筹建处	甘肃省兰州市嘉峪关南路 239 号二热电厂收转筹建处	730020	(0931)8497724
燃气电厂项目	甘肃省电力建设投资开发公司	甘肃省兰州市中路子 38 号	730030	(0931)8408389
青海西海电厂	青海省海北州招商局	青海省海北州招商局	810200	(0970)642503
2×300MW 燃煤机组扩建工程	宁夏电力公司中宁发电厂	宁夏中宁发电厂	751203	(0953)5668461
大坝电厂三期扩建(西电东送)工程	大坝电厂三期扩建筹建处	宁夏大坝电厂三期扩建筹建处	753000	(0951)4913608
库东火电厂二期工程	红雁池第一发电有限责任公司	新疆乌鲁木齐市延安路 139 号	830047	(0991)2501201－5002
草桥燃气联合循环热电厂项目	北京热力集团	北京市朝阳区西坝河南路 2 号	100028	(010)84551829
陈塘庄热电厂二期扩建项目	陈塘热电有限公司	天津市河西区延水道 2 号	300221	(022)83280349
滦河电厂供热管网工程	承德市热力集团有限责任公司	河北省承德市热力总公司西区调峰厂	067000	(0314)2191207
西郊热电厂二期工程	唐山市西郊热电厂二期工程筹建处	河北省唐山市路北区西电路	063004	(0315)2517137
焦化热电联产工程	山西省文水县振兴化工有限公司	山西省文水县城内西大街 53 号	032100	(0358)3026210
扩建 1×200MW 供热机组项目	内蒙华电包头第二热电厂	内蒙古包头市青山区厂前路	014030	(0472)3151100－222－130
2×125MW 供热机组技改工程	内蒙古包头第一热电厂	内蒙古包头第一热电厂	014010	(0472)2157952
赤峰市热、电、气三联产扩建工程	赤峰富龙公用(集团)有限责任公司	内蒙古赤峰市红山区北环路南 4 号	024000	(0476)8239805
苏中沿江某市开发区热电厂项目	北京华联达环保能源开发公司	北京朝外华商大厦 1106—1112 室	100025	(010)65949662
低热值煤综合利用热电厂建设项目	内蒙古计委信息处	内蒙古呼和浩特市清华大街 58 号	010020	(0471)6915134
热电厂四期扩建工程	沈阳市热电厂	辽宁省沈阳市	110026	(024)25853694
海母页岩热电厂新建工程	抚顺矿务局	辽宁省抚顺市新抚区中央大街 25 号	113008	(0413)2532772
台山热电厂一期项目	大连台山热电厂	辽宁省大连市沙河口区西安路 251 号	116021	(0411)4307934
滴道发电厂改扩建项目	鸡西矿业集团公司矸石热电厂	黑龙江省鸡西市滴道区北一街	158150	(0467)2720301
热电厂联产项目	黑龙江省电力公司	黑龙江省哈尔滨市	157000	(0469)4262203
100MW 煤矸石热电厂工程	鹤岗矿务局	黑龙江省鹤岗市向阳区红军街二马路 188 号	154100	(0468)3735884
热电联供电厂项目	上海化学工业区热电有限责任公司	上海市重庆南路 310 号	200025	(021)63291010－2503
热电联供项目	上海化学工业区热电有限责任公司	上海化学工业区 C3－2 地块	201147	(021)64728857
2×300MW 燃气蒸汽联合循环机组项目	南京热电厂	江苏省南京市大厂区凤凰南路 103 路	210035	(025)7792288
低热值煤综合利用自备热电厂项目	淮南矿业集团	安徽省淮南市洞山	232001	(0554)7624636

（续）

项 目 名 称	单 位 名 称	地 址	邮 编	电 话
北郊热电厂环保工程续建项目	济南北郊热电厂	山东省济南市天桥区新黄路33号	250033	(0531)5062314
日产2 500t熟料生产线环保节能技改项目	河南省七里岗水泥厂	河南省新密市嵩山大道东段61号	452370	(0371)9812698
2×100MW热电联产项目	河南省焦作电厂	河南省焦作市建设西路1号	454001	(0391)3522216
热电厂2×300MW热电工程	新乡火电厂扩建办	河南省新乡市开发区振中路北段路西	453003	(0373)3092732
驻马店东区热电厂项目	河南省骏马化工集团有限公司	河南省驻马店市	463000	(0396)3813488
沙市热电厂利用天然气改扩建工程	湖北省电力公司	湖北省武汉市武昌区徐东路175号	430077	(027)86766411
武昌热电厂利用天然气改扩建工程	湖北省电力公司	湖北省武汉市武昌区徐东路175号	430077	(027)88566624
热电联产能源综合利用改造工程	河南省轮胎股份有限公司集团	河南省焦作市焦作东南路48号	454003	(0391)3920304
热电煤气—蒸汽联合循环改造工程	成都热电厂	四川省成都热电厂	610051	(028)84120022
新建长安热电厂项目	西安市长安区人民政府	陕西省西安市长安区区政府办	710100	(029)5292538
热电公司扩建工程	陕西八大电力股份有限公司	陕西省西安市文艺北路甲字1号鹏豪大厦610室	710054	(029)7857440
西郊热电厂项目	咸阳市西区集中供热有限公司	陕西省咸阳市中华小区21号楼南	712000	(0910)3364321
兰州西固燃气—蒸汽联合循环发电供热工程项目	西固燃气发电厂筹备处	甘肃省兰州市西固区古浪路78号	730060	(0931)7355231－2804
热电联产节能环保技改工程	新疆八一钢铁集团有限责任公司	新疆乌鲁木齐市头屯河区	830022	(0991)3891251
天辰热电工程	昌吉天辰热电有限责任公司	新疆昌吉市绿州南路55号	831100	(0994)2726526
新建正蓝发电厂项目(西电东送)	正蓝发电厂	内蒙古呼和浩特市锡林南路正蓝发电厂筹备处	010020	(0471)6942741
新建吴江(苏州南)变电所项目	国家电力公司	北京市西城区西长安街86号	100031	(010)66598555
电网500kV西通道工程	江苏省电力公司	江苏省南京市北京西路20号	210024	(025)5082331
新建双林(湖州)变电所项目	国家电力公司	北京国家电力公司	100031	(010)66598555
新建变电所项目	国家电力公司	北京国家电力公司	100031	(010)66598555
荆门—孝感I回500kV送电线路工程	国家电力公司	北京国家电力公司	100031	(010)66598555
新建潜江变电所项目	国家电力公司	北京国家电力公司	100031	(010)66598555
电厂二期2×600MW机组工程	湖南省湘潭电厂	湖南省湘潭市岳塘区双马镇	411102	(0732)5203242
小水电代燃料生态工程	安化县发展计划物价局	湖南省安化县	413500	(0737)7223517
青藏铁路(西藏段)供电工程	西藏自治区电力公司	西藏拉萨林廓北路19号	850000	(0891)6336971
第二回330kV变电工程	陕西省电力公司榆林供电公司	陕西省榆林市长城中路6号	718000	(0912)3255566
双港垃圾焚烧发电厂项目	天津泰达环保股份有限公司	天津市河西区解放路256号泰达大厦D座20层	300042	(022)2320196
垃圾焚烧发电厂项目	连云港市城市管理局	江苏省连云港市海连中路140号	222001	(0518)5509641
平煤热电厂项目	平煤集团	河南省平顶山市矿工路中段9号	467000	(0375)2723276
黄骅风力发电厂项目	南排河风力发电股份有限责任公司	河北省沧州市北环西路8号黄骅发电厂筹建处	061001	(0317)2066233

（续）

项 目 名 称	单 位 名 称	地 址	邮 编	电 话
风力发电项目一期工程	穆棱市十文字风力发电有限公司	黑龙江省穆棱市人民政府	157500	(0451)3136689
风力发电工程(世行贷款)	上海风力发电有限公司	上海市重庆南路310号1701室	200025	(021)64735681
六鳌170MW风力发电场项目	漳浦县六鳌镇经济开发有限公司	福建省漳浦县六鳌镇政府	363211	(0596)3732889
九宫山风力发电场项目	通山县计划委员会	湖北省通山县	437600	(0715)2395842
汕尾甲东风电场项目	广东集团风能有限公司	广东省汕尾市汕尾大道明珠楼5层	516600	(0660)3347298
锂离子二次电池生产线技术改造项目	太行电源(集团)有限责任公司	河南省新乡市建设路10号	453069	(0373)3313241
冶金矿山类				
冷轧薄板生产线项目	北京首钢股份有限公司	北京市石景山区古城路	100041	(010)88295171
超薄带钢深加工技术改造项目(八批国债)	唐山钢铁股份有限公司	河北省唐山市滨河路9号	063016	(0315)2702075
冷轧薄板技术改造工程项目	邯郸钢铁集团有限责任公司	河北省邯郸市复兴路232号	056015	(0310)6079099
冷轧薄板技术改造项目	邯郸钢铁集团有限责任公司	河北省邯郸市复兴路232号	056000	(0310)6075114
电炉炼钢——连铸工程	乌兰浩特钢铁有限责任公司	内蒙古乌兰浩特市铁西区新桥西街29号	137401	(0482)8391001
冷轧薄板项目(十五项目)	包头钢铁(集团)有限责任公司	内蒙古包头市包头钢铁集团公司	014010	(0472)2184620
年产8万t硅铁扩建项目	乌海市东亚硅业公司	内蒙古乌海市东亚硅业公司	016030	(0473)4022184
离心球墨铸铁管项目	内蒙古乌海市黄河工贸集团	内蒙古乌海市千里山钢铁有限责任公司	016011	(0473)2662757
冷轧薄板工程	包头钢铁(集团)有限责任公司	内蒙古包头钢铁(集团)公司	014010	(0472)2183163
ϕ180mm无缝管精整线项目	包头钢铁(集团)有限责任公司	内蒙古包头市包头钢铁集团公司	014010	(0472)2184620
石油无缝钢管加工项目(十五项目)	包头钢铁(集团)有限责任公司	内蒙古包头市包头钢铁集团公司	014010	(0472)2184620
唐钢热轧带钢深加工建设140万t/a冷轧工程	唐山钢铁集团有限责任公司	河北省唐山市滨河路9号	063016	(0315)2702607
第二冷轧厂项目	本溪钢铁(集团)有限责任公司	辽宁本溪市人民路16号	117000	(0414)7827220
球管改造项目	北台钢铁(集团)有限责任公司	辽宁省本溪市平山区环山路36号	117000	(0414)4843613
15万t不锈钢生产线工程	吉林铁合金股份有限公司	吉林省吉林市和平街21号	132002	(0432)2707715
钢丝绳厂扩建项目	南岔林业局	黑龙江省伊春市南岔林业局	153100	(0458)3476018
年产10万t大口径球墨铸铁管项目	徐州铁矿集团徐州第二钢铁有限公司	江苏省徐州市北郊利国镇	221138	(0516)6710173
年产5 000t钢丝帘线项目	骏马化纤股份有限公司	江苏省张家港市杨舍镇蒋桥	215617	(0512)58291688
自动化铸造项目	山东金鼎实业股份有限公司	山东省邹城市	273500	(0537)5344441
120t转炉—炉卷轧机项目	安阳钢铁集团有限责任公司	河南省安阳市梅元庄	455004	(0372)3123005
增加取向硅钢生产能力技术改造项目	武汉钢铁(集团)公司	湖北省武汉市青山区厂前	430083	(027)86863718
第二冷轧薄板厂扩建工程	武汉钢铁股份有限公司	河北省武汉市青山区红钢城沿港路3号	430080	(027)86807870
冷轧硅钢片厂改扩建工程	武汉钢铁股份有限公司	河北省武汉市青山区红钢城沿港路3号	430080	(027)86807870

（续）

项目名称	单位名称	地址	邮编	电话
精密冷轧带钢生产线项目	郑州煤炭工业（集团）有限责任公司	河南省新密市郑州煤炭工业(集团)有限责任公司	452371	(0371)9782968
年产60万条全钢载重子午胎项目	桂林大成轮胎有限公司	广西省桂林西凤路47号	541001	(0773)2857670
100万t冷轧薄板工程	广州珠江钢铁有限责任公司	广东省广州经济技术开发区西基工业区	510730	(020)82222396
贵钢钎具生产系统技术改造项目	贵阳特殊钢有限责任公司	贵州省贵阳市油榨街281号	550005	(0851)5595771
冷轧薄板及热镀锌续建工程	酒泉钢铁（集团）有限责任公司	甘肃省嘉峪关雄关东路12号	735100	(0937)6713924
低断面无内胎全钢丝子午线轮胎技术改造二期工程	银川（长城）轮胎有限责任公司	宁夏银川北京东路129号	750011	(0951)2170002
20万t电解铝及配套电站项目	山西铝厂	山西省河津市	043300	(0359)5044046
氧化铝三期工程	山西铝厂	山西省河津市	043300	(0359)5044046
20万t/a电解铝改造工程	山西关铝股份有限公司	山西省运城市解丹新建路30号	044001	(0359)2825208
年产3万t大比表面纳米氧化锌项目	山西丰海纳米科技有限公司	山西省太原市文源巷34号	030001	(0351)4046677
10万t电解铜扩建	山西中条山有色金属集团有限公司	山西垣曲	043700	(0359)6031386
电解铝环境治理、节能技改续建一期工程(八批国债)	包头铝业股份有限公司	内蒙古包头市东河区毛其来	014046	(0472)4149812
年产2 000t高质量超薄电解铜箔项目	本溪铜加工厂	辽宁省本溪市明山区哈明路248号	117022	(0414)4835635
电铝联营项目	淮北市计委	安徽省淮北市淮海路	235000	(0561)3023106
年产10万t高档稀土低氧铜杆项目	安徽鑫科新材料股份有限公司	安徽芜湖市长江北路	241009	(0553)5848529
高档电解铜箔生产线项目	鹰潭市经贸国有资产运营公司	江西省鹰潭市320国道收费站向西200米	335000	(0701)6319368
制冷铜管生产线项目	鹰潭市经贸国有资产运营公司	江西省鹰潭市320国道收费站向西200米	335000	(0701)6319368
选矿拜耳法项目	中国铝业中州分公司	河南焦作修武方庄	454174	(0391)3502419
年产5万t高精度铝合金板(带)箔项目	河南省神火集团	河南省永城市新城清明路	476600	(0370)5114955
高精铝板带项目	汉江水利水电（集团）有限责任公司	湖北省丹江口市环形路3号	442700	(0719)5379403
华鑫铝厂改扩建项目	郑州煤炭（集团）有限责任公司	河南省新密市郑州煤炭工业(集团)有限责任公司	452371	(0371)9782700
年产5 000t镁合金项目一期1 500t工程	三门峡市天元铝业集团有限公司	河南省三门峡市东风南路10号	472000	(0398)2916487
新建电解铝厂一期项目	南川市电利有限责任公司	重庆南川市隆化镇南大街155号	408400	(023)71416701
氧化铝厂建设项目	广南县对外经济技术协作办公室	云南省广南县梨城镇小南街1号	663300	(0876)5158172
钟山电锌厂技改工程	钟山区冶炼厂	贵州省六盘山市钟山区乡镇企业局	553000	(0858)8224864
锌及锌系列产品建设工程(二期)项目	贵阳化工原料厂	贵州省贵阳市云岩区新添大道南段18号	550004	(0851)6765215
30万t/a氧化铝项目	贵州省有色金属行业管理办公室	贵州省贵阳市花溪道北段163号	550003	(0851)5963636
氧化铝厂项目	修文县计划经济贸易局	贵州省修文县计划经济贸易局	550200	(0856)2327777
大型预焙槽电解铝技改工程	兰州铝业股份有限公司	甘肃省兰州市西固区山丹街375号	730060	(0931)757344

（续）

项 目 名 称	单 位 名 称	地 址	邮 编	电 话
高精度铝及铝合金板带箔材热连轧工程	兰州铝业股份有限公司	甘肃省兰州市西固区山丹街375号	730060	(0931)757344
西北年产60万t氧化铝项目	西北煤矿机械二厂	宁夏石咀山市大武口区	753001	(0952)2175666
年产5万t电铜项目	上海鑫风能实业有限公司	上海市荣华西道58弄77号	201103	(021)62196157
年产5万t电解锌改扩建工程	陕西星王锌业股份有限公司	陕西省西安市高新技术开发西区高新路52号高科大厦11层	710075	(029)8310063
中型轧机技术改造项目	石家庄钢铁股份有限公司	河北省石家庄市和平东路363号	050031	(0311)5054922－2029
年产100t多晶硅项目	乌海市海南区发展计划局	内蒙古乌海市海南区发展计划局	016030	(0473)4022166
冷轧及带钢表面涂镀层工程	唐山钢铁股份有限公司	河北省唐山市滨河路9号	063016	(0315)2702075
黄岗铁矿区采选工程	内蒙古黄岗矿业有限责任公司	内蒙古赤峰市克什克腾旗黄岗矿业公司	025350	(0476)5222816
年产20万t电解铝技改工程	山西关铝股份有限公司	山西省运城市解州新建路36号	044001	(0359)2825001
年产30万t氧化铝项目	登封电厂集团有限公司	河南省登封市阳城工业区	452477	(0371)2950431
锌I系统技术改造项目	湖南株冶火炬金属股份有限公司	湖南省株洲市清水塘	412004	(0733)8391753
钾长石矿资源综合利用开发工程	新晃钾长石开发有限责任公司	湖南省新晃县人民路	419200	(0745)6267028
直接精馏法生产5万t/a优级品氧化锌技术改造项目	柳州锌品股份有限公司	广西柳州市白沙路2号	545001	(0772)2854764
年产5万t电锌厂改扩建项目	文山州都龙锡矿	云南省马关县都龙镇	663701	(0876)7361100
烂泥沟金矿项目	烂泥沟金矿有限责任公司	贵州省贵阳市宝山南路564－1号	550005	(0851)5515010
中深部地质探矿项目	陕西省潼关县黄金工业管理局	陕西省潼关县黄金工业管理局	714300	(0913)3822091
年产20万t电解铝技改工程	山西关铝股份有限公司	山西省运城市解州新建路36号	044001	(0359)2825001
Si—E1光电高纯硅(光电基材硅)项目	南安市三晶硅品精制有限公司	福建省南安市溪美办事处崎峰工业区	362300	(0595)6376887
中加合资宜昌磷矿矿肥结合工程	湖北省宜昌磷化工业集团公司	湖北省宜昌市沿江大道114号	443000	(0717)6224012
金红石型钛白粉2改4万t/a技术改造工程	四川龙蟒集团有限责任公司	四川省绵竹市南轩南路	618200	(0838)6102000
年产50t 8in IC单晶及硅片项目	成都圣神实业有限公司	四川省成都市东胜街1号5F	610015	(028)8625888
新建年产1 000t多晶硅工厂项目	昌宁贞元硅冶炼有限公司	云南省昌宁县达丙镇	678100	(0875)7186066
霞石综合开发项目	个旧市计划委员会	云南省个旧市五一路市政府内	661000	(0873)2125759
东露天煤矿项目	平朔煤炭工业公司	山西省朔州市	036006	(0349)2054453
龙固矿井项目	新汶矿业集团有限责任公司	山东省新汶矿业集团有限责任公司	271233	(0538)7872058
180万t/a白坪矿井建设项目	郑州煤炭工业(集团)有限责任公司	河南省新密市郑州煤炭工业(集团)有限责任公司	452371	(0371)9783279
新桥矿井工程(十五项目)	永城煤电集团有限责任公司	河南省永城市新城光明路中段	476600	(0370)5097991
平煤首山一矿项目	平煤集团	河南省平顶山市矿工路中段9号	467000	(0375)2723276

（续）

项目名称	单位名称	地址	邮编	电话
年产240万t赵家寨矿井建设项目	郑州煤炭工业(集团)有限责任公司	河南省新密市	452371	(0371)9782700
异地建设日产4 000t熟料水泥生产线项目	广西华宏水泥股份有限公司	广西南宁市邕宁县蒲庙镇新兴路	53 0200	(0771)4712615
云南老厂矿区白龙山矿井项目	云南省煤炭工业局	昆明市白塔路329号	650011	(0871)3169071
水城矿务局玉舍煤矿(原鱼塘矿)项目	水城矿业集团总公司	贵州省六盘水市水城矿业集团总公司	553000	(0858)8779804
中岭矿井项目	贵州省水城矿务局	贵州省六盘水市钟山区开拓路16号	553000	(0858)8779692
黄陵一号煤矿续建项目	黄陵矿业有限责任公司	陕西省黄陵县店头镇	727307	(0911)5519071－25019
锦界煤矿项目	陕西煤电化基地开发工程筹建处	陕西省西安市西二路23号万景商务中心	710004	(029)7543431
大保当煤矿项目	榆林市大保当煤矿	陕西省榆林市新建南路29号	719000	(0912)3283851
新建海塔尔矿45万t立井项目	青海省祁连山矿业有限责任公司	青海省刚察县热水矿区	812303	(0970)8651291
新建江仓煤矿项目	青海省祁连山矿业有限责任公司	青海省刚察县热水矿区	812303	(0970)8654186
2 000t/d年新型干法回转窑熟料生产线项目	泽州县物资局	山西省晋城市泽州东街	048000	(0356)2022005
日产2 000t水泥熟料生产线项目	牙克石市乌奴耳北星水泥有限责任公司	内蒙古牙克石市乌奴耳北星水泥有限责任公司	022177	(0470)7702573
日产5 000t新型干法旋窑水泥项目(十五项目)	山东淄博矿业集团公司	山东淄博川区般阳路215号	255120	(0533)5851578
新建日产4 000t级新型干法水泥生产线项目	江西万年青水泥股份有限公司	江西省南昌市省府大院	330046	(0791)6270325
日产4 000t熟料新型干法回转窑生产线扩建工程	湖南潇湘集团	湖南省永州市祁阳县黎家坪镇南正南路330号	426181	(0746)3815467
日产4 000t水泥窑外分解生产线项目	重庆腾辉集团公司	重庆市渝中区邹容路68号大都会商厦2308单元	400010	(023)63801888－863
日产2 000t熟料新型干法水泥生产线项目	贵阳水泥有限责任公司	贵州省贵阳市白云区白云北路	550014	(0851)4830500
日产2 000t水泥熟料生产线项目	陕西省耀州水泥股份有限公司	陕西省耀县	727100	(0919)6281755
日产1 000t水泥熟料生产线项目	天柱水泥制造有限责任公司	陕西省岐山县孝子陵乡河家道	722400	(0917)8212295
平谷县污水处理厂项目	北京绿都基础设施投资有限公司	北京平谷区府前西街28号	101200	(010)69973724
污水处理厂一期项目	昌平污水处理厂筹建处	北京市昌平区昌平镇南环路	102200	(010)69744962
北仓污水处理工程	天津创业环保股份公司	天津市和平区贵州路45号	300051	(022)23125555
纪庄子污水回用工程	天津中水有限责任公司	天津市南开区水上北路津龙公寓48号	300074	(022)23527340
西污水处理项目一期工程	邯郸市政污水处理有限责任公司	河北省邯郸市朝阳路24号	056002	(0310)3010925－5892
保定市污水处理厂二期工程项目	保定市市政公用建设集团有限公司	保定市朝阳路28号	071051	(0312)3118133
石家庄污水治理工程(世行贷款项目)	石家庄市污水治理工程筹建处	河北省石家庄市翟营大街262号	050031	(0311)5675956
承德污水处理工程	河北省承德市政建设维修管理总公司	河北省承德市半壁山路1号	067000	(0314)2153608
唐山市西郊污水处理二厂项目	唐山市城市污水处理有限公司	河北省唐山市路南区胜利桥东南	063000	(0315)2874554
唐山市新区污水处理厂扩建工程	唐山市城市污水处理有限责任公司	河北省唐山市路南区胜利桥东南	063000	(0315)2874554

(续)

项目名称	单位名称	地址	邮编	电话
新建污水处理工程	抚宁县建议局	河北省秦皇岛市抚宁县建设局	066300	(0335)6016409
日处理10万t污水处理工程	水处理中心	河北省藁城市廉州路东	052160	(0311)8114272
正定县污水处理工程	正定县污水处理厂	湖北省正定县城恒州南街37号	050800	(0311)8022370
污水处理一期工程	栾城县建设局	河北省栾城县汇源路21号	051430	(0311)5502973
城市污水处理工程	晋城市污水处理工程筹备处	山西省晋城市太行路北段(市建设局406室)	048000	(0356)2029667
海拉尔市污水处理厂项目	海拉尔市市政工程管理处	内蒙古海拉尔市市政工程管理处	021000	(0470)8334739
南郊污水处理厂扩建及排水管网项目	包头市市政工程管理处	内蒙古包头市表山区科学路251号	014030	(0472)3133978
城市排水及污水处理工程	扎兰屯市污水处理厂筹建处	内蒙古扎兰屯市市政管理处	162650	(0470)3302225
排水及污水处理工程项目	二连市城建土地环保局	内蒙古二连浩特市城建土地环保局	011100	(0479)7521356
顺义区污水北水南调东水西调工程	顺义区站前街414号工程指挥部	北京市顺义区市政管理委员会	101300	(010)69447888
顺义区污水处理厂	顺义区市政管理委员会	北京市顺义区市政管理委员会	101300	(010)81492898
污水处理厂项目	庄河市发展计划局	辽宁省庄河市红岩路461号	116400	(0411)8614976
污水处理厂	朝阳市市政工程管理处	辽宁省朝阳市双塔区友谊大街1段30号	122000	(0421)2810768
葫芦岛市污水处理工程	葫芦岛市污水处理有限责任公司	辽宁省葫芦岛市龙湾新区龙井路12号	125000	(0429)3114489
西部第二污水处理厂二期项目(日本协力银行贷款)	鞍山市西部第二污水处理厂	辽宁省鞍山市千山区鞍达路33号	114011	(0412)8430008
污水处理厂项目	延吉市污水处理有限公司	吉林省延吉市爱丹路86号	133000	(0433)2552237
污水处理工程	吉林省白城市洮北区城乡建设管理局	吉林省白城市市政维护处	137000	(0436)33236920
污水处理工程	佳木斯市新时代城市基础设施建设开发公司	黑龙江省佳木斯市中山路2号	154000	(0454)8680280
污水处理厂项目	海林市建设局	黑龙江省海林市英雄街57号	157100	(0453)7223338
加格达奇区污水治理工程	加格达奇区人民政府	黑龙江省大兴安岭加格达奇区人民政府	160000	(0457)2125290
铁力市城市污水治理工程	黑龙江省铁力市公用事业局	黑龙江省铁力市公用事业局	152500	(0458)2284074
污水治理工程	黑河市计委	黑龙江省黑河市文化街222号	164300	(0456)8224034
第二污水处理厂二期工程	辽宁省鞍山市城建局	辽宁省鞍山市铁东区219路30号	114001	(0412)5512536
白龙港城市污水处理厂工程	上海水环境建设有限公司	上海市浦东新区龙东大道1851号	201203	(021)58953344
江心洲污水处理扩建工程	江心洲污水处理厂	江苏省南京市雨花台区江心洲花园村	210036	(025)6420702
临海市城市污水处理工程项目	临海市建设局	临海市赤城路83号	317000	(0576)5159116
七格污水处理厂工程	杭州市七格污水处理厂工程建设指挥部	浙江省杭州市文晖路336号18楼	310014	(0571)85302217
象山县污水处理厂项目	浙江省象山县建设局	浙江省象山县丹城镇塔山路41号	315700	(0574)65738718
城东污水处理厂项目	安庆市自来水厂	安徽省安庆市沿江中路58号	246003	(0556)5527684

（续）

项目名称	单位名称	地址	邮编	电话
污水处理厂配套管网项目	淮北市污水处理厂	安徽省淮北市污水处理厂	235000	(0561)3111670
颍上县10万t污水处理工程	颍上县污水处理厂	安徽省颍上县建委	236200	(0558)4412491
污水处理工程	宣城市供水总公司	安徽省宣城市鳌峰东路8号	242000	(0563)3022584
涡阳县城东污水处理厂项目	涡阳县城市排水有限责任公司	安徽省涡阳县建委排水公司	233600	(0558)7224066
北岸污水、垃圾处理工程	北岸规划建设局	福建省湄州湾北岸规划建设局	351146	(0594)5891799
污水处理厂项目	石狮市紫光污水处理有限公司	福建省石狮市环保局	362700	(0595)8886272
城区污水处理厂项目	安溪县自来水公司	福建省安溪县自来水公司	362400	(0595)3232119
污水处理二期工程	三明市污水处理厂	福建省三明市梅列区徐碧碧湖	365000	(0598)8221073
污水处理工程	福鼎市建设委员会	福建省福鼎市河乾路21号	355200	(0593)7812566
南昌市青山湖污水处理厂一期工程	南昌市污水处理有限公司	江西省南昌市朝阳洲污水处理有限公司	330006	(0791)8332504
中心城区污水治理工程	宜春市市政工程管理处	江西省宜春市市政工程管理处	336000	(0795)3991557
石洞口污水处理厂项目	上海市苏州河整治建设有限公司	上海市建国中路29号5楼	200025	(021)64669393
龙游县污水处理工程	龙游县给排水公司	浙江省龙游县平政路9号	324400	(0570)7880909
城市污水处理工程项目	东阳市自来水公司	浙江省东阳市吴宁镇环城北路95号	322100	(0579)6634292
城区污水处理厂项目	长乐市人民政府	福建省长乐市政府办	350200	(0591)8923236
东区污水处理厂项目	开封市污水处理中心	河南省开封市迎宾路1号	475000	(0378)3933426
淇滨污水处理厂项目	鹤壁市淇滨污水处理公司	河南省鹤壁市淇滨经济开发区管委会	456650	(0392)3311008
年产10万t废纸脱墨制浆及废水处理工程	河南省银鸽实业投资股份有限公司	河南省漯河市人民东路95号	462000	(0395)2355300
焦作市城市污水管网项目	焦作市城市建设投资开发有限公司	河南省焦作市站前路88号建设大厦	454150	(0391)3592176
五龙口污水处理厂项目	郑州市污水净化有限公司	河南省郑州市金水区七里河北路1号	450046	(0371)5893366
夏家湾污水处理厂项目	夏家湾污水处理厂	湖北省荆门市夏家湾村	448000	(0724)2333052
南太子湖污水处理厂工程(波兰政府贷款)	武汉市城市排水发展有限公司	湖北省武汉市武昌武青四干道18号	430061	(027)86737289
城市污水处理项目(亚行贷款)	武汉市城市排水发展有限公司	湖北省武汉市武昌武青四干道18号	430061	(027)86737289
城市污水处理厂项目	云梦县自来水公司	湖北省云梦县城关	432500	(0712)4325151
仙桃市城东污水厂项目	仙桃市自来水公司	湖北省仙桃市自来水公司	433000	(0728)3223216
浏阳市污水处理厂项目	浏阳市环境保护开发总公司	湖南省浏阳市甘家冲13号	410300	(0731)3660288
团洲污水处理工程	益阳市团洲污水处理开发有限公司	湖南省益阳市城市建设管理局	413000	(0737)4246166
城市生活污水处理厂(一期工程)项目	娄底市城市建设投资公司	湖南省娄底市城市建设投资公司	417000	(0738)8314403
湘潭易俗河污水处理厂	易俗河经济开发区管委会	湖南省湘潭县易俗河开发区办公室	411228	(0732)7881400
花垣河、兄弟河流域环境污染综合治理工程项目	花垣县环保局	湖南省花垣县花垣镇三岔路	416400	(0743)7227109
污水处理厂项目	河南省永城市建设局	河南省永城市建设局	476600	(0370)5212609
桂林市北区污水处理系统项目	桂林市排水工程管理处	广西桂林市中山南路226号	541002	(0773)3834711
河西污水处理厂项目	钦州市城市建设投资发展有限公司	广西钦州市东风东路大路街	535000	(0777)2390239

(续)

项 目 名 称	单 位 名 称	地 址	邮 编	电 话
梧州市第一污水处理厂项目	梧州市自来水公司	广西省梧州市蝶山一路44号	543002	(0774)3828460
污水净化厂项目	贺州市环境保护局	广西省贺州市建设路	542800	(0774)5121771
污水净化厂项目	广西玉林市市政工程处	广西玉林市市政工程处	537000	(0775)2825697
高要市城市污水处理厂	高要市城市污水处理厂	广东省高要市南岸镇南金路	526100	(0758)8399691
梅湖生活污水处理厂配套集污输水管道工程	惠州市梅水质净化中心	广东省惠州市夏浦横江三路4号	516001	(0752)2105312
海南万城污水处理厂项目	广东深圳惠华通实业发展有限公司	广东省深圳市宝安路14号茂源大厦6楼617室	518008	(0755)25573264
猎德污水处理厂二期工程	广州市建设投资发展有限公司	广东省广州市沿江中路298号	510100	(020)83288288
西朗污水处理项目	广州西朗污水处理有限公司	广东省广州市中山二路3号粤运大厦21楼C–D单元	510080	(020)37620962
大坦沙污水处理厂(三期)工程	广州市市政管理局市园林局	广东省广州市环市东路348号	510060	(020)83825571
江津市污水处理厂项目	江津市自来水公司	重庆市江津市几江镇八一街55号	402260	(023)47523066
忠县城市污水处理厂项目	忠县自来水公司	重庆市忠县忠州镇	404300	(023)54246115
渝北区两路城北城市污水处理工程	重庆科技产业开发区	重庆市渝北区重庆科技产业开发区管委会	401120	(023)67459588
污水处理厂项目	攀枝花市市政工程管理处	四川省攀枝花市市政工程管理处	617000	(0812)3335054
宜宾开发区污水处理工程	宜宾拓展经济技术开发总公司	宜宾市南岸酒都路中段59号	644002	(0831)2333730
城市污水处理工程项目	眉山供排水总公司	四川省眉山市东坡镇芙蓉路62号	612010	(0833)8201519
锦江城市污水治理工程	铜仁市环保局	贵州省铜仁市人民路61号	554300	(0856)5223253
县城污水处理厂项目	武隆县城市建设综合开发有限责任公司	重庆市武隆县建设西路107—20	408500	(023)77727455
汉中市城市污水处理工程	陕西省汉中市城市污水处理厂	陕西省汉中市太白路5号	723000	(0916)2238322
勉县城市污水治理厂项目	勉县建设局	陕西省勉县建设局	724200	(0916)3212889
秦城区污水处理工程	天水市秦城污水处理厂	甘肃省天水市秦城区长开路长开招待所四楼污水治理厂	741000	(0938)8389825
污水处理工程	金昌市污水处理厂	甘肃省金昌市建设委员会转	737100	(0935)8212280
9万t/d污水处理工程	武威市城市建设投资管理有限责任公司	甘肃省武威市凉州区西大街城建大厦8楼	733000	(0935)2257724
城区污水回用示范工程	平凉市给排水公司	甘肃省平凉市自来水公司	744000	(0933)8214536
污水处理厂工程	张掖市污水处理厂	甘肃省张掖市东北郊新区	734000	(0936)8235441
污水处理二期工程	西宁市排水公司	青海省西灯市城西区五四大街28号	810001	(0971)6158917
污水处理厂项目	青海省大通县城乡建设和环境保护局	青海省大通县城乡建设和环境保护局	810100	(0971)2722372
排水集污工程	灵武市建设局	宁夏灵武市城区	751400	(0953)4021656
城市集污工程续建项目	宁夏吴忠市市政建设管理公司	宁夏吴忠市利通区古城路92号	751100	(0953)2014674
河东污水处理厂扩建项目	乌鲁木齐市市政工程管理局	新疆乌鲁木齐市扬子江路19号	830000	(0991)5839308
城市污水处理厂项目	兴平市城市污水处理厂筹建处	陕西省兴平市西大街104号	713100	(0910)8810960
铜川丁家沟污水处理厂项目	铜川新区建设总公司	陕西省铜川新区管委会	727100	(0919)3181573
河西污水处理厂建设项目	乌鲁木齐市市政工程管理局	新疆乌鲁木齐市扬子江路19号	830000	(0991)5839308

（续）

项 目 名 称	单 位 名 称	地 址	邮 编	电 话
排水管网(二期)改扩建项目	乌鲁木齐市市政工程管理局	新疆乌鲁木齐市扬子江路19号	830000	(0991)5839308
污水处理厂污水库建设项目	乌鲁木齐市市政工程管理局	新疆乌鲁木齐市扬子江路19号	830000	(0991)5839308
双港垃圾焚烧发电厂项目	天津泰达环保股份有限公司	天津市河西区解放路256号泰达大厦D座20层	300042	(022)23201926
城市垃圾处理项目	河北省城乡集团绿园农林业发展有限公司	北省城乡集团绿园农林业发展有限公司	056001	(0310)8015172
垃圾处理项目	包头市环境卫生管理处	内蒙古包头市钢铁大街市委写字楼	014010	(0472)5129630
小溪塔三环垃圾处理场(含丁家坝生活污水处理厂)	宜昌市夷陵区环境污染防治项目管理中心	湖北省宜昌市夷陵区夷陵大道191号	443100	(0717)7819127
垃圾综合处理厂项目	庄河市发展计划局	辽宁省庄河市红岩路461号	116400	(0411)8614976
500t/d垃圾焚烧处理工程	沈阳神农绿色肥垃圾处理有限公司	辽宁省沈阳市皇姑区宁山东路1号	110032	(024)86227177
垃圾粪便无害化综合处理项目	吉林省白城市城乡建设管理局	吉林省白城市城乡建设管理局	137000	(0436)3222693
垃圾处理厂二期改扩建工程	鸡西市市容环境卫生管理局	黑龙江鸡西市中心大街1号	158100	(0467)2654331
垃圾处理工程	佳木斯市新时代城市基础设施建设开发公司	黑龙江省佳木斯市中山路2号	154000	(0454)8680280
临安垃圾焚烧发电项目	上海政科环保科技有限公司	上海市宝山区铁刀路2469号五公司215室	201900	(021)56789990
城市生活垃圾无害化处理工程	宣城市生活垃圾清运处置公司	安徽省宣城市环城北路	242000	(0563)3016000
北岸污水、垃圾处理工程	北岸规划建设局	福建省湄州湾北岸规划建设局	351146	(0594)5891799
厦门环卫综合处理厂项目	厦门市环卫综合处理厂	福建省厦门市禾祥西路51－3号环卫大厦二楼	361004	(0592)2204736
第二生活垃圾处理厂项目	济南市环境卫生管理局	山东省济南汽车厂东路27号	250037	(0531)5824430
垃圾处理厂项目	商丘市公用事业局	河南省商丘市公用事业局	476000	(0370)3286333
新乡市城市生活垃圾无害化处理工程项目	河南省新乡市环境卫生管理处	河南省新乡市保健路东头	453000	(0373)3033049
城市垃圾无害化处理再生利用工程	开封市龙凤高效有机肥有限公司	湖南省开封市西门大街42号	475001	(0378)5655152
垃圾焚烧发电示范工程	许昌市火力发电厂	许昌市火力发电厂	461000	(0374)3360986
武汉城市生活垃圾焚烧发电项目	武汉东湖高新集团股份有限公司	湖北省武昌东湖新技术开发区	430074	(027)87561307
仙桃市小填寺垸垃圾无害化处理场项目	仙桃市环卫管理处	湖北省仙桃市复州大道18号	433000	(0728)3223182
生活垃圾处理示范工程	湖南省新能源开发有限公司	湖南省长沙市八一路298号(省委南院)	410011	(0731)2218065
垃圾处理工程	永州市城建投资公司	湖南省永州市城建投资公司	425000	(0746)8331597
垃圾处理系统工程	桂林市环境卫生管理处	广西省桂林市丽君路10号	541001	(0773)2829141
白水塘生活垃圾处理厂项目	北海市白水塘生活垃圾处理厂	广西北海市北京路城建大厦A座四楼	536000	(0779)2036415
城市垃圾发电厂项目	广西桂林兴安火电厂	广西桂林市兴安县兴安火电厂	541300	(0773)6222247
李坑生活垃圾焚烧发电厂	广州市市容环卫局	广州市环市西路204号龙飞大厦8楼	510100	(020)83638403
下坪垃圾填埋场一期工程	深圳市下坪固体废弃物填埋场	广东省深圳市罗湖区清水河下坪	518019	(0755)2439916

(续)

项目名称	单位名称	地址	邮编	电话
平湖垃圾焚烧发电厂项目	深圳瑞威环保再生能源有限公司	广东省深圳市龙港区平湖镇辅城路坳村工业大道21号	518026	(0755)84671781
重庆市城市生活垃圾资源化处理厂项目	儋州市浪迪绿色环保产业有限公司	海南省儋州市东风路97号	571700	(0898)23322361
贵港市垃圾焚烧发电厂项目	广州劲马动力设备企业集团公司	广州市工业大道80-1号	510250	(020)84367450
垃圾焚烧发电厂项目	广州劲马动力设备企业集团公司	广州市工业大道80-1号	510250	(020)84367450
垃圾处理厂项目	忠县蓝天环保工程公司	重庆市忠县建委	404300	(023)54232857
黑石子垃圾处理场项目	重庆市固体废弃物处理有限公司	重庆市江北区建新西路2-特1号(金观音广场12楼)	400020	(023)67763325
城市生活垃圾卫生填埋场项目	重庆市开县政安镇关子村21社	重庆市开县汉丰镇大南街23号	405400	(023)52235692
黔江城区污染综合治理项目	重庆市黔江区环保局	重庆市黔江区环保局	409000	(023)79237995
城市垃圾处理工程	汉中市城市垃圾处理厂	陕西省汉中市太白路5号公用事业管理局	723000	(0916)2238768
陵塬垃圾处理场项目	宝鸡市环卫建设有限公司	陕西省宝鸡市公园路城建大厦	721000	(0917)3228270
焦炉煤气脱硫改造工程	首钢股份有限公司	北京市石景山首钢厂区内	100041	(010)88295398
大气粉尘污染治理工程	大连水泥集团有限公司	辽宁省大连市山东路292号	116033	(0411)6522019
烟气脱硫	上海外高桥发电有限责任公司	上海市浦东新区海徐路1001号	200137	(021)58695869
湿式石灰/石灰石法烟气脱硫项目	浙江菲达环保科技股份有限公司	浙江省诸暨市望云路88号	311800	(0575)7212511
阳极炉及电解(车间)改造环保治理工程	芜湖恒鑫铜业集团有限公司	安徽省芜湖市褐山北路	214009	(0553)5801169
引进干法脱硫技术国产化项目	福建龙净环保股份有限公司	福建省龙岩市新罗区陵园路81号	364000	(0597)2237505
60t/h干熄焦技改项目	景德镇市焦化煤气总厂	江西省景德镇市历尧	333000	(0798)8399166
#7、#8机组烟气脱硫技改工程	山东黄台火力发电厂	山东济南工业北路172号	250100	(0531)5682507
柳州锌品股份有限公司环境治理搬迁工程	柳州锌品股份有限公司	广西柳州市白沙路2号	545001	(0772)2854764
1×200MW机组烟气脱硫工程	重庆九龙电力股份有限公司	重庆市九龙坡区渝州路37号	400041	(023)68637303
贵阳发电厂烟气治理改建工程	贵州省电力公司	贵州省贵阳市滨河路17号	550002	(0851)5812302
大型预焙槽电解铝技改工程	兰州铝业有限公司	甘肃省兰州市西固区山丹街375号	730060	(0931)757344
嵌入式数字模糊控制环保型溴化锂直燃机产业化项目	天津天大胜远中央空调有限公司	天津市东丽开发区七经路1号	300300	(022)24999999
洁净超细煤粉替代燃料项目	鄂尔多斯蓝天能源有限公司	内蒙古鄂尔多斯市鄂尔多斯东街	017000	(0477)8370644
300MW大型风力发电装备国产化示范项目(国债风电)	东电茂霖风能发展有限公司	内蒙古赤峰市红山区哈达街中段27号	024000	(0476)8203195
年产500MW WFSTS牧用风车项目	内蒙古泛能动力技术公司	内蒙古呼和浩特市如意开发区中华磁电大厦5层	010010	(0471)4616387
风力发电项目一期工程	穆棱市十文字风力发电有限公司	黑龙江省穆棱市人民政府	157500	(0451)3136689
富锦风电场一期工程(亚行项目)	黑龙江华富风力发电富锦有限责任公司	黑龙江哈尔滨市高新技术产业开发区12号楼	150036	(0451)2333714
风力发电工程(世行贷款)	上海风力发电有限公司	上海市重庆南路310号1701室	200025	(021)64735681

（续）

项目名称	单位名称	地址	邮编	电话
扩建60万m^2太阳能热水器项目	芜湖光华集团有限公司	安徽省芜湖市经银湖北路光华工业园	241001	(0553)5846056
六鳌170MW/a风力发电场项目	漳浦县六鳌镇经济开发有限公司	福建省漳浦县六鳌镇政府	363211	(0596)3732889
环保科技产业园项目	安徽省蚌埠市高新区	安徽省蚌埠市高新区	233010	(0552)4090188
汕尾甲东风电场项目	广东集华风能有限公司	广东省汕尾市汕尾大道明珠楼5层	516600	(0660)3347298
绿色高蛋白柠条饲料生产产业化项目	内蒙古科尔沁牛业股份有限公司	内蒙古通辽市明仁大街130－1号	028000	(0475)8277907
环保科技产业园项目	安徽省蚌埠市高新区	安徽省蚌埠市高新区	233010	(0552)4090188
哈尔滨绿色农副产品批发中心项目	哈尔滨市蔬菜副食品总公司	黑龙江省哈尔滨市道里区买卖街1号	150010	(0451)4616442
农作物秸秆生产绿色产品（国家星火计划项目）	河南华新高科技有限公司	河南省郑州市政七街32号308室	450008	(0371)5956638
鲁梅克斯绿色产业示范基地项目	名山县鲁梅克斯绿色产业有限责任公司	四川省成都市高新区九兴大道6号	610041	(028)5184840
1 333.4公顷绿色食品基地建设及2.5万t/a食品生产项目	贵州黄盛记绿色食品有限公司	贵州省遵义县虾子镇贵州黄盛记绿色食品有限公司	563128	(0852)7332247
山海经文化景园项目	兰龙实业总公司	北京市门头沟区城子东街32号	102300	(010)69843189
清东陵基础设施及环境保护建设项目	清东陵旅游服务实业总公司	河北省遵化马兰玉镇清东陵旅游服务实业总公司	064200	(0315)6945475
汤泉皇家省级旅游度假区项目	皇家旅游资源开发有限公司	河北省遵化汤泉乡皇家旅游资源开发有限公司	064205	(0315)6950180
东灵山生态旅游区开发项目	涿鹿县旅游局	河北省涿鹿县轩辕路2号	075600	(0313)6522440
东海生态旅游区项目	大同桑干湖生态旅游开发公司	山西省大同市册田水库	037008	(0352)8115011
恒山旅游基础设施建设项目	山西省恒山旅游发展总公司	山西省浑源县恒山南路	037400	(0352)8322142
云门山旅游区开发项目	阳高县旅游局	山西省阳高县旅游局	038100	(0352)6625500
城市生态工程	包头市赛汗塔拉草原生态园开发有限公司	内蒙古包头市干塔拉生态园	014030	(0472)5177681
黄河三峡风情游项目	内蒙古准格尔旗旅游局	内蒙古准格尔旗旅游局	010300	(0477)4212944
城市绿化及生态环境建设项目	包头市园林处	内蒙古包头市园林处（青年路3号）	014010	(0472)5052609
旅游开发基础设施建设项目	正蓝旗旅游开发公司	内蒙古锡盟正蓝旗旅游局	027200	(0479)4222677
地热综合开发项目	河北省廊坊市计划经济委员会	河北省廊坊市计划经济委员会	065000	(0316)2041480
冷热地公园二期工程综合性开发项目	辽宁省辽阳市弓长岭区旅游局	辽宁省辽阳市弓长岭区安平西街财税大厦三楼	111008	(0419)5612455
圣泉山庄旅游开发项目	辽宁省辽阳市弓长岭区旅游局	辽宁省辽阳市弓长岭区安平西街财税大厦三楼	111008	(0419)5612455
赫图阿拉旅游区保护利用开发项目	新宾满族自治县旅游局	辽宁省新宾县新宾镇	113200	(0413)5080158
华表山自然生态旅游区开发项目	辽宁省辽阳市弓长岭区旅游局	辽宁省辽阳市弓长岭区安平西街财税大厦三楼	111008	(0419)5612455
朱雀山国家森林公园项目	吉林市松花湖实验林场	吉林省吉林市松花湖实验林场	132108	(0432)4690214
日月峡国家森林公园项目	铁力林业局	黑龙江省铁力市铁力镇松涛街	152500	(0458)2387837
兴凯湖自然保护区物种多样性保护基地项目	黑龙江兴凯湖自然保护区管理处	黑龙江省密山市林业局	158300	(0467)5222988
绿岛温泉度假区项目	林甸县地热公司	黑龙江省林甸县地热公司	166300	(0459)3322673

(续)

项 目 名 称	单 位 名 称	地 址	邮 编	电 话
农业科技示范区农副产品基地项目	芜湖市政府	安徽省芜湖市北京东路66号	241000	(0553)3119426
天柱山风景名胜区旅游开发项目	安徽省天柱山国家森林公园	安徽省潜山县天柱山茶庄	246312	(0556)8145016
培田古民居建筑保护与开发项目	国家重点风景名胜区冠豸山管理委员会	福建省连城县豸峰街44号	366200	(0597)8921796
九宫山生态旅游景区开发与自然生态环境保护项目	湖北通山九宫山旅游发展有限责任公司	湖北省通山县九宫山风岭路16号	437600	(0715)2422001
浮桥河生态旅游区项目	湖北省麻城市浮桥河水库管理处	湖北省麻城市浮桥河水库管理处	438306	(0713)2724001
大别山国家森林公园项目	湖北省罗田县大别山国家森林公园管理处	湖北省罗田县旅游局	438600	(0713)5060567
大别山生态旅游区项目	湖北省罗田县旅游局	湖北省罗田县旅游局	438600	(0713)5060567
湘江生态经济带湘潭城区段项目	湘潭市城市建设投资开发公司	湖南省湘潭市平政路1号	411100	(0732)8259614
银滩公园生态环境综合整治工程	北海市旅游有限公司	广西北海市广东南路109号	536000	(0779)2067725
太平狮山森林公园项目	广西藤县太平狮山森林公园	广西藤县太平镇镇政府大院内	543314	(0774)7602530
斜阳岛生态旅游区项目	北海市林业局	广西省北海市林业局办公楼三楼	536000	(0779)2023496
银滩西部景区旅游资源开发与自然生态环境保护项目	北海市旅游有限公司	广西省北海市广东南路109号	536000	(0779)2067725
北岭山森林(生态)公园项目	肇庆市林业局	广东肇庆市人民南路24号	526040	(0758)2260933
亚龙湾海洋乐园项目	三亚亚龙湾开发股份有限公司	海南省三亚亚龙湾国家旅游度假区	572016	(0898)88568899
红树林海景公园项目	琼山市发展计划局	海南省琼山市政府综合办公大楼	571100	(0898)65882299
农业生态园区项目	重庆渝西矿业集团公司	重庆永川市兴南路12号	402160	(023)49859088
武陵册国家森林公园开发建设项目	重庆市涪陵区金鼎旅游开发有限公司	重庆市涪陵区林业局	408000	(023)72509028
茂云山森林公园项目	彭水茂云山林场森林公园	重庆彭水县林业局	409600	(023)78491541
九鼎山、松坪沟旅游景区开发项目	九鼎山、松坪沟风景区管理局	四川省茂县九鼎山、松坪沟风景区管理局	623200	(0837)7426788
森林旅游综合开发项目	四川省高石梯森林公园	四川省自贡市国有荣县林场	643100	(0813)6260038
腾冲火山国家重点风景名胜区旅游服务配套设施建设	云南腾冲火山综合开发公司	云南省腾冲县腾越镇来凤路2号	679100	(0875)5132067
武侯墓祠军山风景名胜区基础设施建设项目	勉县文化文物旅游开发总公司	陕西省勉县人民政府	724200	(0916)3239881
天然林资源保护工程	甘肃省林业厅	甘肃省兰州市秦安路1号	730020	(0931)8851120
旬阳县钟家坪电站库综合开发项目	陕西省旬阳县达铭工贸有限责任公司	陕西省旬阳县钟家坪电站	725700	(0915)7224215
通州区第二水厂项目	北京市通州区自来水公司	北京市通州区惠北路自来水公司	101100	(010)60514431
纸浆废水改造综合治理工程	河北康达纸业集团有限公司	湖北省唐海县第八农场场部	063207	(0315)8888213
滏阳河城区河道综合整治改善环境工程项目	邯郸市农电水利局	河北省邯郸市滏圆街12号	056001	(0310)8010910
给水扩建改造工程项目	二连市城建土地环保局	内蒙古二连浩特市城建土地环保局	011100	(0479)7521365
明山净水厂改扩建工程	本溪市自来水总公司	辽宁省本溪市明山区解放北路80号	117000	(0414)3854148
节水示范工程	本溪钢铁(集团)有限责任公司	辽宁省本溪市人民路16号	117000	(0414)7828220

（续）

项目名称	单位名称	地址	邮编	电话
甘南镇排水二期工程	甘南镇排水管理处	黑龙江省甘南县甘南镇文明大街91号	162100	(0452)5623604
松花江哈尔滨段清淤疏浚工程	哈尔滨市水利建设管理处	黑龙江省哈尔滨市道里区建国街	150076	(0451)4831794
哈尔滨市何家沟综合整治	哈尔滨市建设委员会	哈尔滨市道里地段街头65号	150015	(0451)4615972
利用牛血生产超氧化物歧化酶项目	金牛实业股份有限公司	安徽省阜阳市莲花路259号	236018	(0558)2212836
乌海市排水工程	乌海市给排水工程项目办公室	内蒙古乌海市海勃湾区新华东街11号	016000	(0473)2023849
利用ADB贷款实行清洁生产项目	芜湖山江化学有限公司	安徽省芜湖市四褐路41号	241022	(0553)5803817
膜法水处理产业化示范工程	厦门三达膜科技有限公司	福建省厦门火炬开发区留学生创业园科技大楼	361009	(0592)5778100
临川市南区水厂扩建工程	抚州市供水公司	江西省临川市荆公路106号	344000	(0794)8219859
林、浆、纸一体化项目	山东泉林纸业有限责任公司	山东省高唐县城北	252800	(0635)3961516
环卫码头搬迁项目	上海市苏州河综合整治建设有限公司	上海市建国中路29号5楼	200025	(021)64669393
浙江省湖州市第三自来水项目	浙江省湖州市自来水公司	浙江省湖州市红旗路157号	313000	(0572)2037314
城南排渍道综合改造项目	南昌市污水处理工程有限公司	江西省南昌市南京东路58号	330047	(0791)8332504
安阳市第五水厂二期扩建工程项目	安阳市水务总公司	安阳市铁西路95号	455000	(0372)3931708
中水回用水环境治理工程	许昌市污水净化公司	河南省许昌市将宫池	461000	(0374)5133299
洛阳市排水管网改造工程	洛阳市建设投资有限公司	河南省洛阳市凯旋西路5号4楼	471000	(0379)3910419
洋澜湖综合治理工程项目	鄂州市建设局	湖北省鄂州市明塘后路2号	436000	(0711)3222389
引水及水质环境工程	长沙引水及水质环境工程股份有限公司	湖南省长沙市人民中路279号	410015	(0731)5197218
第二水厂扩建工程	十堰自来水公司	湖北省十堰市东城南路13号	442000	(0719)8891819
第四水厂项目	益阳市自来水总公司	湖南省益阳市自来水总公司	413000	(0737)4222059
钦江流域综合治理项目	钦州市水利电力局	广西钦州市新兴路市水电局大院	535000	(0777)2825467
桂林市城北水厂一期工程	桂林市排水工程管理处	广西桂林市中山南路226号	541002	(0773)3834711
东湖整治及开发工程	贵港市房地产综合开发公司	广西省贵港市和平路东汕塘开发区	537100	(0775)4215888
郁江引水工程	玉林市计委	广西省玉林市计委	537000	(0775)2825939
大型临海工业供水工程	钦州市水利电力局	广西钦州市新兴路市水电局大院	535000	(0777)2825467
博鳌生态环境综合治理工程	海南博鳌投资控股有限公司	海南琼海博鳌水城金海岸大道1号	571434	(0898)62778771
桃花溪综合治理工程	重庆桃花溪市政建设有限公司	重庆市九龙坡区杨家坪	400050	(023)68828004
重庆主城排水工程	重庆市排水有限公司	重庆市江北区华新村350号	400020	(023)67762442
城市供水工程项目	眉山供排水总公司	四川省眉山市东坡区芙蓉路62号	620010	(0833)8201519
5万t水厂项目	重庆市綦江县自来水公司	重庆市綦江县古南镇龙角路	401420	(023)48651247

（续）

项目名称	单位名称	地址	邮编	电话
黔江城区污染综合治理项目	重庆市黔江区环保局	重庆市黔江区环保局	409000	(023)79237995
榆林经济开发区基础设施项目	榆林经济开发区管委会	陕西省榆林市办公大楼808室	719000	(0912)3886214
城市供水管网(二期)改扩建项目	乌鲁木齐市市政工程管理局	新疆乌鲁木齐市扬子江路19号	830000	(0991)5839308
煤矸石电厂改扩建项目	黑龙江省七台河矿业精煤(集团)有限责任公司	黑龙江省七台河市桃山区	154600	(0464)8285995
100MW煤矸石热电厂工程	鹤岗矿务局	黑龙江省鹤岗市向阳区红军街二马路188号	154100	(0468)6765884
绿能环保发电工程(八五攻关项目)	杭州绿能环保发电有限公司	浙江省杭州市天目山路160号国际花园东楼6－A	310007	(0571)88212091
平煤热电厂项目	平煤集团	湖南省平顶山市矿工路中段9号	467000	(0375)2723276
钦江流域综合治理项目	钦州市水利电力局	广西钦州市新兴路市水电局大院	535000	(0777)2825467
博鳌生态环境综合治理工程	海南博鳌投资控股有限公司	海南琼海博鳌水城金海岸大道1号	571434	(0898)62778771
铬渣解毒及其利用项目	重庆科能科技有限公司	重庆市南坪南路19号江南明珠16楼4号	400060	(023)62968140
滇东A厂项目	云南省电力集团公司	云南省昆明市拓东路49号	650011	(0871)3012130
水库建设类				
土夭沟水库项目	张家口市水务局	河北省张家口市桥西区长青路51号	075000	(0313)8079264
刘家庄水库项目	涉县水务局	河北省涉县城关镇449号	056400	(0310)3832171
吴家庄水库项目	长治市吴家庄水库建设指挥部	山西省长治市水利局	460000	(0355)3032283
大同市孤山水库	大同市水利局	山西省大同市柴市20号	037004	(0352)2065258
三座店水库项目	赤峰市水利局	内蒙古赤峰市红山区园林路100号	024000	(0476)8330685
内蒙古林西县龙头山水库项目	林西县人民政府	内蒙古赤峰市林西县	025250	(0476)5322212
德日苏玉冷水库项目	巴林右旗人民政府	内蒙古赤峰市巴林右旗大板镇	025150	(0476)6222239
奋斗水库项目	穆棱市水务局	黑龙江省穆棱市水务局	157500	(0453)3123002
林海水库供水工程	牡丹度市林海供水有限公司	黑龙江省海林市海林镇海林路56号	157100	(0453)7229809
西溪水库项目	宁海县西溪水库发展有限公司	黑龙江省宁海城关北斗路50弄8号	315600	(0547)65206507
下浒山水库	安庆市下浒山水库建设管理局	安徽省安庆市计委	246003	(0556)5522185
金钟水利枢纽工程	莆田市仙游金钟水利枢纽工程有限公司	福建省仙游县理城镇南大路	351200	(0594)8297287
枋洋水利枢纽工程	长泰县枋洋水利枢纽工程投资公司	福建省长泰县枋洋水利枢纽工程公司	363900	(0596)8323991
铅山县伦潭水利枢纽工程	江西省铅山县伦潭水利枢纽有限公司	江西铅山县河口镇	334500	(0793)5338901
南水北调中线工程	河南省南水北调中线工程建设协调小组办公室	河南省郑州市纬五路11号	450003	(0371)5571049
洮水水库项目	茶陵洮水水库开发有限公司	湖南省茶陵县城关	412400	(0733)5222023
凉水口水库电站项目	湖南省桑植人民政府重点工程管理办公室	湖南省桑植县人民政府	427000	(0744)6222856
犬木圹水利枢纽工程	邵阳市水利水电局	湖南省邵阳市戴家坪5号	422000	(0739)5324160
湾头水利枢纽工程	韶关市区防洪建设管理处	广东韶关市工业东路20号	512026	(0751)8773815
九潭水利枢纽工程	连平县九潭水利枢纽工程办公室	广东连平县环城西路五号二楼	517100	(0762)4334981

（续）

项目名称	单位名称	地址	邮编	电话
大隆水利枢纽工程	海南天涯水业(集团)公司	海南省三亚市榆亚路30号水业大厦	572000	(0898)88210848
秀山县隘口水库	秀山县水电总公司	重庆市秀山县中和镇迎风路39号	409900	(023)76862547
鱼拦咀水库工程	綦江县农机水利电力总公司	重庆市綦江县古南镇城东路25号	401402	(023)48612224
玉滩水库扩建工程	重庆市西部供水办公室	重庆市人民路283-1	400015	(023)63833286
重庆市大宁河中梁水利水电枢纽工程	重庆市大宁河水资源开发有限公司	重庆市万州区青年宫81号	404000	(023)58124409
龙潭水利(西水东调)工程	涪陵坤源水利开发有限公司	重庆市涪陵区黎明路1号	408000	(023)72232611
二郎庙水库项目	通江二郎庙水利开发公司	四川通江县诺江镇新建街17号	635700	(0827)7221755
大竹河水库项目	攀枝花市大竹河水库灌区开发部	四川省攀枝花市仁和区水电局	617061	(0812)2901558
嘉陵江亭子口水利枢纽工程	苍溪县亭子口项目办	四川省苍溪县政府2号楼	628400	(0839)5222444
楚雄青山嘴水库项目	楚雄彝族自治州水利水电局	云南省楚雄市鹿城西路264号	675000	(0878)3126761
江城县漫滩水库项目	江城水利水电局	云南省思茅地区江城县水利水电局	665900	(0879)3723818
曼转河水库项目	景谷县水电局	景谷县水电局	666400	(0879)5221283
铜场水库项目	库车县水利局	新疆库车县友谊北路19号	842000	(0997)7136579
新建二道沟水库枢纽项目	米泉市水利局水管总站	新疆米泉市水利局	831400	(0994)5311347
大西海子水库改造及以下河道疏浚项目	塔里木河流域管理局	新疆库尔勒市石化大道	841000	(0996)2202323
大西沟水库工程	乌鲁木齐市水务局	新疆乌鲁木齐市南湖路西一巷10号	830003	(0991)4612554
玛纳斯河肯斯特水利水电枢纽工程项目	新疆天富热电股份公司	新疆石河子市天富热电股份公司	832000	(0993)2901109
齐齐哈尔市中心城区供水改造工程项目	齐齐哈尔市自来水集团有限公司	黑龙江省齐齐哈尔市建华区龙沙路76号	161006	(0452)2423229
观音阁引水工程	本溪市自来水总公司	辽宁省本溪市明山区解放北路80号	117000	(0414)3854148
武都引水二期工程	四川武都水利水电集团公司	四川省绵阳市长虹大道北段39号	621000	(0816)2681502
西安市辋川河引水工程	西安市辋川河引水工程筹建处	陕西省西安市北院门159号	710003	(029)7295209
外走马埭围垦工程	福建泉州市土地开发有限公司	福建省厦门市温陵路名城大厦十三号	362000	(0595)2160910
淮河淮滨至润河集段航道治理续建工程	信阳市航运管理处	河南省信阳航运管理处	464000	(0376)6330339
江北石埠堤防洪工程	南宁市邕江防洪大堤修建管理处	广西南宁市河堤路83号	530021	(0771)5326897
江北西堤防洪工程	南宁市邕江防洪大堤修建管理处	广西南宁市河堤路83号	530021	(0771)5326897
江北西明堤防洪工程	南宁市邕江防洪大堤修建管理处	广西南宁市河堤路83号	530021	(0771)5326897
城区河道整治三期工程	广西玉林市南流江防洪工程管理处	广西玉林城区江滨路	537000	(0775)2817769
江门市江新联围加固工程	江门市江新联围加固工程经理部	广东省江门市农林东路九号	529400	(0750)3317385
江新联围除险加固达标工程	江新联围工程管理处	广东省江门市农林横路9号西4楼	529000	(0570)3301521
莲阳桥闸重建工程	澄海市莲阳桥闸管理处	广东省澄海市莲阳桥闸管理处	315800	(0754)5161051

（续）

项 目 名 称	单 位 名 称	地 址	邮 编	电 话
东里桥闸重建工程	澄海市东里桥闸管理处	广东省澄海市东里桥闸管理处	515800	(0754)5751427
北江大堤加固达标工程	北江大堤管理局	广东省三水市西南水闸	528100	(0757)7735102
城市防洪工程	绵阳市水利局	四川省绵阳市安昌路65号	621000	(0816)2333648
云南省镇源县恩乐河河道治理项目	镇源县水利电力局	镇源县水利电力局	666500	(0879)5813106
白龙江堤防及河道疏浚工程	武都水电局	甘肃省武都水利水电局	746000	(0939)8212126
南北山小流域综合治理项目	西宁市水利局	青海省西宁市黄河路90号	810001	(0971)6142693
和平渠改造工程	乌鲁木齐市水务局	新疆乌鲁木齐市南湖路西一巷10号	830063	(0991)4612554
一棵树生态灌区项目	乌海市南区外经贸局	内蒙古乌海市南区外经贸局	016030	(0473)4022166
永幸河灌区续建配套与节水改造项目	安徽省凤台县永幸河灌区管理总站	安徽省凤台县永幸河灌区管理总站	232100	(0554)8612300
花凉亭灌区续建配套与节水改造项目	花凉亭灌区管理局	安徽省太湖县新县城	246600	(0556)4166034
九龙江北溪引水灌区(龙海片)续建配套与节水改造	龙海市水电局	福建省龙海市石码镇工农路25号	363100	(0596)6539586
闫潭引黄灌区续建配套与节水改造项目	菏泽市闫潭灌区水利管理处	山东省菏泽市考棚东街92号	274000	(0530)5633391
曹店灌区续建配套节水改造项目	东营市水利局灌溉管理处	山东省东营市东营区沂河路28号	257091	(0546)8306615
麻弯灌区续建配套与节水改造工程	东营市水利局灌溉管理处	山东省东营市东营区沂河路28号	257091	(0546)8306615
宫家灌区续建配套与节水改造工程	利津县水利局	山东省东营市利津县利二路	257400	(0546)5627072
石山口灌区续建配套与节水改造工程	罗山县石山口水库灌区管理局	河南省罗山县石山口水库灌区管理局驻罗山办事处	464200	(0376)2123354
浮桥河水库灌区续建配套与节水改造工程	湖北省麻城市浮桥河水库管理处	湖北省麻城市浮桥河水库管理处	438306	(0713)2724001
白马大灌区工程	白马河灌区筹建处	湖南省涟源市水利水电局	417100	(0738)4424832
大江口水库灌区续建配套工程	大江口水库灌区续建配套项目部	河南省连源市大江口水库工程指挥部	417100	(0738)4432098
道塘水库浇灌工程	贵州省松桃苗族自治县水电局	松桃苗族自治县水电局	554100	(0856)2830027
引黄生态扶贫综合治理工程	包头市引黄入市生态环境建设工程开发总公司	内蒙古包头市水务局院内	014030	(0472)51553329
查干湖湿地自然保护区	松原市水利局	吉林省松原市沿江西路935号	138000	(0438)2121084
哈尔滨市何家沟综合整治	哈尔滨市建设委员会	哈尔滨市道里地段街头65号	150015	(0451)4615972
浙江慈城环境整治项目	宁波市政工程前期办公室	浙江省宁波市解放南路208号建设大厦	315010	(0574)87191087
宁化县西部水土流失重点治理工程	宁化县水土保持办	宁化县城关中山路1号	365400	(0598)6824551
钦江流域综合治理项目	钦州市水利电力局	广西钦州市新兴路市水电局大院	535000	(0777)2825467
塔拉滩生态环境整项目	青海省海南州塔拉滩生态办公室	青海省共和县恰卜恰镇	813000	(0974)8515186
朱家川流域水土保持生态工程	山西省忻州市水局	山西省忻州市忻中北巷	034000	(0350)2032065
速生丰产杨树工业原料林基地项目	吉林森林工业(集团)总公司	吉林省长春市	130021	(0431)8972211

（续）

项目名称	单位名称	地址	邮编	电话
第一期全国重点地区速生丰产林基地建设项目	第一期全国重点地区速生产林基地建设项目	江西省铜鼓县定江东路762号（县林业局内）	336200	(0795)8722905
林、浆、纸一体化项目	山东泉林纸业有限责任公司	山东省高唐县城北	250800	(0635)3961561
年产20万t杨木APMP林浆一体化项目	焦作市瑞丰林纸有限公司	河南省焦作市解放中路228号	454000	(0391)2923481
林浆纸一体化项目	利达实业总公司	陕西省华阴市太华路58号	714200	(0913)4613217
三北防护林四期工程	甘肃省林业厅	甘肃省兰州市秦安路1号	730020	(0931)8415044
交通建设类				
京承高速公路承德段工程（十五项目）	承德高速公路筹建处	河北省承德市交通局	067000	(0314)2171262
青银公路冀鲁界至石家庄段高速公路项目	河北省交通厅国际金融组织贷款项目办公室	河北省石家庄市裕华东路509号	050031	(0311)5068811－20618
北京至承德高速公路项目	承德市京承高速公路筹建处	河北省承德市桃李街西14号	067000	(0314)2060026
绥满路海拉尔满洲里段公路项目	牙－海公路项目办	内蒙古海拉尔市河东胜利三路20号	012008	(0470)8221647
G303线通辽公路项目	通辽市交通局	内蒙古自治区通辽市交通局	028000	(0475)8234250
丹拉路巴拉贡—呼和浩特段公路项目	内蒙古自治区公路局	内蒙古呼和浩特市地质局南街68号	010020	(0471)6968441
丹拉路老爷庙—呼和浩特段公路项目	内蒙古自治区公路局	内蒙古呼和浩特市地质局南街68号	010020	(0471)6968441
丹拉路新地—麻黄沟段公路项目	内蒙古自治区公路局	内蒙古呼和浩特市地质局南街68号	010020	(0471)6968441
白城子—阜新公路工程	内蒙古通辽市交通局	内蒙古通辽市交通局	028000	(0475)8234250
昌法线公路改扩建工程项目	铁岭市交通局公路管理处	铁岭市市府路17号	112000	(0410)2813011
孙吴至逊克公路项目	逊克县交通局	黑龙江哈尔滨市南岗区花园街	164400	(0456)4453562
黑河—布拉戈维申斯克黑龙江公路大桥	黑河黑龙江大桥公司	黑龙江黑河市东兴路9号	164400	(0456)8285050
京福高速公路徐州段项目	江苏省高速公路建设指挥部	江苏省南京市石鼓路69号	210002	(025)4204474
杭州湾跨海大桥项目	宁波市杭州湾大桥发展有限公司	宁波市中山西路138号天宁大厦	315010	(0574)87271359
申浙皖高速公路浙境段项目	湖州市交通建设投资开发公司	浙江湖州市环城西路13号	313000	(0572)2021782
厦漳跨海大桥项目	厦门市公路局	厦门市莲前西路281号	361009	(0592)5193989
浦城—南平高速公路项目	福建南平高速公路股份有限公司	福建南平市滨江中路339号	353000	(0599)8854002
省道205线邵武境内段界首至江富公路	邵武市省道公路改建项目办	福建邵武市交通大厦七层	354000	(0599)6227868
龙岩—长汀高速公路项目	龙岩市高速公路指挥部	福建龙岩市闽西交通大楼9层	364000	(0597)2295016
宜春—安福公路项目	宜安公路建设股份有限公司	江西宜春市袁山大道243号	336000	(0795)3565537
上海市崇明越江通道工程	上海市市政管理局	上海市汉口路193号	200002	(021)63038094
环城公路东、北段工程项目	湖州市交通建设投资开发公司	湖州市环城西路13号	313000	(0572)2021782
杭州湾交通通道工程项目	宁波市杭州湾交通通道建设开发有限公司	浙江省宁波市中山西路138号天宁大厦18楼	315010	(0574)7288728
玉环至乐清跨海大桥工程	玉环至乐清跨海大桥工程前期办公室	浙江省玉环县城关	317600	(0576)7216459
临长高速云溪联络线项目公路	岳阳市云溪区交通局	湖南省岳阳市云溪区云溪镇交通局	414009	(0730)8415960
登封至洛阳高速公路项目	河南省交通厅计划处	河南省郑州市中原路93号	450052	(0371)7446183
兰考至许昌高速公路项目	河南省交通厅计划处	河南省郑州市中原路93号	450052	(0371)7446183

（续）

项 目 名 称	单 位 名 称	地 址	邮 编	电 话
平顶山至汝阳高速公路项目	河南省交通厅计划处	河南省郑州市中原路93号	450052	(0371)7446183
卫辉至济源高速公路	河南省交通厅计划处	河南省郑州市中原路93号	450052	(0371)7446183
信阳至南阳高速公路项目	河南省交通厅计划处	河南省郑州市中原路93号	450052	(0371)7446183
濮阳(豫冀界)至开封高速公路项目	河南省交通厅计划处	河南省郑州市中原路93号	450052	(0371)7446183
湛江海湾大桥	湛江海湾大桥建设有限公司	湛江海湾大桥建设有限公司	524047	(0759)3393168
石(柱)万(州)公路石柱段改建工程	石柱交通建设总公司	重庆市石柱县南宾镇南宾路8号	409100	(023)73332264
石柱—柏洋塘公路改建工程	石柱交通建设总公司	重庆市石柱县南宾镇南宾路8号	409100	(023)73332264
沪蓉国道主干线支线邻水至垫江高速公路	四川川东高速公路有限责任公司	四川省公路规划勘察设计研究院	638000	(0826)2335172
广元至青川公路三堆于乔庄段改建工程	青川县交通局	四川省广元市青川县乔庄镇	628000	(0839)7202472
沙州至马鬃关段公路改建工程	青川县交通局	四川省广元市青川县乔庄镇	628000	(0839)7202472
新寨河至胜境关公路项目	贵州高速公路开发总公司	贵州省贵阳市北京路266号	550004	(0851)6509635
玉屏至三穗公路项目	贵州高速公路开发总公司	贵州省贵阳市北京路266号	550004	(0851)6509635
镇宁至新寨河公路项目	贵州高速公路开发总公司	贵州省贵阳市北京路266号	550004	(0851)6509635
茂(县)—绵(竹)公路项目	四川茂县交通局	四川茂县交通局	623200	(0837)7422340
纳雍县织金公路技改项目	纳雍县交通局	贵州省纳雍县交通局	553300	(0857)8282959
中宁至武威公路、中宁至营盘水段项目	宁夏交通厅	宁夏银川市上海西路27号	750001	(0951)5032956
西部大通道银川至武汉公路铁路	宁夏交通厅	宁夏银川市上海西路27号	750001	(0951)5032956
山刀铁路项目	河北省青龙县计划局项目办	河北省青龙县计划局	066500	(0335)7866084
温福铁路项目	温福铁路前期工作办公室	福建省宁德市后岗国防教育大楼6层	352100	(0593)2968260
天兴洲公铁两用长江大桥项目	武汉天兴洲道桥投资开发有限公司	湖北省武汉市江岸区育才一村75号	430015	(027)82611234
滇藏铁路云南段项目	云南省铁路建设指挥部	云南省昆明市人民西路131号	650118	(0871)8335960
民用旅游支线机场项目	承德市机场筹建办	河北省承德市计委	067000	(0314)2050436
玉林民用机场项目	广西玉林市计委	玉林市计委	537000	(0775)2828547
乐山旅游机场项目	乐山旅游机场建设办	四川省乐山市人民政府二号楼	614000	(0833)2133039
平凉飞机场项目	甘肃省平凉市计划处	甘肃省平凉市计划处	744000	(0933)8213764
东突堤北侧改扩建集装箱码头工程	天津港务局	天津市塘沽区新港二号路35号	300456	(022)25705053
15万t级原油码头	秦皇岛港务局	河北省秦皇岛市海滨路35号	066002	(0335)3093222
菊花岛30万t吸原油码头及转输工程	中油集团锦西炼油化工总厂	辽宁省锦西炼油化工总厂	125001	(0429)2178015
第五港池5万t级油品泊位项目	锦州港股份有限公司	锦州市经济技术开发区锦港大街一段一号	121007	(0416)3586041
皮口港3 000t级散杂货码头项目	普兰店市港务局	辽宁省大连普兰店市皮口镇皮口港	116222	(0411)3400045
狼山港区三期工程集装箱泊位项目	南通港务局	江苏省南通市青年西路12号	226006	(0513)3508019
南通港狼山港区三期工程通用泊位项目	南通港务局	江苏省南通市青年西路12号	226006	(0513)3508019

（续）

项目名称	单位名称	地址	邮编	电话
沧港区1、5、6#泊位项目	厦门港务集团有限公司	福建省厦门市东渡路127号	361012	(0592)6013616
3万t级多用途码头项目	福州港狮岐码头有限责任公司	福建省罗源县凤南东路153号	350600	(0591)6856851
日照港东港区三期工程	日照港务局	山东省日照市黄海一路	276826	(0633)8383262
万t级码头扩建工程	汕尾市港务局	广东省汕尾市区兴港路五千t级码头内	516600	(0660)3354865
三山岛渔港建设项目	三仙岛实业投资有限公司	广东省阳江市海陵镇白蒲圩圩堂街18号	529535	(0662)3107828
三角山岛液化石油气仓储基地项目	珠海万山海洋开发试验区经济区	广东省珠海市香洲南华路20号东光大厦	519000	(0756)2233017
地铁四号线工程	北京地铁集团有限责任公司	北京市海淀区德胜门西街甲5号	100088	(010)62293916
城市轨道交通工程项目	廊坊市计划经济委员会	河北省廊坊市计划经济委员会重点办	065000	(0316)2041480
沈阳地铁一号线工程	沈阳市地铁建设指挥部	沈阳市东陵区沈水路601号	110016	(024)23992140
轻轨净月线工程	长春市轨道交通有限责任公司	吉林省长春市安达街85号	130061	(0431)6196800
沈阳市轨道交通张—黎线工程	沈阳市轨道交通有限公司	沈阳市东陵区沈水路601号	110016	(024)23993318
营口市滨海路项目	营口市交通局	辽宁省营口市站前区新地号里41号	115000	(0417)2833794
哈尔滨市轨道交通一期工程	哈尔滨市政府轨道交通建设办公室	哈尔滨市经纬十二道街50号9楼	150018	(0451)4226213
南京三桥项目	南京二桥管理局	江苏省南京市南京二桥管理局	210002	(025)5802888
台州大道玉环沙门至漩门段工程	台州大道玉环段工程建设指挥部	浙江省玉环县城关	317600	(0576)7222691
新区(南门)综合开发项目	德兴市建设局	浙江省德兴市建设局	334200	(0793)7510905
府前街东段延伸改造项目	新泰市城市建设综合开发公司	山东省新泰市开拓路5号	271200	(0538)7223719
快速轨道交通一期工程	济南市城市轨道交通筹建处	山东省济南市经四路183号(公用局四楼)	250001	(0531)6075045
轨道交通一号线项目	苏州轨道交通有限公司	江苏省苏州市锦帆路31号	215002	(0512)65230845
沿江大道改扩建工程	鄂州市建设局	湖北省鄂州市明塘后路2号	436000	(0711)3222618
行政中心环路工程	防城港市建设局	防城港市建设局	538001	(0770)2828681
广珠城际快速轨道交通项目	广铁集团珠三角城市快速轨道交通办公室	广州市天河区559号26层	510635	(020)38479391
珠三角城际快速轨道交通网广州—佛山段项目	广东省铁路集团有限公司	广州市天河北路229号25、26层	510635	(020)38479182
东海岸旅游圈交通工程	海南省琼山市发展计划局	海南省琼山市发展计划局	571100	(0898)68336339
汉中市城市中央大道项目	汉中市城乡建设委员会	陕西省汉中市民主街43号汉中市人民政府院内	723000	(0916)2626530
城市道路改扩建工程续建项目	宁夏吴忠市市政建设管理公司	宁夏吴忠市利通区北环路15号	751100	(0953)2011448
城南区基础设施建设项目	西宁市城南区管委会	青海省西宁市人民政府城南区管委会	810000	(0971)8215652
东过境路改扩建项目	乌鲁木齐市市政工程管理局	新疆乌鲁木齐市扬子江路19号	830000	(0991)5839308
二环路改扩建项目	乌鲁木齐市市政工程管理局	新疆乌鲁木齐市扬子江路19号	830000	(0991)5839308
市轻轨交通项目	乌鲁木齐市市政工程管理局	新疆乌鲁木齐市扬子江路19号	830000	(0991)5839308
天然气利用工程	杭州市燃气(集团)有限公司	浙江省杭州市天目山路30号	310007	(0571)88828788
城市天然气利用工程	宣城市城市燃气有限公司	安徽省宣城市梅溪路	242000	(0563)3011995

（续）

项目名称	单位名称	地址	邮编	电话
绍兴市区、绍兴县天然气利用工程项目	浙江绍兴市燃气总公司	浙江绍兴市区西欢河沿28号	312000	(0575)5128541
城市天然气利用工程(西气东输项目)	芜湖市燃气总公司	安徽省芜湖市银湖中路106号	241000	(0553)5852725
驻马店—信阳输气管道工程(西气东输)	信阳市燃气发展有限公司	河南省信阳市胜利南路306号	464000	(0376)6266636
LNG接收站和输气干线项目	深圳市液化天然气项目筹建小组	深圳市蛇口工业二路1号B座310	518006	(0755)6699870
三角三岛液化石油汽仓储基地项目	珠海万山海洋开发试验区经济局	广东省珠海市香洲南华路20号东光大厦	519000	(0756)2233017
忠县—武汉输气管道工程	忠武输气管道建设项目经理部	河北省廊坊市	065000	(0316)2170839
城区天然气气化工程	武威市城市建设投资管理有限公司	甘肃省武威市凉州区西大街城建大厦8楼	733000	(0935)2257724
乌鲁木齐—兰州成品油管道工程	新疆新捷股份有限公司	新疆乌鲁木齐高新开发区钻石城36号	830011	(0991)3845600

塑行业品牌　创多赢商机

——“2004第二届中国国际流体机械展览会暨2004中国国际干燥、分离技术与设备展览会”纪实

一、行业发展呼唤专业展览会

通用机械是机械工业的重要组成部分，包括泵、风机、压缩机、阀门、气体分离及液化设备、真空获得及应用设备、过滤及分离机械、干燥设备和减变速机等专业产品和技术。通用机械产品和技术广泛应用于海陆石油天然气开发、石油化工、化工、电力、冶金、有色金属、环保、城建、建材、矿产开发、水利、轻工、纺织、医药、电子及信息产业、农业、食品、烟草、交通和国防等国民经济各领域。专业展览会是推动行业技术进步和经济发展的综合性技术和经贸平台。展览会可集中展示国内外行业的最新产品和技术及发展趋势，展现国内外行业的发展水平和实力，促进国内外行业及企业间的交流与合作，充分展示参展企业的精神风貌和竞争实力，有利于企业获取国内外市场信息并实现供需间的交流，使用户可以“货比三家”，实现合理采购。

然而，在2001年之前，在我国机械工业的各行业中只有通用机械没有大型国际性专业展览会。中国通用机械工业协会是中国通用机械制造业唯一的全国性行业组织，有责任有义务，也最有能力组织通用机械行业专业展览会，为行业发展创造多赢的商机。因此，中国通用机械工业协会组织其泵业分会、风机分会、压缩机分会、阀门分会，联合中国机械设备进出口总公司、香港工商业展览有限公司等经过周密策划和精心筹备，于2001年9月在上海国际展览中心成功地举办了“首届中国国际流体机械展览会”。

二、第二届展会再现实力

在成功举办“首届中国国际流体机械展览会”的基础上，经中华人民共和国商务部批准，由中国通用机械工业协会(包括泵业分会、风机分会、压缩机分会、阀门分会、气体分离设备分会、真空设备分会、分离机械分会、干燥设备分会及减变速机分会)、中国机械设备进出口总公司和香港工商业展览有限公司主办的“2004第二届中国国际流体机械展览会暨2004中国国际干燥、分离技术与设备展览会”，于2004年5月19～22日在上海国际展览中心隆重举行，并取得了圆满成功。

1. 展览会规模

展览会总面积6 000m²，共有国内外近200家大中型企业参展，展出折合标准摊位293个。参展企业在展馆门外广场都布置了许多大型实物展品，给展览会增色不少。

2. 展览会水平

展览会不仅展出规模较大，而且水平也较高，是迄今为止在我国举办的通用机械最高水平的国际性专业展览会。

(1)国内通用机械行业大中型重点骨干企业几乎都参加了本届展览会，参展商及其展出的产品和技术代表了国内同行业的先进水平。

(2)展览会汇集了部分境外知名企业及在华的外资企业前来参展。如：美国苏伯格有限公司、意大利帕拉帝索水泵工程公司、嘉利特荏原泵业有限公司、林德股份有限公司、大连苏尔寿泵及压缩机有限公司、大连里瓦泵业有限公司、大连海密梯克密封泵有限公司、大连博格曼有限公司、

浙江克瑞丰球泵业有限公司、天津塘沽瓦特斯阀门有限公司、液化空气(杭州)有限公司、安瑞科(蚌埠)压缩机有限公司、南京华冠压缩机有限公司、上海耐莱斯·詹姆斯伯雷阀门有限公司、上海浦东汉威阀门有限公司、百事得机械(江苏)有限公司、艾格尔化工泵(大连)有限公司、风力嘉风机(上海)有限公司、复盛实业(上海)有限公司、中国台湾祥景精机股份有限公司、铁姆肯(无锡)轴承有限公司、上海申克机械有限公司等。

(3)在展览会上,参展企业都展出了本企业的最新产品和技术。大多数企业以实物或模型参展,向参展客户形象、生动地介绍产品。也有一部分参展商以挂图展示本企业新产品、新技术,挂图制作精美、内容丰富。

(4)展览会参展企业进行特装的较多,且水平高,如:上海东方泵业制造有限公司、广东佛山水泵厂有限公司、上海凯泉泵业(集团)有限公司、江阴市宏达风机有限公司、艾美特电器(深圳)有限公司、上海佳力士机械有限公司、重庆江北机械有限责任公司、河南开封高压阀门有限公司、郑州市郑碟阀门有限公司、良精集团阀门有限公司、浙江宣达实业集团有限公司、温州瑞气空分设备公司等。有的参展企业虽然没有特装,但申请使用展区面积较大,展区布置很有整体效果,展现了公司综合实力。如:复盛实业(上海)有限公司、沈阳鼓风机(集团)有限公司、大连大耐泵业有限公司、上海通用风机股份有限公司、南通金通灵风机有限公司等企业各使用4个标准摊位,各展出净面积36m²;而陕西鼓风机(集团)有限公司则使用5个标准摊位,展出净面积达45m²。

3. 展会其他活动

在展览会期间,先后举办了7场专题技术交流会。美国通用电气(GE)——GE油气集团公司举办了离心式压缩机、往复式压缩机、工艺无油螺杆式压缩机和旋转滑板式压缩机及小型燃机发电等新技术交流会。德国林德公司举办了空分设备新技术交流会。上海高桥试验机厂有限公司举办了流体机械与转子的平衡新技术交流会。湖北洪城通用机械股份有限公司、北京航天动力研究所、无锡锡山阀门厂和西安泵阀总厂也举办了4场阀门新技术、新产品交流会。美国GE技术交流会最为精彩,历时一整天,吸引了160多位听众,其中有中石化、中石油、冶金及机械制造业等领域的有关领导和专业人士。

4. 展览会效果

(1)本届展览会从筹备时就突出了宣传工作,除通过中通协及其各分会的会刊、网站、各项行业活动进行广泛宣传外,众多媒体如:中国化工报、《通用机械》杂志、中国工业报、《风机技术》杂志、《水泵技术》杂志、《压缩机技术》杂志、《阀门》杂志、《真空》杂志、《深冷技术》杂志、《机电设备商情》刊物、中国泵阀网、中国拟在建项目网、中国工程咨询网、《中国机械工业年鉴》、《中国通用机械工业年鉴》等被指定为展会的支持媒体。中国化工报和中国工业报,曾多次专题、专版宣传此次展览会;《通用机械》杂志不仅多期宣传报导了展览会,还为展会出版了专刊和两份快讯。在展会期间,中国化工报、《通用机械》杂志、中国工业报、《机电设备商情》、《中国机械工业年鉴》等媒体还特意派记者和编辑人员到展会现场进行跟踪报道。

(2)本届展览会精心印制了展览会会刊和精美的资料袋,向参展商和参观者免费发放,取得很好宣传效果。

(3)为了使更多用户、工程和贸易公司、设计和科研院所等参观展览会,中国通用机械工业协会印制和发出了5万多张门票及600多份邀请函和请柬,邀请全国各地的包括石油化工、化工、电力、冶金、城建、水利、医药等行业的有关单位派员前来参观展览会。同时,在中石化物资装备部及中国冶金设备总公司的帮助下,邀请到了中石化和冶金行业企业的领导和技术人员参加了技术交流会和此次展览会。据统计,展会期间有3万多人次参观了展览会。参观观众普遍对本届展览会评价较高,认为本届流体机械展览会是迄今为止国内最权威、专业性最强、规模最大、水平最高的国际流体机械展览会。参展商也一致认为,本届展览会比上届规模更大、水平更高、组织更周密、影响面更广,纷纷表示要在下届展览会上下更大功夫,抓住两年一度的展览会良机,提高本企业的知名度和影响力。

(4)据不完全统计,展会期间直接实现订货720台(套),订货额5 509.4万元。这一数字表明,本届展览会在实现贸易方面有了突破性进展。

据组织者介绍,下届国际流体机械展览会将于2006年5月在上海举办,规模预计可达20 000m²。随着我国经济的快速发展,通用机械行业将会有更大的发展,国际流体机械展览会也会有更美好的前景。

通用机械系列图书

《机电产品供应目录》系列是一套全面反映国内外机电产品状况的信息工具书，已相继推出20余个分册。该丛书滚动出版，根据行业发展，定期更新，旨在及时、准确、系统地反映本行业当前的基本状况和国内外产品的最新技术动向，方便用户选型订货，引导企业调整生产结构，开拓国内外市场。

该书共收录了国内外500多家企业的阀门产品，涵盖了大部分骨干企业及其主导产品，反映了阀门行业当前技术水平。

该书收录的阀门产品包括：闸阀、截止阀、节流阀、球阀、蝶阀、隔膜阀、旋塞阀、柱塞阀、活塞阀、减压阀、调节阀、止回阀、疏水阀、安全阀、其他阀及阀门驱动装置等，按产品结构、驱动形式划分章节，便于用户查询。

该书适合石油、化工、冶金、电力、纺织、轻工、建筑、环保、暖通、消防、造纸、船舶及国防工业等行业的采购人员使用，也可做为设计人员选型的参考。

《机电产品供应目录·阀门》

书号：ISBN7-111-12656-4/TH·1381
开本：大16K
定价：118.00元
页数：532

本书收录了国内外500多家泵产品生产厂家的产品信息，涵盖了国内主要泵生产企业的各种泵产品。该书分为国内泵和国外泵两篇。国内泵产品包括：离心清水泵、化工泵、耐腐蚀泵、石油化工流程泵、井泵、潜水电泵、混流泵、轴流泵、旋涡泵，管道泵、自吸泵、液下泵、消防泵、空调泵、船用泵、食品泵、磁力泵、屏蔽泵、杂质泵、真空泵、往复泵、回转泵、计量泵、试压泵等；国外泵产品包括：离心泵、容积泵等。本书适合石油、化工、冶金、电力等行业的采购人员使用。

《机电产品供应目录·泵》

书号：ISBN7-111-10632-6/TH·1264
开本：大16K
定价：138.00元
页数：734

《机电产品报价手册》系列是汇集机电行业大型骨干企业、重点企业及新型高科技企业产品价格信息的大型信息工具书，参照国家标准GB7635-87分类，并经严格的编辑校对加工，已连续出版十余年，每年更新。出版格式包括产品名称、型号规格、主要参数、备注、参考价格、生产厂家、电话及企业名录。

上册：离心泵、轴流泵、混流泵、旋涡泵、往复泵、计量泵、试压泵、螺杆泵、转子泵、潜水泵、其他泵；
下册：闸阀、截止阀、隔膜阀、球阀、蝶阀、调节阀、节流阀、减压阀、柱塞阀、止回阀、电磁阀、安全阀、疏水阀、旋塞阀、排污阀、平衡阀、浆液阀、切断阀、其他工业管道阀门。

书号：ISBN7-111-13399-4/T·86
开本：16K
定价：258.00元
页数：1228

《中国机电产品市场报告》系列，侧重从微观角度透视我国机电产品市场发展状况，包括产品概况、国内外市场环境、产品市场分析、产品市场结构分析、进出口分析、产品市场竞争分析、市场预测、技术发展趋势等。

为了系统总结我国阀门市场的现状和今后的发展趋势，2003年3～6月我们对中国阀门用户和部分供应商进行了一次大型的问卷调查，调查涉及阀门用户对产品质量、使用品种、对售后服务的要求、购买趋向及对今后阀门使用的预期等内容，对阀门产品供应商进行市场策划及潜在投资商了解当前的行业情况具有很强的参考价值。

《中国阀门市场》报告

定价：6000元
字数：50260

地址：北京市西城区百万庄大街22号产业所
邮编：100037
电话：(010) 88379821 88379819 68326643
传真：(010) 68320642 68326643
E-mail：imi@mail.machineinfo.gov.cn
http://www.ageinfo.com.cn

 机械工业信息研究院 编辑  机械工业出版社 出版

广　告　索　引